I0536492

DISCLAIMER

The author and publisher are providing this book and its contents on an "as is" basis and make no representations or warranties of any kind with respect to this book or its contents. The author and publisher disclaim all such representations and warranties, including but not limited to warranties of merchantability. In addition, the author and publisher do not represent or warrant that the information accessible via this book is accurate, complete, or current.

Except as specifically stated in this book, neither the author nor publisher, nor any authors, contributors, or other representatives will be liable for damages arising out of or in connection with the use of this book. This is a comprehensive limitation of liability that applies to all damages of any kind, including (without limitation) compensatory; direct, indirect, or consequential damages; loss of data, income, or profit; loss of or damage to property; and claims of third parties.

FIRST EDITION - Published 2021

Extra Graphic Material From: www.freepik.com
Thanks to: Alekksall, Starline, Pch.vector, Rawpixel.com,
Dgim-studio, Upklyak, Macrovector
& Freepik.com Designers

This Book Offers Free Bonus Puzzles

Available Here:

BestActivityBooks.com/WSBONUS20

Ready, Set... Go!

Did you know there are around 7,000 different languages in the world? Words are precious.

We love languages and have been working hard to make the highest quality books for you. Our ingredients?

One part easy-to-read print, three parts entertainment, then we add some challenging words and a pinch of rare ones. We brew them with care to serve you lots of fun and an opportunity to solve the best puzzles.

Your feedback is essential. You can be an active participant in the success of this book by leaving us a review. Tell us what you liked most in this edition!

Here is a short link which will take you to your Amazon orders review page.

BestBooksActivity.com/Review50

Thanks for your fidelity and enjoy the Game!

Delta Classics Team

Puzzle 1

```
N B P P S E V A R E P D Z U P M D
A J U B R B N M Y W K J O D A M E
V Y E D D E P C M H U L M M T P S
E A R Q F D C D O R U D A M A R A
G U R M C P H I X N E V T O T O P
A E O P A A H J O M T T O R A B A
R B N U O J S G F O N R N R S A R
S A N G R A R Í B R E T A I O B E
I T A J L W I U C D I X C D H L C
Y S W P C P Z Z M E R Z I K O E E
R E U K N V Q T W R R O T U A M R
V Y I N A I C N E T O P Í N U E E
D Y P R T U O Y Z G C R R F R N P
D E C A I M I E N T O U C Y W T N
P W Q F P E L B A Z I L I T U E R
```

MORDER
CRÍTICA
SANGRAR
PROBABLEMENTE
PRECIO
DESAPARECER
POTENCIA
PERA
ASÍ
DECAIMIENTO
ENCONTRADO
REUTILIZABLE
ESTA
PATATAS
NOTA
NAVEGAR
CORRIENTE
AVES
MADURO
PUERRO

Puzzle 2

NACIMIENTO
LA
OJOS
VACA
HACIA
RESTAURANTE
DISCUSIÓN
EXPRESO
COMÚN
EXITOSO
GALOPE
FRAGMENTO
FALSAS
PORQUE
ASCENDER
REACCIÓN
ABAJO
REINAR
BURRO
AZUL

```
N S F O T N E I M I C A N R C R D
Z Y S J S Ú P H B W A X O E J E I
M N D O L M O L U F J V G A M S S
K H C S B O L T R N K N M C E T C
V A C A I C A H R H Y J S C U A U
F C X B V B G E O R Y Z K I T U S
L R P O R Q U E S P V H L Ó D R I
S A A S L S S R E W R Y T N L A Ó
A M K G J B N D R A B A J O K N N
S Z Q I M I H Z P E I S J R C T Q
L Z U X O E G B X B P M Q E A E C
A F F L D B N P E R G O Y I W Q E
F F Z D W S H T K Z I U B N Y V X
A S C E N D E R O G J I M A A M J
E X I T O S O N C C E Y O R Q L U
```

Puzzle 3

```
L X F V E R E S P U E S T A S H J
X V Q X L R W Y O V A G Ó N A C E
H E N Q É Q C V I E R N E S L A S
Z O U R C Z L F P E G D R R C I P
L T Q E T N E N O P O I B I H R E
P N N Í R M J X L U P V O L I D C
F E F D I U I B Q L B L Y L C E Í
O M L O C W W E I Q O J U A H F F
R E E U A L L I L O P R Q D A I I
M L O T C I D E R E V L A Y S E C
A E D F I H R E S P E T O D Y N A
T C P R S B E E M B A R G O O D Z
O J P Q Ú I L U S T R A R D Z A M
U P B G M R Á P I D A M E N T E A
S X E L N F W A D T L F L A H Q C
```

OPONENTE
SALCHICHAS
RÁPIDAMENTE
PELUCHE
ELEMENTO
DEFIENDA
ELÉCTRICA
RESPUESTA
VAGÓN
RESPETO
VEREDICTO
POLILLA
MÚSICA
FORMATO
LLORADO
ILUSTRAR
REÍDO
EMBARGO
VIERNES
ESPECÍFICA

Puzzle 4

CRECIÓ
TÉRMINO
POLVORIENTA
DISCULPA
SORPRENDIERON
CUIDADOSAMENTE
BOCA
HAMBURGUESA
AGREGAR
FRECUENTE
TAMBIÉN
NARANJA
PAZ
SIN
ALTERNATIVO
PREGUNTANDO
VIENTO
COMPLEJO
SENTIRSE
PROCESO

```
Y Q C P E A R B P L J A H V S I B
L A K A T N E I R O V L O P D K O
T T Z Z G G G S U Y T I C M I A C
N Y C U I D A D O S A M E N T E A
S O R P R E N D I E R O N A V C F
H A M B U R G U E S A J Q X S O R
N S E N T I R S E D Ó E Z X V M E
Z A J C V E C V N É I B M A T P C
P Y R R E R W I Y T C S S Z H L U
Q S A A X V N E S U E N C I Z E E
P T U G N W O N I M R É T U N J N
A U G E I J L T S K C V Y E L O T
Z W J R V W A O S E C O R P C P E
P R E G U N T A N D O C B J J G A
Z E B A A L T E R N A T I V O B H
```

Puzzle 5

```
D B O R D E C R A N I M R E T E D
X E O S H H U F E M D I J R G K D
O P C W V M P C G S A R L V L I E
Z I U L N D I P U S E K I H V N G
V C Y W A F D Q A X A R B M O S D
Z N N Z J R O T Z R U B V I A T G
P Í G C W R A N E C A M L A T I D
W R E N O P D C F S P F P Z R T O
V P C W S Q Z N I G B J T I A U B
R E P E N T I N O Ó W X E P C C L
C O D O R N I C E S N A O I T I A
S J E N E C E S A R I O S A I Ó R
C A T E G O R Í A T J Z V Q V N M
Ú L T I M A M E N T E B R O O A S
C A N E L A X D E S E C H A B L E
```

REPENTINO
BORDE
DETERMINAR
ATRACTIVO
SOMBRA
DESECHABLE
DECLARACIÓN
RESERVA
DOBLAR
PONER
ÚLTIMAMENTE
CUPIDO
CANELA
CATEGORÍA
PAR
ALMACENAR
INSTITUCIÓN
PRÍNCIPE
CODORNICES
NECESARIO

Puzzle 6

VENTAJA
RIESGO
LÁMPARA
ASIGNAR
VISTA
SALUD
ANIVERSARIO
SOBRE
IDENTIFICAR
MENTE
SABIOS
COBRAR
CARAMELO
PISTA
DECIDA
UÑA
CAPÍTULO
ADECUADA
DAMA
CARÁMBANOS

```
G J L S A M A D W S X D U L A S A
U G M A J N M L X K A E B T Ñ H S
Q I A B A I I E N L J C E F U V R
Y E J I T D X V N Z M I R V H N M
C Y K O N E C X E T G D J P P T H
S N K S E N A K C R E A T S I P A
L O I B V T P V A A S D W T Y C S
Á G B S M I Í I R R B A J V C C I
M S C R O F T S Á B Y U R Y I A G
P E F M E I U T M O U C F I N R N
A I J P Q C L A B C E E Z O O A A
R R Q C J A O L A T Y D O X P M R
A Y X F U R A B N O O A U D U E R
R K C B P F V R O G D T C D W L Z
A K I E A A I K S H G A F M V O B
```

Puzzle 7

```
A I Z K Q P F Z A R V H C A I O A
Z X C O L I F L O R I D A Y U C X
R S S I T I O P C E O E M U U F N
V E V E R B O F U D L B I D Z B Y
T R S C E O B M V Í E E Ó A T L R
A O W U N E Y K O L T P N O N T Q
J T Q F L D D G N V A A M I G O S
M L K F A T V Q E B E H P D T N F
G U M F T D A D I S O R E N E G P
F C H B N O L D A D I D O M O C Y
Q I H F E L P C O T O L I P W A K
U R H G M A M E G S A U N Q U E I
D G R U E M U A N E S P E R A D A
K A W L L G R A N E R O Q X W F Y
B M O O E L T L E S C I S X A L T
```

SITIO
AUNQUE
LÍDER
ESPERADA
MOVER
CAMIÓN
GENEROSIDAD
COMODIDAD
BREVE
AGRICULTORES
AYUDA
ELEMENTAL
CUYA
COLIFLOR
AMIGOS
GRANERO
RESULTADOS
VIOLETA
PILOTO
DEBE

Puzzle 8

CRECIMIENTO
MINUTOS
HABER
ESPACIO
BÚHO
PAUTAS
MATRIMONIO
MISTERIOS
BIBLIOTECA
SEDOSA
PROHIBIR
CUERPO
CÁLIDA
COMO
CHAMPÚ
TALENTO
PROTEGER
FANTASMA
PLANO
PERÍMETRO

```
S A T U A P O E E Y N S X X J C M
P E M I S T E R I O S Y E S P R A
E F D F B U M R F J T I J J P E T
R A M O P R E U C A M Q N K S C R
Í N K N S G Y O O R V K F R S I I
M T H A R A C E T O I L B I B M M
E A F L I D D Q N R P N P B O I O
T S S P Y G C I E F V U R I I E N
R M B Ú H O B R L K H W O H O N I
O A L I I I G N A Á C R T O G T O
C A Q L R C E B T L C V E R J O X
C O Z R U A C H A M P Ú G P E E T
S X M M J P H A B E R N E I A V Q
W V H O K S O T U N I M R B L W M
Y P Q O R E T W G I N E X X R D E
```

Puzzle 9

```
L W G J O Y H W M U N D O R A C V
M V N S E L A U T C A R B G O K P
C O L O R E S X M W B J J D T P P
S I A A T Q J O J A U Y K I H C A
A R G U M E N T A N N M Q O C X C
O C E N T A V O I C Z A Z I X A I
F B E N U Ñ E R C O X X V R C T
G O J B N A X C T E C H E B X S Á
C W C E N T K G U Y L G U O Q E M
U C V N T N Y W N A J E L F E R A
F M U W A O S B N L C F U X W F R
S T I B R M S A D A T S U S A S D
O S C U R O S E L E C C I O N A R
G T W P L Q W P T Y R J D H X V J
P R O C E D E R A C D A Z Z D T R
```

ASUSTADAS
ACTUALES
SELECCIONAR
CARO
HUMANA
ROPA
OSCURO
OBVIO
NUTRIA
DIO
CENTAVO
OBJETOS
PROCEDER
REFLEJAN
MONTAÑA
COLORES
FRESCA
MUNDO
ARGUMENTAN
DRAMÁTICA

Puzzle 10

OLLA
RESTO
DESPLAZAR
RECREATIVO
ENGAÑAN
ESTABLECER
PREVENIR
DESGASTADO
CONSIDERAN
BLOQUEO
MADERA
ERIZO
TAL
SEPARADA
SECA
SECO
AFILADOS
AFILADOR
VIENDO
MONTÓN

```
H O Z M A F I L A D O R O Q M L D
Z H O R A C E S Q N Ó T N O M G E
P B T E D D B A D A D A R A P E S
S L O C A T E Q U R R Z G K X E G
O D N E I V W R M E K E R G J N A
O L F L E B R F A D T O E B V G S
C K L B D L K I L I V V C N D A T
T T N A E O R G Y S V U R M T Ñ A
X A R T S Q E R I N E V E R P A D
U U L S P U S E W O M T A N U N O
Y B F E L E T V M C R U T R H P C
X Z C A A O O Z I R E Z I G L T E
D P K K Z F M V W H B X V N X P S
X A X L A Y X A O E D N O W W X P
T U Y K R A F I L A D O S T Q X K
```

Puzzle 11

```
A T N E R A U C D W B O P T N D F
N S Z K E G Y Y H X P D E D A I G
I K U C O N D I C I Ó N R K V S R
C T O S S S I D G W L O O S I C F
I V D U T A E B A J T R T I D U O
F H A T D A R M Q G H E C H A T E
O U R B W C D T A K B Y D Q D I I
B O T E L L A O É N V A S V R R I
I M N T T P J D F N A C X P N D N
H O E N A Y R R G A M A B Z S Q V
Q I C E L T K E P E L I G R O Z I
X S N G E L X U P T Q K R X R Y E
W K O A T O G C Y P N L K W P V R
V R C V A Z V A R V K V Y G Z X N
I N V E R S I Ó N C F R V I G P O
```

DE
CONDICIÓN
VA
SARTÉN
ACUERDO
DISCUTIR
PELIGRO
SEMANA
PERO
INVERSIÓN
CUARENTA
ALETA
ASUSTADO
CAYERON
OFICINA
CONCENTRADO
AGENTE
BOTELLA
INVIERNO
NAVIDAD

Puzzle 12

SUYA
AJUSTE
PREGUNTAR
ÍNDICE
EJECUTAR
TAZA
LECCIÓN
CANGREJO
TIPO
HERVIR
MÉDICO
FORMA
TIEMPO
OTRAS
AMENAZA
AUDICIÓN
PATO
INTENTO
AUTOMÓVIL
COLECCIÓN

```
A M R O F G H A P Y Q L Q P J X C
X U K O N X R N Q A U U G R X F O
H C T F C X X L R A T U C E J E L
H K D O T N E T N I P O V G C P E
Q R E P M V E A C J N H P U A F C
N K T Y Z Ó F Z Q E G Z P N N A C
A Y S I S N V A N C T X P T G N I
H Z U S E N Ó I C I D U A A R H Ó
A V J A Z M Q E L D N R Z R E N N
A S A R T O P I T N O M Y L J C T
W U P G P C P O S Í X H Q J O L Y
U Y H G V I L E C C I Ó N C Y E E
R A Q V B D I H E R V I R B L S Z
B U M M T É K J L S L C C R Z U C
T E F T A M E N A Z A S J A H X C
```

Puzzle 13

```
C O M P A R A R S A Ñ A R T X E P
X G É O W F F E E A R R E U G A B
C O N T I N U A R C M L T A I N P
N R W Z P Y I C A A S Z N C P T M
W U A T A Q U E L D Q L E O K E N
G G N Q O A K H I É U R U M A R A
S N M C Y C B O M M I E P P P I C
S A K J A A A X I I T N Y A Y O I
J C R B H L T H S C V D Q Ñ P R O
F Q B B E C N Y V A H C Z A G D N
Q U K W D U G C K I W A B R M X A
C P E T Z L F I N A L M E N T E L
F C Y R Y A T N O Q F V C C M L Y
R G B Q T R E M P U J A R K P B T
T I S Q Z E O H L C I N E I B H X
```

FUERTE
NUNCA
TÉ
ACADÉMICA
NACIONAL
ATAQUE
EMPUJAR
GUERRA
ACOMPAÑAR
EXTRAÑAS
SIMILARES
CAER
COMPARAR
CANGURO
CONTINUAR
CINE
ANTERIOR
PUENTE
FINALMENTE
CALCULAR

Puzzle 14

EQUIPO
CONOCIDO
TÉCNICA
ESTOS
MARIPOSA
SEXTA
RESOLVER
LISTO
CABEZA
TRONCO
CHARLA
MIRADO
DECIR
PANTALONES
TIERRA
FOLCLORE
ENFERMA
LAVADO
COMPORTAMIENTO
VIAJES

```
C K M P U F O T S I L E A U H T K
M H L S Z C T R E S O L V E R R R
E I A L A P N O H O B Z D I I O X
P L R R S V E R O L C L O F S N P
M Z R A L E I X P J G N D K E C G
A G E M D A M A H A G F I V X O G
R Z I R Y O A A J V T F C D T V K
I Q T E R W T V C E F W O S A W T
P V E F B U R F N E S I N A H B S
O X N N C Y O Q K W V T O A C E S
S P Q E P D P E S T O S C B L H K
A L Z B Y D M P A N T A L O N E S
L A V A D O O E Q U I P O V I O X
D D E C I R C C A B E Z A N J Y T
I T T É C N I C A E O L V A Z U C
```

Puzzle 15

```
O D M H L X L N E S J E V I T A R
T B E R A T K O E O E D O E C U Y
E C S S I N T R A M R O V O R N L
N A E E C U M E N B A N E P W S V
E N S E R E I U Q R R D H F W N I
D D T N E V N F H E Q A C T U A L
O I Ó Ó M I A S E R U V C B G D E
R D M I O X F R O O Í J N L N A Z
F A A C C A N A P M A C U U M R Q
S T G A E F F J P H Ó V J Z M B S
Q O O V G S G U M J W C K K N E I
F A M I L I A R I Z A D O P H L U
B K F T V X N B P R O B A B L E L
K X Q O L L I R B D C Y F U F C X
F L M M S H T H N W Y K C C K O Y
```

ACTUAL
FUERON
SOMBRERO
CELEBRADA
PROBABLE
CAMPANA
OBSERVAR
JERARQUÍA
ESTÓMAGO
QUIERE
BRILLO
TENEDOR
EVITAR
CANDIDATO
BRUJA
CÓMO
MOTIVACIÓN
COMERCIAL
DESCENSO
FAMILIARIZADO

Puzzle 16

DATOS
DECISIÓN
ASAMBLEA
DURACIÓN
LÁPICES
GANAN
TELÉFONO
SUMINISTROS
CREZCA
MINORÍA
FRACTURA
MULLIDO
CONTENER
CIERVOS
PREDECIR
PRISA
VERDAD
MÉTODO
CUATRO
PATRÓN

```
C E X K X P M P A T R Ó N X D Q P
I Y Z L O X R I I R J N M E N A F
E V Y E M J U E N T E L É F O N O
R N F N V Z R R D O O O Y C R Ó M
V V Y O P O E N O E R R A O T I É
O D I L L U M Ó L C C Í J N A C T
S O R T S I N I M U S I A T U A O
A A E L B M A S A R O I R E C R D
P R I S A V N I C J T E Y N B U O
M T L U V E A C Z C A S L E P D P
G R C V P R G E E R D G Z R L R R
K M L X S D E D R E W N P M S N C
E J E S N A V S C Z C U U A O L A
C K T G K D B G A F R A C T U R A
W D Y O P C A T L Á P I C E S Y P
```

Puzzle 17

```
P R N O F G X Z D É Y N R U V Q R
B É O A A R M A E R T N E P X A E
C M R H D P B T C U T I W S A B S
D U T D E A Q M L Z W K M B I T P
L L S Y I P N S A D H J A O W E O
L T E S D D Z O R L I N D A C W N
E I A E M B A P A U N A D X U J S
G P M L O W X L R U I Ñ B H W U A
A L R B N O G A D E L I C A D A B
N I E I R C Y R A C I N U M O C I
D C M G K S Z O N C E R V E Z A L
O A I E R G E L A Y E H E L E I I
G R E L N K K T R P I Y I T A J D
R E P E N T I N A M E N T E B P A
K Q I K S O R M C K A N Z P B X D
```

ENTRE
MULTIPLICAR
PÉRDIDA
CERVEZA
ELEGIBLE
COMUNICAR
DECLARAR
LINDA
RANA
LLEGANDO
DELICADA
REPENTINAMENTE
COMITÉ
NADA
NIÑA
MAESTRO
SOPLAR
ARMA
ALEGRE
RESPONSABILIDAD

Puzzle 18

BORRADOR
SERPIENTE
CONDUCTA
LIBRO
PAPÁ
MITAD
TAPETES
PERDER
CIENCIA
POSITIVA
VERDES
MEZCLA
NUMEROSO
OLVIDÓ
ASUMIR
COMPLETAMENTE
PLANA
EMERGER
MONTAR
DULCE

```
P W Z O H A S H Y M L P A U G G C
V A V I T I S O P P E N Q S A E O
E P P R S R S R I E Q Z J W N S N
M O G Á Ó B E B D R A Z C W O R D
O U B H D C R I O D C K E L S O U
A S U M I R P L S E Y Z C P A D C
I E L D V F I Q O R S P L A N A T
C T G H L R E G R E M E U V P R A
N E S C O Y N B E X X O D F A R F
E P S M Q V T L M O N T A R Q O K
I A O K Q P E X U Y L W T Y E B G
C T J I P U V F N K E M I P S V D
K N W K N F M Y Q R P G M S X E A
C O M P L E T A M E N T E U E N F
Z Q E X K K X H G Q Z A R L A C S
```

Puzzle 19

```
P H B Q N Ó I C A G I T S E V N I
R A G A U C L S S N C F Y F Z F D
E S B F H E S A N I N E M E F U I
S T O V T E M D E S A F Í O L K O
I A F E N D S A K D P G B V V T M
Ó L I S I H P G D H M W D X V A A
N O R E C A H L R O D R A G Ó N P
G R M D O Q H U B O N I T A X E V
L E E X V P Y P Y O V M S C I C Z
Y C S J H O N Y K F H Á I X A O N
P A T R A T A D O M E S G Z D C U
W C E N C O N T R A R L S B F H J
W W S J R R T R E B P W L S X E W
A R X S X M O X I Z L R O A R X G
Q X S Z L R G A N O R T Y Y S T U
```

COCHE
BONITA
HACER
ENCONTRAR
QUEMADO
FEMENINA
PAVO
HASTA
PULGADAS
PRESIÓN
DRAGÓN
ROTO
DESAFÍO
TRATADO
MÁS
CACEROLA
INVESTIGACIÓN
IDIOMA
FIRMES
ELLAS

Puzzle 20

VENTANA
AUTORIZAR
FOCA
PLANETAS
MOSCA
SÉPTIMA
DIGAMOS
CHISPA
PRIVAR
CUCHARA
ADMINISTRACIÓN
EJERCICIO
IMPORTANTE
ESTRELLAS
ESPEJO
PREFERIR
DESEO
PRESERVAR
CHICA
CALCETÍN

```
A D M I N I S T R A C I Ó N D H P
M U C Y Q Z H Q Y O S D R D I G R
I E H C V E N T A N A Y P R G I E
T A I F A C I H C P E E T R A H S
P M S A L L E R T S E S J I M U E
É Y P G L W C F O C A I P R O N R
S B A Y U P R E T Z M M U E S M V
Y H R A Z I R O T U A P G F J Q A
D P R I V A R A Z Í X O F E X O R
K E L F S Q F J N X N R V R Z H G
G E S A T E N A L P C T H P J I X
Y J O E M O S C A A R A H C U C L
D F M A O W J V B B N L B W G E
K I G B Q U E S A C O T T Q O I Z
B W U P K O I C I C R E J E S I Q
```

Puzzle 21

```
V A D E T E I W C O I Q S R M R R
I V U Y F K P M T G X K X O C N E
S D E S I E R T O O D I R D O P C
I V A V I T C A K Y G V Q I N C H
T M U R C I É L A G O K Q L C P A
A T R S E L I M O N A D A L L I Z
D V V Y D T H V Q G T B U A U Z A
Í T E H W G E T N A I D U T S E R
A L I G E R O R N É C T A R I T L
C J H U B S P C R V B J G E Ó E I
F E N S H Q X I D A U C C X N N M
E M O C I O N A L E C P Q X L Í P
V I N E S T A B L E S X Y D U A I
S E N S A C I Ó N J K D K X H N A
D F V H F L J B N W H H E L N J R
```

ESTUDIANTE
TENÍAN
DESIERTO
EMOCIONAL
LIMPIAR
RECHAZAR
CARRETERA
LIMONADA
RODILLA
VISITA
PODRIDO
INESTABLE
MURCIÉLAGO
CAÍDA
CONCLUSIÓN
DESDE
ACTIVA
LIGERO
NÉCTAR
SENSACIÓN

Puzzle 22

OCUPAR
JUGADOR
NATURALEZA
CANTIDAD
VERDADERO
CALCULADORA
MEDIO
INSIGNIA
INTERESANTE
LABIO
RESUMIR
OVEJAS
CISNE
CONTRASTE
RESPONDER
MARCADOR
DENSA
MAYOR
ABURRIDO
JOVEN

```
S O F B L T N M L H M F D L M B N
O E R J H L G W A Z N I E A W M A
C O N T R A S T E Y Q D N B Y Y T
C A E X A I A C T S O P S I O P U
A B V N P N J I N S Q R A O E X R
L U O C U G E S A X D F A D F U A
C R J A C I V N S J U G A D O R L
U R E L O S O E E I M R F A I F E
L I Z D W N S B R X A E F D Y Z Z
A D C K N I M J E P R S N I E W A
D O M Y Q O Z S T C C U N T M E Z
O W H H S H P V N C A M M N P R M
R P S W M U L S I F D I U A R K T
A Q N G T V K L E P O R C C R U W
V E R D A D E R O R R W T Q N R H
```

Puzzle 23

```
M S Y H T M D U S R A A T O T R G
A E X N W I A T N E T N O C O E X
L L C I M U D R Ó A T U P K N S T
I B W Á K J I N I F G M A T T P H
M A C T N V V Z C D O P S U O I T
E D J X D I A M C M O K C R T R V
N A M L A C C W E T E S O R O A G
T R E R Y E W O R R Á P I D A R Z
O G S Y F A I M I C O M P L E J A
S A T I M R V U D N C M Q K D M Í
X U A X Z O Í H H K X G G J A G D
W L N K P D M A R E L I H P E P N
Z Z Q P H L M G N J B A W Z Z E A
W B U Z G Í K O G P T P I B Q K S
C M E A A P G N N X E P N A W N E
```

SANDÍA
HUMO
FRÍA
MARIDO
CAVIDAD
PÍLDORA
MECÁNICO
RÁPIDA
AGRADABLE
CONTENTA
RESPIRAR
ESTANQUE
DIRECCIÓN
TESORO
SAPO
TONTO
CALMA
HILERA
COMPLEJA
ALIMENTOS

Puzzle 24

MOTIVO
GUSANO
FRÍO
ELÍPTICA
PUBLICACIÓN
TESIS
FREGADERO
PRÁCTICA
VERDE
COMBINAR
PESO
APLICAR
BRILLANTE
PRIMAVERA
VÍCTIMA
SANA
CALLE
PÁJARO
PRECIPITACIONES
DEJÓ

```
M X C Y W E P A E J T E K W V M H
G O H N N U R P L Ó J E D P V M Z
P F T G U V E L Í M R G S X X J X
R R P I B L C I P X Z J L I A F G
V E R N V T I C T T X D P E S Z M
E G Á K O O P A I G U S A N O D A
R A C H C W I R C D A R R Y N Y L
D D T P A Q T F A R E V A M I R P
E E I V L R A N I B M O C P E S O
Q R C N L K C S D U H S B N B Y J
C O A B E X I L A M I T C Í V Y J
F O A E B V O I U N P Á J A R O J
R G T P H E N Ó I C A C I L B U P
Í G X T O L E T N A L L I R B B H
O T V H G J S C C I O W Q N N G B
```

Puzzle 25

```
V I N F O R M A C I Ó N Q N N V Y
K U W B G R U Ñ I D O D Í E L S P
A M B A S Q T Q Y A R D I L L A V
F M S I Q I L P H Á B I T O A P R
L X P M D Y I D E E N O J A D O S
C U L P A B L E S R D C Z H I F E
S T H N D H G W D N E Z N G M S T
A R T E E I M F V N Ó Z A R O C N
L W E I I S B Y E N N F O F C K A
C J M N P T R R Q Q N S U S K V S
H K M I O O T O L E R A R T O C I
R O X Q R R A R I T E R X A U T U
N R L H P I X R G H O F U I V R G
U T A A L A W P B V S C A A T W O
  E S T A D O U N I D E N S E S V
```

ENOJADOS
HISTORIA
GRUÑIDO
FUTURO
LEÍDO
HÁBITO
CORAZÓN
ARDILLA
CULPABLES
RETIRAR
COMIDA
INFORMACIÓN
PROPIEDAD
ARTE
TOLERAR
GUISANTES
ESTADOUNIDENSE
HOLA
AMBAS
PEREZOSO

Puzzle 26

SOSTENER
AMPLIA
FÁCIL
FIESTA
ORGANIZAN
TENIS
ALGUNA
CORTO
LECHE
ELEGIR
TAREA
DAN
TOMADO
CORTINA
MEDICINA
LOS
FÓRMULA
RESISTIR
ACTUALIZACIÓN
ESCALERA

```
J B K J M E Q U S U D B P M E H M
O S I L W I L F O N A I L P M A E
F Ó R M U L A E Q A N R S E W T D
H T G N X I I H G Z O E O S I S I
G O L T O C Y P M I T S S C Y E C
V M X E Z Á I N W N R I T A H I I
J A D Z C F F O O A O S E L Z F N
F D A W N H V L N G C T N E C G A
C O L W K M E T L R I I E R S P J
Y F G J Q Y I X B O T R R A P X C
N R U C O R T I N A S U T I B X B
D E N Ó I C A Z I L A U T C A Z W
O U A C X A D Z Q O Q H I E J G N
P T S Y E D O E Q S K G V N G U G
T E N I S T A R E A N C E F A A P
```

Puzzle 27

```
C H Q S G U I N Ó I C A U L A V E
I A W L L O O H M M S A R U D P F
N P U E W K H G Z P Q N C E L Q A
C W U T Z M Y V I R R C O I V I I
L B B M E N G E X O C E M Z J E C
U E M I G L N S M P U S P Q J Q N
Y D R A T R O P M I L T R B U Q A
E B U D M B M S Z A T R A P R T T
N Y U K D R H E O S U O D O A S S
K É F I R E I E D I R Z O G D H I
E N O L U Y T L E R A N G R O Z D
G I A E S A Y A N I L L A G Ñ J E
Q F R Y Z O S O L L U G R O O J R
D U H M A S Q V N L Z Z N B T F A
D I S P O N I B L E E E E O H O P
```

JURADO
ORGULLOSO
COMPRADO
CULTURA
PARED
DURA
NEVERA
IMPROPIAS
KÉFIR
ANCESTRO
EVALUACIÓN
GALLINA
INCLUYEN
CAUTELOSO
DETALLE
OTOÑO
DISPONIBLE
IMPORTAR
DISTANCIA
AYER

Puzzle 28

MONSTRUO
NO
TELEFÓNICA
VIDAS
PRISIÓN
LIBRE
EXCEPTO
CLARAMENTE
VIVO
PARADO
PARAGUAS
BIOLOGÍA
CREER
ESFUERZO
REVELAR
PRONTO
VERTIDO
VIOLENCIA
TÍA
SOLDADO

```
R J B E W M W S G S N L R U N S J
T E M O H A S K B W P W S T E B Z
P E V R Y X A Í G O L O I B T K M
R T L E X J D U V G I D C G H Í F
O N W E L F I X W X B I L V H S A
N E O R F A V S I U R T I F P O I
T M A C T Ó R D N F E R S P N L C
O A H I Q I N E S F U E R Z O D N
T R O Q H F T I N O P V C V D A E
P A R A G U A S C Z R K Y W A D L
E L V S F R J E B A I S O E R O O
C C M O N S T R U O S F V N A Z I
X S C N H R P O H D I H R G P N V
E O R M F F C X I V Ó A A F J F Q
C V I V O E J V U G N B A I S S I
```

Puzzle 29

```
D D R E G L A C O O L L G C P O E
H I T C D V U M Q T A L G J Q P S
H B R X X U K V X Z M B I Z L E T
T W I E S R I N U E R D V R C R R
T A D A C O V I U Q E W Y S T A U
C R C P M C F N Ó I T S E U C C C
A V A I O D I D N E T N E I N I T
S B Y T N V F O C O L U M N A Ó U
T V B Q A T R R N W G R H Ó S N R
I B A J A N U S T E D J A I I P A
G H M P P O D R H U S J A C R E C
A J E E H I E O Ó Z P M Z I N J D
R F R X V R M E V N V F Q S O A Z
L C C O R T O G R A F Í A O S E F
D E S A R R O L L A R A X P L J O
```

REUNIRSE
BAJA
CASTIGAR
TERMAL
EQUIVOCADA
ENTENDIDO
OPERACIÓN
DIRECCIONES
CREMA
TRATANDO
ORTOGRAFÍA
SONRISA
ESTRUCTURA
COLUMNA
CERCA
POSICIÓN
DESARROLLAR
CUESTIÓN
REGLA
CINTURÓN

Puzzle 30

MARRÓN
DESEAR
VIENE
ENSEÑAR
HIPOPÓTAMO
CORRER
DENTISTA
MEDIDA
NECESIDAD
DESESPERADA
GROSERO
OBJETIVO
PELO
CASTAÑAS
MISMAS
PEZUÑA
UNIDAD
TODOS
NÚMERO
HORMIGA

```
M W J O X P U J V M P I J T C D D
Q N K L E W I H I E C E W N W M E
D C Q O I N Q U E D F D Z X F A S
A E L V G S S O N I N G O U F J E
D N N I U G O E E D Z F A V Ñ J S
I O E T G Q D I Ñ A M C U N Y A P
S L T E I O O E Q A E Y Q Ú C D E
E T H J U S T A D O R N Q M E I R
C R W B R C T P A R A E S E D Y A
E V O O L E P A D E S Z K R C T D
N P T O U V R M I S M A S O E X A
P C O R R E R I N O M A R R Ó N J
C W C C T D S Z U R D D K Y H J E
C A S T A Ñ A S A G I M R O H P J
B M Z G Z K E H I P O P Ó T A M O
```

Puzzle 31

```
S I C E A D E S A Y U N O H D G P
I X U F X D F A V O R I T A I Y X
N Z E R T P V L C B H D L I G O M
T O L A N O E E L B M N S T E F P
I P L E S M F D R H B Q Q A R H Y
E H O T O E P E I T N M J L I I I
R I T O B F N A C C E L T U R R N
O J S C O A E T C T I N V F D K G
N A E I L M M E A R U Ó C K D Y L
W T C P G G A M U D Q H N I H O É
Y I N B C Q X D H S O T A R A B S
R T O E R T E L E D V S V U F F H
V L L U T I L I Z A W W L L M C F
M L A L U Q Q L P R E P A R A R M
D B B D I S T R I B U I R T S S P
```

QUIEN
PREPARAR
DELETREO
UTILIZA
DIGERIR
EXPEDICIÓN
DISTRIBUIR
ASENTADOS
EXAMEN
BARATO
SINTIERON
ADVERTENCIA
CUELLO
GLOBOS
DESAYUNO
HIJA
INGLÉS
FAVORITA
BALONCESTO
PICOTEAR

Puzzle 32

SOLITARIO
ATADO
ESCENA
SUBIR
HELADAS
ARTÍCULOS
RATÓN
PROGRAMA
COMPARTIR
ACCIÓN
MISMO
CUERVO
VAPOR
MODERNO
PERMANECEN
FOTOGRAFÍA
ALGUNAS
EVIDENCIA
OÍDO
HERVIDOR

```
O P R I T R A P M O C M I O U H S
E V I D E N C I A C U E R V O M O
M S B X G Ó U T P B V M H P S K L
P I U W P T E E R I H P L Z E X I
R R S A D A L E H A A C C I Ó N T
K J O M J R Q S O L U C Í T R A A
S N D G O D Í O H G V Q D O Q Í R
E H A M R Z R P O U A Z S R A F I
I E T X L A A X G N V A P O R A O
X C A X B E M R M A R N W O B R L
O F M P N N B A V S P E T K D G X
Z H E R V I D O R S J C D A L O V
P E R M A N E C E N B S H O Y T J
F M T C C U N V A Z O E E L M O O
S Q J K E H N N Y Z B M I L K F T
```

Puzzle 33

```
Q M E T N E S E R P C S O N I D O
E O K X R I K N K W O B L J B L Y
T S S A T O C S A M M A M A V P N
A E T L H E H O Y T E L H C G S U
M R G R M D N D G D N A N A Ñ A M
A G R A E K M D T O Z T Q X C Í L
Ñ O A X I L R C E Q A E W K Z F G
O R S F F D L C J R R R Q F I A Q
J P A Q O I R A L U B A C O V R P
C O R T I N A S R W Y L H S X G U
L T E T E R A Q J R V E Y V K O E
E D R E A L M E N T E S B L Q E R
Z P V K N W Y B Z X A I V O G G T
E S P E R A N Z O L O Z S B Z F A
A L I M E N T A C I Ó N E G B D H
```

PROGRESO
ALIMENTACIÓN
GEOGRAFÍA
PRESENTE
ESPERAN
MASCOTAS
REALMENTE
SIERRA
CORTINAS
TETERA
VOCABULARIO
MAÑANA
COMENZAR
LATERALES
GRASA
SONIDO
PUERTA
TAMAÑO
ESTRELLA
EXTENDER

Puzzle 34

DUPLICAR
MAPA
PREOCUPACIÓN
COBRO
SOBRESALIENTE
REGALOS
FÍSICO
RIMA
RÍGIDO
ARMARIO
ESTACIÓN
CERO
BENEFICIO
CUELGAN
MERCADO
MIL
CACHORRO
ABREVIATURA
ESTUDIAR
FELIZ

```
A P A M S N I Z W C N L G R I M T
O R R O H C A C O E A U U R G M P
C A M I R D Q U Y R A K J E W J G
I I N A G L E U C O E S F J M M P
P D O A R U T A I V E R B A A E D
C U T N Ó I C A P U C O E R P R U
W T A Z V R O J U R Í G I D O C P
B S A T T Z P X O A V M D C I A L
B E V F Í S I C O Y F L I K C D I
R E G A L O S L C O B R O L I O C
E T N E I L A S E R B O S I F P A
E S T A C I Ó N L F E Q X A E B R
B W X Y B O R V C I G P K C N H U
M U M M Z G U Q P P N B Y P E L D
S S O B Q B T O K G T Q Z W B Z F
```

Puzzle 35

```
E T N A T S N O C D V Z E V B I P
T N V Y O I F D J H U U R Q E M R
E L T Y A Z R I W F Q L M U M P I
L W R R L R V U U O Y G C B K U V
E I M Z E E H L K D Y R K E W E A
S R N S T N Q F V A R I O P S S D
C Z X S S G A M I R G Á L P U T O
O C R Q E I S D B G R A N D E O P
P Y G W N N K L O B S G D E G S Q
I P S F V T S A Í R O Y A M U B W
O S E R V I R A H S U E S C A S O
O F D D J U O R T E M Ó M R E T E
C O N F I A N Z A O G U S T A B A
D E S P E R T Ó H D S L R U X M G
R X J W S Z Y F K M U O X Z T R O
```

TERMÓMETRO
DESPERTÓ
IMPUESTOS
ESCASO
TELESCOPIO
DULCES
FLUIDO
ENTRENADOR
INSENSATO
CONFIANZA
CONSTANTE
GUSTABA
LÁGRIMA
MAYORÍA
VARIO
GRADO
PRIVADO
GRANDE
SERVIR
ESTELA

Puzzle 36

GASOLINA
BESO
SELLO
TIRAR
PAUSA
VELA
FRANJA
EXACTAMENTE
VIDRIO
VENTA
CAMISA
CON
TOTALES
ASISTIR
AMOR
NUDO
VAMPIRO
SOCIEDAD
VARIAS
EXFOLIANTE

```
P Z O A Y Y O S T V E V O A M O R
A C A M I S A O G Y X I D L J W X
U X Q S Y G O C T E F D U O L B P
S E L A T O T I I T O R N C J E L
A A A L P P N E R N L I O Z Z S S
R G S B Z M M D A E I O C O C O Y
A I I I E V R A R M A H H V V R I
N D S L S Q A D W A N G F P Y I N
V E N T A T Y R D T T A H G Z P S
P W X D G K I D I C E S Q O H M U
F T T E T U F R L A V O Y V K A C
H W Q P Z W A B E X S L Z R K V Y
R C F R A N J A L E V I D Z C X J
C A W E I E J B V D U N T L U W J
T O R R G T A T B T V A C D I W W
```

Puzzle 37

```
P P P X H L U D R E D N E T N E N
P O T O V G V V P C X F B J I M Q
E D B H Y R N N S R O T K P P P T
Q R R C E O U P W B P C E O A X A
U Í J E D L V O R E J N A R G N Ñ
E A J R F W A N Ó I S R E V N F O
Ñ N N E T E S J H K M X C J O O R
A U G D T X R R F C K A O J Z U E
F Y Q E P O B I A J V I R W C A L
E S T Á N D A R R A T I M I V N A
I N S P E C C I O N A R X J O C C
O L V I D A R L A R G O X E B H I
Y Y F N U T E L L F L Z H W U U Ó
O S O T S D V J B J E Z Y W T R N
V W I S M K L A O R D W Z E C A W
```

PRIMARIO
DERECHO
ESTÁNDAR
VERSIÓN
VOTO
GRANJERO
PEQUEÑA
ANCHURA
TUBO
OLVIDAR
EXTERNO
AÑO
RELACIÓN
REFERIR
ENTENDER
LARGO
UVA
IMITAR
PODRÍA
INSPECCIONAR

Puzzle 38

SEQUÍA
TRABAJAR
RECUERDA
EVENTO
CUIDADOSO
PRIMER
ELÉCTRICO
EXCITADO
LEONES
MIÉRCOLES
ANSIOSOS
PERSONAJE
POTE
CITA
LAGARTO
DIFERENTE
CÍRCULO
MONTAÑAS
CUANDO
TIGRE

```
E L Z U C S N U Q O V J R M U E P
S R T L S S Z V Q R L C R I D X E
G E A O O T R A G A L L L É M C R
N O Q L E V E N T O L H E R O I S
R P T U A Y M U O K C J O C N T O
R C Q C Í Q I Z R C U O N O T A N
A M A R B A R R E O I K E L A D A
J N X Í N T P O T E D R S E Ñ O J
A O S C R K O D N H A U T S A F E
B A G I Y J C N E C D A K C S U X
A O L O O B U A R D O A O U É Z K
R W A A J S D U E V S C I T A L F
T J N F D P O C F W O P K A H M E
T I G R E J A S I Q W Q W M Z S T
N K A M U U D A D R E U C E R G X
```

Puzzle 39

```
X L C J G A E N U E J C U R P A V
G A D R T Q X Y W J M O N I M A C
X R J A B O N O S A I N Ó H A S U
C M A M P K O B E V E D I U M O W
R S Y N I A H M M L M U C C B I B
O E O A I P H O C A B C C Q I C H
L L L A N Z B Y O S R T I F C E B
O A M O X S O A E Y O O F F I R Q
D M C K J J A R D Í N R F Z Ó P B
U I Q U G R O S E L L A S L N M E
G N K W N U C J G E V X K I C Y D
A A O N C A O W H T G O J S R T L
T Y D I K F L L I M P I O T E B O
O A V R N J R C U W V H C A A U Q
F V Q C H J S I N B D K Y Y N Q A
```

RELOJ
GROSELLAS
CONDUCTOR
DOLOR
GATO
PRECIOSA
MIEMBRO
LISTA
JABONOSA
CREAN
CAMINO
COL
JARDÍN
GRANIZO
CUNA
SALVAJE
ANIMALES
FICCIÓN
AMBICIÓN
LIMPIO

Puzzle 40

COLINA
SACUDIÓ
PRODUCIR
RECOMENDAR
ARAÑA
OYEN
LÍNEA
EXPERTO
REVISTA
IGLESIA
NABO
MISERIA
CASQUILLO
GRIS
NUBLADO
CORTEZA
HÚMEDA
CUEVA
DUCHA
COMPETENCIA

```
M J D W C H C O M P E T E N C I A
J W K P Y J Ú R E V I S T A R Z Ñ
E P R A F F Q M S A C U D I Ó O A
T W N I O C W P E N G U L X D I R
J Z J S I O H L I D U A U Í W F A
N N I E C R D C B V A D N R N Q V
O A M L W T Q P S V H B H Z U E G
K T M G X E W N R I C U D O R P A
Y Z O I I Z B I H K U C R W H E W
H T T N S A S L V X D K E E K M G
I I R W S E C A S Q U I L L O H Y
C U E V A O R S O D A L B U N H Z
T R P N N Y S I B C O L I N A F M
N Y X V N E W R A D N E M O C E R
L S E B T N R G N I B Y D T V Y O
```

Puzzle 41

B	W	P	G	Y	W	H	M	J	O	V	E	I	C	H	D	P
Z	T	M	M	S	A	Í	R	E	T	N	A	T	S	E	E	M
N	X	G	G	Z	D	Q	D	A	D	Í	P	E	I	N	E	E
O	N	T	G	R	U	O	M	U	T	I	M	U	R	V	O	R
K	Ó	C	A	U	S	A	C	G	R	S	B	I	O	B	Z	A
M	I	R	A	R	Z	O	U	F	O	A	I	E	D	N	O	D
R	C	I	C	J	R	Q	I	J	C	C	Z	S	A	O	D	N
R	A	N	P	O	W	P	J	A	N	M	H	N	L	C	A	A
D	V	F	R	W	Q	N	E	G	A	M	I	O	O	I	R	C
U	R	O	P	O	S	E	E	R	L	A	O	S	R	F	P	X
C	E	R	R	B	O	R	T	O	B	O	X	N	T	Í	A	R
E	S	M	V	D	A	B	L	L	D	A	S	A	N	N	N	S
V	B	E	L	R	Y	M	M	A	O	R	N	G	O	G	L	B
Z	O	P	R	B	K	U	H	C	A	L	D	V	C	A	Z	Y
P	S	W	R	W	C	C	G	T	P	K	H	I	S	M	L	K

POSEER
MERA
CUMBRE
OBSERVACIÓN
BLANCO
IMAGEN
GANSO
DONDE
MAGNÍFICO
ESTANTERÍA
MIRAR
PRADO
CONTROLADOR
INFORME
PEINE
CALOR
TÍMIDO
CAUSA
DURAZNO
OCHO

Puzzle 42

VIAJE
CONTAR
MOMIA
DISPARAR
SEÑORITA
SUELTO
COMPROMISO
CARA
SUÉTER
RESALTAR
DÉBIL
ÓRBITA
CABALLERO
MANTENIDO
HORNEAR
CAJÓN
RARAMENTE
CALIFICAR
PERIÓDICO
GRÁFICO

Q	F	C	K	P	R	U	P	C	H	V	S	M	F	P	L	C
P	G	F	A	Z	I	Y	E	C	O	C	I	F	Á	R	G	O
C	A	R	A	J	S	K	R	T	R	G	G	A	O	A	S	M
V	A	J	E	E	Ó	V	I	I	N	T	W	W	J	T	Y	P
S	U	É	T	E	R	N	Ó	D	E	Y	R	H	J	E	Z	R
K	O	C	N	Q	A	S	D	O	A	T	I	B	R	Ó	O	O
Q	E	N	E	K	T	A	I	D	R	C	O	N	T	A	R	M
X	Z	E	M	A	L	R	C	I	C	E	M	O	M	I	A	I
H	R	D	A	A	A	T	O	N	D	W	L	K	I	F	K	S
V	E	B	R	D	S	J	G	E	V	A	X	L	B	C	M	O
S	A	H	A	X	E	S	O	T	L	E	U	S	A	Y	X	P
Y	L	W	R	K	R	P	G	N	D	É	B	I	L	B	Y	Q
D	I	S	P	A	R	A	R	A	K	G	G	K	I	G	A	J
J	J	X	O	S	I	Z	U	M	B	E	F	K	A	M	F	C
S	E	Ñ	O	R	I	T	A	C	A	L	I	F	I	C	A	R

Puzzle 43

```
R H M G C J S W W J G Z O S P E D
H U Á E D U V O W R E H L U A M E
U M X F H X P Q V S V O L C R P S
J E I N K Z N É A Z W X I E T L C
T D M A E L B A I F N O C D I E U
E A O T D I E Z Ú B Ó K E E C A B
C D O I Z A L P A T I O L R I R R
N T S V E Z B W N H C M I B P Y I
O V E O D J I M P U A A A J A N R
L B C O T Q S O Z B C H R A R V Z
O H C E R G I X N L I S F E E D U
G I A T Q Í R D T U R A L Z T Y K
Í P A P E L A G P I B W H U K N B
A P R E G U N T A D A S V R I F I
W R Y P Y U L Q O F F H D M U E B
```

DIEZ
FRAILECILLO
TECNOLOGÍA
PAPEL
EMPLEAR
ACCESO
PATIO
DESCUBRIR
RISIBLE
TEORÍA
PREGUNTA
FABRICACIÓN
INTERACTÚAN
NATIVO
CONFIABLE
SUCEDER
PARTICIPAR
CUPÉ
HUMEDAD
MÁXIMO

Puzzle 44

FEROZ
PRONUNCIACIÓN
INSERTAR
EXTREMADAMENTE
COMPLACER
MUCHOS
LECHO
ENFOQUE
ROBAR
PARTICIPANTE
PIES
BALLENA
AMOROSO
FAMILIA
HUEVOS
SEIS
GRANJA
VOLUMEN
COMPLETA
ANÉMONA

```
Q A T E L P M O C P E N F O Q U E
P E T T N A X Z T R F A M I L I A
M K M N P N S H X O H C E L H F A
Y D Z A J N A R G N I W H Z U U N
C O M P L A C E R U X U O W E C É
Y S O I Y V D G H N I P G M V I M
B O X C W Y Q P X C R Z D P O N O
A R C I H S W T S I D C K W S K N
L O E T N E M A D A M E R T X E A
L M M R Y Q S P R C B P X P I E S
E A I A W N Z F O I Z L S A E H W
N X X P Y I A E B Ó V N E K J N P
A M E B M M J R A N A Z I W I P J
V O L U M E N O R G H Q S P H T L
M U C H O S T Z I N S E R T A R O
```

Puzzle 45

```
I C D X I N I Q G V X W W C D L V
N B U E C A R T E R O T M P J O U
M Q O C S A T O L L E B M O N Z Y
E O T I I C D V A E D I S I Q U H
D N N D S R R V E D F Y J R M R H
I E E S L H U I L E I P I O A Y U
A N I G A H B B C N D S T B U Q
T E M E R I S B S I O K N I Q N R
A V A K S O D A Z I R Z N M O G A
M W T X M P S X E S Q Y E R B W M
E H A O Q L A N O I S E F O R P A
N N R T G O E D Z U L H B D U P O
T E T R X R H R A C I M Ó N O C E
E M O A U T M V F Q Q U W B Z J N
Z W G T Z J J K F C G F C H Y S G
```

DICE
DORMITORIO
NEGROS
OTRA
ECONÓMICA
PROFESIONAL
RAMA
VENENO
BELLOTAS
ISLA
DESCRIBIR
PIEL
DEL
CARTERO
LEAL
ROL
RIZADO
INMEDIATAMENTE
ESPADA
TRATAMIENTO

Puzzle 46

OCHENTA
SUMA
EDIFICIO
TEJÓN
DESTRUIR
ZAPATO
COMENZÓ
LIMÓN
LENTO
TELEVISIÓN
CAMA
PINTURA
COMADREJA
FRIJOL
EDITAR
OYÓ
MUCHO
GESTIÓN
TRANQUILA
MITONES

```
T D U M F Y A A M T E C B F X M P
I E E D P S C R G E D O T A P A Z
F M K S U A M B Z L I M H E R P C
O G N C T O X X A E F A W C M A A
F U Ó Y O R R N P V I D I X U L M
A E Z U E A U Ó K I C R Q O H M A
L E N T O T C I K S I E L I M Ó N
I X E O Z I N T R I O J P X O I Ó
U X M M J D U S B Ó P A I R U B J
Q F O U I E U E F N H T N P D L E
N R C E D T N G Z W L N T D P Z T
A I V M M Z O M X Y D E U Q M T G
R J N V V M Z N C Q W H R I A M H
T O M J V Z X R E X T C A T U G D
F L V P X S U M A S V O C Q D J E
```

Puzzle 47

```
N U E V E J E R T R C D C M N R Q
R C H X J R S J G W O M J Q W D S
A Z A D A R T S E U M T S C S T B
S D L K P C A A K F R L K V V A O
I P N P K W N M F U N C I Ó N P L
M R B O P K C K A A G D W F X I Í
P E H D V Z I L I R A T A R T O G
L S N T L Z A W F B A S R V J G R
I I E A T O A L L A P V L E Q O A
F D A L C H Q E I L S L I Q P E F
I E S U X O S O D A N A G L P G O
C N G C Q K H V T P E D J T L B S
A T D C N Ó I C A U T I S N L A B
R E G T C J R V E H E R M O S O L
S N G Q N Z B C O N S I G U I Ó L
```

HERMOSO
ONDA
BOLÍGRAFOS
GANADO
PALABRA
SITUACIÓN
MARAVILLA
ESTANCIA
PRESIDENTE
CONSIGUIÓ
OSO
SIMPLIFICAR
TRATAR
FUNCIÓN
APIO
AZADA
NUEVE
MUESTRA
TOALLA
CHOCAN

Puzzle 48

SÍ
DOMINGO
OPCIÓN
PADRES
DÉCIMO
BANDERA
LLAMADA
EVACUAR
ÁRTICO
ABUELA
CONSTRUIR
GRAN
NADAR
SÁNDWICH
VER
MUJER
MEMORIA
PRIVILEGIADA
TULIPÁN
SOLUCIÓN

```
H H S W A D A I G E L I V I R P M
I P F G U U L C O N S T R U I R E
U C S Y G N E Z J O A S C C I R M
U P E V A C U A R T V Á C Z G H O
O L R M O D B R E L U N P M N L R
N A D A R T A Q V Q G D O J F K I
Ó O A Y H T U M Q G Z W P X G P A
I T P C H N M L A O M I C É D O M
C F R L R V O U I L O C Z N O P R
U D O M I N G O J P L H S B N C A
L J C G P S K I A E Á V U G P I C
O O I R N Z S L D C R N D B X Ó X
S N T A R E D N A B O A K H F N C
P H R N O J G G E K X F S Í M K W
F B Á T A B Z V D N P Y M D L C D
```

Puzzle 49

```
S Y A H Z G V D A I I O U M X E I
E N H R M X A E S P M I T F T S N
O T J Z L U Q C I G D J A Q U T T
D C R O B A U I E C S I X N K Ú E
K V A Q L A E D N A E U N R K P R
Y T H L T G R I T N W N J X T I A
N I N E I S O R O A X A M O U D C
I O N L Q E E K H R A R G I M O C
F D D I O I N N E I T R A Í D O I
Y A N I G Á P T T O L L I P E C Ó
R E D O N D A T E A Z U B Q S P N
R L R A W Y I I I E R E T S M Á H
R P U O J F X P S G Y S D X F V Z
F M U O L C P O X I A X E Z M R U
P E T R A N S P O R T E G M R W A
```

PÁGINA
CEPILLO
ASIENTO
EMPLEADO
INTERACCIÓN
SENTARSE
REDONDA
VAQUERO
TRANSPORTE
HÁMSTER
ESTÚPIDO
CALIENTE
DECIDIR
REY
UNA
TIPO
CANARIO
SIETE
MIGRAR
TRAÍDO

Puzzle 50

ESCLAREZCA
DEMOSTRAR
REBAÑO
ARREGLAR
ORGANIZAR
POBRE
REALIDAD
AZAFRÁN
ZORRO
POPULARES
FURIOSA
TRÁGICO
PROPIO
AÑOS
COMPAÑERO
ESTRECHA
DETENIDO
ARRESTO
SEGURO
HIERBA

```
A V D A S O I R U F Y E Y P P G X
W Z B E R Q I R A R T S O M E D V
F P A E T R A V E A H C E R T S E
R W M F C E E E J V X L I A E R H
O I P O R P N G P U E A Y Z G E I
M O G P B Á G I L F U R U I S A E
G P T N T C N V D A F E Q N T L R
X C A S U P T S Y O R Z A A R I B
T G G L J P T B X Ñ K C Ñ G Á D A
T X M C R K X U B A K A O R G A P
P O P U L A R E S B B U S O I D P
O B D L V M O T S E R R A Z C H O
H B N L U F P O B R E E T R O E K
L S K A I I Z O R R O S E G U R O
C O M P A Ñ E R O W V R I J R M R
```

Puzzle 51

```
E Z Y T D U Q W R V D W I W K Z E
S Q P O E S S R E E E M H W Q O X
E E W M C I U Q S T T C N V F O V
N X A A E E B T O N G R I X D L Z
C H H T P F I O C E W D A N M Ó O
I I I E C X D C Ó M O D O T O G R
A B K Z I E A P I E N S E O O I I
L I A K O X I W U L Z Ó S F H C L
M C R I N P H V Q P I R I V O O L
D I D E A L H M Q M L A M C D X A
K Ó T D D I P Z Y I R T Z V A U N
E N K T O C N S V S N P P W B N H
B N E N T A T N E M R O T G Á U H
N U W K E R P M E I S D W O S Z B
S N T Q C A L I D A D A H A V V R
```

ORILLA
CALIDAD
SIMPLEMENTE
ESENCIAL
EXHIBICIÓN
SÁBADO
PIENSE
COSER
ZOOLÓGICO
ADOPTAR
NACIÓN
VECINO
SIEMPRE
RETRATO
TOMATE
TORMENTA
DECEPCIONADO
EXPLICAR
CÓMODO
SUBIDA

Puzzle 52

ÁGUILA
BIEN
PROFESOR
MONO
TEMA
NACIDO
TEXTO
OPUESTO
FORMALMENTE
FUE
OPORTUNIDAD
ESPERANZA
VACIADO
CLARO
DEJAR
APARECE
INSTANTÁNEO
TONTA
VEZ
PERSEGUIR

```
T E F O D A I C A V Á M A Q L C C
O S O P L S K H G T G F O R A L C
N P R U X Z Y M Q C U U J N U Z R
T E M E C E R A P A I E N E O G J
A R A S F V D M V T L F S I R N B
W A L T I P Y E C E A C H B L W J
W N M O M R N T Z Y L Z C M T G J
M Z E T G O F Y H S N R P T R A P
O A N O Y F G M N R V E O K W R E
N W T I F E I N S T A N T Á N E O
Q A E F T S U N W E V J X Z E Z T
I R C G T O W Y R I U G E S R E P
I W L I E R G G S O H I T D J N T
L J H A D O P O R T U N I D A D K
Z W N T J O S Y B M U M M E D V G
```

Puzzle 53

```
D Q J Z I J L N S Q T V Y M E S C
T E T S C G P O U D I V I D N I O
M B P A A P R U E B A S I M V M N
J A T R A N I C O C D O R X D U F
I Q N E I O I R O T I R C S E L L
R R T J C M S W O L N J E I P A I
O U B I E U I S O S X U Q B N C C
M C A T K T P R L B C Y J V E R T
N G I C K M M M I S M A T E L O O
W S E T N E I R T U N C Q A L Z B
K W E K Í A M S D F R E M O C T
R Z G N J L K P E R M I T I R S E
C A N S A D O Ñ I M R A N J E A B
O Y U H F Y S P E E L V E Z Z V U
E L E F A N T E N R F T G K U U N
```

GENTE
ARMIÑO
INDIVIDUO
COMER
COCINAR
PRUEBAS
MISMA
SIMULACRO
JUNTO
PERMITIRSE
ESCRITORIO
CONFLICTO
ELEFANTE
TIJERAS
DEPRIMIR
ESTILO
POLÍTICO
UVAS
CANSADO
NUTRIENTES

Puzzle 54

TENDER
FIGURA
COCODRILO
JABÓN
TODA
OFENDER
RISA
LUCIÉRNAGA
PROCEDIMIENTO
LLEGÓ
LANA
LAZO
RECURSO
CIUDAD
PLANTA
TRANSPARENTE
CALDERA
FLORES
ALMUERZO
ARRUGAS

```
F M U L A Z K R Z X J R A U Y C O
H L B F U Q D X H I V S H K W O T
P F O H Ó C C A L D E R A X P U N
T J S R G L I H T U H Y C F Y P E
C R H K E A F É S D Y F C E Y H I
S E A A L S U L R E D N E T I D M
J D T N L I D E D N T O Q X X J I
Q N N O S R U C E R A R U G I F D
J E A F Q P L A N A U G R I P D E
J F L M E Y A D O T K D A D U I C
S O P E T D P R A L M U E R Z O O
T Z W Q Y V V L E Y N W L P U F R
C O C O D R I L O N Ó B A J P P P
A R R U G A S S Y I T N Z A R F I
Y Q F E U L O V M I E E O K T S H
```

Puzzle 55

```
C Q V O F X P P H F V M H H A L T
S U S O G U J Ú R A B A R G X I T
D K A U I D E P B I V E D I S B R
B I S O N T E R P L V H O A J E O
E P A D Ó D P S A S I I J Y R R D
S U R A I E F E R K B C L K Z T A
P N O S C L Q L O R I W O E Z A N
E T H A C I F U H U O D Q A G D I
C I C P E C P Á R R A F O I E I M
T A O Z L I C O M U N I D A D I O
Á G N D E O L F S F Q Q E S J E N
C U T T V S P X C E W N R O Q J E
U D R T I O I F O A P C J M Q M D
L O A C I U D A D A N O F A W G Q
O G E N E R A C I Ó N F G F K U A
```

CIUDADANO
FUERA
ELECCIÓN
CONTRA
LIBERTAD
COMUNIDAD
PUNTIAGUDO
GRABAR
PRIVILEGIO
ESPECTÁCULO
DELICIOSO
PASADO
PÁRRAFO
HORAS
FAMOSA
BISONTE
GENERACIÓN
DENOMINADOR
PÚBLICO
HORA

Puzzle 56

INCLUYENDO
INTENTAR
MARTES
AJUSTAR
RECONOCER
BOLA
CUIDADO
PÚRPURA
DOLOROSAMENTE
EXCEPCIÓN
PIMIENTA
PROPIETARIO
ESPECIE
TÍO
TOQUE
MANÍA
VACILAR
MARGARITA
MOMENTO
ASISTENCIA

```
S Z L A T I R A G R A M I M M L D
G E M S M J C L H N R C N G W H O
R A L I C A V O C O F U T M X F L
E Q T S G X N B O H Z I E T U G O
V V E T F E R Í J D Q D N Q Í E R
E I C E P S E R A D Y A T R Y O O
R P O N M A R T E S E D A K F D S
E I A C P Ú R P U R A O R K V N A
C M O I R A T E I P O R P T H E M
O I W A S F M O M E N T O I Q Y E
N E E K H T O Q U E B S V C R U N
O N C L E C V G A J U S T A R L T
C T E X C E P C I Ó N B M M V C E
E A O Y Z C P P G K Z K Y I Y N E
R U A L T J B F V W W C Z A X I O
```

Puzzle 57

```
C C I N T E R R U M P I R L T Q J
V O H D K L M I F F K M R O P M R
E M B E H D S N O P Y E A O A E H
B B A Y T Y B D P U K E R N D R J
N I Z N F O Y E E D A O U Y I P K
R N X D P X V P R G P A G A R J Z
W A D A S E P E D G F M E E E E M
M C R F L T Q N Ó O O U S S U G O
E I A O E O N D N Y M L A Q Q J D
J Ó T B N J J I F E I P K D I L I
O N P B E G P E I O T S O C D Z F
R F I N M E I N U N L N I V E L I
A V C H I V H T T U Ú I E P I R C
R P W J G E Z E P E S E E U U W A
A U L D O W S P K E I K T C F F R
```

PESADA
FUENTE
PLUMA
COMBINACIÓN
INTERRUMPIR
INDEPENDIENTE
COSTO
PESE
JUEGO
ÚLTIMO
ENEMIGO
FIN
NIVEL
ASEGURAR
MEJORAR
PERDÓN
MODIFICAR
IGNORAR
PAGAR
QUERIDA

Puzzle 58

MAMÁ
DETECTAR
ESCARABAJO
ABUELO
MEDIR
MENCIONAR
CASI
TUVO
TAZÓN
SEGURIDAD
COLAPSO
EXPERIENCIA
TRADICIONALES
RÍO
ALGUIEN
COLONOS
INÚTIL
ÁRBOLES
PROPAGACIÓN
SECRETARIA

```
H S W Z F Y C C O L A P S O X A P
E U P R O P A G A C I Ó N E N E Z
E Q M D Z J W N R J U B G H S I A
E N Q M T D C X A J G X N P Y U B
O K Z S A A N E T H S L R Z D X U
J W J P K D A I C N E I R E P X E
A W V P I I H Z E H L T A Í S N L
B B L W G R H G T F O Ú N M O T O
A X S Y V U I G E T B N O O N B V
R N O N R G O T D X R I I T O H U
A L G U I E N Y A J Á B C X L H T
C R U D D S L R O Z R X N Z O L T
S E C R E T A R I A Ó R E E C Y Q
E R O O M P W C T F M N M A M Á S
A T R A D I C I O N A L E S M N C
```

Puzzle 59

```
W L V I F C O Y E I X B D K M T I
E U O N A O R E J U G A S N E X K
K R V U T N E T A H O R A Ó L D H
E A I N E F N N B J C L J I O T A
G R T D S I I E E X É F A C C Í U
Q X A A J N D I R G E S B A O P X
T O C C D A N L G K R D E S T I N
K K I I D M I A N W I O J R Ó C C
H S F Ó O I N V A A Y T A E N O A
H O I N N E G Z S S A S N V T C N
Ú I N C C N U Y G M B E I N N B G
N T G P X T N U X V R U E O A G D
Y L I O K O O J U S X P R C C Q S
E O S L H O J A S T V U B W B L M
D V Q V U B B B B L B F S J S H S U
```

SANGRE
VALIENTE
CONVERSACIÓN
SIGNIFICATIVO
VOLTIOS
ÚTIL
MELOCOTÓN
CAFÉ
DINERO
NINGUNO
NEGRO
HOJAS
TÍPICO
AGUJERO
AHORA
CONFINAMIENTO
INUNDACIÓN
SUPUESTO
ABEJA
REINA

Puzzle 60

EJÉRCITO
FAISÁN
SE
ÉL
NARRADOR
HERMANO
COOPERAR
GARZA
TODO
CEBRA
ROJO
SECCIÓN
BOSQUE
ALTO
HACE
FRESCO
CANCIÓN
VEHÍCULO
ALFOMBRA
CARNE

```
P T S E H Q U M T R K I E L E P S
Y E G E S T G E R F V I S R M T C
B X I C C O T L A A R B E C Y A E
C R G A J C O É D I F M Q U Z Y F
D A S H K S I B O S Z W K C J Z X
C Z R Z Z E P Ó J Á K V N D K A R
U R O N R R R Q N N A S B A J U L
J A D Ó E F B O L U C Í H E V S Z
J G A I J B Q D J C H H M M D G X
G E R C K D L O C O N A M R E H S
R U R N S G O T I C R É J E X J W
S Q A A B I Q C R Q X W J B M L M
I S N C T K I F N A L F O M B R A
C O O P E R A R U U U U Q F J I Q K
Z B S L Z F X B Z R J U M I A X J
```

Puzzle 61

```
P K S P O C A V E N T U R E R O P
E V D H D S A I C N E U C E S P E
N E C E R A P R A H C U C S E E R
D U W D I C N R T A T E G Q H L S
I G G Z R R A E X A I J D P O Í O
E E K Y F B A L G K G J Q A E C N
N I R K U R A T C A X E M T Y U A
T L O T S E D O M E T F R O K L L
E P M Y T U C B B F T I F E K Λ M
D E S P U É S X R L N I V J G S E
K H I T I B R M W L H K N A P M N
W Z L U H U Z A M E J P J E M I T
W W C V F V M L Y G Q I D G S F E
F W I Q S M X G M A R L C E S A R
O I C F K D C O S R A Z Q B U L L
```

ESCUCHAR
AVENTURERO
PARECEN
NEGATIVA
CICLISMO
PATO
PELÍCULAS
LLEGAR
PERSONALMENTE
CALCETINES
PLIEGUE
SECUENCIA
EXACTA
DESPUÉS
MODESTO
CESAR
ALGO
PENDIENTE
CARTA
SUFRIR

Puzzle 62

HORARIO
LAVANDERÍA
AGRESIVO
PREFIEREN
RELAJAR
DEMOCRÁTICA
LECHUGA
POCO
CENTAVOS
PECES
SILENCIO
CASADO
RESPONSABLE
AUMENTO
MARCA
GRACIAS
PLATA
ACTUALMENTE
BÉISBOL
FRENTE

```
L B I X B Y S A I C A R G B Y W P
K E T N E R F U C B É I S B O L R
D L C Y J A O M M R U G P M A D E
I B Q H E T N E M L A U T C A E F
Z A T A U Q J N K M E M X U R M I
F S M I U G R T C A S A D O E O E
O N M X Y V A O I R A R O H L C R
H O W U E I C J I B L H C M A R E
X P F S K J D B I C S O O K J Á N
G S C E N T A V O S N G P D A T E
O E F C S C R D O C N E J C R I Z
V R I E G A K T Q I H G L Y K C O
N E F P K L A Q Q Z T X Q I Z A T
D X L A V A N D E R Í A V S S B G
D A G R E S I V O P L A T A F Z L
```

Puzzle 63

```
K Z O B Y F C X G E B G M Q M G J
B F V A A R U T C E L K L B T R L
F H D H E M A E N F E R M E D A D
B O S Í L K R E C N E V N O C E U
R D T A T W T U D V G B Y N K A T
V I E E L R O F I I Q G W I K A F
R R T I L C I S Y T S E T O Y O C
M E N O S E C S R Ó R T S O M Z G
O U E V B F U I T L S F R L A D E
K Q M R D I Q Q S E K V X A V W R
U E A E V N Ó I S E F N O C E A E
K R L I E T A P A E Y D J T B R N
W M O C Z G H A B I L I D A D K T
M R S A S E S O R A M I E N T O E
Q C T Q L V V G Q C I R K H C V G
```

DISTRAER
NI
LECTURA
COYOTES
ESQUELETO
HABILIDAD
ENFERMEDAD
SOLAMENTE
ETAPA
MENOS
CONVENCER
CONFESIÓN
GERENTE
CIERVO
MOSTRÓ
ASESORAMIENTO
BAHÍA
REQUERIDO
TRISTE
CUARTO

Puzzle 64

REVERSO
ÁNGEL
LINCE
PROPORCIONAR
PROBLEMA
CONJUNTO
HOMBRE
PELIGROSAMENTE
PROMEDIO
PLÁSTICO
LILA
REQUERIR
ENTREVISTA
DIVERTIDO
ALQUILER
VICTORIA
CORONA
PLATO
INTELIGENTE
PELÍCULA

```
A C I V W Z L B F H N A W P G W O
E O U I O U E T N E G I L E T N I
N R P C H D C M A L U C Í L E P D
T O R T B Q M W K K R H L I F L E
R N O O D I T R E V I D I G F A M
E A B R E L I U Q L A H L R P T O
V W L I I P A A E G T Z A O S O R
I R E A E R L P S H O H R S C T P
S E M V L H E Á U L A C J A W N A
T O A B I O G U S J X C H M T U H
A J V T N M N J Q T N N E E K J U
W B U O C B Á W C E I A F N A N K
N D W Y E R R I F E R C X T I O T
B H O S R E V E R Z A E O E L C X
P R O P O R C I O N A R T Q H P B
```

Puzzle 65

M	V	A	A	C	O	W	S	M	V	A	M	S	R	E	C	C
D	A	Z	R	T	H	E	C	S	I	I	E	O	E	S	A	I
S	O	R	P	R	E	S	A	O	E	S	N	P	C	T	P	R
A	Y	O	W	B	H	S	N	P	R	L	S	O	O	R	A	C
H	V	M	R	K	C	S	F	Y	T	A	A	R	R	A	Z	U
A	S	E	U	B	M	A	R	F	A	D	J	T	D	T	K	L
D	A	D	I	R	O	T	U	A	L	O	E	A	A	E	R	A
A	P	K	D	Q	N	B	B	C	I	N	P	R	T	G	W	N
R	I	A	O	A	A	U	F	L	P	J	L	L	O	I	N	W
T	E	Y	L	Z	R	Z	S	K	U	A	O	H	R	A	L	Q
N	Q	Q	X	O	E	Z	N	J	P	U	G	L	I	I	X	Z
E	W	L	I	F	V	Y	R	S	K	V	L	B	O	W	F	O
H	Y	L	Y	L	A	I	C	O	L	L	E	M	A	C	A	Q
T	Q	L	X	G	L	A	G	V	R	X	D	P	X	H	M	Q
B	O	T	E	L	L	A	S	U	U	S	I	X	P	E	O	T

ESTRATEGIA
RUIDO
SOPORTAR
PALO
AUTORIDAD
BOTELLAS
GOLPE
RECORDATORIO
SORPRESA
LAICO
CIRCULAN
VERANO
AISLADO
CAMELLO
MENSAJE
FRAMBUESA
PUPILA
ENTRADA
CAPAZ
VIERTA

Puzzle 66

TORTUGA
GAFAS
ENVÍO
PRÓXIMO
CORREO
SABÍA
AVIÓN
SUCIA
NIEVE
ENCANTADOR
CINTA
CASA
TREMENDO
VISIÓN
IMAGINA
HELICÓPTERO
LORO
CAPTURA
RÁBANO
DEBO

E	N	C	A	N	T	A	D	O	R	G	A	F	A	S	I	A
T	O	R	T	U	G	A	A	P	C	F	A	L	G	O	M	M
M	M	T	Z	R	F	I	A	S	A	C	U	V	J	A	A	C
H	E	L	I	C	Ó	P	T	E	R	O	D	S	T	I	G	Z
Q	V	F	Y	R	D	N	S	P	E	L	E	B	L	I	I	
F	E	X	I	G	O	M	I	X	Ó	R	P	U	B	L	N	K
I	I	C	S	B	C	S	C	I	X	R	O	T	X	O	A	H
V	N	Ó	I	V	A	U	F	K	G	O	R	O	L	H	Í	W
O	J	Ó	U	D	N	Q	U	Z	O	C	X	Á	B	U	B	I
H	I	Z	I	T	R	E	M	E	N	D	O	X	B	X	A	E
V	Z	Q	S	S	G	E	V	O	T	P	Í	O	Z	A	S	N
C	Y	X	U	X	I	B	O	Y	E	K	V	I	S	T	N	Z
N	Z	P	C	Z	N	V	U	I	M	C	N	M	X	X	C	O
P	I	Z	I	W	E	K	O	J	Y	V	E	K	J	G	K	Y
T	T	M	A	R	U	T	P	A	C	G	W	G	R	W	Y	U

Puzzle 67

```
C C J D C M P M A J E R O P C E T
O L T Z P J X N P D Z T Z E U C E
P T A V G X E Ó O D I P Á R E A M
I Y O S H Á B I T A T Ó L S L R P
N D Ñ B E C R C I L L K S O G P R
I I I C Z N L N O E K E Í N U A A
Ó N N S X B J E S U R L A A E X N
N T L T Í Z F T I C R S P C A I O
K E Á S X M K N R S B J X E T I W
Q R P W M A I I P E A D U L T O L
P N I C R M O L R E A L I Z A R I
F O Z S B S B W E I Q S I C R D B
S Q Z M V R L N Y S C A D C T H R
C C Z I W V M F J Z Z M P O A A A
T Z T T K P D G A A A H P A P Z S
```

ADIÓS
PERSONA
REALIZAR
TEMPRANO
RÁPIDO
PAÍS
OPINIÓN
OREJA
CUELGUE
DISÍMILES
NIÑO
CLASE
ADULTO
ESCUELA
INTERNO
LÁPIZ
CARPA
HÁBITAT
LIBRAS
INTENCIÓN

Puzzle 68

PATINAJE
ESGRIMA
PERMISO
CORTE
SALIR
PORTÁTIL
CHEQUE
SABIDURÍA
MILLONES
CORRECTO
CENA
DELANTAL
ESTUDIOS
PELEA
ESPANTAPÁJAROS
ACTITUD
ZANJA
ATARDECER
DEDO
REGIÓN

```
C I O A M I R G S E J R H G H A M
E Z Y S A Y T O O P R Q P F U T I
D E L A N T A L I T Á T R O P A L
R X N S E O W S D Y S E E I H R L
C N J E C L O S U Z A N J A B D O
A Ó U P Z L E U T P M W C D Q E N
D I Q X L K B P S R D K N I L C E
U G C O R T E T E J R R F L C E S
P E R M I S O T C E R R O C Y R A
N R I P A T I N A J E U Q E H C C
E A L B Y C Y Z J W W P O B S J T
D Q A Í R U D I B A S Y C X P Q I
M E S O R A J Á P A T N A P S E T
L E D E R K Y V R R A S P L X J U
M Z S O D A R M W F S R I A H J D
```

Puzzle 69

```
O E B N F B C C C O N T E N I D O
X W U U S R O D A R E M U N V X E
P B E W V A Y D S H C R P J I E Z
S M T R N R O D A C I L P M O C M
U U G X L I V J R N P S K A U Z K
A X F G X P M V E Y R E H M M L E
X Y D I L S C C L G F A R R G E G
U J C W C N B X A T E N E Í Q Y H
V A G S O I G W C P V N B Q O T L
I C Z Q M P E O S Z X R E U S D E
S U A F A T G N E A O O D E K K O
T S E D A D P U T I D É N T I C O
O A D A D E R N E E P O L L O G Q
R R L X T R A N S M I T I R V G R
S U R T I D O K N X V E P I U N X
```

YA
ESCALERAS
BODA
CONTENIDO
VISTO
POLLO
TRANSMITIR
EDAD
NETA
DEBER
NUMERADOR
PERÍODO
ENREDADA
QUE
COMPLICADO
ACUSAR
INSPIRAR
SURTIDO
IDÉNTICO
SUFICIENTE

Puzzle 70

BAJO
FUEGO
CAMBIO
LONGITUD
GALLO
VENDEDOR
ESQUÍ
COHETE
DOS
ZAPATOS
GOBIERNO
COMETA
RESPONDEN
CANTAR
NUBE
FLORECER
NOMBRAR
EXPLORAR
AULA
COMPACTO

```
Z A H D G A G E B L V P P R B C F
F A M N X A T E M O C L X E A O F
T B P W I G L C E N D O S S J H L
V V E A V R Q L K G Q L Y P O E O
E L D W T L W N O I N F T O X T R
F U E G O O P U N T U R I N K E E
W L C Y Z D S U R U B U E D Z F C
K R A R O L P X E D E A Z E F E E
Z F M A P U N J I L I U B N H F R
J C B T M F O A B D V L L U F M Q
E H I N E K H D O T C A P M O C R
B S O A W H B U G V E N D E D O R
S A Q C A N O M B R A R E Y Y O J
Q U U U R H Z K E G E U K T S Y M
I Z E E Í K G J B B S M O A Z X M
```

Puzzle 71

```
P T G W B X P H C E U S Y O K E P
V A I M I G I A C O J I H F K S X
M D C D Y S N L A D N P F M T Q S
G I Q I E E C C S A Ó T L U Z U E
N G B D E T E Ó A I I L A U G I N
I O A K T N L N R V C E A C O N T
C C N F N O T C S N A J N Z T A I
C S C E A M D E E E L E H U I O D
L E O R L A P X O Q B C K R S Ñ O
Q U I G E T W L L N O U B U Ó A C
Q P G H D L F E Y G P T D E P D V
Y D V A K A C F Y P B I G W O D P
V M A D R S E R U O L V F Z R O N
E S P E C I A L Z P N O R R P L L
P S N M V T G M Y A N G M A L S D
```

DELANTE
HALCÓN
SALTAMONTES
PINCEL
IGUAL
PACIENTE
POBLACIÓN
ESPECIAL
CASARSE
ESQUINA
EJECUTIVO
LUGAR
CONTACTO
BANCO
HIJO
ESCOGIDA
ENVIADO
PROPÓSITO
SENTIDO
DAÑO

Puzzle 72

COLEGIO
SEÑAL
EN
PARAR
PERDIDO
PASILLO
GANÓ
DEDICAR
GUSTO
PASANDO
EVITE
LLENA
VIRUTAS
DISTANTE
POSITIVO
MISTERIO
BARCO
POLICÍA
PESCA
HECHO

```
J T W J P S Z P O E M E Y P G H E
Q J U W R E T N A T S I D E A E B
U O V A Q L R A C I D E D S N C M
F W X T T M J D S V F V G C Ó H I
M M H J Z M J L I E W I L A P O S
H V C U Z A B N I D J R A R A P T
I B A R C O T S U G O U C K D W E
C W N U Z V L V F Y J T W I P H R
P C E E H I A L F K D A F V X A I
A V L Y U T Ñ M I H F S W X D J O
S W L F D I E K N S Q W Q K J M F
A M J S Z S S F D Z A Í C I L O P
N E X P G O V H X A N P N A B M T
D Y S B Y P C O L E G I O X R T H
O P L O N P M K U I Z T X Y M G Z
```

Puzzle 73

```
S P Z F J F O T N E I M A S N E P
C O N T R I B U Y E N A B T N G B
X D T U H H U B E T O L S R K O A
Z P F B K A E U G H B J O A P L S
M E S A L U C Í T R A P R B Á F T
M O R A D O A I W P Y N B A J C A
N Ó I C A U T N U P E T E J A I N
N E M T W L E D M A N O R O R E T
E F I Y H W W I L N S T T I O R E
G P E P I N O V T I Z N U E S T Y
R F W T Q V R I T C K U E H L A E
I C R P V H X D I S F P S T T X F
T R F M K L Q U E I P R D Q E J F
A N H T D B T O N P T Y X U E F G
P M L N G A G S E T N R G G K B V
```

MANO
ABSORBER
PUNTO
PISCINA
PARTÍCULAS
PENSAMIENTO
TENSA
PEPINO
INDIVIDUOS
PÁJAROS
MORADO
GOLF
NEGRITA
CIERTA
MES
BASTANTE
PUNTUACIÓN
TIENE
CONTRIBUYEN
TRABAJO

Puzzle 74

SUPERFICIE
INDUSTRIA
MENTIRA
ROMPIÓ
ALTITUD
CRIMEN
TEMAS
ACLARAR
INGREDIENTE
RESULTADO
PEQUEÑO
COMPRA
HABLAR
CACAO
PASTINACA
SACUDIERON
AQUÍ
AUTOMÁTICO
SELLADO
FRUTA

```
D O J S E L L A D O M I P H Y N A
K K B A L P J G P A E N F Z G L U
H R N Z N G F D D L N G D O D H T
N A O W D V R W Z T T R U Z D Y O
E C R M V Í U Q A I I E R Y T D M
I A E U P E T T Z T R D D X V T Á
C N I C J I A D B U A I C M E U T
I I D Y G C Ó C N D E E H T N H I
F T U U V F O A C A C N W I Q P C
R S C B S N E M I R C T U D I Y O
E A A J A T P A P J R E C A M T X
P P S S M M R Z D R A R A L C A W
U L V F E Y M I L R A L B A H G S
S H R Z T L M U A P E Q U E Ñ O C
R E S U L T A D O H Y E F K J F T
```

Puzzle 75

```
T Z P P P B E B É O V C J O I G H
X G O E C E G A D F W P Y A S I N
T R R R M I R R G L U C U Z G I T
E V C D D F I E A N L I K D M G T
R N I O B U V C J V E T D Q M F A
C U Ó N R K I M W I E G J U C D N
E E N A E M V X Z T L D O T L A S
R V G R V A R I E D A D A C I B Q
O O T N E I M I S A D Q P D I P W
P L A T O S G Y K S N E R R M O I
O P U E S T A O Z A L P E Z U C F
B R I I H W Q F H B P I U V B I A
O V K B Z I P L B E O F Y Y G S Y
L L V R E D U C X R Z U T M L Á I
R E S I D E N T E Z O M C I N B I
```

PORCIÓN
BEBÉ
VARIEDAD
RESIDENTE
SABER
NEGOCIO
SALTO
PLATOS
VIVIR
OPUESTA
PEREJIL
PEZ
ASIMIENTO
GRAVEDAD
BÁSICO
LOBO
NUEVO
PERDONAR
PLAZO
TERCERO

Puzzle 76

PROBLEMAS
TÉRMINOS
POSPONER
SERIA
HUMILDE
POCAS
SIENTO
HORMIGAS
IMAGINAR
HAMBRE
RAZA
LIBERACIÓN
AMARILLA
CERDO
ESPONJA
BUSCAN
BICICLETA
HECES
REDUCIR
GIRASOL

```
Q D N N F K N P H Y I T K N M I H
G I I Ó A L L I R A M A Q N C M E
D B A I C P U N E O T O Z O F A C
X X T C J Q W X S T B F A K U G E
H K L A Y A W F P N M L X S N I S
Q C Q R A Y L W O E T L E S Y N U
O N Q E S W S M N I T O H M B A T
G T S B D V N X J S H S J N A R Q
S A G I M R O H A M J A G Q Z S T
A E D L I M U H P Y L R M J A H R
C V R T É R M I N O S I N B R V Y
O I R I C U D E R H Z G O D R E C
P N A E A T E L C I C I B K L E W
V W H U Q P O S P O N E R J V J K
D B U S C A N B D J C C C O H Y T
```

Puzzle 77

```
G  M  T  L  B  L  J  F  O  O  R  Ó  Z  A  R  B  A
E  G  R  I  T  O  C  F  L  R  J  T  R  P  G  B  V
I  S  R  A  N  G  O  O  A  Z  S  U  M  R  L  L  R
G  O  R  A  R  R  E  C  M  U  P  L  E  E  O  O  U
F  D  L  I  A  T  P  Q  U  P  N  W  J  N  S  Q  C
J  A  L  B  N  R  V  U  A  C  O  L  M  D  A  U  N
O  U  M  A  J  U  G  A  L  M  H  R  K  E  R  E  H
H  C  A  S  Q  F  I  M  G  Z  N  I  T  R  I  S  Q
N  E  G  O  C  I  A  R  O  E  P  M  L  A  O  Z  E
A  D  C  N  Y  Q  V  D  D  N  J  H  W  L  R  J  E
X  A  J  Z  T  F  C  Z  Ó  U  Y  E  A  L  O  S  C
J  H  B  W  W  T  Z  R  N  Q  U  I  Z  I  P  Y  E
Q  R  E  L  A  C  I  O  N  A  R  I  W  S  X  Z  D
E  X  P  L  O  S  I  Ó  N  G  B  L  C  Z  T  K  J
A  J  C  X  M  V  G  O  C  R  M  O  X  S  N  C  A
```

CURVA
CUCHILLO
SABIA
CERRAR
RANGO
UNIRSE
EXPLOSIÓN
APRENDER
PEOR
AGUJA
COMPORTARSE
BLOQUES
ALGODÓN
NEGOCIAR
GLOSARIO
RELACIONAR
ABRAZÓ
GRITO
ADECUADO
SILLA

Puzzle 78

REUNIÓN
EJEMPLO
PRODUCTO
IMPACTO
SUSTANCIA
ESPOSA
PRESTAR
NUESTROS
GRADUADO
MARIQUITA
JALEA
AFECTO
COMPROBADO
LAGO
COMPASIÓN
CARBÓN
ENVUELVA
BLUSA
PERRO
REVERTIR

```
L  R  V  Y  L  W  O  Z  J  P  K  R  G  T  E  I  N
C  M  B  T  T  H  V  M  K  A  R  U  Y  T  U  T  Ó
A  S  O  L  P  M  E  J  E  E  L  O  K  X  C  L  I
C  A  R  F  I  M  P  A  C  T  O  E  D  W  L  S  S
I  Q  R  E  U  N  I  Ó  N  S  U  I  A  U  C  X  A
I  Y  E  I  G  E  Ó  A  F  E  C  T  O  O  C  R  P
E  S  P  O  S  A  D  B  Y  H  B  A  A  D  G  T  M
P  R  E  S  T  A  R  R  R  B  U  Z  V  A  R  R  O
M  A  R  I  Q  U  I  T  A  A  S  U  L  B  A  E  C
S  N  V  V  B  W  A  M  W  W  C  H  E  O  D  V  O
L  A  G  O  N  V  S  A  Q  R  W  L  U  R  U  E  B
S  U  S  T  A  N  C  I  A  J  X  G  V  P  A  R  F
Z  N  V  Z  E  F  K  Y  I  Y  E  Z  N  M  D  T  M
A  A  I  M  L  J  W  C  Q  D  O  A  E  O  O  I  K
Z  N  U  E  S  T  R  O  S  E  J  Y  I  C  P  R  O
```

Puzzle 79

```
B Z S D I S P O N I B L E S T Y C
S J L O G B W S W E G J F T R R M
U S E V L R R M U T S W X Y I X W
S Q O O G I A S N N S I D D N E G
T M P L D C C Y X E L Y G N E M A
A M A U A U I I A M V O Z L O S G
N A R N U D R P T L I P B A O V L
T R D T D O B C R A J E R A P M E
I C O A B R A L D R R O P N D O T
V C C R S T F Q T E P G O E G J X
O M T I R N X X E N S K M C N E D
C C J O V I J A W E A V A V Z A Y
C O N J E T U R A G Ñ W L G Q D B
Z O H U R A C Á N C I E M P I É S
D E S L I Z A M I E N T O A U M O
```

SOLICITAR
LEOPARDO
CIEMPIÉS
DISPONIBLES
EMPAREJAR
NIÑAS
PENA
VOLUNTARIO
HURACÁN
CONJETURA
GENERALMENTE
MAR
SUSTANTIVO
TRINEO
VOZ
INTRODUCIR
SIGLO
DESLIZAMIENTO
FABRICAR
RITMO

Puzzle 80

FALTA
REFORMA
EJERCER
GLOBO
BOXEO
DEPORTE
DEBERÁ
REMOVER
CHARCA
CABALLO
CIERTO
PREOCUPADO
CONFUNDIR
REBOBINADO
INTERÉS
TEMPERATURA
CONGELACIÓN
EMPRESA
INCIDENTE
CUADRADA

```
C B H X H H D E B E R Á G W H C P
U O F T E M P E R A T U R A R A R
A X R E B O B I N A D O F Q E B E
D E P F C J V Y V Y F E W C F A O
R O X A C I E R T O S R U O O L C
A P R L C O N F U N D I R N R L U
D O Q T G I E Z Q A C V O G M O P
A H K A G R N J Q K O J K E A P A
G L O B O R E T E S R O D L C W D
E M P R E S A M E R Y O N A R E O
D E P O R T E U O R C P G C A M S
I N C I D E N T E V É E P I H H Q
Y G Z O Z O G Q K R E S R Ó C O T
I N H B C W Z A N J A R C N M X A
Z A X O A D X L E Q C T D I M L H
```

Puzzle 81

```
F X T M P F E T N E M E L B A M A
A N N N Ó I C A R E P U C E R P C
N G B Ó G Z U D F A M E T B A J I
G Y Z E S Y A J E Z S L U I C I T
O J U L S V S B L L W A D D E S Í
S J H G S X E C O P G E P A P B L
O L K Q U X R C Q U M A E B T N O
T A U X E S T X K A U C D B A B P
T U C U M P L E A Ñ O S N O R O L
C F B Q J A S E M O R P E U V M K
P E L I G R O S O T T I U X T B A
V T K R K C F Q G I S L D R U E T
J R E E G J I W Z X O L A K G R T
W S T Y Q L Z K S É R C R P D O S
Z O E E Q K I G R P R D Z A C T O
```

GRUPO
PASAR
RECUPERACIÓN
PROMESA
AMABLEMENTE
DUENDE
SAUCE
TRES
ROSTRO
CUMPLEAÑOS
ÉXITO
DELGADO
ACEPTAR
ACTO
BOMBERO
LEÓN
POLÍTICA
PELIGROSO
FANGOSO
BEBIDA

Puzzle 82

ALERTA
TRUCO
PERSECUCIÓN
HUEVO
TELA
EVALUAR
CEBOLLA
NIÑOS
ROSA
INVITACIÓN
ELLA
OFICIAL
INVENTAR
COLUMPIO
ALLÍ
SOL
TIRADO
PERMITEN
CIERTAMENTE
ECONOMÍA

```
I N V E N T A R J U Z C S S P B M
L Z J T Q X C L A I C I F O E U I
D Q S N N R W O L A K N V Ñ R X C
Q Z B E W O I A L E C R F I S R I
A E R M D S K L V U H J S N E P N
J E G A O A P E G I M P V S C E V
C K D T U V Z R B Z B P C L U R I
P Q H R Z L S T T E L A I D C M T
H Z N E I R A A S O L O R O I I A
R E Q I R O O V E U H B S D Ó T C
T G N C J O U C E B O L L A N E I
T R U C O E C O N O M Í A R N N Ó
E E B K U F X D S X H W M I Y I N
A L L Í C M B N T L R I K T L Z J
R J D X K X P D U L X W J T O L T
```

Puzzle 83

```
E O P E R A R W A D A C É D V Z G
P N D I J O J I B Y R D O Q K P O
S I F C L I K D S O J E L N R M Q
Q A E E G D I F O A N U A L E Z C
I F F R R O L F L V V U E S C J S
V B C P N M I N U Z K X D H E L O
F L U H C A E W T X I K S V R O T
Q B R J F Q M R A C Ú Z A Y E U N
O U I J Z G J V A V Z Q F D P D E
A R O D A N E D R O T T Q A V D I
J Y S N K M R E C I E N T E A W C
G L I A T Ó M I C A N Y H J L Y Y
J T D E X T I N T A Q W L A L S B
C I A T N S L Q I P P P J P A W B
K X D C A Y H W S H G E U H D X E
```

FLOR
DIJO
OPERAR
EXTINTA
ENFERMERA
LEJOS
ABSOLUTA
ORDENADOR
CURIOSIDAD
RECIENTE
PERECER
VALLA
ANUAL
AZÚCAR
PIERNA
DÉCADA
CONEJO
ATÓMICA
CIENTOS
ODIO

Puzzle 84

MALA
SUPERIOR
VECES
VIDA
CAMIONETA
DESTRUCCIÓN
ESCENARIO
MISIÓN
GOBERNANTE
HURÓN
COBARDE
COSA
ERUPCIONAR
ALCE
LLANURAS
MUÑECA
OBEDECEN
ARTISTA
SÓLO
BURLA

```
D Q O H U R Ó N Q D S B W E X T G
D A X A G F E J L T U U U H L F O
A Q N L R Q I Q W J P C M R V O B
L L A N U R A S Z F E X D S L P E
P R F Ó V K M H Z V R E D G L A R
N E R I L I R A N O I C P U R E N
O A Q S L N D H L K O L Ó S N D A
E O Y I T J P A K A R A G V Q R N
O W P M M U Ñ E C A V E C E S A T
A R T I S T A C O S A I L D D B E
E S C E N A R I O R U F K L V O X
O B E D E C E N U K A Z M P M Q C L
D E S T R U C C I Ó N E B N Q L N
P F T Z P X Q V V F O N H V N F D
C A M I O N E T A T S B Z Z P K R
```

Puzzle 85

```
R D P L A C A S N E F E D F I F Y
P G T L Z Y L K Z A Y T S I Z Z M
X R O B M A T E L C O N C E Q L M
Y O Á P E R F E C T O A P S U M M
P Ñ I C S H A C K G R N A T I P A
K E N S T N Z U C F I I I A E V R
C S T U O I B L M N T M R S R I T
C N E P J H C S B E C O O D D T I
A A R U E U Q O L B M D H H A A L
R E C Z I K G D D K X Q A R D M L
Á P E U V J F A L L I C N E S I O
C Q P Z I A R L K N C Y A B D N A
T Y T X H D O Q G G U V Z S Z A Y
E J A L I B É L U L A D V V K S Y
R U R X W O C V A D B U B A I C D
```

MARTILLO
SEÑOR
FIESTAS
VIEJO
IZQUIERDA
ZANAHORIA
LIBÉLULA
TIRO
PRÁCTICO
SENCILLA
PERFECTO
VITAMINAS
INTERCEPTAR
LADOS
CARÁCTER
BLOQUE
TAMBOR
DEFENSA
PLACA
DOMINANTE

Puzzle 86

OLOR
COMESTIBLE
CONCEBIR
HAZAÑA
ALFILER
PIERNAS
ACERO
CAJA
CINCO
APOYO
CALAMAR
SENTADAS
DÍA
VALOR
CIENTÍFICO
ALTA
FRESA
REGULACIÓN
LUNES
ASUME

```
Y Q F Z R N Y G I H J F O C N I C
L U N E S B B X A O R Z R O G T I
V Q W Y N I N H A P O Y O N A R E
Y S Q Z Z H Ó A M A E C A C S M N
A C E R O P I E R N A S L E U P T
A I F O U H C F X J J U F B M C Í
S L J L T V A Z R Q A E I I E O F
V E T O V A L O R E C P L R C M I
S Z N A Q Y U R J Q S O E C C E C
P A B T Q U G O U E N A R K B S O
Q P Y M A H E F D W R Ñ I V M T L
K I F M N D R X Í Y O A G F V I U
U I C A L V A A A H E Z A B J B S
C A L A M A R S L J D A U X T L G
C P Q H P C G G O V V H L U E E S
```

Puzzle 87

```
P S R H I M V S P I D D U J D W K
G O K I U N E U R A Z I L A C O L
H F A G T K V C Ó U S C Y C O I N
G Á P D D B O O T O Y E L A P R V
T R A M E U Q D L I K D O D T A L
B E L H J Z E G A U E S M A Z T V
H S L F S T J O S P C O T A T N J
S W I S Y E C E N E T R E P K E D
S W M P Q R T S U P R E A R T M O
C O M P R A S J U A K N K D Q O B
F E L I C I T A R E T E G K O C D
A U T V P A L H X R Ñ T D L H U O
H E R M A N A U D F R O N Z Y U Z
G E X P E R I M E N T O O I P C H
Y P I V K J Y A A Q G L W Y L X S
```

SU
PASEO
QUEMAR
HERMANA
TENER
FELICITAR
COMPRAS
SALTÓ
SUEÑO
MILLA
INVOLUCRADO
CADA
COMENTARIO
LOCALIZAR
LEY
PERTENECE
EXPERIMENTO
SERÁ
SOFÁ
TRAER

Puzzle 88

ENORME
ABIERTO
POSIBLE
GASTO
FINANCIERA
CIELO
DEMOCRÁTICO
MEJOR
ADJUNTAR
HABLAN
INVADIR
AGUA
ANTIGUO
SAL
ALEATORIA
POBREZA
CAMPO
ABRELATAS
PROBAR
SECRETARIO

```
A O R O N S L A I U M E N X G M P
Z G N C W R Y N K F E N E D A R A
E V U O J X U T V I J O L E I C L
R E A A Y N A I Z N O R B T R F E
B N B V T A Q G J A R M I X Q Q A
O E W S A L D U F N I E S G M T T
P B Z R V B W O W C D Z O A E U O
R M P M Z A G P N I A W P S W X R
I P D Q M H R M U E V E Y T E A I
A B R E L A T A S R N Q P O S G A
W A H X U I O C X A I A C D T K R
A B I E R T O I R A T E R C E S J
R A A D J U N T A R A B O R P H I
D E M O C R Á T I C O D E X I F E
C R A Z T B W X G C F F Y B O U S
```

Puzzle 89

```
P K Y M O X F T T M P N U A P E L
O E Q B C L D U A B J H F A S T H
A D M I T I R R B N N A C I D N I
H A Q G B C D Ó L U A Z P C F Z P
K D K X Z C M N E O T C E Y O R P
B R L L I V O E R S N I W N T I Z
N O I C O S I A O Y E L I A B Y K
L R D A V Z B N N I S G C E L D A
H A B I T U A L O Y E C Ú T W B Q
U S U F U R B G I F R U S N N Z M
D E N Ó I C A C I L P I T L U M C
J R X A C K S E L N E E S T U F A
N P B Q Z E C E N G R A V E L L U
H X G F S Z C O D N E I M O C X G
D E P O R T E S R T E S Y B J Y K
```

REPRESENTAN
SEGÚN
DESCUIDO
TABLERO
ADMITIR
ESTUFA
MULTIPLICACIÓN
VINO
LLEVAR
DEPORTES
HABITUAL
SOCIO
TURÓN
COMIENDO
CELDA
BAILE
INDICAN
CRUZ
PROYECTO
EXPRESAR

Puzzle 90

DESEANDO
ATENCIÓN
JIRAFA
EXISTEN
PUNTA
COMIENZAN
LIBRERO
GIGANTESCO
VACÍO
ASA
OCULTAR
AIRE
CARIBÚ
LOCA
LOCO
DEMÁS
MANTENER
RELIGIOSA
NARIZ
MUSARAÑA

```
Q L Q P D W M X E V Z U I M O U L
N A R I Z E Y A V A C O L A V T Z
E S M Q P R S H I C X P K N O Y G
T A W U G I B E N Í L U G T J R I
S W X I S A X Z A O Y N T E K E G
I O X L Á A D H D N K T N N O L A
X O F I M J R N O M D A Ó E B I N
E D I B E R M A Y Y H O I R R G T
T S U R D D O Z Ñ C B D C N A I E
X T A E X E T N K A T C N O T O S
K N H R R W E E W T H T E O L S C
Q L A O C A R I B Ú A L T R U A O
J I R A F A V M C A T A A J C L A
I P N P W K X O Y J N K A C O W Q
G U U H O X L C S A M N X I T I K
```

Puzzle 91

```
A Í D O P G J D N V W N N A C P E
I C M S X T P E T N E I L C O R R
R S A J N I V S T K A A T D N E E
A C N B I B M C U I T Z B U E C F
N A U U A Z C A L T P L T O X I V
I W L M K D Y R T S B M N B I S W
D U F J T S O T R L E Z O E Ó I R
R S Z X S U M A R O N G J C N Ó Q
O L A G E R P R P I E D R A G N Y
P R O D U C C I Ó N G R S K H U S
P F O I N T E R N A C I O N A L M
I C G N A C T U A C I Ó N O V G A
E C A T E L C I C O T O M I R H D
Z A E N E M I H C U U B W Z U P R
A L B D O H N D Q C U L Z T T R E
```

PIEDRA
PRODUCCIÓN
CONEXIÓN
PODÍA
INTERNACIONAL
COMPITE
ACEBO
PIEZA
MENOR
MADRE
ACABADO
DESCARTAR
CLIENTE
CHIMENEA
REGALO
ACTUACIÓN
LUNA
MOTOCICLETA
PRECISIÓN
ORDINARIA

Puzzle 92

BÚFALO
MINA
SERIE
DIVISIÓN
RECIBIR
TARDE
LOGRAR
DIBUJAR
RESPECTO
ATLETISMO
BUFANDA
TORTA
LIEBRE
BALCÓN
PENSÓ
PLAYA
ENSAYO
SATISFECHO
PRINCIPAL
PUEDE

```
L Q P S X V P M F H S Q X E X Q B
A I S R U F R H O L P C U X A Z A
I O E I O O I P P T V L L O W A L
A W D B P H N W L V O L A F Ú B C
I S R X R C C F L Ó W I N Y U U Ó
L L A T I E I R E S F N I Y A F N
A O T O B F P V M N W T M J C A H
P M D R I S A U P E D U U E L N D
D S Z T C I L O Q P Y O H B D D I
C I M A E T F R E S P E C T O A V
V T B D R A H A P Q Y Q V F Y N I
A E V U M S J R U O S O D P A I S
C L N P J A M G E Q W Z M N S L I
T T Q X W A L O D L V E R N N Y Ó
P A R L D C R L E H K W S Y E N N
```

Puzzle 93

```
V O O D E Y L S M C V A I Q D F E
P W U Q D V Í S O Y J Z X U E F S
R A I V N E M Q Z B K E E E J W P
A N D C E R I S F P R R Y S A S I
N I R R P I T P P A I E B O N T N
O S I V E A E U Q O H C V Q D X A
I U N K D C I F B N O L L I O H C
T G O O R G A N I S M O S H V K A
S E C M A G D A L E N A K S Q I S
E R E N E T E R V U J Q T H D M R
G I R I G D P M X B W L V Z T H L
K R O U M Q O R E A M G B B E F I
R F N Z L J R X P S E N I F L E D
G Q T A Z Y P M P Z A M I R C G G
B I E T Y S P L A T A F O R M A U
```

MESA
QUESO
SUGERIR
ORGANISMOS
DEPENDE
MAGDALENA
DELFINES
DEJANDO
RETENER
SOBREVIVIR
ESPINACAS
RINOCERONTE
ENVIAR
LÍMITE
PLATAFORMA
POR
CEREZA
CHOQUE
GESTIONAR
PADRE

Puzzle 94

AMIGO
SEGUNDO
MINUTO
CONSIDERE
MONEDA
CONSECUTIVA
QUIETO
DIFERENCIA
VERBO
PINTURAS
ESTADO
TIERNAMENTE
PACÍFICO
CUBIERTO
EDUCADO
DERRETIR
CLIMA
COCIENTE
LOTE
DIFÍCIL

```
A Y N C H N N W C C B F X C T A Z
M Y C O O U F R L U O Q U I E T O
I S I A Z N Y I T L B C I O W U D
G W Z I J M S T S Y C I I B Y N Y
O H Z L E O C E N V L L E E D I H
V E R B O N L R C L O T E R N N E
I X N J U E I R B U O N I D T T R
Y W A Q P D M E J Q T S E N F O E
J T A N O A A D Y N L I C Í F I D
D I F E R E N C I A C L V Q V P I
M I N U T O S E G U N D O A M Z S
L F O H T I E R N A M E N T E Z N
P A C Í F I C O P I N T U R A S O
E S T A D O D A C U D E K A Q D C
B O D W G B V L E U I Y D N W F D
```

Puzzle 95

```
R  I  L  A  T  I  D  O  I  M  B  Y  H  V  D  A  H
G  V  K  C  B  D  A  D  I  C  O  L  E  V  U  C  U
E  B  D  O  A  E  D  B  K  E  W  L  S  B  R  T  E
J  S  O  R  V  M  U  J  O  L  F  L  Q  J  A  I  S
P  A  T  Í  N  D  E  R  S  G  F  B  S  H  N  V  O
P  S  O  O  I  U  Y  N  P  D  A  L  Q  I  T  I  T
T  O  R  O  X  X  D  F  T  R  M  D  H  T  E  D  N
M  C  D  P  S  W  F  X  S  O  R  Z  O  A  A  A  E
K  W  V  P  A  M  O  V  I  M  I  E  N  T  O  D  I
H  D  X  C  U  M  O  L  E  S  T  A  R  N  F  D  M
F  A  S  N  T  W  S  L  Z  M  N  O  L  E  O  C  I
K  Y  P  Y  O  T  E  R  C  E  R  T  G  T  S  Z  U
J  S  H  S  R  C  H  V  B  U  K  B  P  A  H  C  G
X  E  Z  M  L  S  P  R  E  M  I  O  E  L  M  Z  E
C  Á  S  C  A  R  A  D  A  N  E  D  R  O  I  S  S
```

AMENTO
PREMIO
TERCER
SEGUIMIENTO
DURANTE
MOVIMIENTO
LATIDO
PRUEBA
PATÍN
ACTIVIDAD
HUESO
COSAS
VELOCIDAD
ABOGADO
ORDENADA
ROCA
MOLESTAR
CÁSCARA
AUTOR
ATENTA

Puzzle 96

NATACIÓN
MEDIOS
VIAL
SUAVE
ENSEÑADO
MILITAR
TUERCA
ANSIOSO
SOLEADO
SUERTE
MANCHADO
MATERIA
BERRO
OJO
ABUNDANTE
FACILIDAD
SER
FÚTBOL
TOMAR
MUSEO

```
E  N  S  E  Ñ  A  D  O  V  M  B  F  J  M  T  W  R
C  Y  K  Z  U  Y  X  F  E  I  Y  A  M  I  Q  X  Q
S  U  E  R  T  E  X  L  F  L  M  C  M  J  O  W  U
A  V  S  S  M  E  L  Y  E  I  E  I  A  Z  B  P  U
V  N  Ó  I  C  A  T  A  N  T  D  L  T  T  G  T  J
A  H  Y  H  D  Z  N  R  N  A  I  I  E  O  E  A  A
N  F  D  X  G  K  H  C  U  R  O  D  R  M  S  E  R
S  H  X  O  G  S  B  O  H  T  S  A  I  A  L  T  H
I  Z  Z  L  S  V  U  D  C  A  J  D  A  R  D  N  C
O  Y  M  K  H  T  V  A  J  C  D  L  H  O  S  A  D
S  G  U  U  H  S  Q  E  V  R  H  O  Z  N  I  D  F
O  C  S  F  E  V  V  L  Z  E  R  B  C  L  E  N  Y
V  J  E  A  V  H  Z  O  A  U  B  T  M  O  G  U  S
J  Q  O  R  R  E  B  S  E  T  M  Ú  S  G  U  B  L
V  P  B  V  I  A  L  Y  Z  S  G  F  M  X  V  A  R
```

Puzzle 97

```
G J F F R A O M A T Ó P O P I H S
P R A N O I C R O P O R P A U B O
A E U B N Z B K L Q C C N P Z D L
S D J Ñ S B Q N D A O A Z E I P I
T W N Ó I T S E U C D Q X L Y U T
I I U C F D J I X N D O C J N J A
N H N P S K O U O S A M S I M Y R
A M P J X E G G R E P O M X K G I
C A D N I L D L S R G I I L S F O
A R Z V A T W A I T D O D W L C Z
I C K K Q V N Ó I C C E R I D N F
I A C I T C Á R P Z R F Y G O G P
O D A S A C G E S T I O N A R M V
I O C I F Á R G J Z V T P O W K A
K R R E C R E A T I V O I K M A Q
```

RECREATIVO
LINDA
IDIOMA
MARCADOR
DIRECCIÓN
PRÁCTICA
GRUÑIDO
CUESTIÓN
MISMAS
HIPOPÓTAMO
SOLITARIO
GRÁFICO
PAPEL
ALGUIEN
CASADO
PROPORCIONAR
PASTINACA
LADOS
PIEZA
GESTIONAR

Puzzle 98

PAZ
INVIERNO
EVITAR
LÁPICES
ASAMBLEA
LIBRO
VIOLENCIA
INSPECCIONAR
DOLOR
INFORME
FRIJOL
MARCA
ZANJA
PROPÓSITO
CERDO
POSPONER
PREOCUPADO
CONEJO
LOCALIZAR
CHIMENEA

```
Z T M C S A F J J U B J O E Y P I
H R W O B V G L Q O H A D M N O N
Q Y P N L Á P I C E S I A R X S S
D K O E C J A O T I S Ó P O R P P
V O P J C F C B O V E O U F F O E
G B L O W H R A T I V E C N Z N C
J L N O X X A I C N E L O I V E C
J N A S R T M A J N A Z E C Y R I
I N V I E R N O B O P B R H P B O
L I B R O M J M G D L A P I M N N
B U A H L G B J A R Z R Z M J Y A
G X J N Q T V U X E J C M E T O R
A S A M B L E A N C S X O N Q S N
H R N Q M C M R S U H S D E I D D
V W M T R E K X R A Z I L A C O L
```

Puzzle 99

```
D T E R C E R N J Z U T O N Z V O
E P I E R N A I Q Y P R R C U X E
I X M A T V D A C M Q A G O H A P
V M A Ñ A R A S U M V B A M F T U
U C T C K F J L D R X A N P U O R
L I E B T O O L A B A J I L N M C
C H Z Z M A P H N G D A Z A C A G
Y A F S V J M U D V U R A C I D S
D U N C C E E E O Q E H R E Ó O F
O I R E D R I L N L G L C R N D T
Y A L T L D T U N T U S I E N T O
A H O R A A C N H C E E S G L F T
S E L F W M Q A E J I C K R Y Y N
N N R U U O D Q J R Z E N B Y J O
E B Q A P C W R K W I V L T Z M T
```

CANELA
TIEMPO
TONTO
TOMADO
EXACTAMENTE
TRABAJAR
COMPLACER
COMADREJA
FUNCIÓN
ORGANIZAR
AHORA
LECHUGA
YA
SIENTO
PIERNA
VECES
MUSARAÑA
LUNA
ENSAYO
TERCER

Puzzle 100

COMÚN
NECESARIO
SABIOS
CARO
AUDICIÓN
AMENAZA
SOPLAR
ESPEJO
GUISANTES
FÓRMULA
EQUIVOCADA
RELACIÓN
MUCHOS
ABUELA
RETRATO
INDIVIDUO
LLEGÓ
MENSAJE
INCIDENTE
CONEXIÓN

```
F H M V Q E T N E D I C N I X I X
C I Z A E Q T E D N E A A K U Z X
I O J G U U P Y G O E R D L J J S
E I M M P I A F A J W O Y A L P K
R R P Ú U V F X B E M E N S A J E
E A G G N O R A L P O S O H C U M
T S K I Z C D O M S V O H J R D I
R E E V O A V K M E Y I A O A E N
A C U T C D Y I X Q N B K Z E B D
T E H B N A L L E G Ó A F D Y K I
O N Ó I C A L E R F I S Z A E Y V
Q F V E X U S A B U E L A A Z D I
V E I B B L H I A U D I C I Ó N D
K R G Y L H A L U M R Ó F F P V U
C O N E X I Ó N U G I R M C T S O
```

Puzzle 101

R	B	I	O	G	J	W	R	A	T	V	L	P	E	A	S	R
Y	E	U	L	H	F	K	Z	W	I	M	E	T	S	D	O	E
A	G	S	R	O	C	A	G	R	O	S	E	R	O	A	U	S
I	N	O	O	T	N	U	J	X	H	L	Y	E	V	C	A	P
C	J	L	D	L	T	A	T	A	R	M	T	V	Y	O	Q	I
N	A	K	O	J	V	F	F	O	G	Y	F	O	Z	S	B	R
E	Í	B	Í	O	V	E	S	R	I	T	I	M	R	E	P	A
T	G	P	R	P	I	E	R	C	U	R	Y	E	M	R	H	R
E	O	W	E	U	V	R	X	G	Z	Y	A	R	K	I	Ó	X
P	L	T	P	E	I	Q	Y	C	I	U	S	M	A	T	N	Y
M	O	V	L	S	R	I	J	R	I	G	Z	T	R	Y	A	A
O	I	R	O	T	I	M	R	O	D	U	H	R	F	A	G	V
C	B	S	U	A	U	L	U	N	E	S	V	R	R	M	Y	H
L	P	Z	D	T	R	A	T	A	M	I	E	N	T	O	Q	H
J	O	K	E	Y	M	Y	N	A	O	A	Z	E	M	D	M	Z

RESOLVER
RESPIRAR
BIOLOGÍA
GROSERO
ARMARIO
COMPETENCIA
TRATAMIENTO
DORMITORIO
COSER
PERMITIRSE
JUNTO
PERÍODO
GANÓ
OPUESTA
VIVIR
REMOVER
LUNES
CADA
MINA
ROCA

Puzzle 102

ESPECÍFICA
PILOTO
CUERPO
DRAGÓN
ALGUNA
DURA
ORGULLOSO
BLANCO
AZADA
SÍ
ARREGLAR
HORA
ESCARABAJO
IDÉNTICO
ZAPATOS
EJEMPLO
OFICIAL
LOCO
JIRAFA
LÍMITE

J	J	N	E	Z	Z	X	Z	T	N	D	X	O	P	A	L	S
E	X	B	X	A	R	U	D	M	Z	R	Y	R	F	L	Í	F
L	D	Q	D	P	G	S	P	V	H	A	L	G	B	G	M	Q
A	G	X	Y	A	F	A	R	I	J	G	H	U	T	U	I	Z
C	T	O	K	T	O	V	O	N	A	Ó	X	L	C	N	T	F
Z	I	R	Í	O	C	O	L	B	H	N	T	L	X	A	E	G
X	B	T	F	S	I	P	P	K	L	Y	G	O	L	C	O	B
D	R	E	Z	R	T	R	M	E	A	A	F	S	Z	I	C	M
X	S	U	P	A	N	E	E	G	I	R	N	O	U	F	M	P
H	D	J	I	L	É	U	J	G	C	O	I	C	Q	Í	A	G
A	U	S	V	G	D	C	E	I	I	H	Z	H	O	C	L	W
F	Y	G	V	E	I	C	S	E	F	H	A	O	C	E	L	M
K	X	I	Y	R	H	E	S	W	O	T	O	L	I	P	I	N
E	S	C	A	R	A	B	A	J	O	Y	X	E	E	S	K	R
O	T	A	Z	A	D	A	N	E	J	P	O	J	M	E	B	R

Puzzle 103

```
D P O W E F N H M D W J G Z C X N
S U E L T O N Z F O S O Z E R E P
T P Z X P Y C W R M P P O Z I R E
P X Q A V E N Q Z I Á A R Q Y D Z
Q S D F I H S I A N J R D D V K C
E K E Y R E R E P G A T E T H N E
A I C N A T S U S O R I N A C O L
F C Y K W W O S J C O C A D G H E
Í P L J A O B L T P S I D A R Q B
S T W A O T M M Q A Q P O R A P R
I Z U Y R I J S C T C A R D N S A
C J M T Q A R A O U V R K A J Q D
O S A L L E R T S E X F E U A K A
C A N T A R O Í D O C Z A C L Z E
I N T E L I G E N T E X K F X D J
```

ERIZO
CELEBRADA
ESTRELLAS
PEREZOSO
CERCA
OÍDO
FÍSICO
SUELTO
PARTICIPAR
GRANJA
DOMINGO
PESE
INTELIGENTE
CANTAR
PÁJAROS
ACLARAR
SUSTANCIA
CUADRADA
ORDENADOR
LOCA

Puzzle 104

ENCONTRADO
GUERRA
BRUJA
MURCIÉLAGO
DENSA
CALMA
CASTAÑAS
OBJETIVO
DULCES
CAMA
BOLÍGRAFOS
ONDA
CIUDAD
EXACTA
AUMENTO
COMETA
PINCEL
PASILLO
DOMINANTE
ATENTA

```
B B E C A A H Z D U Z I A P F Z X
O G A L É I C R U M Z R T A F C B
L E C N I P I O B Z X V E S R A R
Í D E N S A M T M R Z J N I I L N
G J O K J C B L O E U A T L H M K
R W G C R D A Q V K T J A L T A E
A N C A B I R S I I B A A O L W N
F J I M K G R E T N A N I M O D C
O N U A L N E C E A E X A C T A O
S O D G I P U L J U Ñ H P U U Q N
V N A N R X G U B Q M A T G S A T
G D D T G X B D O A L Y S R B Y R
V A Y O U E N Q W V A Q Y X F V A
R D V J P E O M F T A K O U V R D
A U M E N T O C T R A O C C L Y O
```

Puzzle 105

```
X I S T C A S L H E L Í P T I C A
X N E H E U A A P Ú K H R Z H J N
N C L S O N N A R R M V Z M F E E
T J B M I M U V S T K E R R H X P
V S A T T F G S W Y É D D Y E C V
Q O P P C R L N F K F N Y A R E J
U L L S K Í A E S Q U I N A V P F
L A U T K A H R A T N E T N I T N
U G C H I H Y L G Z P P R U D O J
A E R P X O T Z U N E G R O O I W
D R F E C D S O R L X B R H R L H
C H A R C A I K R I D A W Q X E Q
E S P E C I E N A Y N J Q V X R F
S O B R E V I V I R V A R G C O D
I P R E S E R V A R Q F E K A B X
```

SARTÉN
PRESERVAR
FRÍA
ELÍPTICA
CULPABLES
EXCEPTO
BAJA
HERVIDOR
ALGUNAS
REGALOS
HÚMEDA
ARRUGAS
ESPECIE
INTENTAR
NEGRO
VOLTIOS
ESQUINA
PENA
CHARCA
SOBREVIVIR

Puzzle 106

ARGUMENTAN
DEJÓ
PERMANECEN
MISMO
ARTÍCULOS
TETERA
PINTURA
COCODRILO
MEDIR
PROMEDIO
RUIDO
COMPRA
NEGOCIO
NEGOCIAR
BLOQUES
PEOR
CUMPLEAÑOS
HABLAN
CONSIDERE
PRUEBA

```
H P U P Z Y J W K C A W M J O N A
A R S E U Q O L B Q O B V E S E R
B Y E R E D I S N O C M Z F F G T
L P N M P I N T U R A D P S N O Í
A S B A N D N Y M I S M O R B C C
N O L N T H O A P P I G L X A I U
F Ñ R E W N M P E O R N I G B O L
R A I C O G E N W R Z S R D E I O
T E I E G F D M J E V F D W U D S
V L X N W I I N U H C K O C R E B
F P O K S C R A N G T P C M P M Q
K M R U I D O D N L R K O F T O E
B U T E T E R A E E V A C U K R L
L C Z I I I F D M J P Y N O J P Q
E F W L F T F L K L Ó Y I O X I Y
```

Puzzle 107

```
Z F C P C U Z B O S O D A D I U C
Z I N O T E M P E R A T U R A X O
I E T A M O T F A C T O A Q A T D
U S I T V P N Ó I C A T I V N I O
S T T U P T R O T R E P X E I K R
L A Y J Z Z O O M J M L R M T D N
C S J Z N X C Q B I J E V E R B I
L E N T O Q H R W A Q R S X O N C
E L D C H A O I E Z D O F F C Q E
W A P C A Z A G N D W O I D P R S
Z R T E N I S E T I U U C M F D N
V E G M L L U L I H E C Q M P X D
I T R I O E H E J C Z H I N I W F
J A U M Y F N O D N A T A R T J C
R L U P D Q G R G S R R A U V K R
```

CODORNICES
BREVE
FIRMES
CORTINA
ELEGIR
TENIS
FIESTA
TRATANDO
LATERALES
FELIZ
CUIDADOSO
EXPERTO
OCHO
LENTO
TOMATE
REDUCIR
COMPROBADO
TEMPERATURA
ACTO
INVITACIÓN

Puzzle 108

REÍDO
OPONENTE
SORPRENDIERON
GENEROSIDAD
JERARQUÍA
DECLARAR
VERDES
HOLA
RIMA
CITA
ESTANCIA
CLARO
CANSADO
GENERACIÓN
SE
PATO
DEDO
ADECUADO
ASUME
ABOGADO

```
G C L A R O D Í E R C V O L M I S
J E H Z S A H R J R I M A R D S B
U E N P J Y X F S E T N E N O P O
R O R E G X W C O M S Z S J T J D
Q P R A R A L C E D E T W Z A F A
A X E I R O P J M L D Y A I P Q S
Z T D X J Q S T V U R A M N J C N
P L U S Q I U I T C E S M Y C P A
D Y D E D O A Í D B V U J C B I C
A D E C U A D O A A E M S I T L A
G E N E R A C I Ó N D E E T Y U Y
N F P L A L X U C N W Y H A S O X
S D S A B O G A D O W V S J P F X
H K T P S H X E V N H M B X S E S
V S O R P R E N D I E R O N C H Z
```

Puzzle 109

```
C E S C U C H A R G N P T W P K Y
E A J H U C V K N T U R V G A I C
T G M P L A Y A I O E E B E D Z O
B W J B D W Í I A O V F I U D C N
T B R Q I U P R W R E E C M Y S O
Q N R A U O P X D R A R G D Y E C
C I E M P I É S X O O I O A O B I
P E R E J I L M Y H P R T T N A D
P R E C I P I T A C I O N E S S O
H K Z T P K N L D A K F B B I F O
V L W O K L U O Z C P O C O E P E
C B G O K D S S F A N T A S M A E
R J D S G D E P R E S I D E N T E
F J W T S O T N E I M I C O N O C
C V F I T S D E C L A R A C I Ó N
```

CONOCIMIENTO
DECLARACIÓN
DEBE
FANTASMA
CONOCIDO
PREFERIR
PRECIPITACIONES
LOS
CACHORRO
PODRÍA
GANSO
NUEVE
PRESIDENTE
ESCUCHAR
POCO
DOS
CAMBIO
PEREJIL
CIEMPIÉS
PLAYA

Puzzle 110

PATO
DURACIÓN
GUSANO
PARED
COMPRADO
FAVORITA
PROGRESO
DIFERENTE
ANIMALES
POPULARES
ESPERANZA
PÚRPURA
AJUSTAR
DETECTAR
ALTO
GIRASOL
RITMO
ROSTRO
VITAMINAS
ABRELATAS

```
V D U R A C I Ó N D I G O E D C E
N I A O B M R B R I J F M M E T S
R B T M R E L D E F Z I D B T M P
D A C A M L M T E E O R X F E I E
Z K V F M P E I S R O J D H C S R
L O S A R I G S Y E A L T O T R A
G N P V A W N B E N U P J D A O N
Y A C O T A P A X T L P O A R S Z
G S X R S L X O S E R G O R P T A
B U U I U W M H I V A R P P O R R
S G I T J V I K O E X W N M N O U
D W B A A H Y E O T M R X O F G P
A B R E L A T A S Y W L Z C G B R
A N E U G A N I M A L E S T B C Ú
P O P U L A R E S F Z B Z P K O P
```

Puzzle 111

```
M W O U O L F K Z N B B O A J I R
A X O E I M C A V K M T X J W N D
I I Q C E S I G B A U V X M M V B
J Z E U W D V F O R E D A D R E V
H É F A C V K B D I I U N A I R D
J O T I E S T A T Y X C E Y L S R
Á D O R C A L U M I S C A R A I O
R N O A D A D I S O I R U C S Ó J
E E G T R E P E N T I N O N I N N
L I R E R E I U Q O P I J D A Ó T
O M A R L S C Í R C U L O O Z M N
J O L C A N C I G U Q F Y F G I V
U C C E T I K C Z W F M G W U L H
U T U S C A L D E R A E A U M D J
E S C R I T O R I O F Q Q Q J H M
```

ESTA
REPENTINO
INVERSIÓN
QUIERE
VERDADERO
LARGO
CÍRCULO
CUNA
RELOJ
FABRICACIÓN
LIMÓN
ESCRITORIO
SIMULACRO
CALDERA
SECRETARIA
CAFÉ
ÁNGEL
SALIR
CURIOSIDAD
COMIENDO

Puzzle 112

AUNQUE
ACUERDO
COLECCIÓN
PANTALONES
OLVIDÓ
ORGANIZAN
EVIDENCIA
OTRA
SENTARSE
AÑOS
PERSEGUIR
DINERO
VEHÍCULO
DIVERTIDO
ACTITUD
PELEA
NUEVO
VARIEDAD
CLIMA
SEGUIMIENTO

```
D I N E R O O G L E R D C A D V E
D R O Y C P C B E X O F V U Q E V
S I K K Q C E I S G D D O N H H I
E O V U R L U L A Ñ O S D Q I Í D
N P Q E P F N Q E D A V R U N C E
T W T Q R V A M T A E I E E S U N
A M I L C T Z M B D Y Y U U E L C
R E Q J N Ó I C C E L O C W N O I
S Z W Y A D N D K I Z E A L O A A
E Q G V I I A X O R P Q A J L C X
T I S W T V G J Z A R T O Z A T C
S T N Q S L R G U V Q I R A T I C
X P E E F O O Y W K W K Y O N T G
S E G U I M I E N T O X A D A U C
P E R S E G U I R C P B K X P D L
```

Puzzle 113

```
T M C P B D P R O G R A M A R E S
G T U O T N E I M A Z I L S E D O
W A E B R S F S E T N E I R T U N
P F L Y É T Ó Z E T N E U F V K Y
O Z G T C I E L P A N E C S E U S
D Q U U M S B O Y R A T I L I M
Í P E A M M B C C D M D U S X T
A Y K X C O J K O R E D A G E R F
T D A D E S N W C L J A P Z U K Y
S I P U E R R O Q E M G N T H U N
P E H M S A T F P I S C I N A X R
X Z A G R I C U L T O R E S R O V
H Z P K S C N M J J T E D U Y Q P
C U E R V O U C P G C F K J I G K
C C C U Y A L I U Q N A R T M H E
```

PUERRO
CUYA
AGRICULTORES
FREGADERO
DESEAR
CUERVO
PROGRAMA
ESCENA
DIEZ
TRANQUILA
NUTRIENTES
FUENTE
BÉISBOL
CUELGUE
EDAD
PISCINA
DESLIZAMIENTO
SÓLO
PODÍA
MILITAR

Puzzle 114

LA
FORMATO
DISCULPA
ASUSTADO
ALETA
INVESTIGACIÓN
AUTORIZAR
CALLE
GANADO
ESTILO
AGUJERO
REGIÓN
LIBERACIÓN
SABIA
PROMESA
RECUPERACIÓN
EVALUAR
ATÓMICA
ATENCIÓN
COCIENTE

```
C O G T Y C K G D D B V Y T A E O
J C A L L E Z N G Y H H B W T S K
A S Y R G C E Ó R A U L A V E T U
L L C H Y Y O I A P N N Z F N I G
E Z P X X M W C C C M A V G C L Q
T S A B I A L A I U M F D H I O F
A S E M O R P G M E G E N O Ó R O
L I B E R A C I Ó N N U H V N E R
G L S B U W Z T T E A T K T S J M
I O D A T S U S A S E Y E Y W U A
W E K Y D A I E V T R I J L L G T
Y D J L F L C V R E G I Ó N F A O
M R F G R C D N A U T O R I Z A R
N C I G L N Ó I C A R E P U C E R
R X D K H A P L U C S I D I S T Y
```

Puzzle 115

```
S L A Z L T E S C U E L A X F A C
E U I U L B É D I S Í M I L E S O
N N P F U Y M C B T Z A P R H I M
O K O E T N E M N Y K N D I J Q P
E D D V R S X O Z I N A R G N I A
L I L W Q F H R U C C N I Q J G R
B A L C Ó N I F Y O Z A P A C U A
P U B U T P R C A S A T S I L A R
I H Q U Q D R R I A X I B C R L D
F A N G O S O O T E E R F N R O T
D E S P E R T Ó F A A G Q E Q B P
T E Y J U P W C J E B E B U X E B
U C A D A O X M R N S N P C B S X
F I T T A R K H R W Q O S E T W B
M A G N Í F I C O Y I B R S S H B
```

MENTE
COMPARAR
TÉCNICA
DESPERTÓ
LEONES
GRANIZO
LISTA
MAGNÍFICO
PROFESOR
SECUENCIA
CAPAZ
ESCUELA
DISÍMILES
IGUAL
NEGRITA
SUPERFICIE
FANGOSO
COSA
BALCÓN
POR

Puzzle 116

LÁMPARA
COMITÉ
CAUSA
TRATAR
MEMORIA
HÁMSTER
SÁBADO
PROPAGACIÓN
REINA
LIBRAS
POCAS
HUMILDE
MARIQUITA
DÉCADA
GOBERNANTE
CAMIONETA
TIRO
ALTA
PUEDE
AMIGO

```
I Y U B F I R S S A C O P Y M N L
F B X A R A P M Á L Z B O T E Z E
P I V O Y T U M B R F I Q E M T T
T K H O G I C I A D A C É D O N T
Z S H U I U G B D H M R G J R V Z
A D G D M Q K W O R I T A M I P X
G M A N Ó I C A G A P O R P A H E
P N M I Q R L Q R W J C O M I T É
C G I P N A K D J T R K V X T T H
R I G C S M M M E S H Á M S T E R
A E O C A U S A G K A L T A V A W
T D I Z W S Y J P T E R D Q B Z N
A E T N A N R E B O G X B L Q T Y
R U M L A T E N O I M A C I P N L
T P H F F Y D E P Z G G T N L N Q
```

Puzzle 117

```
B Q A A C P X R K C U X L W C P P
Q P U B L E N R D O P F E M O R Q
O U Z C C R A M M R O E N G M I G
T R J L B D R K C T L G D P O M C
E A E I N O Y O C I L B Ú P D A G
I T L A E N L D R N O L S P I V S
U S A E W A L O O A K H O X D E O
Q E U P N R H I G S O G I M A R M
S R T X Q T A I H R E S D J D A B
B P C K K A O T P C A H U H H B R
R E A C C I Ó N P V C R T I B V A
V R N Ó T O C O L E M M S A N H C
E R W H J H S E Q C C I E D U B H
V A M P I R O A O G J A G E C A W
T F Z R B U R U E F C Z G L S D H
```

REACCIÓN
SOMBRA
AMIGOS
COMODIDAD
TALENTO
ACTUAL
PRIMAVERA
CORTINAS
VAMPIRO
DEL
PÚBLICO
MELOCOTÓN
ESTUDIOS
POLLO
PERDONAR
PRESTAR
MAR
ACEPTAR
LOGRAR
QUIETO

Puzzle 118

PERA
PREVENIR
DESPLAZAR
OTRAS
AJUSTE
ORTOGRAFÍA
RECUERDA
REVISTA
PIMIENTA
EXCEPCIÓN
MARTES
ROJO
CICLISMO
LUGAR
CONCEBIR
ACABADO
AUTOR
DURANTE
MATERIA
TUERCA

```
R J O F L H G Q O L A O E E C K C
A E T S U J A U A T E F E X I R O
Z S C C U N R W C C R W Q C C O R
A O I U R R U B A B I A H E L J T
L L D D E E P E B W B G S P I O O
P V K T A R E P A S E Y E C S L G
S F B U T D D Z D G C G T I M A R
E O R E N S D A O P N Q R Ó O S A
D I U R E A U T O R O J A N T C F
L J U C I T J A C A C C M Y X G Í
U V L A M K N X F J H O S O V B A
G R E V I S T A I R E T A M T T L
A Z P Y P M O L R M R P O R V A A
R I N E V E R P Y U D H C H V G T
R L I A G Q E H I A D P O C K E L
```

Puzzle 119

```
M K O M D Z T A C I M É D A C A M
T G G P V X Y S É R E T N I X F S
Z F J U D K D R N Á R E B E D M Z
J S G O M J M N Z V A H M J A M M
G L S V X D T T C F R S G D J M M
H M G N K O A B J N M J U F X R T
P E O C S E R F Z U Q Y W M F V Q
E T L N B F Z N O T N E M G A R F
L I L A O C U R V A J E L P M O C
U G G O D I D N E T N E R F K T Q
C R J V F A A R R E S T O V Q S Y
H E M F C E S T R A T A D O J A N
E X V B J G X Q F M G R Q M E G P
M P C A D O P T A R A R T S U L I
W H Z P N W O E D D E P E N D E S
```

FRAGMENTO
ILUSTRAR
PELUCHE
ACADÉMICA
TRATADO
COMPLEJA
ENTENDIDO
HELADAS
TIGRE
MERA
SUMA
ARRESTO
ADOPTAR
MONO
FRESCO
CURVA
INTERÉS
DEBERÁ
GASTO
DEPENDE

Puzzle 120

RESPUESTA
DETERMINAR
VISTA
LAVADO
REVELAR
RÍGIDO
VARIO
ESTÁNDAR
GATO
FAMILIA
BALLENA
DICE
PALABRA
AZAFRÁN
IGNORAR
DEBO
CARBÓN
INTRODUCIR
DISPONIBLES
PENSÓ

```
C A R B Ó N B D M K O G N S T D H
F A M I L I A A A C R S S K B I N
R T I N S N K O L Z Y S S R C S D
Z S G X E A R B A L A P E X B P E
C I N K N Y G E P R E F F B H O T
A V O L A V A D O E C N R C J N E
B Z R A N C Q H D V I J A Á F I R
M X A E T S X D I E D N D U N B M
P D R E Q Q I W G L C G N B I L I
R F J W J Q S C Í A M V Á N X E N
P E N S Ó O V Q R R G A T O M S A
R E S P U E S T A J F O S I S B R
I N T R O D U C I R N M E R L Z E
L J S R Z K F B O G N H J A B F B
B Z B F Q U Z V N X S J G V D T Y
```

Puzzle 121

```
W O E T A T P P I S T A S N E T G
P V T A F L L A T G G V L A I C O
Q E W Q R Q A T M N E T I M R E P
D N R L E Y T A Y F Ó S A N A H Z
D W A Í L R A O S U C I A E V V O
T T R U M Y D I S V B C C S D V B
I K T L Z E R A K K Q S B C N Z V
P E S A T A T A P U X C L Z I C D
W W O R A L T R I T S I S E R F H
M Y M G J C M Y O V L Z O N L K X
A S E C A L C E T I N E S G Z M C
R G D F T P Z O R R O R W Y F N P
I F Q D N P R U E B A S E A U V K
N X U S E V I P Z O F C E Ñ P R Y
Q Q F S V Q K P Z Q Y J G O H U H
```

PATATAS
PISTA
VENTAJA
PERÍMETRO
TAL
SANA
RESISTIR
AÑO
FICCIÓN
ZORRO
DEMOSTRAR
PRUEBAS
CALCETINES
PLATA
LAICO
SUCIA
TENSA
PERMITEN
LEY
PADRE

Puzzle 122

RÁPIDAMENTE
ADECUADA
DECIR
TRONCO
MEZCLA
CIENCIA
ACCIÓN
GRASA
MASCOTAS
INMEDIATAMENTE
CÓMODO
TODA
OREJA
EXPLORAR
VENDEDOR
BANCO
CASARSE
INVOLUCRADO
MADRE
MOVIMIENTO

```
L I X E T O D A D P R M S M T R V
O N A T X J P J S A T O C S A M E
L V D N A P O E O T W V C C Z V N
Y O C E D A L R E N A I K N S G D
W L I M E C S O S J G M S Z A T E
C U E A C C J C R N D I K M F B D
Ó C N T U I H N A A L E E M C W O
M R C A A Ó P O S L R N B Z B H R
O A I I D N A R A C Q T D Q Z P O
D D A D A H Z T C Z G O X Z E T G
O O R E D P E T N E M A D I P Á R
S U B M L E R D A M I K W S K U A
B Y O N D F C W R C F C V D K X S
O D M I Z J L I Z S L G X H X Q A
Y Q T L F F N Q R S W A A I C N O
```

Puzzle 123

```
A V Y Y C V I A J E S N T F E P J
D U E T N O R E C O N I R A L O U
M M T X Ó R B L M E F U K C E D G
I I R Z I E N A N O F C I I G R A
T D O G V L W Q R A S G C L I I D
I U P E A L J N C D D C T I B D O
R Z E S G A Y B Q T E A A D L O R
T R D T H B M H B E F T R A E W M
B Y D I Y A I C X R D N V D P Q E
E R V Ó T C K H K C D E L X G T T
O H G N S U H X A E E M F E Q L F
E S T R E L L A Z R W R V L J L M
P L L E G A R Z L O S O R E M U N
T X T V S A D R K E T T U Q K A H
F A M I L I A R I Z A D O S D A M
```

VIAJES
FAMILIARIZADO
ELEGIBLE
NUMEROSO
MOSCA
PODRIDO
JUGADOR
ESTRELLA
CABALLERO
GESTIÓN
NADAR
TORMENTA
LLEGAR
AVIÓN
TERCERO
DEPORTE
COBARDE
ADMITIR
RINOCERONTE
FACILIDAD

Puzzle 124

CUPIDO
ELEMENTAL
PELIGRO
EQUIPO
DELICADA
LLEGANDO
OVEJAS
PEZUÑA
CONFIANZA
LAGARTO
COLINA
SUÉTER
EMPLEADO
ESENCIAL
FAISÁN
ENFERMEDAD
PELÍCULA
MORADO
ÉXITO
ZANAHORIA

```
D P P F P U F P W H E K D E J J U
E E B E A H H A U A G Q Z D A S Y
L L C G Z J G R J Z G S A J E V O
I Í I D C U B X O X B A Z D U E R
C C E Q J I Ñ Z W F B O N D Z L G
A U M Z V B P A A D J B A D D E I
D L P U X S Z V U N Á S I A F M L
A A L S D F Z W L I A P F D Y E E
C A E M O R A D O G C H N E O N P
O T A K D L A G A R T O O M F T C
L O D N A G E L L E G D C R Z A H
I M O T I X É B N T X I O E I L M
N E S E N C I A L É T P G F C A L
A U U O Q S A B S U R U R N K W B
E Q U I P O J B U S H C T E R S Q
```

Puzzle 125

```
V N P Z I C V O D Í A R T C A P R
U C R E N O E I E T A M B I É N Y
Á F O S T N R R S W F F G W P V G
W E B X E G S D I V V N Q Q V I X
F P A Y R E I I E Y X H O N P S X
E X B J R L Ó V R S R O L Ó V Y Z
R I L Y U A N J T F O W W Z Y R D
O D E P M C J Y O V L E P A V A E
Z Y M H P I M X R G X Y J R I M F
L F E G I Ó U J R E G E T O R P E
R S N R R N L N J N K K C C U S N
A I T X L D L O Y O G M Z L T I S
X Q E C Q S I M O D E R N O A N A
T I E N E O D I N E T N O C S M G
F K K T K T O I R A S R E V I N A
```

PROBABLEMENTE
SIN
TAMBIÉN
ANIVERSARIO
PROTEGER
MULLIDO
DESIERTO
CORAZÓN
MODERNO
VIDRIO
VERSIÓN
FEROZ
TRAÍDO
INTERRUMPIR
CONTENIDO
VIRUTAS
TIENE
CONGELACIÓN
DEFENSA
SOFÁ

Puzzle 126

DEFIENDA
GRANERO
BIBLIOTECA
HABER
DIO
MADERA
MIRADO
MÁS
DESAFÍO
INESTABLE
LIMPIAR
CULTURA
TUBO
DECIDIR
CALIENTE
ÁRBOLES
BAHÍA
VICTORIA
PERFECTO
POSIBLE

```
D Y A X E Y F W Z P C I F O V L M
Z E G J F Z X A Í H A B M G I I I
V V S G J W K R C U E V T L C M R
I H V A H E Y U C E Y A E B T P A
T U B O F C K T A J T P D D O I D
S J S S D Í H L L D D O N C R A O
D E R V C V O U I E E S I C I R V
Á U I X W H R C E F C I E L A Z F
H R A X I E E T N I I B L X B F S
S E B L M C N Q T E D L D V F I S
C B N O D V A F E N I E M Á S B B
F A H C L L R H W D R N J M L C K
E H X K T E G U P A R E D A M J D
R J S R T A S P E R F E C T O B M
I N E S T A B L E W S D F R G Y L
```

Puzzle 127

```
K R D Q Z P I G O P L X P U X U D
D E J A R E C O R T S E A M Z K U
P H W P O R C T E A L L O B E C P
C C J A Y R C C J M N Ó D R E P L
Y E G E A O I R N Y V D N S S F I
S L V S M P Y X A O H V E Q A J C
W E K E O Y I J R U O H M T I C A
N W N V Q E S C G H D Y E A Z J R
H F U T E Q E E O U N K R P B T Q
O B P J A I D G K T J C T E H V D
G J O D A D I C O L E V O T N B J
S E G U R O A N A P M A C E M C Y
U U S A I R T S U D N I R S P K M
K É F I R V F R A M B U E S A S M
D F B C D X V V S Z X C M I N X V
```

CAMPANA
MAESTRO
TAPETES
MAYOR
LECHE
KÉFIR
PICOTEAR
DUPLICAR
GRANDE
GRANJERO
SEGURO
DEJAR
PERDÓN
FRAMBUESA
TREMENDO
INDUSTRIA
PERRO
CEBOLLA
SENTADAS
VELOCIDAD

Puzzle 128

RESTAURANTE
UÑA
CIERVOS
CACEROLA
ROTO
NATURALEZA
DESESPERADA
SOBRESALIENTE
ASISTIR
EXTERNO
EVENTO
CALOR
COMPROMISO
RELAJAR
FLORECER
PERDIDO
ROMPIÓ
LIEBRE
DIFÍCIL
SUAVE

```
N S A D A R E P S E S E D W E O B
A A K E T N E I L A S E R B O S V
S C T C D V U S M Ñ L V P J R I K
I I S U R L B G T U C B M A E M D
S E O N R E T X E A Z I M N L O B
T R Ó K P A A J D D U C H I A R P
I V I E U Q L R O T O R U I J P D
R O P X F C O E A Z D S A S A M I
U S M H A Q R U Z S I B G N R O F
F L O R E C E R V A D S U R T C Í
C H R S C W M M G R U H K I E C
W A X M M H A D D Y E A X H M U I
J P L H I N C I K G P V B T K D L
I B F O T N E V E R B E I L B S Q
U S I J R Y K O D N O X I Y M E M
```

Puzzle 129

```
V T B R E X L Z B W A T Í P I C O
I É J J T O Y C L X X Z F P Q I V
O R I I N P Z N D I A Q U U V Q I
L M D D A D R E V A Q P B L Y V V
E I V B P U B E N T U V I M E A C
T N Q G I Z A J N L R K H O R K B
A O O S C M A T R I M O N I O L X
T É R M I N O S S O S O I S N A L
K Z B J T O W G E D V W D F R R D
Q S E K R D A G S A C A N I P S E
O N D K A I G E T A R T S E U U D
Q D Z A P J X A E C O R T O U L B
M I T A D A H S L A N O I C A N F
D U G S O M S N A R E D I S N O C
R E S P O N S A B I L I D A D Q N
```

AZUL
TÉRMINO
VIOLETA
MATRIMONIO
CONSIDERAN
NACIONAL
VERDAD
RESPONSABILIDAD
MITAD
CORTO
VIVO
ESTELA
FLUIDO
ANSIOSOS
PARTICIPANTE
APIO
TÍPICO
ESTRATEGIA
TÉRMINOS
ESPINACAS

Puzzle 130

INTERESANTE
PRONTO
LIMPIO
PRADO
ENFOQUE
RAMA
MUCHO
REDONDA
PIENSE
DELICIOSO
ASESORAMIENTO
ALQUILER
PROBLEMA
ACUSAR
BARCO
ALGODÓN
CONJETURA
GRUPO
SAL
DESEANDO

```
M M G A N B B B H D B G Q C R S I
X U W V M S D J I E G A Z T E R N
N V C Q N L I W I L D M R Q L A T
P K Q H U J G M B I P E A C A M E
V R O I O D A R P C J L S N O A R
T Y O H I N A G H I H B U J N D E
F K U N U I L A S O G O C J O N S
H L R K T W G Y U S D R A W E O A
J S E I Y O O N H O I P M I L D N
Z R L K P O D N A E S E D Z Q E T
K D I C G G Ó D E N F O Q U E R E
G R U P O T N E I M A R O S E S A
W R Q H H P I E N S E T M A A X C
W Z L N E Q B Y O B P R C U C Y R
J X A R U T E J N O C W H I Q R Q
```

Puzzle 131

```
Z N Y O R A R E L O T Q Y C P A E
D Ó C T R Í Z L E W L G T A E B U
M I I O Y B O F I C I N A Y L R W
H C K Ñ H A M X F K G N T E I E C
E A T O M S V E R I A B N R G V O
J L E Y L E L J I J R H E D R I Q
B U Z B U T N B R M E O R E O A H
P G H L E R P T Q O I F A L S T T
T E R Y Q O A V I E C E U F A U R
J R P E C P F F K R N N C I M R H
J N L I X E B U N T A D B N E A A
H E K F N D S A N E N E M E N N F
G A R Z A O D M X L I R Q S T K G
M U I N Q G W X V E F P Q J E X T
T A R D E A H N Q D M P H S Y A I
```

OFICINA
CUARENTA
TOLERAR
AYER
OTOÑO
DELETREO
ABREVIATURA
MIEMBRO
OFENDER
GARZA
PELIGROSAMENTE
SABÍA
NUBE
PEPINO
MENTIRA
REGULACIÓN
FINANCIERA
DEPORTES
TARDE
DELFINES

Puzzle 132

RESULTADOS
CAMIÓN
OBVIO
SUYA
CONTINUAR
MARIPOSA
SENSACIÓN
DESDE
SAPO
DAN
MAPA
VENTA
ELÉCTRICO
FRAILECILLO
PÁGINA
ESCALERAS
CIERTA
CRIMEN
PLATAFORMA
RETENER

```
D N R T O C I R T C É L E I O J A
S E U U P S I R E S U L T A D O S
N M S H A T N E V A H X K Z F I P
O I G D S O K C R E N E T E R V L
D R P N E G V I V T J N A V A B A
F C T X O A W Z L R A Y U S I O T
C O N T I N U A R L S P K W L Z A
J P Ó S D V M I M V O O A P E T F
B C I E J Y K F M M P U N M C O O
Z V M Y S H D T Q S I T I O I W R
G Q A R N B R J J E R I G V L Z M
E S C A L E R A S T A U Á C L S A
A F J M O B T H X U M B P I O C Y
W Z N G D A N Ó I C A S N E S Y S
H X E U C K K Q A Y Y M B A P N J
```

Puzzle 133

```
F C P I C T F C Y I E B P R X E Z
C K R K U X U D P F T R O X B S D
K S R D I P Q K G H N Z N C U P D
O I A N D S A T O N E C Y P A E E
D N Z G A I L R M X U V A U F C T
B E I S D N L A W T C A K R G T E
Q U L J O T I T V S E S A L C Á N
E K A P D I L I A O R P D B K C I
R E E A U E O R I R F U S B D U D
C A R A N R P A Q O F P E O M L O
G A N A N O B D L S G K L F Ñ O N
K W B X I N P O T K J W A W X I G
E S C L A R E Z C A Q Y T C H I N
S T Y H A R K E W T G M O E E U B
F G A N J O G R U U S H T J W D J
```

NOTA
POLILLA
FRECUENTE
BOCA
PAR
GANAN
SINTIERON
NUDO
TOTALES
UVA
CARA
DETENIDO
ESCLAREZCA
ESPECTÁCULO
CUIDADO
SUFRIR
CLASE
REALIZAR
TIRADO
NIÑOS

Puzzle 134

GUISANTE
NAVEGAR
VENTANA
NÉCTAR
ESCALERA
DESAYUNO
GASOLINA
CUEVA
SACUDIÓ
POLÍTICO
MARGARITA
NIVEL
HORARIO
CIERVO
ESGRIMA
CERRAR
NIÑAS
PIERNAS
SUEÑO
MANTENER

```
V P V X J D Q Z X N Y D C X S I G
E M A N T E N E R Q X E I R U C T
N C I V A S I D C R I L E W E C O
T P O L Í T I C O U D F R C Ñ U Q
A N I L O S A G K I E E V M O Z A
N H H K B P J S U L T V O K U U G
A Z W O R V M H P B N R A R R E C
B A L I R S A T I R A G R A M D N
F B N E D A M I R G S E E O G E A
U P Q J V Ñ R V T H I H L O I S V
S A C U D I Ó I P Q U L A S U A E
I Y C X Y N N P O W G X C W X Y G
Y G B V O V N É C T A R S P G U A
E Q F E X E D K N X Y Z E L Q N R
I O P I E R N A S X C L F P R O X
```

Puzzle 135

```
C V E C I N O R I Z E D O I A L O
W O C S E T N A G I G Y T N G O X
M T M W H L Y R O Z C X A T U T H
N U L P G N T G J S R O M E J E W
P N T F L Ó L I M I E C O R A O F
N I X J L I J M G E C I D N Í T J
A M B N R C C P B S I T R A D B W
C X L L E I S A W T M Á A C K U W
I B A J Y D A F D R I M P I B K Z
D X S R P E M U R O E O O O A T C
O H E F U P Q T T S N T E N N W I
Z A O P R X M S M P T U L A P H G
K I K R L E E E C U O A A L G E R
K K H L A M E N C I O N A R U K Y
U O E A F S B R I L L A N T E H H
```

CRECIMIENTO
ÍNDICE
BRILLANTE
REGLA
EXPEDICIÓN
MIGRAR
REY
VECINO
NACIDO
HORAS
MENCIONAR
COMPLICADO
AUTOMÁTICO
AGUJA
LEOPARDO
ESTUFA
GIGANTESCO
INTERNACIONAL
LOTE
MINUTO

Puzzle 136

PROHIBIR
BOTELLA
LISTO
ELLAS
PERSONAJE
NUBLADO
ROBAR
JABÓN
CIUDADANO
DESPUÉS
ASIMIENTO
GRITO
BLUSA
NUESTROS
BOXEO
ODIO
APOYO
CAMPO
DIVISIÓN
FÚTBOL

```
Z B Y G Y K B Y X J D D B U G I A
X Q I F V D I V I S I Ó N B Z I S
R E L L Q U T J H A R S T F Z P I
I Z P K F R R A R L F P M G Q Z M
B O T E L L A L C L G Y B B P B I
I D B N Y K D D P E A V L L I A E
H E O D A L B U N E A J U H Q T N
O S X A P O Y O V Q R K S I I N T
R P E N U E S T R O S S A O G V O
P U O T I R G S E P F O O C D J V
O É M V D J J I N M M Ú R N Z I B
N S R E F A W L P A L X T J A I O
R O B A R B S H P C N S H B O J H
C G P B Q Ó Z W W F X Z T E O C E
W O X R O N A D A D U I C D H L K
```

Puzzle 137

```
D Y H E Y F P Q A X W R A R H R
E E Z N Y T T M B O J F E N E A E
S H S Í N M C A O K T G I T S M U
T P V T R U Y K T N B J N I E B N
U S R E A A O D A T S E A G R U I
D Q K C R D Q L R L L T R U V R R
I H Q L I E O K A M Q N R O A G S
A U N A M H D U B D M E Q U D U E
N D R C V G I I N U E D Y A O E W
T B C M V P P F C I R I V R E S B
E S I L D S Ú U V T D S B E M A Q
X C N M C M T U Y L O E L E Í D O
G P E L B I S I R A F R N J P L M
L P F D O W E K T V W A T S W H C
R E B O B I N A D O M J P X E C M
```

REINAR
VEREDICTO
HAMBURGUESA
RESERVA
CINE
CALCETÍN
ESTUDIANTE
ESTADOUNIDENSE
LEÍDO
MONSTRUO
REUNIRSE
BARATO
SERVIR
MIRAR
RISIBLE
ESTÚPIDO
RESIDENTE
REBOBINADO
ANTIGUO
ESTADO

Puzzle 138

TIPO
RETIRAR
DIRECCIONES
TERMÓMETRO
SOCIEDAD
CAMINO
LÍNEA
ARAÑA
AMOROSO
INSERTAR
SIEMPRE
LIBERTAD
CONFINAMIENTO
CHEQUE
GENERALMENTE
CIENTOS
MUÑECA
TURÓN
RELIGIOSA
SERIE

```
D C O N F I N A M I E N T O I C X
A I E L S O W D I B B L X Z R H P
G M R F U W R A T R E S N I U E X
T E O E G S I D T I P O D F F Q Q
E L N R C E R E L I G I O S A U T
R D N E O C D I D V K Z L S G E C
M X T H R S I C F P F S S R W N Y
Ó S U A A A O O P L I B E R T A D
M I O A R G L S N T U R Ó N N Y L
E E D I I Y C M Y E S E R I E U W
T M L V T E A F E J S M U Ñ E C A
R P Í E E N M V I N C I E N T O S
O R N Z R B I Y P Z T X T N W Q P
J E E C G V N Z E E I E A R A Ñ A
R T A L J G O V J X N L N I K Y R
```

Puzzle 139

```
S E A G P Y E O T O T O N E E C P
A D Y H W D Z O P R E F I E R E N
B S É J P V Z E I A R D Z M G C T
E I Z C H V M H S Q I N L D E E I
R E D O I X B L W U A P M N S R F
J T H A R M E C O N O M Í A U A P
V E L L D Q O S U V O P P Z M P M
U S F X G I C O Q P G Q N N I A K
A O D A Ñ E S N E A X Q M E N X S
M V F M O M B E J R Q U O I I Z B
T E M A W B W M C R X E N M S O T
B U D D W O P R Z E X S E O T Z T
T H S O L E A D O G N O D C R U L
V A C A O S B I I B C K A K O N H
H B U N J Y Q W G Y T B D X S N P
```

VACA
DAMA
SUMINISTROS
NECESIDAD
HUEVOS
DÉCIMO
SIETE
APARECE
TEMA
PREFIEREN
MENOS
SABER
ECONOMÍA
AIRE
COMIENZAN
QUESO
MONEDA
PREMIO
SOLEADO
ENSEÑADO

Puzzle 140

HACIA
PRÍNCIPE
NAVIDAD
COCHE
LIBRE
VOCABULARIO
GEOGRAFÍA
GUSTABA
CAJÓN
SIMPLEMENTE
SEGURIDAD
INUNDACIÓN
PLÁSTICO
BODA
LLENA
PUNTUACIÓN
COMPASIÓN
SUSTANTIVO
BLOQUE
ORGANISMOS

```
X S R T R R F Y G N T S G B M P U
K Z E U Q O L B U R A I C A H L Q
S C R G K N Ó I S A P M O C C Á D
M G B N U C A G T D N P D G E S D
Q R I D T R O E A N E L L K S T F
W S L U Z L I C B O O E N R Z I U
C A J Ó N B U D A F M M Ó E P C E
R K G D V H Q T A I N E I X E O Y
G E O G R A F Í A D A N C J Y P N
V O C A B U L A R I O T A O T C O
N A V I D A D B O D A E D D C P Y
O R G A N I S M O S L G N J C H V
L R P Y N Ó I C A U T N U P Z S E
S U S T A N T I V O I Y N T X M J
P R Í N C I P E S T A R I M B U S
```

Puzzle 141

```
K W F Z F J C V S R I R E G I D C
F R A N J A H X I A Z A T Z A A O
C Q R I A Q Y N C L N O F Z Y B N
T W K I G V T Q Z L W Y E V B U V
Q N Y S A Ñ A T N O M Y O R I R E
O L V I D A R L O R L W E D Y R R
R X T S K Z K E L R C W O W P I S
I C G J C U T E F A P E S O R D A
O M I A D P A N Q S J I N T O O C
Z G P F U E R O N E E H E N D B I
T G E A A P R E N D E R C E I N Ó
E L X N C T O N T A R C S I L I N
M L Z L Q T D A Y J J X E V L Q C
K M T U U W O Q K U F Q D W A S Q
F Z T R U I B G O C V I D A N U U
```

VIENTO
TAZA
DESCENSO
FUERON
RODILLA
ABURRIDO
PESO
DESARROLLAR
DIGERIR
FRANJA
OLVIDAR
MONTAÑAS
UNA
TONTA
CONVERSACIÓN
APRENDER
IMPACTO
VALLA
VIDA
SU

Puzzle 142

EMBARGO
DOBLAR
BONITA
DESEO
ANCESTRO
ESTUDIAR
MIL
INSENSATO
ZAPATO
CONTRA
VACILAR
LINCE
RÁBANO
NIÑO
PEZ
CABALLO
DIJO
MILLA
TENER
BAILE

```
Y O I F B Y Q W U M A P L P S S L
B Y C Z A O K S F T I A D Q J F I
I G W B S J N I O A M L K U K R N
U W A O Y I D I R E N E T H Z F C
A T A T R D N J T R A L I C A V E
P P S A V H C I S A R Á B A N O H
E D E S E O R L E L T S J W J S E
Z P N N H P I Q C B V E V W V Q S
D E P E F E O J N O L L A B A C T
T H Q S C S B K A D B D L K R Z U
N G F N U K P N L F A S L C T A D
E I S I T O A L G S I D I M N P I
W O Ñ N U N Q K Y L L P M N O A A
Y N L O G R A B M E E X P C C T R
L A Q S K N C K Q Z S Q Q L J O H
```

Puzzle 143

```
R J I S M Y H B H N Q B F K G H O
P A A V J I Y R I O E U Q U L L N
C A U D X K L P A E R G N A S E D
G Í E M B W F L T V N U A S E M G
K U X G W O Y W O R E P D T V O H
O Q T D P D X G L N E N I P I M D
T E L E V I S I Ó N E V R R C V V
N S G C M T É B E B L S E I O K A
E I V N E R L T N T I X U V M S L
I Z E A D E G Q W X M E Q I P B L
M P A S I V N K A R O H F L A Q I
I R R G O R I Z L E N U V E C N C
C C I B S B O W K P A S G G T V N
A R E V E N I P H C D G U I O N E
N S J Q O I D V B Q A A A O T W S
```

NACIMIENTO
PERO
LIMONADA
NEVERA
VERTIDO
INGLÉS
SEQUÍA
TELEVISIÓN
BIEN
PRIVILEGIO
QUERIDA
SANGRE
NEGATIVA
MILLONES
QUE
COMPACTO
BEBÉ
SENCILLA
MESA
MEDIOS

Puzzle 144

SELECCIONAR
PUENTE
FUERTE
RANA
IMPORTAR
PRESENTE
DÉBIL
LANA
PUNTIAGUDO
COLONOS
PERSONA
IMAGINAR
LEÓN
BOMBERO
VIEJO
MEJOR
MENOR
PIEDRA
RECIBIR
CÁSCARA

```
B O M B E R O P P U S D S R E C M
C G H F A P X U E J L A N A Q O E
P F U T B C A N R I B I C E R L J
X T J G U I E T S V M A E T A O O
X V U G M Q V I O J E I V R N N R
L A R D E I P A N I T R J E O O A
E Q C Z N Y X G A M N M R U I S T
Ó T I R O L Q U R A E C L F C D R
N D N T R V K D A G S I L K C É O
U C M E T A L O C I E A O W E B P
J O Y B U S M Y S N R X U M L I M
R A N A T P C Z Á A P N J V E L I
Y S T B Z V I K C R G P O P S G Y
M M D M H W R A T R V X P V R H U
O D X B S H M X N G N U C X I R W
```

Puzzle 145

```
N W C Ó R T S O M M M X V G O X M
Z C B O H E F T X T E R O L U O A
Q P J T B A B N S D T S G O D Q N
T C T H F C A A Q É S D W B Z C O
Z E U Q O H C O Ñ R P O L O K A U
R R A P U C O U H O W T R S R L X
H E C O N D U C T O R I I S S I V
V Z B E U G V Y Y I A B T M O F M
L A R N Q R Y C K C R Á E T A I Q
K F K I P C I B M I I H R V L C T
S E R R B V Z N K F P E R V A A Q
J Q D T A Q C Z Y I S D E B M R C
I U H D R I M L F D N Y D L E J C
E M D E J A N D O E I Q L E F N D
L A D M C R Í T I C A J O H Q E F
```

CRÍTICA
SÉPTIMA
OCUPAR
HÁBITO
GLOBOS
CONDUCTOR
CALIFICAR
EDIFICIO
REBAÑO
MOSTRÓ
INSPIRAR
MES
MANO
TRINEO
MALA
CHOQUE
CEREZA
DEJANDO
DERRETIR
SER

Puzzle 146

ASÍ
POTENCIA
VIERNES
FEMENINA
CHICA
PÁJARO
VÍCTIMA
EXCITADO
CORTEZA
RECOMENDAR
TEJÓN
OPUESTO
BISONTE
ÉL
PASANDO
RESULTADO
EXPLOSIÓN
TRES
PRÁCTICO
MULTIPLICACIÓN

```
N Q V Í C T I M A Z E T R O C Q R
A T I S E X P L O S I Ó N O H W E
P K P A N I N E M E F D U H I D C
J D F Á F H O U V A T R E S C J O
V Z P O J K P R Á C T I C O A P M
D X E O D A T I C X E F U B S O E
W P R G K C R T U B F H L C O T N
N D P W K É V O D N A S A P P E D
W R P H E T L I T Z L L N Y U N A
B I S O N T E P E M B R G P E C R
O A E R C F H P R R E M W Z S I I
I V Y J C P K X N L N Q I H T A D
Q V J K G O A V F E P E J A O O C
T E J Ó N P O D A T L U S E R M P
M U L T I P L I C A C I Ó N L E P
```

Puzzle 147

```
E H M W E W W H D Y A P P S E I O
C S L K K T C H I S P A T G N J O
H A A Q X N N A J E L F E R V S K
L X X C S E U E R I P R A V I R P
R G X A R B P N I N G U N O A D P
E S T R E C H A B D P I H H R P C
E N F E R M E R A U N Y X C Y E O
W Ó E V R F L A Z A R E H E F I E
U I K S L K O T R S C R P L D N O
D S Q H P J Z I A U Y D O E C E D
V I Z E T O P D Y S E L L A D O V
Q V K G Y S N E V W P Q D S B N X
Q F Y J U H H J N W L R K N E D I
C A R T E R O A A Z O I S L A L H
R Y T X L T I F Y L G A M O R M J
```

BURRO
REFLEJAN
PRIVAR
CHISPA
AMOR
PEINE
LECHO
CARTERO
ISLA
EDITAR
ESTRECHA
INDEPENDIENTE
NINGUNO
GOLPE
VISIÓN
SELLADO
ESPONJA
RAZA
ENFERMERA
ENVIAR

Puzzle 148

RECIENTEMENTE
FALSAS
PLANO
CERVEZA
DULCE
FÁCIL
CINTURÓN
TAMAÑO
JABONOSA
DONDE
MOMIA
MITONES
VIERTA
COHETE
DEDICAR
ESPOSA
ERUPCIONAR
DESCUIDO
SUGERIR
MANCHADO

```
J E T E H O C T D N O T Z T U Q D
A R I R E G U S M U Z D M Z W P E
B U H Q S V J A I M O M U R V K S
O P J F D C U S L I P C D L A R C
N C O A Q U J L D O N D E I C I U
O I P E T S L A A N Ó B O C D E I
S O Ñ A M A T F D A R E Q Á E C D
A N E V I E R T A L U C I F D E O
F A O S V R A E D P T E W I Z R E
A R G A P X L B B Q N Q Q T C V A
F I F K M O Z X I L I V C Z S E I
K A O V D B S W N W C C G E D Z A
D E D I C A R A S N O U T Q U A V
M I T O N E S M A N C H A D O X T
R E C I E N T E M E N T E K J B W
```

Puzzle 149

```
F S V V F L V R U W R R H W I T I
J P K X S O D A L I F A E U D H K
C A S A S R P R L E A N M E E O R
C I N T A B R P X I T G S V N I P
B L Z P I O A G W Y E O M I T H A
J C X W N C R E M A T N X Z I X S
E V Z G D E G A K E N P T I F A A
R Z A Q I C N O H I E L F E I A R
F B N T C C A I X R I J H D C B S
T Q Z P A X S L V B C X A N A A K
O L R O N Y A U I J A G B E R J T
C A B E Z A M N Q D P N R U L O T
S A L T O S E C H G A E A D W D T
V H P G B Z T L S T F D Z L B R T
S A L C H I C H A S K Z Ó V H Z Q
```

SANGRAR
ABAJO
SALCHICHAS
IDENTIFICAR
AFILADOS
CABEZA
CREMA
COBRO
CALIDAD
VALIENTE
CASA
CINTA
PACIENTE
TEMAS
SALTO
ABRAZÓ
RANGO
DUENDE
PASAR
INDICAN

Puzzle 150

AGREGAR
RIESGO
CÁLIDA
ENGAÑAN
ESTOS
ESTÓMAGO
ARMA
PROPIEDAD
DENTISTA
AMBICIÓN
PRODUCIR
REALIDAD
PENDIENTE
CONJUNTO
COLEGIO
SOLICITAR
SUPERIOR
COMESTIBLE
TRAER
TORTA

```
P C C P X V I E I H U Q W T C O S
B Á Q R B Z E S T Ó M A G O O D O
X L H O C K P Q O W M Q E S M J L
K I X D O R E Y A T S I T N E D I
B D Y U L I N S T O O M F P S A C
C A G C E E D L R Q T J H A T D I
G O H I G S I S O D S W Q G I I T
A N N R I G E T T H E G S R B L A
Y N Ó J O O N A R I R Z Q E L A R
X K I T U X T R Q A J B P G E E T
N R C W U N E G G Q E E Y A A R V
T K I A J Q T V F T B R L R W Y G
U S B Z R N R O I R E P U S J Q C
U U M B G M Z P R O P I E D A D Q
J Y A R G N A Ñ A G N E K E T Z U
```

Puzzle 151

```
M Z C T W G I Z K E K G X L R A J
E R Z Q U I E N E N N K F Q I N O
E S P E R A D A U O R R E B Z T W
C A Y V D L D L T J C S T M A E N
R S B Y G L E Z Í A O O R U D R C
Y Q E M I O S N A D M M O S O I F
R Q K C S B T Z C O U B P B Y O R
W L M I O W R U F S N R S J E R A
T É Á H Z U U H K T I E N I F L C
Z J X K M O C U D F D R A G D K T
K O I D C L R J L A O R S F N U
Y D M A W O I Ó M E D J T E T I R
X I O E H B Ó N P R O J S F M C A
S J V U B E N C A U T E L O S O N
M U L T I P L I C A R K Y B D S C
```

ESPERADA
SECO
OLLA
ANTERIOR
TÉ
SOMBRERO
FRACTURA
MULTIPLICAR
ENOJADOS
CAUTELOSO
TÍA
QUIEN
MÁXIMO
RIZADO
TRANSPORTE
COMER
COMUNIDAD
HURÓN
DESTRUCCIÓN
BERRO

Puzzle 152

DECAIMIENTO
GALOPE
INTENTO
CANDIDATO
CONDUCTA
SONRISA
VARIAS
PAUSA
ENTENDER
MUJER
BANDERA
EXPLICAR
TUVO
BOTELLAS
HÁBITAT
HIJO
PENSAMIENTO
PLATOS
EJERCER
PROBAR

```
B L T P V E E N T E N D E R M S S
M C T D R A S I R N O S T R Q W V
X E L Q L O R V M D V S W J A X W
G V U S N I B I O H U B S R I U G
X S M A X Q L A A A T Y S A O Y M
E X P L I C A R R S H Á B I T A T
P I M L F Y E P L U P I R O A I P
O G U E N I Y J D A H H N B D N L
L W J T L T H Q E P P O L A I T A
A G E O J I H Y S R P Z D N D E T
G F R B X I E D P S C P C D N N O
P E N S A M I E N T O E I E A T S
C O N D U C T A R G A K R R C O K
N U J D L W O T N E I M I A C E D
O E E R P J D F R Q B P C H K Q Y
```

Puzzle 153

```
A S I G N A R L D X J S E O P E Q
S A M E L B O R P R A E N R O H R
E T N A T R O P M I S C T S V W N
G D C J M P Y I N I E C R X U O W
F P F N G Á C A C B S I E A C T D
N N F Y K W L D S O X Ó C M H R D
B X S F C Y Z O S J S N Ó C L A H
I O T R E I B U C O K E L Q U U U
N U L G B Z W B T P Y I M R D C I
C N T A F D E C O N Ó I S I C E D
L I I Z Q U I E R D A W P C C P U
U O C U L T A R D Q O F K V I Y C
Y A T R A C T I V O I R E T S I M
E T N A I L O F X E W L I G V Z Q
N E Q N X P B B R Y I M M X E D Y
```

ATRACTIVO
ASIGNAR
DECISIÓN
ENTRE
IMPORTANTE
INCLUYEN
EXFOLIANTE
CON
HORNEAR
BOLA
MAMÁ
SECCIÓN
CUARTO
HALCÓN
MISTERIO
PROBLEMAS
IZQUIERDA
SOCIO
OCULTAR
CUBIERTO

Puzzle 154

RESPETO
INSTITUCIÓN
PROBABLE
DIGAMOS
ACTIVA
GALLINA
ASENTADOS
PUERTA
BENEFICIO
CONSTANTE
TELESCOPIO
POTE
SALVAJE
PRONUNCIACIÓN
INCLUYENDO
COOPERAR
EVITE
PARAR
FRESA
LIBRERO

```
U P R J P M X A Y Z S T W J I A P
M O D N E Y U L C N I X Z P N S R
A T R E V I T E Z Y L U Y C S E O
D E P U E R T A K P E C G O T N N
P I Y V N Y E J A V L A S O I T U
R A G M M I T N D P J Z E P T A N
O C D A B E N E F I C I O E U D C
B T I N M L A F A J L K J R C O I
A I X I D O T J R J X I C A I S A
B V J L X L S F A E W S B R Ó X C
L A R L B X N G R Y S X A R N O I
E L M A K I O Z A T I A L M E K Ó
G U S G J V C L P D A J D K C R N
R E S P E T O I P O C S E L E T O
Y T R C N C L F C L K V L R Y B X
```

Puzzle 155

P	D	U	C	H	K	Q	L	S	N	G	W	V	O	U	R	H
H	R	A	B	S	O	R	B	E	R	L	G	N	C	S	L	F
X	A	E	S	B	S	A	F	T	V	O	R	D	F	E	A	Z
N	T	R	O	H	P	J	H	O	E	S	O	D	O	T	Z	V
O	N	B	D	C	O	E	O	Y	R	A	T	L	A	F	O	A
M	O	M	I	V	U	J	S	O	B	R	P	Q	E	K	Q	L
B	C	U	F	Q	Z	P	O	C	O	I	V	Z	N	G	A	G
R	D	C	E	X	K	Q	A	S	A	O	X	X	S	U	D	O
A	L	S	R	K	G	E	T	C	J	Y	I	I	E	S	W	G
R	K	K	E	D	A	D	I	V	I	T	C	A	Ñ	L	T	L
Y	M	H	N	P	G	S	S	G	H	Ó	S	U	A	F	O	F
U	N	B	C	K	P	D	I	A	K	V	N	K	R	J	L	M
I	I	H	I	Y	S	W	V	Q	P	R	E	Z	S	L	P	E
W	S	L	A	R	M	Y	J	U	C	O	F	U	W	V	H	B
X	A	P	A	V	H	Y	L	Í	H	Z	Y	Q	X	B	U	U

OJOS
VISITA
TODOS
ENSEÑAR
HIJA
PREOCUPACIÓN
CUMBRE
CONTAR
LAZO
ALGO
COYOTES
NOMBRAR
PESCA
ABSORBER
AQUÍ
GLOSARIO
FALTA
VERBO
DIFERENCIA
ACTIVIDAD

Puzzle 156

DESAPARECER
SITIO
DATOS
HISTORIA
PARADO
IMITAR
IMAGEN
POSEER
RESALTAR
DESCRIBIR
TULIPÁN
PADRES
DEPRIMIR
ALMUERZO
JUEGO
RESPONSABLE
ESQUELETO
RECORDATORIO
PRÓXIMO
SURTIDO

U	M	X	F	N	Á	P	I	L	U	T	P	P	N	E	Z	V
B	F	N	Y	J	S	E	R	D	A	P	N	A	T	L	D	S
F	R	L	X	X	N	C	E	Ó	Z	M	E	P	R	B	M	E
J	A	U	N	L	E	P	C	I	X	R	G	H	G	A	K	J
B	H	P	P	C	P	D	E	M	T	I	A	S	J	S	D	B
R	E	S	A	L	T	A	R	I	T	B	M	R	F	N	B	O
E	J	G	I	J	X	T	A	T	Z	I	I	O	E	O	A	G
E	V	M	R	B	K	A	P	A	S	R	N	Z	S	P	E	E
S	D	S	O	T	A	D	A	R	I	C	V	R	Q	S	L	U
O	D	I	T	R	U	S	S	U	T	S	H	E	U	E	K	J
P	P	I	S	Y	Z	K	E	I	I	E	V	U	E	R	U	U
R	I	M	I	R	P	E	D	I	O	D	H	M	L	C	I	J
V	J	Y	H	J	R	J	A	M	C	O	S	L	E	P	Q	O
R	E	C	O	R	D	A	T	O	R	I	O	A	T	O	O	P
Y	K	U	M	B	H	K	N	L	D	G	A	D	O	T	H	R

Puzzle 157

```
W E J A T K L V C G L H Z E L M J
R N F J Z O N E D R O B X V Y A V
T H R A R T N O C N E Q A A J G V
J V A N H S Ó Y X C G X R L D U D
G M P E V U I Q J C I Y O U E J B
B R Z C G G C I I F Z Ó D A S C E
N U N C A B A C M W F M N C C Q P
P E R D E R T L O P C T E I A P Y
L I S T R O S F X N R R I Ó R G X
L W T H D B E B P S T O V N T H S
T E L E F Ó N I C A U E P M A S U
H B Z M O N T Ó N Y G E N I R H B
C L I E N T E J J K Q S Z E A F I
O U Z B L M O N T A R Y E L R S R
C O L I F L O R R E V E R T I R I
```

BORDE
COLIFLOR
MONTÓN
VIENDO
LECCIÓN
NUNCA
CONTENER
MONTAR
PERDER
ENCONTRAR
EVALUACIÓN
IMPROPIAS
TELEFÓNICA
SUBIR
ESTACIÓN
CENA
GUSTO
REVERTIR
CLIENTE
DESCARTAR

Puzzle 158

MÚSICA
ELEMENTO
SALUD
UNIDAD
FOTOGRAFÍA
ALIMENTACIÓN
PRIMER
HUMEDAD
CUPÉ
PRIVILEGIADA
TENDER
ASISTENCIA
NARRADOR
LECTURA
VERANO
BASTANTE
EMPAREJAR
BURLA
CARÁCTER
PINTURAS

```
A L I M E N T A C I Ó N G D Q T N
I L Z T K N F H A R U T C E L Z B
F T A P U W G H I I N D R C V V O
E U G H L U T A C L H A B U R L A
M P R I M E R O N A R E V M O F D
P Y U G N B T O E C I V O Ú D O A
A Z U Z L B A S T A N T E S A T I
R Z W H D U L A S N F K Q I R O G
E J E Y A V T R I U E Z A C R G E
J O G L D S O U S T N M H A A R L
A U X M E A V T A E L I E J N A I
R P U Z M G O N C N Z G D L V F V
M Y M V U B Q I U D R U W A E Í I
K T C S H N B P P E K V L M D A R
C A R Á C T E R É R F N N V L T P
```

Puzzle 159

```
L U I K O E G W P V M A F A Ú E J
A P O G O T R C O P O D M V T M U
N R F E W K X U B Z T I U H I O R
O S O S E L O C R É I M W T L D A
I H V I E N E Q E D V O O E C E D
C A A V U T C H Z E A C S L Y S O
O D B S E C E P A M C G R A F T F
M X C E T I S J C O I R C E S O F
E S T I C A W K M C Ó O S L A B R
X L L A M A D A I R N S Q A T N Q
P R H U S T K N N Á F E T I O R O
R B R D P J V N U T N L L W L I B
E L R G W A A N T I B L K P L E H
S K X O A Q L S O C P A A Y E K R
O N U T P B F O S A E S C P B T J
```

EXPRESO
MINUTOS
MOTIVACIÓN
HASTA
EMOCIONAL
COMIDA
JURADO
VIENE
MIÉRCOLES
CREAN
GROSELLAS
BELLOTAS
LLAMADA
ÚTIL
MODESTO
PECES
DEMOCRÁTICA
PALO
TELA
POBREZA

Puzzle 160

VAGÓN
DESECHABLE
CARAMELO
SIMILARES
TIERRA
PULGADAS
JOVEN
ALIMENTOS
MEDICINA
CUANDO
CASQUILLO
COMPLETA
OSO
TRANSPARENTE
ABUELO
AISLADO
ENVÍO
GALLO
FABRICAR
VOLUNTARIO

```
F R F N G J O V E N I C T C J I S
Z W R E K N U W T W A O H A R Z K
A I S L A D O H N Q O M X S U Y Y
B R I W N A L C E V Q P A Q B B E
A Q Q L I K E U R E A L S U V S H
B L K I C O M A A R U E G I P T E
A W I O I J A N P U S T Y L E G N
V B I M D H R D S K I A R L D A V
A V U V E Z A O N C M A I O Y L Í
G X M E M N C R A C I R B A F L O
Ó O S O L O T E R Y L F R A H O A
N I I B K O K O T I A T I E R R A
P U L G A D A S S F R Q H W N F V
V O L U N T A R I O E T I E O L F
D E S E C H A B L E S L F O J W I
```

Puzzle 161

```
F E A Z J L F X X F F C V M L X F
T M Í P K H L U X B C N A I F K D
R E R O T X Y O E A L F F W E C P
X R E F E T W T R G K K Z X E E O
W G T Q S A D G E A O Ñ A D R N R
D E N M T O R I Y O D K L A O T C
T R A V E L L F F Z V O Y T E R I
O C T U A O I R A T E R C E S E Ó
E A S I R P D T K A Ñ A Z A H V N
X S E H F Z H O Z A F L B T P I E
R T N E J E C U T A R U L E Y S E
Z I Y Z J K Q K T É F C F N M T A
C G D I S P A R A R M L I M P A U
H A Í R U D I B A S L A G R A N R
O R T A U C J L E A N C O E Q V E
```

LLORADO
EJECUTAR
CALCULAR
CUATRO
MÉTODO
PRISA
EMERGER
CASTIGAR
ESTANTERÍA
DISPARAR
GRAN
ENTREVISTA
SABIDURÍA
NETA
FUEGO
DAÑO
PORCIÓN
HAZAÑA
SECRETARIO
LLEVAR

Puzzle 162

PORQUE
DISCUTIR
ACOMPAÑAR
INSIGNIA
CAVIDAD
VIDAS
EXTENDER
LÁGRIMA
EMPLEAR
RISA
TRADICIONALES
TRISTE
TORTUGA
CORRECTO
BAJO
HAMBRE
VOZ
CONFUNDIR
CAJA
SEGUNDO

```
E M Y T N E K X Y B L O E A H A P
X Z D O W Q G P Z P L Á N P R V O
T V O Z R D X T D R S U G N B W R
E A N J C E M P L E A R N R Y Y Q
N P O A O E R C A V I D A D I U U
D M V I N P I B B M J H A P S M E
E C R H F X T R M L X P E H E P A
R M A Z U Q U S F A G U T R O T L
R M Ñ X N A C R R S H X S R B L N
P F A L D G S B H I N S I G N I A
I L P C I Q I G N R S Z R S Z E J
Z W M R R W D V I D A S T V A S A
V D O C O R R E C T O O B K K F C
P Z C J S E G U N D O Z C T J K R
T R A D I C I O N A L E S B A J O
```

Puzzle 163

```
R P M B S L M A N Í A O Z L H M E
E R U M S S U E R T E Q A B I H S
C O M O C O N A R P M E T Y E E P
O F A H L D N C Z E O U N C R G A
N E M T D I E I O D J N E J B L N
O S F Q M T M N D M V K H W A U T
C I G F W N U Y K O E F C S R N A
E O H W H E L E I P Q N O B W R P
R N Y M Z S O V D W H C Z U R C Á
R A C Ú Z A V G D E F W Q A M R J
E L L O N G I T U D L X P E R X A
I Y E V T R A B A J O G G A L Q R
B Q C V D U V O J K A Y A Z C P O
U F J B F V D Z R L D N S D T Q S
T U K Q B P B J A C I M Ó N O C E
```

COMO
SONIDO
COMENZAR
VOLUMEN
PIEL
PROFESIONAL
ECONÓMICA
OCHENTA
HIERBA
MANÍA
RECONOCER
TEMPRANO
ESPANTAPÁJAROS
LONGITUD
SENTIDO
TRABAJO
DELGADO
AZÚCAR
CRUZ
SUERTE

Puzzle 164

ARTÍCULO
PROCEDER
CONCENTRADO
COMERCIAL
OYEN
VEZ
DENOMINADOR
PROPIETARIO
CASI
REVERSO
ENTRADA
NUMERADOR
VISTO
HABLAR
REUNIÓN
SIGLO
REFORMA
COMENTARIO
INVADIR
VINO

```
N E V S I D D Y E R H S Z I N R Q
L F V S S R E D E C O R P N U E H
O C O D A R T N E C N O C V M V D
A R T Í C U L O O O M U H A E E O
P N Z F T W E C V M H E G D R R Y
O T Z N V I N O U O I G V I A S E
P R O P I E T A R I O N Z R D O N
P Q O P B X X D I R W T A J O B J
Z N D P Z Y Y A R A L N W D R V E
R E U N I Ó N R E T B P S D O O O
A P V J H Q U T F N S Y I Z V R K
L D V Y W G B N O E X C G W I A P
B K O V I K M E R M S V L K S N L
A U L A I C R E M O C J O T T G J
H B K O V E Q O A C U C N R O Q T
```

Puzzle 165

```
A M I A C T U A C I Ó N K K Q T T
N A R O D L Í P H O T C E P S E R
É R A C I L P A B D B G L G O S A
M I V E R K M Z Y A I O Y L T I M
O D I M Í T B S X C F J L T E S E
N O Á G U I L A H R F T E G J F U
A E T A P A R R M E D P H W B W Q
S A L T Ó C M I G M T G O T O A W
C O M E N Z Ó P L O B R I L I P M
F G A A Ó W M H B E M E A G X R C
M W Y T I M R Q Q T K Q I P E I G
E O C C S P V B P V Z E K G W P R
U M O M E M I S E R I A M O D U O
Q G P F R A T P E C R E T N I E R
W W G Z P S U O M Q U I X M M G J
```

OBJETOS
PRESIÓN
PÍLDORA
MARIDO
APLICAR
TESIS
ARTE
MERCADO
MISERIA
TÍMIDO
ANÉMONA
COMENZÓ
ÁGUILA
ETAPA
GLOBO
INTERCEPTAR
SALTÓ
QUEMAR
ACTUACIÓN
RESPECTO

Puzzle 166

DISCUSIÓN
ELÉCTRICA
FINALMENTE
ALEGRE
COMPLETAMENTE
POSITIVA
CONTENTA
AGRADABLE
PREPARAR
ASIENTO
NACIÓN
GRABAR
PERSONALMENTE
AULA
BICICLETA
AMARILLA
ABSOLUTA
SERÁ
TIERNAMENTE
ANSIOSO

```
P C F Q U G M T Q P A C H D Z C D
A R F Y N Ó I C A N T E I W J N R
G U E E T N E M A T E L P M O C N
R C L P A Y H R C S U M S E A E X
A O B A A W L F I N A L M E N T E
B N A A D R Q T R Ó O S O I S N A
A T D U D E A S T I P F T S S E L
R E A L P E Z R C S O N N C B M F
W N R D D T M U É U S J E X I A Q
O T G Z Z E H T L C I X I P N N P
C A A A L E G R E S T F S J Z R I
B I C I C L E T A I I H A N V E C
N M E B U B T I H D V R W J W I U
A M A R I L L A O D A F T H E T V
P E R S O N A L M E N T E S E R Á
```

Puzzle 167

```
S M R O N J P A R A G U A S B U U
P E R S E C U C I Ó N S D M C K O
E O O R U G N A C P C T Í S R R F
S M N W J G Y L Q O L S A I I O R
T S J I O U P P E K N C C L R S F
W S P R E G U N T A R F N L G P Z
Z O D I N E T N A M T Ú E A G U X
N I Ñ A D I G O C S E G L S G Y V
N R F R E A R T S I D H L T I K I
E E B B J K Q V V F A I E N I Ó U
G T P E U U Z V Z I Q M Y C W M N
R S W C M C J S P I C S Z U P J O
O I L E T N E M A D A M E R T X E
S M W K U U Y L C H E O L O R C R
M E V K H C T W D H R N T J S V H
```

MISTERIOS
FORMA
PREGUNTAR
CANGURO
CAER
NIÑA
CAÍDA
PARAGUAS
MANTENIDO
EXTREMADAMENTE
NEGROS
ÚLTIMO
CEBRA
CONFESIÓN
DISTRAER
ESCOGIDA
SILLA
PERSECUCIÓN
PLACA
OLOR

Puzzle 168

LÍDER
ESPACIO
REPENTINAMENTE
ESFUERZO
PEQUEÑA
JARDÍN
TECNOLOGÍA
CONFLICTO
FIGURA
MOMENTO
EXPERIENCIA
EJÉRCITO
PLATO
LILA
SORPRESA
INTERNO
SALTAMONTES
EMPRESA
ACEBO
PRINCIPAL

```
S E E A C L S L I U P L S X V N B
C A L I L K J I Z D O P A E K Z B
O R L F S M W M I X U T Q T F E E
N U R T W H H Z C U K Y E N P S X
F G H A A S E R P R O S D E R P P
L I E W K M L P P A Z R L M I A E
I F R F P H O E M P R E S A N C R
C T Y K A B B N U K E E R N C I I
T P L A T O E M T R U V P I I O E
O M F Z A W C L Y E F R J T P T N
S P Y L E D A P Í O S F E N A N C
B S I N T E R N O D E R J E L E I
T E C N O L O G Í A E V A P Y M A
D M P E J É R C I T O R Y E M O J
J A R D Í N P E Q U E Ñ A R S M Q
```

Puzzle 169

```
C I E L O C I T R Á P E L O R C M
T V U L I E L B A I F N O C E O A
N B G S P D X Q M F A W P P A M D
D F E E M R H G O R L J T G L P U
Q C I R U I E S T Y E W H F M O R
U Y L O L R M A I F L I K R E R O
D F P A O E I A C U E U G W N T B
Ú J C E C F X Y G P A V O A T A Y
B F R B D E T N E I R R O C E M P
I O K V F R R E Z A N F D Y B I C
R K S C T O A L L A J A B X U E J
A Q K Q E K W J C J F N D T Q N Z
C P Q Q U M W D A V F Q Y L A T C
M W I R W E H W R O P C I Ó N O N
E L A E L G L J H B P V S Z F K C
```

PIE
MADURO
CORRIENTE
COMPORTAMIENTO
PAVO
PELO
REALMENTE
REFERIR
CONFIABLE
LEAL
TOALLA
ÁRTICO
OPCIÓN
BOSQUE
PLIEGUE
IMAGINA
COLUMPIO
CIELO
CARIBÚ
TOMAR

Puzzle 170

MORDER
NARANJA
MUNDO
ASUMIR
MECÁNICO
OBSERVACIÓN
ÓRBITA
PLANTA
TOQUE
PELÍCULAS
NIEVE
PERMISO
PEQUEÑO
PLAZO
SERIA
PELIGROSO
SAUCE
LIBÉLULA
SATISFECHO
MAGDALENA

```
O O R H O W E S Y T M K K C R S A
P Q B K O O Ñ E U Q E P N Q L S S
W T Q S G N C R D Q C Y M M J L U
M O H Y E J I I M X U S N W U J M
A Q R J V R K A N I A M U N D O I
N U F G C C V S H Á S W V Q I I R
E E B H U Z X A A A C A Q P F K Q
L I B É L U L A C T H E C L B P Y
A X M O R D E R V I I C M A H P E
D P E R M I S O H B Ó S G Z P H N
G F G I F A J N A R A N F O K D I
A S Z D V K S W W Ó I A D E K U E
M P E L Í C U L A S B C F M C E V
P E L I G R O S O J A T J S E H E
P L A N T A T B F S S S T I A A M O
```

Puzzle 171

```
C I A S C E N D E R F C O R R E R
O B N B K R E C N E V N O C R D N
M X H Ú E A T N U G E R P M H H U
P Z R S T C A R M I Ñ O K Z F G T
O S L J N I X N Y F Y W U Q L L R
R M H G E F L P L A N E T A S O I
T S P F M I F C O R R E O L N R A
A F L I A D V A R L T P Q R F O Q
R M I N R O A N M B K B Z A D I O
S C F T A M T G C O Q A V H Z S Y
E D X T L T L S A Z S P H C W T P
L O U C C K B G O G P A H Z D G C
K I C P V A R U T C U R T S E G X
O E M É D I C O C T H Z A Z O A R
J P H S I O P R E D E C I R P T T
```

ASCENDER
NUTRIA
MÉDICO
CHARLA
PREDECIR
PLANETAS
CLARAMENTE
ESTRUCTURA
CORRER
PREGUNTA
ARMIÑO
FAMOSA
MODIFICAR
FIN
COSTO
INÚTIL
CONVENCER
LORO
CORREO
COMPORTARSE

Puzzle 172

COMPLEJO
CAPÍTULO
ROPA
DISPONIBLE
SIERRA
PRIVADO
INTERACTÚAN
PIES
CANARIO
COMPAÑERO
UVAS
NI
PATINAJE
ENVIADO
CONTACTO
DISTANTE
INGREDIENTE
HECES
ALLÍ
ORDENADA

```
U I R Q O A C C O M P A Ñ E R O I
V C I P H Z A A T U T N R Y Q J N
A P K R H M F T N J U Z S O G E G
S I Q I Y W W A D A N E D R O L R
Y E P V I Q L S I C R N E Q N P E
P S O A R R E I S M A I N R D M D
E A O D F C I J P A A P O R T O I
N S T O Y O H V O O I N Í O B C E
V Q B I D X W E N E A N L T X W N
I C E T N A T S I D W R L C U E T
A X D W D A I E B D I O A A W L E
D C F R T J J C L P D E Q T O W O
O N I T H K A E E C V L D N Q W G
J J S S F E X H I M H U Q O M K R
I N T E R A C T Ú A N X U C S M H
```

Puzzle 173

```
C U E Q K N B D T L H V G J S H S
B X K L M X Z E T N A F E L E A I
N P V O T F L S L T D U K K I B G
R U R X T T U C S S A L Q L M I N
N F A T U R F U W D S L Y N T T I
L O C H P F I B B L E R I A P U F
I O I R C M K R W A P B B G H A I
A I F Q R U R I F I H B Y L J L C
B R I G A P D R H C O H U E V O A
I A L W S E Ñ O R E Q H Y U T C T
C N P O B R E T I P M O C C O U I
O E M R C L C J T S E B Q E M R V
O C I D Ó I R E P E E P D U R T O
G S S B G G A G R E S I V O N E H
Y E A E N T R E N A D O R L I A D
```

CUELGAN
ENTRENADOR
DERECHO
DUCHA
PERIÓDICO
DESCUBRIR
SIMPLIFICAR
POBRE
ELEFANTE
PESADA
SIGNIFICATIVO
AGRESIVO
ESPECIAL
FRUTA
HUEVO
TRUCO
ESCENARIO
SEÑOR
HABITUAL
COMPITE

Puzzle 174

AVES
POLVORIENTA
PONER
MOVER
AGENTE
BRILLO
HILERA
ADVERTENCIA
DISTRIBUIR
VAPOR
VIAJE
NATIVO
DESTRUIR
TIPO
DECEPCIONADO
CORONA
HELICÓPTERO
TRANSMITIR
OBEDECEN
CELDA

```
P U X M V D X U W H O A E O F B T
O V I T A N K F X U Q E Z N C H O
L U R H V O D A N O I C P E C E D
V D I S T R I B U I R V B C P L G
O N U H E V A P O R E I R E F I X
R U R P R V W T S H N A I D Y C I
I O T U B A A V I L O J L E B Ó O
E C S C O R O N A P P E L B F P T
N F E A P Y K H I Q O Y O O H T A
T B D T Z R M K L A R E L I H E B
A N N Q V I P O E D A O Y V U R A
D H N Z W E R H V L P K Q Z A O O
T H B E A A I C N E T R E V D A Q
N P S C J R A T J C R A G E N T E
S J U E H W T T R A N S M I T I R
```

Puzzle 175

```
C B J W H N J T H D X J O H G D P
K U J T C V T I B I Y I V O R Q U
T O C H G R B J I O I C E R P T B
B B O H G N H E Q R O J T M P F L
Z G X H I A V R G E U F N I O C I
C D A J I L V A E L P M E G L E C
D O B B Q L L S X B R A M A Í N A
T W N Q S I W O A A I R A S T T C
Q E R D M R X J M T S T M J I A I
I F O V I O H L E K I I I U C V Ó
O C O R U C S O N V Ó L T L A O N
S L S A Í D I R R Z N L L X Y S Z
M Q R R X A R Ó T O M O Ú I O X N
L L A N U R A S N Ó I C A R E P O
C A L C U L A D O R A B H S X X B
```

PRECIO
ÚLTIMAMENTE
OSCURO
CONDICIÓN
CALCULADORA
PUBLICACIÓN
PRISIÓN
OPERACIÓN
EXAMEN
TEORÍA
ORILLA
FUE
TIJERAS
CENTAVOS
HORMIGAS
CUCHILLO
POLÍTICA
LLANURAS
MARTILLO
TABLERO

Puzzle 176

ASUSTADAS
DESGASTADO
CANGREJO
FOLCLORE
TELÉFONO
NADA
CANTIDAD
INFORMACIÓN
BESO
PATIO
CONSIGUIÓ
CEPILLO
SUBIDA
FUERA
COMBINACIÓN
CAMELLO
ATARDECER
SACUDIERON
NARIZ
COSAS

```
C P T P A H N F X E F C A P A C A
I O A E T V A U Y L O A B F S O B
Q O S T L M D E L V L N E C U N G
I X Z A I É A R N G C G S A S S C
Z H Q W S O F A T Z L R O N T I O
N A R I Z G H O L T O E P T A G M
C E P I L L O L N F R J K I D U B
A T A R D E C E R O E O T D A I I
D E S G A S T A D O G N M A S Ó N
I N F O R M A C I Ó N H G D P G A
S A C U D I E R O N O L L E M A C
J P U B Y R P H D I S U B I D A I
K X B I J L Z V S D U I B D G A Ó
B Z U K S H R T X B C S B O S D N
P G A I J L X C M L O L L B N R V
```

Puzzle 177

```
B Ú H O H Z T W Z B Y D N E Y O J
C B T Q E D Q K R B C E Ó T B H Q
I D P A Z I L I T U H A I N S Z C
N V E R R Y N A Í R E D N A V A L
C A O H H E H R X K C Y I D O R V
O C G R I S A U H Q H F P N P J S
R I A I O V I T I S O P O U A S Y
D A K D F S D P G A Y J Y B A H P
V D M I A W V A T D Z T N A L J T
Q O K Z R D Z C H A D J U N T A R
E S T A B L E C E R U Q F Ó O K X
C P T E Z E S R U A A A J R C A W
V F L O R E S O N P A Z L R S A M
B T G G J Q G Q K E H C L A U G Z
C O M P R A S V T S I S O M T Q A
```

BÚHO
SEPARADA
ESTABLECER
DE
TAREA
MARRÓN
UTILIZA
GRIS
VACIADO
FLORES
LAVANDERÍA
CAPTURA
OPINIÓN
ENREDADA
HECHO
POSITIVO
CINCO
COMPRAS
ADJUNTAR
ABUNDANTE

Puzzle 178

REUTILIZABLE
EXITOSO
CHAMPÚ
SEDOSA
CARRETERA
ANCHURA
COL
PRECIOSA
ESPADA
OYÓ
HOJAS
SILENCIO
GERENTE
SOPORTAR
DEBER
GOBIERNO
AFECTO
GRADUADO
ALERTA
ENORME

```
C E T N E R E G R D E B E R Ú H C
D O S K J T Z D E E I W D D P T O
K Z L P G O V B U R E N O R M E Y
X N B Q A B P V T H C B S A A V Ó
U W X S H D R E I Z A R O T H S P
U B O S G Y A G L C R H T R C F C
S I L E N C I O I P R K I O O K P
P R E C I O S A Z C E U X P D I E
E W D M B G G A A C T H E O A H C
G O B I E R N O B O E E O S U I A
B C M M Y V Q O L F R T Q J D S F
H N I S P A T R E L A K R M A O E
T R O M L A A N C H U R A Y R S C
E S E D O S A U F R X G I H G C T
P V M O Q R J W J Y S R K S R W O
```

Puzzle 179

```
S U N W V C E N V H L L S K M Q S
X Q I S R I R E U Q E R M R L M Á
B K P A D E I D X V L I J U P O N
I E J T M R I T R A P M O C Z T D
E S Q U Í T T Y Q H I E G J E O W
X V X A Q O G A L Y H B A Q T C I
J Y S P M B P O B L A C I Ó N I C
P P A V C B Y D A L C E T V E C H
A R B M O F L A E L N D E I M L D
S O O S V T C C K W Y F R C A E U
X D V Y J C T U O R V L M U L T R
N E S J E P L D V F C I A O O A A
S N J J N C Q E A O I F L W S G Z
N E V N V E T N E M L A U T C A N
N T C A S Z F O F U T U R O G M O
```

PAUTAS
VA
TENEDOR
FUTURO
TERMAL
COMPARTIR
DURAZNO
SÁNDWICH
ALFOMBRA
ACTUALMENTE
SOLAMENTE
REQUERIR
ESQUÍ
POBLACIÓN
LAGO
CIERTO
ALCE
PROYECTO
MOTOCICLETA
EDUCADO

Puzzle 180

SENTIRSE
HACER
COMBINAR
MOTIVO
POSICIÓN
ATADO
ESPERAN
TIRAR
RARAMENTE
LUCIÉRNAGA
PÁRRAFO
COLAPSO
GAFAS
POLICÍA
ELLA
OPERAR
TAMBOR
EXPRESAR
REGALO
OJO

```
X T C G A E S T S G U N J E L P T
T H Q O S P A L O C Q V A E S W A
K U C Z M Z P O S I C I Ó N X F M
C V K W U B V I R E G A L O D A B
A G A N R É I C U L K K S B L B O
Z G Z Q K E T N E M A R A R O V R
P R A R E P O B A A T A D O J E E
E O O F B S B K P R J Q T F O L X
S V L N A R E P S E J P L A O L P
U I P I E S R I T N E S U R X A R
Z T N Q C L E Q M Q L J V R C I E
O O C D X Í C G J E T L S Á T K S
Q M R I M R A R I T Z M E P K W A
N V O O D K H F K Y F N O K D H R
L N I K L A L H T F U Z D E L X Q
```

Puzzle 181

```
T R Á G I C O O R E V J N J G O U
M Z W P A U S R Á J M S O J E L N
H Z N U B L G E P R J Z T T C F I
J C U C G J A K I W Í N B M Z Q R
V J W I V U A F D K X O B O L P S
P T I F A G U T O W Q G Y Z Q A E
C O N T R A S T E L A M X C F G E
Q P Z S O O R D I N A R I A R A J
H U A L P J Z R D Í L X I F E R E
E E E S R W M E M T A A V K S Q C
R T I M E Q I C K A W S K G C W U
M V I D A O C U K P F A A I A S T
O W A D J D V R N L B H C D Z Z I
S Q M M G J O S A I C A R G Y C V
O F M O W O C O A B B G R M E H O
```

FRESCA
QUEMADO
CONTRASTE
NO
HERMOSO
VER
TRÁGICO
RECURSO
PAGAR
RÍO
GRACIAS
RÁPIDO
EJECUTIVO
LOBO
UNIRSE
LEJOS
PASEO
ASA
ORDINARIA
PATÍN

Puzzle 182

DECIDA
ACTUALES
SEXTA
RECHAZAR
DETALLE
CERO
IMPUESTOS
CAMISA
MISMA
TÍO
ENEMIGO
CANCIÓN
PUPILA
CARPA
ADIÓS
EXTINTA
CALAMAR
PERTENECE
CONSECUTIVA
LATIDO

```
P E R T E N E C E J I E T M S R X
A C T U A L E S C Z N X U B O L O
P L A S C E F S X O Í T A D I Ó S
R I M P U E S T O S O I U F Y C P
A R D M A N K D R S P N B F S B S
C D R E F R E D E X U T V E N L P
R K E R T M S V C N H A A U O D H
S E X T A A C O N S E C U T I V A
D E C I D A L W D W Z M K C C N M
C A L A M A R L O I G I D A B V S
E V L W I M B U E L T H K N J T I
A G F I V Q L D R A Z A H C E R M
A V B Y P C A M I S A W L I R D I
C C E W O U E N E M I G O Ó K X Q
S L S I M I P V P L P T K N W H T
```

Puzzle 183

```
C R D S E G Ú N D T V G V L L H T
O I E C A H E L E C C I Ó N F E L
N A L N N N D N C O T C U D O R P
T F A A E Y A X R C T R X I H M D
R O N C C T Q B S I O L A Y J A E
I C T S Z C S D M F C L U H E N M
B A E U S S E O K Í K A P D D O O
U K R B P K Z S S C N B R Y A T C
Y P A T R Ó N N O A L M E W N N R
E Z E K T F I G S P B A C K B E Á
N E X P E R I M E N T O I A C M T
V T I V F H G W U F W Y S L I A I
O M X I K M R A H F Y H I Z I Z C
E C U A B K G O J X S H Ó Q I E O
F A H L D G Y L Q V I R N N T A U
```

PATRÓN
FOCA
SOSTENER
ACCESO
ELECCIÓN
HACE
HERMANO
ADULTO
DELANTE
CONTRIBUYEN
BUSCAN
PRODUCTO
EXPERIMENTO
DEMOCRÁTICO
SEGÚN
PRECISIÓN
PACÍFICO
HUESO
AMENTO
VIAL

Puzzle 184

MONTAÑA
EXTRAÑAS
CÓMO
OBSERVAR
MINORÍA
EJERCICIO
MEDIO
ESTANQUE
EVACUAR
PROCEDIMIENTO
TAZÓN
CARTA
PAÍS
DELANTAL
BÁSICO
BEBIDA
RECIENTE
DÍA
DEMÁS
PUNTA

```
T Z E T B A S A Ñ A R T X E J M P
V R A V R E S B O D X A R L G E R
C A R T A Ñ A T N O M Z E E L D O
D U D P U N T A X C Q Ó C G P I C
Q C T I G Y U V L I X N I K A O E
L A I E B V Q B K S L W E T E E D
V V Y I O E Z T Y Á D P N A A I I
F E L M B J B Y P B D Y T V R O M
H L N J T L T N K M Y I E Q G V I
E S T A N Q U E S Y H K L I V P E
D F O I C Y D B F Z G T G O G O N
A Í R O N I M O I C I C R E J E T
J L A T N A L E D D Ó D E M Á S O
G M Y T N E L C C X E M R L G F M
V I V P A Í S L J V K I O G Y B W
```

Puzzle 185

```
H O P O R T U N I D A D C Y D C M
O L I G E R O K M X T I Q A E B M
M T W A L A N Ú M E R O H X C X I
B E J Z R O C I F Í T N E I C A C
R K B V Y S B E C X T G B Q E L O
E A T A Q U E J R J N C L B M Á A
L B F A M U S E O O Ó J I A P P L
A T L E T I S M O R I X V Q U I E
A D M I N I S T R A C I Ó N J Z A
A S E G U R A R Q T C A M I A L T
F I E S T A S G U N U U O C R U O
S O L D A D O I C E D V T Y J X R
C Z O Z P Z U Y N V O V U G T H I
U R S J E E H R T N R Q A R Z M A
Y V B H G D B D C I P B U A H Q W
```

AUTOMÓVIL
EMPUJAR
ATAQUE
ADMINISTRACIÓN
LIGERO
SOLDADO
NÚMERO
OPORTUNIDAD
ASEGURAR
HOMBRE
LÁPIZ
CACAO
INVENTAR
FIESTAS
CIENTÍFICO
ACERO
ALEATORIA
PRODUCCIÓN
ATLETISMO
MUSEO

Puzzle 186

PREGUNTANDO
COLORES
CENTAVO
HUMANA
SEMANA
VERDE
CREER
HORMIGA
BALONCESTO
VENENO
INTERACCIÓN
GENTE
AUTORIDAD
ENCANTADOR
PUNTO
AMABLEMENTE
CIERTAMENTE
ARTISTA
REPRESENTAN
BUFANDA

```
C W Z E I N M N Y C D A B C P I T
A E I H J A I T Q X O U A I U N C
R D N L B D B E N F X T L E N T A
T R Z T B U F A N D A O O R T E M
I E V C A S P P P R G R N T O R A
S V J H F V R R Z E I I C A Q A B
T Z U U R Z O E B P M D E M E C L
A N A M E S D G H R R A S E V C E
W R Q A E E A U V E O D T N R I M
Q I R N R R T N E S H G O T J Ó É
M L Y A C O N T N E A G E E I N N
Z I B C H L A A E N Q Q R N U R T
D U Z X T O C N N T D J W W T G E
H V O G J C N D O A M L J D D E K
E S H Z M X E O Y N X Q F F X Z O
```

Puzzle 187

```
P Y I N B E B E R V D N W I I R T
O M Z G B R F Z P A F E X N N E F
L E U F V K N E L C B F P T Ó L V
G D E K V A L O R Í M M M E I A Y
U I E N K N R R R O Z F F N C C U
U D L U L Z S E Á E N R A C I I E
R A T S E L O M S P Y P V I B O T
A N A Ñ A M G Z W T I A T Ó I N B
J M G O L F L H N Y O D C N H A L
D U A W H S M C G J A N A S X R O
M L P A S A P T Q A L F I L E R Q
P O F X E R G R A V E D A D Q I U
R C F N L Q F K Z F V L G B U Y E
E B Y W L M U C D G Q Y V D Q U O
R I B M O K N P N Z M A Y N M A I
```

BLOQUEO
RESTO
CAYERON
RÁPIDA
COLUMNA
MEDIDA
MAÑANA
VELA
SELLO
EXHIBICIÓN
CARNE
INTENCIÓN
EN
GOLF
GRAVEDAD
RELACIONAR
VALOR
ALFILER
VACÍO
MOLESTAR

Puzzle 188

SECA
PÉRDIDA
PAPÁ
CUCHARA
TENÍAN
RESPONDER
VOTO
CONTROLADOR
MUESTRA
SOLUCIÓN
CONSTRUIR
VAQUERO
FURIOSA
FORMALMENTE
COCINAR
MEJORAR
TODO
MISIÓN
HERMANA
ABIERTO

```
F C O N T R O L A D O R A B L I B
S C O C I N A R E D N O P S E R J
J O D O T V I J G P A J X P U A F
S R L G M O F O D A C E S H J L O
U E S U P D A E A P Z H S L J T R
C U E N C X W Q Z Á R A R O J E M
I Q N X R I C O N S T R U I R N A
I A W O O R Ó A N A M R E H U Í L
P V M H B S X N P C A U S F F A M
W É C U C H A R A O S M E J X N E
I B R P A B I E R T O I J S D H N
A I S D M I B Y W O I S B H T G T
L P J E I U K K Q V R I E P K R E
E Q K C Z D P P P T U Ó N K G Q A
M U U S R Z A S B L F N Y T G Z T
```

Puzzle 189

```
P J W U J C H I N D I V I D U O S
A C S C M L K J L Y T F P X F K B
R V L X A O Z N Y Z X R A S E C T
E C P O R T Á T I L W L O U C F T
C A Z M O X G O R C K W A L R R A
E R D U X F F L V K I S H B E E R
N Á I H A R D I L L A R M B C N A
A M S S D E E L R O S A C M I T T
C B O E Q N Z A E Z F A A U Ó E Ó
O A Z Y Ñ W K B K P W Z G K L B N
H N I S N O C I I E E T U L N A M
C O E C J N R O Y I J N A D T F N
Z S L E T N E I C I F U S V M V X
R T P C I C V E T N E I P R E S M
Z O O L Ó G I C O A Y M H J V L O
```

CRECIÓ
CARÁMBANOS
SERPIENTE
LABIO
HUMO
ARDILLA
RATÓN
SEÑORITA
ROL
CHOCAN
ZOOLÓGICO
CESAR
PARECEN
FRENTE
CIRCULAN
PORTÁTIL
SUFICIENTE
INDIVIDUOS
ROSA
AGUA

Puzzle 190

PROCESO
CUIDADOSAMENTE
SOBRE
DRAMÁTICA
ENFERMA
COMUNICAR
SANDÍA
ESCASO
NABO
IGLESIA
SEIS
SITUACIÓN
ABEJA
AVENTURERO
REQUERIDO
CORTE
ALTITUD
HURACÁN
ANUAL
PERECER

```
A J E B A Q J C O X S D P U P S Y
Í V W S R L G C X G G U R G E U C
D S E R B O S X F O A T O W R V O
N D I N Á C A R U H I I C K E U M
A O R T T Q P B G Y G T E U C I U
S L E A U U I I W M L L S H E K N
S E O S M A R I M G E A O U R J I
W V K V B Á C E R C S N I A D N C
H G R L M M T I R T I U M C X A A
E N F E R M A I Ó O A A X Y L B R
T Y D I S G S M C N B L J V R O K
R E Q U E R I D O A D K N S E I S
O S A C S E J M G A W I A E B T C
C C U I D A D O S A M E N T E G O
A E X L Y J M R T Z W Q N C X K Z
```

Puzzle 191

```
I R A Z I A H Z E B L M V K L G A
Q E C Z N A F E F B P T J T Y B Q
C S T L S L D I R I M U S E R A A
B P U B T M G A L V Q Y P Z Q N V
Ú O A Y A A Q V N A I L P M A U K
F N L V N C S L U D D R I A U S T
A D I D T E A E O L O O L L E U C
L E Z J Á N L U Ñ G I W R T X L L
O N A T N A U V S A B M A E V H L
Q I C S E R C N F M L Q R D V Y O
F W I Z O C Í E D U F I B I C B N
B P Ó K Í F T Z F L T C O J Q R Z
W X N J R M R A N P M L C P P V B
L W Q T F F A S U P U E S T O D K
J A L E A B P C O N C L U S I Ó N
```

ALMACENAR
COBRAR
AFILADOR
HERVIR
CONCLUSIÓN
RESUMIR
FRÍO
AMBAS
ACTUALIZACIÓN
AMPLIA
CUELLO
INSTANTÁNEO
PLUMA
SUPUESTO
RESPONDEN
SEÑAL
PARTÍCULAS
ENVUELVA
JALEA
BÚFALO

Puzzle 192

ALTERNATIVO
CATEGORÍA
CREZCA
BORRADOR
CISNE
TESORO
DISTANCIA
GRADO
MAYORÍA
PRIMARIO
SUCEDER
MARAVILLA
PASADO
DOLOROSAMENTE
HABILIDAD
SOL
FLOR
FELICITAR
EXISTEN
DIBUJAR

```
D F E L I C I T A R E D E C U S D
S I N B U X J E B V A F N B B P I
Z R S E P O C X J H L Z P K F R B
C B I T I X R K E X I S T E N I U
R F C N A Í R O G E T A C W A M J
E L B E T N P N F B F Í N H L A A
Z O Y M I E C Z X C O R B A T R R
C R R A O Z S I D B J O N B E I H
A T G S C E M O A D C Y S I R O Y
J U Q O Z O L L R L N A I L N D O
Y B I R O D A R R O B M O I A A X
B J O O N A J T P A J U W D T R H
C W S L O S J V P A O H X A I G B
G C N O M A R A V I L L A D V P S
V O G D L P S F C C P P J E O T U
```

Puzzle 193

```
K E S K S Y B R L T W P F K N M C
E O V O M S I M F N M E F F Q W O
T N Ó I C C U D O R P L R E O X L
N A I R E I S X I T C I E D V A I
A E Y I E V E O U K O G L B E C F
F R V O W E B D F R M R A L J E L
E K G X X R H E A J P O C D A P O
L R R U É B E B S D A S I I S T R
E R H T M O I B R O Ñ A O S T A H
G U A O S E X H P X E M N T W R G
Y S D D T J N Z Q Z R E A R O E L
G A P A Y C M T N Q O N R A Z D X
C O M I T É A D A U B T N E E I J
E N G A Ñ A N W N N A E R R J R O
X H I S B C P V A U L T V V B G X
```

MISMO
ARGUMENTAN
COMITÉ
ACEPTAR
TODA
OVEJAS
PELIGROSAMENTE
SOCIEDAD
AIRE
SU
BEBÉ
ENGAÑAN
VERBO
COLIFLOR
DISTRAER
COMPAÑERO
ELEFANTE
BESO
PRODUCCIÓN
RELACIONAR

Puzzle 194

GUERRA
PROMEDIO
ARTÍCULOS
VITAMINAS
LARGO
FRAGMENTO
CASARSE
PERRO
CAMPANA
SUAVE
LIMPIO
RESERVA
ARAÑA
OPCIÓN
INTERACTÚAN
UTILIZA
ACTUALES
CONTROLADOR
AGUA
BÚFALO

```
A C F Q C S A N I M A T I V E H Z
R A R U O S U P R O M E D I O O U
T E A W N N S A G R E M H R N L L
Í J G R T N L V V R V D S Q A A N
C I M N R T A R R E U G Q P Ú C X
U A E D O C N E I P R W T H T T U
L L N T L S A S C T P D B Q C U T
O H T J A T P E A G U A Y R A A I
S L O V D E M R W C B C B M R L L
R C A X O C A I D A J E J T E E I
A P P F R K C B S S L C B Z T S Z
B R K H Ú W M G V A A Z I H N Y A
L Q A U R B V T R R R O P C I Ó N
V Z L Ñ L U W H N S G U D O Q D C
V C B R A F V P Q E O I P M I L H
```

Puzzle 195

```
D C P S R N T D T T D P T F K D V
E Y A U J B H U R B E S I L U U E
D T C L P V R E A J L L L O N R R
I P I E Q I I I N U A E Y R C A E
C C J P K P L M S L N N C E A C D
A C U E L L O A P T T Ó A C L I I
R B O K U U A C O U E B T E O Ó C
X S D M Y R Z I R E A R T R R N T
E X I T O S O F T R G A W W O A O
U H R E F U P Í E C R C O X J S T
R D E Y F H Q C J A P Í L D O R A
T G U J O L S E S R I T I M R E P
Q Y Q W K D F P C O M A D R E J A
R F E N A P H S H G H M S G X R A
F O R O T J I E W D P F G W M P V
```

COMADREJA
PERMITIRSE
ESPECÍFICA
DURACIÓN
TUERCA
CARBÓN
FLORECER
CALOR
VEREDICTO
DEDICAR
TRAER
TRANSPORTE
PÍLDORA
PIE
TAREA
EXITOSO
PUPILA
DELANTE
REQUERIDO
CUELLO

Puzzle 196

```
V E D U K T Z Y Z U R D T O B X F
G E D M F H E R G E L A Y U S F I
H R R V Q R C C F I E S T A J D G
X A H A O O O V N D H K G B E I U
Y O C P N L R R Ó O C I P Í T S R
G Q C E D O R M I H L F P W N P A
A E Y L R U I A C C X O S J E A B
N U N J I N E L N E N S G K M R D
Ó R K T V N N E L A E N Í L A C
J Q L V R D T E T S E C A S A R M
G T F Z E V E U N O V G O A R E G
L F B F H D J T I Ñ I N F D E R K
I N T E N T O I L A J L W F N X C
B C T G O W P I L V S I H R E D O
F S U L K Y B P N O N J L U G R U
```

GANÓ
FIESTA
AÑOS
TÍPICO
SUYA
GENERALMENTE
LÍNEA
LECHO
INTENTO
VERANO
DISPARAR
ALEGRE
FIGURA
TECNOLOGÍA
CORRIENTE
HACER
INTENCIÓN
SECA
ROL
HERVIR

Puzzle 197

```
R X L H K B K Z W N T T Y Y F L Y
K V M Y J J J Y J H G X W C H L P
C U T A T N E R A U C X B Y B O V
U J C Í R A C Ú Z A R Z E U I R P
W T E T L C A B K F I Y E C A A E
R E B A H A A E O X P X T Q Z D Á
E U A A E A T C O R T I N A S O G
J Q N A D Z G E S Z F N E E E S U
X O C A S U M E R I Z I M S N A I
D T O D I Ñ U R G A O B A P U C L
M I É R C O L E S K L N L E L S A
C O N S E C U T I V A E O R P E C
V B Q Q U F B B N U D O S A S S U
E S P E J O A X K Y P Z X D N G W
P O M I O O R L B E I J N A E B R
```

GRUÑIDO
MARCA
ESPEJO
LUNES
LATERALES
ASUME
CORTINAS
BANCO
HABER
CUARENTA
TÍA
ESPERADA
MIÉRCOLES
LLORADO
AZÚCAR
ÁGUILA
TOQUE
SOLAMENTE
CONSECUTIVA
ESCASO

Puzzle 198

SOPLAR
OPUESTA
PISCINA
HÁMSTER
PIMIENTA
PERA
DUPLICAR
FINANCIERA
ÍNDICE
RELIGIOSA
CONFINAMIENTO
SÉPTIMA
RAZA
CASA
TRANSPARENTE
MOMENTO
GAFAS
CONTRIBUYEN
RÁPIDA
ALMACENAR

```
C E N U F T H M E C I D N Í O H N
Z O Q X Z R Y O D A D I P Á R Á B
A O N O H A Z M E S P E R A U M Q
L P S T P S G E I A T A N E L S T
M U É N R O J N F N M Y A H E T M
A E P E A I U T Q S I I C F M E F
C S T I C G B O C J R A O V E R I
E T I M I I A U G A F A S P P G N
N A M A L L M L Y T U J C G I H A
A R A N P E L E Z E R A Z A M D N
R U D I U R M J E A N I C S I P C
Y G X F D S O P L A R F N N E K I
T R A N S P A R E N T E U U N S E
U K J O M J T V S S Z H Q C T B R
K T I C C G W X B M Z C J J A G A
```

Puzzle 199

```
O S O B Y L P L V S U Y B O Z R C
L A E R I P M U R R E T N I S M O
Q N T R G B Y G X F I P Q D O N N
V A N X R O L O D O V P K O B P S
J I A F G M K I O F J W A X R A I
K A T M U S E O O C I E L O E S D
E I R B Z E U S R T H I G I U C E
Q X O X E Y J O E D E Q J I C O R
H J P E W J A Z P I A C Z E R C E
O J M L H S Q E D O U L A F F I T
P G I V I C A R Y M D X G R I N X
I E X R G C Q E B U É Y L U Y Á W
D U U A S U A P S H B Y Y Q I C E
Z V S Y F T K R O G I B J M M E O
M R J L Q M A B W T L H W L M M N
```

ALGUIEN
DOLOR
PEREZOSO
CONSIDERE
SANA
INTERRUMPIR
DIO
BIBLIOTECA
ODIO
PERO
DÉBIL
EXPLICAR
PAUSA
IMPORTANTE
CIELO
MECÁNICO
MUSEO
HUMO
SOBRE
CREZCA

Puzzle 200

TOMADO
ARREGLAR
ATENCIÓN
LLEGAR
HORARIO
BOTELLA
CINE
SEQUÍA
SER
TEMAS
SALCHICHAS
CÁLIDA
ALGO
COMBINACIÓN
SEPARADA
DURAZNO
VELA
CAYERON
SEÑORITA
LABIO

```
S L D S A S A M E T G S K G O M B
E L U A L E Í R E S V C Á L I D A
Ñ N R L G P U A R E A E H P R F G
O Z A C O A Q G N E E N L T A L N
R L Z H G R E E L N G Z Y A R G L
I O N I I A S L T A L L E T O B A
T D O C H D W L M I C W A I H T B
A O M H A A J Y U D A J F R T T I
J S J A F T C Y V L Y Y T N D F O
Z V H S D H E I U Q E Q V T E Y D
M M C I N E I N D T R E M F P J Y
E X R X Y P F L C G O K D M Z B W
Z C S X P B E V I I N T O M A D O
Y Q P U Y T T F X F Ó D L C T S G
C O M B I N A C I Ó N N N O T S S J
```

Puzzle 201

```
K G I Y J D F P P Y N E R E F C O
T V K U Y C Q R I M U S A L L A V
S A U C E V I I E J J L U Y L U V
X I C Z D X L S T G L I C B U T B
B J D I G N R H N V A O A G K E V
B F C X Y M L S T E R D V Q K L A
L I B E R A C I Ó N E A E I C O P
P E R S E G U I R Ó R Í O R Z S O
T K B T E O U Y F I B E T K O O R
F E U R A Z I L A C O L N O C U V
A P L B R I W N N A Z N E I M O C
I W Q A C H K T S T D G L F O H L
S M N F M L D R R A C I F I D O M
Á X H R E G L A A N X F O V P P Z
N Q U D W S U S T A N C I A E C C
```

NATACIÓN
LOCALIZAR
SUSTANCIA
LENTO
PERSEGUIR
FREGADERO
LIBERACIÓN
FAISÁN
REGLA
COMIENZAN
VALLA
CAUTELOSO
TELA
SAUCE
ASUMIR
MODIFICAR
VAPOR
RÍO
EVACUAR
CISNE

Puzzle 202

ESTRELLAS
ELÍPTICA
SE
COCIENTE
CALCETINES
CIENCIA
TRONCO
LIMPIAR
NUBE
TORTA
SOMBRERO
DESCARTAR
REVERTIR
DAÑO
CALCULAR
DISTANTE
PAGAR
RECIENTE
EN
NABO

```
I E L P N E Z H D L Q F P T R J J
Q E N U A S T Q U N L H A O E O N
J N P A B X N S A O W D D R V R Z
S D D C O J C I E N C I A T E N R
C O C I E N T E K N Z L A A R S E
D R A T R A C S E D I H Z R T V C
Y A O P D U T E E P K T U T I Y I
B G R Í I I C J S U T T E B R J E
C A E L S T A N T Q E R X C W A N
D P R E T M R K R H X A O W L E T
N U B E A Q C K E Z C I O N Y A E
J F M H N F I P L Q S P D H C Q C
T E O G T Q H H L P E M V A H O O
H H S C E N U K A G E I E Q Ñ Q K
C A L C U L A R S A E L C D L O W
```

Puzzle 203

```
P E L P I E N S E D T Y X L R N P
R C O N S I D E R A N É L L D R L
O L U C R Í C O L S N E R H H G A
F J F R C E S R A T R O P M O C Z
E T S I R T L U G A R G I A I I O
S B P Z S Q Z U W B J F V P A N Z
O D N A G E L L V S E N T I D O O
R R K P U N I D A D D M O I G I F
U S E T N O M A T L A S A B R C I
V M Y M T A R P L J M V T M S I N
T O R D Ú Y L S F K J H Z T T F R
C G P R Z N D I X H I O G E R E M
Z R R U V A T O Q C P Z P B O N M
B X V T G D G C O N E X I Ó N E G
B N O K R J U K F N O X K P H B Z
```

PAZ
CONEXIÓN
SÍ
CÍRCULO
PROFESOR
LUGAR
LLEGANDO
CONSIDERAN
TÉRMINO
PIENSE
DAN
BENEFICIO
UNIDAD
TRISTE
SENTIDO
SALTAMONTES
PLAZO
COMPORTARSE
FIN
NÚMERO

Puzzle 204

LADOS
ZANJA
GENEROSIDAD
FICCIÓN
ÁRBOLES
ENFOQUE
LEOPARDO
SOLEADO
BIEN
TELEVISIÓN
MEJOR
ENFERMERA
PRIVAR
CUMBRE
ENCONTRAR
LLAMADA
ARTE
ACEBO
PLATO
DELANTAL

```
V R W U Q F T E L E V I S I Ó N B
U Q D A D I S O R E N E G R F X M
P U B F U C M I U T H K I A Z H I
Z A C V C C A E V R A V I R P J U
M I J X K I V C J A C U M B R E E
A N B O Q Ó J J V O D A E L O S T
Z X R N M N Q X M I R B U O V D X
D E L A N T A L E N F E R M E R A
R G A J R P X K K J E M I E A M D
G U J N R T S Z J A X N V I W L A
W O I A O A N A C E B O F N I W M
Q K H Z T P S O D A L U M O L I A
L E O P A R D O C P L F I P Q K L
Á R B O L E S G O N R D W V U U L
B I E N P W T K S S E M O V A L E
```

Puzzle 205

```
E N Y E Q E S M W S E O D I T A L
B S E K P O S S Y X N C E K F C J
C G T G O L V G H R T O S A Y I U
C O T A O T L U D A E P A L H T K
W C M A B C N L U E N U P J V Á W
A I A P C L I O O S D E A M E M K
R A A I L W E A N E I K R M I A K
X L S N C E Q C R D D I E Y H R D
V S K L Q L J A E K O H C U M D R
I G L E S I A O T R K U E E S W L
O F I C I A L L N P R B R L Y O L
T E N Í A N N G I A B S O R B E R
V A C I A D O I A Y U D A E B X B
V T F R B U L S I U T Y B P I L T
B O F E W C M Y G N I O J F G K S
```

AYUDA
OFICIAL
NEGOCIAR
POCO
DESEAR
ENTENDIDO
LAICO
MUCHO
ABSORBER
DESAPARECER
SIGLO
INTERNO
COMPLEJO
VACIADO
ESTABLECER
LATIDO
ADULTO
TENÍAN
IGLESIA
DRAMÁTICA

Puzzle 206

COMPLACER
QUIERE
COMPARAR
ADECUADA
DESEANDO
PRADO
DESDE
RISIBLE
CARTERO
DULCE
SOLICITAR
IZQUIERDA
ACTIVA
COMENZÓ
SILLA
CANGREJO
ENORME
SENTIRSE
QUEMADO
AUTORIDAD

```
C R J W H C W X Q B X Y S Y A A E
O F V S T R O X P A V N D O U Q N
M S Y A K A D M A C T I V A T U O
P Q L B I T N C P H A M K X O E R
L S U S K I A N O A A T S P R M M
A A D A U C E D A M R D M R I A E
C J L Z D I S V Y Y E A J A D D Q
E A E L F L E H O Y W N R D A O U
R G L L I O D W J O Q Z Z O D T I
L V B D E S D E C R X P I Ó M K E
V P L R K M Q D S E N T I R S E R
R I S I B L E K Y T A I E P E V E
D U L C E C A N G R E J O W E C O
I Z Q U I E R D A A W J M N Q O H
U V B T R R V L Z C N F V Y V T Y
```

Puzzle 207

```
I N V I T A C I Ó N S E Z S E U T
O R U K F W N W J Y O U Q E F Q H
B D X Q B Ú V P P T B J K G P J U
U V A B P T A R U D R V O U R I T
C H W B I I N O R E E M S I Í M R
V M A T A L T B T G S U O M N X J
S F A H J C A A P K A V Y I C B D
U U Q B N X A B R Ó L U S E I Y E
M O F L P C C L I B I O A N P V L
A Í R O N I M E N O E D R T E I G
D E R E C H O M C X N A U O I A A
C R Í T I C A E I A T R T C H L D
V O U T V T C N P W E I N A A D O
R T R U K W F T A L N T I W Z S U
S O C I N A J E L F E R P G C Y T
```

DURA
INVITACIÓN
SEGUIMIENTO
ACABADO
SUMA
PROBABLEMENTE
SOBRESALIENTE
TIRADO
UVA
SACUDIÓ
PRÍNCIPE
CRÍTICA
REFLEJAN
PINTURAS
ÚTIL
DELGADO
PRINCIPAL
DERECHO
VIAL
MINORÍA

Puzzle 208

INFORME
JUNTO
PEOR
PATO
LA
SOMBRA
CUEVA
CAMINO
DESARROLLAR
MALA
VÍCTIMA
ENVÍO
JOVEN
BAJO
SALTÓ
POSITIVA
INGREDIENTE
ENTRENADOR
ASA
MEDIO

```
U R H F S A S A J Z H I S P M U Z
C U P B M V T L B M J Z O T N U J
Z S R B P E U J U H S V M N P E R
X P B F I U S P E H Q B B B F N F
N V N H H C B A J O S I R F A T S
D E S A R R O L L A R A A Y R R J
M E D I O I T P C L O F L R M E O
H H H Z E N A O K A O D A T J N V
W D R J P F P S U M M L M B Ó A E
A N P E G O M I F I O I F H L D N
X W D N U R M T X T S A N I U O C
V Q J L Q M D I Q C Y L P O Q R X
E N V Í O E E V Y Í B L Z B T B S
Y Q H G I J E A M V C K S G L U N
I N G R E D I E N T E X B P K P I
```

Puzzle 209

```
D T I X H O W V Z Z U Q B X P L C
J N K G A W O F R X T Z V Q A E O
S U E R T E J M R L I V H A R C V
É C O I D S E X H I I U O I D H X
R N B C R O T L A S Z B I O I U Z
E D O E C L O R A N P B R F S G L
T Q H D A I M E N T I R A E P A Z
N T C E L T V I S H R X V R O N Q
I X I R C A V I T A G E N C N A K
V B H A E R P A T I N A J E I R P
W I K P T I X R F G S J V O B Z C
Z M S Q Í O D I S C U L P A L B V
P V S T N S A Z R W C L Y Q E I X
D N T Q O O D G J H N W C Z W S S
V S E H H H E L B I T S E M O C U
```

SOLITARIO
LECHUGA
PARED
EDAD
DISCULPA
INTERÉS
VARIO
DECIR
MENTIRA
PAR
CALCETÍN
LIBRE
NEGATIVA
RANA
SALTO
COMESTIBLE
SUERTE
VISTO
PATINAJE
DISPONIBLE

Puzzle 210

LÍMITE
JIRAFA
SIMULACRO
COMPLEJA
ADMITIR
VICTORIA
EXTERNO
CARA
TEMA
FRANJA
COLONOS
BANDERA
REUNIÓN
CONCENTRADO
CONFLICTO
NADA
BÚHO
OPERAR
DÍA
TESORO

```
C R V C O D A R T N E C N O C S Z
K O E I F T X I L Q L O V S G A W
Z R M U C G L A R E D N A B K C Y
T O B P N T Y H Q G T F F W K T O
A S X C L I O T E M A L J N W E H
U E Y B H E Ó R T Y Í I I A F Y D
X T C N O E J N I W D C R D C F E
Y X L X C R O A M A F T A A O U B
C D G C T D C R Í D P O F D L W M
D T J N J R S A L H G W A J O W Z
S I M U L A C R O E K H J E N D K
A D M I T I R E X T E R N O O W M
X D U X U I K P M A H C A H S L U
S N P H X N M O V F U J R C O S V
C A R A Z L T A Z F Q O F B Ú H O
```

Puzzle 211

```
Z A P V A I Z T Z D B P E O Q O W
S N I V J V G N E Y O T N E I S A
R E M E O Y U C Y X H E R M O S O
E F G O D A C U D E T G J U Y K J
P O Q U D L Q T V P H O F T Y B V
E V A R R E I T K O S E R P X E Z
N V O E O I S V R S A L L E T O B
T S W A N W D T G E G I A A U X R
I V G C E D H A O E Z V D F B S B
N N N O M B K Q D R X Ó A Y G N F
O K U S P D T R S Q O M C J N U N
H B R A T N E V N I D O I V R O K
U T W S D H D Q L J Z T L H Z N P
M C O H E T E S R I N U E R X F D
I N T E L I G E N T E A D K Q H P
```

TEXTO
INTELIGENTE
REPENTINO
DELICADA
REUNIRSE
SEGURIDAD
MENOR
COHETE
BOTELLAS
POSEER
MODESTO
EXPRESO
TIERRA
OYEN
ASIENTO
COSAS
EDUCADO
HERMOSO
INVENTAR
AUTOMÓVIL

Puzzle 212

NEGOCIO
FIRMES
REÍDO
SALIR
SECUENCIA
MELOCOTÓN
FRESCO
TERCERO
PÁGINA
RESIDENTE
IMPACTO
CALIFICAR
ESTÓMAGO
ENTENDER
BASTANTE
TORTUGA
ACCESO
EJERCICIO
SEMANA
PASADO

```
G Y A S O C A J A H D K M O I T N
A H J A O D A S A P Q S I R M E E
E R W L G V G L O Y U H E L P R G
K N J I O X U F I R E Í D O A C O
D S T R R L T I C F P A W A C E C
D E M E A J R R I M I F C D T R I
V C E T N R O M C B N C P C O O O
F U L N I D T E R K A N A M E S U
R E O E G R E S E W N Z Q R Z S C
E N C D Á C U R J T F O W U V P O
S C O I P L I V E B A S T A N T E
C I T S U U R F I E Q D Z G S U O
O A Ó E S T Ó M A G O B P R R K D
B M N R M T G J E X I I A C Q E U
P Z Z R E V Z W C V B Z Q N H C E
```

Puzzle 213

```
T A T A R D E C E R P H L N B Q G
T A G L G Y Z T D Q P Y A B O E K
O J L L D F P L Q I C V C Y D E L
D E Y E F G R A N I Z O E N I R T
O R E C N W O A R U T C U R T S E
S O L U I T I D T Z R M L J A L O
P D L E V I O H L S F Q X I K V B
S E L A M I N A P Z E E Q S D M C
K T R O I R E P U S C R D A G Y Y
F N Z D C K O U R C Z P P P Q X L J
V E W A Ó N Ó I C A S R E V N O C
Z N X R I N X B N D B A R A T O G
S O H G H B A B C A M U N D O S H
B P N G L Y G A C T I V I D A D A
N O R E I D N E R P R O S G H Y Z
```

CADA
SORPRENDIERON
OPONENTE
ANIMALES
GRANIZO
PRESTAR
TALENTO
OREJA
PERDÓN
BARATO
CONVERSACIÓN
TRINEO
SUPERIOR
ACTIVIDAD
TODOS
MUNDO
ESTRUCTURA
ATARDECER
CERO
GRADO

Puzzle 214

GRANJA
VOLTIOS
PRESIDENTE
ROJO
VIAJES
BAHÍA
AGUJA
PLÁSTICO
VIEJO
ISLA
ESPOSA
TAMAÑO
MÁXIMO
GALOPE
ALIMENTOS
CLARAMENTE
POBRE
EJECUTIVO
CARTA
ABIERTO

```
G D J K V A B C J O K T K Z D H D
T A Í H A B C L A R A M E N T E K
A J L J V E C R S O V O L T I O S
M U U O T R E I B A I J X D I G I
A G W M P O O O W F S E R B O P Y
Ñ A A I S E P R N P L I V J J P X
O J G X E V T E O S A V E M Q V A
C N C Á Y U D N A L I M E N T O S
I A F M N E V K E G B E J Q G N O
T R R B X F L I F D C B N S Z V K
S G J T P D Z P O V I T U C E J E
Á Q W K A K H E J N E S E J A I V
L Q E A M N H F O Q L S E Q P U S
P E S P O S A S R B R V F R A A X
M B J A P Q D R P B X D O X P B B
```

Puzzle 215

```
O Y E V T V B M B O O D I B C O P
D B Z K H I J É A F I E S T A S R
P O N E R E H B I R G D U R J K Y
V Ñ M W E N J M E S A V I A V O G
E O R N S E I X A E B V O L B C Q
S T H X Y S Z J M C E O I C U N A
O O Á F O S D E O L S M L L P F J
M O L E S T A R M U I F Q X L E V
A L B H O N R D I D L P A W P A A
G A Q C L I E M A K E K E J K U G
I N N C L O D G D J N Q R L K B Ó
D A R B U H L I D G C D K E U N
O N G A G I A B W B I S T U D A F
L V D C R Q C B S R O W S Z E N I
T F F G O Z Z E N T R A D A S O L
```

ORGULLOSO
DULCES
CALDERA
CUNA
PELEA
BÉISBOL
SOFÁ
OTOÑO
LANA
MOMIA
DIGAMOS
VIENE
VAGÓN
ENTRADA
PONER
SILENCIO
FIESTAS
MOLESTAR
SOL
MARAVILLA

Puzzle 216

TETERA
AUNQUE
CUERVO
TENSA
EMPLEADO
CONTENIDO
FEROZ
NATURALEZA
CONTINUAR
DESCENSO
INGLÉS
CINTURÓN
VARIAS
CENA
EVALUACIÓN
ABUELO
ESPACIO
TEORÍA
CAPTURA
CATEGORÍA

```
O D A E L P M E H D C T E N C I J
T Z U O V P V Y O Y U E S W O N A
C H J S Q A N E C B H T P Z N G F
O N I Y S R L T J T C E A G T L N
N U R A P U A U G W S R C U E É A
T T D Í U T E K A S A A I U N S T
I U J R Y P L X Z C G U O W I C U
N C H O S A I R A V I N N W D L R
U U B G C C V F B V I Ó E Q O D A
A E D E S C E N S O H R N Z U A L
R R M T A B U E L O Z U W I E E E
F V B A Í R O E T C P T E X K K Z
H O E C F E R O Z G O N V M S K A
T E N S A K Q S X X X S I I B O Q M
J X Z X D Y S X G T V C X E L U T
```

Puzzle 217

```
C E O B I N C M P N C O S N G X T
U C O Z L N E Y E E Y C R Y G T O
L K O N H L T T B B I B I Q R W L
T J V R Z F I E J Z U D X C R D E
U V E J R A E N R O H D F M K O R
R T U W T E E E T N E I P R E S A
A I N A U C C I O D A R P M O C R
Z P G A T O L T F O Í C M R V M C
U O T A R T E R O E M T I U I Z L
A H Q G N K Q I X S O R B O C X D
D A D I S O I R U C N P M Y N B V
I S D M E Z L G K O O P O A K A L
B T W R Q T O Y M R C C P K P C L
U A R O Q E U B S H E L W T T A R
S Y Q H P R O P I E T A R I O F H
```

RETRATO
COMPRADO
CURIOSIDAD
NUEVO
GATO
TIENE
CULTURA
TOLERAR
MAPA
INTERNACIONAL
ECONOMÍA
COBRO
HORNEAR
HASTA
CORRECTO
PROPIETARIO
TIPO
SUBIDA
HORMIGA
SERPIENTE

Puzzle 218

CANTAR
CIUDAD
ATÓMICA
SUCIA
SABÍA
VIENTO
RANGO
DENTISTA
PENSAMIENTO
OJOS
IMPROPIAS
GALLO
PRISA
CONFUNDIR
ACTUACIÓN
PLIEGUE
DETALLE
MUESTRA
HURACÁN
DOLOROSAMENTE

```
R C S W U A Q N V O R A D D P M Q
T F A T S I T N E D S T Y R H U P
P Z P N I S R O K Y H Ó U D C Y S
W Z A R T S E U M P U M A I I B W
Y E R N I A I C U S R I E S U P F
X L L B J S R Z M O A C E A D A V
R L W C H A A V R J C A U B A C I
Y A V G E I T I Z O Á Q G Í D O E
T T N U T P P R Q P N K E A V N N
X E B G V O A C T U A C I Ó N F T
T D M U O R D I O U Q Y L W T U O
S T J K G P Q U X E E Y P M D N L
R L R J X M P A E G A Y L B D D L
V O T N E I M A S N E P F N J I A
D O L O R O S A M E N T E S X R G
```

Puzzle 219

```
S E Y N V A Ñ A R A S U M I C H I
B U L F F U V S S V F S Y N I A N
J Z C L S T I W T L D G D C N X D
X Q E E J O T U N I M A Z L T T E
O H F B D R Y X Ó L R B N U A F P
S E Ñ O R E F K I M E O R Y Z C E
I P Q M X D R K C X S G O E E Á N
M C W Ó W N C U A K T A E N T S D
R D O C V E I I R I A D F D R C I
E O E S J F W L E K C O S O O A E
P Y L S A O B Z P A I U R N C R N
B Q O N P G A F O G Ó V C X F A T
P A P E L U L Q T C N D J F Z Q E
A Q G E X Y É E R U P C I O N A R
Z W O V B L G S J O G U B H A H N
```

PAPEL
MUSARAÑA
ABOGADO
COSA
AUTOR
OFENDER
MINUTO
DESPUÉS
CÁSCARA
CORTEZA
INDEPENDIENTE
ERUPCIONAR
CINTA
INCLUYENDO
ESTACIÓN
PERMISO
SEÑOR
OPERACIÓN
CÓMO
SUCEDER

Puzzle 220

GESTIONAR
CUMPLEAÑOS
GUSANO
AÑO
MODERNO
PROTEGER
NACIONAL
POLILLA
PERSONAJE
LLENA
BAILE
COOPERAR
MEDICINA
MÉTODO
EXTENDER
VIDAS
BOSQUE
REFERIR
SEDOSA
CARNE

```
P W A D G Q O K F U Q D E Z P M C
X R S R J H Y K J K G E M H O O O
J H O Ñ A I J Y M R O V P C L D O
K C D T N R R D A E N R A C I E P
F O E P E L I A B F G C W U L R E
B S S H L G M S Q E Y P S R L N R
Y G G B L V E V E R P J J V A O A
G H P H H I E R S I G U S A N O R
G E S T I O N A R R B O S Q U E O
G N A C I O N A L E V N M G R Q Z
E X T E N D E R V A N I C I D E M
P E R S O N A J E E R M D S L S K
M É T O D O W Z K T L Q T A M Z V
C U M P L E A Ñ O S L S F K S I T
X D L U T U V E E E U F S I O V W
```

Puzzle 221

```
I S M F E C C A R Á M B A N O S Z
I M U Y S K A T E L E F Ó N I C A
P Z L D C J I L C E N F A M G X B
G I L A U P C Q A H F R Y S M H Q
I B I I C Y N F R M E N X S Q R K
N U D W H D E P I W A S U W Y Z Q
S E O B A K T E R A R R E C T J S
T L E S R T S Q F O G R B M I D L
A L F G U I I T U Z Y I P Z E P E
N A P A P Á S Q S Q S E U T M E C
T S O D A T A R T J O Z C D P V H
Á O H I A A T E L C I C O T O M E
N Z X D T W M J F Z D A K T O T J
E A Q E E S T E L A E L Z N E A I
O L T M O P Y Z J T M M L C U M D
```

TIEMPO
ESCUCHAR
TRATADO
MULLIDO
LECHE
ESTELA
SUFRIR
CERRAR
ELLAS
PEZ
MEDIOS
TELEFÓNICA
ASISTENCIA
MOTOCICLETA
PROYECTO
CALAMAR
MEDIDA
PAPÁ
CARÁMBANOS
INSTANTÁNEO

Puzzle 222

VIVIR
ACTO
ELEGIR
PATATAS
ACCIÓN
TAPETES
CIERVOS
CIERVO
COMPLICADO
REY
APRENDER
REBAÑO
ENVIAR
SOCIO
CON
COMENZAR
MARTILLO
MISMA
CAMISA
RESPONDEN

```
W I P U J Y E R T C I E R V O S G
V C O N Q P N O D A C I L P M O C
I Q D M S B V T W S P C I E R V O
V V L W V A I C N I E E T X Z T R
I Q Y Q R U A A T M N L T Y V W E
R B G E Z L R W T A F Z E E A V S
G P X A I Q N Ó I C C A M G S T P
P A T A T A S R C O P Y A I I W O
D K P Y V X P N O W F U R P G R N
R E D N E R P A M X J D T U N Y D
Z E X K J T R L E C U H I G G D E
X I B W A G U K N B K I L J K C N
K C T A M S I M Z K N U L C A J Y
S B W H Ñ J V V A F Q Z O R S X A
I W Z D W O O O R A Y Q S O C I O
```

Puzzle 223

```
A I F Z B F D O R B M E I M R B O
B Q X G M L W D R C L R I C X O V
Q Q T L A Ó R I M U S E R L P Y V
E U X C T T Y C J A J Y N L L P Á
B P I T Q D T O R M E N T A A U N
Y U G E Z Z K N D R G I L F N E G
O K F O T A D O D A Í N A M T R E
A V T D J O K C S E T N E G A T L
M O T I V A C I Ó N C L H C C A A
A S V P Q V Y C A P N F U F Z V C
R U F Ú V A D A R E P S E S E D E
G L I T C A R R E T E R A D E L R
O Y T S A R E J I T M I Y U Z R O
R H S E G S A B A J O Y X W R W P
P N M D O U S U X E Z Z D P G U D
```

CONOCIDO
ÁNGEL
PROGRAMA
QUIETO
TORMENTA
DESESPERADA
MIEMBRO
ESTÚPIDO
RESULTADO
ABAJO
PUERTA
MOTIVACIÓN
MANÍA
PLANTA
AGENTE
TIJERAS
OYÓ
CARRETERA
ACERO
RESUMIR

Puzzle 224

AUDICIÓN
PARTICIPAR
EVALUAR
SÁBADO
RÍGIDO
GRANERO
ALGODÓN
CLASE
IMAGINAR
EDIFICIO
REALIDAD
PRODUCIR
TUVO
TENDER
DISCUSIÓN
ÚLTIMO
CAER
EJÉRCITO
CREER
CESAR

```
O F C J I N Ó D O G L A K O C C Q
V Z R C Q X I W A P R G P V R E D
U Z N M O R I C U D O R P U G S Q
Y M L P F M S R A P I C I T R A P
D I S C U S I Ó N C C L I N A R I
E J É R C I T O Ó L I Q A O N E M
E V A L U A R M I A F M J E E A A
S I K Y Y Z K I C S I R E E R C G
Á H A P U O G T I E D M Q K O L I
B C W V W L R L D J E O C W D E N
A F Z I Z C T Ú U F J T V A I N A
D B H Q J S W I A S V I X K G U R
O S Q Y Q B K W D F C B G U Í L N
H H Q P B I U O V H R R U D R I W
B Y T E N D E R F K C H S S L E K
```

Puzzle 225

```
C X H C R F F A W V A D M Y P D B
A H I A T A Z Ó N X O P S H R O A
J H Q N M S T E C J P C A P I Z L
A H O T N E M A T L A A B Q M D T
P Z Ñ I E M W O R H C O Y P A É I
K X E D E S T I B T G V H S R C T
Z I U A Q R P S B X N R G O I I U
X C S D O D N E I M O C I M O M D
W Z W R A N O I C C E L E S B O G
S S O T S E U P M I D I P I T E Z
C U L P A B L E S M E S R N X U F
F W T Y U R I R L Z U W X A Z A B
F L C Q N V X A A M P C D G Z W X
C O M P A S I Ó N Z V H S R I J D
D B H O J V T L R U D Y H O H P G
```

ESPECIE
CULPABLES
COMIENDO
PUEDE
ALTA
TRATAR
SUEÑO
DÉCIMO
ORGANISMOS
COMPASIÓN
MESA
SELECCIONAR
CAJA
CANTIDAD
GRIS
IMPUESTOS
AMENTO
TAZÓN
ALTITUD
PRIMARIO

Puzzle 226

TERCER
MEDIR
CAMBIO
SÓLO
IGUAL
ARRESTO
INVOLUCRADO
TRAÍDO
PERDIDO
EXPEDICIÓN
BLUSA
ENSEÑADO
MONTAÑAS
PRESIÓN
CONTENTA
CONFESIÓN
ÁRTICO
PATIO
BLOQUEO
FELICITAR

```
B P C C R P Q Á R T I C O P X L R
Q Y J O I B M A C F X M D A K K X
I T Y N D L U Z S Ó L O Í T V L K
N Y N T E P R E S I Ó N A I U S H
D G I E M N A V M O C A R O M F B
N C K N H F S R E C R E T C H L Y
K U C T H P G E R A T I C I L E F
D G K A M E P V Ñ E B L O Q U E O
F C C Q D O Y E J A S G S L F S M
T A C H W G J U R X D T I D A G F
C O N F E S I Ó N D K O O W Q Z B
B L U S A G N Ó I C I D E P X E H
I G U A L A I Q B N J D C R R J X
O C N C D C S A Ñ A T N O M Q Y L
L E I N V O L U C R A D O T M D H
```

Puzzle 227

```
A O X F W Z S W N H M X H C Y F M
R I S R F R A N I C O C Z Z Q I A
A E T Í X P Y P F O N C T Z G N T
T T S A Q B R O A Ñ E U Q E P A R
N N F P Y N F E Q T K C A J N L I
O E Y V U F M F G O O J O N O M M
M D Q B G E Y U W U I U C J I E O
J I U Q C O S B W W N A T X A N N
U C E M O O E T W Q É T J K E T I
Z N S J J B R W A F T S A X S E O
Z I O R H R O X D L R I W R P H R
F U E G O B L M X U A T L B A Z U
L P F T P R F K X F S R Y K D C T
D O M I N G O Z Z I T A X R A B U
F O B Z W J Q H N K T P Y X J Y F
```

INCIDENTE
DOMINGO
FRÍA
SARTÉN
MONO
RESPUESTA
MATRIMONIO
QUESO
ZAPATO
MONTAR
FUEGO
FINALMENTE
PREGUNTAR
PEQUEÑA
FLORES
ESPADA
FUTURO
OJO
ARTISTA
COCINAR

Puzzle 228

PRÁCTICA
ROCA
BRUJA
PRESERVAR
RITMO
ACTITUD
OLVIDÓ
ASUSTADO
PELUCHE
INTRODUCIR
TAMBIÉN
ROTO
TERMÓMETRO
VOCABULARIO
MES
COMO
MAGDALENA
ASUSTADAS
CONSTRUIR
SEIS

```
T E R M Ó M E T R O W V C W D C A
A S U S T A D A S A S O T O X O S
B R U J A R O C A W O C T Z Z M U
Q J V A O C O C Ó X Q A L O M O S
C Z M G I K L J D C H B P M R A T
P O J B T A M B I É N U R A P C A
V R N R I T M O V W C L Á G E T D
S I E S I V M N L J I A C D L I O
E K V S T U V Y O Z R R T A U T O
M K B Y E R L L R B G I I L C U M
F N L E W R U R G I Z O C E H D D
M U T P K H V I D B D S A N E K J
L U V S G K P A R K E A C A I G A
Y D N D N M Y V R F T Q L O E H P
Y N C W B I N T R O D U C I R R J
```

Puzzle 229

```
Q T J I Z F L A T N E M E L E D P
E J C M K R J R J F O X X X O A R
C H E Q U E A F J U P A Z X T E Á
F U R E M B Q W E P S E J A R E C
Q Á I N A N K M M R H T D J E S T
S L C Ó N Ó U P X O J N A E S O I
I F U I O I M Ñ T N P A T R E R C
Z K D C L C E E A T A L G T F T O
I I E N I C A M M O D L W N N S S
G N R A C E N S C Z A I R E S I M
W P O C I L B Ú P K N R A U L N Z
P W H L F O R U C S O B B T M I G
F H Z V B C S Y C B M V P Z Z M R
N U B L A D O C A B I Z O P T U G
K W J S D F B R M Z L U H X F S T
```

REDUCIR
AJUSTAR
COLECCIÓN
PÚBLICO
ELEMENTAL
UÑA
PRONTO
BRILLANTE
NUBLADO
CHEQUE
SUMINISTROS
LIMONADA
MANO
PRÁCTICO
TRES
FÁCIL
ENTRE
MISERIA
OSCURO
CANCIÓN

Puzzle 230

PERÍODO
ESCARABAJO
FORMATO
MARIQUITA
REVELAR
COBARDE
ELEGIBLE
TOTALES
MIL
DESEO
POTENCIA
PRÓXIMO
ANSIOSO
LIBÉLULA
CORRER
NUTRIA
TENEDOR
DEMOCRÁTICO
LÁPIZ
PROCESO

```
I H Q W R E U Z N S C X K B F K C
H F C W V Y L I M O D O Í R E P O
C O B A R D E E D S V P W J O A R
G S F K B J T C G O T A M R O F R
P E H M V Q V A T I U Q I R A M E
Y C Z S T N G K P S B U U A I O R
K O M I X Ó R P K N F L M L D B T
A R E S C A R A B A J O E E E I O
G P D E M O C R Á T I C O V S Z T
L Á P I Z N G M R W A H C E E V A
A S H G A L U L É B I L Z R O Z L
E D V I D E K T P O T E N C I A E
L L C M Y I X C R O D E N E T G S
M M J V R M A W M I Y I T U C B I
K L A J F S F B P V A B P J C Y E
```

Puzzle 231

```
A G P R E V E N I R W J C W E A S
P R E O C U P A D O U W Z R N L A
P R O B L E M A R U H C N A Ó T N
T X R D V Z A R E D Y A E J I O G
E U E Q Q G V I E S V S X T C G R
J S R W P H S M M F T J P T A N A
Ó K B T J P Y A É N O O Q G L P R
N U I K F E I G D D R R S L B B A
K A L Q Q O O I I G E G M N O E R
P R O M E S A N C C B Q L A P L E
J A H Q O R H A O O R I L L A A G
E H S C P E P B H S C J T Y V F A
R C Z Z C V Y D P D C T K O P O L
I U Z V W E S O J L W R N A Z C O
E C W O K R U J D U U L J E R A S
```

PREOCUPADO
REGALOS
ALTO
PROMESA
PREVENIR
PROBLEMA
TEJÓN
SANGRAR
ESTOS
LIBRERO
REFORMA
REVERSO
ETAPA
IMAGINA
MÉDICO
ORILLA
ANCHURA
POBLACIÓN
FOCA
CUCHARA

Puzzle 232

LINDA
PEREJIL
PODRÍA
PODÍA
EQUIPO
PELIGRO
DIVISIÓN
OCUPAR
RIESGO
POTE
SECRETARIO
ELÉCTRICA
PREGUNTA
PUBLICACIÓN
AFECTO
LOBO
VERDE
MAÑANA
CIRCULAN
PARTÍCULAS

```
X N L O H N P I D A E D R E V F B
E T M G F O O M S F N I V B J D S
V Q O S Y X T O E E C V O G T R R
P P U E L C E F C C I C P I R H
W E J I X B U S R T M S U P B U E
D M L R P W M A E O P I P V J P N
S L C I J O N L T P K Ó A D N I L
D B C J G J Y U A N O N R K C H J
N A L U C R I C R X M D E L Z B L
P N E T Y N O Í I J T A Í R D O P
Z L O B O V Y T O W U A N A Ñ A M
P E R E J I L R Z K Q Q K M R K G
Q C U N Ó I C A C I L B U P F F Y
A T N U G E R P E L É C T R I C A
W L B T J Q U Z F K C P Z Q Y S L
```

Puzzle 233

```
D A D I L I B A H C O M P R A S H
R I Z M E X H I B I C I Ó N A O T
E D R Y X W P A V V T P F P B H A
C U E E L B A S N O P S E R R C U
U P P C C I N T E N T A R T A U K
P P U V I C F F D E L P O Z Z M M
E L L C O D I O U S C C D E Ó C S
R R C A B T I O S O G N A F D O G
A F D H T J W R N T W A E Q E L M
C T W F R A O T H E I R P O S U K
I S E A L M F X R J S E P X T M N
Ó Y R J A P Z O B B H P E D R N E
N Q H M B U X X R O L S P K U A G
O B S E R V A R L M I E M M I I R
H I S T O R I A N B A C W X R Y O
```

MUCHOS
NEGRO
INTENTAR
RECUPERACIÓN
FANGOSO
DEL
DECIDIR
PLATAFORMA
DIRECCIONES
ABRAZÓ
RESPONSABLE
HISTORIA
OBJETOS
DESTRUIR
COMPRAS
ESPERAN
OBSERVAR
EXHIBICIÓN
COLUMNA
HABILIDAD

Puzzle 234

ABUELA
ERIZO
HERVIDOR
INVERSIÓN
EVIDENCIA
PUERRO
RECUERDA
TIGRE
VIDRIO
EMBARGO
RECIBIR
CONSTANTE
INSTITUCIÓN
NARRADOR
PULGADAS
ENTREVISTA
RISA
CORONA
PAUTAS
ADMINISTRACIÓN

```
R V H C R O D A R R A N B E P I E
A I W Y O G R A B M E M I N A N V
U J F E D N J P T I Z T I V U V I
T J R R I N S A D A G L U P T E D
X Z L J V Y Y T C X J U G J A R E
W U N F R H D V A N O R O C S S N
O G I D E A O S S N X N M H V I C
J Q I B H N X E I W T L C G Z Ó I
R E C I B I R V R O M E Y C Z N A
A D R E U C E R U Q Z V I D R I O
T B M N Ó I C A R T S I N I M D A
I G U V C H P V K P U E R R O U F
G A P E L C Z X T O S A I E D G J
R L A I L E N T R E V I S T A I O
E P Q Y S A I N S T I T U C I Ó N
```

Puzzle 235

```
N B Z R E B O B I N A D O G I M A
N H I K D C U E L G A N O N D A E
R E M O V E R K I R A R T S U L I
D E P O R T E S S A L L E S O R G
E Q N O O W R C H Z M U J O J P D
P O X T L P E O V I A I W G Z O E
S J V E F J C M D L X C G S Y S C
O H Q T G H U P Q A Y A G O F I L
C I E R T O R L K E H L H M S B A
G Y N B A U S E S R N M K G X L R
K P U U J T O F T J A B L Z E A
B Y V Q M Y I A X T R W R L X P R
F W B D A K D D E S C E N A R I O
B T I Q M W P B E M A F V N F A R
L I U Q R M I R A D O P A T E X F
```

REMOVER
ONDA
CALMA
DECLARAR
AMIGO
AMIGOS
ILUSTRAR
POSIBLE
MIRADO
DEPORTES
REALIZAR
REBOBINADO
EDITAR
GROSELLAS
COMPLETA
ESCENARIO
CUELGAN
CIERTO
RECURSO
FLOR

Puzzle 236

CANELA
ALGUNA
RIMA
CONOCIMIENTO
DETECTAR
SENTARSE
CURVA
MOSCA
PERFECTO
SIMPLEMENTE
COCHE
CABALLO
SENCILLA
NEVERA
EXPLOSIÓN
CONJUNTO
GUSTO
SEGUNDO
VIAJE
AVENTURERO

```
V O Y W F F S M U X G L P E A B N
G T R B T J E H C O C E O X V S E
P N V S O D N U G E S G H P E I V
G E O J L Y T L I U Z A E L N M E
D I R S P J A V I A J E C O T P R
Z M A F D P R V N W Z B U S U L A
U I T M E O S H L M J P R I R E L
T C C G O C E S O Q Q Q V Ó E M L
W O E B U S T W L X R P A N R E I
B N T B O S C O L L A B A C O N C
I O E E Z R T A F K L F X S K T N
G C D M P I W O Q A E W K K G E E
M O C Z S M C C T J N Q F K A S S
A Z H M E A N U G L A E O V V F K
E H C O N J U N T O C F G K B G F
```

Puzzle 237

```
G T Y G W Z Y P T A T D B G I I T
E E E Z P O R P Q D R D I J O O Y
R N S G G S B F U R A T U C E J E
E V R O U P O Y E G N M M P W O V
N I P T M A Y H U D S D I R N P Z
T A N N W L E U M A M M E A R Z V
E D U E G O S E L B I N O P S I D
S O U I C C E B X O T U S L F C O
A S I M I E N T O I I J C E G A B
D E P I Y O N O Q R R Y J D T C J
A M Z C L W W A C E N T A V O E E
L V U A R R N Q M B K A V E S R T
E C S N W N Q W K R K V F Z K O I
H I P O P Ó T A M O E T L G E L V
E X A C T A M E N T E P P W U A O
```

HIPOPÓTAMO
EXACTAMENTE
OBJETIVO
PERMANECEN
POR
HELADAS
DISPONIBLES
CACEROLA
ASIMIENTO
DIJO
QUE
NACIMIENTO
EJECUTAR
ENVIADO
TRANSMITIR
AVES
DE
GERENTE
COLAPSO
CENTAVO

Puzzle 238

PASTINACA
FÓRMULA
CERCA
DECLARACIÓN
OTRAS
RINOCERONTE
JUGADOR
ÉXITO
ANSIOSOS
MARIPOSA
GUISANTE
NACIDO
RODILLA
CUBIERTO
PREOCUPACIÓN
COMIDA
ROPA
DISTRIBUIR
BÁSICO
SITUACIÓN

```
C F N D I O W A I N Q V E I B A G
Y O B K Z N A F K T A P O R A R U
P G M Á N Ó I C A P U C O E R P I
S Z Z I S B T U X F T X I W H A S
G A Z S D I F K U S A O Z D D S A
A M J O A A C S Q A C R E C O T N
Y M N S M T H O T R E I B U C I T
R I N O C E R O N T E U M E B N E
R O D I L L A J O O C B A J L A W
H B N S S G A G E J F I R R A C G
O Y N N S S B G G G J R I K N A Y
V Y W A L U M R Ó F V T P S Q D C
W Y Y É X I T O Q U S S O K T D H
D E C L A R A C I Ó N I S U S B P
S I T U A C I Ó N R O D A G U J C
```

Puzzle 239

```
P L M R Q K L E Z C H O H M W I N
I A M O L L E M A C M N W L O R G
N G I S T T Q L D Y V E N V T T R
C A L O A I C N E T R E V D A L A
E R I D K Y V P O U N A C S U B C
L T T A O H I O U Q X Í M V O B I
V O A D R B R G N I G F B Q P M A
A E R I H N V I V P M A V O I D S
B L J U Y X S I A T I R G E N E V
P C U C B W D P O C C G D N I S O
C O M E R C I A L H I O K M Ó I L
I N S P I R A R K U L T O K N E U
N D A D I L I B A S N O P S E R M
T Z Z A L R H Z K I T F I V T T E
E E J E R C E R C A R I B Ú G O N
```

PINCEL
CUIDADOSO
MILITAR
NEGRITA
LAGARTO
DESIERTO
RESPONSABILIDAD
OBVIO
INSPIRAR
EJERCER
FOTOGRAFÍA
VOLUMEN
COMERCIAL
CARIBÚ
ADVERTENCIA
CAMELLO
OPINIÓN
MOTIVO
GRACIAS
BUSCAN

Puzzle 240

DIRECCIÓN
PIERNA
CALLE
INVESTIGACIÓN
DESPERTÓ
CABALLERO
CONGELACIÓN
VACILAR
BOMBERO
ASIGNAR
NETA
LONGITUD
GRABAR
COLUMPIO
DUCHA
NATIVO
NARIZ
SACUDIERON
LAGO
PRECISIÓN

```
P D C N B I I X W B S Y N D K Y P
I E A P O V I T A N C H H V X C I
F S B S L N A G N W M J D J N S E
E P A E I E B C Ó O F Z U E Ó A R
G E L U C T O A I W K B T N I C N
S R L C O A M E C L W R I Ó C U A
G T E X L H B B A C A O G I A D L
R Ó R P U Q E G L M A R N S G I A
A H O J M X R B E B J L O I I E G
B R J U P I O U G W T I L C T R O
A K W M I G Z M N B N P G E S O J
R F P C O H Q O O S I S S R E N V
D U C H A J T Z C M T S Y P V T J
A X O W F C J Q T L A S I G N A R
N A R I Z U U N Ó I C C E R I D Q
```

Puzzle 241

```
Y A C X S Q E V O S X Z T Z W G R
L B O R E D A D R E V S O E O H S
P R M S G B K X I R V R D E D O R
J E P L Z K Z R V N S P V C I G Z
W V E N I E P M O R D E R R P I V
H I T I F S V X D E M R J J Á M E
A A E L P T A Y O S G B B I R E P
Z T N C Q K G C T C H M B S R N E
A U C R P C T Q G A T N E T A E R
Ñ R I F A L S A S L S E T B A M M
A A A A T R F S C E Q E F N B C I
E C O N Ó M I C A R P L Ñ O U U T
X G G P A T T T E A V B G A P O E
E K I N T E R C E P T A R Z L W N
G O A O W X I Q C Y L E C T U R A
```

COMPETENCIA
ATENTA
DEDO
VERDADERO
PERMITEN
ABREVIATURA
ESCALERA
PEINE
FALSAS
LECTURA
HAZAÑA
ECONÓMICA
CASI
INTERCEPTAR
MORDER
TIRAR
RÁPIDO
ENEMIGO
TODO
SEÑAL

Puzzle 242

BIOLOGÍA
ZAPATOS
SABIA
NECESIDAD
GUSTABA
LEÓN
CEREZA
ENOJADOS
ASENTADOS
GLOSARIO
VOZ
MERCADO
TESIS
LÍDER
CAPÍTULO
HOMBRE
PUNTO
FRENTE
PLUMA
AFILADOR

```
W C L L H I D O C V F G N Z O V P
A S E N T A D O S Q R E D Í L Q R
B U F Ó R D A D I S E C E N U J V
A I J E S O D A J O N E F H T X N
T G K L V T D O D T T S T Í G F
S B L T A N V A Z E E K J W P L Q
U X W U M U W Z L T E S I S A R N
G X E O T P B E H I S T N S C N O
M E R C A D O R V O F W W J M T I
T P U N K A X E O Q M A V U Y S R
Z A P A T O S C P I H B S A B I A
B I O L O G Í A L V B G R J B N S
S R H B L M W O U A P G L E C B O
W B E D W G A D M G Y V U J G Z L
U P Z K G B X M A L Y O A Z P F G
```

Puzzle 243

```
P L A T O S H K S A A J F P P O H
Y M F H F J U N U J Z Q B I J S G
C J R W N Z M J G E O D Í E L Y A
S Q K U N X I G E B J W Q R K Y N
P E S O B C L O R A J A T N E V É
L E J O S Y D M I N T T J A L N C
E S T I L O E G R B K B J S N S T
V I E R N E S P R O D U C T O F A
M I S T E R I O S A C P F J X O R
R E T E N E R U P W R E L V P R S
V A Q U E R O H E S H A B I A M G
G U I S A N T E S C Y B P O L A P
F R H C E S D W X W E A F E L P D
I Z B A R E A C G V Y T J V R L G
O R E Q D G N M R T S T U L A P A
```

GUISANTES
ESTILO
HUMILDE
VENTAJA
CEBOLLA
RETENER
PIERNAS
NÉCTAR
LEÍDO
PESO
VIERNES
SUGERIR
PLATOS
PREPARAR
FORMA
MISTERIOS
LEJOS
PRODUCTO
VAQUERO
ABEJA

Puzzle 244

SIENTO
CUERPO
SUELTO
FAVORITA
PATO
DINERO
LEONES
ACTUAL
VECINO
CRECIMIENTO
PIEDRA
PASANDO
PORCIÓN
EMERGER
DISCUTIR
CONVENCER
ESPECIAL
PRISIÓN
RECHAZAR
PERECER

```
E D M Q U Z S P B R E C E R E P A
M T I C N D O T N E I M I C E R C
E A X S A J N Q J C P R I S I Ó N
R Q O J C J C W K H F S R E A K Ó
G G F O F U A M L A U T C A J C I
E Z U W D D T R V Z S U E L T O C
R V Q K I Q S I V A R D E I P T R
A D H R D I J I R R J P B D W A O
D I N E R O C O N V E N C E R P P
C U J V I A G D T G Q U N F Z E O
K U B G W K S N O N I C E V K F L
X J E J B T L A I C E P S E Q K H
B Z U R B L V S B A T I R O V A F
H J L F P G P A B S Y T S Z H C T
R K L P Y O Y P L E O N E S Z Q E
```

Puzzle 245

```
T D U A X X Q F Z V W V C M I L   A
V A T U L I P Á N Y L J D I V J   N
Q T L O C X O J A B A R T R T D   I
B I F N Y P C K T F C P R A N V   V
D M O H X V N B X L U C W R J V   E
R B P J K Y A L E N E T N E M A   R
E R W M G X L O S A R E S M C L   S
C D U I Y G B R R T D T I E O I   A
O D A N A G V O C H O U W X N E   R
M O O D A A J I B M V C Z C T N   I
E P R E M I O T R T F H X D E T   O
N K U T A T N W E U Q I H H N E   C
D M I S I Ó N E R T T I Y C E X   Z
A V L R Z F Z D Y Z O A B F R D   K
R O D A N I M O N E D B S D N U   P
```

BLANCO
ACUERDO
GANADO
MENTE
TAL
VIRUTAS
ANIVERSARIO
MITAD
ESTUFA
MIRAR
PREMIO
RECOMENDAR
VALIENTE
TULIPÁN
CONTENER
TRABAJO
DENOMINADOR
LORO
SEXTA
MISIÓN

Puzzle 246

INVIERNO
CUADRADA
FÍSICO
BLOQUES
CITA
ROSTRO
BALCÓN
MAGNÍFICO
PRUEBAS
MONEDA
SIETE
CONTAR
IMAGEN
BORDE
BELLOTAS
AULA
NIEVE
ORDINARIA
BEBIDA
DIBUJAR

```
R L W O U T X Z T B I V H A T B U
V O C I F Í N G A M A S X U K E Y
P C S E O F U L I T D L N L T B F
U I C T I A D A R D A U C A V I O
V S Z E R K Y F A V K Y T Ó C D H
G Í W I Y O V D N I Y V R K N A N
Y F R S L U O Q I M F M O N E D A
B L O Q U E S N D A P R U E B A S
D T D I B U J A R G Y G M L F Y A
V I Y F C E P M O E R D M H C P T
Y C V G Q L A X I N I Z D O O Q O
G E U W U V R Z C A E V E I N U L
Z Q P F Y L Z H I I I P N F T R L
D Z V A E B M J T U R L X I A K E
S V J R Q Q Y H A W Q B E D R O B
```

Puzzle 247

```
S E Y V Z S A N I L O C F S K C T
I I N A S R S R N K N N H C E N T
M X A C Q U E E D B L G O I C Q V
I J S A M X R S U L H L O B S A P
L Q O X N O F T S T V H T Q W P D
A T N G Q N G A T D I F R T M C A
R L I B R A S U R P U E N T E O E
E W M Z C R M R I M E G T Y G N X
S B R O C P N A A D H C C A F S T
E N É X G M N N D B D W Q I Z I R
G X T I O E T T N Ó I C C E L G A
Q U B P P T N E U J V O A Q S U Ñ
D I F E R E N T E M Z A F C E I A
A M B I C I Ó N P E S A D A A Ó S
G O L P E L O Y Y T P K B J D O Q
```

DIFERENTE
LIBRAS
COLINA
INDUSTRIA
RESTAURANTE
TÉRMINOS
DAMA
VACA
PUENTE
GOLPE
CHISPA
AMBICIÓN
FRESA
LECCIÓN
SIMILARES
TEMPRANO
PESADA
CONSIGUIÓ
EXTRAÑAS
CACAO

Puzzle 248

RESOLVER
AZADA
CIEMPIÉS
CUYA
ESTRELLA
ESENCIAL
FRAILECILLO
BOCA
LIBERTAD
ESTRECHA
COLEGIO
MULTIPLICAR
EXFOLIANTE
ELEMENTO
MARIDO
OBSERVACIÓN
AGRESIVO
ABUNDANTE
PÉRDIDA
RATÓN

```
E H C J W A N P Q U O J C U E P Y
H S C U A Y R B Q N V P E V L S W
T L E S R J F W W E I X V X E H W
W E T N A D N U B A S Y O A M F K
O F F R C P F A H C E R T S E P E
B D R E I I L I B E R T A D N P X
S Q A S L C A Z Q M G P U S T C F
E B I O P I F L U S A W J Q O O O
R O L L I E S A L L E R T S E L L
V C E V T M R A C U Y A I P T E I
A A C E L P A C Z D E Z C D Q G A
C V I R U I T F S A Y P Y K O I N
I M L H M É Ó A D I D R É P N O T
Ó W L P U S N O X G O A D D S M E
N D O Z O X H Q R D L B Q A Y U T
```

Puzzle 249

```
R K J D U I F V A T K P P P A S S
M G C G V W Y Y Y B H L R A T O O
E P V U W G N C E J S U I N X P R
U L I P P W W S H Q O N V T Z O P
G É E A L G Z X W C N A I A L R R
I Q A C I T Í L O P I R L L V T E
S I B O C F R U T A D T E O I A S
J F M L K I Z T P G O O G N O R A
D E B O H L Ó Q P I M T I E L Q G
A C G Q K H M N D O L U O S E Y J
K Q V S E P E Z U Ñ A O L G N G J
C I E R T A M E N T E J T L C S N
N U E S T R O S K R V U R O I N D
M I S M A S F V L G K B Y U A W B
X Q A K W P R E G U N T A N D O Q
```

MISMAS
VIOLENCIA
LUNA
PILOTO
LOCA
OTRA
PANTALONES
DEBO
PEZUÑA
NUESTROS
PRIVILEGIO
ÉL
SONIDO
SORPRESA
FRUTA
POLÍTICA
SOPORTAR
ELECCIÓN
CIERTAMENTE
PREGUNTANDO

Puzzle 250

PROPIO
EVITAR
ARRUGAS
AGUJERO
EXCEPCIÓN
DESAYUNO
ESTADO
QUERIDA
MITONES
EVITE
ESQUELETO
CARÁCTER
PALO
CREAN
LLEVAR
CUATRO
INSIGNIA
POLICÍA
PERTENECE
DISTANCIA

```
X W J X J L G Y I K T D I O A A C
I N U O T E L E U Q S E N D F G L
R J O M H V C E I T V S S A O F T
G M O J P H B W V S Z A I A E M P
D I S T A N C I A A P Y G R A R X
P R E T C Á R A C T R U N O R I C
E G A S M U L B K W A N I Q R E Y
A U Í G T V W Z K N X O A E U V O
S Y C K O A Z S F L K D B Z G I C
E V I T A R D X O A Z U X N A T U
N W L F W B A O R E J U G A S E A
O Z O I P O R P S I U U O Y E G T
T R P P E R T E N E C E L D Q H R
I C F L J F Q U E R I D A K Q N O
M X A X R V X F N Ó I C P E C X E
```

Puzzle 251

```
P I D É N T I C O J M R E I N A A
N R S I E J E L B P C O K A L C B
U T E Q T F T C G M E Q V S W O S
N Y C S N B A J T W D N Í E B M O
C D I E E M M A T N U P S D R E L
A O P R M N O C H E N T A Ó P N U
Y B Á O A B T Z H Y E X I X R T T
A L L L N W W E P B Z M R H O A A
O A H O I B B R U P X C O O P R D
L R M C T P P A L F J O H Z Ó I M
Z E V L N H F L G P T C A V S O Z
P C F P E B Z C S O B Y N S I U T
L H K L P R F S M A A H A K T L Q
U O J H E J L E I M X N Z K O W D
J V L L R A L A F R A M B U E S A
```

PROPÓSITO
LÁPICES
IDÉNTICO
TOMATE
REINA
PENSÓ
ZANAHORIA
FRAMBUESA
ESCLAREZCA
DOBLAR
PRESENTE
ASÍ
NUNCA
OCHENTA
COMENTARIO
ABSOLUTA
REPENTINAMENTE
MOVER
PUNTA
COLORES

Puzzle 252

PLANA
OCHO
CORTINA
CUELGUE
NUTRIENTES
VISTA
AZUL
CONJETURA
ESPECTÁCULO
SERIE
COMER
SONRISA
PROBLEMAS
GALLINA
FALTA
CRUZ
NACIÓN
PREDECIR
HUEVO
AMBAS

```
C P R O B L E M A S O Q M K C K X
E R E M O C D G V K C F V O E V M
S Z U E W Y B P O Z H A U I A I J
P M G Z J L N J N V O L T P Z S G
E W L F C S Ó I K X R T N R U T A
C S E T N E I R T U N A V E L A L
T L U H C O C A S Q U N S D W U L
Á H C U D O A M O O Q I Q E S B I
C T X E N R N W I O N T C C R Z N
U K G V W M B J J B T R O I F I A
L S R O R O P F E S H O I R I O L
O A G R Z E V Y I T C C Z S X Z U
H P Y V C C M X R C U M T A A G V
D H C W V I L Z E G Q R U B F G U
P L A N A L F K S A B M A S W J Z
```

Puzzle 253

```
K F H E K J P H O R A S Y C D E K
Q F T T D O O Ñ I N I S X I J Z C
Y R C N R S B E S C O G I D A L Z
L M A E G P R E M I R P L W N I G
P O Í M N I E C I D P Q P U B V I
Q O D E O T Z A L F O M B R A E F
S P A L I U A K S N Í P Z E N K N
N O M B R A R C P Q T W O T I Z U
S L W A O T Y I A O V B J É U L J
X Q W M T S C J W R D S B U Q J S
G T X A I I O B Z N P R Y S S B A
S F B B M L Q E S U V A I K E Q F
I B V W R S W V I E N D O D A R X
V F G N O Y C O R A Z Ó N O O I X
J H D I D L Q R P V M E E Y G Y C
```

DORMITORIO
ESQUINA
LISTA
DICE
PODRIDO
SUÉTER
CORAZÓN
SIN
HORAS
NIÑO
NOMBRAR
VIENDO
PRIMER
POBREZA
ESCOGIDA
CAÍDA
ALFOMBRA
CARPA
TÍO
AMABLEMENTE

Puzzle 254

POSPONER
CARO
DEJÓ
TÉCNICA
AZAFRÁN
ROMPIÓ
CAMIÓN
MARGARITA
VENTANA
JABÓN
ANTIGUO
REINAR
CIENTOS
SIEMPRE
PASAR
BOLA
APLICAR
SERÁ
CENTAVOS
CHAMPÚ

```
D T B A S A I C H X B X C I H O M
G E M G I P H J A C I N C É T O N
H Y J P E G Y E T R E Ó A N C T M
U V I Ó M Á D L O A O I T M C G A
Q Y F Y P R S Z F S D M W W W G R
U C K C R E E J T A H A T B V F G
V R L E E S C I E P S C Q B K B A
P O S P O N E R N Ó B A J H R A R
C R O Z L Á U Z X A N A T N E V I
H O T R G R W O B G R S I F Z F T
A M N J E F C E N T A V O S V S A
M P E J G A A N T I G U O G V C Y
P I I D F Z A P L I C A R U V S U
Ú Ó C T B A B O L A J H N U D E Y
Y D K X J V N Q W B W L Y Q T E Y
```

Puzzle 255

B	W	D	J	W	W	V	J	T	E	J	Q	G	V	E	C	C
C	A	M	I	O	N	E	T	A	X	A	W	Q	I	C	C	E
V	A	V	S	P	T	B	Z	R	C	B	C	X	I	O	U	L
S	O	T	A	D	F	O	U	O	E	O	E	U	K	L	N	D
C	O	M	E	T	A	N	L	H	P	N	E	T	X	R	K	A
G	Ñ	U	K	K	W	K	A	R	T	O	T	S	E	U	P	O
Y	E	A	D	G	A	N	A	N	O	S	N	G	Q	S	A	L
D	U	R	N	I	P	U	W	S	F	A	L	L	B	U	M	P
P	Q	A	P	H	V	R	E	A	L	M	E	N	T	E	Í	R
R	E	P	V	X	R	I	O	H	O	I	R	A	N	A	C	E
P	P	M	C	U	Y	J	D	V	G	P	S	A	X	O	C	C
H	A	Á	O	B	G	U	Q	N	Q	V	Z	H	V	F	U	I
T	E	L	É	F	O	N	O	Q	I	M	I	L	L	A	C	O
S	B	M	J	C	Q	Y	D	I	P	F	Z	H	A	K	N	S
N	J	I	O	T	Q	O	C	A	Y	M	P	U	Y	S	P	A

HORA
COMETA
EXCEPTO
CAMIONETA
LÁMPARA
SAL
GANAN
MILLA
OPUESTO
JABONOSA
DATOS
REALMENTE
PEQUEÑO
CANARIO
CELDA
TELÉFONO
PRECIOSA
ESQUÍ
GOLF
INDIVIDUOS

Puzzle 256

RESPIRAR
DENSA
DESLIZAMIENTO
ALETA
DISÍMILES
REACCIÓN
NADAR
ENFERMEDAD
CALIENTE
AMOROSO
ARMA
QUIEN
DECAIMIENTO
DEMOCRÁTICA
PROFESIONAL
EXTREMADAMENTE
TABLERO
HERMANO
VOTO
COBRAR

D	H	V	V	U	C	R	R	A	R	B	O	C	R	O	V	E
D	E	S	G	V	C	K	W	E	Q	F	I	L	C	F	O	X
E	E	C	V	W	V	Q	B	I	A	M	R	A	Z	Q	T	T
S	N	R	A	D	A	N	M	O	E	C	C	N	R	V	O	R
L	F	E	C	I	A	C	I	T	Á	R	C	O	M	E	D	E
I	E	S	A	W	M	O	K	C	X	A	Z	I	H	L	A	M
Z	R	P	L	T	F	I	K	S	I	L	O	S	Ó	N	W	A
A	M	I	I	H	S	B	E	Z	O	E	M	E	E	N	T	D
M	E	R	E	L	D	A	E	N	A	T	N	F	E	E	E	A
I	D	A	N	G	O	I	F	D	T	A	L	O	D	I	X	M
E	A	R	T	J	V	D	C	L	R	O	Q	R	Q	U	C	E
N	D	Y	E	S	W	J	E	Q	V	I	C	P	G	Q	J	N
T	L	W	H	G	A	F	A	N	T	A	B	L	E	R	O	T
O	F	L	S	E	L	I	M	Í	S	I	D	U	G	I	S	E
W	P	A	M	O	R	O	S	O	N	A	M	R	E	H	D	Q

Puzzle 257

```
R Y M G Q N S U A T A L P U T F Q
D Z D C T N D O D O M Ó C T V Y Z
U C U V Y S V B J F A B H O W A G
E P E W O U O B U T M B R U K D S
N F K M C S C B N L X O D S R O T
D A X D O T N K T O I R T L R B U
E O T O Y A I W A T I S I V Z R R
D R G E S N C P R A E T O C I P K
L E T A T T G R A N D E C N E V E
N S P P A I R O M E M H T Z B M J
C O D O Q V V T S S R E V I S T A
A R J N R O E D N E P E D M A O M
J G A L O T Z H H S C R O P O G H
Ó V P A Í R E D N A V A L F Y Q D
N A P F X B B V R T J N G B Y R V
```

GROSERO
MEMORIA
REVISTA
DEPENDE
PLATA
CÓMODO
DEPORTE
TUBO
GRANDE
PICOTEAR
SUSTANTIVO
BODA
CAJÓN
DUENDE
VISITA
VEZ
UVAS
ADJUNTAR
CINCO
LAVANDERÍA

Puzzle 258

CHIMENEA
AMENAZA
TRATAMIENTO
BAJA
ADECUADO
JERARQUÍA
REGIÓN
MAYOR
VENTA
GEOGRAFÍA
DONDE
HALCÓN
ESPANTAPÁJAROS
PROCEDER
MADURO
ARMIÑO
FRESCA
MONTAÑA
PARECEN
AMPLIA

```
T J C D O N D E T Q A F A T N E V
P R O Y A M K E U B X R D M C L M
B A A Í U Q R A R E J E E E M S E
D M R T S Z X R K C P S C E W F K
M U F V A J A B Y X J C U H H B U
O A E N E M I H C A J A A D A C B
P Ñ D C N Ó I G E R M Q D N L O A
A A S U O G P E C X B E O R C S M
R T T R R L S P N X B R N W Ó F P
E N G O I O W B S T C J W A N U L
C O Q I M Ñ C Q D Q O D F C Z X I
E M W G R I G E O G R A F Í A A A
N O J I V M P R O C E D E R T F B
J F K S O R A J Á P A T N A P S E
H Z J R E A W A O E W B K F J C M
```

Puzzle 259

```
F H B H H Q Y R É B R C T M D Y O
D A D E I P O R P X N O X I É H N
T I C B Q S S L U K T M Z G C A S
K Z V I N N G R C Y A P Z R A V A
E J L K L Ó A P I O R R F A D K F
G B N N G I W F A I D O A R A L I
K H A O J C D R W R E B N X Q X Y
R R Y R L U A A I A T A T G O Y L
M O Z E C L D T D T R D A Q F H M
S F W J L O R L T N E O S W E Z J
E E V U J S E A J U U Q M Y C N L
N T R M T H V S U L F F A H R X T
N W J I U C H E W O R E V E N T O
A F E C A N S R P V C H A R L A H
M X F C O N C L U S I Ó N I N J A
```

COMPROBADO
FANTASMA
DÉCADA
FACILIDAD
EVENTO
APIO
VERDAD
BARCO
TARDE
MIGRAR
FUERTE
PROPIEDAD
MUJER
RESALTAR
CUPÉ
VOLUNTARIO
SERIA
CHARLA
SOLUCIÓN
CONCLUSIÓN

Puzzle 260

FUNCIÓN
ACLARAR
CHARCA
PENA
TRANQUILA
CAPAZ
ORTOGRAFÍA
DIFÍCIL
PARTICIPANTE
ESGRIMA
GASOLINA
AUTOMÁTICO
IMPORTAR
CABEZA
PECES
LEAL
ENREDADA
EXPERIMENTO
PAÍS
SANDÍA

```
Y M K X D I J O O P E P N I L D I
L S I Y L K T K R A S A M M L K U
E M G H Y O M U T R G Í I P N Y U
A C Q V Q M C O O T R S U O W Y H
L I D N R B B O G I I V D R P Z N
A C L A R A R R C M Y Q T E V K
V C C A B E Z A A I A S C A N Q T
F S A N D Í A J F P Y G I R A Q R
U U H P E C E S Í A I X Q O W E A
Y D N K W K T U A N I L O S A G N
S U O C I T Á M O T U A U O Y Z Q
W Z Q S I T S D W E C H A R C A U
Q Y F G J Ó E N R E D A D A L P I
G H N G I Y N D I F Í C I L V A L
T S S Z E X P E R I M E N T O C A
```

Puzzle 261

```
C C O S E R Q K H M T R I E G U G
Y U L Y M H Y B W O T E N S E I P
V M I H É E R B Y R A S V N Q Q L
Y E L D F Z J O Z A Z T A E A P Z
V I N G A Y F O O D A O D D U G A
X Q V E C D T Q R O L B I I O Y A
D Y J Y N W O P Y A Q E R N K S L
U G E G C O A S C R R I B U S I I
S M C G G A R B A L A P T O L D N
W Z A Y Z A P Z L M A M K D K J C
H Y P V H D M K R M E N I A K F E
F O B S C E O K M B Q N D T M T T
B O X E O G C S F Q S A T S I P H
Z K R E S P E T O O M K Y E Q B M
E S T U D I A R K M S N T   U L K
```

COSER
COMPRA
CAFÉ
PALABRA
LEY
PISTA
MORADO
BOXEO
ESTADOUNIDENSE
TAZA
LINCE
ESTUDIAR
RESPETO
SUBIR
INVADIR
PIES
VENENO
RESTO
MEJORAR
CUIDADOSAMENTE

Puzzle 262

TEMPERATURA
CODORNICES
CLARO
DOS
LOS
PREFERIR
ESTÁNDAR
DEFIENDA
COMPROMISO
ESCALERAS
SAPO
FUERON
PLANO
SECO
EMPAREJAR
EMPLEAR
COSTO
TRÁGICO
GENTE
CORTE

```
T E M P A R E J A R I R E F E R P
S E C I N R O D O C C H R U E S U
P T M H L G H B T W P J W Y W W N
P R L P I C C Y Q W I Q Y M W G X
K O D K E F Y O T R Á G I C O G N
G C C E K R R O M D A X J K C F E
N S O R F R A E L P M E G L E B S
C U D S Y I U T I V R E N Y S F C
O S A P O Y E R U A N O R E U F A
S O D P R I H N N R A R M N U Q L
T Z Y F A S Y E D R A F E I Y E E
O D D V L I H C V A K Q C R S L R
T F Y J C P L A N O H E F U O O A
N A N T G E N T E A P Q W Z L V S
S B A M W E S T Á N D A R M N Z F
```

Puzzle 263

```
E D Y I W E Z B H P C R G D Y D G
A R M A R I O M E R A P E S C A R
N L Q Y X I R F C O C Q B H C D A
Z I X N B D Z D H H H L J U A I N
M L V N R G O O O I O U D M S N J
B E V E W L J V P B R N Q A Q U E
Z P F E L B E C D I R A V N U T R
U B Z Y B E R R O R O G W A I R O
R N Y T K K I O D N E L G O L O D
D E C E P C I O N A D O L N L P E
B A L O N C E S T O P G O U O O M
O F I C I N A N M U H G Ó G E L L
M U L T I P L I C A C I Ó N L P C
R E U T I L I Z A B L E N I T A C
P E R S O N A L M E N T E N B G P
```

LLEGÓ
ARMARIO
CACHORRO
PADRE
GRANJERO
OFICINA
NIVEL
PROHIBIR
MULTIPLICACIÓN
NINGUNO
BERRO
PESCA
CASQUILLO
PERSONALMENTE
DECEPCIONADO
HECHO
REUTILIZABLE
OPORTUNIDAD
BALONCESTO
HUMANA

Puzzle 264

PÁJAROS
HÚMEDA
RELOJ
MATERIA
CONCEBIR
EXPLORAR
PELÍCULA
DETENIDO
DIGERIR
BISONTE
CREMA
HÁBITAT
OBEDECEN
MARRÓN
COL
VACÍO
FORMALMENTE
RESPONDER
CRECIÓ
MAYORÍA

```
C P Á J A R O S M H I P O K E F N
D R W F A U J O A Z Z E B F X O S
V K E J E U O G F S Q L E J P R F
H V S C C O L A J U R Í D O L M T
T U I R I B E C N O C C E H O A T
J G E F N Ó R R A M M U C X R L H
B I S O N T E O Í M R L E O A M Á
R V A C Í O Z Y R B E A N K R E B
O F I D C Q T E O Y D R P D J N I
I U R F E G I K Y L N Z C I A T T
C B E K K M Z A A M O E L G R E A
S E T T B H Ú J M C P J R E D A T
E J A E A Y K H A F S P D R D S Y
W Z M Z D F B D P S E G W I E O S
D E T E N I D O X X R F B R T W Z
```

Puzzle 265

```
D T M A N T E N E R K F Q R O P X
M R C U Q A T R A C T I V O A V M
V A H I N F O R M A C I Ó N X F R
E D O R L D X K S M O P A T R Ó N
R I C H A B I T U A L C L R H I Q
T C A C L I U W W B M U L X E L K
I I N U L Q N U N B D C E W R M W
D O E C I Z F Ú Í Q A U U S M Y F
O N M H D S R S T C P H F U E R A
G A P I R A Z N A I F N O C H G S
X L U L A T Z J P S L A U R G B Q
B E J L R E S U L T A D O S A T I
V S A O U S C C R V Z E K C G B F
A Í R E T N A T S E S I A N U X J
Z Y W Q M Q A O R W W L J W X K N
```

AHORA
MERA
CONFIANZA
RESULTADOS
MANTENER
VERTIDO
ATRACTIVO
ESTANTERÍA
TRADICIONALES
INÚTIL
HABITUAL
CUCHILLO
FUERA
INFORMACIÓN
ELLA
PATÍN
PATRÓN
EMPUJAR
CHOCAN
ARDILLA

Puzzle 266

CONEJO
LIBRO
FUENTE
AUTORIZAR
PRIMAVERA
IGNORAR
LAVADO
CUPIDO
GRITO
VIDA
PARAR
PARADO
ALIMENTACIÓN
TOMAR
PAVO
CONTACTO
REGALO
ALEATORIA
ENFERMA
SUPUESTO

```
J Q M E M C T X A I R O T A E L A
P I I U T O O Y U E J P M B M D M
C A D I V N M I T V Q S Q E M J R
U T R S D E A G O T S E U P U S E
P L F A Q J R N R R E G A L O T F
I Z I T D O F O I S Q J M J X V N
D Y P B W O B R Z S F E H Q E E E
O D R A R L T A A M Z U U S E E C
E Z Z L D O X R R W S Z E P A V O
C O N T A C T O T X V T A N H K D
G R I T O P R I M A V E R A T R A
P L M B L P H S T Z D J S R T E V
Q W L X C N Ó I C A T N E M I L A
P A R A R G A J U L F K T E S S L
E O D C S S B S J R T J Y S I H C
```

Puzzle 267

```
M T J G J F A B B A R E L I H P I
U H P X P B W V S R S G Z I L H A
T E N I S W Y N Ó I C A S N E S T
P R O P O R C I O N A R M T Q Q R
F A M I L I A R I Z A D O B V B N
M A D A R B E L E C R S W W L G V
M Á S E S E S T U D I A N T E E W
L W P E J G G K V P T U Ó G T U A
B U B E D A M C I V S R G D N P U
D E M Á S V R Ú B P I E A Y E V L
O G E S T I Ó N S L S H R L I A L
P R E F I E R E N I A K D S C S N
U J U B W P H M S Q C S S E A M W
R E I P R O G R E S O A G V P I F
G Q G V I O L E T A X T J V M P U
```

PROPORCIONAR
ASAMBLEA
DRAGÓN
CELEBRADA
TENIS
PROGRESO
GESTIÓN
FAMILIARIZADO
MÁS
DEJAR
ASISTIR
VIOLETA
GRUPO
SENSACIÓN
ESTUDIANTE
PREFIEREN
PACIENTE
MÚSICA
HILERA
DEMÁS

Puzzle 268

NECESARIO
POPULARES
COMODIDAD
KÉFIR
INTERESANTE
FÚTBOL
APOYO
CHICA
ESPONJA
VIERTA
INCLUYEN
DESCRIBIR
QUEMAR
SIGNIFICATIVO
BRILLO
ALCE
ACTUALMENTE
POSICIÓN
LIGERO
ENCANTADOR

```
E N C A N T A D O R M D F B P A N
V N L O B T Ú F K E W K K R O Z E
I O R V Z H R V L D L E H I S A C
Q V B I C O M O D I D A D L I P E
G X E T N E M L A U T C A L C O S
R I K A C I H C T J K A F O I Y A
D E S C R I B I R I N É A L Ó O R
K C E I A X Q P E N J O F X N W I
H L R F M D D G I C J Q P I B T O
P A A I E N F H V L A Z X S R K A
M D L N U H E C Z U Z C N G E P J
B F U G Q C G P W Y L I G E R O E
M O P I R Q W Y T E W U X A L N N
Q C O S F P R F E N E E W J M J O
I C P I N T E R E S A N T E A L C
```

Puzzle 269

```
V T P D S D E W N P G Y S O S Z T
Q W R E W E S O Ñ I N P W N I J X
T Z O P F R T Z Z R R A O Y N J C
K R B R O R R C I U D A D A N O O
X G A I L E A R D U Q Ñ V L Ó X N
K Q B M C T T G B L H I E L R U F
M I L I L I E E M N I N X A U Z I
T A E R O R G W O Y E V P O T X A
D M N Q R F I P I E L G A T P I B
Y I Y T E Q A Y T S R N R A J S L
I L T Y E U Q O H C F K W O T A E
Q C J X C N U Y N U O W B Y S L T
U K Q S N Ó I C A G A P O R P U M
J O W O L V V D X Q K D Q S F D B
P E S E J Z W S O G E Z C D E W P
```

PESE
CLIMA
PROPAGACIÓN
ESTRATEGIA
NIÑOS
CIUDADANO
TURÓN
DERRETIR
CHOQUE
PROBABLE
DEPRIMIR
SALUD
PIEL
NEGROS
MANTENIDO
NIÑA
TOALLA
CONFIABLE
FOLCLORE
VA

Puzzle 270

MINA
CAMA
GENERACIÓN
DEMOSTRAR
INMEDIATAMENTE
ESPINACAS
VIVO
REGULACIÓN
MANCHADO
SALVAJE
CLIENTE
PORQUE
GRADUADO
REQUERIR
HACE
ESTANQUE
ATLETISMO
ASEGURAR
ALFILER
ACTUALIZACIÓN

```
H A C E U Q R O P Y Y B A X I R L
C F G X D P R D M G E D C K N E D
C L Z E U Q N A T S E R T V M G Q
K A I R N U E H I H K B U I E U R
X T V E J E D C W L V G A V D L D
A L C L N G R N D I M B L O I A E
S E K I H T K A Q H K S I D A C M
E T V F O U E M C Y G A Z A T I O
G I X L S M I N A I N C A U A Ó S
U S D A T A S P A E Ó A C D M N T
R M G F T M L H I K S N I A E I R
A O D B V A W V I D I I Ó R N J A
R W Y R D C Q W A J B P N G T L R
R E Q U E R I R W J Y S Y R E M J
R C E G W Q A B F O E E B R M Y B
```

Puzzle 271

```
O C I T Í L O P L A M R E T B Z V
F C F G V U C G Á H E F D Z L U S
A Q O L N K S V G I U V E A O N O
R T L M U R Y V R J H W L J Q C O
R T A V P I A J I A O F K I U W E
Á L C Q D A D Y M T D X G F E R R
P I L M U Y R O A V E N D E D O R
Q Z H R J E C T C O C O D R I L O
G Y I U U W A L I T Á T R O P X C
G Y F H E I C I F R E P U S M X J
B X P V H U P R E C R E A T I V O
B E C X P V T I E R N A M E N T E
R E C O R D A T O R I O F K H N A
M U R C I É L A G O F P M T I E W
D A Z G R E P R E S E N T A N M A
```

RECREATIVO
YA
MURCIÉLAGO
COCODRILO
SUPERFICIE
VENDEDOR
FLUIDO
POLÍTICO
BLOQUE
HIJA
RECORDATORIO
LÁGRIMA
TIERNAMENTE
CORREO
COMPARTIR
TERMAL
PÁRRAFO
ATAQUE
REPRESENTAN
PORTÁTIL

Puzzle 272

TONTO
CASTAÑAS
DEBERÁ
PERÍMETRO
AVIÓN
LIEBRE
LISTO
RETIRAR
ANCESTRO
MILLONES
DESCUIDO
CALIDAD
MISTERIO
SECCIÓN
AISLADO
CUANDO
CASTIGAR
ASCENDER
PERIÓDICO
SOSTENER

```
C D Q Q U O F P U M A C L Y X T F
E A E T O N T O P I N A I A H S J
Q D S S M L P X S S C S E L B N P
X I R T C E W S S T E T B I O W A
A L Z E I U V P P E S A R R M O T
I A E V T G I I N R T Ñ E L T M Z
S C I O W I A D T I R A X J N S A
L X T A B M R R O O O S W S A R Á
A E G S N A W A U S O S T E N E R
D D I Z G F F B R L T K K N Ó D E
O R T E M Í R E P S S J T O I N B
C U A N D O S D D P I I X L V E E
P E R I Ó D I C O O L T T L A C D
O S R Z H J F A Y Y L U T I K S Y
S E C C I Ó N C H M Y M I M Q A I
```

Puzzle 273

```
X H I H Q I P N K T W L F A P C Z
I H C T P N O D A D L O S I R A D
V R Y T H Q W Z V V D B X C E N Q
S K W Q B N J B L R E E W N C D Q
Z B Z U H G S B E L B G P E I I Q
Q R G I P O S E U H E Z A I P D C
Z E V E U N M Q V G D S J R I A A
Y V R U N O L Q N A G G N E T T N
G E M A M O R U E H T I A P A O S
W R O T M D E J A N D O R X C K A
A M A A B A B O N I T A A E I U D
P H M S N R C O M Ú N J N P O B O
X E S E A U L G V P S U F C N E Y
M A V R D J X W W R M T L U E V I
D I F E R E N C I A O S W X S K U
```

COMÚN
BREVE
CANSADO
NUEVE
PRECIPITACIONES
DEBE
GRASA
RAMA
NAVEGAR
BONITA
DEJANDO
CANDIDATO
DIFERENCIA
JURADO
EXPERIENCIA
NARANJA
NO
HUESO
SOLDADO
ENVUELVA

Puzzle 274

EXPERTO
SECRETARIA
ADOPTAR
ACADÉMICA
DEFENSA
SENTADAS
ACUSAR
TONTA
FEMENINA
VISIÓN
HURÓN
HIJO
CONDUCTA
SURTIDO
HABLAR
ARTÍCULO
PLACA
PARAGUAS
FAMOSA
CALCULADORA

```
A N I N E M E F H L B I G P I G I
B C R O P X L B I L M B L A O F D
G M A C A L P U Y W U N Ó R U H B
N R L D K J C E X P B U A A C Y Y
E C B J É K G I R X M B D G A S A
Q W A E W M N G B T Z G O U L E K
K O H E V K I D F J O E P A C N T
A C U S A R K C A T N O T S U T R
F A M O S A D M A K H D A C L A T
D E F E N S A V G M B I R K A D S
V I S I Ó N B W U G N T J P D A Q
A R T Í C U L O O C N R N O O S O
C O N D U C T A Q Y O U Z C R C N
H I A I R A T E R C E S Q Y A T R
L K M F S U J A V D Y P X S U O E
```

Puzzle 275

```
S A T I S F E C H O E G X C D K P
A N V X A L Z J W A P U V O J D U
S R B E J E M P L O R I T M L V N
M V J G I G A N T E S C O Q G T T
L O S A R I G T D J A E D B H C U
Q T Q Z R N I Ñ A S D Y P Í U Q A
F R S R V D D E S G A S T A D O C
U H N A W T Í C A N F A R Z C E I
E B Z G G U O N I P E P R G E F Ó
M Z M S I E R R A C L Q U G P H N
S A T A L E R B A M L Z A Y I O W
D U A I D S W Z D W U I D M L C C
A Q M W L R S J E S J Q S T L Q L
N O E B A T E L C I C I B M O C D
H E L I C Ó P T E R O B H Z O X C
```

EJEMPLO
ABRELATAS
GIRASOL
TIRO
CICLISMO
MADRE
PEPINO
GARZA
NIÑAS
GIGANTESCO
PUNTUACIÓN
AQUÍ
BICICLETA
JARDÍN
SATISFECHO
SIERRA
HELICÓPTERO
FUE
CEPILLO
DESGASTADO

Puzzle 276

PÚRPURA
FABRICACIÓN
ESCENA
FAMILIA
RÁPIDAMENTE
SEGURO
CIERTA
LOTE
SABER
ANTERIOR
DESECHABLE
HIERBA
AGRADABLE
SIMPLIFICAR
SEGÚN
VALOR
GRAVEDAD
SELLO
ZOOLÓGICO
ANUAL

```
S Z R E B A S K S D V D T L J T R
L E O C S I M P L I F I C A R D Á
O L L O E A H A E E S E G U R O P
T I A L L S P B I X R N A N O P I
E E V T O Ó C R W V L N G A I E D
D P V K C J G E R U B U R I R K A
M L W O S R L I N N C K A L E A M
Q K E B U O J H C A Y H D I T H E
G R A V E D A D W O P Y A M N N N
P Q F V N N N O N E C S B A A Q T
D E S E C H A B L E B F L F T K E
Y K T D Z L F A O C L C E M R C Q
W X A C P Ú R P U R A B G S E P X
F A B R I C A C I Ó N M C X I Z Z
B Y I T X S E G Ú N J L V V C O E
```

Puzzle 277

```
P E L Í C U L A S M C D E C I D A
E A A C Y S E L O C O O F E L I Z
X L C F G A U U B U X A M P U H V
P O I M O N S T R U O R I P M A V
R Z E R C U O J E U X S T D I A W
E A N A U G B U S O K N K E V T M
S L T P R L O M T I P Y R L S O E
A H Í R T A L N U Q N Y G E B I J
R V F R E G G E D F K K J T G A G
R H I N E S D I I S J G K R S R C
I L C F K I N C O N M B D E O E G
G J O B X G S I S R M X Z O A L J
P O S I D E N T I F I C A R C Y C
Z E V G A N S O U S A B I O S F A
S Á N D W I C H C E R V E Z A A D
```

SABIOS
LOCO
ALGUNAS
FELIZ
GANSO
ESTUDIOS
VAMPIRO
DELETREO
MONSTRUO
INSERTAR
GLOBOS
CERVEZA
IDENTIFICAR
PELÍCULAS
COMPITE
TRUCO
SÁNDWICH
EXPRESAR
DECIDA
CIENTÍFICO

Puzzle 278

CUESTIÓN
ENSAYO
AGRICULTORES
CAUSA
GASTO
ALQUILER
SERVIR
MUÑECA
UNA
RÁBANO
PUNTIAGUDO
MOSTRÓ
CONDUCTOR
OSO
LLANURAS
POSITIVO
RARAMENTE
COMBINAR
BUFANDA
HERMANA

```
R A R A M E N T E P Q J T M C A B
G P P E N S A Y O S M L G U A G U
H U O D U M S R R D U X N Ñ U R F
V N S X G O H K Q Z Q C L E S I A
J T I B Q K O S E G C F P C A C N
P I T T A N U R V Ó M L H A W U D
O A I E L L A N U R A S I E L A
S G V S Q I R N S R O T S A G T K
O U O E U V M I V B T N S U D O W
U D T R I V I B D Y C Z R O O R U
I O G V L I M M S V U Z Á J M E D
L T G I E A J O Y T D D B X S S K
B S U R R L X C B T N P A Z T G J
C U E S T I Ó N Q O O J N M J X D
H E R M A N A R W R C J O I K P T
```

Puzzle 279

```
W H H J Y L G F O U F K H S Q F O
K M M Y O B Q Z T Z S M N S H X R
K A R A O K V C N C A B D I N E D
H H Z X A D C Y E U J L P X G I E
T R A B A J A R I O W K S Z H K N
A S E U G R U B M A H E S H E G A
K I K L U G A D A C O V I U Q E D
E S C U E L A N R A T I M I L S O
N S K A N Q R D O V L F I L Q D R
N O R E I T N I S A T O C S A M M
N V T L F Q L I E T Í M I D O F U
C E J A S N E M S O S T U S D T O
J U O J I K U Q A H U M E D A D E
J H P O L V O R I E N T A U T A V
S A B I D U R Í A M Y N E M A X E
```

TRABAJAR
MENSAJE
EQUIVOCADA
ORDENADOR
ESCUELA
MASCOTAS
ASESORAMIENTO
SINTIERON
NOTA
HAMBURGUESA
HUEVOS
LAZO
IMITAR
HUMEDAD
SABIDURÍA
TÍMIDO
POLVORIENTA
EXAMEN
ATADO
JALEA

Puzzle 280

MARCADOR
EXACTA
ESTANCIA
HOLA
DIVERTIDO
MAR
MAMÁ
PADRES
SITIO
CARAMELO
RECONOCER
CEBRA
COMPORTAMIENTO
ALLÍ
CONDICIÓN
ÚLTIMAMENTE
PRECIO
HOJAS
PACÍFICO
INTERACCIÓN

```
P A G N Ó I C C A R E T N I H E X
L A P E R Y E R Í L L A W R O X I
V S D A Q L B J G H O M I B J A R
E W N R C X R Z R K M H P C A C E
N O Y W E P A I C N A T S E S T C
S R F F Q S D I V E R T I D O A O
C O M P O R T A M I E N T O M P N
I D W T N Z J Y F C S V D R A R O
F A S P C B T Z Z L F T S E M E C
M C S O U N C H O R S H C Z Á C E
D R O C O N D I C I Ó N A M H I R
T A U Z W I F G M R T L F Q W O R
A M V U X G P A C Í F I C O M A R
Ú L T I M A M E N T E Q S H E T V
Z N L N C X F C A R A M E L O Z N
```

Puzzle 281

```
T B S W Y A G E G R D J R S W T I
T R R Z X R L D S K A T K H G R N
Z A A U V R O S D P O Í F A S E D
D T B T S Y B R E P E K T P F M I
I L O D A M O F T A E R L J Q E V
M U R E G N D W E O S I A C C N I
K C P L I D D K R N C N V N N D D
T O M F M L X O M R R U D E Z O U
N R A I R F P D I E I N Y M A A O
I R D N O E K Í N S T D A I D M Z
K O E E H R S O A I O A I R Q E A
I Z R S A R T T R S R C W C Y G P
Q T A U G C O G A T I I V T L I Z
L M J F M A J P S I O Ó K B N G M
N M C S B F Z Z H R H N Q T A X T
```

INDIVIDUO
OÍDO
TRATANDO
ESPERANZA
ESCRITORIO
ESTA
DETERMINAR
ZORRO
RESISTIR
DESAFÍO
MADERA
TREMENDO
DELFINES
CRIMEN
INUNDACIÓN
PROBAR
OCULTAR
GLOBO
NI
HORMIGAS

Puzzle 282

CASADO
CERDO
RELACIÓN
PASILLO
DIEZ
LOGRAR
MOVIMIENTO
INESTABLE
CUIDADO
INSENSATO
PERSONA
EXCITADO
PÁJARO
DESTRUCCIÓN
TÉ
EMOCIONAL
HAMBRE
PELIGROSO
CONTRASTE
FURIOSA

```
S A C Z Y Q P Q D U E W I X U D P
H G O D A T I C X E R B M A H E A
X U N D B X W C E Y W N A Y É S S
M M T D I O T A S N E S N I K T I
O M R N V E A S O I R U F P O R L
V I A K C N Z A R Q J J U Á E U L
I U S G U M M D I O I I R J R C O
M O T B C L P O R E A J R A I C C
I N E E M O C I O N A L A R I I U
E L X E K C L O N J U C N O G Ó I
N Ó I C A L E R F M A V O W E N D
T F D W U I Z B B Z F J S D L M A
O S O R G I L E P L O G R A R M D
T M A P D D E L B A T S E N I E O
G X D E E H A E K F E E P M N C C
```

Puzzle 283

```
P V E R Ó D U R A N T E A F P Z B
O L L A R W X A V X A I M R R G O
G Y F Ñ B X T C F I V Q A E O O L
E F Y A I L T I F W N S R C N B Í
U O X P T Q Y N R T A O I U U I G
J K G M A A S U I I A Y L E N E R
J T O O O Y D M J E U X L N C R A
T Y F C Z C F O O R X L A T I N F
W W O A R H I C L F X G H E A O O
J Y D X E Q B R D E B E R Y C L S
M O S G U M X Q T I P O Z I I I P
C U U Y M K S C C C Y K D E Ó L A
V B C L L F A Z H E É W U M N A Q
N L L N A F W G S D D L M I Y F B
F R A C T U R A U R R S E C E V V
```

FRIJOL
VECES
BOLÍGRAFOS
DURANTE
ELÉCTRICO
FRECUENTE
TIPO
FRACTURA
OLLA
PRONUNCIACIÓN
JUEGO
ALMUERZO
ACOMPAÑAR
VINO
AMARILLA
LILA
ÓRBITA
GOBIERNO
DEBER
COMUNICAR

Puzzle 284

PIEZA
PINTURA
VERDES
ORGANIZAN
POLLO
AJUSTE
MAESTRO
RELAJAR
MENCIONAR
MENOS
NAVIDAD
BURRO
AGREGAR
PERDER
PRIVILEGIADA
NUMERADOR
HECES
PASEO
EXTINTA
ADIÓS

```
P R T Z V L X W P M R L V I C B I
R O R R U B K H I A X E T S U J A
I D Y D A A I B E E P O L L O P W
V A B T L I W V Z S Ó I D A J Y M
I R G U A V J D A T H H H B J H X
L E L R S W H Z H R H N X N O A U
E M P E E C U M S O N E M R L O R
G U P A D G Z D E P I N T U R A P
I N O N R K A L N N U W S S G U E
A S L E E M T R M A C P H L L Y R
D A D I V A N A K R G I I P V T D
A O R G A N I Z A N M G O X H I E
T O W T S A T U V N V M R N Q E R
P A S E O Z X H E C E S O A A S N
S Q N Z U H E M G W Z U N U D R V
```

Puzzle 285

```
U K P R O C E D I M I E N T O V H
A Z S E L L A D O G X H Q A T E F
O R X P S K Z T F Y K E O P C R Z
W L K T E N E R O U A X H A E Z D
G P O E T N A N R E B O G R P P C
U Z F R P E L O O T U R W E S J U
F R I G D Q Z F D N Q S T C E R A
H R S N U H F L A A K Q K E R M R
X A K A F R Í O R N A C I D N I T
I N B S T G O R R I R A D P A O O
K O H L N E U I O M I I O G Y V U
H D O F A M N Z B O L H J J P O K
E R Z Z W N L A U D A D E I R A V
M E P V Q Q D D L J J H M X C V J
M P R D D U A O B P F S U F K A A
```

DOMINANTE
HABLAN
VARIEDAD
GOBERNANTE
PERDONAR
APARECE
TENER
SANGRE
SELLADO
INDICAN
RIZADO
CUARTO
RESPECTO
OLOR
PELO
PLANETAS
VER
PROCEDIMIENTO
FRÍO
BORRADOR

Puzzle 286

AUMENTO
SOBREVIVIR
PLAYA
VEHÍCULO
POCAS
BALLENA
VERSIÓN
VELOCIDAD
CORTO
ROBAR
HACIA
OLVIDAR
TELESCOPIO
ENSEÑAR
MONTÓN
FABRICAR
DESCUBRIR
ALERTA
SUFICIENTE
EXISTEN

```
P S U F I C I E N T E D I P V V V
H L R Q P S W J H V O V C O Y E E
K D A H Z U M S A R T E O C F L H
Q E Ñ Y O F Z B C N M J F A E O Í
O S E B A E I U I Ó C K R S K C C
L C S A C K O E A I L W Y U M I U
V U N L O I P O C S E L E T O D L
I B E L U T R L O R O R F J N A O
D R D E H B N Z A E M A W I T D I
A I F N Q Y E E U V C C M X Ó K U
R R I A P J T P M J U I O U N Q L
A L E R T A S F J U B R U R R Y U
S O B R E V I V I R A B O R T E N
A K R X F B X G Y V X A D R I O U
A U G Q A O E X H E K F B R Y H L
```

Puzzle 287

```
U D O T C A P M O C B E P L L A O
H N D C E U B K C D Y N R I U M R
K I I E A N O M É N A C I M C O G
N H R R S N Y H A O N O V Ó I R A
H E R O S F G X R Q X N A N É T N
R O U B O E U U R R G T D M R L I
E Q B M D I D E R P W R O K N J Z
D E A A A F M O R O C A T R A W A
O C R T L D E D S Z Z D V Y G F R
N A K Q I H A M T L O O X M A Z R
D M E E F I N S P E C C I O N A R
A P I L A P F J B S J O X G W X N
M O R E C I E N T E M E N T E D U
M V K X F F C R U I D O I R M B R
C O M P L E T A M E N T E Q T Z S
```

INSPECCIONAR
ORGANIZAR
ENCONTRADO
RUIDO
LIMÓN
REDONDA
CAMPO
ABURRIDO
COMPACTO
AMOR
RECIENTEMENTE
AFILADOS
ANÉMONA
COMPLETAMENTE
CANGURO
ESFUERZO
PRIVADO
TAMBOR
LUCIÉRNAGA
UNIRSE

Puzzle 288

GRÁFICO
IDIOMA
PRUEBA
MARTES
DESPLAZAR
NUMEROSO
DELICIOSO
AYER
NUDO
CONTRA
HÁBITO
PENDIENTE
COMUNIDAD
DECISIÓN
COYOTES
BURLA
MINUTOS
GRAN
PERSECUCIÓN
EMPRESA

```
D C F O N M A V D U H U H V P H E
A E Y L Z H T W E S Á T J X E B M
Z Y S E T O Y O C R B P F N R U P
M R E P X A M O I D I J E Q S R R
Z A W R L A C E S Y T Y M Y E L E
A B R X A A G D I Y O C T M C A S
D E Q T K L Z X Ó D C O G E U F A
X U Y H E N S A N E I M E W C L C
F R H B K S O W R L F U C U I Y G
V P N U D O T J A I Á N Y K Ó L H
C O N T R A U T F C R I T S N U E
P E N D I E N T E I G D C Q A W W
H A R Y U D I L X O B A V W R I P
A W L F B W M E H S M D M A G T Z
N U M E R O S O C O T I A F L O A
```

Puzzle 289

```
E F X S M F U K W I Z E L T O F M
N X T C E P F T Y D B U U T P F U
S M C N A Ú T C A R E T N I X Z C
B G L M L R O N M G C R A B O R H
D I I H A B I L I D A D S A T A O
G P J X R V K E S V Z M A I R G S
F U E G O E Z P K K A V C S A E D
Q Q R M B W V P D H K H U L T L I
T L E E P C T E N V A T D A A L F
N Í P S E R K H R I J C I D D Z E
P G O C A X B H N T R V Ó O O Q R
Q B M A R Ñ M R A Z I N A G R O E
Q K D S S D O S F Y D R P Q W W N
E G I O C I T S Á L P S A B E R T
D R T P V Í C T I M A N A N F E E
```

INTERACTÚAN
AÑOS
ESCASO
LLEGAR
REVERTIR
SACUDIÓ
VÍCTIMA
PLÁSTICO
TRATADO
FUEGO
PEREJIL
HABILIDAD
MUCHOS
DIFERENTE
LUNA
TÍO
AISLADO
SABER
ROBAR
ORGANIZAR

Puzzle 290

CONSIDERE
FAISÁN
SOLEADO
REUNIÓN
POBRE
ROJO
IGUAL
PARTÍCULAS
HERVIDOR
CONJUNTO
DISCUTIR
AULA
ESCLAREZCA
CRUZ
SAL
CUPÉ
APIO
EMPAREJAR
PORQUE
HURÓN

```
A C Z E R A L C S E S J Z H N R M
P B J H L O R L O N A U U J V B E
I S O L E A D O X N L F A I S Á N
O T N U J N O C N Ó S Z G E A P C
P D I S C U T I R R I I B P U H O
P O W E Q N Ó I N U E R D E L K M
O Z B Q R B L U D H S O C E A P I
R G O R O D I V R E H J H L R H G
Q C O V E Z A J B C K O S H R E U
U D Z V H X Q J W R W K M V B E A
E D L N N C S A L U C Í T R A P L
E M P A R E J A R Z M H W G T P U
E K D Y G Y U T R D W V S Q F L P
X P S U U W X N X Q U K G S B R C
L Z C U P É S X E O B H N A P R U
```

Puzzle 291

```
S D T I C N P T A Y S X D E V E D
A A R N O S O O A I R O T A E L A
C Ñ Á T L H D E F L S Ó R Q X I N
U O G R A P R Z P A J U S T A R I
D A I O P K Í O M L J I O N Z O U
I W C D S B A U N V T T L U E O Q
E R O U O D M M N D A H E T Y P S
R P X C O L U T Í P A C G Q P G E
O N L I B A N D E R A X I L S U A
N M E R A L G E R R A P W N M I C
L E S T A D O U N I D E N S E T
A S E N T A D O S Z X B F E C M I
C Z C H R K T B H G L O I I V M T
D Z I Z I X E T S K N P A E K L U
D A I X F Z A P A T O D A K T C D
```

ARREGLAR
DAÑO
BANDERA
ZAPATO
INTRODUCIR
ACTITUD
AJUSTAR
PODRÍA
ONDA
COLAPSO
SACUDIERON
CAPÍTULO
ASENTADOS
TAL
PENSÓ
ESQUINA
ESTADOUNIDENSE
TRÁGICO
LOS
ALEATORIA

Puzzle 292

PERRO
CÍRCULO
PINTURAS
COSAS
VIEJO
PERSONAJE
EXPEDICIÓN
PRONTO
MOTIVO
RECOMENDAR
MENTE
COLEGIO
POSPONER
MAYORÍA
PATÍN
VIERTA
KÉFIR
CALIDAD
IDENTIFICAR
VINO

```
P W A Z E O C Í R C U L O K L K P
Q E P E R R O J E I V Y S D Y T F
K R R V U K N Ó I C I D E P X E R
U B I S M M I S I Z M A M B W R J
Q Q F E O E V G H J O T N O R P Z
F W É K Q N S A R U T N I P Q Q J
G M K W N S A S O C I S Í F G X M
C A L I D A D J S C V S C T K P E
E W V M O O I G E L O C C P A F N
M A Y O R Í A N P M A R P E B P T
V T B S Q U Z F J Y E K S M B O E
E R Y K A A O E C O T A Z G A S N
R E C O M E N D A R R S Q H Q K U
U I E R M O I D E N T I F I C A R
K V S W S L P O S P O N E R B I B
```

Puzzle 293

```
L V C S O M B R E R O G C H H G F
L A A O I P O C S E L E T W F N A
X X D Q M T X L X P O L I L L A C
D Q K O T A Q M G Q N T G E I N I
V K M S S Y D A R R E S T O K A L
S I P X V B J R A N O I T S E G I
O D V A H F Q A E K T J B Z B Y D
T R O N C O F T D J F U V Q T M A
S E Ñ A L E W I R N A C J N K X D
E V M R D I F C A V J J A M Q Z L
X J N U H W J I T O M S Q C N Z D
N A C I Ó N J L X N P M T U A S P
P R I V A D O E G G T T F P W O S
D V F W C R B F P O P U L A R E S
V O L U N T A R I O G M E W L C W
```

COMADREJA
SOMBRERO
TRONCO
LADOS
RANA
POLILLA
GESTIONAR
FELICITAR
ARRESTO
ESTOS
SEÑAL
CACAO
NACIÓN
GANAN
VOLUNTARIO
TARDE
FACILIDAD
POPULARES
TELESCOPIO
PRIVADO

Puzzle 294

LABIO
SALTAMONTES
ZANJA
MOMIA
SABÍA
CÁSCARA
SUFRIR
INVOLUCRADO
FRÍA
PRÁCTICA
NACIMIENTO
DESIERTO
CUIDADOSO
COMENTARIO
APLICAR
TABLERO
REGALO
DURANTE
INDICAN
GRAN

```
I K U L R E G A L O V D F T W N D
N A K D A C O M E N T A R I O A E
D T T J L B N F A W M Y S E R C S
I U B P D O I U P S Y O S N E I I
C T X G R A N O L J D S M R L M E
A C I T C Á R P I W P O L I B I R
N O I A Y E U L C G R D Y R A E T
C Á S C A R A Q A S E A A F T N O
O F Z E Í G J E R A S D O U L T A
Z Y H X R J W J G B O I X S U O I
P A R F F P G E W Í W U V C T S Z
E T N A R U D O X A E C W N K S Z
W Z A J W I N V O L U C R A D O X
B J I S A B S A L T A M O N T E S
G F F P H Z R D A V S P Y E P Y V
```

Puzzle 295

```
D S K P G I L X S F P D V V T F J
E I P R I M U S A Ñ A T N O M M K
C L Ó O J E R G N A C E N S A Y O
L E R C F E U T U V D Q I B B U C
A N B E C A G E N T E N I M E U G
R C I D N O Q H V K Q Y Z M R O A
A I T I E D N X Ó B O L G O M A N
C O A M G O D G J S C W Q K M S P
I M I I R O L C E T N E I R R O C
Ó Z F E O O U O D L V T J L C N H
N X D N M I G R A R A S I R N O S
T O A T S I T N E D C C C Y R B H
R N O O P R I M A R I O I S O A Z
N M X F F M R U C J W L A Ó R J T
P E L I G R O S A M E N T E N F R
```

PELIGROSAMENTE
CORRIENTE
ASUMIR
CANGREJO
SILENCIO
DENTISTA
AGENTE
PRIMARIO
NEGRO
DECLARACIÓN
CONGELACIÓN
SONRISA
DEJÓ
JABONOSA
MONTAÑA
MIGRAR
UNA
ENSAYO
ÓRBITA
PROCEDIMIENTO

Puzzle 296

INTENCIÓN
TEMAS
PRIVAR
INTERÉS
ESTÓMAGO
SUCEDER
ASUSTADO
OSCURO
CIRCULAN
CORONA
AZADA
CELDA
JERARQUÍA
CONCLUSIÓN
PISTA
CONTACTO
JURADO
SELLADO
VERSIÓN
VEHÍCULO

```
H D P V P Y O L O U A P A G W F T
Q R X I G X I C S N S O R L E M E
G L N F S Y L M C Ó U M Q I X Z M
S O V I U T V F U I S F J D V D A
L P X G E R A J R C T F S L D A S
N I N T E R É S O N A Q P E K J R
Ó N A Z A D A C R E D E C U S J O
I T F I R Y J L O T O O N H I F V
S C I R C U L A N N Ó I S R E V J
U J U R A D O C A I T X I S H U C
L J E R A R Q U Í A L A E O P X G
C E J M S W U J Y O L U C Í H E V
N C S E L L A D O Y Y X T T C V X
O G A M Ó T S E J F I H M D O M B
C E L D A N O R O C V B U Q T D D
```

Puzzle 297

```
U O Y E W O M L G J E L B S I D I
Q K R Y S S D S G K J Z W J M R N
C N B T W T S M O N T A R I A A C
S A Ñ A R A A J A T N E V D G M I
E T L N N W B N D Z U Z T E I Á D
S E I O R O L W T K O N I H N T E
T L N T R A R O J E M H I X A I N
A C Ó F U E R O N Q R F T M R C T
K I I Z R K P C M A L Í R J R A E
V C C S N E T J O Y S J A N A D A
Y I A B R E V I A T U R A O Y K R
N B U B T T V P A R T I C I P A R
G M T P I O V L M A M Z I Q M S E
T P C U P O O C H A A B D M E P U
L G A R V C F G K Y J I W N L T G
```

ARAÑA
GUERRA
CALOR
ROL
DRAMÁTICA
NADA
ACTUACIÓN
IMAGINAR
PARTICIPAR
MONTAR
INCIDENTE
DE
ABREVIATURA
VENTAJA
MEJORAR
FUERON
ESTANTERÍA
BICICLETA
ESTA
MINUTOS

Puzzle 298

CAMPANA
TECNOLOGÍA
ODIO
DESEAR
PRESTAR
VOLTIOS
CALDERA
VOZ
VAQUERO
RECHAZAR
CIERTAMENTE
DESAYUNO
DUENDE
MADURO
ADECUADO
PAÍS
YA
ANTERIOR
CONDUCTOR
IDIOMA

```
Q S Y O T Y K F C V S F R E E K D
X J X K E N A R E D L A C N B G U
Q R O T C U D N O C I D I O M A E
V A N Q N O R P O R E U Q A V W N
T E M W O R U D A M E X S P O U D
P S O M L V A J U Y Y C M E S N E
R E G Y O G Z T J C C B H T Q K F
V D L E G H H R S I U C U A Y B G
W V W P Í E J Y B E F M O Q Z O V
Y J A N A P M A C N R L T W P A Y
B P N J V O L T I O S P U Q A E R
N K S O M I A N T E R I O R Í A F
T N H G L D D E S A Y U N O S P H
M D Q Z Q O D A U C E D A R J I U
C I E R T A M E N T E I J Y A Z Q
```

Puzzle 299

```
Q G M I R A D O N Ó I C A U T I S
H U G P K S B C X F V K H P T Z V
J I G L Y O R R A S U C A A P Y O
A S B E N E Y A Y J R V L T R E I
B A Z Q Z A P V A M A R U I E L R
Ó N F O F W P R L I R R M C M P A
N T P I E K C E P N D P R W O W S
F E B R U J A S Q D A I Ó R C R R
G S O D B B F E T U K C F B W U E
Í N D I C E Q R T S K Q B P I W V
Z A O V J W U P L T B I V Z Y I I
P Q T I Y L Z D U R K X H N N I N
Q L É J F G E U P I I E J R I J A
H Q M D K O D Y C A O E Z K M Q Y
U Y Y S M V O D Z R D O E J A L H
```

ÍNDICE
MÉTODO
CAJA
PRESERVAR
BRUJA
VIDRIO
MIRADO
SITUACIÓN
FÓRMULA
GUISANTES
ANIVERSARIO
CITA
INDUSTRIA
COMER
JABÓN
CHARLA
LEY
RAMA
ACUSAR
PLAYA

Puzzle 300

CUELLO
SOPLAR
CINE
LIBRE
FIRMES
ARTISTA
REVELAR
ALGUNA
RESPONSABILIDAD
TODO
MISTERIOS
ALFOMBRA
NADAR
AMENAZA
OBEDECEN
HÚMEDA
IGNORAR
DRAGÓN
ATAQUE
ANÉMONA

```
H D X F A Z R A L P O S H B K D A
I Ú H K O S E M R I F F A A R J S
G O M B R W V A T A Q U E T O D O
N B W E V S E N I C L P I J I D I
O E D A D I L I B A S N O P S E R
R D L A S A A W A J O Z L I B R E
A E L N I T R Q D N T G L A M Q T
R C L C Y S T K K R J K E N H B S
M E P K Z I R C A O A H U O S S I
E N R L S T X O I F N G C M I C M
L Z Z W H R K K B Q U A Ó É J L T
I B K B N A Q O M E G Z D N U X H
K N B M W A E Y Y A L P L A D K R
A L F O M B R A Q M A Q I H R K J
J A M E N A Z A H W A R R W Y M F
```

Puzzle 301

```
A M E T Q S F O Ñ E U S E N U L L
S U G E V V T Q G E S A J Z Q I I
E Q N W O Y O Q N D E P X M E Q E
M K M Q L L Z G M A N P E G Q P B
V X Y R U E W Y Y N O R H R L A R
A M B Q Z E Y E U C L Á J Z A R E
E C D E L A N T E E L C I A U D S
Q F I E U T B C M S I T J T T S A
C O N T E N E R V T M I Y I I P H
V E R A N O K T U R P C E U B Q L
S P U N N G F X E O N O B Q A N M
F H H U M O M O T N E T N I H W R
D F F Y Z R Y D Z O D N Z R E O Y
S G Y P N Q H M W F Y E I A E J T
R E U T I L I Z A B L E R M H U O
```

DELANTE
VERANO
INTENTO
ESPERADA
LUNES
HUMO
PAR
TEMA
AUNQUE
TENDER
MESA
SUEÑO
PRÁCTICO
MARIQUITA
CONTENER
REUTILIZABLE
HABITUAL
MILLONES
ANCESTRO
LIEBRE

Puzzle 302

CARBÓN
MIÉRCOLES
GRUÑIDO
REGLA
ENFERMERA
EXTERNO
DESCENSO
TIEMPO
REDUCIR
EJECUTAR
VACILAR
PESO
CONVENCER
ORDINARIA
ABSOLUTA
EMPUJAR
NO
ARTÍCULO
INTERACCIÓN
ALLÍ

```
D K R W E E G I B L J L H R Z I H
U H T W Q J G R A J U P M E P R O
R E G L A H E A U B U X U M W Q N
F Q U V H E Y C S Ñ W O K P A D Ó
A R T Í C U L O U C I L H A B T I
V P A W C N S N D T O D D G S G C
O A I R A N I D R O A P O Z O L C
R E C N E V N O C A U R S Í L L A
M Y A I P X Y N Ó B R A C K U B R
H Y S E L O C R É I M E Y P T M E
X B W V U A D E S C E N S O A D T
T I E M P O R T R E D U C I R C N
C S T A S M I X Z L E C I T U B I
T A D X S M L E E J F P E S O Q T
R N C P G Q P K E N F E R M E R A
```

Puzzle 303

```
N J A C P P É R D I D A R B M O S
S P S O R T J R F H O X U M D V E
W R C M E T R A T C E T E D P U L
H E E I S W V A M A R G O R P P L
Y P N D I F T U N Ó I C C A E R T
I A D A D D A R B S A W O Q F S I
B R E G E A O N R E M P L A N O J
S A R E N N U I T O D I P Á R U Q
K R H K T Ó L F S A T G T K Y D K
O V F T E I C L D Z S P G I O I G
S E A G I C D L C G P M A L R V S
S K R O Q A W W Y Y D V A M I I X
R E P E N T I N A M E N T E B D Y
O E E B B S E R O L O C E O F N E
B L U S A E T N E N O P O X O I I
```

SOMBRA
OPONENTE
PRESIDENTE
ESTACIÓN
PROGRAMA
BLUSA
DETECTAR
TRANSMITIR
COMIDA
RÁPIDO
PREPARAR
PÉRDIDA
COLORES
REPENTINAMENTE
INDIVIDUOS
REACCIÓN
FANTASMA
PLANO
VA
ASCENDER

Puzzle 304

TODA
EVACUAR
NUBE
PLAZO
TENÍAN
SALTO
EDAD
SUPERIOR
AÑO
TAMBIÉN
OLVIDÓ
NACIDO
COLUMPIO
LONGITUD
FRESCA
ELLA
LIBRO
AVIÓN
PLACA
MENCIONAR

```
P O V K E S O W T K X V N M Y U M
Ó N B K Q C K J Q E E M Ó E T S O
W D H S Y Y C B T B N É I B M A T
H A I M E B H W V U D Í V T N H W
R D J V F B R E D N G Y A C A L P
Q E S A L T O Ñ A E Y A Y N W M F
P L A Z O O I P M U L O C H O E R
P C O A D R R R K U U L Y R M N E
B D M V I B E A S Q L V A A X C S
M C Q U C I P L O N G I T U D I C
U T O D A L U W D C J M F C F O A
Z I F A N F S N Q M W P H A P N D
A T D P F J M A K C N M U V F A U
H R L L H W D E P A M D V E J R A
X U B Q T D Z M D C S F P F S O L
```

Puzzle 305

```
H  A  L  L  O  B  E  C  C  H  N  Z  L  A  A  S  P
D  E  B  K  Z  E  T  N  O  R  E  C  O  N  I  R  A
E  S  R  U  I  P  L  M  N  N  J  V  R  H  V  N  E
D  R  N  M  E  Z  J  O  D  A  I  V  N  E  I  C  S
I  I  X  U  A  L  L  C  I  R  A  I  U  B  D  C  T
C  N  J  K  T  N  A  D  C  C  E  R  O  V  A  O  Ú
A  U  H  R  U  R  O  M  I  F  K  I  X  M  S  M  P
R  E  N  W  P  O  I  L  Ó  S  E  M  A  N  A  P  I
K  R  A  M  D  J  I  A  N  A  L  E  G  R  E  A  D
C  A  S  Q  U  I  L  L  O  H  I  E  R  B  A  R  O
D  X  O  P  Y  A  P  B  E  Z  Z  F  H  R  F  A  S
B  E  B  D  Q  M  P  J  O  N  D  P  Y  T  P  R  F
A  V  R  K  D  F  O  F  C  E  R  V  E  Z  A  U  H
M  E  R  C  A  D  O  N  Z  A  R  U  D  S  N  O  R
I  W  F  S  Z  H  B  G  R  R  H  E  A  K  W  A  C
```

DEDICAR
ALEGRE
DURAZNO
COMPARAR
REUNIRSE
SEMANA
CERO
VIDAS
ESTÚPIDO
NUTRIA
ABUELA
ENVIADO
RINOCERONTE
MERCADO
CEBOLLA
HERMANO
CASQUILLO
HIERBA
CERVEZA
CONDICIÓN

Puzzle 306

TEORÍA
EVALUACIÓN
CENA
CUERVO
HURACÁN
QUESO
INSTITUCIÓN
DISPONIBLES
ROPA
PLATOS
INSIGNIA
PASAR
REQUERIR
HIJA
ENVUELVA
MADRE
SABIDURÍA
MAR
DELFINES
ESFUERZO

```
N  L  G  V  E  C  I  C  D  O  M  U  Q  H  A  J  X
J  F  T  F  V  K  N  I  F  D  A  A  Q  G  V  A  T
G  K  B  F  A  G  S  E  V  H  D  Q  E  U  L  V  R
H  I  J  A  L  Z  T  Z  S  I  R  A  M  S  E  W  I
U  N  O  Í  U  T  I  I  E  F  E  G  F  A  U  S  J
Y  Z  J  R  A  Z  T  M  L  F  U  F  C  W  V  E  O
R  B  I  O  C  N  U  V  B  H  A  E  T  S  N  N  V
O  N  T  E  I  F  C  C  I  P  U  J  R  U  E  I  R
G  S  L  T  Ó  C  I  Z  N  X  E  R  W  Z  F  F  E
W  X  H  G  N  E  Ó  F  O  I  M  U  A  X  O  L  U
L  A  V  A  H  N  N  S  P  O  A  R  Q  C  S  E  C
S  H  E  W  K  A  A  E  S  O  T  A  L  P  Á  D  G
R  O  P  A  Í  R  U  D  I  B  A  S  M  U  D  N  Z
I  N  S  I  G  N  I  A  D  N  F  A  D  Q  X  S  N
R  E  Q  U  E  R  I  R  N  F  B  P  Z  I  Q  O  N
```

Puzzle 307

```
I D D E Y E Y Y S R K J Y N K Y T
S N C C O B T T U T E C N R N H J
B A C V X Q I V F E N S Ó F P M X
P L L L N O R G I L E P I O T R A
I S X I U U Z W C É X V C S O S B
O I N Y R Y N Z I F H T C E T Z L
R Í O P X P E C E O S D E C R I B
M E Z C L A T N N N E A L I A D R
A T E A Z A R J T O C G O N G E N
B S S J W Y C V E P C L C R A Q A
C I E N T Í F I C O I G J O L R U
V R G O J E P S E M Ó P B D I R X
F T U P T F W U V O N R I O I L M
H K V S W P A L Z C W R C C F I U
R T F E T A M O T W V D N C E X Z
```

MEZCLA
ESPEJO
RAZA
RÍO
TRISTE
SALIR
ISLA
COLECCIÓN
PELIGRO
LAGARTO
OTRA
TOMATE
TELÉFONO
CODORNICES
INCLUYEN
ESPONJA
SECCIÓN
CIENTÍFICO
RESISTIR
SUFICIENTE

Puzzle 308

SÍ
CUMBRE
AUTORIDAD
IZQUIERDA
ESTRUCTURA
TIENE
ERUPCIONAR
OJO
LÁPIZ
ESPERAN
CALLE
REALMENTE
COBRAR
TAZA
INÚTIL
SUPERFICIE
CARAMELO
ESTANCIA
DIEZ
FABRICAR

```
S U P E R F I C I E C N K G U D P
R A N O I C P U R E Z A F I U A A
G E L Á P I Z W N H I R L E F U G
P Y A R H D L E T V O E W L U T B
U R Z L J H I X J V J P S E E O F
A N C Y M C T E K A W S X N P R T
R T A Z A E Ú Z Z D C E I S D I E
U T I E N E N C A R A M E L O D S
T B B I A D I T L E G A J H J A T
C U M B R E N G E I K Y J W O D A
U O K S A D E F Q U K S Y H L B N
R R W A R O U I U Q A R B U G C C
T P V X B P N O G Z W L R Q P Y I
S W K Y O H E D U I Z S K M S Q A
E Q O V C W S Í F A B R I C A R J
```

Puzzle 309

```
F R W F D G O D I T A L C Z P P R
P A D R E S R T C O M Ú N A I A U
R C A A T O V A O B K V G N M R Z
E I L T N D K I Ñ M Y A A I E K
S F J R E Q F B S I O Y M H E D Q
T I C A M P K M J I Z Q R O N Q Y
A D Q C E D S E D C Ó O O R T F S
U O G T L P O S E E R N L I A B V
R M F I P S Q W P O Q N F A L T F
A I R V M E X H I B I C I Ó N T I
N V G O I N Z C D E D Y L Z Q A G
T X M Q S E I M M H H G O U J M U
E O K N K I C X B L B Z C T B A R
Y V S Q Z V B O C D W O U E G Ñ A
H C E F E N O I G W M R B H B O M
```

COLIFLOR
FIGURA
PIMIENTA
MODIFICAR
LATIDO
DESDE
PARED
POSEER
GRANIZO
TAMAÑO
VIENE
OTOÑO
EXHIBICIÓN
SIMPLEMENTE
RESTAURANTE
ZANAHORIA
ATRACTIVO
COMÚN
VISIÓN
PADRES

Puzzle 310

REQUERIDO
COOPERAR
PLANTA
FOCA
CONOCIMIENTO
BÁSICO
EJERCER
GRABAR
TESIS
PLANA
CARO
REVISTA
MAYOR
REGIÓN
MINA
AQUÍ
SEGURO
NOTA
LIMÓN
INSPECCIONAR

```
C R A N O I C C E P S N I Q A Z Y
O M E E Q R B C N V X A I T O B R
O I U Q V R Z U I C H N O T A S L
P L H Q U A N A L P D Ó Ó D P C L
E C X N N E Q X G G X M A I K L E
R A B A R G R U I H G I Y K G V I
A C A D E E B I Í I Y L P Q F E E
R O R A C T W T D P L A N T A Q R
C F Z N R U U H X O C I S Á B K O
S X H I E R E V I S T A R V O D Y
E B S M J T H G B H X V F O H Q A
B S G O E S N F H M D D Y Y I F M
C O N O C I M I E N T O R U G E S
W J M K M L D M A O M T E S I S P
V B Y P S P U Q F A D D A Y W P O
```

Puzzle 311

```
S V Y A G E T N E R A P S N A R T
M Ú S I C A X Ó Z B Í J P D M F R
M T I X F Z V I B H R Q R I R R D
T E I D W O I C Z M O G E S E E R
V L N D R T E A X D N R F Í F C F
P B U T X C Q S O R I O E M N U I
C A R W I E W R Q O M S R I E E Y
D B C Q H R N E A U F E I L Y N A
J O D I U R A V S C Í R R E S T H
L R L I G O F N Z V E O R S P E F
X P L O S C Z O A U T O M Ó V I L
U Q Q G R Z T C S E N S A C I Ó N
A J A O Q R P R E O C U P A D O S
E F G B V X G T U E R C A G Z W L
W A G E N E R A C I Ó N J G N L J
```

TUERCA
TRANSPARENTE
DOLOR
MINORÍA
MENTIRA
AUTOMÓVIL
CONVERSACIÓN
CORRECTO
PREOCUPADO
ESQUÍ
DISÍMILES
GROSERO
PREFERIR
ENFERMA
MÚSICA
SENSACIÓN
PROBABLE
GENERACIÓN
FRECUENTE
RUIDO

Puzzle 312

CONFINAMIENTO
TOMADO
PRÍNCIPE
SUERTE
SEGURIDAD
CONTINUAR
TETERA
CARNE
TAPETES
PUEDE
ASUSTADAS
TENEDOR
MILITAR
VECINO
PANTALONES
NIÑO
GEOGRAFÍA
ADOPTAR
COMPORTAMIENTO
TIPO

```
O U B Y C A D O P T A R W H S Z S
D G H C O N I C E V L S C Z W P E
M R A U N I T N O C S E M F Z F G
L L H L F V Z W F B I T I L Y M U
F I E P I C N Í R P R E L N B C R
B I E C N Z P B A Z U P I J H T I
M E O S A D A T S U S A T S J E D
I Q R Ñ M K M T O C X T A U F N A
Y Q N P I T O Y D Z Q D R E P E D
Y W H S E N O L A T N A P R U D J
I W T Y N X L S M B Z T D T E O X
T S A C T O J Y O K Z D I E D R B
M I H L O W J Q T E T E R A E J G
M B P G E O G R A F Í A C A R N E
H I O O T N E I M A T R O P M O C
```

Puzzle 313

```
T W O I X F F Y S J Q D N H E D F
E T X P O N V H G U N P X Á S E J
O M B R O D A N E R T N E B C M E
T R A D I C I O N A L E S I A O I
C O Z B M R B J O R A N R T R C R
V O R S L G V I D I B M I A A R A
T E M G T R D H R P U C T T B Á W
M P R P U G A T O S N U I U A T I
I W J E E L F I M N D V M N J I D
S B V A D T L B V I A C R V O C A
P O N E R I E O Y K N R E A C A D
W P U V X M C N S F T I P D O W X
H G C O C H E T C O E S E V I F Y
I I Y X B S V C O I P A S E R F H
T Q P V E T N E I C A P U E R R O
```

VEREDICTO
PERMITIRSE
ENTRENADOR
PONER
ORGULLOSO
GATO
CAER
ESCARABAJO
RISA
PUERRO
COCHE
INSPIRAR
COMPETENCIA
FRESA
ABUNDANTE
DEMOCRÁTICA
HÁBITAT
TRADICIONALES
PACIENTE
HIJO

Puzzle 314

ROSA
LECHO
ASA
MUNDO
CANTAR
PEQUEÑA
MÉDICO
COMPRAS
DIRECCIÓN
SIENTO
RESOLVER
VIOLENCIA
OCHO
CLARO
CONCEBIR
DEBE
EXPERTO
HERMANA
MUÑECA
CONTRASTE

```
L S R A H L Y F P O D T K I O C D
E D I I H W Y D S L I E Z A G O X
C R B E R M U N D O O L B Ñ P N X
H V E E N Ó I C C E R I D E J T V
O A C R H T A C N G B M L U C R R
I A N Q J M O H C O N J I Q L A E
A G O C X B B N H M N A C E A S S
E M C O T R E P X E U N J P R T O
U H I M Q O X A F E G Ñ M U O E L
P R B P E Y C O N E C X E Y P T V
T O M R A T N A C D X Z Y C Y G E
I B W A I C N E L O I V Y M A H R
U B Q S M É D I C O P H Y Q L V E
B Y A E R K J A V D M T A J M W Q
R O S A A S A N A M R E H K T D C
```

Puzzle 315

```
G J K S P R E S I Ó N D O F G Y T
K Q R S E R M C J P C T V R L A T
D L J C E L E F Z C X C C A O I X
A S A L T Ó L M G U O R P G S B W
C E N A R W P O O H N E O M A F H
E D A Q O Z B D T V R E L E R E Z
T R M V P G E I F N E R Í N I O F
O E U S S U A D A M I R T T O H Y
I V H O N V N I H V U I O L R B
L M P F A T R E L A N D C O V M N
B L H J R A A T H Q I X O C J S P
I O I C T Z O N P L I E G U E R T
B J C K H S H E R E C U R S O H M
Y I Q A N E L L A B Z C Z S S F I
S Y X O O F L E K T C S K Q Q L U
```

FRAGMENTO
TRANSPORTE
BIBLIOTECA
ENTENDIDO
SALTÓ
PLIEGUE
CREER
PRESIÓN
RECURSO
REMOVER
RIMA
GLOSARIO
INVIERNO
BOCA
HUMANA
POLÍTICO
SELLO
VERDES
ALERTA
BALLENA

Puzzle 316

CONTROLADOR
COMIENZAN
VACIADO
DURA
CINTURÓN
ORILLA
OBJETOS
RODILLA
AGRESIVO
DISTANCIA
PATRÓN
DEPRIMIR
RECORDATORIO
SECRETARIA
FABRICACIÓN
SERVIR
MONTÓN
COMPACTO
COYOTES
DECISIÓN

```
D P R P P P C O G V I D U B D C B
I A V Q J L S O T E J B O P E I X
S I L R M N A Z N E I M O C P N U
T R V A C I A D O T U Q A O R T O
A A O L N Ó R T A P R E L C I U I
N T V D Ó M O N T Ó N O H B M R R
C E I C I Y C S A Z U K L C I Ó O
I R S O S L E X N P U X E A R N T
A C E Y I G L V P J J S W K D C A
X E R O C U Z A P A V E Q W B O D
N S G T E O R I L L A R D A C S R
Y I A E D L U M I N O V G U E W O
C K E S J V S Y E O A I V G R A C
F A B R I C A C I Ó N R F K G A E
C O M P A C T O N A M C U U M I R
```

Puzzle 317

```
D N Ó I C N E T A S A T U R I V B
E X U O A V A O O U E R C Y E Z J
C O M V X G F B Q A M A E B J P B
E F E D S S A W O V B T P F D A T
P V S L F Y R N T E A Ó I W T J F
C V E J F N I M S U R N L Z F B L
I P F W P X J D A V G U L C V D O
O S O M S I N A G R O Q O L O E C
N I C N E Q I B M H U M I L D E A
A G U A W N L S A I N V A D I R L
D P R G R O S E F O R P Y X Z B I
O E T N E I L A V L O Y V I U R Z
B R O B F S B A T A R D E C E R A
U A F Y P I W Ú Z C Y A C M L V R
F V W G Q J C Q J S V V R A U R V
```

SUAVE
ATENCIÓN
LOCALIZAR
NABO
PROFESOR
JIRAFA
ATARDECER
ORGANISMOS
MES
EMBARGO
CARIBÚ
HUMILDE
VALIENTE
VIRUTAS
RATÓN
INVADIR
DECEPCIONADO
CEPILLO
TRUCO
GASTO

Puzzle 318

OVEJAS
TÍA
FINANCIERA
PIENSE
DULCE
PRADO
PROYECTO
TAZÓN
PRÓXIMO
LINDA
EDITAR
ADVERTENCIA
BEBIDA
MUJER
MÁS
TENIS
INTERESANTE
CONDUCTA
DETERMINAR
GOBIERNO

```
P Z C J O C Q Z C D L E Q T X X G
Q R Y Q F A K E N O W G Z E T V C
V E O Z C L N H U D N L T N A Y V
C J I Y I T Y D Q R A D G I Z A E
V U W L E P R Ó X I M O U S Ó E D
M M F I C C P R A D O D P C N T I
S Á M N L F T C Í O G E N D T N T
D I S D U S C O T P C T C F F A A
S J X A D I B E B C S E W U Y S R
A D V E R T E N C I A R C J D E C
F I N A N C I E R A J M O Z H R P
H S B R F Q J E S N E I P O P E E
G O B I E R N O E K V N F B B T O
X B U D M H N V S H O A A F C N L
O E B C U X A L Z O I R U I X I S
```

Puzzle 319

```
A Y M R U E Z C A N T I D A D R J
C C O M E N Z A R A E F D I N I O
C O J A B T E K B N G F O L O R E
G U H I L K J M P T Q M M É W M K
R P L E E X C E P T O V I B K R D
A E A T T S O R T S E U N E I U Q
N R T S U E E L E G I R G B K P R
D T L J S R C Ó M O D O O L D X G
E E E C V T A S E U B M A R F T A
C N T D E L B I N O P S I D A R G
Z E I R S P P X C V S G U O Q V C
N C S A Z A V Q Z N G N Ú M E R O
L E M F M X W S V J E H V T L D B
S Z O I R A M R A B L I W T W D S
L Z Q G A D D E A G T F C M C R A
```

BEBÉ
CIENCIA
NÚMERO
BAJO
DISPONIBLE
COHETE
CULTURA
COMENZAR
ELEGIR
CANTIDAD
DOMINGO
NUESTROS
PERTENECE
FRAMBUESA
EXCEPTO
QUIEN
GRANDE
CÓMODO
ARMARIO
ATLETISMO

Puzzle 320

SAUCE
TÉRMINO
PLATO
ESTABLECER
ESPOSA
BÉISBOL
INSTANTÁNEO
APRENDER
PUERTA
CONFESIÓN
FUTURO
ENEMIGO
VERDADERO
DINERO
PESCA
CUCHILLO
GRITO
MISTERIO
NAVEGAR
MASCOTAS

```
C U C H I L L O D M V W E I A Q N
M A S C O T A S N Q E I P N O O P
Y Y S R E X C Y Y I F P N S E F A
J O Q E G F A A I L M D C T C R V
X G P C O I O A Z B A R T A Y D E
D I N E R O E S P O S A É N H S R
E M O L B É I S B O L P H T Q V D
K E M B H N B J N O H M U Á P B A
G N F A T R E U P I J W A N M F D
A E D T M I S T E R I O A E P S E
C C Y S I V T O R U T U F O V W R
S L G E G L I T B G F N L U N Y O
E C U A S N Ó I S E F N O C I C A
P L A T O A P R E N D E R N W F T
G E P G M R A G E V A N R V Z L E
```

Puzzle 321

```
P K L N Z T W B G L O Y L L V T H
I R E O S B D J I R S I A C F E X
L O I T Z K L H V L A I V B Q L C
C R S N É T R A S B N N M H H S H
E D A E C A B E J A Y G J T I P I
L E L I M I U U P D Z B T E E Y M
E N C M Q Q P W N C Y B Z N R X E
B A H A G R S A Q N R B B A J O N
R D I T U J X E L B A D A R G A E
A O C A P M O R G A N I Z A N K A
D R H R R E A C O M U N I C A R U
A I A T I T I R O J O S V O T O M
M K S W P U E T T X G F K J V B E
R E A L I D A D C E L I G E R O L
Y G R A S A Z S U E S O T A P A Z
```

SALCHICHAS
VIAL
PRINCIPAL
OJOS
REALIDAD
SARTÉN
ZAPATOS
ABEJA
VOTO
TRATAMIENTO
CHIMENEA
GRANJERO
CELEBRADA
LIGERO
GRASA
AGRADABLE
ORDENADOR
COMUNICAR
ORGANIZAN
MARTES

Puzzle 322

SEPARADA
PAZ
MEJOR
TODOS
PROPIETARIO
MUSARAÑA
ROCA
COLUMNA
BOMBERO
ATENTA
FRENTE
LEJOS
NUTRIENTES
PROPIEDAD
COMPRA
RESULTADOS
RETIRAR
PARAGUAS
PELO
HACIA

```
N B A R W S I P Y P V W U T F M H
P G L C I E H R O J E M Z K K J A
L E J O S P K O B O M B E R O G C
C F A L Z A P P H R K X B V N C I
E O F E S R F I A E O N M P B S A
C S L P K A A E P S L U U Q B G W
A O Z U M D C T A U Q T S O D O T
Q H M Q M A D A R L Y R A H L Z S
Y S J P L N R R A T A I R T X H S
J J S Q R A A I G A F E A T A K G
D R A B V A R O U D A N Ñ A T N P
L O P X Q H I Q A O T T A A N L I
C C E A N Y T S S S H E T N E R F
C A T X A H E K J O B S H Y T Q D
R J Y L I I R P R O P I E D A D K
```

Puzzle 323

```
Y P T I X A W J O C Y J O S W J A
N E E J A H R I V K U E G N I H U
F W N R J S F B K V P E U P W U D
F A Q S S E V A Z C O X L D B T I
K X F I D E J D Q M B N A G C I C
L E O N E S G C W E R Z E R U H I
C D I O L A U U K W E C L U T E Ó
A L H K L C D N I D Z D C M N X N
B Y A R D A C I I R A S I M A C C
A S W Y S N T O A D L P A S E Z I
L M N I O I I F I P A S J C C S E
L A J E L P M O C Z F D Z T R A N
E L T J C S R T R E M E N D O B T
R K I C E E P E R Í M E T R O I O
O T A R T E R A D E C U A D A A S
```

PERSEGUIR
UNIDAD
ADECUADA
COMPLEJA
SOL
RETRATO
CAMISA
AUDICIÓN
AVES
CABALLERO
SABIA
LEONES
CUELGUE
POBREZA
CIENTOS
LEAL
ESPINACAS
PERÍMETRO
NI
TREMENDO

Puzzle 324

PISCINA
SILLA
INTELIGENTE
CLARAMENTE
OPERACIÓN
CESAR
AMIGO
NARIZ
MAGNÍFICO
TÉRMINOS
ROMPIÓ
VEZ
CACHORRO
LLEGÓ
CONFIANZA
HABLAR
SÁNDWICH
TÉ
BURRO
APARECE

```
C L Q M W Z F R B S N M T A R M O
A L L I S J R O B Á A B F P V A P
A T A E V M T M X N R M A A B G E
M R H R G X S P V D I W K R U N R
I D S A A Ó G I R W Z A B E R Í A
G N J S Z M C Ó F I E R H C R F C
O C E S A R E O N C V E Z E O I I
P I S C I N A N N H J N T S L C Ó
M B A Y S Q U É T F P C N G P O N
C A C H O R R O J E I R N Q R U K
I N T E L I G E N T E A F U F M U
T R H I J U N E C E Z L N R R Z I
Y K G Y H E T P V E R B V Z P D O
X F A G H G L H K V O A J D A L K
T É R M I N O S W Z S H M L U O H
```

Puzzle 325

```
C C S J C N L J P J M D D T K P C
L U I E S Z O C A S E A G M L C U
I C G C N L V U U X N T H J K Q A
E M E L J T L Y T R O G N Y M P T
N N Q A M I A A A I R E S E Z H R
T Ó B L D H N R S Z V J B K U Y O
E I S N N A O G S W E A C P L F T
B S M T S C I Y K E L S L Q S Q X
E A G A L Q C Z D C O N V E Z S E
X P Q S G I A I A S C E U R V Q T
T M A E B E N K Z E I M L P G F D
I O A R R Q N G K E D N C N K X L
N C S I C X V S K S A J D T P Z S
T O W E M L O N W Q D A Y A A C Y
A E S T R E C H A L I M O N A D A
```

SE
MENOR
TEXTO
NACIONAL
COMPASIÓN
LIMONADA
PAUTAS
SENTARSE
IMAGEN
ESTRECHA
CUYA
CUATRO
SERIE
SERIA
FUENTE
ALCE
CLIENTE
MENSAJE
EXTINTA
VELOCIDAD

Puzzle 326

ASUME
PAUSA
CÁLIDA
DESCARTAR
PROBABLEMENTE
REÍDO
CARTA
REBAÑO
GROSELLAS
VOLUMEN
MONEDA
POLICÍA
NOMBRAR
GASOLINA
DOS
BALONCESTO
ANUAL
CAUSA
MOVIMIENTO
REDONDA

```
A C H D F C B U W E X N R G M P A
V H A G E T N E M E L B A B O R P
O N N U Y N W V S S U S N J N A P
L X I D S O D X V X U O D Í E R A
U U L Y D A E T N I R L D Q D B U
M N O X W X R E D O N D A V A M S
E Y S M O V I M I E N T O K U O A
N V A S F O K P O L I C Í A K N J
N K G Y B A O T S E C N O L A B A
D E S C A R T A R S R Á U L U C S
D B S A L L E S O R G E L U L E U
F J O N C A R T A B H V B I Q M M
C E M U A B B P J S U J Z A D X E
S K C A Y S L C U R X Q J R Ñ A N
V A J L C O X Y V W O R T J F O S
```

Puzzle 327

```
S V K T J M V A S V R P O X W Y M
M P N Z T J B E N Ó E L F H R I U
B A H Q D A D I N U T R O P O J Q
Y Q J O W B V Q K T E Q V O O O R
I M K X I U F O C U N G R R I V Y
N G N Ó J A C Z W C I G L E S I A
R A Ó R V E R D E Y X S Q L P T I
A A I R W U G A K R U F E M A A C
M E C Á N I C O T H E K L V T E N
A M A B G O L F N L P P L Z I R A
L S D L F C P O S O A A A H N C T
A V N L Z Q D U O K Y S T T A E S
C Z U I N D I V I D U O E O J R U
H Z N N S B R I R E G I D R E Y S
V L I V A G Ó N N U E V O H O P L
```

MECÁNICO
SUSTANCIA
IGLESIA
PATO
PATINAJE
VAGÓN
NUEVO
DETALLE
CALAMAR
VERDE
LEÓN
GOLF
CAJÓN
RESALTAR
OPORTUNIDAD
DIGERIR
RECREATIVO
INUNDACIÓN
INDIVIDUO
VER

Puzzle 328

COMITÉ
ABSORBER
COMENZÓ
MANÍA
ÁNGEL
INVERSIÓN
LÍDER
LORO
SERÁ
DECAIMIENTO
PICOTEAR
AHORA
NEGROS
NIÑOS
HACE
GRADUADO
CAMA
PRECIPITACIONES
SINTIERON
MAMÁ

```
L P N U A H O R A M A C Á S Z P X
R R P I S M S S P J Ó Z N E M O C
G E R A E T O C I P W P G M A M Á
D C W Í R C A V R N Y P E A O B N
E I V N Á I A X B N T X L J P O X
C P G A G N J H P E Q I Z L J P N
A I A M C V F B Z G B G E S O Q D
I T B W O E P L N R Y T D R X R C
M A S C M R U O K O C C A E O M O
I C O A I S Q G H S J W I D I N C
E I R V T I N C N L P F K Í U N A
N O B D É Ó K I I M F R N L X P B
T N E C C N Y Y Ñ O G B K W M T D
O E R E V Y Q V O G R A D U A D O
R S M P E Q P C S X C R D B P W Y
```

Puzzle 329

```
I B L A P X Y U C X S R M S G I L
N I I C X E V Y A K W I M T D Q J
V S B A R I R V B S N I E P K Y R
I O E B W U G S B A I L E T A X W
T N R A D O B L O T O L I P E R H
A T T D N Y H L D N P E R D I D O
C E A O L P W P N U A V S F X Y O
I H D L G W Y Y A G R L J Q Y N F
Ó A M O R O S O S E R E M I R P Z
N Ó I S I M E T A R J Z S E Q I M
P A R E C E N J P P V S B T N K P
D G E N E R O S I D A D R S O T U
R T T A G R I C U L T O R E S Y E
G Z P Q Z N P R O B A R S X X A T
F M K D F W C W L O S O J W H U H
```

GENEROSIDAD
ACABADO
INVITACIÓN
BAILE
PERDIDO
PREGUNTA
PASANDO
MISIÓN
SIETE
LIBERTAD
PILOTO
PRIMER
AMOROSO
BODA
PARECEN
RESTO
PERSONALMENTE
BISONTE
AGRICULTORES
PROBAR

Puzzle 330

VITAMINAS
MUSEO
CALCULAR
BENEFICIO
MEDIOS
CIERVO
PATATAS
RESPUESTA
ALTO
MOSCA
POR
PROPIO
VISITA
ENCANTADOR
ASEGURAR
REPRESENTAN
PRECIO
EXCITADO
BOLÍGRAFOS
CANGURO

```
P C R M R A L U C L A C U I O J B
A O E S U M S M E D I O S N X N E
O N R T K B B E T Q C T X Z J N N
V M O S C A N P G M R L Q G I P E
R I B P F E Q M S U E A X X D V F
E V S U P E D M P P R S V S H N I
I I S I C A N G U R O A E Y F O C
C T N A T N E S E R P E R W X D I
S A T A T A P R E S P U E S T A O
T M E N C A N T A D O R U F I T I
L I P R E C I O X O G K O B L I P
F N Z W O S Y K I E B Q P T I C O
I A S M M O N H A E J P M E H X R
P S O F A R G Í L O B G E B R E P
J N H Q D L A U O S S D Q O D O V
```

Puzzle 331

```
B R I L L O G E C R E Z C A V N B
E O E M C V O S A T Q W E D I E A
Z D X H L Z B C B W E V X I E T R
P A A M Y V E U I B I G P C N A A
F L M Q P W R E A P Y F E E D A T
I I E E S J N L Q X Í J R D O M O
U F N A N W A A V M J T I B A O C
Z A K R E D N O P S E R E B C V N
V K B V Q V T F X E K W N E A E Q
X T G D E V E I M O Y F C R D R R
I N F O R M A C I Ó N Y I R É I E
N T V P M X R Q L K Q G A O M I C
O K A U V A C O S E R E J D I X Z
B G G F T M V O N P S D N M C I M
B P Y Z Z M J Q W E M G Y E A Y B
```

TÍPICO
CREZCA
ENORME
UVA
BARATO
NETA
AFILADOR
MOVER
VIENDO
COSER
BERRO
RESPONDER
INFORMACIÓN
BRILLO
EXPERIENCIA
ACADÉMICA
DECIDA
EXAMEN
ESCUELA
GOBERNANTE

Puzzle 332

BESO
SECA
SÉPTIMA
DUPLICAR
SENTIDO
ACERO
TIJERAS
UÑA
CUELGAN
CASI
ESPECIAL
CONJETURA
REINAR
ANTIGUO
TUBO
EXPLORAR
FUERA
PESE
ESCRITORIO
AUMENTO

```
V L A I C E P S E F P Y L D A A E
L X Ñ R N O J N E X Q Z J A X N N
P M U A W Q N Y L B P H H Q J T B
Y E V Y F I X J P Y R L F V C I S
P M S U Z O T N E M U A O V S G B
R O I E E T H M S T Z X D R G U I
M L S F L R L L Z W U H F T A O R
B E S O A C E R O T X R J I C R E
C U E L G A N F U E R A A J E S I
C A S I Y G I L Y I K C J E S É N
M U L A L X Y U B O U I G R E P A
E S C R I T O R I O U L P A N T R
T U B O D I T N E S E P G S Q I R
S B Z Z J C T T O R I U A C B M F
L Z Q A N B B F R Z R D F E Q A U
```

Puzzle 333

```
W X S X T P J T P P R E C E R E P
R E V E R S O V V F A D S E C W T
D J G R B K P Y C W T N R T M A Y
O F B F S Z S E K C L O N A E R C
T D L K L X O B I L U D I Z W L L
I L V R A S S A N V C N D R Z N A
C Q S A R É O H P R O P T A A A C
R O I G E L I V I R P M C G R V I
É S R I J G S A G V G P M O Q I N
J O R T N N N V A H A L C Ó N D C
E R O S E I A D F A R W L B L A É
L E K A U D W D G L O K W T T D T
C M U C U F G P R E C I O S A F A
P U I I N F O R M E Z E W H A N K
S N I P R P X P V B D T F C B H R
```

DAN
INFORME
INGLÉS
ESTELA
EJÉRCITO
REVERSO
ANSIOSOS
PERECER
PRIVILEGIO
CREAN
TÉCNICA
PRECIOSA
HALCÓN
DONDE
CORTE
CASTIGAR
GARZA
OCULTAR
NAVIDAD
NUMEROSO

Puzzle 334

TOQUE
CORTINAS
LA
CIUDAD
AUTOR
ESCUCHAR
CONTENTA
PROMESA
DIVISIÓN
CONSTANTE
EVIDENCIA
LECTURA
NÉCTAR
CANARIO
VIOLETA
CANDIDATO
BONITA
PRIVILEGIADA
TENER
UNIRSE

```
H U B M U H L G Z U R Z R Y C Y H
Y N O P V F X C E N A Q T T A V Q
V I N S E I D O T S T H N A N Z Y
M R I U O R O H O O C B T I A I J
W S T O W J W L O E É U I N R R D
L E A S C A T N E T N O C V I G G
C O N S T A N T E T D J T H O K Y
H T Ó A C S C K J K A A F O A C E
S A I B O E H N J I D U P R Q R K
L D S Z R M V R A R U T C E L U K
U I I R T O C Y F S I O H V J Y E
K D V B I R E N E T C R V L L Z L
J N I C N P E V I D E N C I A D L
V A D Q A D A I G E L I V I R P A
V C Y J S T G O V Y L C Q Q I T G
```

Puzzle 335

```
K X C B E W E Z C T J S T K T X A
D G G A S F O G O L Í E I E Z T W
I O E L C V F T M C G M Z X M R E
Z V O C E O Q J P G I Z I X K M D
D I X Ó N U Z T I V C T D D C I É
C T R N A E X O T N U N C A O Q C
Q A Q B R F U D E P E R M I S O A
P C B A I O R X E C O B A R D E D
N I Y A O X Q T Y B H A Z A Ñ A A
X F S S L I Z D N D O T I B Á H V
S I N B R L A B R E L A T A S X J
T N V Q R I O N A B Á R P O C A S
W G F R O T R O C O N O C I D O N
W I F I W R E B E D H D W N I J T
L S E G Q N P D X K B B Y X T N U
```

PERO
PERMISO
CONOCIDO
COBARDE
ESCENARIO
CABALLO
HAZAÑA
BALCÓN
DEBO
NUNCA
DÉCADA
SIGNIFICATIVO
ABRELATAS
COMPITE
RÁBANO
TÍMIDO
DEBER
CORTO
POCAS
HÁBITO

Puzzle 336

LÍNEA
LATERALES
VAPOR
LUGAR
FICCIÓN
SOBRESALIENTE
TIERRA
BOSQUE
PEZ
DIRECCIONES
FANGOSO
BLOQUES
COLINA
OBSERVACIÓN
MITONES
VENTANA
VENENO
DEBERÁ
DIFERENCIA
RIZADO

```
S V E N T A N A G E N W V X J Q J
O M I Q O N D V X X L V A E N Í L
B Z A T V V R M O V J W P A O U A
R U I W O D A Z I R L Z O N A T T
E Y G P S E N O I C C E R I D J E
S D F Z O D M Ó Q P W P G L K Z R
A I N Q G B E I I J Z N I O S F A
L F K U N B U B T C A P T C W T L
I E F H A L V K E O A R R E I T E
E R W D F O E M P R N V K R N W S
N E E B Q Q N H L A Á E R J J X S
T N L J I U E C I G N N S E L U I
E C P F U E N W R U Z A D J S E M
Z I E U Q S O B I L A M N E U B N
J A R G F I C C I Ó N W D I V Y O
```

Puzzle 337

```
M I H Y M I T T C O M P L E T A U
I C I L T P E G O Q R I R E G U S
E A N Q O J R P B N B E I M V S X
M G Z K I U C M R Y T F V E R A X
B A S J Q B E X E S Q O I T S P F
R S X H U O R D V L V U V L G O B
O U A C T I V A A I C N E U C E S
D E S A R R O L L A R R R M Z R H
L Í M I T E R B M J M T B O A Q G
S O Ñ A E L P M U C L C O O L D D
Z Í V I V O E Q T S E K S N L S O
J C B T V O Q M R O V R Y B I G K
B A P A M Q C W F E E S R D M I S
I V H I H J K A Z P I D P A H A T
A D J U N T A R O X N C B Z R R M
```

VERBO
QUEMADO
ACTIVA
DESARROLLAR
LÍMITE
SECUENCIA
MAPA
CUMPLEAÑOS
CERRAR
MIEMBRO
TERCER
COMPLETA
SUGERIR
NIEVE
MILLA
ADJUNTAR
VACÍO
VIVO
TONTO
SOBREVIVIR

Puzzle 338

OPCIÓN
RESERVA
PEREZOSO
PAGAR
COMPLEJO
VISTO
EJECUTIVO
TIPO
EDIFICIO
AMENTO
MIL
CUCHARA
PERMANECEN
DENOMINADOR
GOLPE
GALLINA
VISTA
ESTÁNDAR
CHICA
DERRETIR

```
R P V A D O I C I F I D E Q J C M
E E C M E V P C O M P L E J O O I
S R U E R I O C D H I P A G A R L
E E C N R T U Q I R U A X C B M J
R Z H T E U G J M Ó W R K T I M T
V O A O T C A M P M N K I Y B H C
A S R G I E L E S T Á N D A R F C
T O A O R J L F B B U T B Z O W I
S O L L A E I V A B E W L I D F Q
I Q V P C N N E C E N A M R E P U
V X M E S P A R V U R Z K P Q L W
D N K X H L U M I I D C Q U B Z L
L Z Q N F Q K Q Z U S F D A R P F
D E N O M I N A D O R T A L A S F
S N Q T I T I P O P I P O Z X S S
```

Puzzle 339

```
P R O N U N C I A C I Ó N T A P C
K V J E U K U M R V B N H L A R O
K J P Y P N M U U A A G Á N V E N
F F M O L G S P T R F G R N G C S
R S T Y Q H H H P I L S T H J I I
A P I E R N A S A E O Z I Y U S G
C Q N S E T R S C D R I C T U I U
T M A R I P O S A A X R O A R Ó I
U Z E I E Y O T L D G E T L A N Ó
R F I Q L V E T N E M L A U T C A
A Z H G F C E T W N W A M L N L V
Y C O N T A R N N N O C U É E W P
V X Y Y A Q D Z T I D I S B T N X
F L O R E C E R S O F Ó D I N O I
W H F M L N F A Y J C N S L I M A
```

FLORECER
DIO
SUMA
OYEN
CAPTURA
ÁRTICO
LIBÉLULA
INTENTAR
FLOR
MARIPOSA
PRECISIÓN
PIERNAS
CONTAR
CONSIGUIÓ
EVENTO
ACTUALMENTE
RELACIÓN
PRONUNCIACIÓN
FRACTURA
VARIEDAD

Puzzle 340

ARTÍCULOS
MOMENTO
BIEN
DESEANDO
ADMITIR
DIGAMOS
CONSTRUIR
PODÍA
OBVIO
PINCEL
PLUMA
TEMPRANO
CHARCA
REGULACIÓN
EXPRESAR
PÁJARO
CASADO
PASEO
NUMERADOR
DESCUBRIR

```
D L V O A M U L P S B J R G M Z P
U E O N A R P M E T X I X U O U Á
D V S X Z Z T W R L W O E Y M Y J
N N V C B Z I Í Q R Q B O N E S A
Z L N J U G S E C I U V D H N G R
V E Z I B B W T R U C I N V T C O
V O W P E W R V F R L O A Z O L H
G C U S H N T I G T E O E S A P S
A D M I T I R X R S C D S O Í D Q
E X P R E S A R D N N A E M D U N
N U M E R A D O R O I S D A O F U
C H A R C A F G R C P A N G P V Q
E R E G U L A C I Ó N C W I Q U B
W I O H U N X X N I O G X D V D E
R X T V Q R A Z T T U L M Q V R S
```

Puzzle 341

```
Z U A M N F Q J V Q Q R J A S P Q
J O O C D G O I C H T X L B O R L
U D O U N K T I O U L L L U B O N
B I L L S A K M C U P L F E R B K
O T J L Ó N R D H N M I U L E L A
R R D B C G A M P L I A D O L E W
D E V L X H I C Y F X A D O R M B
E V L B K F E C V E Y L F Í R A U
B K I A I Z T P O A R A Y P A S F
R L N J K K Q R A V E L L R T C A
P O C A Q R X D T D Y M E U P O N
N N E T S I X E L Z S B J E E Q D
P B R V B B N V A R I H B B C Z A
T R A E R N L P F H U Q Q A A F N
B P R O P A G A C I Ó N I S C O F
```

ACEPTAR
TRAER
SOBRE
ABUELO
REY
BORDE
PRUEBAS
LLEVAR
FALTA
PROBLEMAS
CAÍDA
AMPLIA
BAJA
LINCE
VERTIDO
CUPIDO
PROPAGACIÓN
ZOOLÓGICO
BUFANDA
EXISTEN

Puzzle 342

SU
AIRE
CALCETINES
COMESTIBLE
NEGOCIO
GALOPE
RÍGIDO
RETENER
EXTRAÑAS
DAMA
EXTREMADAMENTE
PREFIEREN
COMODIDAD
ESTRATEGIA
ESTUDIOS
PUNTIAGUDO
EQUIVOCADA
MENOS
FRÍO
COMPLETAMENTE

```
E A P Z W B V C D T T A V Z Z O S
T S O N E M G K V A L R Í G I D O
N E T C R W O H H R M V Y Y M U I
E N I R I F D P A W V A D I N G D
M I E I A P R E F I E R E N E A U
A T E O Z T U R W N T E N N G I T
T E X W P M E F W Q T L S X O T S
E C D X D J U G R O P B L V C N E
L L G A L O P E I Í D I E D I U S
P A B R D Y H P N A O T P U O P I
M C R E T E N E R E K S Y K J O D
O E X T R E M A D A M E N T E D G
C E Q U I V O C A D A M B K L A L
C O M O D I D A D B F O E G B L S
E X T R A Ñ A S Q I K C V E M N P
```

Puzzle 343

```
I  I  E  F  X  X  K  L  J  H  W  L  P  X  C  N  X
F  J  Z  L  C  R  I  B  I  H  O  R  P  W  U  R  Q
T  I  Z  O  A  X  E  Q  R  V  A  T  N  O  T  R  T
V  G  F  R  S  D  E  S  K  H  D  O  F  P  S  Z  X
A  M  U  E  A  Y  N  O  P  Z  A  C  O  R  R  E  O
E  B  K  S  R  Q  R  K  P  E  R  X  M  V  R  M  F
R  T  Q  W  S  J  S  V  L  A  T  N  E  M  E  L  E
C  O  T  C  E  P  S  E  R  L  N  O  P  I  R  F  Z
C  E  B  R  A  P  Q  W  H  N  E  T  A  M  D  S  E
S  E  X  T  A  H  U  S  P  U  W  S  S  A  P  L  U
C  A  N  S  A  D  O  N  V  J  O  E  A  G  B  J  X
P  O  R  C  I  Ó  N  F  T  U  L  U  D  I  F  H  V
Y  O  U  S  X  T  K  E  Q  A  O  P  O  N  B  N  H
D  E  S  E  C  H  A  B  L  E  R  O  J  A  J  C  M
C  U  I  D  A  D  O  S  A  M  E  N  T  E  F  N  C
```

CASARSE
PASADO
ENTRADA
FLORES
ELEMENTAL
IMAGINA
PORCIÓN
SEXTA
PUNTA
OPUESTO
CUIDADOSAMENTE
RESPETO
PROHIBIR
CORREO
CANSADO
TONTA
DESECHABLE
CEBRA
OLOR
RESPECTO

Puzzle 344

RELACIONAR
RELIGIOSA
QUIERE
JOVEN
ACCESO
GALLO
CINTA
OFENDER
SEIS
RIESGO
CRECIMIENTO
DATOS
SANDÍA
GRUPO
SALUD
LÁGRIMA
CIERTA
ATADO
HAMBRE
FRIJOL

```
B  H  K  Z  C  G  W  S  W  V  H  C  I  Z  E  N  N
H  V  U  F  C  H  A  S  O  I  G  I  L  E  R  Q  X
A  T  A  D  O  R  V  C  G  O  R  E  D  N  E  F  O
M  Q  T  N  L  Q  E  U  C  Z  O  R  K  D  J  W  X
F  E  R  E  I  U  Q  C  U  E  G  T  R  A  V  G  D
X  R  S  V  M  R  E  M  I  A  S  A  Í  D  N  A  S
G  B  I  O  Z  P  W  Q  K  M  E  O  P  U  R  G  L
K  M  E  J  O  T  R  A  N  O  I  C  A  L  E  R  Á
N  A  S  U  O  L  L  A  G  G  R  E  Z  A  L  F  G
M  H  J  O  A  L  E  R  K  B  C  E  N  S  L  J  R
D  T  X  T  X  I  E  S  F  Q  F  C  U  T  T  Y  I
A  T  N  I  C  H  D  G  X  U  W  V  X  K  O  D  M
T  C  D  I  J  W  Y  M  R  F  B  R  R  A  Q  L  A
O  C  G  G  P  H  G  U  H  F  K  G  U  F  K  O  N
S  V  M  P  U  E  V  J  I  R  S  K  O  S  H  Q  D
```

Puzzle 345

```
E C K G Y D M O Q U X C L H G U H
T H T B C E U Q N A T S E O Y P W
N U C F E R S M A R R Ó N M S U Z
E J V H X J L Q W V M D Y B T Y G
I M A O B N A F U V I V I R K R S
D W S U L O S G H E B U M E T T O
N A Í R O G E T A C L R S E C O L
E R A K D A U P F C Ú E U Y L V A
P Á S Q N L G C I A P J T J S A M
E P A R A É R Y V K M Y Q O U Y E
D I M S U I U H O R A S Q B E P N
N D B U C C B A P N H K I M L A T
I A L B E R M O B L C I D B T K E
K N E I U U A P N T B W H K O V Q
J U A R A M H M M E L O C O T Ó N
```

SOLAMENTE
RÁPIDA
MELOCOTÓN
CATEGORÍA
INDEPENDIENTE
TUVO
HOMBRE
SUELTO
ESQUELETO
ASÍ
HORAS
CHAMPÚ
SUBIR
SECO
MARRÓN
ASAMBLEA
ESTANQUE
MURCIÉLAGO
CUANDO
HAMBURGUESA

Puzzle 346

IMPORTANTE
CRÍTICA
ENVÍO
MOLESTAR
CORTEZA
PAPEL
TELEFÓNICA
RESULTADO
TRAÍDO
TEJÓN
QUE
MIRAR
BLANCO
CIEMPIÉS
DENSA
RELOJ
APOYO
FÚTBOL
COMPARTIR
PERSECUCIÓN

```
K C P A O C N A L B S I X R I D X
G Q Q E C H I Y U X B D P L X F C
W W G U R A Z E T R O C F U U L X
I R D Q H S G A M M O L E S T A R
R E L O J Q E J I P C R Í T I C A
T F Z Q A Q M C J S I J I C I C S
A E M I R A R N U Z F É U O M R N
P L L A L C J D V C T I S M P E E
F K D E Q N X L T G I F Y P O S D
Ú P C F F K O Y O P A Ó X A R U N
T K L I W Ó U R Y A N Q N R T L O
B P Y G V V N V G P I B Ó T A T F
O Í V N E B V I L E R G J I N A G
L U G F N G P O C L P Y E R T D R
M W N T F D O D Í A R T T W E O I
```

Puzzle 347

```
C A S T A Ñ A S M B G G A B E Z B
F M Y A N E C S E A T S E U P O E
E Q B V J M M R I U R T S E D R L
H E C E S O K Y B C W T U T U E L
G W C E J I H P I X R S I N D F O
A H I P O P Ó T A M O E G L N E T
F S V H I M M I S M A G C J L J A
A H X X S I J J H G W G L I O O S
S T G J A L O R E C A C D W Ó R O
L I B E R A C I Ó N Ó I X E N O C
W P G R I N G R E D I E N T E M U
S U R T I D O H I T P R T P L J N
E L É C T R I C A Z F M A G B Q V
G S S U X I R L Q S M U B G K Y C
A N Q F N V C K T K Y J R H V Y K
```

LIMPIO
GAFAS
OPUESTA
LIBERACIÓN
CONEXIÓN
INGREDIENTE
FEROZ
MISMA
MARTILLO
ELÉCTRICA
DESTRUIR
CACEROLA
HIPOPÓTAMO
BELLOTAS
CRECIÓ
CASTAÑAS
SURTIDO
ESCENA
HOJAS
HECES

Puzzle 348

PUPILA
FIESTA
DERECHO
VICTORIA
TRINEO
ALIMENTOS
ABOGADO
COMPLICADO
ETAPA
OCUPAR
ÉXITO
BUSCAN
ESCALERA
CORTINA
ESTUDIANTE
PÁRRAFO
LISTO
INSERTAR
FELIZ
EMOCIONAL

```
E T A P A L J C E C P G B R O I H
E D É X I T O O S T Á S U Z V D R
U S E N B T T R T O R J K L L C E
J D C R E L S T U F R R D H V C M
X R H A E Y I I D Z A L I P U P O
J Y G D L C L N I J F F E L I Z C
O Z I V E E H A A O O C P U R V I
C Z Q U Y H R O N E C L D V N I O
A R S Z B T A A T N C U F D U C N
B U S C A N T F E I K D P I C T A
N K U J T H R D C R I P T A C O L
H W I R S N E F C T S C S W R R Z
G B B X E M S A B O G A D O Z I L
R V H S I L N S O T N E M I L A X
Q T O K F Y I C O M P L I C A D O
```

Puzzle 349

```
Z W E G Z F X J P K K O D L M W A
Q K F F K O N W H I O W L S R M B
E R I Z O M Á P R O D U C T O X O
V R D O J E P T X T A D I T E G W
P A E S U C I A P R I M A V E R A
U R L S V F L H Q A H C P H I Y B
N E I O U R U Q B U Y W T X C N A
T L N H R M T Q N C X T L G A P N
U I E Ú D G I C A V I D A D L R C
A H S B M E I R V A R I A S M O O
C K T K N N D D I Z A Q M J A D W
I T A K I G U O P S T N S Y D U K
Ó L B G N S Y B T A I K U T F C W
N V L C E N T A V O M L N I B I I
J K E A T G F Q Y V I O S U J R G
```

CAVIDAD
BANCO
BÚHO
VARIAS
SUCIA
RESUMIR
PRODUCIR
ERIZO
CALMA
CENTAVO
DEDO
PRODUCTO
TULIPÁN
PRIMAVERA
HILERA
PUNTUACIÓN
VALOR
IMITAR
INESTABLE
CUARTO

Puzzle 350

ESPECÍFICA
VELA
TELA
SENTIRSE
DELICADA
REFERIR
OYÓ
ALGODÓN
RITMO
DEL
ILUSTRAR
AVENTURERO
COMERCIAL
ELECCIÓN
DOBLAR
DEPORTE
DEJAR
PEPINO
RECONOCER
DESTRUCCIÓN

```
O P H F C K P E A G D I D G J S A
X Y I N F T U R L E D X W W P E H
G E Ó S T M H B E E Z B U Z S N M
N A T E A T G G V S C V D D J T D
X E S P E C Í F I C A C Q J S I R
K P V E L N T E L A J W I W E R E
D E J A R E C O N O C E R Ó J S F
D D E S T R U C C I Ó N A Z N E E
D E I V T F T Y T V C I L A N P R
I P P D E L I C A D A P B C D E I
E J R O C P C Q J O F U O E X P R
C X T S R A R T S U L I D U I I Q
X D R Q W T C O M E R C I A L N I
H U Q D O R E R U T N E V A X O U
R I T M O T S Z A L G O D Ó N A H
```

Puzzle 351

```
G O T A S N E T O E F S O U K H Z
Q D B T L S A T Z N O E R V M E M
R A A J L G I J S U L L E H E L U
M H R L E Y U K V M C E J S D I D
T C K Á U T Ó N A G L C A U I C J
S N F M Q S I Q A Q O C Q L C Ó O
B A I P O Y Q V C S R I O L I P X
D M L A F D Y G O N E O Z E N T H
J E H R N D I J O S U N A G A E F
Y F F A E I P F C B T A C A Z R V
T S T E B F F M N B I R H N V O L
W X B O N E M X U C L I A D X Z I
P K S J T S S S N A I L B O Y Q L
S U Y A K G A N L U Z B E X T R A
A L M U E R Z O E J A A R E U K T
```

UTILIZA
SUYA
GANÓ
HABER
LLEGANDO
ENFOQUE
OREJA
TENSA
MEDICINA
SELECCIONAR
DIJO
OBJETIVO
LÁMPARA
FOLCLORE
MANCHADO
DEFENSA
HELICÓPTERO
ALGUNAS
LILA
ALMUERZO

Puzzle 352

ACTUALES
CASA
FIN
MODESTO
LECHE
TRES
TIGRE
ASIGNAR
ESTILO
PODRIDO
DICE
PEQUEÑO
VENDEDOR
EJEMPLO
LOTE
JALEA
DIVERTIDO
PERDER
ABURRIDO
PENDIENTE

```
E L Z Y M O D E S T O P F L O T E
D I V E R T I D O R A E L A J J Z
O D I R D O P F I L O R A B L E H
T U T G X C V E C I D D B U L R F
M W P I L U X P N I F E X R Q P T
Y U R T L E C H E D Q R E R C E F
A S I G N A R M Y M I P N I A Q C
T I F J U O L P M E J E H D S U V
A R E S T I L O J K O G N O A E Z
E N E K U N O Z D V L I Z T C Ñ C
S W J S E L A U T C A C Y C E O R
J O K B Z P U W G J K N S M R V S
L X Q K G X W K V E N D E D O R S
F C E Z H P E H U Y Z S N Z E H O
B Y L J Q A B R R B L H C R O Q H
```

Puzzle 353

```
A D A E K R B V G N M D A Q Q G S
L C G J A T A O S O L E T U A C M
G H Q H J G R L L V M O V R H P
U I D T M I C T R A U O C Z E J H
I S Z O E O O C X G P C G X M T R
E P F H M R B T T C C R M I T A D
N A K U T I M S P B H Á K F X N H
W T P X E T N A J Q M T M N K C A
O N B Z I N G A L V T I F R H A I
R E A L I Z A R N Ó I C I S O P G
T R F R R J S C T P O W C H D R
M A Ñ A N A C G L R E N E T S O S
Q U O A O T R E I B U C R S D N B
Y C X Z B T B F M O P I N I Ó N I
X V C W G V W N A R E D I S N O C
```

CUARENTA
ALGUIEN
CAUTELOSO
CONSIDERAN
DEMOCRÁTICO
MAÑANA
REALIZAR
CUBIERTO
OPINIÓN
MITAD
CHISPA
PALO
BARCO
MERA
POSICIÓN
CLIMA
TERMAL
SOSTENER
TIRO
DOMINANTE

Puzzle 354

SEÑORITA
CUEVA
EDUCADO
TALENTO
ABIERTO
ENVIAR
CIERVOS
ANCHURA
RECIBIR
AMIGOS
PREMIO
ROSTRO
MARIDO
FRAILECILLO
SIEMPRE
FUNCIÓN
PIES
OFICINA
GESTIÓN
MARCADOR

```
H A R U H C N A E M L H L P I E S
L V B M T P R D Q V W C W O N G G
Y E T I S L Q C X W W O Y D Z I R
K U D E E W W O D A C U D E H T O
F C J S J R G E S T I Ó N N O U S
U U A F L B T O D I R A M A Q E T
O T N E L A T O E R P M E I S N R
I M I C W I K T A O R Q J O Q V O
M A C W I B T Z Q Ñ M E L Z R I S
E R I R Y Ó M P B E J X C C I A C
R C F Q L M N X N S D Z Z I K R E
P A O L L I C E L I A R F F B M T
D D M Q Q N Y A M I G O S H I I G
U O J C I E R V O S I R J T J K R
C R O A M Z L P V M M N M P M M E
```

Puzzle 355

```
H B B U E T L S P F X S A R B I L
O A J M C O P Á G I N A L T S U B
R A B E U R P M E U A D I B U S W
E O B T R M A E T U S Y M R M R E
R X K Q D E L D C U S T E E W L F
B C P O G N A R D H D C N L C X C
I R D E O T B I S O V A T N E C A
L N X L R A R T N O C A A N J H L
D Z M N Y I A T T Q S G C J A Y I
C É H Z X K M M Y L N R I R J Q E
B A C J Q B D E G Q G E Ó J M F N
K Y E I J O N K N E R G N A S C T
B Y P V M O L C L T N A B V Q Q E
V L X K D O O O O S O R G I L E P
A S E S O R A M I E N T O C K R T
```

PÁGINA
SUBIDA
RANGO
TORMENTA
DÉCIMO
LIBRERO
LIBRAS
FRUTA
CENTAVOS
CALIENTE
EXPERIMENTO
PALABRA
ALIMENTACIÓN
DEMÁS
ASESORAMIENTO
PELIGROSO
AGREGAR
SANGRE
CONTRA
PRUEBA

Puzzle 356

MARCA
DÉBIL
ANIMALES
ESPACIO
CURIOSIDAD
CON
ACTO
NUBLADO
EQUIPO
DECLARAR
CURVA
CERCA
TIRAR
EXFOLIANTE
DESLIZAMIENTO
ESGRIMA
COCODRILO
DESCUIDO
RARAMENTE
ALQUILER

```
E Y D C Q D N F F C C B C E N P D
S F K E S U X G N O U E Q U I P O
G F Q O S A C T O N R J X M N Z I
R G P A X C C Q Z D I G J A V I C
I N V P U E U W J P O Z E R P X A
M L Z P L H N I G F S Z F C Y L P
A C A V R U C H D K I Z E A B E S
C O C O D R I L O O D A L B U N E
T I R A R J E Y O S A S Q W J N O
Y Z E B A C M L D A D N W T C Q I
I X C D O T N E I M A Z I L S E D
R A R A M E N T E U S X L I K K Y
E X F O L I A N T E Q A G B Y W G
D E C L A R A R X V L L E É T Q B
F W A N I M A L E S L Z A D V H Y
```

Puzzle 357

```
P B S W C P F S W Q H S Y W L Q I
R E O Á P A P V T O I X Q P E Y P
O U R Y X Ñ R Q P D I S C U L P A
P M P E K I I R O I C I C R E J E
Ó I R M T N F I E Z E Z E A N E Q
S S E C C N Y D N T O R X F I X Q
I E S C E L E P A Y E A N N E A M
T R A O L M S M A R Q R X A P C E
O I X M S R H Q L K G I A N I T D
I A F E Q S Y F G A U P S A M A I
R D U T I T L A O J R S R S P M R
I T D A D E M R E F N E E V I E O
S W M G L E N T O N J R N S F N J
H V W D R X H Y U W C S S E T T A
B H Y I P Z M L I W O L W Y G E C
```

GENERALMENTE
SANA
ALGO
LENTO
DISCULPA
EJERCICIO
PAPÁ
CARRETERA
ALTITUD
MEDIR
MISERIA
EXACTAMENTE
PIERNA
PEINE
SORPRESA
PROPÓSITO
COMETA
ENFERMEDAD
RESPIRAR
NIÑA

Puzzle 358

DISTRAER
TAREA
NEGATIVA
BOTELLAS
GRIS
PÚBLICO
PREVENIR
PULGADAS
CIERTO
DESPERTÓ
SIMILARES
ESENCIAL
ESTADO
IDÉNTICO
ESPECTÁCULO
PROFESIONAL
IMPORTAR
PELÍCULA
EXACTA
AYER

```
L T N G R I S I A I P L S C D A O
R V O E E B D W D X R E Y A E I N
Q F L J G X R X F A E R A T S R N
H N U R N A A B S K V A F S P V P
P T C O F X T C L V E T C G E L V
E F Á S L H B I T Q N R C B R K V
B O T E L L A S V A I O D A T S E
R T C R Y L O I B A R P P C Ó P D
Q R E A Y E I H S T C M A M F Ú I
C E P L C K C M I M C I T R U B S
C I S I Q P U L G A D A S K U L T
X C E M V C I D É N T I C O Q I R
O K F I E S E N C I A L A P M C A
Q W X S P E L Í C U L A S N Y O E
P R O F E S I O N A L Q Q V I T R
```

Puzzle 359

```
V C F I P W M M C N Y H D C H M N
D I S O M Y J O F Z O P Í X O I I
A E P I M P C A M I N O A Y R N V
B R J R X J R A R A P A N P M U E
X D B A X T G O C P H D Ó Ú I T L
T A I L N Q J B P C B I I B G O Q
M P R U P D R O M I K Ó C S A E Y
S I N B C Q O C Y L A S A P M T S
Y B F A F O L V U H L S R Q E Y G
W X O C P A C Í F I C O U K L H O
G U X O D R E U C A J N D P B M B
I A Z V L E C H U G A A E U O X A
P R O G R E S O P D B S V W R C A
V V K C V M L B E C S U Q W P J Z
A R Q S M C U V C Q T G Y Q S W S
```

DURACIÓN
CAMINO
LECHUGA
DÍA
HORMIGA
IMPROPIAS
MINUTO
GUSANO
VOCABULARIO
PROBLEMA
ACUERDO
SIN
NIVEL
PADRE
PARAR
PROGRESO
DEJANDO
SEGÚN
PACÍFICO
ADIÓS

Puzzle 360

AGUA
COMBINACIÓN
TORTUGA
RESIDENTE
SEÑOR
PREGUNTAR
FORMATO
PREOCUPACIÓN
PRISIÓN
EMERGER
PEZUÑA
CARPA
GENTE
AUTORIZAR
JARDÍN
PÚRPURA
POLVORIENTA
INSENSATO
AJUSTE
ENCONTRADO

```
M O N Ó I C A P U C O E R P O P D
J Y Ó N Q Q L Y E P O H S F P O E
D F I P R E G U N T A R K Q N L N
U O C L F T E T N E D I S E R V C
C R A O E N B L O S Y K Y N E O O
U M N T N E T J V R E B I N D R N
T A I F T G O G N Y T Ñ V Í Y I T
T T B I Z T D Y H J N U O D P E R
P O M E M E R G E R Ó I G R Ú N A
E O O T A S N E S N I A F A R T D
Z M C S O G B J N Y S G S J P A O
U V T U P O F R S A I U I A U Y O
Ñ M C J L F E E B Q R A P M R Z M
A M C A Q F Z R E S P O G A A F D
A U T O R I Z A R C A R P A U U C
```

Puzzle 361

```
E L B I G E L E P O S I B L E N Z
L S U O Y U T F O T O G R A F Í A
Í T R B K F G I H U E V L D G W K
P L I G Q H R F V H J H A G W G R
T A P Q U I E T O E J E U R P V D
I V M S J R F L G A G D U R W J U
C I U X S A A P A H P B L B E K B
A D R E U C E R L D D O L H I O G
O I R L Y X M T G G C R E F P Z X
W S E M L U C I F O R R T N Z D H
R O T O D R A P O E L A X V V L C
E T N E M L A M R O F D D Q U M W
N Ó I C C U D O R P Y O U U O V A
H E R M O S O M G V P R K E Y H K
H I S T O R I A G I R A S O L A Z
```

PRODUCCIÓN
INTERRUMPIR
ELÍPTICA
LEOPARDO
AYUDA
HERMOSO
QUIETO
ROTO
ELEGIBLE
HISTORIA
RECUERDA
POSIBLE
FOTOGRAFÍA
LAGO
EVITE
FORMALMENTE
FUE
GIRASOL
LOGRAR
BORRADOR

Puzzle 362

ALMACENAR
CIELO
ARTE
OFICIAL
MARAVILLA
SOFÁ
CÓMO
LLENA
DISCUSIÓN
ALTA
COCINAR
FINALMENTE
REGALOS
PENA
MULTIPLICACIÓN
FAMILIARIZADO
PORTÁTIL
POSITIVO
GLOBO
JUEGO

```
C Ó M O D A Z I R A I L I M A F A
R Z A Q Y Q N T B L B C E W Y F R
W R L D Z V C E T U C K P H L S T
I O M E F Y X V L N R G H W D X E
B K A N E T N E M L A N I F A I Y
C X C Ó J F P C X U N F X W F I I
I R E I I D N A L L I V A R A M Y
Z E N S Y B C J I P C K N V D R E
R G A U J C C I R F O G E U J O J
S A R C C Z H E E C R P R Y R A
O L Y S G L O B O L N V T A L T A
F O V I T I S O P P O Y X Á B I A
Á S A D N A V T Y G P N N U T D R
M U L T I P L I C A C I Ó N D I T
Z B N W O F I C I A L R T J L R L
```

Puzzle 363

B	A	G	K	U	A	B	T	E	S	C	A	L	E	R	A	S
I	S	J	C	Z	U	R	E	D	R	O	M	A	L	H	V	J
O	I	Q	K	T	L	I	L	M	F	Q	C	U	U	D	V	N
L	S	N	X	K	A	L	E	N	A	C	O	D	A	R	I	T
O	T	B	J	I	T	L	V	W	G	S	N	Y	X	D	S	R
G	I	O	Q	I	N	A	I	O	R	I	E	H	O	X	N	Q
Í	R	B	G	X	A	N	S	D	Í	P	J	A	L	R	U	B
A	C	F	C	O	L	T	I	G	N	D	O	R	M	S	Y	L
R	O	B	D	K	E	E	Ó	S	H	A	O	R	P	A	V	O
C	U	Q	Z	M	D	C	N	V	O	Z	Q	U	S	J	U	Z
D	A	D	A	R	E	P	S	E	S	E	D	G	Á	L	S	R
P	T	M	M	A	N	T	E	N	E	R	U	A	B	O	M	E
C	Y	J	B	V	E	C	E	S	G	Q	S	S	A	N	U	C
X	U	F	C	I	N	P	Q	O	N	A	D	A	D	U	I	C
C	H	A	H	X	O	D	X	Z	H	F	W	J	O	N	R	X

DELANTAL
TELEVISIÓN
TIRADO
DESESPERADA
SÁBADO
CAMBIO
BRILLANTE
CANELA
MORDER
BIOLOGÍA
ARRUGAS
ESCALERAS
MANTENER
PAVO
CONEJO
ASISTIR
CIUDADANO
OÍDO
VECES
BURLA

Puzzle 364

CONSECUTIVA
CONTRIBUYEN
NATACIÓN
EXPRESO
GRADO
CADA
CANCIÓN
PROCESO
SENCILLA
FAVORITA
DIBUJAR
POLÍTICA
BOLA
PECES
CAPAZ
DETENIDO
DESCRIBIR
HUESO
MOSTRÓ
PASILLO

S	B	V	Y	T	E	F	W	V	I	O	Y	V	S	C	V	P
E	X	P	V	J	E	H	A	A	K	L	B	Z	Y	O	S	O
N	I	Z	Z	R	A	J	E	V	M	O	Y	O	S	N	Y	L
C	P	G	R	A	D	O	U	H	O	S	E	U	H	T	D	Í
I	E	H	M	L	A	L	Q	F	A	R	A	P	N	R	M	T
L	C	P	R	O	C	E	S	O	V	M	I	V	H	I	E	I
L	E	K	Z	B	R	P	T	D	I	Y	U	T	L	B	X	C
A	S	O	W	I	I	W	O	I	T	Q	F	H	A	U	P	A
Z	A	D	K	J	B	Z	X	N	U	D	Z	Q	I	Y	R	T
N	A	T	A	C	I	Ó	N	E	C	A	P	A	Z	E	E	S
S	L	N	F	O	R	R	X	T	E	B	O	I	V	N	S	T
E	I	T	H	Y	C	T	P	E	S	W	A	Z	T	Q	O	N
I	C	L	H	M	S	S	W	D	N	P	A	S	I	L	L	O
P	D	P	B	T	E	O	V	K	O	C	A	N	C	I	Ó	N
V	R	A	T	D	D	M	S	Q	C	D	I	B	U	J	A	R

Puzzle 365

```
D J X Q I P Q M E X V X O X O P S
G U S T A B A Y P L T L O E F O T
K O L O S O D A L I F A K S C C N
M H Q O U R T S N O M R D P P O E
H D R N P O E S A L C M V E D H L
Q O A J N A R G R O I A X C D F E
P B R I O L C D R C H C T I M Y M
R A T N Z P E E E E G E Í E T E E
O H N B E S R C I C K I L F Q X N
C Í O T Z A O O S L A W X A I H T
E A C G P I R V G J C A Z Y D D O
D T N A J C R O K Z H W K U B A E
E F E O N A Z E L A R U T A N H S
R P O W S R S P A R I P I Z J B B
D E Q H G G G E P P D E L D G B J
```

ENCONTRAR
POCO
TERCERO
BAHÍA
GRANJA
NATURALEZA
HORNEAR
CLASE
ESPECIE
HELADAS
GRACIAS
GUSTABA
ELEMENTO
ARMA
PROCEDER
DIFÍCIL
COL
SIERRA
MONSTRUO
AFILADOS

Puzzle 366

EXPLICAR
INTERNO
SOLICITAR
ÚTIL
CALIFICAR
DOLOROSAMENTE
ATÓMICA
ABAJO
ENTRE
TOTALES
POTE
ENTREVISTA
PERFECTO
PUENTE
AGUJERO
AMABLEMENTE
PLATA
ZORRO
RELAJAR
HABLAN

```
H H B O O R R O Z R W Z D R U N T
D O L O R O S A M E N T E K B W D
A D M G E A V U E T A J W P F E E
B E A C J O C X W O L P L A T A N
A N K Y U W J I Z P B T S K E T T
J T T O G S D J F F A Y M R P V R
O R H G A E J C Y I H E Z E U Ú E
L E P E R F E C T O L S Y L E T A
D V W E T N E M E L B A M A N I R
I I L E N E K T W Q A L C J T L U
D S E L A T O T M W Y C Q A E S Q
P T G P U L I N T E R N O R U T H
R A F T P S B V S O L I C I T A R
E X P L I C A R A T Ó M I C A X A
K H K O K N I R D B M O T W J L G
```

Puzzle 367

```
L M C E G O X B C K D Y B L Y R D
L Y S V Y Q Y G U O J A N P Z E I
C R L A W S E O Z H R B N C H C S
O Q F L D K T R I Z A A L U Y I T
P S T U A V D C K V B M Z P R E R
O R O A D O O A A L L A V Ó V N I
R A O R I L Í L J L Z H F W N T B
D I M T S L F U R J C L P R B E U
E P I B E A A M J Q R E N O O M I
N M H T C G S I G L O S T C X E R
A I A O E M E S Z A N Q A Í V N V
D L L M N D D R C N U K N C N T C
A R E C I E N T E R E I N A T E V
V I E N T O I L L M A E S T R O V
T O L E R A R D E C I D I R B C Z
```

ORDENADA
VALLA
RECIENTE
LIMPIAR
SIGLO
CALCETÍN
SIMULACRO
TOLERAR
VIENTO
PROTEGER
EVALUAR
DECIDIR
DISTRIBUIR
NECESIDAD
REINA
CORAZÓN
DESAFÍO
OLLA
MAESTRO
RECIENTEMENTE

Puzzle 368

EXITOSO
HACER
VARIO
CARA
DESPUÉS
ACCIÓN
VIVIR
MOTIVACIÓN
MANO
CORRER
PATO
LISTA
MEMORIA
HECHO
LAVADO
MANTENIDO
DEMOSTRAR
FAMOSA
VAMPIRO
CAMPO

```
F W A I W K I Z A H Q W Q R V D M
M V B L H F W M R I E C P M I E E
A Q I R R S O A J R U C Q S V S M
L A V A D O N N A M P H H G I P O
M B N R P X J O P M A C A O R U R
M A N T E N I D O S T Z Q C J É I
U A C S P X C W S V O W T K E S A
V C W O T Z I I O A C M Z W V R D
O C K M R U Y J T R Q V N S D H R
R I I E Y R Y M I I F A M O S A O
Y Ó T D Y C E E X O Q C L I S T A
M N M T F M K R E K W A D N U J U
M O T I V A C I Ó N Y R S G B F S
S O C I A J D A K Y B A F L G E M
W V A M P I R O X P B H T L N E N
```

Puzzle 369

```
E A W Z D A A I L B I J J X U V U O
M W Q B X N X N D Á D R O K Z H O
B K K M X C C V E L P A N V E L S
Y H P X R D A E P R A I D U T S E
B O X E O Y L N O Á M C C C W V A
N I N G U N O T R G E O G E F W L
R G W I O E T A T U D G U M S A F
A Y Z K X S S R E I I E I C A Z I
Ñ A É L P E Q S L D N S P Ñ O L
A Q T L W G P P I A A N A I A Q E
P A R T I C I P A N T E N E T S R
M S F O W P E G A S F Y T Z N I I
O P N U M K I W M B K G E A O T A
C I P I S A D A M A L L V H M I M
A C L A R A R X L Q L T E M W O N
```

ÁGUILA
LLAMADA
NEGOCIAR
INVENTAR
MEDIDA
MONTAÑAS
DEPORTES
GUISANTE
ÉL
LÁPICES
PARTICIPANTE
ACLARAR
ESTUDIAR
BOXEO
NINGUNO
ALFILER
SITIO
ACOMPAÑAR
PIEZA
AMOR

Puzzle 370

PERA
LAICO
COMPLACER
MALA
CONFLICTO
ECONOMÍA
EXTENDER
ASISTENCIA
SOCIO
COMIENDO
POBLACIÓN
ADMINISTRACIÓN
CUADRADA
TEMPERATURA
QUEMAR
CHOQUE
RÁPIDAMENTE
LLANURAS
HORMIGAS
POLLO

```
P T E C C S E A X W Q A S C V N X
E F C O O H S O C I O L D P S A C
R L O N M L L A N U R A S P I O U
A J N F I E T N E M A D I P Á R A
N E O L E R E C A L P M O C D N D
K X M I N X M V C W B O Z H W M R
C K Í C D Y P N E Y B M L G G A A
L H A T O D E K Z I G C C L E L D
J A O O Q Q R E D N E T X E O A A
K R I Q M N A I C N E T S I S A H
E X S C U U T J G L V T I B Y K K
M X G Y O E U Q U E M A R A D L P
R S A G I M R O H S Z R R J Q L S
M A N Ó I C A L B O P W U E U L W
A D M I N I S T R A C I Ó N X Y D
```

Puzzle 371

```
G F L B D T N A Z P V T Q H M S U
Z N D F Q C F B Z B K V Q N A O H
A L L E R T S E F Í S I C O T N Y
C R E D N E T N E Z V K W T R I E
C A D Q B Z V E W T G X R S I D H
O Z L I H Q Y A W K V R E U M O L
M E T C L C A R T E R O S G O R F
P B B R U L D M Z T Y X P M N E A
R A M S A L A R V Y F N O A I N M
O C K Q J B A M E J L U N T O A I
B F L U B U A D D F S E S E N R L
A R U T N I P J O L O V A R E G I
D D Y V A D B G O R X E B I H K A
O T S E U P U S B P A C L A J B G
Ú L T I M A M E N T E I E Q K F L
```

CARTERO
ENTENDER
GRANERO
MATRIMONIO
RESPONSABLE
GUSTO
TRABAJO
FÍSICO
ESTRELLA
SONIDO
COMPROBADO
CABEZA
MATERIA
ARDILLA
SUPUESTO
NUEVE
CALCULADORA
FAMILIA
ÚLTIMAMENTE
PINTURA

Puzzle 372

OPERAR
COLONOS
BASTANTE
IMPACTO
ACTIVIDAD
CONTENIDO
SUMINISTROS
REFORMA
AFECTO
OBSERVAR
PUNTO
CUERPO
MULTIPLICAR
QUERIDA
HORA
CINCO
TRANQUILA
COSTO
SIMPLIFICAR
HUEVOS

```
O H R O C O S T O Q A H T S S T Y
P P E T B E F Z O P P F U I U R M
E H F C M S O V E U H V V M M A W
R T O E V O E P C N Z A L P I N T
A H R F Q N F R P T E G C L N Q B
R F M A U O A Y V O J Q Q I I U A
J D A D A L Z L U A R O H F S I S
M Y T I J O E I C M R B X I T L T
I T M R W C I M P A C T O C R A A
C X O E A C T I V I D A D A O T N
Y U L U Z R G M L W L F D R S L T
L B E Q M U L T I P L I C A R Z E
P R G R I X W K V D Q E C I N C O
X S F W P U S V J C N L C F M H M
T C Y B P O D I N E T N O C W I E
```

Puzzle 373

```
N P Z B Q N U N G A M Z J S G I P
L A U T C A N N A M A L S X J M E
B T I Z I B V F N R D N I Ñ A S R
D I Z Y C F B P S O E V E R B C Í
D O Q W L V K Y O F R M O L O V O
P E L Í C U L A S A A M D M V E D
T K U I K O J U N T O Y N O Q Z O
U H Q N A G D R M A R G A R I T A
F E M E N I N A M L A P T L F S L
J U G A D O R J R P E E N J A U W
M Q O C D V N A T A L R U G I Z S
H E U E R L S B F D P D G P A W O
Q H N T K M E A B P M Ó E T B M K
X C X F G H C R A W E N R T L O J
S V P A M N H T T T Z W P A I S I
```

JUNTO
PERDÓN
PATIO
CHEQUE
PERÍODO
PLATAFORMA
JUGADOR
ACTUAL
PREGUNTANDO
MARGARITA
EMPLEAR
PARADO
BREVE
FEMENINA
NIÑAS
PELÍCULAS
GANSO
LAZO
TRABAJAR
MADERA

Puzzle 374

EN
DISTANTE
TORTA
ÁRBOLES
SERPIENTE
INTERNACIONAL
CARÁMBANOS
IMPUESTOS
ASIMIENTO
CAMELLO
DUCHA
CEREZA
MISMAS
EXCEPCIÓN
ESCOGIDA
SUÉTER
CAMIÓN
UVAS
SAPO
OSO

```
G H O U A W X S F E M I S M A S M
A P M W S E R E X S S T I F H O F
N Z N G I N B R S C E N I O C N C
Q P S V M Q L P G O X X Á O U A A
N X G B I F R I N G C S R E D B M
L Y O R E N E E T I E H B C S M E
P C T E N A T N N D P B O A J Á L
O R V T T L N T X A C R L M F R L
G Q V É O E A E V I I U E I Z A O
I M P U E S T O S M Ó V S Ó U C V
T I O S B K S P S A N A D N W K D
A I N W B L I A N O R S T K J G Q
B Y F H T I D S Y Z S D I R X H E
I N T E R N A C I O N A L N O H D
R C E R E Z A S O M O E X C Y T D
```

Puzzle 375

```
A W K F T W Y A Q G J J N S T S D
P K O L J R M P A F U T S E P E E
D E L I C I O S O Á A N A L R C S
P E O R P I E L O C O L L T E R A
Y F S M R G Q C F I B K L C D E P
M V R W C U J O K L J F E U E T A
T U R Ó N H L L O R A D O L C A R
W G U M B E O O S K R B X P I R E
R N G Q H L M C N E I A L A R I C
I K Q G D L O I A I S L H B U O E
S R Q Z C C G Q R N I L N L B Z R
Y A D O F B H K U C B A M E R C W
F E K J P X F A S E L O Y S S U L
F T Z T K Y O L A D E T F O F L F
V K F V B L B P I H B B X B N O J
```

LLORADO
DESAPARECER
RISIBLE
PEOR
LANA
ELLAS
CULPABLES
FÁCIL
SECRETARIO
ESTUFA
PREDECIR
CREMA
CHOCAN
TOALLA
PIEL
TURÓN
BLOQUE
LOCO
CRIMEN
DELICIOSO

Puzzle 376

ENGAÑAN
BÚFALO
FREGADERO
SOLITARIO
REPENTINO
COBRO
MUESTRA
MULLIDO
SÓLO
PUBLICACIÓN
ABRAZÓ
SEGUNDO
EXPLOSIÓN
GERENTE
LEÍDO
CAFÉ
COMPROMISO
ELÉCTRICO
ENSEÑAR
DESPLAZAR

```
M S E N G A Ñ A N R X D A E E E F
S U E E L H S C I K M E Z L X N R
G C L G J B W V S M I Q A É P B E
E O B L U J Y K B H O D Q C L K G
R M T M I N P P B W M A Y T O H A
E P X U Q D D U N R C B P R S X D
N R Y E K V O O J E Q C B I I J E
T O H S B A R A Ñ E S N E C Ó V R
E M J T N P B T U O S M U O N Y O
G I L R J J O C K D G Ó Z A R B A
V S H A H Z C S Q Í E G L O J K Y
Y O É V O N I T N E P E R O D S X
B Ú F A L O G S O L I T A R I O B
H G A Y X I P U B L I C A C I Ó N
P U C Z S D E S P L A Z A R Z M A
```

Puzzle 377

```
C D C P O X U U M C A C W L K R P
U E U R C A Y E R O N Y W H H K E
K S E O U D L Q N Ó I C I B M A R
S G S M F I S Z O S I L M L G R M
E A T E F V Q R E U I J R R P E I
G S I D R A N I B M O C V Q D V T
U T Ó I A Í F A R G O T R O Y E E
I A N O N G C E B H E D J K P N N
M D G A J C Q O V I T N A T S U S
I O Y S A C V X M T P P K R E U S
E A A C E B O P E O M P P U O O E
N D H R Y N V A C A X H D B C M R
T W A Q P N W R P W S B B O O B K
O T N E I S A B R A W V Z L L Y I
G T O X Q Q N N O E E L B I U A T
```

PROMEDIO
CAYERON
SER
CISNE
ACEBO
SEGUIMIENTO
FRANJA
ASIENTO
COMO
NEVERA
PERMITEN
AMBICIÓN
VACA
SUSTANTIVO
ORTOGRAFÍA
MORADO
VIDA
DESGASTADO
COMBINAR
CUESTIÓN

Puzzle 378

ELEFANTE
LARGO
AZÚCAR
COMPORTARSE
PELEA
CONFUNDIR
RESPONDEN
TERMÓMETRO
PELUCHE
PRESENTE
LAVANDERÍA
VENTA
AUTOMÁTICO
PROPORCIONAR
CONFIABLE
SENTADAS
DELETREO
TRATANDO
PERSONA
LUCIÉRNAGA

```
P R O P O R C I O N A R E T P K L
B M N K Y O D N A T A R T R E C A
C V E N T A X E P Z R Z V J L S V
A O J D Y Z O J R S Ú R W E U E A
C U M V V M F Y E A Y C C R C N N
O L T P I X O K S I N X A O H T D
N H G O O E R T E L E D G R E A E
F Q L Z M R J O N I D W A T L D R
U V E W X Á T V T B N L N E B A Í
N T F I S O T A E M O A R M A S A
D L D X F P H I R K P R É Ó I B E
I M O O R Q B L C S S G I M F A L
R E L E F A N T E O E O C R N K E
P E R S O N A E M H R D U E O J P
D V C F V K O R G R T L L T C V D
```

Puzzle 379

```
E Q Z K P Q R U R O D E P J H J G
V N Q J U Z I L K D Z X E S R N I
I K G U O R V T Z R N Y S E G O G
T T Z Z O N R E D O M H A N U C A
A M R O F C E L X B U K D R S I N
R U M O C R H D U M Z D A E D D T
Q R Q B P E T E C A F N Í I W Ó E
A L L K Á F U K N T G W U V K I S
V R A M J L J P F T X A Q W D R C
E Q U S A E Q W A D A D E R N E O
X S H Q R J T R A T A R S R G P W
C X P A O A T E L C I C O T O M U
Z H K A S N S E V G R A V E D A D
G J E L D C D H B W V C J J G G T
U N W C Q A C A N I T S A P F E Y
```

HERVIR
SEQUÍA
REFLEJAN
CUNA
MODERNO
MOTOCICLETA
TRATAR
ESPADA
PASTINACA
FORMA
VIERNES
PESADA
EVITAR
OCHENTA
ENREDADA
PÁJAROS
PERIÓDICO
GIGANTESCO
GRAVEDAD
TAMBOR

Puzzle 380

ALTERNATIVO
HORARIO
COCIENTE
DELGADO
FIESTAS
MONO
MAGDALENA
ANSIOSO
SANGRAR
LOBO
SOPORTAR
LOCA
ARMIÑO
ESPANTAPÁJAROS
TIERNAMENTE
FLUIDO
SOLDADO
SATISFECHO
FURIOSA
EMPRESA

```
T F U R I O S A H O Q H A R Q V S
O I R A R O H Z O D A G L E D S A
M M E A B O H C E F S I T A S O N
G I A R D N U H S A T S E I F R G
P S K G N U C U F K Z N R P J A R
O H E R D A S E R P M E N Q C J A
C L O C A A M U T R Y C A U B Á R
Y M D D A T L E J A T Y T V Y P S
T Y I E U K R E N X O Ñ I M R A S
D F U Q X S W O N T P F V B S T A
Q R L P P S D B P A E I O M O N O
B K F Q N W K O S O I S N A S A J
S O L D A D O L M W S E X A I P T
C O C I E N T E F Z O L A T H S K
D Y B X F G C E F A M J N C P E J
```

Puzzle 381

```
P L Z I N C B Z W F M D S F Q N Z
J D J E O O E O I Y Z U Q L Z E Y
V D Q U S Q A P Y X Y L B K N G E
F P A C I M Ó N O C E C O Y F R A
D R O D A Ñ E S N E D E A X C I W
K W T F R E S C O A Q S L J O T O
M Q L Z E E Y J H I W Y E N S A A
Y U U F T J V L C C B G T N A L E
G R D K S A D I U N L A A R G O Z
A U A E M I M W M E V G S E Z H O
N J L K Á V K O A T E N O I M A C
A V I R H A Y G G O Y F B X K S S
D F U E R T E L N P B D O U K A E
O E K B R U T N Ó I C U L O S U R
C U C T C P U Q K T Z T G V Y P M
```

HÁMSTER
ADULTO
MUCHO
FRESCO
DULCES
COSA
ENSEÑADO
POTENCIA
VIAJE
NEGRITA
ECONÓMICA
GANADO
CAMIONETA
ALETA
SOLUCIÓN
FUERTE
VERDAD
GLOBOS
SABIOS
HOLA

Puzzle 382

ARGUMENTAN
BOTELLA
ESTRELLAS
POSITIVA
DECIR
CONCENTRADO
SORPRENDIERON
ÚLTIMO
BLOQUEO
INVESTIGACIÓN
FALSAS
LECCIÓN
HUEVO
TOMAR
NECESARIO
ACTUALIZACIÓN
CICLISMO
PLANETAS
PERDONAR
COMUNIDAD

```
E Q C O N U S A L L E R T S E C C
V B N S S M V V O E U Q O L B I O
D H X Ó W Y U N Y C C O T P F C N
A V I T I S O P D Y W C V K L L C
D R V F O C G P U D H I I N O I E
I A G X I S A T E N A L P Ó W S N
N M F U V C H G M S K A L Y N M T
U O Q W M N J K I V Z F H G Q O R
M T P H A E H C V T M E L O R K A
O M I T L Ú N T A H S A S L A F D
C W P I R B V T B O T E L L A D O
P E R D O N A R A U P Q V T G E V
N E C E S A R I O N U X M N O C E
S O R P R E N D I E R O N I I I U
A C T U A L I Z A C I Ó N P C R H
```

Puzzle 383

```
D D A V B O O X V K K N T H I E M
O E E N O L D L T N D N E U N S E
M C P R N O U U V E U Ó S M C P D
A V F E F F N F Z I A I O E L E I
Z R B D N F S Q E O D C R D U R O
N S X I D D V H D T N A O A Y A I
Á A S S W A E K Y P E R R D E N R
R B R L A Z U L B W I E T X N Z O
F M A A E F H I E M F P N X D A T
A A K P N I L W Y Á E U D Q O G I
Z Q I N W J C N M X D C I F P B M
A C P R A R A P S I D E C I Y T R
S A L V A J E D K M S R A V Q T O
A M A R I L L A G O I C K L E L D
V Z F I N T E R C E P T A R K N F
```

DISPARAR
MEDIO
TESORO
MÁXIMO
INCLUYENDO
RECUPERACIÓN
INTERCEPTAR
AMBAS
AZUL
DORMITORIO
AZAFRÁN
DEPENDE
DEFIENDA
SALVAJE
NARANJA
HUMEDAD
ESPERANZA
AMARILLA
OLVIDAR
NUDO

Puzzle 384

COMPAÑERO
SOCIEDAD
MISMO
AGUJA
VIAJES
EMPLEADO
HASTA
PRISA
PENSAMIENTO
SEDOSA
DESEO
NARRADOR
REBOBINADO
OTRAS
ENOJADOS
PIEDRA
CARÁCTER
INMEDIATAMENTE
CUIDADO
CERDO

```
C P C S S F F K J V K L T M H S V
T O R O D A R R A N I H X J X B R
F T M I O A T A J P G A H A S T A
O N K P S X N H U P X I J B V H F
T E G C A A D Y G R N W H E W P N
R I E M Q Ñ Q D A D E I C O S O W
A M D E T N E M A T A I D E M N I
S A S R L O E R S P U D A E N G E
C S C E R D O S O I U M R N L Q D
U N Q T Y A M D D E O G X O M W T
I E T C R E S E E D W T A J R Y J
D P L Á X L I S S R D V A A M Z D
A K K R J P M E E A M J X D B N I
D A R A Z M P O D A N I B O B E R
O G F C P E L B L D U F N S T K A
```

Puzzle 385

```
Y T D B D B K A W M Q Z L M D L E
I O I W E O D N A S A P E Á G D N
B T V K S R A J X I X L A X M E T
Q A I R C R Í E A N Z W L I K F E
J L S C A A G D G A R S S M M R N
L E I I R D O U Y K X T A O Z H D
V S Ó N T O L L I C E L I A R F E
C A N T A R O O R D O M K N L W R
O U C A R J N R B L A B A T S U G
H C Z I H A C D M V D X A Ñ S R E
E V F Z L S E F F T I L A N A S E
T H R Y P A T N E H C O V D W N J
E B A O L M R I N T E N C I Ó N A
Y E X C I T A D O S O L E A D O H
L Q D Y O A Y S F O T R O P G L O
```

SOLEADO
INTENCIÓN
TECNOLOGÍA
VACILAR
COHETE
LEAL
DESCARTAR
PASANDO
EXCITADO
DIVISIÓN
OBVIO
CINTA
MAÑANA
FRAILECILLO
BORRADOR
GUSTABA
TOTALES
ENTENDER
OCHENTA
MÁXIMO

Puzzle 386

FACILIDAD
SEÑAL
ÓRBITA
DENTISTA
VERSIÓN
JERARQUÍA
PAR
REUNIRSE
MAR
BALLENA
MISTERIO
MAMÁ
EDIFICIO
LIBÉLULA
LINCE
LLEVAR
PREMIO
CONTENIDO
EXPLOSIÓN
SABIOS

```
E J T C U B S O D P K P A R A M M
X E G U O S E E P E R M T J Q V I
P R R E E X Ñ D R S N E Y E V A S
L A C S T T A I B R I T M J B P T
O R G F A W L F D I L M I I L B E
S Q W X T L T I N N W I Y S O Á R
I U I Y H Y B C U U Y Z N B T M I
Ó Í L S M O D I N E T N O C A A O
N A S M J F R O L R D D L V E M V
A R O L Q B A H C O J E X V A T K
N Ó I S R E V C C O L H A U T R U
Y A B A L L E N A L U L É B I L K
N N A Z P K L K C N X P M K B T Q
X M S C N P L F T Y D I P R R E U
F A C I L I D A D A I X N Q Ó R T
```

Puzzle 387

```
E P R I N C I P A L G A P I C V E
P X D E S A P A R E C E R C Q I L
H L T L I B R J O X H D V J K I É
Q I A R U S O U D I V I D N I H C
Y W O C E N P R Y R T P N D G L T
G X L Y A M L B E W C J A F Z I R
V E N E N O A I C N E R E F I D I
C Y R H J Y E D D J H O U X F B C
O B A E N Í L V A I R N R H C L O
R B L U B S A P M M S Y J F D O X
A E U O V J J O G Z E T J J R Q D
Z W C C A N A R I O S N R R J U R
Ó K L G R O S E L L A S T A C E T
N B A H Í A R F V H Z K X E E S Q
J V C U E V A I M P O R T A R R K
```

BRUJA
INDIVIDUOS
PLACA
PRINCIPAL
GROSELLAS
CALCULAR
CANARIO
DIFERENCIA
VENENO
BLOQUES
LÍNEA
EXTREMADAMENTE
JALEA
CUEVA
IMPORTAR
DISTRAER
BAHÍA
CORAZÓN
DESAPARECER
ELÉCTRICO

Puzzle 388

ARRESTO
ASUSTADO
ASCENDER
SABIDURÍA
SUPERFICIE
CEPILLO
MES
CLARAMENTE
NOMBRAR
VISITA
VERTIDO
BAJA
TRAÍDO
DESTRUIR
ELÉCTRICA
CONSECUTIVA
ACTUAL
SEGUNDO
GIGANTESCO
HERVIR

```
C M C B F R O T S E R R A J A Z E
W U V E R T I D O E D B U V C F L
O A Z U I M E S Z I G F R W T E É
C B Z I V M D I P I P U J Z U W C
H L L M R A R B M O N N N U A G T
M O A T E D M C V A J V E D L I R
M D N R H C E L W U F X D R O G I
B A N T A L O S B A J A T C D A C
F T M F S M S N T H L T O E Í N A
S S Y K B G E Z Y R R I Z P A T W
B U F D M E Q N K H U S U I R E M
A S C E N D E R T G T I H L T S X
S A B I D U R Í A E J V R L Q C N
S U P E R F I C I E D C L O Y O F
R X E W U C O N S E C U T I V A V
```

Puzzle 389

C	T	F	S	I	L	F	V	Y	U	A	R	C	L	O	V	C
P	O	G	V	R	X	T	P	A	A	R	E	U	L	G	L	O
E	D	L	D	D	J	L	C	U	W	F	C	L	I	L	P	N
P	A	R	U	I	D	D	Q	O	F	W	A	L	L	T	E	G
O	T	E	V	M	V	V	S	E	B	N	H	Z	Z	A	J	E
C	L	S	T	Q	P	N	E	G	R	I	T	A	W	T	S	L
O	U	U	Z	L	B	I	A	F	I	L	A	D	O	R	Á	A
N	S	L	V	S	B	N	O	G	L	A	G	O	I	D	M	C
C	E	T	G	A	I	R	T	U	N	N	W	T	X	A	F	I
E	R	A	G	N	L	J	A	L	Z	M	M	I	L	L	A	Ó
B	P	D	N	E	Q	I	G	B	R	U	E	R	U	M	L	N
I	Q	O	G	P	O	N	E	G	X	L	O	G	T	V	E	S
R	S	S	R	H	M	R	O	N	W	O	H	A	H	T	U	P
Z	A	N	A	H	O	R	I	A	T	C	J	I	R	G	B	F
B	U	F	A	N	D	A	J	F	A	E	B	X	S	U	A	R

CONGELACIÓN
COLUMPIO
ABUELA
NUTRIA
ZANAHORIA
CONCEBIR
VALIENTE
MÁS
GRITO
RESULTADOS
COLUMNA
AFILADOR
MILLA
BUFANDA
RESULTADO
LAGO
PENA
HACER
ELLAS
NEGRITA

Puzzle 390

CALDERA
ÍNDICE
HIJA
INTERESANTE
NUESTROS
EXTINTA
VER
UNIRSE
COBARDE
SOBRESALIENTE
DIO
COMODIDAD
COMESTIBLE
PRODUCIR
GUSANO
PREOCUPACIÓN
MAESTRO
VALLA
MISMAS
AMBAS

C	Z	N	G	C	I	N	T	Z	J	W	T	D	N	C	L	E
A	V	U	U	O	M	N	N	H	L	K	E	B	C	X	Q	F
L	Y	E	S	M	K	A	T	G	U	R	R	N	O	T	B	D
D	A	S	A	O	I	D	E	E	T	E	D	R	A	B	O	C
E	R	T	N	D	N	V	C	S	R	V	C	B	G	N	V	G
R	I	R	O	I	O	M	G	H	T	E	M	I	S	M	A	S
A	C	O	G	D	X	K	I	E	G	R	S	U	D	Z	I	V
H	U	S	U	A	J	I	H	P	D	C	O	A	B	N	Q	A
Y	D	I	J	D	A	U	A	M	B	A	S	U	N	A	Í	L
S	O	B	R	E	S	A	L	I	E	N	T	E	T	T	P	L
H	R	C	O	M	E	S	T	I	B	L	E	D	U	N	E	A
O	P	P	R	E	O	C	U	P	A	C	I	Ó	N	I	B	J
U	N	I	R	S	E	R	L	D	Y	N	U	D	F	T	P	V
I	A	K	F	A	M	X	E	M	F	H	G	D	F	X	N	M
D	U	B	A	L	G	Y	Y	Q	I	M	F	O	G	E	M	T

Puzzle 391

```
H C H J P U W O P P G W P F P C K
M F T S Q T L Q I P R F W G P O N
Y O T N E I M I S A B E U P A S S
X I D V L X E L K C S J V B T T A
Y R C I G W E D T X L D R E O O U
R A D S F D E P E N D E O I N P O
V M L H X I M O D E S T O Í T I I
I I D E B O C U Z I D O L O R O R
E R O G F Q T A H D G C P D H C I
R P C O N E J O R U I I Z I Q U R
N M A N C H A D O U X G B G S L E
E G U D R G A T W T C Á E Í V T G
S P T A T M X W P M R R V R J A U
I N V O L U C R A D O T K O I R S
B W X O S V Q K O R N Q H C N R N
```

TÍO
TRÁGICO
INVOLUCRADO
PRIMARIO
MODIFICAR
DOLOR
DIGERIR
OCULTAR
DEBO
SUGERIR
RÍGIDO
MANCHADO
MODESTO
PREVENIR
CONEJO
PATO
COSTO
ASIMIENTO
VIERNES
DEPENDE

Puzzle 392

HABILIDAD
ARREGLAR
GUISANTES
ALFOMBRA
MIÉRCOLES
RÍO
ESTANCIA
TOMADO
PERSEGUIR
APARECE
FRÍO
CHAMPÚ
HABER
CHISPA
CALIFICAR
PARTICIPANTE
CARÁMBANOS
COMO
TIERNAMENTE
ESPERANZA

```
Z E T N E M A N R E I T V D O C C
Y U O P E R S E G U I R H H D A H
P J M V O E S P E R A N Z A S L A
J F A P A R T I C I P A N T E I M
T R D A D I L I B A H N D E L F P
A Í O A Z H F G S D H T W D O I Ú
I O A N O O U A U E F Y H U C C J
C R F E Z H O R R I E X A E R A L
N H J J F V T B D R S R Í O É R Z
A P A R E C E M H E E A Y D I H Q
T P A V B K C O E V G G N J M V J
S U S C F K O F P C W V L T Z O G
E F E I O I M L H A B E R A E L U
H N E T H B O A W J H S D N R S W
J F Y N A C C A R Á M B A N O S K
```

Puzzle 393

```
P B C C K L N T D O T I C R É J E
Y E Z M N Z J U H I A Y A D R O O
S M R P I E S R O B V C R Y L R K
Q O X E Q Y Q Ó K J Q E A K L E Y
H R L O J E T N E M L A R E N E G
P D H Q F I F W Z F Z K E T I G Y
I E U Z A P L D Z U C H C W I P J
E R Y X K I O O T A R A B O S D M
D P G H A E G T D L T O S F Q M O
R C A R Á C T E R A M P J L P Q D
A B E L L O T A S C I E R T O J I
P A R A D O H F D E D V M L B V U
A L I M E N T A C I Ó N N Y B U R
L S R S A R U G P J K C X E Q P K
L I B R E Z A M I U F K G L C E O
```

PIE
PEREJIL
LIBRE
ENVIADO
RUIDO
GOLF
BARATO
EJÉRCITO
BELLOTAS
DIVERTIDO
PIES
ALIMENTACIÓN
GENERALMENTE
CIERTO
MORDER
CARA
PARADO
TURÓN
CARÁCTER
PIEDRA

Puzzle 394

CACAO
TODO
ASUSTADAS
TÍA
FUTURO
UNIDAD
SÁNDWICH
NARIZ
CAMA
ESCENARIO
RESERVA
RELACIÓN
RELOJ
DERECHO
EXACTAMENTE
ELEMENTO
ENCONTRAR
OLLA
PROTEGER
LAVANDERÍA

```
S C O N E F X Z A M A C I R L R U
G B U J H L O G O S V D S L M E N
W T Y T K D T P D X U T V Y C S I
F L Í G V H Q R C Z M S Y B L E D
N T O A C A C R E L O J T O Q R A
D P K C A H G D O E D X V A D V D
E E S Á N D W I C H O B O O D A I
A Í R E D N A V A L T I Z I R A N
E T N E M A T C A X E I U R I Z S
V N Ó I C A L E R C T K W A M U J
S G V O H H D K V C Y F D N O H D
S W Y V L K O T N E M E L E L S D
P R O T E G E R E Z G Q T C L I I
Q L U I E M F U T U R O R S A A O
E N C O N T R A R X X D M E G K P
```

Puzzle 395

```
M H Z G E I R E S I L E N C I O V
S U X P G S W N S O P O R T A R X
I P Ñ C D T L S N S K N Z S V B S
N U S E B A J E L P M O C H R E G
T P E J C P V Ñ S T M E J J O K L
I I C U S A D A D I N U T R O P O
E L O A Q X U R R E S P O N D E N
R A E T H O V S U S T A N T I V O
O M U L T I P L I C A C I Ó N L T
N M A T R I M O N I O T C Z N G O
T E O R Í A N A P M A C E G E O M
F S E N S A C I Ó N K Z J R H B A
J K G H D J W C N Y D B B E C N T
N L Y U U K P S U P U E S T O E E
T Y X C E A E B U I T O N J X M R
```

SILENCIO
CAMPANA
TEORÍA
TOMATE
SENSACIÓN
MUÑECA
COMPLEJA
SERIE
OPORTUNIDAD
SINTIERON
TERCER
SECO
PUPILA
MULTIPLICACIÓN
SUPUESTO
MATRIMONIO
ENSEÑAR
SUSTANTIVO
RESPONDEN
SOPORTAR

Puzzle 396

PERSONAJE
ASUMIR
GRUÑIDO
FRESCA
LÁPIZ
TUERCA
TRADICIONALES
CUYA
INUNDACIÓN
PRIVILEGIO
PEZ
ACCESO
QUIERE
CATEGORÍA
ELECCIÓN
DICE
CASA
DESPERTÓ
REFORMA
PASTINACA

```
Q Z P P A S T I N A C A L W D T I
S U N R B C K D M D U Y Á B B R N
T I I T I U M P H E I U P Q U A U
E E B E G V C A S A P C I Y C D N
N C Y V R T I L K O T K Z E P I D
B A D T R E D L A S U M I R E C A
A C S E R F I C E L F Y V E L I C
C C Y N I N C D A G U O N J E O I
R E Y I W B E E M T I O O A C N Ó
E S B G Y C X O R H E O J N C A N
U O Y V W D F X O C S G Z O I L C
T K Q K T A Z E F H F N O S Ó E C
S S F N P Ó T R E P S E D R N S R
K N C A G Q D K R R H R I E Í Q V
Q X Y G R U Ñ I D O U X E P H A G
```

Puzzle 397

```
F B Z G V P R Y K L T E A M P C O
O H O M O R T B X M I F E L E A R
G P G F M E Z C J T C H O T S L T
S W I G A C Q O Q N G M T C A A O
Q T Q N Ó I S I C E D F A S D M G
F S O W I O V A U U P K T Y A A R
S O L N Y Ó L S O I D E M R O R A
U G J Z A Z N Í T W X V W W T R F
O Q F N E D E S C L A R E Z C A Í
B O T E L L A P T A J X R N J K A
S Z A T X G V D H T E S T I L O R
D Z L N T Z J C U Q Z T I X J W C
G E C E P C F D R I R B U C S E D
E B E G N Ó I C A I C N U N O R P
U D S A M A G N Í F I C O Z O G U
```

ESCLAREZCA
TAL
AGENTE
MAYOR
DECISIÓN
SOL
MAGNÍFICO
ALCE
CALAMAR
PRECIO
MEDIOS
PRONUNCIACIÓN
DESCUBRIR
ASÍ
ESTILO
OPINIÓN
CIUDADANO
ORTOGRAFÍA
PESADA
BOTELLA

Puzzle 398

HERVIDOR
CONTACTO
LONGITUD
LIMÓN
HUMANA
MISIÓN
COSER
LUGAR
OFENDER
MURCIÉLAGO
CACEROLA
RECIBIR
ESCALERAS
CAMBIO
MOSTRÓ
COL
DEMOSTRAR
ESCOGIDA
EMPRESA
ENSEÑADO

```
L D K B Z Z W U X E Y F L R C S M
W I E D O B T B V L W D F E A J I
H S M X Q B B Q B J M K S C C T D
A B L Ó R T S O M H K H S I E O M
N Z P L N A D I G O C S E B R I Y
C O N T A C T O F V F T N I O L E
L Q L B O C O S E R J E R R L U M
M I S I Ó N H U M A N A N W A G P
E S C A L E R A S V V Q D D I A R
Z X U K K W V B P S G J Q L E R E
H E R V I D O R P I C E Q R F R S
L O N G I T U D C A M B I O I N A
D E M O S T R A R P C O L Z W X T
L X T V J R Q N O O U Z X L V X F
E N S E Ñ A D O G A L É I C R U M
```

Puzzle 399

```
U S C X R A T I C I L E F M T C N
N A F E Q Á K F H G V L E A N O A
Z B O T N B P H H P P L W K B C R
A D N O I T C I R L E A Q D M O R
I T B X S C A N D H K C H E X D A
H E R M O S O V D A S E R F Y R D
G P I A Q A Í O O S M L Q X D I O
Q P E I C M V I O S V E S I N L R
B F E A O E N F Y E E W N Q N O Z
W U H K Y T E H C C J M S T J D V
Q E X S V L Y G D X E E O Y E A W
L R L I S T A C S C R K B A R Z D
U A D A C É D Y F L C A R R E I S
U P S R H C G W E A E L E H H R S
T A X T S I A Z W H R G F R B U F
```

ONDA
FELICITAR
TEMAS
CALLE
EJERCER
FRESA
CARTA
FUERA
DÉCADA
RIZADO
SOBRE
ENVÍO
CENTAVOS
COCODRILO
SIN
HERMOSO
SIERRA
LISTA
RÁPIDAMENTE
NARRADOR

Puzzle 400

TRATADO
PENSÓ
GANAN
ENSAYO
MIGRAR
HIERBA
RIMA
ATENCIÓN
PROHIBIR
TRES
MARCADOR
SEÑORITA
EQUIPO
ARMA
HELADAS
MANTENIDO
MADERA
ESTUFA
FIESTAS
DISPARAR

```
R F Z J B T B N V E C J P M I F J
C S Q R C D R Y H O M O R A M I R
E N S A Y O I A D Q F D O N O E K
N N E A X I N S T N H B H T F M P
S Z R D D U H S P A S M I E I I E
Q P T U P A A T Y A D W B N E G N
M A D E R A L C S L R O I I S R S
G K O P I U Q E W J H A R D T A Ó
A S W U H B P E H I P J R O A R Z
D U E W K H I E R B A D O N S T O
M A R C A D O R J U P G B F U C B
R V Q W T P W Y E P A A Q G K J Z
S I O O V G H N Ó I C N E T A V O
E S T U F A M I B F G A V V B H Y
S E Ñ O R I T A N J G N A A R M A
```

Puzzle 401

```
Z G F X Z J G W F R B K Q S S U E
S Y Z Y O F V B C L T I H D L A B
H Í N Z U K A R M A R A V I L L A
F R A M B U E S A H C E R T S E Q
J O I P C F S K V T C W Z W Y F K
T L E U N P A T E L C I C O T O M
E J E C U T I V O X P E C V G L B
P C U R V A R O S T R O T R I U I
P O T N E I M A T A R T F E T C Z
Ú Z R A D I V L O U X J O I D R A
R I X C Q U I E T O S V K C B Í Y
P N O C I N Á C E M F K E O B C W
U A W T N Ó D E S T R U C C I Ó N
R R S É L G N I P P M B L Y G W E
A G J B P I W E Y P R K W T I K M
```

CÍRCULO
PAÍS
DETECTAR
GRANIZO
FRAMBUESA
TRATAMIENTO
ESTRECHA
MECÁNICO
CIERVO
INGLÉS
EJECUTIVO
PORCIÓN
DESTRUCCIÓN
ROSTRO
CURVA
PÚRPURA
QUIETO
MARAVILLA
MOTOCICLETA
OLVIDAR

Puzzle 402

CRUZ
COMPRAS
CARIBÚ
INSTANTÁNEO
ORDENADOR
PARAGUAS
DEBER
MITONES
TIERRA
DERRETIR
PASADO
RELACIONAR
HOJAS
HILERA
GANÓ
PELIGROSO
ÚLTIMAMENTE
CHOCAN
MUESTRA
ECONÓMICA

```
Ú C A R I B Ú T O D R D K D S T E
L C R O F I S I E E E B H D S F L
T A T D C A R E N B L E Z J I A J
I H S A M C S R Á E A H H O J A S
M F E N C B B R T R C E I Y O O L
A Q U E H N S A N N I C G L O S R
M S M D O D A S A P O O S Q E O Q
E P C R C V R B T Y N N E W C R M
N I A O A L P M S D A Ó N A G G A
T A U R N S M K N W R M O Q D I P
E M A G A F O D I U U I T N P L T
D M G T S G C C Y N G C I O F E P
S S Q L K L U V R V D A M K Y P N
C D Q W P X E A B U P X P I Z X G
D E R R E T I R S C Z U W P C X A
```

Puzzle 403

```
F Y Q N D P Z D D A D I N U M O C
C U H J E B A I C N E I R E P X E
U S E I D C P S Q I Z X E R O X D
I E C R O H A C I L N O N B W V U
D L V O T T U D L V B E M T R L
A E D T L E R P S A L Q T O I O C
D C É C T L Ó I P G T O N H B G E
O C C U P G N D U Z U P A E T O S
S I I D D Z C O M W Y U M D G Z L
A O M N T D W K E B N R R P P M H
M N O O L D C I I A X G H B W A P
E A J C S C R F O T N C O A I S J
N R C O R T I N A C N T D J E R M
T S P R O P I E T A R I O V Z E O
E Y F Z X S E G Ú N W C G A L Z W
```

CONDUCTOR
PATRÓN
PROPIETARIO
EXPERIENCIA
GALLINA
CUPIDO
CUIDADOSAMENTE
GRUPO
HOMBRE
CORTINA
DEDO
SELECCIONAR
DÉCIMO
SEGÚN
MANTENER
PASILLO
LOBO
FUERTE
DULCES
COMUNIDAD

Puzzle 404

VINO
PARTICIPAR
PROGRAMA
AVIÓN
CERVEZA
SÍ
DETERMINAR
APRENDER
INTELIGENTE
MANÍA
PREGUNTA
NÉCTAR
FLORES
MOLESTAR
OFICINA
EDUCADO
EXFOLIANTE
EXITOSO
TOALLA
ABRAZÓ

```
N P R O G R A M A I D T K K B T E
D É I N T E L I G E N T E S I T X
I M C P R E G U N T A U Y P S B I
R R E T N A I L O F X E G T E Í T
P O Ó Z A R B A Í N A M I X R E O
I R G K L R E D U C A D O P O Q S
Q L M D L E A N I C I F O A L R O
I F W C A D K T T X V D S R F D K
I R J S O N J A S U S P L T N G T
B W I S T E C X Z E Q G H I W U V
R A N I M R E T E D L O W C Z R I
T E F A X P I O A X H O K I R L N
C W S Q J A I W O C B V M P E U O
B K A V I Ó N N X U E V B A V G H
F V S I C E R V E Z A H V R U M H
```

Puzzle 405

```
X E O L V M E Y M M I D F I A X K
A O H R T O S O J O D I N E T E D
A F F U E M T W T L V Y V G J A P
B S C L Y I A P U E R R O P D G Y
N Q I U L A C A D E C U A D A A F
U B H S L X I E I M X V S G D N C
O B L K T D Ó H P W D F D S I R B
C W A A T E N B U I M N Y M V É F
O K G V M Z N Y U M N U L U A I J
A D A R D A U C C W I T R O N C O
I K R O P A V O I E N L K A X U I
Z R T I G J A C Z A R A D K X L F
A O O R A L C D F Y D E R E C P L
R E S T A U R A N T E S Z Y S G O
E S C U C H A R R U Z D X A P X O
```

TRONCO
MOMIA
ESTACIÓN
LAGARTO
RESTAURANTE
PUERRO
CLARO
HUMILDE
OJOS
ADECUADA
NETA
NAVIDAD
ESCUCHAR
VAPOR
FUE
DETENIDO
CUADRADA
ASISTENCIA
CEREZA
LUCIÉRNAGA

Puzzle 406

ORGANIZAR
TARDE
SALTAMONTES
FANTASMA
RINOCERONTE
SUFICIENTE
INSPIRAR
EXPERTO
SERVIR
MOVIMIENTO
REÍDO
CORTINAS
ASAMBLEA
RESIDENTE
LLENA
ARRUGAS
GRACIAS
MULLIDO
ESPADA
POSITIVA

```
F M I W G M O V I M I E N T O U Z
T V Q F X B S P R R Y G T S F Z B
I A N E L L A R A G R A C I A S Q
W S R R W M Q F R E S I D E N T E
B N N D L Y G E I A M S A T N A F
G V B T E I P T P U Z N M V Q I X
A R R U G A S N S A N I T R O C D
M S A L T A M O N T E S N J H E D
S U R E Í D O R I I E P X A G D U
E T L H E T N E I C I F U S G V Q
R B E L M H N C E X P E R T O R M
V K X H I Z K O P O S I T I V A O
I X C K W D B N E S P A D A O O M
R W U J J D O I A S A M B L E A U
Q I O X Z O I R Z W K R D A K R Z
```

Puzzle 407

```
M F P A G A R Y S A N R E I P C N
O D A B Á S K I A C Z E R C J X C
L E Y L F G J J B D T D T M H X C
R E C C S R Z T I H O X V M J K O
E C O K O A E R A O K N S B K P O
S O D N E R S A C O M P A Ñ A R P
P S A Ó E Y R N L D A N G W E G E
O A S I W S W I S A L T Ó U R Z R
N S A S H O W G E L O Q A V A G A
D S C I O U N A Z N E I M O C W R
E E U R T F L M R C T R T E F T X
R D H P A Z R I R L C E Q S Y Z B
  E S T A D O U N I D E N S E B P
P X F W L Z Z P E R M I T E N L D
Q I A X Q U R F V T W N Z G A X J
```

ESTADOUNIDENSE
COSAS
CORRIENTE
IMAGINAR
COOPERAR
SALTÓ
COMIENZAN
LEONES
SABIA
RESPONDER
CREZCA
DAN
PAGAR
PIERNAS
CASADO
PRISIÓN
SÁBADO
ACOMPAÑAR
PERMITEN
FALSAS

Puzzle 408

POBRE
ESTANTERÍA
OLVIDÓ
MÚSICA
HERMANA
FINANCIERA
AGRADABLE
ESPINACAS
FUENTE
GENEROSIDAD
DECIDA
BESO
LECHE
SANGRE
PRODUCCIÓN
VECES
MOTIVACIÓN
CABEZA
DISTANTE
LLORADO

```
D T U D X K D I K O M J J R M O D
B E D B I O C T R V W G Z Q J E Y
O G C R E S S W A Z E B A C I F I
L E S I T F T V O N A C I S Ú M M
V N P S D E D A N A M R E H D F M
I E D Z S A C A N I P S E S K U M
D R S T X C X Q L T P O B R E E O
Ó O D A R O L L N Z E F P V S N T
L S F E S T A N T E R Í A Q A T I
E I U D I U J J W T N F F H N E V
C D O U N A G R A D A B L E G G A
H A R E I C N A N I F S V S R T C
E D A P R O D U C C I Ó N D E K I
D K B I B E S O S W J X R K B K Ó
Z U R T P O Z G S X Q C R Z S M N
```

Puzzle 409

```
T T C O R O N A D A R T N E Z L E
Z H A M C T Q E G H E C H O W C C
V E N D E D O R T O E I E A O O U
A Q J R H F Z J L A B N Y L K I I
C C H I M E D Y B J P I U Q H A D
T O N P J G V B D E M A E A U Y A
I N A M A B L E M E N T E R M V D
V T N U S J L T M E D I D A N L O
I E A R U E V I O L E T A P R O S
D N L R N U M C A S L I K M E Y O
A T A E J C R A T X J J U Á D R W
D A T T O K J T N Y Q K U L U A Q
U S F N Q O H W F A Z V Y Y C N K
D D O I R A L U B A C O V V I A K
P E R S O N A L M E N T E D R E P
```

RANA
CUIDADOSO
CORONA
REDUCIR
SEMANA
GOBIERNO
PERSONALMENTE
VIOLETA
CONTENTA
ENTRADA
ETAPA
LÁMPARA
VENDEDOR
VOCABULARIO
INTERRUMPIR
AMABLEMENTE
HECHO
MEDIDA
ACTIVIDAD
LANA

Puzzle 410

VOLUNTARIO
SUFRIR
ANCESTRO
EXTERNO
PRÍNCIPE
LOCALIZAR
CUCHILLO
MONEDA
BOSQUE
EQUIVOCADA
PERSECUCIÓN
LIMPIO
FRUTA
LECHUGA
LOGRAR
PORTÁTIL
SONIDO
DELGADO
AMARILLA
MEDIO

```
B S M D O N R L R N P R U T E W P
L O O O F R U T A X A K G V L Z O
E L S N N G O S Z D E L G A D O R
C L K Q I E S F I A P N I D E N T
H I Z M U D D P L N I O C A M R Á
U H F Q F E O A A C C W W C I E T
G C Y J H A F R C E N R Y O S T I
A U K Q O E T A O S Í L D V U X L
L C L O G R A R L T R Y F I K E R
I M E D I O E P T R P K V U T B Y
O Q H S U F R I R O E K K Q N N W
J M P V N Ó I C U C E S R E P A K
J L T N K K Y D N S Z W P Y G D Z
V O L U N T A R I O J R Z N L W B
T H Y L I M P I O A M A R I L L A
```

Puzzle 411

```
N E P H C C M S O U H D U J M W C
J S D A Z O R E F O G E U F O O B
F C P M W T N R R S K N X N N G N
P A R B N A X V E S C S K B T S U
A L E U C L B V E L P A F Q A Y V
S E S R X P E U Z N A E O T R O C
A R E G H A L C Ó N C J F Y V B T
R A N U R X V C F P C E A V Y E F
Q B T E E J H E I G C T R R L C A
F S E S X M T T H I H Z W A I A T
D W R A W L S U G L I T S T U M V
V Y W C S E R Á D O B L A R H R R
C O C I N A R C F T V I O E O Q X
R E W P E H R J Q D E T A L L E A
R T U K D T Y H M M J D U A A C P
```

FUEGO
MONTAR
CONVENCER
PASAR
ALERTA
PLATO
DETALLE
SERÁ
HALCÓN
CORTO
HAMBURGUESA
DENSA
FEROZ
ESCALERA
DOBLAR
COCINAR
RELAJAR
PEOR
ACEBO
PRESENTE

Puzzle 412

DURANTE
ESPERADA
CASQUILLO
ESPONJA
MILITAR
PONER
BOCA
FABRICACIÓN
TUBO
TÍMIDO
COMPLEJO
SU
CIERTA
PÁRRAFO
TRINEO
ESENCIAL
TRANQUILA
PIEL
RISIBLE
FRANJA

```
M P Q D E S P O N J A J N A R F A
I I X S S J H R A L F J N B R E G
L E D U R A N T E D F W S O J O G
I L A C H Y P Á R R A F O C I Q E
T E T O E N I R T F L R J A L L P
A S R U L F I L N A I X E O J J I
R E E S B E Y E F B U V L P R F P
P N I T I O H U L R Q Z P T S M O
D C C K S A S Z K I N B M Í E E N
W I F V I A C D C A G O M R W E
M A K E R Q B W M A R G C I C A R
O L L I U Q S A C C T L D D Q E F
V H D W W J Z G A I B Y K O U Q D
L M Q Y Y P I N I Ó E F S H B T T
P Q U E U A K V M N M D E O C M R
```

Puzzle 413

```
P T G Z U Y U S T X L Y D C A E C
K R A D N Á T S E D O I F H D M A
T A I Q I K R W V T C B I Z V P L
P É F M S O B R E V I V I R E L I
E L C E A A L V U P F V A S R E E
R Q W N C V G K N R Í E G D T A N
Í I Y R I T E X J O C S U C E D T
M T K L C C O R A C A O J Z N O E
E J A N I T A P A E P P E U C I B
T N U M E R O S O D B L R K I T F
R T R A B A J O S E P A O V A I H
O T R E I B A S L R P N C K M S O
W X B E I J T U N O G A M Ó T S E
B Z P P Z Y L H V Y O U W F L N N
R Z L T P S G V P E Z K R K I G W
```

ESTÓMAGO
PLANA
ADVERTENCIA
PERÍMETRO
PATINAJE
NUMEROSO
TÉCNICA
SOBREVIVIR
ESTÁNDAR
PRIMAVERA
ABIERTO
CALIENTE
PACÍFICO
PROCEDER
AGUJERO
SITIO
NUEVE
TRABAJO
AFECTO
EMPLEADO

Puzzle 414

CONTENER
OPONENTE
TAMBIÉN
DURAZNO
VIOLENCIA
VITAMINAS
AUMENTO
ESPECIAL
VARIEDAD
ADMITIR
ACEPTAR
COMPLETAMENTE
OPUESTO
LIBRERO
RESPIRAR
SANA
ALMACENAR
CHOQUE
NEVERA
AZUL

```
V A R I E D A D A U Y Z O R C V C
A G M B T P C A V I L R P L H X Z
E J H B E U Q O H C C A O A M S V
B A R I T I M D A P A N N W V L H
B N F M N W F Z K V U E E T U R E
L É Z D E Z J C K R M C N L P A P
O I R P M S A Z U L E A T C O R B
I B B R A T P E C A N M E O N I K
F M F R T M M E X T T L N N Z P V
Q A S T E F Y K C R O A E T A S A
T T O O L R G V M I P V V E R E R
S A N A P X O E F F A V E N U R S
J P K O M V U F J H X L R E D L I
K F E E O O P U E S T O A R A Z P
V A D I C V I T A M I N A S F W V
```

Puzzle 415

```
E Q Y Y T J T E C C S U R T I D O
X U E C R A H S O O D I R R U B A
P E O W A J X T N N H Z N D D B D
E M T F N X E A F T D O I O L Y I
R A L R S C E B I R M E R K J M B
I D Q T M E I L A A Q P H N J D U
M O G S I R R E N D T W Z L E V S
E A R D T C E C Z C M Q X V Q A U
N C H G I A Q E A F E E R J C C R
T Á C R R U R Z N N B N X J I V
O L K A D Y E N B W Q L O O S H G
B I M N G E R O L C L O F L R C E
J D L E N G I T O V D N I J L Q N
A A A R E A D A D I R U G E S A T
E F J O C B O A P N E C W Y Z J E
```

TRANSMITIR
CEBOLLA
REQUERIDO
SEGURIDAD
ESTABLECER
CONFIANZA
MENOR
CÁLIDA
QUEMADO
CHICA
SURTIDO
FOLCLORE
ABURRIDO
CONTRA
EXPERIMENTO
SUBIDA
CERCA
GENTE
HORNEAR
GRANERO

Puzzle 416

TELESCOPIO
NEGRO
FÓRMULA
RESPONSABILIDAD
COMPARAR
TENEDOR
ENTRENADOR
DIRECCIÓN
ENTENDIDO
POBREZA
REBAÑO
LÍMITE
PRECISIÓN
OLOR
TELEFÓNICA
CON
HISTORIA
PUENTE
QUERIDA
HUMEDAD

```
A E H M B C W T D N U R E F F P W
P N I U F R O R G E N E E Ó U U M
E T T H M C S M D W K B W R P E L
C E E V I E I D P Z E A C M O N R
C N L M I S D K O A M Ñ D U B T E
M D E A G V T A K I R O V L R E Z
A I F K P I Y O D W O A P A E R A
I D Ó A S L A G R S L M R R Z C F
T O N W J Y R Z O I O Q W D A A B
E T I M Í L U Z I D A D I R E U Q
N O C P R E C I S I Ó N O O T S G
E W A R K G M L D I R E C C I Ó N
D S L T O J E N T R E N A D O R S
O T E L E S C O P I O F Q D R M Y
R R E S P O N S A B I L I D A D J
```

Puzzle 417

```
B S S A P L Z P P X S V B L C P G
U R V Q P A G D D Q O C Y B S X O
U O T E L I C Í F I D M A I O L N
F O M E L G E I V B H H T E T A N
V I R V P A T N E V O J Í C E N A
X X R O F U H G F N X J P L P O T
U R I I L B T Z S E T K I S S I A
T Q A T I R O V A F R E C T E C O
E K T Z M X Y O A R B M O S R O X
N Q L P A N A H J E Z Y A S W M N
D K E P O L I C Í A D N E I F E D
E N X Q C Q P E N C O N T R A D O
R W Y E X B U S A T O C S A M Q K
É X I T O N U O E U Q O L B Z K W
M I T A D W D X O D I D R E P S X
```

TENDER
SOMBRA
CENA
ENFERMA
PACIENTE
MASCOTAS
POLICÍA
PERDIDO
TÍPICO
RESPETO
EMOCIONAL
ÉXITO
MITAD
ENCONTRADO
FAVORITA
DIFÍCIL
DESPLAZAR
VENTA
BLOQUEO
DEFIENDA

Puzzle 418

ACTITUD
MAYORÍA
NADAR
ALEGRE
VIENE
GRABAR
PAUSA
AMOROSO
MOSCA
HAZAÑA
CALCETINES
PUNTA
IMITAR
DELICADA
BIOLOGÍA
DOLOROSAMENTE
RECIENTEMENTE
FÍSICO
CARTERO
DORMITORIO

```
W K O I R O T I M R O D O A U V L
V Y Q M K N A D A R I Z A Í A F M
J Y X I O O A M O R O S O R S Í H
V J E T N E M A S O R O L O D S U
P R H A T N U P Y V B N Z Y H I S
C A D R L Y N E H A Z A Ñ A K C Y
A B U E Q Z P T N F Q Y T M T O M
L A F S L B T R N E H D F P O R O
C R E A A I N A C T I T U D N E S
E G A W D L C A H P C V Y Z A T C
T H P Z Z B F A Í G O L O I B R A
I L B O S T H V D A L E G R E A L
N A P F J Z F Y C A L O W C F C X
E T N E M E T N E I C E R L D D D
S U Q G R D G N I T Z Z U G P H Z
```

Puzzle 419

```
X J R O G O H P R I T S I S E R C
T I E N E I V M J O W O C B K H O
V R Z I C R E S E E B L E N G Á M
M Z C P N A F Z Y S S A N M J M I
Z S W E N T N E W R A M M M J S T
H B X P Ó E A C E R B E I L N T É
C L Q S I R S R I T J N D G F E G
C O L E C C I Ó N Ó F T C P U R K
Z T P T A E E O E T N E R E G A O
A L A É C S W Z R E U N I Ó N D L
N E Z R I W N O S E Y K C B A D N
J U I M L Z V V Q P O R X Q O X C
A S U I B T C M I Z Q D I Q V F D
B E Ñ N U F U D D B F A M O S A M
W H A O P F T T K G K L B F Y R Q
```

IGUAL
REUNIÓN
ZANJA
LIEBRE
MESA
RESISTIR
COLECCIÓN
TIENE
TÉRMINO
COMITÉ
UÑA
SUELTO
SOLAMENTE
PEPINO
CANCIÓN
FAMOSA
SECRETARIO
GERENTE
PUBLICACIÓN
HÁMSTER

Puzzle 420

LLEGAR
SONRISA
AZADA
REALMENTE
AVES
LÍDER
CASI
EXTRAÑAS
INDEPENDIENTE
GESTIÓN
MEDIR
PERFECTO
LAVADO
GUSTO
PELÍCULAS
LOCO
CULPABLES
LOCA
PERDONAR
SALVAJE

```
L Q N T E D F W L V P F X C G E F
Q Í A O A S I R N O S C C A L I F
E E D R E A L M E N T E J K R S C
T F A E P L N U T G Ó J Z D J Y U
N U Z U R U B F I P H I J T M K L
E I A H I C Q O F F N Z T U V F P
I X S P D Í E Z R C J A U S G M A
D P T F E L J D H G K C X P E B B
N E A R M E A X L G V G G D E G L
E R A E A P V R A G E L L L E P E
P D D P C Ñ L B V U L F Q M Y J S
E O Z G O X A D A S C A S I D J H
D N V C L Q S S D T L O C O J S V
N A H M U T L Z O O T C E F R E P
I R E A V E S Z P V I Q A S F Y X
```

Puzzle 421

```
C X D A D A R B E L E C A Y P Q E
P C B Á S I C O Ñ O T O B C R M V
B L V D J F E S S T Q D U K O Y I
Y P E E O Z N R V E S Í E J B T T
Z D F L C X C E A E F O L R A Z A
G D P M X J A V R D A O O D B B R
J I R A F A N E I Y Q I R E L S O
N E U O L Y T R O J E Y F P E O L
J C J W A T A A G E N U K H M F A
I M R U A N D V V R K C Q Z E Á C
S G I J T T O R P B E K C U N A H
B E B É A K R E V T C O U F T V I
W R X W J O H S U G M K E T E K W
L U F I C J Y B P E S C A M S I M
J X U T N O K O V Q A B E M L Z M
```

CALOR
YA
OJO
OTOÑO
BÁSICO
JIRAFA
PROFESOR
BEBÉ
PESCA
CELEBRADA
PROBABLEMENTE
ENCANTADOR
REVERSO
ABUELO
MISMA
SOFÁ
OÍDO
VARIO
OBSERVAR
EVITAR

Puzzle 422

PINTURAS
SOMBRERO
ALGUNA
ORDINARIA
CERO
DIEZ
LINDA
ATENTA
VEZ
ROMPIÓ
CUATRO
PICOTEAR
BALCÓN
SUMA
ABOGADO
VICTORIA
COMETA
EXCEPCIÓN
VIDA
PROPORCIONAR

```
S O R D I N A R I A V N W M S E L
P O D A G O B A Y Ó I P M O R E I
A I M N P V M V N N D E Y C J F N
L D C B F M Q N Ó Ó A T N E T A D
G V X O R A N O I C R O P O R P A
U D I A T E M O C L O R N R E D M
N N N C Y E R T P A O T Z E V O U
A Q P D T P A O E B Z A E C U P S
Z O E H E O O R C A K U I W F I E
C Y Z Y I D R Q X T A C D Z B X S
H P H N F P E I E L W R Z T W J Z
D T R I P O L S A R U T N I P Q R
Q V L I B P Z M G P X Y S X Q P E
T F G A F M T Q P G H T I E V Z Q
W K E V K H R M M G M B K V B S K
```

Puzzle 423

```
M Á U M J K A K B E D C M W P J H
E N O Q E S S H Q H E G Ó B V J X
R G E A B K O P F G L L L M I H B
C E A N U C X G P T I M R X O L B
A L M D N I V E L O C H E H P D I
D B E Z O R R O E D I V T N F R O
O S R B R B Z M V A O K R P O W R
J X C A V G I R I T S I S A D S Q
P J K N R P D J I P O X K B E O N
K K N D P R O P I E D A D G S B U
P Q B E L B A T S E N I Q C A O V
Y B B R F A N G O S O U S K Y L L
J A R A T N U G E R P L P L U G I
N C P H R X Y Z P C L H W R N B Q
R O Z H O T N C P Q F L B B O B V
```

BANDERA
UNA
DESAYUNO
NUBE
TODA
MERCADO
CÓMODO
PROPIEDAD
ÁNGEL
BODA
FANGOSO
MENOS
INESTABLE
NIVEL
PREGUNTAR
ASISTIR
ZORRO
DELICIOSO
CREMA
GLOBOS

Puzzle 424

ROJO
GRAN
MARIQUITA
TIEMPO
ELLA
ESQUÍ
VOTO
LIMONADA
REINAR
EXISTEN
TRAER
CEBRA
COMPARTIR
PENDIENTE
FORMALMENTE
ARTE
CAMIÓN
PERIÓDICO
ADULTO
LECCIÓN

```
P T P A G M V H A Z R I I A L R L
F I B E J A R L L S X R R R E E I
W E V F R I T R A P M O C T C I M
T M O C I I A E L P J S V E C N O
H P R K P R Ó N L O C E O F I A N
M O P A J M R D E F G X T D Ó R A
P A T R A E R O I X I I O T N E D
E R R G Y E K G J C B S T Y R R A
N B E I T V I C I O O T L U D A G
D E V T Q F I P L G V E V H I V E
I C D V Í U Q S E V F N Ó I M A C
E M J N Z I I P U Q K O L G N D D
N A R G X W E T N E M L A M R O F
T B P N V R M Y A P K U K C M N I
E X Q W S V H N D K R E W U O I D
```

Puzzle 425

```
E F H G L S F T D A T P E T E K F
X A Y E I N Ó I S R E V N I T O F
P X E M J D Y O C M S Z E I N K R
E O Z I R E A T Z N I R Q A E N J
D D S Z E P M N S Q S N U T M L M
I U E P V C Y U D M W Z M S A A A
C N S B O U O J X H A T C I S T R
I G D W M S R N G U J T C V O I T
Ó J F M E G I O T O A V E E R D I
N F M X R P D C Z I C R M R G O L
C U E R V O I L I I N H B T I B L
C O R R E R C B M Ó K U E N L A O
I Y S U I T E G L W N T A E E N G
Y N D O S R D O A U Z U M R P V G
C O N S T R U I R U I U Z C U T J
```

CONJUNTO
EXPEDICIÓN
PELIGROSAMENTE
CAJA
CUERVO
LATIDO
TESIS
CONTINUAR
REMOVER
NABO
INVERSIÓN
CONSTRUIR
MARTILLO
ERIZO
POSICIÓN
ENTREVISTA
DECIDIR
CORRER
MATERIA
NUDO

Puzzle 426

DE
AÑO
PLIEGUE
QUIEN
PROBAR
LA
PEREZOSO
FIESTA
VARIAS
DEFENSA
FIN
PROGRESO
VIVIR
AMOR
NEGOCIAR
GANSO
BLOQUE
ESPANTAPÁJAROS
HOLA
VERDAD

```
E P B H D X P N H V E S X T K S M
I S A I R A V B H O S N A G A Ñ O
E L P P L I E G U E L P M Y Y A Y
B A R A I C O G E N D A O E J U C
F L B Z N X Z I U F E Y R B W N F
C E O V E T D E F E N S A W P O I
U J S Q I X A K U J V N B Q C H N
E S E F U T D P T Z Q X O V K K R
D C R F Q E R F Á H X N R U D D J
P O G K E U E I G J Q C P L R S X
U I O Q U J V E E E A Z T D K R U
H O R I V I V S B X A R W Z E U C
Q I P O E J G T S Z T Z O F H X R
D D P Z D Q L A E S K M R S O F K
P E R E Z O S O V T T A F A L U A
```

Puzzle 427

```
R U K V G V T D S A T U R V G M F
Y E M S W A R G M D F M E N B X H
S I S L O S I A K J X Z C Y C H S
L A U P Z D S P R U N Ó I C N U F
R P K T E W T A Q N C L E T A I A
G A L L O C E T Z T R K N I R N X
G U E R R A T O T A J O T L E D J
T J Y H O C R O U R H V E F D U H
E S P E C T Á C U L O I D N I S U
P P L A T A F O R M A X I Q S T D
L L B F P R E C I O S A J P N R Q
W Z A P L U C S I D G S O Y O I U
R Q O T P E C X E G N T Y I C A R
D F T Z O D A Z I R A I L I M A F
I E X V R S A I P O R P M I J W N
```

LOS
GUERRA
INDUSTRIA
PLATOS
TRISTE
EXCEPTO
PATO
PRECIOSA
ADJUNTAR
RESPECTO
GALLO
DIJO
CONSIDERAN
FUNCIÓN
DISCULPA
ESPECTÁCULO
IMPROPIAS
FAMILIARIZADO
RECIENTE
PLATAFORMA

Puzzle 428

GESTIONAR
DUENDE
PRESERVAR
PRESIDENTE
CAER
OCHO
AGRESIVO
AMIGO
RESPUESTA
TIPO
TALENTO
PÚBLICO
CAMINO
EMERGER
ALFILER
SOCIO
LAZO
SAPO
CONCENTRADO
INCLUYENDO

```
E T T D R E S P U E S T A N G A P
C X Z U S Z V H Q Z N K B F H L R
A Y S E P R E S E R V A R F V F E
E P I N J P C X U O B L O R G I S
R Ú N D L Q N C E C A M I N O L I
E B C E A W F J X U O E C F Z E D
G L L O D A R T N E C N O C A R E
R I U P S V G T T G T W S G L A N
E C Y A V O T R J A J D K I C N T
M O E S K Q C N E E L B F I A O E
E I N X E K S H I S H E A U L I X
F Z D U V S V Z O P I T N P W T D
S A O G I M A Q O C Y V G T G S K
D A J V L J O L O M L I O P O E S
M D D P V U J B P M W P W O W G P
```

Puzzle 429

```
D D G I V W K I Z G D Y N I D T L
E O B O I D O E V E Q U Z N E R N
R S R R A S K S A R T É N S P U B
V A C A L H T R R A I E I P O C T
C K Z J W O N I O T A Q N E R O P
V E E S T B F T D S A A F C T R S
P E S H V Q M N L E O R O C E E F
R E R I Y X Z E Í R J P R I S U J
R C S B E E C S P P L H M O B Q G
Y W B E O T O M Y Y I W A N Z A P
G S P W Y L E Y L S R X C A O V C
C E S A R R G P V A R X I R D P T
R A W B R I L L A N T E Ó T K A E
G S O L I C I T A R S Q N B S R Z
F O C A M T Q F R T Q E S V F V Y
```

PÍLDORA
VAQUERO
PRESTAR
ODIO
INSPECCIONAR
FOCA
TRUCO
SARTÉN
VIAL
PAZ
CESAR
SIETE
INFORMACIÓN
PESE
VERBO
SENTIRSE
BRILLANTE
SOLICITAR
DEPORTES
VACA

Puzzle 430

MILLONES
COLORES
PÉRDIDA
RÁPIDO
CARAMELO
POSEER
BENEFICIO
PROMESA
POCAS
PROBLEMAS
UTILIZA
DOMINANTE
MARIDO
AGREGAR
SORPRESA
ALTITUD
NIÑAS
MARGARITA
MONO
CAMIONETA

```
M A R G A R I T A C F X M S I T D
A L C X C W X U S T A Z I L I T U
D L O D U Q D Z T P Q C L V D H Y
I W Q F Z L L O X Y V O L A C X R
D O M I N A N T E T A L O U A T Y
R R Q P Q B S A C O P O N B M F T
É Z G E D O S E Y A D R E E I D A
P A L Q Y L I H R E N E S N O N L
P R O B L E M A S P Q S I E N I T
T A D M T M M F S U R X W F E Ñ I
L G I Q A A J F P Z F O M I T A T
E E P K T R M G W Z T N S C A S U
T R Á O D A I O U Q K L B I A S D
L G R A M C B D N L I U B O O M T
U A S E M O R P O O P O S E E R W
```

Puzzle 431

```
J E T N E M L A U T C A D B O K I
M T E Q R F M G R I S A E L K J N
K N N K E O M A Y X D T P R L M V
G W S D O N D E E J F U O T A G E
U S A X M N E A H H R M R R N D S
D E L A N T A L R L L H T D O S T
P R O P Ó S I T O O N Q E A I L I
M A D U R O A V M O M U M M S X G
L U N A U S Z N T M W E G L E Q A
C U E L G U E S M Y Z F W F F I C
L U S H K J N C I E J J H F O F I
K O S L I U X Z U H E Z Q L R G Ó
Z O O L Ó G I C O A P A U Z P H N
G L O B O D I P Ú T S E G B S F N
I Q Z L I N X D K M B J G U O K L
```

LUNA
ROL
MADURO
ESTÚPIDO
RISA
GATO
SAUCE
CUELGUE
DONDE
ACTUALMENTE
ZOOLÓGICO
QUE
DEPORTE
TENSA
PROPÓSITO
PROFESIONAL
GLOBO
DELANTAL
MORADO
INVESTIGACIÓN

Puzzle 432

DISCUTIR
CITA
ANÉMONA
PESO
FRAGMENTO
EXAMEN
CONJETURA
GARZA
FLORECER
BIEN
CUANDO
APOYO
CRÍTICA
ESPECÍFICA
ESPACIO
PARAR
POSITIVO
ACCIÓN
SANGRAR
RECUPERACIÓN

```
A Z R A G R I A C I F Í C E P S E
P C T F C L L S O T N E M G A R F
D W C R G V F U N D E P N X I M F
C I J I T F G V J S M Q E J Q J L
P X G V Ó Q P A E F A Y P Y W A O
C O S E P N W I T I X F C K V P R
D U S P A R A R U E E F H K L W E
I C A I F P Z M R S A N G R A R C
S R S N T I Q M A I O E I Z X W E
C Í D O D I M J N A T I C N S I R
U T Y N N O V O O P U B N B F R Y
T I L E S V P O M O E S P A C I O
I C Y C G N J J É Y A T X D M Y M
R A P T X X S N N O H C M Y X U P
H Q Q X N Ó I C A R E P U C E R U
```

Puzzle 433

```
I N T E R A C C I Ó N U A D S S Z
R E C U R S O N A L P Q P O W M E
B B O I R O T I R C S E I B P A B
T E L E V I S I Ó N N F O E S E D
F S O G N I M O D C A S T A Ñ A S
W K Y I U G W U E C B C M E F W C
P L Y Y Q S K Q S L W T U C T H W
O T R A R O H A I E J F I M H B Z
K F K Y S T M V E Z R Z W E B Y Z
O D P P N H F Y R H U E V O S R B
L E Y O R N P F T S H W X V C F E
A L E T A F N Z O A C L A R A R X
Y Y A T R A C T I V O V L W X Y U
H I G P T U T T L E W H F E H D S
D Y R E T I R A R I V T I P P R O
```

APIO
DESIERTO
LEY
INTERACCIÓN
PLANO
OTRA
CUMBRE
ATRACTIVO
RECURSO
DOMINGO
RETIRAR
AHORA
ESCRITORIO
CASTAÑAS
RESUMIR
TELEVISIÓN
ACLARAR
HUEVOS
ALETA
DESEO

Puzzle 434

ACTUACIÓN
PLAYA
TEMA
RAZA
ORGULLOSO
VACIADO
MUJER
ESPOSA
ZAPATOS
CAUSA
ASEGURAR
DUPLICAR
ANSIOSOS
RÁBANO
ALIMENTOS
MEDICINA
CLIMA
BOTELLAS
SUMINISTROS
PENSAMIENTO

```
O D A I C A V J S A L L E T O B K
R U E S P O S A U M D P T S P Z J
G P R N I Z L M M O V S V U R O K
U L A Á E S K E I M I S T X K P W
L I S W B V O T N E I M A S N E P
L C E A M A Q I I V T C I S X P D
O A G L E E N E S R A Z A C U N W
S R U I D T Z O T Y G M S M Z A G
O T R M I T A D R L A W B Z Y L C
D Q A E C Y P M O M U J E R X B R
I R R N I U A A S N F J C U W Z Y
D C E T N J T Y V J P C L P R I B
O E G O A S O Y A X X G I A E V J
V S O S O I S N A L F G M F N T Q
A C T U A C I Ó N E P W A C W V H
```

Puzzle 435

```
R F F T Y U M T J M Z W E D C P T
A E R A I D U T S E U Q A T A O R
T Y C E G T I A B L F M M A Í V A
A W S R G E N Y M I T U T A D E N
R V X O E A T H U R A C Á N A J S
T P B Y Q A D P W S I Z J K V A P
W C R V O U T E T H C X Y U I S O
T O R T U G A I R O N W O M T O R
P K J W Y K V T V O A G M J C C T
G O R I P M A V V O T X E D A A E
S D S V D B T J R Y S F Z H N L A
Q N Z I A F L O D A U C E D A M K
D U A L B J A D L A S A J K I A E
N M X K S L F C O N F L I C T O U
B S T M C X E T S U J A M D W R W
```

ADECUADO
ATAQUE
HURACÁN
MUNDO
TRANSPORTE
OVEJAS
RECREATIVO
SUSTANCIA
ACTIVA
CAÍDA
FALTA
CALMA
AJUSTE
TORTUGA
POSIBLE
VAMPIRO
ESTUDIAR
CONFLICTO
FREGADERO
TRATAR

Puzzle 436

FUERON
JABÓN
REUTILIZABLE
REPENTINAMENTE
DELFINES
TELÉFONO
TAPETES
SECRETARIA
RODILLA
GOBERNANTE
SÉPTIMA
PROPAGACIÓN
HIPOPÓTAMO
ESGRIMA
DURACIÓN
GRANJA
ORDENADA
CALCULADORA
RESPONSABLE
CONFUNDIR

```
J C Z S X W I I R A R R Z D R C T
A S C R A D I N O R E U F H E O E
B J L Z R V V W D B U P K F P N L
Ó S O Y F D L S I R T S Z N E F É
N F G R A N J A L V I É I Ó N U F
E S G R I M A E L Q L P O I T N O
W J K S E T E P A T I T Q C I D N
H I P O P Ó T A M O Z I M A N I O
G O B E R N A N T E A M F G A R I
D U R A C I Ó N K Z B A W A M P K
E W A R O D A L U C L A C P E B V
S Y V Y L F A D A N E D R O N N Z
D E L F I N E S G H M J C R T N C
R E S P O N S A B L E V B P E G Z
S E C R E T A R I A N R Z Y A J E
```

Puzzle 437

```
J N N K K M L P G D D B P A W S V
R O C V E Z T K S F R A L T M E L
Q H V F R Í A D P E A L A P D N D
S D A E Y A U V A S G O Z O W T B
Y J Z V N T C F J M Ó N O C R A B
Y U T E T J N A A C N C U I I D C
H E L I C Ó P T E R O E C N N A A
I T V Z C F A I T U S S B D T S B
G N I X V L A F X S I T K I E Ó A
Y E R R U U J Z Z U M O Y C R I L
Z I D M Ó I U G I S N O C A É D L
B L Z N P D V I E N D O N N S A O
Z C T T A O U M C I N T U R Ó N O
T W O L H R X I I C I U K E R E F
S A I Z I U G B U G Y F N F E Y N
```

INDICAN
FRÍA
INTERÉS
DRAGÓN
PLAZO
CINTURÓN
GRANDE
CLIENTE
SE
BALONCESTO
VIENDO
CABALLO
CONSIGUIÓ
JOVEN
HELICÓPTERO
BARCO
ADIÓS
UVAS
SENTADAS
FLUIDO

Puzzle 438

AISLADO
PRONTO
ACUSAR
CUELLO
DELANTE
CARBÓN
MINORÍA
BOMBERO
PAUTAS
PERECER
MELOCOTÓN
PEQUEÑO
DESLIZAMIENTO
PAVO
ESPECIE
CLASE
ÚTIL
PERÍODO
SOLITARIO
ALTERNATIVO

```
D M A D A E S A L C C U E L L O M
E H J H U R A O Ñ E U Q E P P V E
L Z X G O G T O L I T Ú E H E A L
A T R Y C L U T F I D X U C R P O
N D O V I T A N R E T L A B Í O C
T C R E W E P E R G U A C S O G O
E Q E B Q W X I I W L Í R X D N T
P F B M N C H M H W G R E I O F Ó
E G M G G P V A A C X O C Z O K N
E A O L I A U Z C I G N E O T Y R
F N B Y X S J I B A J I R Z N X W
E S P E C I E L M B R M E J O U K
A I S L A D O S H B H B P T R N X
D L E A E B N E Z Q R H Ó N P A S
A C U S A R H D R C R B N N A N H
```

Puzzle 439

```
Z A Y J L B R O P O N D G G R R C
F S V Z Q W E E N I E G N Y K H O
V L U C N C G O D O M T P D V Q L
O D O T É M U E W E A Y F S Q Z I
L T H H R U L M E N C I O N A R F
U V I R V Z A P A C V U T K S F L
M L B B T C C S A O T E S C I R O
E D T Y Á F I V U D C F J L E E R
N E I I F H Ó T H O E A N L N S A
T G W T Q Z N F S R U W N B T C R
E Z N Ó I C A U T N U P E T O O O
C I E M P I É S A I P N G I A B L
D E L E T R E O V C Z P I J Q R P
S I M U L A C R O E F O R M A L X
N A C I O N A L B S F H M X F P E
```

SUCEDER
MÉTODO
MENCIONAR
CODORNICES
COLIFLOR
SIENTO
CANTAR
NACIONAL
VOLUMEN
POR
EXPLORAR
HÁBITO
REGULACIÓN
CIEMPIÉS
PUNTUACIÓN
CAPAZ
SIMULACRO
DELETREO
FORMA
FRESCO

Puzzle 440

SABER
AÑOS
SAL
ASENTADOS
DECLARACIÓN
CIERTAMENTE
CIENTÍFICO
FIGURA
GENERACIÓN
DISTANCIA
IGLESIA
PINCEL
DEJAR
PALABRA
OSO
SER
GRAVEDAD
SATISFECHO
CUIDADO
VIAJES

```
J T Y P C F Q C Z Q L O N K D H N
Z C L N Ó I C A R E N E G O P A M
R G R N R G A S E N T A D O S Q P
S A L Ó S U V S W I I H P H G W P
E I I L R R A J E D H A F S B I
J S E C S A N B H N Y V R Ñ N H N
A E P A N A Z E J H G I L Z O M C
I L J R X A T R E S P S E B W S E
V G R A F T T I P A L A B R A F L
A I H L O S O S S C U I D A D O K
H K M C T K O C I F Í T N E I C D
S T B E H O S D A D E V A R G J Y
I A Y D L M U V V L L C I F R G Q
Y I H I P B W U P A V T H Q W I E
M S C I E R T A M E N T E O Y J E
```

Puzzle 441

```
A B R E V I A T U R A S A L U D C
O S E N O I C A T I P I C E R P O
M V L X T A P I H A O E K L F P N
W M B V R W A I I D R S R B Y C V
V D A W A N P J E I X V K A Z O E
F I H J U Ó A P P N J V T I H M R
Y Q C P C I R N R E S W M F L P S
A O E Q V C L D O E R E F N Q L A
D I S T R I B U I R F M I O L I C
Q P E G O D S L L Q K E I C Z C I
G O D M M N L B G A F B R S I A Ó
D R P A C O D E S A F Í O I O D N
X P N Ó I C I B M A H H A Z R O W
R D T R Y A N U A L F N S G F E B
N A T U R A L E Z A C W G Z O E U
```

ABREVIATURA
CONDICIÓN
ROPA
PREFERIR
CONVERSACIÓN
PIENSE
ANUAL
PRECIPITACIONES
PROPIO
PERMISO
DESECHABLE
SALUD
SEIS
COMPLICADO
CUARTO
NATURALEZA
DESAFÍO
DISTRIBUIR
AMBICIÓN
CONFIABLE

Puzzle 442

PATÍN
MINUTOS
SUEÑO
COMIDA
HERMANO
OBJETOS
RATÓN
ORGANISMOS
BURRO
CAJÓN
ACADÉMICA
BERRO
DESARROLLAR
SUCIA
PELÍCULA
NATACIÓN
ASIENTO
PERSONA
REFLEJAN
ÚLTIMO

```
Y O G B L B Q F Q W F J C S M Z U
D Z C P Q O G U M O G U A U W R O
A C A D É M I C A I K I J C V E D
O R G A N I S M O S N M Ó I Z F O
R N C M L T W L G F P U N A G L G
R H A I W L O K B P H A T T J E J
U E W T F Ú E Z A H O M T O F J W
B R V T A N O S R E P T K Í S A X
W M H R D C P E L Í C U L A N N R
J A L A N F I C O M I D A J F M M
V N Ó T A R B Ó B E R R O B T C C
S O T E J B O J N S U E Ñ O Y N L
P W T Z J L P A S I E N T O D D M
E H P P D E S A R R O L L A R R A
K F R T Q B C A K V T Z Q H O Y U
```

Puzzle 443

```
E N F E R M E D A D L J Y Z D I G
V F U U L N E R E I F E R P E N O
Q R E K I Ó F E A L E V K R J V L
T E E I B I V P E R Á N M Z A A P
Z C P U E C D R T S I G O X N D E
R U G F R A M E A H P T R L D I W
W E O H A T W S C M Y E J I O R F
W N Y Y C I T E C L U D R Q M S Z
B T T Y I V R N W A P V G A H A X
D E J Z Ó N X T F R C F X H N U O
M R K N N I A A G U O G U P D A O
U F O N R E T N I T K H J U Z H T
S B O E I P J I R C A R N E W S V
E I X K K J L Q Q E A O C E L D A
O L S T C S O N O L O C U T M Y S
```

CELDA
ESPERAN
FRECUENTE
CARNE
INVADIR
DULCE
INVITACIÓN
REPRESENTAN
MUSEO
LECTURA
GOLPE
PREFIEREN
LÁGRIMA
LIBERACIÓN
VELA
TIRAR
ENFERMEDAD
DEJANDO
INTERNO
COLONOS

Puzzle 444

VÍCTIMA
EMPAREJAR
SUAVE
PRIMER
PILOTO
LIBERTAD
PRIVILEGIADA
PERMANECEN
OYEN
SEXTA
LIBRAS
NUBLADO
AYER
PEZUÑA
DISCUSIÓN
POLÍTICA
CAFÉ
BÚFALO
CISNE
TERMÓMETRO

```
P P J D M J M N S J N U T Q O P L
O E I A Z I Z J W Y U F D D L R T
L Z R O L H G H H V B O T O L I P
Í U P D R É W F E P L L L K O M T
T Ñ E V N F Q Q E R A A V H T E E
I A R V O A B X O I D F O N D R R
C T M Z A C Y J Y V O Ú L Y T V M
A X A E M U X E M I M B I I E H Ó
P E N S I C S E R L I C B C U N M
X S E M T K J Q N E V O R W G R E
S F C J C T I Z R G N H A L P G T
R I E A Í H I P Q I Y Q S L G Z R
B D N T V I V C F A Z X F U G Z O
E M P A R E J A R D A T R E B I L
D I S C U S I Ó N A N H F Q P V J
```

Puzzle 445

```
Z T M T S X J H C H Z Y V J A F L
R O L A V L R P U E U I X E C O F
I F N Z R K L G B Z Q U K U T T I
C A I Ó P O S O I S N A P N U O O
E M S N R W F Y E A S A G S A G V
D R D F C Q H K R U E N Z B L R R
N A P Y O A I L T J L D K O I A E
C D L M S J A I O P O G U K Z F C
M N N N E G A M I J B H S R A Í O
D E T K R I V P K R R T N O C A N
X M G U P Q S I N A Á Q L B I J O
I O S U X J S A Ñ A T N O M Ó E C
H C M D E Q W R W W Y G E A N R E
R E L I U Q L A O P U E S T A I R
J R F P A J U S T A R M Y M R B E
```

AJUSTAR
RECOMENDAR
ASA
TAZÓN
IMAGEN
OPUESTA
VALOR
RECONOCER
CUBIERTO
SIEMPRE
ALQUILER
FOTOGRAFÍA
EXPRESO
LIMPIAR
MONTAÑAS
ÁRBOLES
TAMBOR
ANSIOSO
ACTUALIZACIÓN
DECIR

Puzzle 446

NACIMIENTO
MEJORAR
ENVUELVA
REQUERIR
TAMAÑO
MÉDICO
ATARDECER
VELOCIDAD
AUTOR
SUBIR
TERMAL
GIRASOL
REGALOS
CONTRIBUYEN
NECESIDAD
LLAMADA
JUNTO
GANADO
VIAJE
MISMO

```
S M T J V H R Q X J K F S D U H N
U É A V L E U V N E V I A J E E E
B D M D A D I C O L E V F Y R R C
I I A T A R Q I S J X G V S F E E
R C Ñ Z E M V N J Z A C C D B G S
A O O I B R A X J R M I S M O A I
R G Z Q W Q M L D E L B P M Z L D
O I C Q O D A A L Q J U N T O O A
J R Y A W X S K L U P R I E T S D
E A F C C X J P R E C E D R A T A
M S T G A N A D O R A U T O R Y T
T O B Q N E Y U B I R T N O C R H
E L J J N H I M Y R C F A L E F Z
J N A C I M I E N T O Y N M J G Z
N O Q M X P K G W K E P O A F D B
```

Puzzle 447

```
M W E X L C C A T U J Q P W E S W
D T O K Q G Z E G Q U I F F Q A P
K D U F K G W N W U T U T X A T P
M I R O M S A L I R A C K C A N F
P N T J E E R O D C X X D U U G L
F R S A X V M U M Z P W Q W N C I
D L N B P E E O R E A C C I Ó N N
E W O A R R E S R W W C G Y O X T
S Y M R E B Q E X I V E R D E S R
E O I A S K T U V S A R T O X P O
A C F C A N E Q U O M P K M D W D
R J B S R C O N T R A S T E K M U
R Y G E B U W W F A R A C S Á C C
C I N C O D N A G E L L J M A X I
I N C I D E N T E Y Q F D U Y X R
```

INTRODUCIR
CÁSCARA
INCIDENTE
DESEAR
RAMA
REACCIÓN
QUESO
SALIR
ESCARABAJO
CONTRASTE
VERDES
FLOR
EXPRESAR
LLEGANDO
AGUA
MONSTRUO
MEMORIA
CINCO
BREVE
OTRAS

Puzzle 448

FAISÁN
ESQUINA
LADOS
LABIO
COMER
COMÚN
NOTA
MINA
PLANTA
CONFESIÓN
MARTES
CACHORRO
MIEMBRO
TUVO
TULIPÁN
CARRETERA
EVALUAR
EN
TESORO
SEDOSA

```
M M P D C W S C Q M N I G C N Q P
S M U O A T W X H L G A S O D E S
K E V A L U A R Z J N U S M E M X
P P G N Á S I A F U R T C Ú S C Q
P N Ó I S E F N O C A T O N Q H R
T T K M R L I R H M R S Q R U V R
Q E C A C H O R R O E E I C I G Z
M S S O D A L P U T T N P B N Z L
I S E O D U Y R F U E U I A A T M
E Z T I R E M O C V R Y L E D L Z
M E R L Y O Y L C O R B L I Z W R
B W A S A P L A N T A X D I P S Z
R P M O M B O B K J C V X D I Á U
O H U P D U I K D B Z Q B J Y V N
O L H W I Q P O Z P O Z L D O P Q
```

Puzzle 449

```
E Z R M L G N F U L O T H C Q V V
W S O D D E A I Q N M Q O I Y I A
H O T N M R U C M L O B R R M N C
U Ñ R U A A Z C N V D U A C W Ú O
D I M V D Z J I C B S R R U G T M
C N S D J I B Ó J O E L I L C I P
C R E E R R O N Y B L A O A Q L L
F Y U T H O Z S A G W I D N U L A
I N S T I T U C I Ó N X N S Q Á C
G J W T J U R E V I S T A A Z P E
S A T E N A L P U P Z O G B J I R
B I S P R Á C T I C O C N E D C Q
P C Y T N A R A N J A W P U F E C
K E W J O V W D I V N Z F R Q S U
C D L R Q R K S Y X M D G P O R Y
```

CIRCULAN
PRÁCTICO
INSTITUCIÓN
INÚTIL
REVISTA
CREER
GASTO
DOS
NIÑOS
COLINA
FICCIÓN
PRUEBAS
ESTUDIOS
AUTORIZAR
BURLA
LÁPICES
COMPLACER
HORARIO
PLANETAS
NARANJA

Puzzle 450

VIERTA
PISTA
CINE
EMPUJAR
TAZA
ESTRUCTURA
GROSERO
PANTALONES
DURA
PERTENECE
PUERTA
LLEGÓ
ARTÍCULOS
HORAS
SUYA
LOTE
JARDÍN
PERDÓN
MODERNO
AZAFRÁN

```
A E L O T E D U U B T Z E A V Z S
T R S H C X D J J M U E J Z I W L
S T T T C I N E R G C C E A E T H
I A I Í R D U R A O G E M F R P S
P Q L P C U P E R D Ó N P R T L A
V H J M C U C W V S G E U Á A H O
H H J Q I J L T B V E T J N Z M O
R H L S U Y A O U Z L R A V A K M
R O J H S T Y L S R L E R Y T B M
J A R D Í N Z R U K A P J M S S B
F T Q E M O D E R N O H O R A S H
I R O P S C P A N T A L O N E S X
J E O V K O Q R J E J A W N J Y R
G U X C E S R D H U T G U F W J A
S P C Q A C J G F C J Z K G A M W
```

Puzzle 451

A	D	A	R	E	P	S	E	S	E	D	J	T	W	V	U	C
C	S	K	E	I	Z	E	W	I	A	G	Z	I	R	N	Y	O
B	O	U	M	F	R	C	Q	X	U	S	P	G	E	T	I	M
U	D	M	M	K	C	E	Y	B	O	G	P	R	I	Y	Q	E
F	R	H	A	E	I	H	Q	J	I	U	I	E	M	B	E	N
A	A	L	O	D	N	A	T	A	R	T	G	S	W	N	V	T
M	P	Q	T	E	R	B	E	B	I	D	A	J	L	K	E	A
I	O	L	S	B	C	E	Z	A	P	A	T	O	F	A	N	R
L	E	F	I	K	Z	E	J	M	F	B	F	M	K	I	T	I
I	L	L	V	X	P	C	W	A	Y	I	A	S	O	C	O	O
A	M	Y	C	S	I	G	L	O	C	I	C	I	Y	A	W	L
T	R	D	U	E	V	A	C	U	A	R	N	L	F	H	S	K
W	I	N	A	D	A	M	X	C	S	H	Q	C	A	I	G	K
C	O	M	P	O	R	T	A	R	S	E	U	I	G	A	K	X
P	E	D	C	C	X	G	P	T	H	N	H	C	Q	J	J	J

ZAPATO
COMADREJA
COMENTARIO
NADA
EVACUAR
ISLA
BEBIDA
HACIA
ASUME
VISTO
EVENTO
HECES
TIGRE
LEOPARDO
DESESPERADA
SIGLO
FAMILIA
TRATANDO
COMPORTARSE
CICLISMO

Puzzle 452

MUCHOS
HURÓN
SACUDIERON
POPULARES
DRAMÁTICA
AUTORIDAD
POLÍTICO
COMPRA
ESCUELA
ENORME
SECA
DENOMINADOR
PASEO
NEGOCIO
PRODUCTO
CAVIDAD
DEMOCRÁTICO
QUEMAR
IMPACTO
MAGDALENA

E	N	O	R	M	E	B	P	M	Y	B	E	P	T	E	D	O
I	Ó	E	A	S	X	H	S	R	J	Z	X	X	O	S	R	V
M	R	S	M	A	D	O	E	S	O	H	C	U	M	C	A	L
P	U	A	E	C	D	C	R	E	A	D	C	C	M	U	M	P
A	H	P	U	U	D	I	A	C	E	S	U	G	N	E	Á	O
C	T	R	Q	D	H	T	L	V	L	O	T	C	J	L	T	L
T	Y	A	E	I	V	Á	U	A	I	G	R	B	T	A	I	Í
O	D	X	P	E	Y	R	P	R	U	D	Z	D	V	O	C	T
J	Q	B	N	R	N	C	O	P	I	T	A	Q	Z	J	A	I
L	X	X	B	O	Z	O	P	M	X	P	O	D	V	V	F	C
O	Y	N	Q	N	H	M	F	O	L	D	X	R	F	N	O	O
E	C	S	K	A	G	E	Y	C	A	L	S	Z	I	R	T	Y
I	Q	B	G	R	O	D	A	N	I	M	O	N	E	D	H	T
M	A	G	D	A	L	E	N	A	D	T	P	W	V	A	A	T
H	C	F	T	T	W	X	N	E	G	O	C	I	O	S	U	D

Puzzle 453

```
A I S W C O E S R A S A C Y A Y Z
N N E K C O P M R Q P P W T O V N
C S P C A D L D P A F A R R N L T
H E A O N K N E P L E M P A R D S
U N R B G H S P G O E M A C I F D
R S A R U A N N P I G A L I U G Á
A A D A R I V I I N O S R N S H V
C T A R O N U G N I N O A U E J S
J O C E P G C K K F A N A M G N W
P A Z H B I D O V U C O D O U Z W
N P F G Q S I V R B R B Y C R A G
L H K X V N X N M T C A K F O H J
S A L C H I C H A S E J G F S G G
G T E L A E S C A S O Z O J F R A
E X H I B I C I Ó N F D A O R F L
```

ESCASO
COLEGIO
JABONOSA
INSIGNIA
COBRAR
EXHIBICIÓN
SEGURO
COMUNICAR
SALCHICHAS
SEPARADA
CANGURO
MAPA
CASARSE
CORTEZA
TELA
ANCHURA
INSENSATO
NINGUNO
ÁGUILA
EMPLEAR

Puzzle 454

PARTÍCULAS
REGALO
MISTERIOS
ARTISTA
HABITUAL
NO
TENÍAN
MENTIRA
NIÑO
SELLO
COYOTES
ALTO
TENER
LATERALES
GAFAS
BOLA
EXPLICAR
POBLACIÓN
ESTRELLA
PELUCHE

```
E L N I G T A T S I T R A K A R C
P X F Z O X R M A L L E R T S E K
Q H P X D U E P F Q C N N H A U S
O Q A L V X Q J A I B E P Í C D L
T O H Z I R M I G H M T X K A D H
Q J T Q Q C D Z W J A S O Z L N A
S E L L O N A T Z A C A B P O S B
O U Z S E L A R E T A L L J B K I
I B P E L U C H E I C U P T N M T
R C O Y O T E S K B T C P R O G U
E H R E G A L O Q S L Í M D Ñ H A
T B T Z I G S M F F X T F Q I E L
S H Y R H N N L J Y A R I T N E M
I P O B L A C I Ó N Y A U J B S T
M L J E G Q R H R B A P W X B G F
```

Puzzle 455

```
D I F E R E N T E H L P Q N E I N
J E B J O M C T D I O H C E L S O
H L H G T C T O X X R R O I K A M
U E R R Y E A I M U O T N E I V S
L F S Á D A R A T P E C R E T N I
Y A E P A Y U D A N R E I P Z I T
Z N Q I M B Y L K D H O B E Y Q E
T T U D C P O C E S S V M T Q Z L
D E Í A I G S U Q Í H T U I O H T
E H A I U U T E K W D T E V S F A
T E T E R A C S Z W A O E E B O L
P A P E L U C T T A B L E R O T H
J Y W Z S T L I Q R I T T T J L I
V U H W C M U Ó A J K R L F I A L
F U R I O S A N O E S F U E R Z O
```

DIFERENTE
TABLERO
ESFUERZO
TETERA
LECHO
ATLETISMO
LORO
RÁPIDA
PAPEL
PIERNA
EVITE
AYUDA
VIENTO
COMPROMISO
LEÍDO
CUESTIÓN
ELEFANTE
SEQUÍA
FURIOSA
INTERCEPTAR

Puzzle 456

APLICAR
AUNQUE
NACIDO
MEZCLA
DEMOCRÁTICA
DECEPCIONADO
VERDADERO
BONITA
MARIPOSA
ÁRTICO
BLANCO
INSERTAR
BÚHO
PROBLEMA
DESCRIBIR
CADA
ATÓMICA
ADMINISTRACIÓN
FEMENINA
NECESARIO

```
V C A D A K D A T I N O B C Y N M
A E N O B Q B C P P A F W W U E M
Q X R V T B C U V L C N Z K L C I
A M Q D T O D A N O I C P E C E D
G B I X A D Q I A C M C F I Á S N
F Y W R P D A U A N Ó P A U R A A
V E A Q B Z E D R A T O M R T R C
O U M D Q H A R P L A H Z L I I I
Q Q E E V M P N O B G Ú N T C O D
W N L T N D E S C R I B I R O W O
Y U B A C I T Á R C O M E D W K J
R A O H L S N I N S E R T A R U D
F B R E F Q C A L C Z E M E K X H
I X P A D M I N I S T R A C I Ó N
F Z F I M A R I P O S A L C N I X
```

Puzzle 457

```
O B B Y U Z J N R X S K D X M P I
D U R A U A G Ú O C A Z U P D R U
P P F I N M D M C L C Z G W C O T
L T F Y L C R E A W U L G Z O B E
D N W A S L O R M C D D A O M A M
Z D N B B E O O V O I P U J P B P
D I N E R O C F U X Ó U Y D A L E
A R P U O W K C E S P E J O S E R
D O W R I J K R I S U L Q X I C A
I N B P R L O L V Ó S V Q E Ó Q T
L S U P E R I O R D N I Q Q N J U
A F E O T N E I M A R O S E S A R
C J F W N F S L E J E C U T A R A
S Q S W A C I T C Á R P J A C Z W
A B S O L U T A O P E R A R G S T
```

SACUDIÓ
CALIDAD
PRÁCTICA
ANTERIOR
ABSOLUTA
EJECUTAR
SUPERIOR
SECCIÓN
ESPEJO
PROBABLE
NÚMERO
DINERO
ROCA
COMPASIÓN
BRILLO
BANCO
PRUEBA
ASESORAMIENTO
TEMPERATURA
OPERAR

Puzzle 458

REVERTIR
ALEATORIA
TRANSPARENTE
DECAIMIENTO
CUELGAN
AMPLIA
CRECIMIENTO
CENTAVO
LILA
DEMÁS
DESCUIDO
ANIMALES
MARCA
REINA
PIEZA
ECONOMÍA
COBRO
DESGASTADO
PÁJAROS
ENREDADA

```
D M P Z E T N E R A P S N A R T A
E C A I P C I C K N Y Q H P E W M
S X G R E D B O V A T N E C V V P
G Y B X C Z J N K E S U N E E C L
A O C N A A A O S V Y V Y N R O I
S L O T N E I M I C E R C R T B A
T X D Y I H V Í O U G N F E I R H
A G I C M R W A K S J M J D R O S
D A U U A O Y L X H S O R A J Á P
O V C E L W K I K X M Q B D Z U D
G D S L E O D L N C C X Y A K O E
V R E G S D E C A I M I E N T O M
S V D A I R O T A E L A J I I O Á
C Y X N Y A Z Z S J V Q S E Q F S
S C D O V I W P X R Z N T R Z E S
```

Puzzle 459

```
T C O X Q O I M A G I N A K X V B
O A F S Y V L I R P O S Z Y J Y X
R M G U M E L Ó E N E G A T I V A
M E S K L U R J S Ó D H C Y P B F
E L O B M N M R T J S U O D L I N
N L Y N P M K M A E E E N L O M M
T O R H R Z T O N T D V T K E S M
A L L I D R A D Q K I O A J V T A
Ñ J H M M A N I U G M D R V X P Q
A L L I L O P T E J H G E X Z I U
R X Z D X M M N U M E R A D O R Í
A X T N P H B E C A P Í T U L O H
S K Z Y E C U S N G F X L Y I A R
U U S I S N N F K T O K G Y H L N
M Z L F E E K X Q F O E M R T K L
```

CAPÍTULO
POLILLA
DESDE
AQUÍ
EDITAR
MUSARAÑA
NUEVO
SENTIDO
CONTAR
NUMERADOR
MOMENTO
IMAGINA
ESTANQUE
TEJÓN
TORMENTA
NEGATIVA
ARDILLA
CAMELLO
SÓLO
HUEVO

Puzzle 460

PORQUE
MOTIVO
VIEJO
VEHÍCULO
REVELAR
INTENTO
PARED
MONTÓN
CORTE
COMPITE
ABRELATAS
SIGNIFICATIVO
TEMPRANO
DEL
ALGUNAS
MISERIA
CÓMO
PECES
ABAJO
REBOBINADO

```
V O F D S E Q E N D X P A Q R M S
M I F P C L E T N Z X D E R A P I
O Q E T E M P R A N O V U C L B G
N I O J U E G O I M D E Q A E E N
T F N A O M Ó C R H A H R B V S I
Ó E M T I Q R Y E M N Í O A E A F
N P U Y E S P E S A I C P J R N I
X R A I G N D G I B B U Q O P U C
M O T I V O T B M R O L N N Q G A
C O M P I T E O J E B O O X D L T
J X X S M A X Y L L E D N S X A I
F Y Y L K X N F D A R X C U R P V
K V D B P Y R Q P T U S L K R D O
K V P N S J C P C A F M B R A L U
C B X P C V J X U S G O J D T Z M
```

Puzzle 461

```
E B E R V C O M P E T E N C I A N
P D A D I T N A C A A Y N X V W O
A F E A V Y X P K P O B R X Z A R
T Ú R S O A Z E R S A Z W L V F G
A T A Q O P U R L Z L C V L D C A
T B T U O L I A A L M U E R Z O N
A O Y J W P U T P Á J A R O O D I
S L N B E F L C V E A N D S V I Z
W I R A Z R L A I A Q I J E L C A
L D L E F G U R X Ó G L M A H O N
V K L U G H Q A U V N O P L V N T
F P M K D L K Ñ J O H S A R D O C
Y O S Z F A A A H U R A R O N C P
O T R E T R A T O W D G J W O P A
P E T N A T S A B J G S V Q M X X
```

ARAÑA
VOZ
REGLA
TIPO
COMPETENCIA
CANTIDAD
ORGANIZAN
RETRATO
GASOLINA
PATATAS
CONOCIDO
VIVO
PÁJARO
FÚTBOL
ALMUERZO
TAREA
POTE
PERA
BASTANTE
SOLUCIÓN

Puzzle 462

JURADO
IDIOMA
PADRES
PIMIENTA
AUTOMÓVIL
CULTURA
LEJOS
HABLAR
BAILE
ESTELA
DESEANDO
CONEXIÓN
ENFOQUE
PALO
ALGUIEN
SIMILARES
PULGADAS
ROTO
BOXEO
POTENCIA

```
G O G G O T C J D X N A A C T G Y
L E S T E L A M O I D I P M V M E
R X Z F S B A I L E P A D R E S N
P O U N I O D A R U J E C A J P F
U B T H M A J F D E S E A N D O O
L A D O I A M E C A A Y I Ó L P Q
G D B W L C J L L A L J C I X I U
A R P M A W H G B L G P N X B M E
D P Z I R A L B A H U A E E C I U
A H F Z E V C P F M I L T N U E J
S P N K S J Y I S E E O O O L N S
C A U T O M Ó V I L N R P C T T L
X S O I T X Z A B L Z C I T U A Q
C O J K E L I A Y M X I S T R W W
X R J J N L M I S G M I D O A H B
```

Puzzle 463

```
R D I S P O N I B L E S T Q A D H
M E F J B Z Ó A L K S H L A W P I
Y C L F E O R A R R E C I Q A G C
R U P I O Y R H Y L R H B J T K A
A M B E G Ó A J R L P I É L O P T
B P K S R I M Y V A I L D B D C C
U L G T A C O X S N E Q K G Z B U
T E R R B E D S L U N S J Y M S D
O A A A M R A F A R T V I S I Ó N
D Ñ S T E C D G B A E H O Z K B O
O O A E J N L E S S W U G U P F C
S S Y G O U O T U N I M J G R J E
B Z X I Y Y S C A S T I G A R N D
J F R A U D M D S T O E M R J E V
R D E Z Y X V A K Y K Y L E K O Q
```

DISPONIBLES
VISIÓN
HIJO
EMBARGO
CONDUCTA
GRASA
TODOS
CASTIGAR
CERRAR
CUMPLEAÑOS
ESTRATEGIA
RELIGIOSA
MARRÓN
CRECIÓ
OYÓ
DÉBIL
MINUTO
LLANURAS
SERPIENTE
SOLDADO

Puzzle 464

CONCLUSIÓN
VENTAJA
HÁBITAT
PEQUEÑA
CIENCIA
ENEMIGO
BÉISBOL
ABEJA
CIENTOS
CHARCA
DAMA
GALOPE
CANSADO
ATADO
OBJETIVO
REALIZAR
ALTA
MANO
MULTIPLICAR
SOCIEDAD

```
L Z A Y Y P G D T O X V J D G G E
Y F T M K E Z D J I Q X U A W A N
X Z J W S Q O Q A A L T A M S L E
M K U G Q U I U T J H K J A Z O M
I U O Q Q E Q B G E V R A G C P I
J R L D N Ñ D C J B E J T S H E G
F E O T Ó A H T F A F V N Y Á C O
G A B U I O N A M D Q J E Q B I B
C L S F S P B X L H A H V I I E T
I I I U U M L J A T A D O T T N Y
E Z É U L P B I E R C N E Z A T P
N A B A C R A H C T K O F I T O S
C R O J N K V S U A I M E H C S P
I B D G O S V B W P R V X S O O V
A L P U C C A N S A D O O H E H S
```

Puzzle 465

```
C P A C A B A D O T E L E U Q S E
O C O P R E P A R A R P G L I M B
R O S D G S J W D A Ñ O L P C N Z
R K L Y Í H V A E U R D R A N G O
E B H G U A D R E U C E R O O N C
O F Y T R A B A J A R D M W R T I
S S J D A S V B W N D O T S E R T
G E F O N T A E H M U U G H Y N S
F A B R I C A R R J A H L M A D Á
W Q M L B F U G R E B V P U C D L
Q R W W M C S A O F D P E I N E P
S E J Q O L E J I W G I O S R N T
T Z T M C I F O D A P U C O E R P
E L E M E N T A L R F Z C T R W M
D E C L A R A R E F S L P Q O X I
```

PLÁSTICO
DAÑO
PREPARAR
FABRICAR
PREOCUPADO
VEREDICTO
RESTO
ACABADO
PODÍA
CORREO
ELEMENTAL
ESQUELETO
MERA
RANGO
DECLARAR
PEINE
RECUERDA
TRABAJAR
COMBINAR
CAYERON

Puzzle 466

INTERACTÚAN
CONSIDERE
MENTE
SABÍA
FIRMES
IZQUIERDA
CORRECTO
BAJO
SENTARSE
TEXTO
INDIVIDUO
INTENTAR
RETENER
ENVIAR
ACUERDO
CANELA
IMPUESTOS
REPENTINO
LARGO
MUCHO

```
Y Q T T W P R C Q L T W B T T C T
N F M U C H O O N D W V A E U O N
I I I T Z X T R C M O N J X Y N M
J G O R P I R R B A F K O T L S T
E T N E M R X E Z S N C C O I I T
S R A N I E X C Y A C E L G S D T
R E Ú E P N S T X B T V L R A E C
A P T T C C T O D Í N H N A D R M
T E C E F Y E E L A U P K L R E B
N N A R O R W A N U Q E V P E A J
E T R X N V Z L Y T G E N V I A R
S I E A C U E R D O A D H I U Q D
P N T L Q X K O L D M R B Q Q F X
A O N I M P U E S T O S S A Z L Y
H N I N X Q O U D I V I D N I Z J
```

Puzzle 467

```
K C F C R E A N Z C Z S E J E J E
M S A R G J V C G O Q J S J F M W
C I T N I D M D S M J E T R E Z D
O T C N D J N E B P O T A M R O F
M U A G U I O J O A C F R S M Q V
I A X E V T D L O C N O W O S M E
E C E O P Z R A Y T E N I S G H P
N I T G O S E I T O Z K T O M A R
D Ó N R V B C Y E O D A L L E S C
O N E A I H T R O N Ó I S E R P E
S N M F S A G H R P T F U T H Z S
V N A Í T E S C E N A E N U F X V
F V R A A X C E U Q L T S A P K G
D A A Y Z X L Y X F R R C C U G T
H O R N K W K X M S G Q J G Q V X
```

SELLADO
ESTA
SITUACIÓN
VA
GEOGRAFÍA
PRESIÓN
COMPACTO
NUTRIENTES
CREAN
CANDIDATO
VISTA
FRIJOL
ESCENA
CAUTELOSO
RARAMENTE
EXACTA
FORMATO
COMIENDO
TOMAR
CERDO

Puzzle 468

PODRÍA
KÉFIR
CHARLA
VERANO
GRANJERO
CAMISA
GRADUADO
CONSTANTE
DATOS
INGREDIENTE
ESTUDIANTE
ALGODÓN
SENCILLA
PREGUNTANDO
INTERNACIONAL
ENGAÑAN
PROMEDIO
COCIENTE
PRISA
HASTA

```
D E V T E T N A T S N O C M U G K
P S H E L I L M O R E J N A R G Q
R T J R R D F K J B I N R A T J H
E U T I L A X E L G N N C Q I N Q
G D S T Y L N L G E T N E I C O C
U I H A S T A O E J E T M D L H H
N A O E T N E I D E R G N I B L A
T N G A S K J E G B N A X Z J G A
A T K É F I R X R E A Í L P Z Z A
N E D M N Q L Q A G C R U R O A O
D A L G O D Ó N D G I D E I A D P
O Q D A T O S K U F O O G S Q H P
P R O M E D I O A C N P G A N S C
B M C Z G E U N D N A Ñ A G N E D
C A M I S A E V O B L K P Q T Y V
```

Puzzle 469

```
R E E W D C Z T E C M S G V P F L
E B A P B X E D K O C E T N B R S
Q L R D K O S X S M O B Y E E P J
M V W Z E X Q U Z E A M B X G G C
U A Q J X C A Q I N D W M V F Y A
H E L E G I R G M Z U G S F R N R
O S V X D J C C R A T R O T Z M U
R I R E F E R I U R Z D D N F M T
M K O U F R B A E P O S P A L O C
I C D Í A Y U C F O É O P L A T A
G D A Z N W D N X O Z T Y É S L R
A R G R N A T I V O N S O Q O A F
D J U D O W S O V R E I C B C S U
S G J H W X Z A L R Q L Z J H W C
D E B E V N U C A Q P Q N M D R A
```

NATIVO
CUPÉ
COLAPSO
SALTO
CARO
DEBE
ELEGIR
COMENZAR
NI
FRACTURA
LISTO
REFERIR
CIERVOS
HORMIGA
DÍA
PLATA
ÉL
JUGADOR
TORTA
COSA

Puzzle 470

COMPRADO
MIRADO
LIBRO
INCLUYEN
ERUPCIONAR
TENIS
PRADO
PISCINA
REDONDA
DEBERÁ
OPCIÓN
AVENTURERO
OREJA
PODRIDO
AMIGOS
ALGO
PROCESO
COMPROBADO
SIMPLIFICAR
CHEQUE

```
R P P L O D A R P M S S I N E T G
V I O H R R I B I C E I O Q N D S
O S D D E U Q E H C Y M G G Ó C P
F C R T J F D G N Y H P L Y I R O
X I I T A D N O D E R L A R C M D
T N D C O M P R A D O I L A P J A
M A O P M A U Á F V R F E N O W B
X I V C R Z M R F L K I L O W P O
L R R H P O N E Y U L C N I Z H R
J K J A J L C B J L F A T C F N P
I S H L D Y B E X H H R E P O M M
C N H I L O X D S D Z R E U L V O
Y L G B U N M M R O T S Z R X C C
S P R R K U Z H V T X H W E B Z M
H F C O R E R U T N E V A A B M U
```

Puzzle 471

```
H L I O T I M P Y G F C O W E R S
A G R I C U L T O R E S A L U A A
Y R T P Q Q F U L F Y D T M Z L I
L M T I T D E O M H N G N A P P R
P Ó Z N E M O C F L W P O C O O E
U Q V T Y H I Q P I I M T X T S B
E T K U W L E N T O C N A C Q A Q
D I A R C F N A C K J I W E R G Q
E T S A D I V L I U Z J A W E I X
H O N J R Z O B A T R J T L P M U
N L D U K V N A P S É T T F F R F
M E H G G C S H Z L N Q V F I O C
R R B A B O L Í G R A F O S N H F
V A T N E I R O V L O P T R U B R
N R F N G J Q C K S C H E R I X Y
```

AULA
SOPLAR
VIDAS
PUEDE
TÉ
COMENZÓ
AGRICULTORES
BOLÍGRAFOS
AIRE
TONTA
LENTO
POLVORIENTA
OFICIAL
POCO
HABLAN
TOLERAR
CAMPO
HORMIGAS
PINTURA
AGUJA

Puzzle 472

NACIÓN
OSCURO
VOLTIOS
REGIÓN
COMPORTAMIENTO
INVIERNO
VIRUTAS
MEJOR
AUDICIÓN
VAGÓN
TONTO
RITMO
EJERCICIO
GRIS
ELEGIBLE
AFILADOS
ENTRE
DESPUÉS
DUCHA
SEGUIMIENTO

```
E R T N E M B C Y Z X S R M I V V
J O P U A E L B I G E L E Q O G D
E T M M U J G G Q B G X Y Z D O V
R N N T D O T N E I M I U G E S I
C O V W I R W Ó Y R U Q E M L L R
I T P A C R V G V O A Z C G U V U
C W G J I H Z A V A O A X P C A T
I A Z M Ó Z Z V R C N V X B Q H A
O F O T N E I M A T R O P M O C S
A I G V Ó Ó R P G K E I R Y Z U O
A L R H I S I Z Z Q I O K U V D I
U A I D C M O G W M V B I V C P T
J D S W A G I T E E N V L S R S L
T O L S N C X O V R I H M A J C O
S S É U P S E D A C X E M Z F O V
```

Puzzle 473

```
C D W Y J P B C A R D O X K R U C
L U X Y W E I O R A Z A H C E R Q
B Q E P H R Z N G C O Í C A V Y E
R P I R H R G T U I I Y M R L L P
E E N M P O I R M F X M O M O N U
T T I A Y O J O E I Y Z V I S Q U
N N N H O J S L N T A E Y Ñ E T R
O E M A U H R A T N C Z W O R I T
S R Q A T H K D A E K Z A S P B C
I F M Q X R P O N D G H Q N J M Q
B N Q Y B O O R W I S U É T E R J
N P F Z U Ñ L P H Ú M E D A G M D
F E H J R E L O M K Q B S M H G A
N B M K W S O L U I B P G S Y L B
P L U M A C H I M E N E A X K N P
```

IDENTIFICAR
PERRO
RECHAZAR
HÚMEDA
AMENAZA
RESOLVER
CONTROLADOR
CHIMENEA
FRENTE
BISONTE
VACÍO
PLUMA
IMPORTANTE
TIRO
SEÑOR
POLLO
CUERPO
SUÉTER
ARMIÑO
ARGUMENTAN

Puzzle 474

ESTOS
OBEDECEN
HUMO
EDAD
CONOCIMIENTO
RECORDATORIO
ARMARIO
DISPONIBLE
NAVEGAR
PELO
TIJERAS
PERDER
EJEMPLO
CUARENTA
PAPÁ
ELÍPTICA
HORA
PATIO
PELEA
ESTRELLAS

```
K V C I B S I C V F W D Z E K Y T
X V M T O F V B U N R O S B H Q N
Y V V E P A N B E A C I T P Í L E
T I J E R A S W F Z R A G E V A N
C W Y H R H A I G W G E E D A D E
R E C O R D A T O R I O N A A I S
V J E M Q T R X L G P A E T J S T
O U E U W I O K E O S A C P A P R
V S Z H O R H O P S G A E E U O E
C O N O C I M I E N T O D R H N L
I T P H B O R T R D O F E D D I L
X S N A C H T A N V P T B E X B A
C E E A P O L P M E J E O R V L S
H O D F B Á E Q X R Q Z Q Y H E Z
P E L E A U W Q Q Q A E N B P S B
```

Puzzle 475

```
A K V R W M K D E S C E N S O F E
G Q I J S K F R Z S H A V U R I N
M O V E R A P U C O A Y I Z E N F
V D G M A P Z M F X C N D C G A E
P A S R T A L L Í T E R R I I L R
P R E D N E T X E J H J I E L M M
K G D J E J I R K P Z U O V M E E
T O A K V N I E V E N U V F R N R
P O X D N Ó I C A N I B M O C T A
C B Q P I R Y T X C B P K O V E K
D O D U G A I T N U P U D G R V V
H N C H E U G C S G U U S O C R O
N Z H H P R O Y E C T O T C R S R
S X E K E X T P H K O E K W A I J
V H J P G M C I A I W H W E V N M
```

VIDRIO
ALLÍ
DESCENSO
ENFERMERA
COCHE
PROYECTO
LIGERO
HACE
MOVER
UVA
TOQUE
NIEVE
PUNTIAGUDO
BUSCAN
OCUPAR
COMBINACIÓN
FINALMENTE
GRADO
INVENTAR
EXTENDER

Puzzle 476

PRIVADO
PROCEDIMIENTO
MONTAÑA
BICICLETA
BLUSA
ADOPTAR
CABALLERO
LEÓN
ACERO
EVIDENCIA
OBSERVACIÓN
MIL
HAMBRE
SANDÍA
ACTUALES
CURIOSIDAD
JUEGO
PUNTO
AZÚCAR
ENOJADOS

```
A C S I X J E C Z M Y T K F W U W
P R I V A D O Z U H F V A C E R O
M E N O J A D O S R S S D R N A T
O G M R O M I L G K I K B D R T N
N C W E B B K P H R W O F N W P U
T L H L F I S Y B U T U S Q Z O P
A C A L D Z C E I Z A V R I X D Y
Ñ P M A B W Q I R T D A K G D A S
A P B B I P E W C V S M P E S A N
Í P R A C Ú Z A U L A C A O D S D
D O E C L O M A Y H E C Y U O U P
N A C T U A L E S E X T I U J L O
A E V I D E N C I A X J A Ó T B N
S J U E G O L E Ó N U L G O N F M
F K Z H P R O C E D I M I E N T O
```

Puzzle 477

```
S O R I P Á G I N A D G S O A A A
V D A G H S M B Y T J Q T Z K N N
I S E N O I C C E R I D J Q W I T
I F X O M I X Ó R P D V C J R V I
S M N R A C I D E D É M O W O E G
X U O A A K R O M J N E D Q B R U
X Z E R N R L A R U T P A C A S O
T P P R A W T N Z F I U R I R A S
F I A N T K J S J C C Z I A Q R E
V E Z R N E E B U E O Z T Y E I U
M N Í T E C L A C L B D T S W O H
X L H Y V C P K H S I E Q P B A I
F K J D A N E M I R C B U L P O R
N A A H H C O N U M A D R E N M Y
S I M P L E M E N T E U A L G O M
```

ROBAR
ANIVERSARIO
IGNORAR
DEDICAR
MADRE
SIMPLEMENTE
SUERTE
PRÓXIMO
PARECEN
ANTIGUO
VENTANA
DIRECCIONES
CAPTURA
ILUSTRAR
PÁGINA
IDÉNTICO
TIRADO
HUESO
CALCETÍN
CRIMEN

Puzzle 478

CANGREJO
PRIVAR
LUNES
VECINO
ROSA
GLOSARIO
DEPRIMIR
MENSAJE
VERDE
NUNCA
SECUENCIA
CUCHARA
REY
MIRAR
ASIGNAR
SOSTENER
ESTADO
DIBUJAR
SORPRENDIERON
INMEDIATAMENTE

```
P V G D N O Q R V E S P A E X X J
Q E H O S T P D E C O M R D L U N
E C V T P P A H R Q R E A I E Z T
S I A T R E X V D R P N H A V W W
S N S K Z J E B E E R S C L E A M
C O E S T A D O P I E A U S X S R
S A B P E L U N E S N J C P H O A
R E N E T S O S D F D E Q O W R S
R Z C G Y Z F R I M I R P E D N I
I T T U R R H C B B E F Q R D U G
O Z N O E E G L U L R Y H V F N N
M I R A R N J N J L O O R B E C A
R N H J F C C O A Z N D K S X A R
E B P V V Z O I R A S O L G M M S
Y G C E T N E M A T A I D E M N I
```

Puzzle 479

```
T Y E T B Z Q A Z A O S J O D P E
M É M Z Y B I B L I O T E C A R V
A Q R N V S P E R O A M U J I E A
L S O M A G I D R X C U N A R D L
A E F S I M D B R F Q Z N L E E U
W C N O D N E M E R T A I L S C A
K R I N Q N O N Z P V U V I V I C
U J Z M A G L S T Z E T J R J R I
C L L A I C R E M O C O I O V Y Ó
X N S O P D A T E L P M O C V H N
P O S P O N E R D E E Á F J Y V U
G R Á F I C O D V I B T J X U C F
E K N N S S Y H R C F I E U O C C
C G F R N R J W A O C C B J P O A
C L B W R I I A C L B O D I V Z A
```

GRÁFICO
POSPONER
EVALUACIÓN
BIBLIOTECA
ORILLA
TREMENDO
TÉRMINOS
SERIA
INFORME
PERO
COMPLETA
AMENTO
DIGAMOS
BORDE
COMERCIAL
CIELO
MALA
PREDECIR
AUTOMÁTICO
CUNA

Puzzle 480

DEJÓ
ARTÍCULO
DISÍMILES
CONFINAMIENTO
ABUNDANTE
PERMITIRSE
REALIDAD
OPERACIÓN
SILLA
RESALTAR
NEGROS
ABSORBER
CIUDAD
RIESGO
FELIZ
ACTO
NIÑA
PADRE
TERCERO
GUISANTE

```
C X H Y F C C L M B D O R H A U I
R I P X E S R I T I M R E P R A Z
A A G W S C R L U C I Z R N T B Q
M K L G O T C A S D N K D I Í S M
Z C L Z R N C Y H A A E Ñ C O L
R I E S G O T R U D L D P A U R O
A W O C E R L W O I L R I D L B B
D B M B N H V O Q L I D X C O E X
W E U P A R A T L A S E R S T R D
K G J N R P H W Y E T N A S I U G
F N X Ó D D B C O R E C R E T O Y
E I U H Y A B B Q L Q V P T S Q A
L Z C Z O T N E I M A N I F N O C
I R S D K Q O T O P E R A C I Ó N
Z T Q D T Y K S E L I M Í S I D O
```

Puzzle 481

```
S A C Y J H Q Q N X Q U B O T M C
B E J A I V I N D I V I D U O S A
C I L S Y E Z R E V J V T Y T W S
R H O E N I R T J K V K Z K S X T
E R A W C C M E X E T W J N O J A
L O Í R A C T K X L I X I X C C Ñ
A A A M C X I R Q O G Y R D P J A
C D J O J A L O D A T S E I P L S
I A M U S A B M N M L Z Z E H T K
Ó C Y C S Z M Ó K A C C C Z A E P
N É W Q P T M C H Q R A R A P N M
X D S Y Z M A E M P L E A R J I Y
I Z H V V M D R A E M T O P U S O
P E R S O N A L M E N T E O M G O
U P Y W N U P E R M A N E C E N W
```

INDIVIDUOS
COSTO
RÍO
RELACIÓN
DÉCADA
SELECCIONAR
PERSONALMENTE
TRINEO
SUMA
DIEZ
PARAR
CASTAÑAS
PERMANECEN
AJUSTAR
VIAJE
EMPLEAR
CÓMO
CHARCA
TENIS
ESTADO

Puzzle 482

GUSANO
OFENDER
HELADAS
VIOLETA
ALERTA
LIBRERO
CELEBRADA
PERIÓDICO
COMPARTIR
NUBLADO
ALQUILER
EVACUAR
REGALO
COMPROMISO
ANTERIOR
PIMIENTA
PREGUNTANDO
COLAPSO
ENOJADOS
HAMBRE

```
R V N L J Q P P O E A P G A C P E
E M C T Z H V E F S D R U L O C V
G W D F N A T R E L A E S Q M O A
A Q P B Q A K I N I R G A U P L C
L H A M B R E Ó D T B U N I A A U
O L X T D J J D E C E N O L R P A
H Z J M E S R I R C L T Y E T S R
X F Q M I L W C Z T E A V R I O G
C L E H T X O O L Y C N I W R T R
H E L A D A S I J S O D A J O N E
P I M I E N T A V T J O W Z W J J
C O M P R O M I S O D A L B U N K
L I B R E R O O K S S V A N C L T
S C W G Y X Z F L B T I G F F W W
A N T E R I O R C L W C J L V N A
```

Puzzle 483

```
F  R  M  N  A  C  I  D  O  K  C  Z  F  D  V  C  F
P  A  T  S  I  P  X  F  U  O  V  R  E  I  C  N  R
N  J  M  F  R  N  B  C  S  R  H  E  Í  Q  N  P  A
V  E  W  I  A  U  S  O  E  U  H  C  K  T  Ó  L  N
V  R  D  E  L  A  O  M  D  G  J  E  L  R  I  U  J
N  A  A  H  E  I  Ñ  P  O  N  I  R  L  E  C  C  A
Y  P  X  J  T  I  A  A  S  A  N  E  Z  G  P  B  A
O  M  O  T  N  O  E  S  A  C  Ó  P  P  U  O  K  X
I  E  P  O  K  F  L  I  A  X  I  T  K  L  G  H  M
S  E  L  R  B  T  P  Ó  R  I  S  R  F  A  N  W  Y
D  I  O  T  F  R  M  N  Y  M  R  H  M  C  I  I  J
X  H  P  A  Q  L  U  D  Y  O  E  A  M  I  M  Y  P
C  G  P  A  R  K  C  E  Q  P  V  X  V  Ó  O  X  I
W  X  I  R  Q  F  G  B  J  C  N  D  T  N  D  P  J
N  A  X  C  S  N  N  E  H  S  I  B  D  Q  J  E  Z
```

DIO
CIERVO
FRANJA
INVERSIÓN
VARIAS
CRÍTICA
DOMINGO
PERECER
REGULACIÓN
EMPAREJAR
SEDOSA
PISTA
FAMILIA
CANGURO
NACIDO
COMPASIÓN
CUMPLEAÑOS
TORTA
DEBE
OPCIÓN

Puzzle 484

SABIDURÍA
CIUDADANO
ASISTENCIA
SALTAMONTES
ESTADOUNIDENSE
DENSA
PERÍMETRO
DESPLAZAR
PUNTA
NUBE
DELANTAL
CAUSA
AJUSTE
COLIFLOR
VIAJES
OBEDECEN
HACE
ENFERMERA
VERDE
GRÁFICO

```
N  U  B  E  D  D  Y  Z  Y  C     D  U  V  A  C  S
E  K  C  A  Q  E  V  G  D  O  E  L  A  I  S  I  A
C  R  N  A  S  U  N  V  S  L  S  U  R  A  I  U  L
E  B  J  S  U  L  M  S  Z  I  T  U  F  J  S  D  T
D  M  M  L  V  S  K  Z  A  F  A  R  M  E  T  A  A
E  W  K  Z  N  Z  A  T  T  L  D  B  G  S  E  D  M
B  L  N  M  H  F  D  C  N  O  O  T  X  M  N  A  O
O  X  P  F  S  I  L  G  U  R  U  H  L  I  C  N  N
G  R  Á  F  I  C  O  T  P  S  N  P  A  P  I  O  T
D  E  S  P  L  A  Z  A  R  R  I  W  G  C  A  Y  E
A  J  U  S  T  E  L  S  H  R  D  H  I  M  E  A  S
D  E  L  A  N  T  A  L  A  R  E  M  R  E  F  N  E
Y  P  E  R  Í  M  E  T  R  O  N  M  M  Z  I  K  S
S  A  B  I  D  U  R  Í  A  Y  S  X  C  C  G  D  B
O  G  O  K  H  O  V  X  V  L  E  V  E  R  D  E  Y
```

Puzzle 485

```
E X F O L I A N T E K E V A F F R
C T N K H B C V D N Y U Y G D G G
E T O U P P T O I P O C S E L E T
R W R P L Q S X M S L W R N V M S
E D G Y M I T S N E M I E T E L U
Z J E D L U S T D C R F A E C D G
A T N S Y I O T N E L C I V I É E
E S Q U Í O C J A H O Z I Q N B R
Z L K I Z P M A R F P T Y A O I I
T E S I S O J G U M H B X O L L R
S K D Y O V P Q T F Q E Y J O L Y
S C U D Q E V D P E Z Z A T Z O B
U H R K X O H L A D A C I L E D U
E A V R A N O I C A L E R V P L V
P Z X I T F G R U I D O U X N P Z
```

SUGERIR
RUIDO
PEZ
AGENTE
LISTA
RELACIONAR
EXFOLIANTE
CEREZA
NEGRO
TELESCOPIO
DELICADA
ESQUÍ
TESIS
HECES
POTE
DÉBIL
LENTO
CAPTURA
VECINO
COMERCIAL

Puzzle 486

INVOLUCRADO
ARREGLAR
CALAMAR
EJERCER
REÍDO
CERCA
RETIRAR
TORTUGA
AISLADO
MÉDICO
LÁPICES
HACIA
EDITAR
BOXEO
CONDUCTA
PRADO
COMENZÓ
CHIMENEA
IDÉNTICO
SORPRENDIERON

```
A H Q O O C J A S I D É N T I C O
X A U B E Y M I P C E U P N J N D
C M É D I C O S E Y G R E Í D O A
E L N D U J E L M I Y A E K R V R
R Ó Á N A Y X A V K X T J W E N C
C Z U P L P O D A R P I E W T P U
A N D S I I B O I A N D R K I N L
E E Q T L C P I O L F E C C R X O
N M O N L D E U C G Y P E O A D V
E O I K R R V S T E S I R N R J N
M C A L A M A R Y R A B A D E V I
I T O R T U G A N R X E U U O I N
H V S Y Z G A M C A M F D C F A C
C T W U Z S H Y H A C I A T Q F W
S O R P R E N D I E R O N A O J Q
```

Puzzle 487

```
G J T Q P V E N P R E M I O P C A
F R N B V T V D Q L D K W D R O L
F M A P A D R E S Q J F A A I L T
I E A N H D J H P C J A F T V O E
S A L L E W S L E W G F R I I N R
C C O D A R A P R C D V O C L O N
C P N N S K O W M B J O H X E S A
U I L M E H S V I F Y L T E G P T
H X A G L I E Q S N O G C X I M I
Q E N W A X U F O I Q R O Y A C V
L U Y Z R G W Q D S B Y V S D N O
C O N T E N I D O T D S K W A Z A
S L Y V T D E Z I O T D T O Q U E
C Y S Z A M S I M D G R A D O X V
K S N I L J Y E L A F U E R T E R
```

EXCITADO
CONTENIDO
PREMIO
ELLAS
PARADO
FUERTE
GRANERO
MISMA
TODA
QUIEN
ALTERNATIVO
PERMISO
COLONOS
PRIVILEGIADA
EN
LATERALES
PADRES
GRADO
TOQUE
MALA

Puzzle 488

VERTIDO
MATRIMONIO
PENSÓ
DETENIDO
GRACIAS
PASAR
PACÍFICO
OPUESTO
SOMBRA
FÍSICO
CAMIÓN
REINAR
CONSIDERAN
SAPO
BIEN
VAMPIRO
MONSTRUO
EMPUJAR
BASTANTE
RETENER

```
H S S E A M I T B C C S R C P M C
I O J C F J O A I E A X R N A A O
T I L Q Z A F L E K C M F D S T N
B A S T A N T E N A T O I Y A R S
O P U E S T O D I T R E V Ó R I I
F M O N S T R U O A X B R S N M D
H Í R E I N A R E C S Q X N P O E
G B S D K V C K B E L S B E A N R
S R T I B M F R F J F C L P C I A
V A A Q C A H V Z G O G S S Í O N
Z J C C Y O R I P M A V A C F A P
Z U O D I N E T E D V B P V I I V
W P H E A A R B M O S F O C C N W
J M K V Q H S U U V O C Y W O M J
S E R E T E N E R Q D K E C F O E
```

Puzzle 489

```
D I M L J V V M L A G Q H L G Z C
P E N E U S O C I T S Á L P Y D L
R F C T N T T V C Q K E C C P U A
E C G L E T O G E U F G A O R D R
O P T T A R I B P L G H T R O P A
C N U T P R R R H I E R B A P J M
U N G R O A A U A T X J W T O U E
P C F K H G R C M Ú B E S I R G N
A A K R X I E A I P J G W C C A T
C R C J A T L Y W Ó I N C I I D E
I N Z M C S O M C P N R H L O O L
Ó E N O N A T L S J R S I O N R Y
N D I R E C C I O N E S C S A F M
S X X C I E R T O V Q V A P R E O
R E U T I L I Z A B L E W M D F T
```

CLARAMENTE
PREOCUPACIÓN
CIERTO
HIERBA
INTERRUMPIR
FUEGO
CHICA
PROPORCIONAR
VOTO
SOLICITAR
REUTILIZABLE
ÚTIL
DECLARACIÓN
CARNE
MENTIRA
CASTIGAR
PLÁSTICO
JUGADOR
TOLERAR
DIRECCIONES

Puzzle 490

EXPLOSIÓN
DESPERTÓ
MURCIÉLAGO
ENVÍO
PROHIBIR
CORONA
REUNIÓN
NABO
PLAZO
CUBIERTO
LABIO
ARTISTA
CRECIMIENTO
COMIENDO
PLUMA
BISONTE
VIDRIO
CURIOSIDAD
ROSA
OPERACIÓN

```
T K R S Q G E C E T N O S I B W P
K H X V F K V E U N V I D R I O R
D E S P E R T Ó B R V W H W O Z O
O P E R A C I Ó N K I Í I L Y A H
C R E C I M I E N T O O O N V L I
M O Z C D A L A B I O R S Ó B P B
C U O E T O Y T Y V C O E I O T I
U O R H R O G S J Z E S X N D L R
B S T C R O Q I J B G A P U N A T
I U R E I T H T H W H B L E E N D
E Q G G C É B R N A B O O R I O E
R C A C Q X L A M U L P S S M R L
T P V R L H J A Z O K M I S O O F
O A K P U Z K R G Z I I Ó X C C F
P R M L Q G L J B O J C N J C W A
```

Puzzle 491

```
I C Q P P T P S L U Y E T Z F F A
Z J D R R L T I K R V R E O O A L
R P B O O A G U E D X U R K X G I
E S N P F L H L Z S U P M A N J M
P W I A E L C T R Y L C Ó A V F E
E A K G S O R A J Á P I M O G G N
N H M A I P D E R A P O E N Y H T
T X N C O B S A Ñ I N N T Y N M A
I C R I N L Y J H K D A R M S G C
N Y V Ó A J H I I C D R O C F X I
O V E N L G A H S A N I T R O C Ó
G O B I E R N O E N E A N U D O N
T É C N I C A E N T R E M M P B Y
U B V E M J I J G P R E S U M I R
G B O A S O B R E J Q G F Q E U I
```

HIJA
MANCHADO
ALIMENTACIÓN
PIES
OLLA
SOBRE
CORTINAS
GOBIERNO
TÉCNICA
NUDO
NIÑAS
PROFESIONAL
RESUMIR
PROPAGACIÓN
TERMÓMETRO
PÁJAROS
PARED
REPENTINO
ERUPCIONAR
ENTRE

Puzzle 492

NEGRITA
COBARDE
CHAMPÚ
EMPRESA
BOSQUE
EMPLEADO
ACTITUD
PEPINO
PRECIOSA
TIPO
RÁPIDO
CONFUNDIR
ENVUELVA
IMAGINA
AQUÍ
PECES
CANELA
PROMEDIO
MEJOR
CIUDAD

```
N S R R B Z P C P C T I M R Z C C
P E P I N O R A A A H C P K O V O
D C C D O V O C V N D A D U I C B
F E C N U X M T L I E W M J T K A
N P Y U A V E I E G O L Q P A P R
Z E O F D L D T U A L S A O Ú B D
F M M N U W I U V M N X O N T H E
Y P K O W E O D N I E A Q U Í C G
Z R X C Z S Y G E O Y J J Y V P Y
C E K N O D A E L P M E O N T R K
P S R Á P I D O X W A T I R G E N
P A S O I C E R P B O S Q U E J N
C G R P T T V L X M N T W D Y Y W
M P B Z P Q X L X D M S Q B A J I
L E H G T F A E A Q W T Q P T M T
```

Puzzle 493

S	I	M	P	L	I	F	I	C	A	R	Z	F	M	Q	D	I
G	P	B	G	C	E	S	T	A	N	C	I	A	W	L	V	Y
I	Q	O	F	E	T	N	A	S	E	R	E	T	N	I	Q	L
D	E	S	P	U	É	S	S	A	T	S	I	V	G	W	J	W
F	I	E	S	T	A	I	T	O	N	Q	R	T	F	W	R	Z
A	N	A	Ñ	A	M	K	Y	V	E	N	X	A	O	C	X	S
R	U	R	W	R	G	G	E	I	M	O	C	Q	T	F	X	H
U	M	T	E	H	O	L	A	D	E	N	O	M	C	N	C	G
H	Y	P	O	V	G	G	Z	A	T	M	R	A	A	L	E	N
C	X	Z	T	R	E	V	O	S	N	J	U	D	P	Q	D	S
N	T	T	W	A	I	R	P	Q	E	D	T	S	M	U	Q	Y
A	K	V	X	T	K	D	S	P	I	T	U	M	O	I	G	R
C	K	R	L	N	E	I	A	O	C	G	F	K	C	S	O	G
O	P	E	R	A	R	B	G	D	E	L	E	F	A	N	T	E
E	S	J	J	C	I	Z	D	O	R	F	W	C	A	R	Z	O

MAÑANA
INTERESANTE
ESTANCIA
FUTURO
MONEDA
RECIENTEMENTE
REVERSO
HOLA
FIESTA
CANTAR
AUTORIDAD
ANCHURA
ELEFANTE
OPERAR
SENTARSE
VISTA
COMPACTO
SIMPLIFICAR
VIDAS
DESPUÉS

Puzzle 494

NUESTROS
CARÁCTER
ÚLTIMAMENTE
CLARO
VOLUNTARIO
COMPLEJO
AGUJERO
CALOR
ORDINARIA
GUERRA
PROMESA
ENFERMEDAD
PUERTA
GROSERO
SEGURO
EXACTA
PISCINA
LIBRO
ELÍPTICA
BORDE

U	K	S	J	F	R	F	V	W	E	R	Z	X	H	Z	E	P
S	Ú	E	M	E	X	K	W	L	R	D	A	R	U	U	L	I
S	L	G	F	X	O	W	V	B	Y	L	G	U	R	I	Í	S
S	T	U	Y	A	T	R	E	U	P	V	I	T	U	P	P	C
Z	I	R	C	C	T	E	O	R	A	L	C	B	T	D	T	I
L	M	O	P	T	H	T	H	L	P	G	N	I	R	R	I	N
J	A	C	R	A	K	C	N	W	A	R	N	P	I	O	C	A
I	M	O	V	R	X	Á	U	Z	A	C	O	E	A	E	A	I
F	E	M	L	R	O	R	E	J	U	G	A	M	A	R	X	R
N	N	P	A	E	O	A	S	B	B	O	U	Z	E	O	N	A
V	T	L	K	U	Y	C	T	B	O	R	D	E	D	S	H	N
Q	E	E	H	G	O	I	R	A	T	N	U	L	O	V	A	I
C	I	J	E	M	G	E	O	R	E	S	O	R	G	F	U	D
S	Y	O	K	K	C	W	S	F	W	L	D	I	D	J	V	R
Y	V	E	N	F	E	R	M	E	D	A	D	J	T	I	B	O

Puzzle 495

```
L F P G G J L I I T K Z W V V C N
N F K U W J T A N S Í J K E W T A
G B I Y S I Z L Y V L P C R A Q C
L E O G R A L U Y N I D G A P U I
H H C E U D H M G F O T Z N O E O
H F T S C R A R A L C A A O Y S N
Y U P B I V A Ó L O I S R C O O A
Z E R K S Z T F E S N E A M I O L
G S Q A I M H U V A Á N C S R Ó C
M C H S C Q Y R U R C S S T A D N
G F J R M Á K I W I E A D N S Y Ó
V P I J S P N O B G M C N P E Q C
T M A Z L N T S Q E A I K S C Z L
W M G E O G G A M I U Ó T H E X A
P U N T U A C I Ó N U N Y A N A B
```

CARA
SENSACIÓN
MECÁNICO
SÍ
FÓRMULA
BALCÓN
APOYO
ACLARAR
HURACÁN
PUNTUACIÓN
NACIONAL
FIGURA
VELA
INVITACIÓN
GIRASOL
QUESO
FURIOSA
NECESARIO
LARGO
VERANO

Puzzle 496

HERVIR
MISMAS
PERSEGUIR
TERCER
NARRADOR
PASADO
HUMILDE
ABUELO
CONSTRUIR
VOLUMEN
LÁGRIMA
CISNE
SIGLO
NÚMERO
REALIZAR
AIRE
PUNTIAGUDO
PRÓXIMO
GLOSARIO
COMPLETA

```
G L O S A R I O D U L P P P Z T H
Q Q J I H F Z R E W H U A C B E U
S X D S A M S I M K E N S I R R M
R I O U I A B U E L O T A S V C I
T E G K R M B G W V R I D N C E L
A Q A L E I Y E O E E A O E O R D
V B X L O N O S M A M G K U N V E
O O O M I X Ó R P M Ú U E H S A V
V B L D X Z O E A P N D W O T E O
N M G U P R A P G I C O Z A R Q V
S R E Z M A F R H E R V I R U Y I
T V A E O E N A R R A D O R I E A
A E M A Y K N L Á G R I M A R X N
X O F W G W E C O M P L E T A B V
F F L G K A O R Q V U R M B B M F
```

Puzzle 497

```
I S X P H F R C S E N T A D A S H
L A J L E A K O Ñ I N N Ñ U X K O
N F C A L N W L P W C A U L G A M
B A G T I T B I K O E Y N R H A B
O O S A C A V N I T X N M E P U R
W U X F Ó S U A X C J Z X Q U F E
J J H O P M H D Í E U L Z U E M G
A R Q R T A Q I A R W L W E R A F
J D W M E V K L U R E Y B R R E K
I D M A R R D Á G O D T W I O S B
N Y O I O E A C H C T G N R V T B
G X W T T F E M E N I N A A A R J
A P O O C I R T C É L E N D T O M
K L H X Z R R A Y U D A U V A S O
T O N X R E Q U E R I D O W S F E
```

ELÉCTRICO
MAESTRO
HOMBRE
PUERRO
FANTASMA
ESTANTERÍA
ADMITIR
CÁLIDA
REQUERIDO
UÑA
PLATAFORMA
SENTADAS
HELICÓPTERO
REQUERIR
AGUA
COLINA
NIÑO
AYUDA
FEMENINA
CORRECTO

Puzzle 498

BAJA
UNIRSE
ASIMIENTO
FRÍO
GUISANTES
PEREJIL
CUYA
PRONUNCIACIÓN
ESCLAREZCA
CONFIANZA
CUATRO
CÓMODO
CESAR
CLIMA
AÑOS
CARRETERA
INSTITUCIÓN
LECHO
ÁRTICO
SIMPLEMENTE

```
B D J O G T E A Q P R P W P W S K
H A F E U C Q J R E Y R X K E I L
B A J A U A U L Q R Z O G G S M J
T E V W O O I Y C E L N U D C P X
O T N E I M I S A J I U N F L L G
C A R R E T E R A I N N I A A E U
L E C H O P J X K L S C R T R M I
Q K L K S F M E U Z T I S D E E S
C F R Í O C I T R Á I A E O Z N A
C E Z R Ñ Q I N Q D T C F I C T N
P U S G A M I L C I U I G F A E T
U Z A A C Ó M O D O C Ó E K E R E
N G G T R P W X I Z I N I R T O S
E O M L R H W N Y F Ó S B D J C F
E K M A K O U M A Z N A I F N O C
```

Puzzle 499

```
O C N A B S E G U R I D A D G K M
R P Q A X C F N K U S S P B R U J
G E A K A R D A S D C F L Z E O U
A X A T A O T R É E B A R G S C Ó
N I C K Í H N A Ú T C A R E T N I
I S U B Á N W L O N U G S K Q E C
Z T S S R Ó Q L Y E A A M I M Y E
A E A R B I U O D M N T Á K L T R
R N R O O S C R M L D O S X S L C
R F I P L I E R V A O P A G A R A
Z S E A E C R A V R Z R D D R Y G
V Y W O S E V S S E O G H O Q H B
T P R H E D E E I N A K F Z F X W
G V E B N V Z D U E A O I M X X F
D K Y U F R A Q K G F I J Y U R O
```

MÁS
GENERALMENTE
DECISIÓN
CERVEZA
ORGANIZAR
PAGAR
SEGURIDAD
EXISTEN
GATO
CUANDO
ACUSAR
ROPA
DESARROLLAR
PATÍN
ÁRBOLES
BANCO
CRECIÓ
INTERACTÚAN
TÉ
SILLA

Puzzle 500

VENENO
CAMA
ESCOGIDA
EXPERIENCIA
SABIA
DISTANTE
SERÁ
REBAÑO
AGRESIVO
FOCA
MEDICINA
PALABRA
INÚTIL
COMADREJA
PRUEBA
IMPUESTOS
FORMATO
COCIENTE
CUPÉ
COMBINACIÓN

```
V H P Y G O N Q H O V I S E R G A
F E G A D I G O C S E M V O V Q W
M T N J W C I P X T R P W T Y X K
E N A E T S E Y Y X E U S A B I A
D A Q R N J X Z H W B E J M P G C
I T G D G O P C J U A S G R H N O
C S R A H P E A O L Ñ T F O J G M
I I S M G I R S O C O O F F V P B
N D V O S L I T Ú N I S I I P A I
A M A C L W E S E R Á E J Z M L N
N B F O C A N C I Q J B N R P A A
W J E É P U C L C X M S H T D B C
H A N U R A I A L L R L Y R E R I
C V Y P R N A Y C B P J E Q C A Ó
R V K S U P W P I I O I M V M C N
```

Puzzle 501

```
M V N V K M E V K F N X G M V Í R
A A I C U S Q C R D A K F O G N R
R S D K B B P N X N R E A R T D Z
I U Y U S W F X H R A Z Z P O I Q
P M K N L D F U U Z N L H B I C O
O I P W L T J L P I J M R X I E U
S N E Z L S O V A R A S N E F E D
A I S T E K P O D A B O R P M O C
V S S A N P A H O R A D T G W X W
E T A V T E X B R I W A K A H P B
R R B P O D R Í A P V T H O P J H
D O I B Y M F E J S F N I B E A L
E S O R B O C D F N Q E S N A P Z
S O S M O U O P P I G S M J R V Q
F R A C T U R A Z S D A P B I Z Q
```

SABIOS
ÍNDICE
INSPIRAR
ADULTO
TRAER
DEFENSA
AHORA
SUMINISTROS
SE
ASENTADOS
SUCIA
VERDES
NARANJA
ZAPATO
DIFERENTE
MARIPOSA
COBRO
PODRÍA
FRACTURA
COMPROBADO

Puzzle 502

PARTICIPANTE
ASUMIR
ESPINACAS
FRUTA
IMITAR
SECRETARIO
POSEER
LEY
ADECUADO
CAPAZ
DISTRIBUIR
PREFERIR
POLÍTICA
TRATANDO
BLANCO
CUELGAN
ESTELA
COMBINAR
EXTENDER
ASIGNAR

```
S Z E Q U P L A C I T Í L O P Z T
A E I M V S W Y O C A W Z D E U R
D Z C Z Y B A T M H K I Z Y C A A
B I I R A R S I B H F P N C U L T
P G U I E W N J I W E R V O L G A
S R Y D V T Z U N U Y B S O Y L N
A L E T S E A S A C A N I P S E D
D L M F R V P R R A T I M I T J O
E F A L E Y A G I I C U E L G A N
C R S B D R C P Z O B L A N C O C
U U U L N K I S D A S I G N A R W
A T M Q E M M R G M P P O S E E R
D A I J T Y D I S T R I B U I R C
O U R T X I V J O G J K C X A K H
K P E Y E T N A P I C I T R A P R
```

Puzzle 503

```
U Y Y O O V A J P C Y V C K R E Q
A N U W X I N M F L G R A F W N Q
I E U D M S J L I H W V L C B F D
C X X T V T C X C G E Q I A A E P
N C L T C O A G V O O I E L M R I
E S T R E L L A S R M D N D O M T
T B X K P L M O N O Q O T E R A P
R A P A R E C E Ó J C V E R O D V
E L N Ó I C A L E G N O C A S U R
V Y A Ó U K I I L M P G O T O R A
D B É X I T O L C P Z N C D X A K
A N A M E S V Z J G Q H I P G N G
R A T N U G E R P P H L N C G B Y
A J Q D V I Á R E B E D T R O K E
M T D I S N G C P A K D A R A X J
```

CINTA
CONGELACIÓN
CALDERA
COMO
APARECE
SEMANA
CALIENTE
ADVERTENCIA
ÉXITO
ENFERMA
AMOROSO
PREGUNTAR
AMIGO
MONO
DURA
VISTO
PRESIÓN
DEBERÁ
ESTRELLAS
LEÓN

Puzzle 504

LLEVAR
PRINCIPAL
SINTIERON
ESTILO
ENSAYO
PROGRAMA
COSAS
FEROZ
CIERTA
PRESTAR
RISA
DULCE
FOTOGRAFÍA
TAMAÑO
CONTRASTE
HABITUAL
VIENTO
PAPEL
PORQUE
HABLAR

```
W E U I R O L G R Y Q L T J J U E
V H R A V E L L R R A T S E R P N
U S A I Q I Q T O L T U R L E I S
V O L I T S E T S A R T N O C K A
P A B F R T A N O R E I T N I S Y
V L A F E W C W T N I D D R S F O
T J H J U R S A S O C K A N N O D
R I S A Q O O D C Q Ñ P G T I T P
I T J C R C G Z V J N A L O T O G
K H D Z O P A P E L S V M Y K G J
B M L A P I C N I R P N F A X R S
H A B I T U A L U Q Q J O X T A U
J H P R C N D U L C E B N C Z F K
I S V N P O Y J F Z S W O W J Í D
O X V F F P R O G R A M A I Q A Y
```

Puzzle 505

```
V P G V D E C B I O E B O J R E C
N A R I U A S A T I U Q I R A M A
Z R A O C K L Q J U H V V Y H R A L
U E N N H O O M U A A V Q P A M C
I C J F A A W N A E O M K T L A U
B E A L E C H E A C L F C C C R L
A N S A L T Ó T Z V E E B O E I A
R F Y N G O W X J D M N T J D L R
C F L I H N S N M A G A O T L E
O R E L I G I O S A R E E R O A G
Q U N D R T B T W N A V R N A J E
C H K B L H Q S I A C C L N L Y T
J C I E R T A M E N T E P H L T O
R X O D A D W D V Q H R Q Q A U R
E F K D K U P A S I L L O W N X P
```

CALCULAR
PROTEGER
PASILLO
TOALLA
SALTÓ
LECHE
AMARILLA
ALMACENAR
MARIQUITA
ROJO
CAJA
CARAMELO
GRANJA
BARCO
CIERTAMENTE
RELIGIOSA
DECLARAR
ESQUELETO
DUCHA
PARECEN

Puzzle 506

FELICITAR
LLENA
LEONES
CABEZA
SANGRE
FINANCIERA
HAZAÑA
EVITAR
PENDIENTE
ESPECTÁCULO
PÚBLICO
CAMIONETA
PERÍODO
PRÁCTICO
DENOMINADOR
MONTÓN
PEQUEÑA
ACUERDO
ALGO
REY

```
Z F M O N T Ó N C Y W S P U V V W
P Ú B L I C O V A Ñ E U Q E P O B
U F L A L G O H M X R R A T I V E
G E E V E T N E I D N E P X U R G
S U T E C W H B O D R E U C A W D
F I T N C E W N L E O N E S K E
B I L R U X A R E I C N A N I F N
P E R Í O D O Ñ T C L Z Z Q L P O
V D H C E R G N A S A A J B L R M
F E L I C I T A R Z B B C R E Á I
T R T S J F Y D E E A A E H N C N
E S P E C T Á C U L O H Q Z A T A
N T I U B A V T C X R G S X A I D
G S E A D U N Q K P T I O Z I C O
V V P N N U I S O A B H Y Q T O R
```

Puzzle 507

```
N K K A D N L T P P R S W K S F Q
Y A Q P M L H R A Z L T Q P N H M
X R T Z L R P Á S T G A X P G X U
X E E I I M E G E E N M C G W M H
E D N T V P A I O Q O T U A M V A
D N B N R O G C G A N S O E U Z L
N A Y S S E R O T L U C I R G A C
O B S E R V A C I Ó N E I A J R Ó
D I S Í M I L E S S O S C Ñ R H N
M I N O R Í A L L Z V T F A B N Y
C O N E X I Ó N X A S A Q P J W M
K D E S T R U I R Y V N R M R G Z
J O O O S U C E D E R Q N O D V B
C A N A R I O N Ó I S U L C N O C
B A L M U E R Z O Y Z E H A H I M
```

CANARIO
PLACA
DESTRUIR
TRÁGICO
ACOMPAÑAR
HALCÓN
BANDERA
GANSO
DONDE
MINORÍA
SUCEDER
PASEO
ESTANQUE
ALMUERZO
CONEXIÓN
CONCLUSIÓN
NATIVO
AGRICULTORES
OBSERVACIÓN
DISÍMILES

Puzzle 508

BALLENA
CONCEBIR
RESERVA
DULCES
VINO
VOCABULARIO
TÍMIDO
AFECTO
VITAMINAS
PACIENTE
DISCULPA
LAZO
RECURSO
FREGADERO
DRAGÓN
TULIPÁN
REINA
ACABADO
PINTURA
PERRO

```
F P V S V O S R U C E R P J D D D
R I L A I P A B E W R P L C F U C
E N U O T C E F A S T X Y G O L O
G T U R A E V Q Z T E K Q J T C N
A U D R M G S A N I E R Z S C E C
D R D E I C E Z C N H R V H V S E
E A X P N L A Z O A K O C A B V B
R D H O A E V E N I B N M H A E I
O T K S S T Í M I D O A C N L J R
T U D M S Q V U V D G B D M L N N
U L P A C I E N T E R C I O E W N
O I R A L U B A C O V A N Q N V R
N P D I S C U L P A D O G T A Q P
X Á U C P O T M E H B J F Ó I N I
D N J Q U S J Y I W E M S R N F Z
```

Puzzle 509

```
L J S O D A T L U S E R Y C J B B
T D O D E C I D I R E S P A D A U
N K L I T Á T R O P T M C Z J K S
Y O M U B O W G G B Y N U G S Y C
I O Q L V V O J U U X P E N C I A
M N A F U I B X K I B C L S B D N
G I V Z F T F G X S S O L E I I A
O D S I J C V P Y R V A O K S O C
U X W M E A N R Z Z W Z N W U M E
L Y J K O R E D N E C S A T P A R
Q F S H M T N R E T R A T O E N X
K G I L K A G O D A S N A C I I D
C R E A N A L E G R E F H J S F T
S I G N I F I C A T I V O O H I E
E J E R C I C I O T A R A B T Y X
```

ASCENDER
RESULTADOS
BARATO
ESPADA
PORTÁTIL
ALEGRE
DECIDIR
ATRACTIVO
FLUIDO
CUELLO
MISMO
SIGNIFICATIVO
RETRATO
IDIOMA
CANSADO
CREAN
EJERCICIO
INVIERNO
BUSCAN
GUISANTE

Puzzle 510

TECNOLOGÍA
EXTREMADAMENTE
TIERNAMENTE
LIBRE
FUERA
ETAPA
AUMENTO
ODIO
MORADO
SUSTANCIA
BURRO
DESEAR
CAVIDAD
SALCHICHAS
PARTÍCULAS
TABLERO
ENFOQUE
ENEMIGO
SENCILLA
PROYECTO

```
C P S S V H G P R O Y E C T O E T
A P U E R B I L F O V L A J T N A
V E S N Q P E C R Z D T X P H E B
I U T C D A Z D P G T I J A H M L
D C A I H R D E S E A R O N E I E
A R N L J T M O R A D O Y Z T G R
D M C L H Í W T N C U X M X N O O
B X I A F C G N O V G O F U E R A
A U A V S U I E U Q O F N E M C Z
Z C R C A L C M Q W C M E T A P A
S T A R H A Q U T T R I C R N S I
N D L L O S W A S N W Q Q W R M H
E X T R E M A D A M E N T E E T L
S A L C H I C H A S C S G P I U L
T E C N O L O G Í A M M O O T Q V
```

Puzzle 511

```
S I L E N C I O M F E Y P P H L V
P G R A T P O D A G U C U L O E S
A R R C H A S J N E I W P A J J L
M I I S A F N G O A M X I N F O P
X G X M G R L Í M I T E L E V S E
J E P B E R Á B Q U V M A T I F U
V L O W G R B M O J G W D A S U R
F E B C H Z G H B L E I A S D C T
A E R E V O M E R A Í N Z A D Q G
P P E R Á P I D A A N G A K A T L
D G W V I F U E R O N O R B E M U
S O P O R T A R E Y H T S A S K V
E S T R U C T U R A M Q D E F D A
E J É R C I T O A U S S B G P O S
P D E Q V B O N C A I M U A O O S
```

CARÁMBANOS
EJÉRCITO
SOPORTAR
PUPILA
SILENCIO
POBRE
LÍMITE
AZADA
REMOVER
FUERON
UVAS
PRIMER
PLANETAS
ESTRUCTURA
RÁPIDA
LEJOS
MANO
ELEGIR
BOLÍGRAFOS
ADOPTAR

Puzzle 512

COMPAÑERO
DIVISIÓN
MAMÁ
ALCE
COL
VENDEDOR
DURAZNO
OÍDO
VACA
EXAMEN
PLAYA
ATARDECER
POLÍTICO
COYOTES
TEMPERATURA
CALIDAD
HORMIGAS
PUEDE
CONOCIMIENTO
NIEVE

```
O E C P L T T E M P E R A T U R A
N I O F U R S A Y I Y W X V C E G
Z I L I H E C L A T M O D A O X H
A C E X B C D A D I L A C C Y A C
R O T V R E M E P G O Y J A O M K
U N I V E D Y B L U J Z O Y T E Q
D O Q G O R E Ñ A P M O C P E N Q
Z C H F Y A O S Y X X X R I S D I
A I Q T M T M D A A Y O N B A H H
N M K Á M A M N E O Í D O A G E Q
H I U M D R E A P D I V I S I Ó N
F E M M L D Q X L I N I U M M E Q
H N B C X Z Y L I K X E S A R B I
W T X Z O M W U M B C Y V R O J B
B O C I T Í L O P E F S L Q H M L
```

Puzzle 513

```
M O G R E T N E D I C N I J G C D
D E T E C T A R A G E F M B R O O
C F D R U R W O T O I L C B A M L
C V O Z A N Á M I L K H F A V P O
N Z C R S U G P M P F Q X H E O R
X N V K M T C F I E D P C Í D R O
C L X O L A F Ú B D J W Q A A T S
I F O Z A R L Q Y Q A U F B D A A
D P I E R N A M J B D M Z G L R M
C A N G R E J O E S A M E T F S E
C O M O D I D A D N R F I N T E N
Y R W Z G X K A M Y T J W R T W T
S G P G H O F Q N E N E Z F A E E
O C H E N T A D F M E Ú L T I M O
E Q H O H W D B L T N P I H R G R
```

OCHENTA
BAHÍA
COMODIDAD
RÁPIDAMENTE
TEMAS
DETECTAR
ENTRADA
MITAD
DOLOROSAMENTE
FORMALMENTE
SAUCE
GRAVEDAD
CUARTO
ÚLTIMO
GOLPE
BÚFALO
INCIDENTE
COMPORTARSE
PIERNA
CANGREJO

Puzzle 514

LÁPIZ
ORDENADOR
NÉCTAR
COMIENZAN
AGRADABLE
PLANA
VENTA
BEBÉ
IMPROPIAS
HUEVOS
CONFIABLE
HORAS
SENTIDO
VIVO
DÍA
CAMPO
ACERO
INMEDIATAMENTE
CIELO
PERO

```
V Q C D N A P Q K V I V O W J V I
P E N Í D É R A G R A D A B L E N
S M N A V F C W R E N J A H P L M
I Z X T O D I T N E S C Z V E B E
A M P F A O N Y A O L E I C R A D
D G P W U P A F N R O C P W O I I
W Y U R Z L Z L A E L V Á R A F A
B E B É O L N I L C H R L O Z N T
G B S Q T P E H P A O A I D G O A
J Y E O M Q I A Q R R D C A R C M
N C M Z O P M A C M A Q J N E O E
U G H D Z V O B S Y S O V E U H N
M G C N P O C W U W Z V V D K U T
E P H T Z G Q G R Q D S O R S X E
L N V Y R F W Z E X O Q F O P R N
```

Puzzle 515

```
J A P P B G X T S K M R V C P G I
M N E V X C H W S J A E P V A Z N
G I L L N U B E V C R P U H T B U
B V Í C P G A L O P E R M M I A N
Y E C C O G I S D Ñ V E F G N G D
K R U V O M G S Q L A S O P A V A
U S L K Z R E F Q S M E E H J Y C
L A A L L I D R A T I N I R E S I
P R S H U M E D A D R T É E O E Ó
R I R F U S V W U G P A L V I L N
N O G D G G N Q I G W N C A R A F
T R A D I C I O N A L E S L Q M N
Z R L I B E R A C I Ó N R U Q I Y
K R E S T A U R A N T E A A R N A
P O T E N C I A V H V M B R F A T
```

INUNDACIÓN
TRADICIONALES
FLORES
RESTAURANTE
SUFRIR
PRIMAVERA
PATINAJE
HUMEDAD
PELÍCULAS
AÑO
LIBERACIÓN
REPRESENTAN
EVALUAR
COMER
ANIMALES
ARDILLA
POTENCIA
GALOPE
ÉL
ANIVERSARIO

Puzzle 516

GIGANTESCO
SIN
RIZADO
CHOCAN
MANÍA
SU
MOSCA
LAVADO
OJO
NEGOCIAR
DELETREO
PINCEL
LIMPIAR
IMAGEN
PROBLEMA
SITUACIÓN
PELEA
HORA
CUARENTA
CUCHARA

```
M C S P U B E S P Z Y U P M P C L
Y U I W M H N I K I J W E O O T A
J A N Y I X S T O Q N O W S I W Y
J R P O V X O U V D Y C A C M O Z
O E D E P O D A V A L F E A A I K
P N U R L H R C R K X W U L G O R
R T C T G E Q I B A C A Y N E J S
O A H E P C A Ó X C H L P V N O U
B O O L T G N N F A U C V T S D K
L D C E L I M P I A R W U G E A L
E A A D N G I G A N T E S C O Z H
M B N N E G O C I A R F I E C I O
A M A N Í A W Z P L Z A R C W R R
V Y T Y E J R T X K X I R X C G A
K Q W P K J M J R J N P O U U B P
```

Puzzle 517

```
C J P N P R P O S I B L E S W O J
U J O T S E L C A U P O R A J Á P
I P S H F D R A D N Á T S E F M N
D Y I A J N A M N E J X A O H K F
A L T B M E R R I A V E Ñ V T T I
D S I L R T T K P T O T A I C S E
O U V A G N S P R X E K R T A E E
S R A N N E O Q E T T N T N B L K
A A E G V W M J J O D O X A A O D
M Y H G A L E G G M W L E T L C Y
E V Q Y L I D E C X M L M S L R X
N W P G T A Y P V N M A W U E É H
T D E P O R T E S A A B K S R I A
E V Z P G B O T E L L A S Q O M D
A R M A R I O A T G X C D M R C S
```

ENTENDER
MIÉRCOLES
SUSTANTIVO
DEMOSTRAR
CUIDADOSAMENTE
POSITIVA
PERMITEN
ESTÁNDAR
EXTRAÑAS
DEPORTES
BOTELLAS
POSIBLE
CABALLO
PÁJARO
REGLA
TEXTO
HABLAN
ARMARIO
ESTOS
CABALLERO

Puzzle 518

LINCE
VISITA
OCULTAR
CHISPA
TOMADO
CAMPANA
LUCIÉRNAGA
RISIBLE
TÍPICO
BODA
SOCIO
SENTIRSE
CONJETURA
REFLEJAN
COBRAR
LEÍDO
ATÓMICA
AMPLIA
ALLÍ
POSPONER

```
E X H Y X R A G A N R É I C U L K
H I N W Q J O C I P Í T S Z S F V
P W C Q T C C A I Q N V J F E V L
G A W P N A U P J M T O H P N I U
J U W B C J L R P O Ó P G B T S K
V H I J V B T C W G W T U T I I E
T Z Q L V R A R B O C I A V R T S
B O D Í E L R E N O P S O P S A O
Z T M F U M S Z N W R K Q N E D C
L F N A J E L F E R A M P L I A I
I I B J D S G N X R I S I B L E O
C Y N C H O B O D A P S I H C Y K
B D S C C O N J E T U R A H L A K
A L L Í E C C O C A M P A N A W D
B O Z P L D G B T H K M Q O O C R
```

Puzzle 519

```
H H C A N X X P Q X H P P P V V L
Z O S O T I X E I D I K S R R C N
P O M D E T N E R E G K Y I P T J
H Y Z R D A X G E Y N A Q V A A C
R A R B M O N Q U K W S A A Z O O
C R M P H S P O F N S E E R A A I
U E S B N N U S M S O M L U G A R
D D Y R U P D O R L L R C R Z J A
J A C Q Z R X L E R U I P O M O T
I M I M Q J G L T Q C F O D D G N
B U F A N D A U F Q Í K L I G D E
S O N R I S A G E I T Y I L S T M
T E R M A L H R W S R X C L R N O
I I F D J A W O N W A B Í A F E C
J R E S T A B L E C E R A H H W M
```

NOMBRAR
BUFANDA
LUGAR
MADERA
EXITOSO
HAMBURGUESA
ESTABLECER
POLICÍA
GERENTE
SONRISA
PAZ
ORGULLOSO
RODILLA
PIENSE
TERMAL
ARTÍCULOS
COMENTARIO
NINGUNO
FIRMES
PRIVAR

Puzzle 520

CUEVA
DERECHO
LIMÓN
MARAVILLA
PIERNAS
PLATO
VAQUERO
ALTITUD
MARIDO
ESTÚPIDO
PEQUEÑO
COMPLICADO
EXPRESO
ISLA
BRILLO
LILA
TEJÓN
SOCIEDAD
DIGAMOS
NIÑA

```
L R N P E E S T Ú P I D O V R L K
X I I E S X H F D H T I H A L I L
U T Ñ Q C H P E F B E G C Q M E F
D C A U Y F L R G J J N E U B R V
X X L E Y X G C E R Ó G R E A E Z
U Q L Ñ I X N N F S N J E R F Y N
M H I O C U E V A S O I D O Y D G
B V V I S L A P G Q O M A R I D O
Z W A E J G Z Y O G P C D B D I L
H W R O T W I R O M W I I J L Q L
P H A Z K E E O T T D R E E M S I
N Ó M I L D G F A K Q R K R D K R
D Z Q H S H Z A L T I T U D N A B
H O E C M C O M P L I C A D O A D
D I G A M O S T S R S Z E B Y N S
```

Puzzle 521

```
E S G R I M A B T S S A R B I L K
X X X I O O N F I P E Í T M M D G
R E K J C T A C L A R D R C P J K
Y E N S W F L D U U P O W P T J M
D D E J A N D O J T I P O O N L O
C W O U X X U F Z A E A Q Z F U T
R E S U L T A D O S N A N U A L I
H Y E M E D I D A D T Q Ó B A M V
U B R Q G A M V P O E R R Z M O A
Y K G D E L I C I O S O U N I D C
W D O R M N E Q A G T O T M G E I
W F R M U Q U I L K A S G N O S Ó
T M P U W V H C P I C G A N S T N
P R I V I L E G I O Q C C B A O D
I N D U S T R I A V L N Q U B F O
```

RESULTADO
MODESTO
TURÓN
PRIVILEGIO
MOTIVACIÓN
LANA
MEDIDA
PIEL
DELICIOSO
FANGOSO
PROGRESO
INDUSTRIA
ESGRIMA
PAUTAS
ANUAL
DEJANDO
LIBRAS
SERPIENTE
PODÍA
AMIGOS

Puzzle 522

DEBER
RELAJAR
UNA
PLATOS
ANÉMONA
INTERÉS
GENERACIÓN
INTERNO
NACIMIENTO
ESCUELA
PELUCHE
PRÁCTICA
VIEJO
TAREA
TIPO
ABEJA
AULA
FRENTE
MOVER
RESALTAR

```
E U A E V R R E S A L T A R O Z Y
S D O K B E P O B L H J A W V V J
E F U Q X L Y Y E M C P H Y Y M Y
D E B E R A L E U C S E R T R A B
P I F A E J N A C I M I E N T O Z
Z E U I V A E R A T I N T E R N O
W U L C O R T T I P O I Z R I A J
P Q N U M U I B U A N O M É N A E
E R K A C Y Z A H C N U L I T C I
D V Á H V H A T Q X D P I J E F V
I G H C H Y E W D I S X V R R R J
F A S O T A L P S X G O K T É E R
E D J N Ó I C A R E N E G E S N Q
B R E Q O C C O Q T Z V P X I T A
K F Z Q M U T A J E B A L U A E Y
```

Puzzle 523

```
T D I N F O R M E S G E V Y K D C
Z R É A S E G U R A R A Z R A G Z
Q O E C E B X R O T S S E V A P B
B L X M I Q C L E A R A C S G X I
Z F G C E M L S P T V Í O E U J I
X Y G I J N O D T A U R M B H V N
B K T P N G D Y A P X E E D C E V
C O M I D A I O C U M D N O E R E
C B C E V W N A X J X N Z S L E N
O U U J S R U X L I K A A C M D T
P H E S L Z E L U L R V R U Á I A
V G D L D H H Z X Y I A N R X C R
E B V A T H A B E R M L O O I T H
G J L U K W V W J S W R O C M O C
R C I R I G L K U A J W L P O F I
```

MÁXIMO
HABER
LAVANDERÍA
DÉCIMO
LECHUGA
PEOR
AVES
GARZA
ASEGURAR
COMIDA
ASA
FLOR
POLILLA
PATATAS
VEREDICTO
COMENZAR
OSCURO
INVENTAR
INFORME
TREMENDO

Puzzle 524

VERSIÓN
DISTRAER
MISIÓN
CALLE
MOTOCICLETA
PROPIETARIO
ENTENDIDO
YA
GLOBOS
LATIDO
BENEFICIO
FRAGMENTO
CALCULADORA
OSO
DISCUSIÓN
LEOPARDO
MOTIVO
VIRUTAS
SUÉTER
LIGERO

```
V D R W F F Z G F U G M L S M N N
U I I Y G V X E N T E N D I D O B
Y M R S B E N E F I C I O H U J H
X J Z U T P R O P I E T A R I O O
M Z L S T R W A T M I S I Ó N B N
Z B P E J A A T E L C I C O T O M
G L O B O S S E N Ó I S U C S I D
L E O P A R D O R O T G S B Y U P
O L D L Y B T K E Y K Q E Y H K H
X L I O S O V I T O M Y T R A U Q
T A T E E I X Z É I H Y G P O P W
L C A E Z X O K U Z M C I L P S R
H G L K U N Ó I S R E V T X K E Q
C A L C U L A D O R A K G N B K C
F R A G M E N T O Z E A I K Y D Y
```

Puzzle 525

```
D D I S T A N C I A M R A T R A C
Y I R U J Z O H C E F S I T A S D
Q F S D Y E T N A D N U B A C B E
A E V P C L S E C R E T A R I A S
L F R B A A H P E R D Ó N W F Í E
X Z G O F R A C T S U S H V I D C
Q P Y L G U A T R B P E D B L N H
Y V S A F T L R A V R R E T A A A
B I Z E A A E E Z T R U S R C S B
V N V T E N D K L G P I J W B N L
F Y B G R E S P E C I E A A T E E
K N B Q E A P E R M I T I R S E Y
V L O U I B Í U W M L K C I W C A
K L P K U F H D L Z C C Y Y Z M I
D U W X Q H Z W O T C I L F N O C
```

BRUJA
TRAÍDO
CALIFICAR
QUIERE
CARTA
DISPARAR
ARMA
ARTE
CONFLICTO
SECRETARIA
ESPECIE
SATISFECHO
DISTANCIA
NATURALEZA
DESECHABLE
PERDÓN
BOLA
SANDÍA
PERMITIRSE
ABUNDANTE

Puzzle 526

OBVIO
CEPILLO
ASUSTADAS
CUIDADOSO
CORTO
CONVENCER
BIOLOGÍA
LA
DE
EXCEPTO
CONDICIÓN
BERRO
VALOR
OPUESTA
DRAMÁTICA
INSENSATO
CENTAVO
HIJO
DEDICAR
SERIA

```
F I C O S O D A D I U C S V S D V
O N U O D N T R I C H Q C H A E A
Y S Y V N E V H A L C G S B D D L
F E O A B D O B C M U Y E E A I O
P N P T G I I O J T Á O K R T C R
S S I N A A V C T M Q T M R S A Q
E A I E E F B W I G U R I O U R A
R T H C I N O M H Ó N O T C S B S
I O O P U E S T A E N C V D A N R
A Í G O L O I B K H X T S P E T M
G B M G O B K T X I P C C X U O Z
Z B D E W M X P Z J I Y E I D U G
C O N V E N C E R O L L I P E C O
M P R M I T F W G X F C Z D T C T
F S C L T Q T S W X H T N X K O H
```

Puzzle 527

```
O B I E S P O N J A C A L L I M P
P R E N Ó I C I B M A T C T E M A
I M U A S J A L E A A A O T L L Y
N O T C E T N E G R L T R N I E X
I V C E R T A A D J U N T A R V U
Ó I P R O C T N R Q C Ú S G A Q A
N M J R L Y S C T T Y G E D E D O
A I B A O M I A I Á Z E C P U S E
M E A R C I V N M C N S N T C I R
V N V H N H E H Z P L E A N D R U
Z T I J B M R E V Q J I O G M F I
H O Ó A Q D T U E D J D S R Z O R
F Q N S C X N N W X A S V M L V I
R C S C E P E Y G H R W U I O Z I
I N G R E D I E N T E Q I K M V Y
```

JALEA
MILLA
OPINIÓN
INSTANTÁNEO
SEGÚN
DEDO
AVIÓN
MOVIMIENTO
ANCESTRO
ESPONJA
GENTE
ENTREVISTA
ADJUNTAR
COLORES
TEMA
ACTIVA
AMBICIÓN
CICLISMO
CERRAR
INGREDIENTE

Puzzle 528

DENTISTA
RESPONDEN
TUERCA
PREGUNTA
COCINAR
ESPERADA
CULPABLES
LUNA
CIENTÍFICO
RATÓN
TENER
ALEATORIA
GRASA
FABRICAR
ALGODÓN
CARO
VOLTIOS
EJEMPLO
PUNTO
RIESGO

```
V T A I R O T A E L A S A R G C D
Y Z J A Z E V Q P H G D D W I O E
H S G X M A N U L Y L E H Z T C K
U R J O L P M E J E Z G X B A I Q
P R E G U N T A T S I T N E D N S
Y T I S P Ó A C R E U T Ó U A A D
V A E E L D C O I B S W T A R R Z
Y P H I F O M U V E C A A G E K W
Y U X R G G W G L V N S R L P I Z
X N I R U L Q D C P O T F J S B U
I T A I R A C I R B A F Í P E V D
S O I T L O V X V S C B E F Y F X
T R H F S J G N B C Q Q L K I W R
A A R E S P O N D E N M B E B C U
D C P G O Q Z O O M G V D T S O O
```

Puzzle 529

```
L X O P A A H G Q X V S R T O F S
P H U F I K V U O Y I N V O B R A
D Ú D M X C L P E X E Í A S B E N
E B R E V L O S E R R T S A M S G
S P M P L V S T G K N E U Y Z C R
E C A P U A E O E Y E C M C Q A A
S C M T P R D D J A S L E M X N R
P K D V B T A A U Y R A D A N J E
E R E N G H P N C X K C Z V S U C
R L L P B B M I H O S E B G Q N E
A D A D I N U B B H V P O H K T R
D C N C P X C O M U N I C A R O O
A L T W E Q D B B K M I U W I F L
G D E Q A E L E V I N T L Q V A F
C P K R N I C R A E N R O H E G W
```

VIERNES
UNIDAD
FRESCA
PÚRPURA
BESO
EQUIVOCADA
HORNEAR
NADAR
PICOTEAR
NIVEL
SANGRAR
FLORECER
DELANTE
JUNTO
DESESPERADA
ASUME
COMUNICAR
REBOBINADO
RESOLVER
CALCETÍN

Puzzle 530

DIFERENCIA
TOMATE
REFORMA
MAGNÍFICO
GANAN
COMPRAS
GRUPO
MÚSICA
RANA
INFORMACIÓN
MARGARITA
MADURO
SÉPTIMA
CINCO
ALTA
SELLADO
SALTO
PROCEDIMIENTO
LUNES
AMENTO

```
T R I I S A L T O T N E M A K D P
Q C D N P X P Q C T A X H N C I E
S S C F A R A I N M Q Y S A B F G
T M L O R G O R I U K G K R L E A
H A T R W S F C C O M P R A S R N
A D R M H J G S E N U L T C Y E A
L U P A T L A E T D D F P I O N N
T R J C W U M L A R I X A S C C K
S O M I X J R L M C F M N Ú I I G
A É S Ó T L O A O Y G I I M F A R
U H P N V I F D T O M I U E Í Z U
C C L T E R E O X O Q Q W V N H P
T D H F I D R T S G R E E Y G T O
H Y B A L M C L R Q M U H Q A B O
V D D C V C A T I R A G R A M K A
```

Puzzle 531

```
C D T Y L I X I P C Q U P P W M R
O C B V B Q C U O R H I G G A E
N U B Y N O Y U M Z I F Y Y A R S
V E L B I T S E M O C M V T F R P
E S J F T N B N L Z M U A G A Ó E
R T R U S P T K P O C O C R S N C
S I J V O N R J K J T H S D I W T
A Ó H P D J Y C Z I H C E W A O O
C N V N A T A C I Ó N U P A F V U
I H E P T R E L O J D M G A L L O
Ó H R X S S A C U D I E R O N E D
N C X G U M I T O N E S V O D H A
B Z V J S U X R D J C W D R L K R
Q U E M A D O S S K E A T K U G I
C W Z U K J O K A Z A F R Á N Z M
```

ASUSTADO
COMESTIBLE
VER
PRIMARIO
RELOJ
MITONES
QUEMADO
PESCA
GALLO
RESPECTO
CONVERSACIÓN
NATACIÓN
AZAFRÁN
SACUDIERON
GAFAS
CUESTIÓN
MARRÓN
MUCHO
MIRADO
POCO

Puzzle 532

CACAO
COCODRILO
REDUCIR
VARIEDAD
EXPERIMENTO
VEZ
SOMBRERO
POCAS
JABÓN
CLASE
SIENTO
VELOCIDAD
MEMORIA
EXPRESAR
CREER
DESCRIBIR
MULTIPLICAR
OBJETIVO
MERA
AVENTURERO

```
K O O I V Z Y F K V J Q Q U K G P
S B D B K E T Y W N V F Q D Z W G
M E R A J A Z J X T C C L A S E O
A E C I S E F D K N T L X D L O Y
V S O R C E T J J I O T N E I S R
E O C O R X Y I Q N A K F I N A E
N M O M E P A M V U C H G R J C D
T B D E E R O O I O A H S A A O U
U R R M R E A I R L C Z V V B P C
R E I Z Z S F F K Q J R S Q Ó N I
E R L Y D A D I C O L E V C N T R
R O O K J R D E S C R I B I R W A
O T N E M I R E P X E E F L V E Y
M U L T I P L I C A R F D Q T N P
R Y J C Q N E A D K D D P Q B Q F
```

Puzzle 533

```
L X Y G A C I N Ó F E L E T J P C
R O B V S M C K Y X J N V U R I
M B T B D L V V O V I I G Y X Í E
C E L E Z Q G S S Q G R V Z U N N
O D X H A S E U O H B M Y D R C C
E X T E R N O J R F A L S A S I I
R B G C C K A R E D N E R P A P A
G A S T O I V X M C U J Q L H E S
Q W R O C R B J U W U Y O U Q O Y
W K E I R Á B A N O I T I P Z Q N
W R N E M X T N R P A D I V K C R
E X V M P E R T E N E C E V P S J
A C T U A L G R A D U A D O O E O
P O P U L A R E S P J T W A J F I
C S T Z I S L E S C A L E R A S E
```

ACTUAL
DEBO
ESCALERAS
EJECUTIVO
APRENDER
FALSAS
PRÍNCIPE
EXTERNO
NUMEROSO
TELEFÓNICA
VIDA
RÁBANO
GASTO
LOTE
PERTENECE
POPULARES
OYÓ
CIENCIA
GRADUADO
MIRAR

Puzzle 534

GROSELLAS
HERMOSO
CUADRADA
ACEBO
DURANTE
OLOR
SUELTO
LIEBRE
ZORRO
PÉRDIDA
ALIMENTOS
ZAPATOS
MUJER
MIEMBRO
ESFUERZO
NUEVO
DAÑO
REFERIR
LISTO
CONFINAMIENTO

```
G R O S E L L A S B J Q S K F T R
Z C X L R Y M L I S T O U I N P W
N A N O R D K F G C R R E J U M T
U F P R E F E R I R E R L H Q O P
E R V A S P U O W I H O T C R L É
V G S O T N E M I L A Z O V E P R
O I L M G O R B M E I M A B A B D
R D K H N O S O M R E H D A E M I
Y P U C G Q L Q Y V I R U G R C D
J B S U Z H N O E X S U R J B O A
C U A D R A D A R R T A A L E K G
I I V D B Q D O N Z J Q N E I P U
Q A Y J L A A W P G U L T O L P W
E S F U E R Z O P M L B E D A Ñ O
C O N F I N A M I E N T O I X O X
```

Puzzle 535

```
P R C C X F E R E V W E G S Q D S
R R D O K A L H S S V G A A R E O
O P O O M C K G C M L N N L A L L
P S E C L Ú V Y U Z W C A I U F A
I L E Q A D N O C S K D R D I M
E A N K D G Á H H D O P O S I N E
D X T T I H S D A D R E V V C E N
A E V N C F I Y R O T R R S I S T
D T E U E C A R D E I P S T Ó A E
U F K N D M F D J V N O F O N R H
C D W C C R W S Q A Y W P R E C
U Y N A T N X O I G L E S I A J Z
F K S M N Y F P T N Y T Q P O I C
D U E N D E U S O O V A O D V T E
D C P E V B A H O B R L J P D R D
```

PIEDRA
ONDA
CORTINA
ESCUCHAR
DECIDA
SOLAMENTE
PROPIEDAD
VERDAD
DUENDE
DELFINES
IGLESIA
GANADO
SALIR
COMÚN
FAISÁN
ROCA
TORMENTA
AUDICIÓN
TIJERAS
NUNCA

Puzzle 536

TOTALES
ZANAHORIA
ABUELA
ENCONTRAR
MANTENER
MOLESTAR
ESENCIAL
TRABAJO
TENDER
ATENTA
AGREGAR
DUPLICAR
PELÍCULA
MINA
ESCASO
EXPLICAR
CONTAR
INDIVIDUO
AGUJA
UVA

```
I T N T X C T I E K F X C B E D M
S L W G W A T N E T A H B E S Q O
E G I J O N X D Q C I N F Z C V L
L N Y P N I C I A D X F T M A Q E
A U C P G M W V D F R K P Q S S S
T M E O J J E I C B B R S D O G T
O E F W N I D D E X P L I C A R A
T M N V E T D U D U P L I C A R R
Z A X D U S R O J A B A R T P Y A
Q N U Y E D W A I R O H A N A Z T
U T U V A R J L R A G U J A F G N
C E I T R Y U E E S E N C I A L O
D N S U X R I U B Z V B V F L Q C
V E R M U K O B I D X V X T B Z T
A R A G E R G A L U C Í L E P K E
```

Puzzle 537

```
O E S U M A R P T R A T A R S E Z
D R Y P R Z E A R Z D E Q A K T A
I S E R U N S L P O K W T B C I K
T R W J J N P C J V B B Z R I S L
R H E F A Y O Z B Y H A B E E E E
E R O R A D N E M O C E R V S K T
V X C I T A D M F X E S G I C Q W
I O G T R Ñ E E S I L R T A A D Q
D B A U P A R D K M P A O T L N M
P R X C D T N I T D M S P U E Q H
I U K S O N E O R H Q A R R R I P
V I B I O O P N D U I C K A A M E
R L O D P M S T V R L I N D A D G
S O L E A D O I N T E N C I Ó N S
V V A C I L A R L V V P Q M K S E
```

VACILAR
INTENCIÓN
SOLEADO
DIVERTIDO
RESPONDER
MEDIO
ESCALERA
PERDONAR
LINDA
PROBAR
DISCUTIR
TRATAR
ABREVIATURA
MUSEO
RECOMENDAR
CASARSE
MEZCLA
VOZ
OREJA
MONTAÑA

Puzzle 538

TODO
BOTELLA
INGLÉS
TRATAMIENTO
PAÍS
RECIENTE
ALFILER
MUNDO
VIENDO
SIEMPRE
NADA
SEQUÍA
TEMPRANO
ORGANIZAN
PEINE
CERDO
CANDIDATO
NUTRIENTES
SUERTE
DIBUJAR

```
N U T R I E N T E S A K P D G C E
I I K Y C E D Q T A Í L J V Q J R
S A W C D G Y Y X L U O F U I B T
Í U Y G E S G Q S O Q T L I V Q O
A R E O B J S N U A E E B C L K D
P E C R A J U B I D S T B C V E O
B C E O T N E I M A T A R T F K R
O I R K Z E K H W N B I N G L É S
T E D C A N D I D A T O D N U M V
E N O S N W R P Z P R C G K G N I
L T S I E M P R E S E W O F Y T E
L E O R G A N I Z A N I Q H Y N N
A N D Q K L I D U B O U N M J W D
W V F F K T E M P R A N O E A E O
I V O D J W F B Q R O C E Z S A E
```

Puzzle 539

```
E T N E U C E R F O Q Z S P R M Q
R S W H N R C D N X P I U A P E Z
Q B T Q U E X P E R T O A S S S N
K Y V U K H V J T O X P V T S B Ó
S W J C D K I B E F Q S E I H S I
N W N L M I M E T N A T S N O C C
R Z Ó F Y A A A U G T A W A F W U
A E I L O C O N D S J Z A C Z P C
I O C M G O D G T R Z G L A R O E
D F A H R L H C C E E J A V L A S
U O T C A P M I P I N I B Y K T R
T H S M B Z U R C C J F F M I V E
S G E Q M T A C E B O L L A R D P
E A S E E M T R I N E S T A B L E
T H F B L I N D I C A N X T Q N F
```

PASTINACA
CRUZ
ESTACIÓN
EXPERTO
PERSECUCIÓN
CEBOLLA
SALVAJE
LOCA
LOCO
INESTABLE
ESTUDIAR
INDICAN
FRECUENTE
SUAVE
IMPACTO
EMBARGO
ESTUDIANTE
CONSTANTE
RECHAZAR
MADRE

Puzzle 540

FRAILECILLO
CONSECUTIVA
PIE
EQUIPO
HOJAS
SÁBADO
CANCIÓN
SOFÁ
AMOR
SARTÉN
PAVO
MAGDALENA
TRANSPARENTE
ENVIAR
BAJO
ENGAÑAN
GRANJERO
POLVORIENTA
PELO
COCHE

```
Q E L P B D M P P O F A B O A U Q
C O N S E C U T I V A M X J K S Q
C J K U T P E N G A Ñ A N F I M Y
D A H W N L O L L I C E L I A R F
Q B X I E T G L E H D G F Q H B P
X W L M R J H K V X O I F G Y D C
R L Y D A P Y C M O P I U Q E X G
S T C G P M L L D A R T Q L H P M
Á R O X S S O F Á M A I P B C S J
B Z N V N Z F D A O I O E U O S H
A N E L A D G A M R V D M N C Q O
D U K O R P E L O G N P E D T K J
O P I E T G R A N J E R O C W A A
C A N C I Ó N C N I S A R T É N S
R N E T A N N F T M J G N Y F X R
```

Puzzle 541

```
K N H J O H S Q V F I Q R P Z S X
M N Ú P T X N U N H W H N S A N K
Y E M A I C N E U C E S T A R P Y
H V E A B L Q R A T I L I M S R Á
D E D O Á O J I T P A D R E U E Y
Y E A Y H C N D I B N H D L E A Q
S I M P C Z B A R O O Y D B Ñ L A
V X U O I R L Q O S S K D O O M S
L V I J C N B J V E R O I R Y E F
Z M C I V R T N A B E J W P H N U
L N N D V A Á U F E P T Q P H T M
A M E N A Z A T R I V E C E S E J
D X P R V K H T I A V M F Z X A I
L L E G A N D O V C S Z D K H V D
J G Y I D I S O H R A R A P E R P
```

VECES
MILITAR
QUERIDA
FAVORITA
REALMENTE
PINTURAS
DIJO
PROBLEMAS
HÁBITO
PERSONA
SUEÑO
LLEGANDO
DEMOCRÁTICA
PREPARAR
VA
AMENAZA
HÚMEDA
PAPÁ
SECUENCIA
PADRE

Puzzle 542

FACILIDAD
SUPERFICIE
HACER
ENSEÑAR
CACEROLA
MIGRAR
DIRECCIÓN
MASCOTAS
TÉRMINO
CUELGUE
ADIÓS
CIEMPIÉS
ESPERAN
INTRODUCIR
CAMELLO
SOLDADO
MINUTO
CAUTELOSO
CHARLA
POLLO

```
C C A C E R O L A L R A H C P G G
S A Q U U E E I C I F R E P U S E
Y E U K G C F B C I T X E E X E N
R S X T L A F N A R E P S E B S A
F F R R E H V J V P I M D G N A D
F J K F U L F F F I F C P D D T I
V F T M C A O E P A W J A I R O Ó
M I N U T O L S O M C H J A É C S
S O L D A D O K O L U I P R R S Z
I N T R O D U C I R O L L O P A O
U I H L D I R E C C I Ó N I N M O
A M Y C C A M E L L O C W L D B X
V R K S H X M I G R A R N N Y A V
T É Y E N S E Ñ A R V I U Q I O D
E T O U X G W D J U Z S I M Q V I
```

Puzzle 543

```
Y R T T Q U A R A G D G U O Y K F
S L K V V W C B M R W F J V U K D
C O N T R A E L U U F U N C I Ó N
R R L J P M P J B Ñ S M W O J O S
E E A A V U T A L I U Q N A R T Y
C C U B G F A N I D D Z R S O E V
R Q T A M E R A U O E T S L U N A
E U O T B U R O D A T N A C N E N
A I R S K Á Ñ V Z H N W R R L K S
T E I U Y M S E A D A M U S X Z I
I T Z G Z C C I C H L O N I X F O
V O A V D R P H C A L M A Z I U S
O S R X G E C B V O I I L N B N O
B X E N Q P V G W B R A L S R E S
E N C O N T R A D O B M P F Z W P
```

GUSTABA
MUÑECA
GRUÑIDO
QUIETO
OJOS
MOMIA
TRANQUILA
ACEPTAR
CONTRA
ENCONTRADO
ENCANTADOR
BÁSICO
CERO
FUNCIÓN
BRILLANTE
ANSIOSOS
RECREATIVO
REGALOS
AUTORIZAR
LLANURAS

Puzzle 544

IMPORTAR
PATO
TÍO
HUMANA
ESTUFA
TRATADO
CURVA
FRAMBUESA
NEVERA
RESISTIR
CONTINUAR
PEREZOSO
VACIADO
GOBERNANTE
SABER
MEJORAR
SEPARADA
HASTA
COSA
PERDER

```
V S P Y G U H L S C M F B F L I Q
A A E V U P U T O B C Y C K G H A
C B R E D R E P T Í O I K U V W T
I E E R O M C M E J O R A R R O W
A R Z S E P A R A D A M J F A V U
D T O F R A M B U E S A G P T R A
O M S A C S E S B D T N O A R E F
K Q O A J O N S G M V A B T O S I
K B D S H C E U T C K M E O P I F
M U U D S G V S I U J U R I M S H
Q Y I N G X E P E L F H N F I T K
K C R U D V R I R L S A A C V I P
Y G Z A Z R A I Z Y E F N J B R N
X C O N T I N U A R U E T X Y Z C
T R A T A D O J R M Y C E X Z R X
```

Puzzle 545

```
A T Q F O V J D E R B M U C K D T
C C V T R I B U S C R T D E B R A
E N C U E V V L T S A N U G L A M
T Y E E S I M O Ó P N J L E O V B
O X I N S R F N M C O A Ó D C R I
I F I V D O Z K A M I L F N K E É
L E M L Q Z G A G E C A P E S S N
B S H S F I A R O P N U A P L B U
I Ú A D A N O M I L E X Y E H O R
B T H B Z A D I S S M R W D B L T
H E L O Y R O Ñ E L É C T R I C A
C H C I F G T O Y K H U M D U J Y
Y R O G C N É T J R N M J T Q H O
L A P V X E M S O S J G L H M O X
H X D T F A B Y F T Q P V W E U A
```

ELÉCTRICA
DEPENDE
ACCESO
GRANIZO
ESTÓMAGO
TAMBIÉN
OBSERVAR
LIMONADA
VIVIR
CUMBRE
POR
MENCIONAR
MÉTODO
SER
CAJÓN
SUBIR
BÚHO
ALGUNAS
ARMIÑO
BIBLIOTECA

Puzzle 546

COSER
CUPIDO
NAVIDAD
SERVIR
CREZCA
MONTAR
SUBIDA
ABURRIDO
OTOÑO
FIN
CAÍDA
PRONTO
PEZUÑA
MONTAÑAS
PANTALONES
PROBABLE
INTENTAR
RITMO
ARGUMENTAN
DEPRIMIR

```
P C K B L U Q R N D R A N O J X D
I S A Ñ U Z E P C E L B A B O R P
S E S Í Y Y Y Z F P Y N T Q D E H
J R E U D N I U N R V A N R I S M
Q V N K B A R Z P I F V E J R O L
X I O S A I E H F M F I M F R C C
K R L O S Q D S C I M D U I U Q X
J A A M L E L A U R C A G N B I S
W T T J B T M Ñ P M J D R T A P M
N N N O M A H A I E T J A E B R E
L O A X G C A T D Z Z M H N N O E
A M P X I O A N O M T I R T E N V
C R E Z C A F O L S P B C A F T B
O T O Ñ O Z Q M Q E S C C R H O R
L L T I B U Z E V H M R E M H A Y
```

Puzzle 547

```
D P O R C I Ó N A L F O M B R A S
M O R G A N I S M O S D E C I R U
Q E Q A K V M Z M K Y N T D R S P
K G D N Ó I G E R A H T N O L M E
K W L I K U D W H S R T E R C A R
R Z X L O I P O R P A T G U T T I
L S F O C S S B Q J T G I J F X O
T O N S E M X U W A P J L L H E R
F G N A S A R T O P E S E Q L S S
E N V G T I E R R A C B T R A O K
J A N A I U T G R F R C N D L X Z
N R F G U T F A I R E S I M Z I S
T O D B B M U A M N T F S E M K A
M C D T R B B B D C E N U R F N X B
H E R M A N O V R S I S P Y W S R
```

ALFOMBRA
SECO
MEDIOS
LONGITUD
PORCIÓN
TIERRA
INTELIGENTE
TUBO
MARTILLO
PROPIO
ORGANISMOS
HERMANO
DECIR
OTRAS
INTERCEPTAR
SUPERIOR
MISERIA
GASOLINA
RANGO
REGIÓN

Puzzle 548

DESAPARECER
CONEJO
EXACTAMENTE
HERVIDOR
ROSTRO
CÍRCULO
GENEROSIDAD
AMABLEMENTE
PUBLICACIÓN
CREMA
CEBRA
DESIERTO
TAPETES
SALUD
VIERTA
NUMERADOR
CONOCIDO
FINALMENTE
DESCENSO
VENTANA

```
D A D I S O R E N E G X L F I A E
C E T N E M L A N I F Y Q R G R X
O D S P U B L I C A C I Ó N V H A
N C E A A M A B L E M E N T E E C
O E R S P V E N T A N A S I V H T
C B O O I A E T S T A P E T E S A
I R S S K E R E K A C O N E J O M
D A T N S I R E G T L C R E M A E
O Y R E E E E T C D T U O W X X N
C P O C A X Q V O E I O D M B A T
U V H S T G O L U C R Í C T G T E
N U M E R A D O R O D I V R E H W
K N T D E X B H A M N B O C S I U
L T S G I D O V V F H G Y D X Y L
X Z S M V K D F N P Q J V N X Y I
```

Puzzle 549

```
N A D W N A T G L A C U M O A V S
E T N E M A N I T N E P E R R I T
N P R B T M C Y N F L K M C T A U
Z U C E Z N C O X C D D B A Í L V
X Z L R D M O Z N E A G A L C N O
E Q S D X O P R P D P N I U U Ó W
J I R A F A N A E I U Q L M L I D
D E S A F Í O D G C S C E I O C H
G A N Ó B A I U A O O Y T S V C E
I D U A A A Q X G T X N N O H A L
R E C U P E R A C I Ó N I P R R Í
K F M L F X U M T T K L R Y E N
P R O P Ó S I T O H Á B I T A T E
M U L T I P L I C A C I Ó N W N A
L P L L O R A D O R W Y P M U I O
```

LÍNEA
MULTIPLICACIÓN
GANÓ
CONDUCTOR
RINOCERONTE
LLORADO
JIRAFA
VIAL
PROPÓSITO
RECUPERACIÓN
INTERACCIÓN
REPENTINAMENTE
SIMULACRO
DESAFÍO
CELDA
TUVO
BAILE
HÁBITAT
REDONDA
ARTÍCULO

Puzzle 550

GRITO
AMBAS
TRONCO
PRISIÓN
DETALLE
COLECCIÓN
VARIO
MATERIA
CONJUNTO
PRESERVAR
ZOOLÓGICO
APIO
RESPONSABLE
BALONCESTO
PLANTA
MUCHOS
PERA
CULTURA
TRABAJAR
ABSORBER

```
N E W R I J T D B X P V C X W B T
A P I O T R O N C O F L X H A I R
L Q G R P D T N S A B M A L R C A
N Q P E R A G G B L V U E N U I B
S B M B N O T I P J A C M Z T O A
Z O O L Ó G I C O M R H T F L A J
D T Z P I K J G N A I O H O U O A
E N W I C A O G O T O S W V C K R
T U X W C F F V K E G R I T O B M
A J J Z E T H N X R E B R O S B A
L N I H L R Q W S I P R I S I Ó N
L O F Q O B E N R A V R E S E R P
E C Q T C R E S P O N S A B L E O
B A L O N C E S T O F B A N Q O Q
W A T U Z H U D H U H I K R H P X
```

Puzzle 551

L	B	L	F	Y	B	W	X	O	R	L	R	N	F	Ó	J	R
Q	G	N	W	V	N	I	N	A	V	E	G	A	R	R	V	D
T	I	R	A	R	J	R	C	Z	P	D	J	S	K	B	L	D
E	M	M	G	H	M	T	X	I	W	M	A	H	U	I	T	H
O	E	A	Q	E	N	W	Y	S	C	X	P	F	Q	T	N	X
B	O	R	Y	H	S	Ó	G	E	L	L	U	E	Z	A	Ó	B
G	J	A	E	X	Á	T	K	C	D	M	E	Q	Z	J	I	M
R	E	S	T	O	M	O	I	A	J	Q	V	T	K	L	C	L
M	W	V	I	M	E	N	O	Ó	Y	W	J	A	A	K	C	F
Z	P	R	V	V	D	H	T	M	N	Y	N	G	C	F	U	G
T	P	R	E	S	I	D	E	N	T	E	J	K	H	Í	D	R
O	L	L	I	H	C	U	C	F	O	R	M	A	Y	G	O	A
D	T	C	O	L	E	M	V	I	I	D	P	S	U	C	R	B
O	D	A	R	T	N	E	C	N	O	C	B	B	S	G	P	A
S	A	D	A	G	L	U	P	Q	J	R	Q	G	Q	D	L	R

MAR
ÓRBITA
PRODUCCIÓN
CUCHILLO
GRABAR
GESTIÓN
CONCENTRADO
PRESIDENTE
FORMA
TIRAR
LLEGÓ
SECA
EVITE
DEMÁS
PULGADAS
TODOS
RESTO
VACÍO
NAVEGAR
BICICLETA

Puzzle 552

ESCENARIO
COMPLEJA
TEORÍA
PERSONAJE
MAYOR
RIMA
MUESTRA
OLVIDÓ
MAYORÍA
INDEPENDIENTE
LÍDER
BLOQUE
PLIEGUE
ACTUALMENTE
MARCA
DESDE
INCLUYEN
IMPORTANTE
TIRADO
ROBAR

T	D	F	H	L	F	H	U	Q	F	Q	M	U	W	R	E	Q
E	U	Z	S	V	M	J	A	H	W	J	Q	I	F	V	S	O
O	H	H	I	E	I	M	P	O	R	T	A	N	T	E	C	I
R	J	G	W	X	P	U	D	O	D	Y	Y	K	W	G	E	N
Í	S	J	I	N	C	L	U	Y	E	N	Q	K	N	G	N	D
A	T	C	X	L	B	O	Y	O	V	U	R	I	F	L	A	E
S	A	M	I	R	O	Y	A	M	H	J	G	X	C	C	R	P
A	J	A	J	E	L	P	M	O	C	V	X	E	J	X	I	E
Z	U	R	R	A	B	O	R	C	N	M	X	X	I	T	O	N
B	K	C	H	T	I	L	Ó	D	I	V	L	O	T	L	V	D
E	J	A	N	O	S	R	E	P	E	A	W	O	I	T	P	I
M	P	T	Y	D	Y	E	I	L	O	S	H	N	R	W	X	E
F	O	N	C	U	V	B	U	I	T	L	D	L	A	K	H	N
M	A	Y	O	R	Í	A	A	M	B	L	R	E	D	Í	L	T
A	C	T	U	A	L	M	E	N	T	E	U	Q	O	L	B	E

Puzzle 553

```
C M Q K J C W P C G H H P L M N B
R E T N E I R R O C Á P A D V L K
A D T D Y T A O L M M R V M G A C
R D O O T C M D U Z S E J D C S H
O S E B D K E U M J T U U G U O W
N E Y C L A U C P H E N E Q G C O
G M J A U A Q I I U R I G J A I D
I O N P Z A R R O E N R O X T T Y
O C Q Q G E D B S V J S N Y E Á A
M I E R I Z O A I O W E C H N M A
K O A B I E R T O W D W O U F O S
R N B E P O K S O S T E N E R T E
D A D I N U T R O P O O V I D U M
T L D E T E R M I N A R C B T A E
O N I B A E H W N F C J A K T L Y
```

REUNIRSE
COLUMPIO
PRODUCIR
OPORTUNIDAD
DETERMINAR
NETA
ADECUADA
CORRIENTE
DOBLAR
ABIERTO
EMOCIONAL
HÁMSTER
ERIZO
ATAQUE
QUEMAR
HUEVO
JUEGO
IGNORAR
SOSTENER
AUTOMÁTICO

Puzzle 554

LAICO
DOLOR
IMAGINAR
TRUCO
ESCRITORIO
JOVEN
EXPLORAR
LIBERTAD
RECONOCER
MARTES
REVISTA
MAPA
TENÍAN
DESGASTADO
ROTO
MENTE
KÉFIR
TONTA
ACTO
NEGROS

```
Y R A R O L P X E L I B E R T A D
S E T R A M I Y P Z W C G V L L X
M C K G Q K I B E P J T G U W V R
E O I R O T I R C S E Y U E M Y T
Y N T B N S F X B W V M B M A F Y
R O L O D X Z E T I C L P P A S O
U C C T R A K C O W R G K O T P D
Q E I C P A X P N E V O J W S G A
N R N A X T N T T V P T G Z I Q T
N E G R O S V I A J M E T I V I S
T K É F I R P F G N Z A R E E F A
M E N T E Q M P Q A H B U O R M G
T E N Í A N W X C S M Y C A G K S
R V W B L A I C O L A I O B L A E
G E Z R S O N T O C J A C Y Y B D
```

Puzzle 555

```
D L M P N X E U O A P C U Z G S C
N E O F F E S X X E S Í F Y W E A
B G E C B G L C P Q X R L X F Ñ S
O N B C A J N I F E B I N D F A A
B Á D R F L Ó G R Q D F N I O L D
J D A I O B I Q Í G W I E Q O R O
E J H M V O C Z A C X L C W H J A
T H U E E V P W A R P Q M I B T Q
O K E N Y O E Y C R I B B W Ó A R
S J S W T U C R A M I T C Í V N M
E Y O D G T X J R A N O I T S E G
M F R E S A E A T E M O C I W G D
H E X M Z T U K E C A Y E R O N Z
A C C I Ó N D K R H Q U W K A G R
X I C B Z C S J O D A R P M O C V
```

SEÑAL
MES
FRESA
CASADO
LOCALIZAR
CARTERO
EXCEPCIÓN
COMETA
ÁNGEL
EXPEDICIÓN
GESTIONAR
PÍLDORA
ACCIÓN
FRÍA
OBJETOS
VÍCTIMA
CAYERON
COMPRADO
CRIMEN
HUESO

Puzzle 556

DESCARTAR
MISTERIO
JERARQUÍA
CORAZÓN
NUTRIA
ENVIADO
SERIE
DICE
DESCUBRIR
SOL
SUFICIENTE
PRECISIÓN
DIFÍCIL
DURACIÓN
DEMOCRÁTICO
NEGOCIO
AUNQUE
MOMENTO
PRISA
EVALUACIÓN

```
D E S C U B R I R Q Y Q X P Z J Y
T P X N D B Y N A G R M E J H P W
A Z L Ó E C A P I L V R V I Z X K
Z N Ó I S I C E R P N W A S I R P
H T H C C S B T T E E C L D C Y J
Z K G A A Í F N U W G M U E O H E
D T Z R R R F E N H O B A M R Q R
Z I N U T W A I O N C M C O A O A
H K C D A Q A C D R I I I C Z Z R
R Y Y E R E R I A L O S Ó R Ó F Q
M O M E N T O F I L U T N Á N C U
A R T J P I J U V P Z E F T C X Í
F I F L R N P S N U N R I I K P A
A U N Q U E I R E S G I F C N I O
I M W H N Y V C Q Y F O X O V Q U
```

Puzzle 557

```
T I D E N T I F I C A R N H E D S
R E T N E M A T E L P M O C C E O
F K T S D U F S P U T D D E O C N
M L U E U E G R U Z L Z A Z N E I
A H C E R T S E O A Y X C M O P D
G T C B U A A T P R P H R J M C O
Q L L A M A D A R J E F E O Í I U
A B M N Q S P T B U P Y M P A O H
A T A D O O Y I B W C Z J U T N E
T Z S D U N S R O M F C C E K A B
I L W F Y O N O L K V Q I R M D D
E F T R Q B K Ñ J H P L B Ó P O C
M X G U D A D E O C U P A R N Z D
P J Z L O J N S W T E N E D O R B
O W X M X J H I P O P Ó T A M O X
```

SEÑORITA
DESTRUCCIÓN
ESTRECHA
SONIDO
AZUL
COMPLETAMENTE
TENEDOR
PAUSA
MERCADO
TIEMPO
HIPOPÓTAMO
LLAMADA
JABONOSA
TETERA
DECEPCIONADO
ECONOMÍA
ATADO
IDENTIFICAR
EDAD
OCUPAR

Puzzle 558

BLOQUES
BELLOTAS
CASA
LIMPIO
FABRICACIÓN
LECCIÓN
CAER
OTRA
FALTA
CONSIGUIÓ
CINTURÓN
ASIENTO
PREFIEREN
AYER
PILOTO
MUSARAÑA
INTENTO
TOMAR
PODRIDO
BLUSA

```
B L O Q U E S S K B Q L M Z D P T
C O N S I G U I Ó E L E U A V N L
L I M P I O H B E L O C S C F J V
N T M I C C Z K F L X C A I G M F
U R Y B I F A T M O D I R D O P A
S S X S N S W S A T I Ó A S U L B
O T R A T E W D A A N N Ñ Q V O R
H J P W U Y Y H A S T E A S J V I
D T I T R E A C T I E R A Z V P C
N Q Y V Ó E B P H V N E N C H M A
T S E L N C Y C D G T I M M Z J C
B O T N E I S A P Y O F N H L O I
D R M F A L T A A Y T E S R A X Ó
I Z F A P I L O T O F R H O Q B N
E H R G R X S J D O H P W F C C A
```

Puzzle 559

```
L I H V E M G B C S I T J I J J G
K K C Í S A M J I G X C O A C A W
M L G R P P R E C I O G Y Q G U A
C T W A O T N E I M A Z I L S E D
H A R O S E F O R P N A P E G C A
F Z M W A D I G A P I C O T S I D
E T X I D B C K T X U T S F O R E
Z S B V N V C S H D Q I I R L C R
D K P P E O I Q A I S V C O U U N
P J A A C Q Ó X O L E I I L C L E
E Y U W C W N S M U C D Ó V I A X
G M W O X I Y L I Z B A N I Ó N I
O D A P U C O E R P S D S D N Q V
P R E S E N T E Z L E N C A Z T W
M E N O S S E G U N D O J R A A H
```

SEGUNDO
ASÍ
PRECIO
OLVIDAR
ACTIVIDAD
PRESENTE
PROFESOR
MENOS
POSICIÓN
CAMINO
ESPACIO
ESPOSA
DESLIZAMIENTO
SAL
ESQUINA
FICCIÓN
CIRCULAN
ENREDADA
SOLUCIÓN
PREOCUPADO

Puzzle 560

PELIGRO
BORRADOR
LEAL
RECIBIR
FIESTAS
ECONÓMICA
HILERA
EDUCADO
DELGADO
BLOQUEO
DESAYUNO
RESPUESTA
GRANDE
BREVE
NIÑOS
BEBIDA
MISTERIOS
COMPITE
SOPLAR
TÉRMINOS

```
C H X M U E D M M F V Q L N X L P
O I E J D D B E I B L O Q U E O E
M L G O E U U D S S X Z O U L A L
P E L U L C V N O A T G H X R C I
I R D K G A B A Ñ T Y E V E R B G
T A M E A D U R I S C U R D Y P R
E L C A D O F G N E O B N I X N O
X E F R O G Z L M I J S J O O P B
T É R M I N O S J F O W U H U S O
H P B A T S E U P S E R U S T A R
Z J I D L E C O N Ó M I C A A F R
F U I I A P U Z R E C I B I R N A
X M D B E C O B S L K U J G W G D
F X U E L T I S M D M L Q G Q C O
M D M B O H O P I X V Q F O J J R
```

Puzzle 561

```
R Y G J H H A T E I E L D E S P B
D E A J Y E Z R M N S O E S E B K
Y M S Z P O Ú A E T P B P C G R G
N R O P H K C N R E A O O A U H K
M O M A E Y A S G R N T R R I I D
A N A R N T R P E N T N T A M S V
V E F V P V O O R A A E E B I T P
Q E J H A A U R A C P I R A E O M
X W N F I D O T R I Á M U J N R X
T Y T T E O W E E O J A T O T I X
H I L B A M V D P N A S J A O A M
O J J F G J R G O A R N S P L X M
P U Q A L W A Q O L O E R R O C B
X D I G E R I R C V S P Q B U M A
S O T M O D I F I C A R F R U N S
```

DIGERIR
MODIFICAR
TAL
LOBO
COOPERAR
HISTORIA
RESPETO
FAMOSA
ESPANTAPÁJAROS
EMERGER
DEPORTE
PENSAMIENTO
TRANSPORTE
ESCARABAJO
ENORME
VENTAJA
CORREO
INTERNACIONAL
SEGUIMIENTO
AZÚCAR

Puzzle 562

ARRESTO
ESPERANZA
SÁNDWICH
ELECCIÓN
PARTICIPAR
GRAN
DESEO
SEIS
TAZÓN
CONTRIBUYEN
CACHORRO
SUYA
PRODUCTO
TELA
ESPEJO
DECAIMIENTO
SIMILARES
CIERVOS
ORILLA
REALIDAD

```
T L N C A C H O R R O E S U O S T
E Q N X L R Q F Q H K F S R M E V
D J U J L A R R E S T O R P I I G
D E C A I M I E N T O Q F B E S D
T E L A R A P I C I T R A P O J Z
S Y W K O P I P B B T D D O S M O
I G R N U T R S I U A D E S E O L
M N R D Q C T O J D Z F M O L L T
I D Q A H T X B D N Ó I C C E L E
L P P D N L S Z U U N B W Z V M W
A S M I S J C M I U C Q Z M W P P
R U R L C I E R V O S T C Z I A G
E Y A A S Á N D W I C H O V R T E
S A A E U Q C O N T R I B U Y E N
H S M R E S P E R A N Z A E J Z R
```

Puzzle 563

```
M M C F M E Q Y K R G M V G M F F
O Z P A N T T E N S A A W K N Z U
D N S R T N S H L A T N E M E L E
E V K U O E A I C N E T E P M O C
R S O T A D G M I W A E B U W J Y
N Z U C W I D O F V S N I B N N W
O R Y E R S G B R J U I L P K T X
Q F J L X E R I J Í U D U E S I Q
L O G R A R C O Q O A O S C N K T
R I A R U I O O L X O I T Q Q Y S
Z G M E N O R H M R A T R E S N I
Z E F B D R T I M P I I A G I V N
B L P A S A N D O H R S R C D N Y
A O R E B M O B X K C A D I R M I
S C T V M S B R L N Y W R L E R K
```

PASANDO
CATEGORÍA
MANTENIDO
FUE
RESIDENTE
LOGRAR
SITIO
MENOR
TENSA
ROL
BOMBERO
LECTURA
MODERNO
COMPRA
COLEGIO
INSERTAR
COMPETENCIA
ELEMENTAL
DATOS
ILUSTRAR

Puzzle 564

VAPOR
VIOLENCIA
COMPARAR
CASI
CORRER
DOMINANTE
MILLONES
POSITIVO
ALETA
AUTOR
CINE
CADA
ASESORAMIENTO
SECCIÓN
CANTIDAD
CIENTOS
ELEGIBLE
CONTROLADOR
PRIVADO
PÁGINA

```
V A B R A R A P M O C A M U N S E
I S D E C O H W P I B X S J U E L
O E O R A D O I Z N L B W T M C E
L S M R N A I G O B P L B F G C G
E O I O T L Q M E A X D O L Z I I
N R N C I O W B F R I B V N C Ó B
C A A Y D R P O S I T I V O E N L
I M N O A T E F U V Q S X P C S E
A I T J D N P P R I V A D O I O T
T E E X S O Á A C X G C R J N T K
L N N I W C G K L A W A R A E N R
C T D H L M I D A E D W Z M V E V
G O L O K S N B D D T A Y A Z I Q
J V A P O R A O P R U A J U E C P
G N F A U T O R M I K O W K R X P
```

Puzzle 565

```
E R Y E P V Z F R Q C P W L O L R
V N Í D R A J C A F Z E N E I V X
I A P A U M O L R B V L I B K N X
D T P D E A I I A N Ó I D U C A S
E R G I B D R E M V E G A M N W J
N E L L A X O N E A A R Y W T M S
C S B I S J T T N L R O S A N A N
I A R B D H I E T L A S H F N F G
A I J A Q E M O E A Ñ A H L H G M
Y L B H K Y R S B F A M H B B G D
J T S X M F O R H G B E Q V F E N
T W Q N O N D A E T Q N H C C Z F
B X P Á R R A F O T M T D A F Z W
V K C O H E T E Y B I E Y F W V G
F T F H N J Q O M T D R P D L U J
```

COHETE
VALLA
HABILIDAD
TRES
DERRETIR
PÁRRAFO
SANA
DORMITORIO
VIENE
PELIGROSAMENTE
CLIENTE
PRUEBAS
JARDÍN
NO
SACUDIÓ
ARAÑA
DAMA
RARAMENTE
NI
EVIDENCIA

Puzzle 566

LAGO
TÍA
ABRAZÓ
MULLIDO
ESPECIAL
SURTIDO
VICTORIA
TELÉFONO
MELOCOTÓN
CODORNICES
PRECIPITACIONES
ACADÉMICA
INVADIR
SEXTA
TAZA
DINERO
ESTRATEGIA
FRIJOL
GRIS
COMPORTAMIENTO

```
S E N O I C A T I P I C E R P C S
C X Z Ó Z A R B A Q T C S B L O U
X E M W N M R I Í Z B O T C X D R
O S F U X G Q O T A A M R G M O T
R P U R L B W T L C G P A Z D R I
Z E W E I L C D N I R O T L N N D
F C K M J J I G N M I R E F L I O
G I S A F J O D H É S T G U S C V
L A T X E S I L O D W A I S E E R
L L V I C T O R I A W M A K N S V
M E L O C O T Ó N C R I D A V N I
E Y Y K C K B G B A X E L A G O G
T E L É F O N O D O Q N Q B K U T
R B L H R E P U A S A T M V A K G
H T Q C Z G O Q Y F E O R E N I D
```

Puzzle 567

```
A E N E C E S I D A D T N B I T K
T T X N K A V B I O H C E H H A U
L S M T T D A T F N E C G A N L V
E I Q C I M I A W Z V U A W T E B
T R N N T N W H T M G L T Z A N X
I T D L P Ó T F F T E S I B S T O
S M U K X R R A U E J L V Z O O Q
M P U E N T E A B M G L A Q V C W
O I O G K A Q C C Á S C A R A P A
T E P H U P Q A S A Z I L I T U A
M A O R D E N A D A B S J T N Y Q
Y H R R E A C C I Ó N W Z S E Z K
W B Y D E L E M E N T O I I C T O
W V E H E F O L C L O R E S B D I
P E L I G R O S O H N F X A P V Y
```

EXTINTA
ELEMENTO
CENTAVOS
PELIGROSO
PATRÓN
TARDE
HECHO
BOCA
FOLCLORE
PUENTE
ASISTIR
TRISTE
TALENTO
UTILIZA
ORDENADA
NECESIDAD
REACCIÓN
CÁSCARA
ATLETISMO
NEGATIVA

Puzzle 568

COLUMNA
ENSEÑADO
CONTACTO
CONTENTA
GUSTO
ABOGADO
ALGUNA
CUERVO
LOS
QUE
OVEJAS
SOLITARIO
MINUTOS
RAMA
BURLA
ESTUDIOS
INSIGNIA
CAMISA
SEÑOR
DISPONIBLE

```
E G Z O X S S B D D E Z C U G V T
E C I B Q O D T U H B Y A M A R Q
S O Z K R L Z H B R A N M U L O C
L V N N C I T J R Y L E I L N U J
G E C F O T V J A B P A S P M W E
A J X E S A A L G U N A A T I L E
S A S U H R I G B I Y K S Y N I T
G S O K Q I T N Q U E V V O U Q G
S E Ñ O R O D A G O B A A T T V X
E S T U D I O S C I Q Y S C O L M
F K O Z J C R L U U S Z N A S N K
Q I Q L G D X M E A T N E T N O C
G U S T O N O Z R Y Q O I N L S Z
E N S E Ñ A D O V J P D P O M X M
O J K E L B I N O P S I D C E X Z
```

Puzzle 569

```
A I I P A Ó T I R O D H H H I Y Y
L S P A R H I D E S C U I D O N Z
R I C E D E R P U R F S R N G I P
O E O V G L V X M R V O N L D C P
Y G N A T J K E C O L L E S I T A
A C T U A L E S N Y R U S A V P R
P U F H R I U U Ó I V C C T C O A
R S C U C C S A R U R Í E A O B G
Y F T C W Á E S U T Y H N L M L U
E Q U X X F N L H G L E A E U A A
O F I C I A L P L Z N V Q R N C S
C H O Q U E Q R J A U E T B I I Q
J U R A D O I K F D E T X A D Ó B
J P E D Z V Z X B H V C A Z A N X
X E M R E C B J C O E B A L D O I
```

FÁCIL
PREVENIR
PARAGUAS
COMUNIDAD
NUEVE
CHOQUE
ROMPIÓ
ELLA
HURÓN
POBLACIÓN
SELLO
DESCUIDO
ABRELATAS
VEHÍCULO
JURADO
ESCENA
OFICIAL
TIRO
ACTUALES
PREDECIR

Puzzle 570

MOSTRÓ
FUENTE
COMITÉ
ZANJA
PROBABLEMENTE
INCLUYENDO
VERBO
INSPECCIONAR
PESO
DEJAR
OYEN
ANSIOSO
TESORO
LORO
PIEZA
CAPÍTULO
ABAJO
AUTOMÓVIL
CUERPO
RECORDATORIO

```
I N S P E C C I O N A R H F R Q O
C X N U Z T O P R E U C R U E B F
Q E E H I A F X V Y I M Z E C P W
B T V O O N G X O O A Q N O H L
S N P L S Z C J T R B L M T R X X
E E V U O C C L A X L C K E D P T
D M É T I M O C U R V M B L A O S
W E A Í S Y J T D Y K Q N B T E O
N L J P N W A K W O E B K A O Y S
I B M A A M B Q A O T N X C R P X
I A C C R I A P M Y D B D L I I M
P B W L T E S O R O G O W O O E T
I O V O B R E V G K R K P S A Z N
N R M R A U T O M Ó V I L E D A C
W P X O M O S T R Ó Q Y G P F K N
```

Puzzle 571

```
P Q I C C M R E N E T N O C C D S
M J M U Z I J E T Y T V T E A I O
T E P N F I T R C W H R N Y L S B
U A X A M V V A V U N M O X C P R
Y Y V E S R O D A N E R T N E O E
H L B I C Q P T D Ó I R G F T N V
N I B X S H T I Z I U O D J I I I
S M L A A I E O Y C G B L A N B V
W W G Y G Z E X X N L M C W E L I
Q N E A U I B R W E A A E Q S E R
H H M T R O Q E R T P T N W U S A
V Z H O R M I G A A A A D A O S E X
N Ó I C A U T C A C A R P A G A H
C O M P L A C E R O P O N E N T E
O L D B R F D Y A Q P V T W B E X
```

CARPA
SIERRA
ATENCIÓN
ARRUGAS
SOBREVIVIR
OPONENTE
CONTENER
ENTRENADOR
CENA
CALCETINES
CITA
ACTUACIÓN
TAMBOR
COMPLACER
ALGUIEN
DISPONIBLES
RECUERDA
HORMIGA
TONTO
CUNA

Puzzle 572

PAR
CARIBÚ
LAGARTO
ASAMBLEA
DAN
PONER
CON
PERDIDO
PESE
SIETE
PLANO
HORARIO
APLICAR
DEL
REVELAR
VISIÓN
IZQUIERDA
PROCESO
AFILADOS
MIL

```
Y Q O A D K J S L W U M F V L L Z
A Q I N S N T I A D R E I U Q Z I
P S R G X B V R G U M F P T P N G
A O A Y Y V B A A W D H O P A N X
R D R M U W L B R C E D N V O Ó W
P A O Z B H S S T Y A H E T E I S
E L H S P L I M O G Q R R B S S W
R I S P N E E M D P A M I W E I K
D F M S F D A A H Z G P T B P V H
I A R E V E L A R B X D L A Ú R G
D R G C D T C O N D O A A I Y Z B
O S E C O R P B G Y O N A O C J S
M N P L A N O O M S Q I M V Z A P
E V B I V G B L T S V L U G Y G R
T H F H M O I F T C U J M K R T B
```

Puzzle 573

```
S O D R R P C O N S I D E R E T P
V U Q U A A C J B É I S B O L R E
E X P W Z L H R C J T T W W C A R
R X T U A O I S N K L C D M B N F
D V G X E P K Ó R A E B Z E R S E
A W A C M S O L N Y H F A D P M C
D S N G G L T O Ó T Y M J I I I T
E V I I Ó C G O I B M A C R N T O
R Q L H B N C A S Q U I L L O I D
O A L G U X Z Z I T C F S T E R Z
Z L A F K M F E V I F K N L V V D
Q X G I R I O T E E T X L I L L K
X A H B M N O R L N R P Y M X D K
C W V A F F I O E E W Q A R K W Y
W S Q N A U M C T V A L I E N T E
```

VALIENTE
SUPUESTO
CAMBIO
GALLINA
CASQUILLO
TRANSMITIR
TIENE
PERFECTO
MEDIR
TELEVISIÓN
RAZA
DOS
CORTEZA
VERDADERO
SÓLO
PALO
BÉISBOL
CONSIDERE
VAGÓN
HUMO

Puzzle 574

EDIFICIO
PENA
RÍGIDO
NARIZ
MARCADOR
RESPONSABILIDAD
DEFIENDA
MESA
LLEGAR
PATO
INVESTIGACIÓN
GLOBO
CALMA
CONFESIÓN
ABSOLUTA
REVERTIR
FÚTBOL
PLATA
PATIO
TERCERO

```
I N V E S T I G A C I Ó N T G Z M
N D D R C O D I T Y D W Ó E L M A
M O B M L A Q G A Z R N I R O U V
E E O O P W L G L F A Q S C B P M
D W S A D C I M P L D J E E O A K
I Z R A G E L L A U J U F R Z U M
F Z Q P U H Y Z T H O C N O Y H A
I B D A D I L I B A S N O P S E R
C T D L R I T R E V E R C G X N C
I P A T O R A A D E F I E N D A A
O J J H D B U N A B S O L U T A D
W I M J I W T U E A V W M F J B O
U E X H G W N Ú G N M V H H H S R
X W C Y Í L Q J F E U Y Z M J K U
Y D L P R N T F C P A T I O I U T
```

Puzzle 575

```
A D M I N I S T R A C I Ó N C P S
N N C Q F O D N A E S E D S A Q O
A J A B Z C Z C R O D A L I F A B
C P L M O C S U I L C J I J É A R
I E U D R Y A I P A C S V P O S E
Ó S L Y E E M D S D O V E I P O S
N A É Z D R H A E O R V P R Z R A
L D B S R G E D R S T F E M F P L
M A I G O I L O T N E V E D N R I
G S L B M T D M Y J I J O M P E E
T M C G F U B L A G K P A Q A S N
F D E N R S P S B H G L R S V A T
R P N E J E C U T A R A M W N Y E
R C X H R F Z C H W C K D H V E F
U X U Z B K U A U D F U K T J C M
```

LIBÉLULA
AFILADOR
SOBRESALIENTE
MORDER
PESADA
HERMANA
RESPIRAR
SORPRESA
FRESCO
CUIDADO
CAFÉ
LADOS
TIGRE
EVENTO
ADMINISTRACIÓN
EJECUTAR
CORTE
DESEANDO
NACIÓN
MENSAJE

Puzzle 576

GOLF
ORTOGRAFÍA
OFICINA
LÁMPARA
PROCEDER
POBREZA
IGUAL
OCHO
CARBÓN
ACTUALIZACIÓN
NOTA
ÁGUILA
EXHIBICIÓN
ESTRELLA
ALTO
BONITA
SABÍA
CHEQUE
ANTIGUO
FELIZ

```
L U A J A I D A J A Q A W C O O O
S Y C I P B N N O P F D R A R C F
V Y F V B F Ó Z R B A B A R T H U
N Ó I C A Z I L A U T C A B O O X
U O O Q O I C W N X X N L Ó G A D
W N T L Z L I W I F U G L N R I D
H B D A F E B O C U X X E Á A R X
F S E B H F I U I E S A R G F A Y
L A U G I Q H G F U I R T U Í I A
O B Q Y B Y X O O T Z A S I A V Z
G Í E W G V E A L T O P E L N S E
R A H P R O C E D E R M P A T O R
K K C A N T I G U O A Á B Z Z W B
D C O S H H V G E Z N L V Z D C O
H Z A Y B U R G P D P Y Q N P F P
```

Puzzle 577

```
V I I J B D D Z N O H O W D A P I
O D N A U C E Z M C T L P E L R N
T D H V P W O N S G F W Z P F Z T
C R P Z E G D A O A I X Z E O P E
E S T Y B S E L O M N H G N M A R
P Q T B Y C T U H G I L A D B I N
S V I X D C O I P Q Y N Ñ E R G A
E J U E G O I W G J W M A B A E C
R C A S A D O R W A L A Z D Y T I
D E P O R T E K C J C O A S O A O
J E R A R Q U Í A U D I H D Y R N
P I M E D I O S G P L R Ó X L T A
W U O C R S P F S O D A L N I S L
S E L E C C I O N A R K N F O E F
T O M A D O L U O W P X S A L T O
```

SELECCIONAR
CUANDO
DENOMINADOR
HAZAÑA
TOMADO
SALTO
RESPECTO
DEPENDE
FIN
MEDIOS
ALFOMBRA
JUEGO
CASADO
JERARQUÍA
CIRCULAN
INTERNACIONAL
DEPORTE
ESTRATEGIA
INVESTIGACIÓN
LADOS

Puzzle 578

OPERAR
SUMINISTROS
ENFERMA
PAPEL
SINTIERON
ETAPA
TEMPERATURA
CUCHARA
ISLA
ABUNDANTE
ENVIAR
FAVORITA
COLECCIÓN
AUTOMÁTICO
DOBLAR
OPORTUNIDAD
OFICIAL
HUMO
TIGRE
BONITA

```
A E O M U H O B K I T P S I M S Y
R N F Q O E O P F Z T H U S S T N
V V I N Ó I C C E L O C M D V L V
X I C N G K I Y H R W W I H I V A
X A I K Y T T M H A A N N V A A T
S R A B H U Á I V L T R I R B K I
B I L E M P M W G B I O S K U F R
I B N T Q U O T H O N V T C N J O
B I J T Y H T F I D O I R U D U V
T Q T X I P U G X U B S O C A P A
T I G R E E A U T Z R W S H N A F
N A R U T A R E P M E T N A T P D
F E T A P A T O E F I Z Y R E E Z
E N F E R M A T N J B D W A H L H
N L U O P O R T U N I D A D U M L
```

Puzzle 579

```
E T N Y K B Z M Z A B H E X G F X
N S E U Q S O B C H A R C A W I L
A Z Q O W T B G C E C W K N H J N
T Z S U R P L V F E L I C I T A R
I R V A I Í C I I U P U E R R O A
V N W Y V N A R L S P N Q C E G J
O Y P A H M A U R H Á I W X Q R E
G L I V Ó M O T U A G N O N T A D
X L Q X N P M A E N I G L X N D Z
N K O E J Q D S U K N U R D L U X
Y L D S G U E R R A A N A T K A Y
D M U H A U Z H T X Y O R D D D X
R N S N I R Y H E T N E R E G O C
M G M T D P I M M S Z T E L A C M
C O M I T É S O A U O H C L T S S
```

CHARCA
BOSQUE
GUERRA
GLOSARIO
PUERRO
FELICITAR
NATIVO
NINGUNO
GERENTE
VIRUTAS
CERRAR
TEMA
GRADUADO
TEORÍA
ESQUINA
TELA
PÁGINA
AUTOMÓVIL
DEJAR
COMITÉ

Puzzle 580

ANTERIOR
HIJA
HUMILDE
TERCER
GUISANTES
TAREA
NIVEL
OLOR
INDIVIDUO
HACER
CEBRA
EDAD
BREVE
CIERVOS
ELEGIBLE
PRECIPITACIONES
HECHO
ANSIOSO
TONTO
AFILADOR

```
T E V E R B W G M M S O V R E I C
O D D L E T Q Z I K E E K C G T T
N L S A G J R C T J N K B U X W B
T I Z J D D L G A N O F Q I W Q J
O M L I J D V J G U I S A N T E S
I U T H F A L S J V C I A U N C A
C H K J W T X J H H A N F T E C N
T A N T E R I O R E T D I T N C S
K A K S I E E Q K C I I L F O R I
M A R B E C E C R H P V A B N K O
C K G E A R C O A O I I D N X M S
U P N Z A E W L C H C D O F G Z O
N I V E L T R O X B E U R I Q N E
C X O T X S B R W W R O W R T V T
E L E G I B L E L O P M Y Y S C K
```

Puzzle 581

```
R L K C F T Z D P E Y Z R P N G H
X I S W A L L O L T V T Í A L A Z
L Á G R I M A L A N H A A K U N A
E F A I F M A O Z I R R C B I A P
G J M T V C O R O N L A D U R D A
N D B S D B F O M Y X P X J A O T
Á E I I F G W S V B D M W L E R O
E S C S J R K A O I T Á M Q A E O
E C I E X C F M D L C L I U Q D J
I R Ó R A T N E T N I T U C N N X
V I N A G L Q N Y M Y Q O Y F E U
S B C J P R I T I M S N A R T R O
M I J S Z A S E R P R O S H I P Z
C R L P A T I N A J E S I G C A W
J H D N S S G E K P S Z L G Y Q Q
```

EVACUAR
PLAZO
LÁGRIMA
ZAPATO
DOLOROSAMENTE
PATINAJE
AMBICIÓN
DESCRIBIR
APRENDER
GANADO
RESISTIR
INTENTAR
ÁNGEL
NO
VICTORIA
TÍA
RAMA
TRANSMITIR
SORPRESA
LÁMPARA

Puzzle 582

PERMANECEN
CONFUNDIR
EMPLEADO
CRECIÓ
HALCÓN
ATARDECER
COMIENZAN
PELÍCULAS
CABALLO
VIDA
ESENCIAL
PAVO
VACIADO
GASOLINA
CAYERON
TOMAR
FIESTAS
MELOCOTÓN
FÚTBOL
MENSAJE

```
A R F U G T M I W Q L Y A J E C E
V T O X Z A T N I W U A A K M O S
I C A V N Ó S D S G W N T V P M E
D M J R A I X O L L A B A C L I N
A P E U D C G S L O B T Ú F E E C
C E P L B E Q Q R I J A R K A N I
O L A M O R C K D N N X D T D Z A
N Í V E D C E E V R U A S X O A L
F C O N A Z O E R D J O K H O N E
U U W S I B Z T F I E S T A S G Q
N L U A C D K I Ó B B B D T O S Z
D A K J A Z Q O J N Ó C L A H D B
I S I E V T X P E R M A N E C E N
R T O M A R N G D Y C A Y E R O N
S D F N B O Q N Z A K J S Q T W K
```

Puzzle 583

```
C G O D U G A I T N U P B R O M J
C A Y A L P S M B K Q H T V K A S
S D L B T D Í J A Z N A D A R N L
Y I F C Z K F T B R L I B J P T M
O D T M E H I V É E G B U H L E S
S E K B B T B A I L F A R I J N W
I M V S D E Í I S I P B R O Y I D
E S P O N J A N B F E J O I V D E
T R A E R C Y F O L T A D L T O S
I I F D M M O G L A A T O D R A E
C O N T R A J H I W R E M I R P O
L A N O I C O M E S G N Ó D S L Q
P O D R I D O O E T R T C S E F X
U N B G D W G U I A E A E S V J L
D A Q G T S G Y F C M O E G R P A
```

PUNTIAGUDO
CÓMODO
TRAER
PRIMER
PLAYA
MEDIDA
ESPONJA
CALCETÍN
NADAR
MARGARITA
ATENTA
ALFILER
CONTRA
EMOCIONAL
PODRIDO
ASÍ
DESEO
MANTENIDO
COHETE
BÉISBOL

Puzzle 584

DEBE
PADRES
PROFESIONAL
PRÓXIMO
ACOMPAÑAR
CABALLERO
MARIDO
ASEGURAR
ROCA
BOTELLA
LLEGANDO
APIO
PILOTO
DESLIZAMIENTO
PENSAMIENTO
DERRETIR
ELEMENTO
ABOGADO
SOBREVIVIR
FRESCO

```
E A F Z J M M R S P R O C A M P D
N L P R Q W A Q O R E L L A B A C
A O E G Y R R I B O A B O G A D O
L C I M L D I F R F B O T E L L A
L X O S E R D I E E W T D X Z J O
E C T M Z N O O V S V O E A K K A
G B N T P M T C I I A L R J H X S
A W E X V A Q O V O Q I R D T E E
N O I C T M Ñ T I N A P E E D T G
D G M N F D N A R A W C T B T F U
O P A D R E S N R L G G I E O Z R
I B S F R E S C O E N L R T M Z A
P C N D E S L I Z A M I E N T O R
A J E P R Ó X I M O S U Y K M B O
R K P X A F P V F T A U D P D K M
```

Puzzle 585

```
E A D A D I N U M O C O R T I N A
S K H T T N I N M C D S E C E P V
P C P W P L Y N M I L O Z X T R I
E I R Q B J A M J T E T T H N Á T
C H F S A J O H K S K N J H O P A
I O S E R G O R P Á C E K J S I G
A C Z C C I E L O L Y M Y O I D E
L D O R J E Q P B P I I C P B O N
A E Y E A O J G Z B V L J I B G G
R S E T N B H W D Ú C A I A Y K D
B P R A F V A B A T S U G U C Y E
P U J R L U Y R V I L H H P Q W I
I É R I Z D H F G L F Z G A A E F
F S H A W I N T E R A C C I Ó N A
P F C B R I S S J A R V B L I N V
```

PLÁSTICO
ÚTIL
BISONTE
PECES
RÁPIDO
DESPUÉS
CIELO
PROGRESO
SECRETARIA
ALTA
ALIMENTOS
CORTINA
TODO
HOJAS
GUSTABA
INTERACCIÓN
GRABAR
ESPECIAL
NEGATIVA
COMUNIDAD

Puzzle 586

TERMÓMETRO
DIFERENTE
TIPO
PELUCHE
NATURALEZA
CONFLICTO
CENTAVO
DIFERENCIA
CLASE
REDUCIR
ESCALERAS
ACEBO
AGUJA
MIGRAR
BICICLETA
ÓRBITA
SOSTENER
AYER
ECONÓMICA
ACTUALES

```
Y T B S E L A U T C A T I B R Ó C
U Z I X F C C E N T A V O F X G X
L P Y P P E O R T E M Ó M R E T P
B B A H O E T N E R E F I D A S E
E I G S L G U R Ó C L A S E Y W L
S I C U E X Z N D M V U O A Z E U
C S A I C N E R E F I D D A U W C
A A Z Z C S A T F I T C S I R O H
L C A Z E L A R U T A N A E G H E
E E I P M S E O Q L M A G U J A J
R B G M H B O T C I L F N O C N O
A O O L L Y R R A R G I M Y D I A
S Y P F V U E E G J R E D U C I R
T R V D R H G Y S O S T E N E R F
O N J U H Y G A F D U G D F P J E
```

Puzzle 587

H	S	O	H	E	U	P	T	S	D	C	A	H	O	R	A	K
B	A	R	A	T	O	H	O	O	E	E	U	W	G	W	D	C
E	N	E	C	N	V	U	C	T	A	L	I	R	T	O	E	J
M	R	D	Q	E	N	M	H	N	D	L	L	C	V	N	S	W
C	E	R	F	I	X	E	O	U	N	A	L	A	D	A	T	L
C	I	E	V	C	V	D	D	J	A	T	C	A	D	J	Ú	H
P	P	P	P	A	P	A	V	N	F	E	B	X	A	O	P	B
P	D	V	I	P	C	D	U	O	U	D	T	H	D	T	I	H
C	A	R	I	B	Ú	E	G	C	B	U	L	U	I	E	D	Y
M	O	V	I	M	I	E	N	T	O	N	Y	N	N	P	O	T
V	T	V	O	C	A	B	U	L	A	R	I	O	U	S	I	G
B	A	L	B	D	Z	T	Q	O	P	A	X	S	G	E	X	V
J	R	V	N	V	I	A	L	R	X	I	X	M	R	R	C	R
I	I	B	I	H	W	T	H	Q	T	P	I	O	N	R	E	L
X	F	G	A	S	K	E	Y	U	P	E	S	O	O	M	W	B

AHORA
TOALLA
PACIENTE
VOCABULARIO
BARATO
HUMEDAD
BUFANDA
ESTÚPIDO
PIERNAS
MOVIMIENTO
UNIDAD
SELLADO
PERDER
CURVA
VIAL
CONJUNTO
DETALLE
RESPETO
CARIBÚ
OCHO

Puzzle 588

TRINEO
CIUDADANO
MONSTRUO
APOYO
SENTADAS
GENERALMENTE
TULIPÁN
RETRATO
AGRADABLE
FANGOSO
ENTENDIDO
OPINIÓN
ESTUDIANTE
EQUIPO
PERSONA
REALMENTE
PAUSA
HABILIDAD
SELLO
VALIENTE

K	G	N	D	F	L	F	R	P	S	D	F	G	Y	Z	T	R
Q	E	P	M	H	U	D	A	D	I	L	I	B	A	H	J	E
E	N	N	O	Y	O	P	A	N	O	S	R	E	P	P	C	A
A	E	F	N	P	K	V	M	Á	G	X	C	P	N	H	X	L
V	R	I	S	J	H	F	I	P	R	O	E	N	I	R	T	M
S	A	E	T	T	A	L	E	I	D	M	S	N	F	R	D	E
M	L	Q	R	W	V	D	L	A	V	S	O	H	T	G	N	
G	M	U	U	R	E	S	T	U	D	I	A	N	T	E	D	T
R	E	I	O	L	E	S	W	T	V	G	D	X	M	E	W	E
S	N	P	V	W	I	T	Z	E	L	B	A	D	A	R	G	A
E	T	O	T	K	G	J	R	Y	R	K	T	S	L	A	L	B
L	E	J	F	I	M	X	O	A	L	M	N	Q	U	I	A	M
L	O	P	I	N	I	Ó	N	E	T	N	E	I	L	A	V	H
O	C	I	U	D	A	D	A	N	O	O	S	Q	G	I	P	E
Y	Q	A	Y	D	D	H	K	E	N	T	E	N	D	I	D	O

Puzzle 589

```
P I D L X D K P R E C I S I Ó N P
E N E A P O H C E F S I T A S E Á
R T S W X M W N B R F H G W M O J
D E A S V I V H H V M D U G U E A
I R R P S N C A L A M A R E C D R
D C R M Q A G T X S M Q V W S E O
O E O P Y N F R P O K R O W V O A
C P L R V T Y E M N R A O E V A N
I T L O A E E L B O X W I F K S C
G A A P R H D A L B X F P A Y V E
Ó R R Ó U O Ñ A M A T T V Q X B S
L S L S T Y S G L J O P C I Ó N T
O Y F I L D A E B Y Q Q C V T Y R
O N U T U G X L T Z Q R F V Z Q O
Z Y F O C N U M E R A D O R O Y Y
```

ALERTA
OPCIÓN
CALAMAR
DESARROLLAR
TAMAÑO
PÁJARO
SATISFECHO
ANCESTRO
INTERCEPTAR
NUMERADOR
PROPÓSITO
CULTURA
ZOOLÓGICO
FORMA
HUESO
PRECISIÓN
JABONOSA
DOMINANTE
TESORO
PERDIDO

Puzzle 590

PERECER
ACTITUD
AGUJERO
CAMA
UVAS
PERMITEN
SOCIO
COMPLICADO
PEQUEÑO
MARAVILLA
GARZA
ARTE
MIRADO
PROPIEDAD
VIERTA
REVISTA
DESAYUNO
CORREO
ROL
NARIZ

```
C P O C A Q O A M J Z F Y A X A N
O E Z V Y G O L B W M N O Y F C A
R R O R L R D A D E I P O R P T R
R M X E E O A L L I V A R A M I I
E I F C P V C N Ñ E U Q E P T Z
O T A E G G I H B N A R T E D U B
Q E L R U L L S A V U D C I G D I
U N X E Z A P S T U B Y O B L A P
U L K P Z J M N X A T O A Q O E H
M I R A D O O A G T B S M S R C V
S O C I O C C G F R J D A R E G O
V F F S F Q D L V E Z K C M J D T
P K M T E S R Z L I L S I L U G J
T K K I S T U R R V N O W K G O D
O K B I Q B M V S Q G A R Z A Y Z
```

Puzzle 591

```
X C Q H S T Q E L I Q D X I F A U
E O N N Á O O D A T A U U K R Q P
D B F G N N C D J H R J I I V A P
V R P N D D I J O K P V O E F P Y
E O I Ó W P S B R S E I P E T F B
B P M I I I Á M I A C T U A L O B
P K R S C C B B P D J I R A F A L
N I A U H J Z F M A S O M A F I X
J F N L K V V C A N E J N H C E T
F M A C E G U L V C N U N I R S E
N C C N E C Y S M U O C R P O E D
G D S O V L Z R F T E K Y Z U H N
A Y U C I W Y J T O L N C V V H G
R I B E S Q U E L E T O T R E I C
B A R Y S X A N B R E P P R R O D
```

VAMPIRO
CIERTO
PIES
CUYA
UNIRSE
COBRO
ESQUELETO
LEONES
CONCLUSIÓN
BUSCAN
PINCEL
ACTUAL
NADA
BÁSICO
QUIETO
JIRAFA
TODOS
ATADO
FAMOSA
SÁNDWICH

Puzzle 592

ESTADO
CONTENIDO
CANELA
ELÍPTICA
ENFERMEDAD
FOTOGRAFÍA
CARAMELO
SIGNIFICATIVO
ENEMIGO
SILENCIO
ENTREVISTA
MIEMBRO
TRANSPARENTE
ORILLA
CATEGORÍA
DAMA
VALLA
PREDECIR
NUEVE
PARAGUAS

```
E S T A D O E V E U N S P H O A E
S P I M Y X N J W D W I R S D R N
K I O A B H E S A C Z G E S I B F
C O L D O X M L K K H N D F N H E
V A P E Q U I G C C R I E E Z R
D C T A N W G B T T Y F C P T C M
Y I N E R C O F W J H I I D N M E
G T L B G A I K N M Z C R P O I D
Y P O W B O G O L E M A R A C E A
Q Í I Y E A R U W C V T W Z V M D
V L Z W I M T Í A L L I R O Z B L
L E C A N E L A A S I V R Z Q R B
E N T R E V I S T A H O R M E O G
V A L L A Í F A R G O T O F D E W
T R A N S P A R E N T E X Y T Z I
```

Puzzle 593

```
D S B S Q T A D Z O L Z K S X W P
K S Z M F W J C E T E I S X T Q E
D E N R P U Q R H S U I J E R T R
Á R T I C O C R A B A S O F Á A S
O O P I T H G C D C Q F Y G S Z O
I L T R C C B H I E E V Í D O A N
G O L A K E H O D O B Ñ V O L H A
B C N G P L J Q R K T U U I I C L
Q U E M A D O U É X P M F M T H M
E T N E I D N E P Y Z G K V A O E
C N C J V H E L A D A S L N R F N
H Z F G O W P A Z H R O N N I I T
Z D O H A M B U R G U E S A O I E
X Y M L B D G G E O D L X N Z F P
B D R I Y I S X Z Z W I B U O Y U
```

PERSONALMENTE
HELADAS
TIPO
ÁRTICO
LECHO
DURA
BARCO
PENDIENTE
HAMBURGUESA
COLORES
QUEMADO
PÉRDIDA
SOFÁ
MUÑECA
PATO
DESAFÍO
TAZA
SOLITARIO
CHOQUE
SIETE

Puzzle 594

PACÍFICO
PREGUNTAR
IDIOMA
EXCEPTO
CUIDADOSO
RATÓN
CASARSE
LINDA
PREPARAR
SUEÑO
SONIDO
SEGUNDO
GRANDE
DIGERIR
GUSTO
CONTACTO
TAMBOR
CITA
VISIÓN
HORARIO

```
P R A T Ó N P C C M V I D I O M A
A D S O N X R A H U G U S T O Q D
C P E Q Ñ C E S F Z I T Y J S P I
Í R G W Q E G A T I C D B C W I G
F E U Q O O U R J P W T A O N J E
I P N K E S N S W E A O R D Y R R
C A D T E T T E V I S I Ó N O H I
O R O C A I A I S Z S I B H D S R
F A F D F M R P Y O R T E O I W O
N R S P J T B L I N D A X R N Q W
G R A N D E L O W C K E C A O E D
W G M B H E T W R E I F E R S Z O
Q O B A C O N T A C T O P I Z E V
R B S T O R W O V G Q B T O A Z I
I M N K P C Q N G D U C O F W V B
```

Puzzle 595

Y	A	W	X	J	A	T	R	L	D	L	C	S	E	C	O	V
B	T	S	L	J	D	Q	H	F	A	L	H	S	E	W	P	M
A	N	B	B	W	O	J	W	Y	T	A	O	I	V	R	R	M
R	E	D	N	E	T	Q	W	X	O	N	C	P	Y	A	E	W
R	M	B	A	I	Y	L	S	L	S	U	A	E	N	S	O	A
O	R	G	U	L	L	O	S	O	F	R	N	S	V	B	C	C
I	O	P	N	V	D	X	U	Í	V	A	N	A	L	J	U	T
D	T	B	R	A	G	A	P	U	A	S	N	D	N	F	P	U
E	B	Y	I	I	T	G	S	I	E	P	V	A	M	U	A	A
M	L	S	R	O	N	Ó	I	C	A	U	L	A	V	E	D	C
C	Q	E	D	D	L	C	V	E	T	N	R	O	T	O	O	I
T	A	M	B	A	S	O	I	D	A	S	I	E	N	T	O	Ó
R	M	R	Y	C	D	M	G	P	K	H	H	N	V	T	J	N
U	S	I	H	Z	W	Q	F	Í	A	A	B	S	G	R	E	K
I	O	F	Q	U	Z	L	Y	H	A	L	G	H	P	F	R	L

PAGAR
PRINCIPAL
CHOCAN
FIRMES
ORGULLOSO
BIOLOGÍA
TORMENTA
TENDER
MEDIO
PAÍS
LLANURAS
SECO
AMBAS
ROTO
EVALUACIÓN
ASIENTO
PREOCUPADO
DATOS
ACTUACIÓN
PESADA

Puzzle 596

GEOGRAFÍA
DIRECCIONES
SIMPLEMENTE
PATÍN
CABEZA
PERO
CAMPO
RODILLA
HORNEAR
CINCO
TRATAMIENTO
HERVIDOR
SIMULACRO
CUCHILLO
MUSARAÑA
ESPERANZA
CONTROLADOR
LOS
MOSTRÓ
LIBÉLULA

I	R	R	O	H	S	Y	W	P	U	N	U	O	V	S	L	N
K	X	M	Z	D	O	R	E	P	A	L	L	I	D	O	R	I
G	S	U	T	Z	L	R	I	T	Z	T	A	W	T	D	O	R
W	E	B	B	J	A	H	N	X	N	M	Í	T	I	N	D	D
T	N	O	W	U	Ñ	G	U	E	V	C	O	N	G	P	I	C
R	O	F	G	C	A	M	P	O	A	I	W	P	R	J	V	U
A	I	U	Y	R	R	V	Y	C	U	R	Q	W	Y	R	R	C
T	C	J	D	D	A	Z	Y	N	C	A	B	E	Z	A	E	H
A	C	N	Ó	J	S	F	A	I	H	P	D	O	N	E	H	I
M	E	E	R	T	U	E	Í	C	X	B	Q	S	F	U	P	L
I	R	O	T	S	M	O	Y	A	L	U	L	É	B	I	L	L
E	I	E	S	P	E	R	A	N	Z	A	K	T	N	Z	V	O
N	D	C	O	N	T	R	O	L	A	D	O	R	O	L	R	Y
T	P	H	M	C	V	S	I	M	U	L	A	C	R	O	I	O
O	A	N	V	H	T	S	I	M	P	L	E	M	E	N	T	E

Puzzle 597

```
S E R I A P A L T O L H X O P L S
P S O A D Í Q Z J M Á T B D X Q E
E E T N Q L T S M O P N Ú M E R O
R X U H D D X B X I I Z R Q V R C
D T A M S O H C U M Z S U A V E I
O A O A W R A N S I O S O S C T C
N Z I K S A I P O R P M I A O P L
A R E I C N A N I F N X F O N I I
R Q A P P C C Q V O Z P L K F Z S
N Ó I C A R E P U C E R O H I H M
V Z G I Z D R W Y K R J R Q A H O
U R L H M Z R M A Y O R Í A B U G
J S H H J P N E E B C O S P L X Z
B B B X R Y D R H K I H K F E H X
A N A M G Z B P B I T I O U Y R X
```

NÚMERO
FINANCIERA
CONFIABLE
IMPROPIAS
LÁPIZ
FLOR
SERIA
CICLISMO
VOZ
PERDONAR
SUAVE
PADRE
ANSIOSOS
RECUPERACIÓN
MUCHOS
MAYORÍA
PÍLDORA
AUTOR
SEXTA
ALTO

Puzzle 598

HECES
SORPRENDIERON
IDÉNTICO
QUIEN
MITAD
MANÍA
DEPORTES
ARTÍCULOS
PLATO
AULA
COMENZAR
RANA
DECIDA
VECES
SUBIR
TONTA
COMPLETAMENTE
BELLOTAS
PRECIO
MIL

```
D W P E T N E M A T E L P M O C C
E I N P S I D I H R J I W N I J O
C J Y E R A E Y W M T M V S C Z M
I R A W U L S U B I R Í I L E S E
D I O J Z D R X N V R P C W R D N
A D I W B A T N O T T D L U P B Z
A É W A O T Í H E C E S K A L U A
Z N O R E I D N E R P R O S T O R
C T N V P M B I A H N W A E K O S
U I U A Z M U M I M G Z J T M V E
R C B E L L O T A S Y X X R U U C
A O P I X I O H L W H M N O K J E
N G H M G Y C C O C N F E P Z S V
A A A Q D L M T G R M M G E T O Q
Q U I E N M A V V Q C F I D S Y U
```

Puzzle 599

```
T C I R M I N V I E R N O D J V R
N W R N E E T R O P S N A R T V E
Y O X S V C N A C T I V A W A M Q
Z S Z B B O O C W T G D L V X W U
W R S E M C L M I C W W Z D Q R E
B H H V X N T U E O Q U A D H Z R
T E R M A L W J C N N W F K R Z I
P E R E Z O S O V R D A Í H A B D
Z G D E P R I M I R A A R S W T O
L A V A D O G R I S G D R E U X P
C O M P R O B A D O D T O C W K K
D E S E A N D O V R A L I C A V L
M O M E N T O Z O S O I C I L E D
H N H E G B R O X M F T A Ó Q O L
R V B B K C R T V A R G E N S I C
```

INVOLUCRADO
CISNE
REQUERIDO
COMPROBADO
INVIERNO
BAHÍA
LAVADO
TERMAL
DELICIOSO
ACTIVA
RECOMENDAR
VACILAR
PEREZOSO
MENCIONAR
DEPRIMIR
MOMENTO
TRANSPORTE
SECCIÓN
GRIS
DESEANDO

Puzzle 600

REGULACIÓN
VOLUNTARIO
MAESTRO
LLENA
FUERA
OJO
GIGANTESCO
LEÍDO
RIESGO
LUNA
COMÚN
ESCUCHAR
SABER
CAJÓN
CELDA
PRESERVAR
DELGADO
POSITIVO
ORDENADA
BOCA

```
O G R L C C U H E V P P E L L Y S
G R I A O K O A K K R O D Í E L A
S L D G Z P U M P M E S E W R V B
E S R E A N U L Ú S S I E L L A E
I E N N N R Y O N E T T N W K E R
R L N O Ó A T D J B R I K D L B S
H A Ó K J U D E O B V V Z E Y Y P
J C I M A S G A S N A O P L O F N
E S C U C H A R X C R T M G L F C
X E A C O B A P S P O A K A L G Q
A X L K A G M A E S T R O D E D O
O T U C E L D A J K K E K O N R E
B O G N F Y D Y U V I U W W A Y J
G Z E Y V W R J D P I F B Y I A D
O I R A T N U L O V V R N M W N D
```

Puzzle 601

```
W A E N M V O N S O Ñ A R A N O Ú
S O L A M E N T E Z Y R H A U B L
O S I M O R P M O C R D T P N S T
F B S A B I A R T I P I I P C E I
I A J D E T E N I D O L E C A R M
N Q B E R N Q V V U Y L N E C V A
T K E R T Ó O B V I O A E S U A M
E R L A I I Y D P H G S U P A C E
N B F L M C V J C X A Z A E R I N
C I I W P C A O V R L J E R E Ó T
I T K E M E X C R Z T P G A N N E
Ó W H M N L G C I N A J A N T N J
N E Q G P S V V M Ó C V I A A B V
F T C K B U L V F N N U K S Y U V
  E S T A D O U N I D E N S E G V
```

COMPROMISO
ESTADOUNIDENSE
BIEN
DETENIDO
ÚLTIMAMENTE
AÑOS
SABIA
OBSERVACIÓN
ARDILLA
CUARENTA
OBVIO
OBJETIVO
NUNCA
SOLAMENTE
INTENCIÓN
ESPERAN
LECCIÓN
FABRICACIÓN
LAGO
TIENE

Puzzle 602

CÓMO
VIOLETA
CANGURO
VIDAS
EXACTA
HOMBRE
ORDENADOR
CAMPANA
PIENSE
TEJÓN
DISCUSIÓN
JUNTO
MITONES
MEMORIA
REFERIR
CONSECUTIVA
HÁMSTER
CONSIGUIÓ
MEDIR
EDIFICIO

```
P R Q W T F K C H V K O H Y B O V
C I S S K E W A T O Z I B E F H I
A D E X C R J Z N P K H D R B D D
N E I N F I E Ó I U G I S N O C A
G M M X S R E N N M B Q H Ó E V S
U H E K H E U C Ó M O Y O I D I M
R E M W M F Y I O U A F M S I O I
O V O J T E X A C T A L B U F L T
A R R N U R L A R G N O R C I E O
A V I T U C E S N O C U E S C T N
U O A N A P M A C Q U U J I I A E
O R D E N A D O R P C O Z D O N S
H Á M S T E R U E O L N U E J G C
C J V E T N V N W W K Q N K J I W
D O F Y R W W Z G L F A Z G R K D
```

Puzzle 603

```
D I M O G G J A F S O B W F J Z Z
E M A E L B A H C E S E D L M E A
N O M R D C C I E N C I A U M Y K
T N E O E I R Q K R G W P I V H G
I T N A O T C L S E W D N D X P F
S A A Y V F I I R I C Q O O R L V
T Ñ Z Q A T L R N V Q D M U X K I
A A A E U Q A T A A R Y B W A M O
O S O R G I L E P R L J R H V V L
U N G P A H A B L A N A A C N H E
A O J Z N T U U N A O L R Z B W N
P X U N V E C I N O M A R R Ó N C
I E F A P S M É L X W G V D E A I
T I D V U J A R N K C L B M I L A
F Y A A Y K U A L M A C E N A R B
```

VECINO
RETIRAR
AGUA
MEDICINA
ALMACENAR
FLUIDO
NÉCTAR
HABLAN
NOMBRAR
UNA
DESECHABLE
DENTISTA
VIERNES
MARRÓN
CIENCIA
AMENAZA
MONTAÑAS
ATAQUE
VIOLENCIA
PELIGROSO

Puzzle 604

RUIDO
SOLICITAR
ESTANTERÍA
VIENTO
COSAS
ENSAYO
INDUSTRIA
ASA
TRAÍDO
CULPABLES
POCO
NUMEROSO
BIBLIOTECA
MAYOR
DETERMINAR
PRODUCTO
SURTIDO
PUENTE
PATRÓN
SOBRESALIENTE

```
P V R A N I M R E T E D Y I J N E
P O Q E T N E I L A S E R B O S S
R M C Q O D I T R U S I L Q M O T
O A Z O K U D D H A K M J G D S A
D Y A I D S E L B A P L U C E S N
U O C S D T N U M E R O S O N O T
C R E A A R M V S X M C Y J S L E
T L T S N I J G B P E N H C A I R
O I O O B A X K C U J I J C Y C Í
T I I C D J P V Q E A K M D O I A
N N L T S I Z L A N Ó R T A P T B
E R B Q Y T U I I T W Z B J H A G
I T I K L J O R K E U P U Q W R I
V V B T R A Í D O O B Z N J J Q W
J K T J P T Z M P T H T E T T C J
```

Puzzle 605

```
W C G O D A D I U C W E E I L O R
L S M T I S I Z Z O U J X Z A W W
D Z G C S P U W H E J E P Q V E F
P C G A C Y G S H O S M R U A L S
C I R P U A G Y T D Y P E I N B C
I Á L M T G R G N A V L S E D A E
I O S I I X Q W L R N O O R E Z N
E O V C R T I O X G W C R D R I A
Y S P A A N O M É N A E I A Í L U
G I B G C R A M E U Q G F A A I D
V M P E A A A Y E C O M P L E T A
P R O G R A M A Q Q Y W J H O U J
H E K C U M P L E A Ñ O S V N E Z
Z P C D J H A T G L K E G O D R L
R I N O C E R O N T E B B R K G P
```

CUMPLEAÑOS
GRADO
PERMISO
REUTILIZABLE
COMPLETA
PROGRAMA
SUSTANCIA
VACA
EXPRESO
ANÉMONA
LAVANDERÍA
EJEMPLO
DISCUTIR
IMPACTO
RINOCERONTE
QUEMAR
CÁSCARA
CENA
IZQUIERDA
CUIDADO

Puzzle 606

NUESTROS
SILLA
ACUSAR
GATO
CAMIONETA
CONEXIÓN
PINTURA
TIERNAMENTE
BRUJA
ALEATORIA
TUERCA
MONTAÑA
ESTUDIAR
VENTANA
DEMOCRÁTICO
CORAZÓN
COMPORTAMIENTO
TARDE
HURÓN
LAGARTO

```
C K O P B Z D D M M I W C L B A V
Z A L L I S I I S V J C F A J C E
C L M A C N Ó Z A R O C N G U U N
A R A I D U T S E X T O U A V S T
H L M K O I R U N L A H E R E A A
I M E W T N E A R Y G U S T L R N
U D V A D O E D R A T R T O A A A
T R P H T C B T W J F Ó R Y Q B Ñ
K S S I V O W O A M X N O G M F A
B R U J A C R E U T C M S P I Q T
B K G G L Q R I C O N E X I Ó N N
B F I C M D Q U A N Y O T B V Z O
T I E R N A M E N T E G A O D N M
D E M O C R Á T I C O F K E Q M O
C O M P O R T A M I E N T O S E O
```

Puzzle 607

```
O R W E O U Q D I E S N U S E L B
H M W O N M M L Y S A F F U X V K
H G X D A O X X V C C V S F T I A
X A U L E X R D M A I I T R E H G
G N S A Ñ I N M K R N M C I R A V
R I R T N J L A E A C D A R N N T
A C H U A P Z P I B É Z M G O Z T
A I S A N G R E I A T O V S I X C
D F Z Q S Y X C D J É D F Y P N W
R O Y K C A U S A O P W V R S U A
R X H Y M A G R I C U L T O R E S
O S O D E G V J C R C P R O P I O
Q N Y Z J D E S E S P E R A D A N
D H J X O D A R A P N V L D A W C
V E Z B R A R E P O O C B X R Z B
```

CAUSA
PARADO
NIÑAS
TÉCNICA
MEJOR
IMAGINA
CUPÉ
SANGRE
AGRICULTORES
SUFRIR
OSO
DESESPERADA
VEZ
EXTERNO
HASTA
PROPIO
ENORME
ESCARABAJO
COOPERAR
OFICINA

Puzzle 608

TOLERAR
ROSA
SIMPLIFICAR
DECISIÓN
PODRÍA
DUCHA
GRANJA
DONDE
COL
VISITA
PEOR
VOLTIOS
LUNES
ALGUNAS
ERIZO
TRUCO
IMAGINAR
PRESENTE
CASI
RESPIRAR

```
G R A N J A D V L R C C S C W J F
J A S M A H I O O C U R T A Y V N
G N O F H C V Y N L Q O P S P Y W
F I R W Z U A I X D T Q I I O Q T
E G A D C D M Z V T E I Y B D E T
R A R I P S E R G W I I O J R R P
U M E E Y D R K X C E F N S Í I R
Z I L J F E A O K Z I B I C A Z E
L D O U V C V I S I T A C W P O S
P U T N E I Q I O R R O S R Q G E
E V N C Z S A L G U N A S W Z Z N
O L O E X I M J G O G Z G R K C T
R O O I S Ó O Z O F L S O C O L E
M V S J B N S I M P L I F I C A R
G G D G V V R H R B V J T H S K X
```

Puzzle 609

```
H D D X M F R E G A D E R O F N P
W Q E M O X S C Z E A S U P R E R
J F S A D P H L N T N W L U E T Á
C M C R I V I V Q N A F F O S A C
J C U C F W N U S E M V O C C X T
T N I A I G Q C J I U A W Q A T I
W G D D C T C Q E D H S Y M U D C
C W O O A O T A S N E S N I F E A
Q R H R R B O Q E E N G A Ñ A N
G M Í A F E C T O P P A R A R X C
A U H T H W T F X E O P U E S T A
T N B U I G S T A D I M O C Z U G
L R U V V C F R F N R C G P P O T
T K W A T L A M U I U L N B S B C
Z X N R L G H R E S P O N D E N E
```

PARAR
CRÍTICA
FREGADERO
AFECTO
ENFOQUE
ANUAL
PRÁCTICA
COMIDA
INSENSATO
OPUESTA
RESPONDEN
FRESCA
ENGAÑAN
HUMANA
VIVIR
INDEPENDIENTE
NETA
MODIFICAR
DESCUIDO
MARCADOR

Puzzle 610

COMPARTIR
REINAR
OPERACIÓN
PROHIBIR
PUERTA
UÑA
PALABRA
DULCES
DECIDIR
RESULTADOS
ARMA
SIENTO
PRÍNCIPE
ZANAHORIA
PEINE
PIE
RITMO
DESDE
REUNIRSE
RARAMENTE

```
S Z A E W B R I T R A P M O C U P
Z A D K A E I E T N E M A R A R R
B A H B H K I H S H Z L M I Q U Í
U X N I J E E B E U I V R D O D N
I G Ó A A E E R C O L R A I D Z C
V I I E H J A F L I S T I C T N I
J J C B D O M Q U E Z G A E Y V P
M M A E S M R S D D A K T D E C E
P L R U N T I I I S V Y R O O D S
A D E Y T I B Q A E N I E P N S R
V P P Y W R I Y A D N S U U Ñ A I
A P O K E D H I W Z Q T P Z U E N
R E I N A R O Q S I S W O O C P U
I Q V H E E R P A L A B R A Z Q E
O U E L D K P P W J I P I E R Q R
```

Puzzle 611

M	X	I	V	D	H	P	G	M	R	T	H	I	H	T	A	E
R	C	Q	X	L	J	T	O	N	F	R	L	A	Y	D	S	A
C	O	N	S	I	D	E	R	E	C	O	K	Ñ	S	T	E	D
P	T	Z	N	N	N	Ó	I	C	U	L	O	S	D	S	E
E	A	Y	T	D	B	O	W	M	R	Y	H	D	O	N	O	C
R	D	C	J	E	L	R	D	D	U	I	X	P	T	M	R	E
F	I	O	R	U	G	E	S	P	O	B	R	E	A	O	A	P
E	D	N	M	A	R	I	P	O	S	A	E	I	L	D	M	C
C	N	E	I	T	Q	D	L	R	M	T	T	Y	P	E	I	I
T	A	J	P	I	Z	U	F	O	E	A	R	P	D	R	E	O
O	C	O	U	R	M	C	P	P	C	M	G	I	Q	N	N	N
S	Z	M	Q	G	A	A	N	S	J	O	Y	I	S	O	T	A
P	P	F	F	E	P	S	X	Y	P	K	N	K	D	T	O	D
D	O	C	Y	N	Ó	I	C	C	U	D	O	R	P	C	E	O
T	R	Á	G	I	C	O	Z	Y	G	K	Y	N	O	I	R	E

NEGRITA
SEGURO
MARIPOSA
TRÁGICO
POBRE
AÑO
DIGAMOS
PLATOS
SACUDIERON
CANDIDATO
LOCO
CONEJO
PRODUCCIÓN
DECEPCIONADO
SOLUCIÓN
MODERNO
ASESORAMIENTO
TRISTE
CONSIDERE
PERFECTO

Puzzle 612

VIAJE
LIBRERO
FUERTE
PENSÓ
ENTRE
ADECUADO
BALLENA
ESPADA
ESTRUCTURA
PIERNA
ESGRIMA
INFORME
EJECUTIVO
CONTAR
MADRE
TAPETES
DESGASTADO
CONTRIBUYEN
ASISTIR
COLUMNA

E	M	R	O	F	N	I	Y	C	H	Z	U	F	N	D	A	Q
S	Ó	I	Q	F	W	Y	T	U	U	E	Y	C	N	Z	D	E
T	E	S	E	X	F	M	W	B	Y	N	M	V	Q	D	E	R
R	F	S	N	E	Y	U	B	I	R	T	N	O	C	W	C	T
U	G	U	P	E	O	D	A	T	S	A	G	S	E	D	U	T
C	V	P	X	A	P	X	L	T	A	P	E	T	E	S	A	E
T	E	L	I	N	D	J	L	E	N	N	O	B	I	O	D	N
U	F	Y	X	E	C	A	E	C	C	O	T	R	B	V	O	T
R	U	R	V	D	R	J	N	A	O	R	E	R	B	I	L	R
A	E	F	V	C	P	N	A	S	L	X	K	S	I	T	U	E
D	R	A	T	N	O	C	A	I	U	H	M	H	S	U	T	J
Z	T	N	W	K	Z	X	T	S	M	I	A	E	U	C	C	A
U	E	E	N	D	R	D	C	T	N	T	D	U	G	E	R	I
H	P	Q	C	V	T	N	V	I	A	Q	R	V	J	J	V	V
T	D	E	H	V	A	M	I	R	G	S	E	F	Q	E	W	Q

Puzzle 613

```
R E T E N E R P P Z A C J F J A O
R O D F N E M J E Á P I E Z A G V
G V U R V M H N S T R N H T M R O
I J V A D A L F T K A R M I I E Z
J L O C P F J P A A U X A R R S J
D G T T J D H L N G L O C F M I V
I G H U S Z N S Q H Y M U T O V N
S U L R A T X N U S E R U Z R O Q
T Z P A J Q H O E I Y Y T E Y G N
A O E N T R A D A T F G W F R V W
N Ó I S R E V E N I Y W Q T T Z Z
C A M I G O Y D C O T R A U C Í O
I O N C A N T I D A D S K K M D O
A R E S P O N S A B I L I D A D P
E V A L U A R H D R E Q U E R I R
```

RETENER
REQUERIR
AGRESIVO
FRACTURA
AMIGO
ALMUERZO
ESTANQUE
CUARTO
ENTRADA
EVALUAR
VERSIÓN
DISTANCIA
DEDO
TÍO
RIMA
SITIO
CANTIDAD
PÁRRAFO
PIEZA
RESPONSABILIDAD

Puzzle 614

OFENDER
CIERVO
CASTIGAR
PROMESA
VELA
SEGURIDAD
IMPUESTOS
LÍMITE
ANIVERSARIO
ÉL
ALLÍ
DERECHO
FLORECER
LIEBRE
PERSECUCIÓN
SOLDADO
EDUCADO
ARRESTO
MENOR
ORTOGRAFÍA

```
J P B L V U E É L Y B P Q A L E V
U V G Í H K S F C A L F P L K Z O
Y U A M R A R R E S T O H L Y H F
J J Í I K O P Q I I K G N Í P E E
B P F T S D G D D M L I E B R E N
C G A E Y A A B X I P C D U E B D
P E R S E C U C I Ó N U I W Z M E
C R G O D U I G L K Q R E E B I R
A Z O P N D A D I R U G E S R L H
S E T A S E F L O R E C E R T V T
T U R R O A M Z G I M C L W E O O
I I O A N I V E R S A R I O J N S
G P R O M E S A C N X G L V S M L
A D E R E C H O D A D L O S E Q B
R M L B Z T L I C I X Q D B Y Y I
```

Puzzle 615

```
V R C T A L I U Q N A R T S C Y G
Y R Z C D S A B I D U R Í A O R B
Z Z I R E B R O S B A D A T C D N
Z N Ó I C A S N E S D A T X O W O
C E T Q U S O C I E D A D H D Y R
V I N H A W C F V P S K O C R J E
G U I B D X I U F O P A S N I O X
V G S W A N A C Z L V B S V L X C
J L U S K E L L A A G P V X O K E
D A K B Q N O V Q G I E O C S C P
G Y Z A F W J U A O R N T O N Y C
X R A B O R M T Y L S A Q L O L I
M L A C I N Ó F E L E T M G G B Ó
N J H S C Q S E T N E I R T U N N
L F L V A K L T O Q U E P D É K P
```

SABIDURÍA
TOQUE
SAPO
SENSACIÓN
TÉ
GALOPE
SOCIEDAD
PIEL
GRASA
COCODRILO
TELEFÓNICA
NUTRIENTES
TRANQUILA
ABSORBER
ROBAR
ADECUADA
LAICO
EXCEPCIÓN
ALGUIEN
PENA

Puzzle 616

COSTO
HAMBRE
GRÁFICO
COMERCIAL
TESIS
COLONOS
MURCIÉLAGO
INCIDENTE
LIMPIAR
SU
RISIBLE
GAFAS
ESFUERZO
CERDO
EXPERTO
COSA
PUBLICACIÓN
LÍDER
PRIVADO
JARDÍN

```
W S F Z R L A I C R E M O C N I Y
J A R D Í N Í E X P E R T O D N F
C E R D O O A D I P S V S C J C R
N B H D D G E A E L B I S I R I O
Ó L O G A L É I C R U M H F G D V
I S M W V V G O C I Q D Y Á O E X
C O S A I C T U O I S U U R H N T
A N U B R W M K S I Q N E G L T G
C O S G P S H T T L S F C A K E E
I L I U P L D D O F I H A M B R E
L O S A F A G J L W H M T Q Z N B
B C E E S F U E R Z O K P Z I V G
U R T D Y N I Q K L A Q N I S U X
P O E Q T J E Y E R X R P G A E G
J S W G T T B R Y U M V X L G R T
```

Puzzle 617

```
P L V J P T N I J A V D I N Q C N
C A V O N Z Y O V P P E F I R A E
C E Y A G F B T Y R M A R J X M C
O T L S P B Z N C E Q O R D C B E
M N A E U Z B E W O H M C E E I S
A E N L B O R I O C O E D W C O A
D D O O Z R W M J U H C K O T E R
R I I C W E A I C P E Á H U P E I
E S C R O F U D B A R N Z M N G O
J E A É O O K E A C M I M G L T Y
A R N I B O D C R I O C A C R B F
Z P Z M M B H O C Ó S O R Z I U M
C A L O R Q N R B N O F C P O T E
D E A H O H P P P Y R P A S H Z P
M A R T I L L O S Y C I V L Z Z M
```

CELEBRADA
VERDE
POTE
PREOCUPACIÓN
CALOR
NECESARIO
NACIONAL
MECÁNICO
COMADREJA
APARECE
FEROZ
MIÉRCOLES
YA
PROCEDIMIENTO
HERMOSO
VA
MARTILLO
MARCA
RESIDENTE
CAMBIO

Puzzle 618

CRECIMIENTO
MANCHADO
BALCÓN
MANO
RIZADO
LUGAR
BRILLO
DRAMÁTICA
AVENTURERO
MERA
ENSEÑAR
SUFICIENTE
ENVIADO
TENEDOR
ILUSTRAR
ATENCIÓN
CON
DAN
CAFÉ
HERMANA

```
S B U V R A H X M B B X L L N A C
D R A M Á T I C A H O R K W J J R
E A N Ó C L A B R C D A I J Z R E
N R A M M O G G B S A T L L Q G C
S T M E E T N E I C I F U S L H I
E S R O P R B I W N V I É T I O M
Ñ U E E C A A A T E N C I Ó N J I
A L H A V E N T U R E R O W M R E
R I M L V P R D M A N C H A D O N
R V A D F L A A R G K I D A U D T
H V N A V G H N B U U N A F I E O
I L O G W F G H P L A P N M L N C
R I Z A D O K Q H F D A P I J E O
V E J B F D U V E Q P U X Z U T N
V E B W L U S I O K W R T P J A P
```

Puzzle 619

```
C H I S P A L O E C L U D U H F L
P E J B N R I S X T W N X J A K O
Y D A S O P S E A V R E S E R F A
P R L G R C Y J M V Y A H D C A M
U A E C U I A X E S T N Ú Z H K K
I F A O T E U A N M K P L G P T J
C C E V U J S R M S K W T W G K M
X G N H F B R E T Y N Ó I C R O P
S O A P K V U D T S N T M X A Q O
E M P L E A R L A Y E S O W J F T
V N O B E S O A Z N L D Z E S R O
P E C Z N B K C P R U E B A S A Ñ
L L E V A R J N D G Z W R Z X N O
L O R O C A R Á M B A N O S C J Z
F T L Z R Á P I D A M E N T E A N
```

EMPLEAR
FRANJA
FUTURO
CALDERA
DULCE
LLEVAR
DESTRUIR
RESERVA
CARÁMBANOS
EXAMEN
ÚLTIMO
RÁPIDAMENTE
CHISPA
JALEA
BESO
OTOÑO
PORCIÓN
ESPOSA
PRUEBAS
LORO

Puzzle 620

EMPAREJAR
ERUPCIONAR
REPENTINO
GIRASOL
DISÍMILES
POLÍTICO
HORAS
TRADICIONALES
HABER
FRAGMENTO
SANDÍA
AZAFRÁN
CUADRADA
INDICAN
LOCA
BAJO
POLLO
ELÉCTRICA
NAVIDAD
PLANO

```
T R A D I C I O N A L E S B S S I
B N D L E D X N Á S H S A K A I I
O J A O L Z S A R E E T R Q V J Q
H B R C X F Z L F L M E O H J P O
W T D A I W F P A É P E H P Q O T
S C A G N D O A Z C A F N A V L A
L Z U S J O N Y A T R V P B D L K
O G C E Z E I I S R E L Y W I O N
S A N D Í A T R L I J D J T S C A
A V F A R J N H Q C A C O W Í I V
R J Y O T N E M G A R F F O M T I
I Z H U B P P C F K O T X N I Í D
G B B J V O E S Q F X E O G L L A
L H L I R I R Q F H A B E R E O D
E R U P C I O N A R N W Z O S P X
```

Puzzle 621

```
Q O H M S H K T X I B I L H J P C
L O O G Z E Y V M U X K R P R R A
Q W L Y U Y R N A Z I N A G R O C
H W A I U X J L R N L T W Y Y C E
D E M O S T R A R V Q Z T P G E R
N T T M T E E T I T A C S O M S O
P O H E P U G N V B L Q G L C O L
N M T S Q C R A R P I G U M B V A
H H A A B A E L E L L T Z E S W G
R B E X C C M E H S M H O P R H Z
F R U T A Q E D I L I O J N D O F
A D M I N I S T R A C I Ó N Y M L
C O R R I E N T E C O N D U C T A
E S T A C I Ó N G E S T I O N A R
D S O V W A U T O R I D A D V J J
```

DELANTAL
CONDUCTA
AUTORIDAD
HOLA
HERVIR
FRUTA
MOSCA
DEMOSTRAR
LILA
VAQUERO
ORGANIZAN
ESTACIÓN
CACEROLA
CORRIENTE
GESTIONAR
MES
EMERGER
PROCESO
ADMINISTRACIÓN
NOTA

Puzzle 622

CHIMENEA
EJERCER
MALA
MONEDA
PLATAFORMA
CUATRO
FOCA
ADVERTENCIA
PORTÁTIL
LIBERACIÓN
LIMÓN
PICOTEAR
POPULARES
CIEMPIÉS
TÉRMINO
SER
MISERIA
PRISIÓN
RECORDATORIO
TERCERO

```
F O I R O T A D R O C E R W P B M
S A W X I M L Q K V I J Y B Q S S
O O N M A L A I U G Y E M H M U A
P I C O T E A R M O E R J G Q T W
P L L T D K K E E Ó L C F F L J J
L H S M A A R S N I N E V V O O F
A D E N O M S K Ó C I R Y L B C P
T R F E E H C M I S E R I A Z L A
A E D P V T U B S E R A L U P O P
F Y D N I C A L I B E R A C I Ó N
O N I M R É T E R C I E M P I É S
R L I T Á T R O P C H I M E N E A
M I O H X B O R E C R E T X F A T
A I C N E T R E V D A H B G Z E W
R E C N F A P N E F Z V E U H P A
```

Puzzle 623

```
H F Q R A G J P E O E R B O S I B
Z C I Z Z S L A T I D O Q V H V O
F H T X Ú I A H E B L D Z I R J T
Q Z N K C T C C H Q D A H O F Z T
K E N V A U X S C W V G G A Q K R
Z M T K R A C H E I F U G Q C R A
F L J M F C S A E K Ó J R C A E T
M T M N Ó I C I D U A N D R B T A
F É N G L Ó W D D F Z E B M R N N
Q S T E T N E M L A N I F I A E D
F J Z O R E S O R G I Y J S Z I O
S Y B M D K M D V B G T X M Ó L S
H G K C Q O E S Q U Í Z V A T C O
S O N R I S A C O N T R A S T E C
F K L P F O R M A T O A U V K I D
```

HACE
ESQUÍ
EN
MISMA
JUGADOR
SOBRE
GROSERO
FORMATO
TRATANDO
CONTRASTE
SITUACIÓN
SONRISA
LATIDO
AUDICIÓN
MÉTODO
FINALMENTE
ACCIÓN
AZÚCAR
CLIENTE
ABRAZÓ

Puzzle 624

ESTA
LENTO
LISTA
CONSTRUIR
SERÁ
PASEO
CONOCIMIENTO
DETECTAR
SENTIDO
POLICÍA
CUEVA
LECHUGA
VER
MUNDO
GESTIÓN
ABIERTO
TAZÓN
VAPOR
TELÉFONO
APLICAR

```
M R V T Z G U E D L N A A S P L L
U M L H L E A V E Y O Y B E O E E
C U E V A S P A T S I L I R L N C
H E B I F T L P E P X U E Á I T H
J L Z F K I I O C U U K R S C O U
Y F A O T Ó C R T V E R T A Í E G
Y A W V T N A D A P N L O T A G A
P A S E O N R X R I U R T S N O C
S A E L G C O N O C I M I E N T O
W E K S L I D T E L É F O N O P Z
M U N D O R I T A O N T N J N Z C
H I U D Q U T Y A O Y X W B K O M
Z E K J M N N S H Z V B D A A S S
D K S X W C E M S N Ó P U X J R D
Q P Z A T J S Y E N P N P B Y B N
```

Puzzle 625

```
C Y X Q J B O I R O T I R C S E V
P U M Y K G M E Z P D U F P S X I
R E M K A T I U Q I R A M Y S P D
O X Q B E X X H X J E F D O F L R
P T B B R N Á A Y U D A A I U O I
O E I G C E M M Y W T R O S V R O
R N Q A X G E L E M E N T A L A Y
C D S H B A I C N E U C E S C R C
I E O O X M V L W A P T A X G K E
O R E C L I Y V L Z M M F L C Y Y
N Q E R X M F X N Ó I C A L E R M
A D N E E I S É L G N I M F N T Y
R P R I M A R I O Y U M H K O O C
B M A R R E G L A R T I P X D V X
N G W Y V O S I X B O E S U M R Y
```

RELACIÓN
ARREGLAR
PROPORCIONAR
VIDRIO
AYUDA
EXTENDER
MARIQUITA
CAVIDAD
IMAGEN
MÁXIMO
PRIMARIO
MUSEO
INGLÉS
SECUENCIA
MINUTO
CUMBRE
EXPLORAR
ESCRITORIO
SOL
ELEMENTAL

Puzzle 626

SOMBRA
HELICÓPTERO
ESCOGIDA
ESTELA
LEÓN
LAZO
TÍMIDO
ATRACTIVO
ALEGRE
NIEVE
SIN
CUIDADOSAMENTE
AVES
DUPLICAR
TAMBIÉN
BAILE
COMPLEJA
PRODUCIR
SEÑORITA
ASAMBLEA

```
E S S P C D X Z P J Z A S K F X A
S I J Q U F W V K R A C I L P U D
C S C G I T B M H D O I F V Z R O
O F C J D S O M B R A D H L O S B
G F J V A S Z C S X X C U X Y G A
I Q I J D W I N C V R N O C F G L
D D G G O Y L N Ó E L H R Q I X W
A Y C K S O O A T I R O Ñ E S R G
K C Y A A Z K S E V A E B A I L E
N É I B M A T A O P T Z S L X M W
I K A J E L P M O C S V P T S Q P
E R R E N M R B T Í M I D O E O J
V S M L T U C L A L E G R E N L P
E G K Q E O R E T P Ó C I L E H A
E W O V I T C A R T A W O M H M N
```

Puzzle 627

```
I D E S A P A R E C E R N C W O B
N V R R O Y L C A U E K N I I I J
S D F L P V J Z K R S V Z E Y J J
P H A C T A I C N E T S I S A G W
E J P D O T D Y G T U L J O Z J Z
C X R H R N U U P N O A X D U G N
C O A R E E I N T E R É S A L D Z
I V C P G H V Ó U I A M A T Z S R
O N C Q I C C B L D Z A I N B A M
N I A X L O Q R A E A S R E U N R
A E J I U L I A J R L V A S F R F
R F E C R A A C Y G P Q V A S L U
R S J P M P N O G N S Q Y Q L E H
M O L E S T A R K I E N U E V O L
A R T I S T A E X I D D H K L G U
```

VARIAS
DESPLAZAR
ASISTENCIA
ARTISTA
ASENTADOS
OCHENTA
INTERÉS
LIGERO
INGREDIENTE
NUEVO
VERDAD
MOLESTAR
DESAPARECER
AZUL
NI
INSPECCIONAR
CARPA
PALO
RAZA
CARBÓN

Puzzle 628

INVERSIÓN
PUNTA
FANTASMA
AMOROSO
CINTA
CONCEBIR
DÍA
VIVO
CONJETURA
ALTITUD
TOMATE
DEBO
LIMONADA
ARTÍCULO
OCUPAR
HILERA
FUE
DINERO
DEL
VERDADERO

```
H F O Y N B D M F G W T F X D U A
I A T N U P I A R U T E J N O C L
L N I C A T N I C M E Z U X Y Y T
E T N W D L E D A V G V J N P Z I
R A V X A H R A R T Í C U L O F T
A S E H N O O I D O L O R B B V U
K M R Q O J V V B R F L Y Y E S D
E A S U M T I C L E P H S S D R R
Z Q I W I V V Y R D C T O M A T E
V G Ó Y L O C U P A R N A L C V D
O G N Q A B K L O D X V O C N D V
Z W S W Z K W T T R N W N C P S Z
A M O R O S O R S E R Y D Y W I Q
S Q H G K S B S L V N Z H Í C H P
D L G U M D D N U S O G C L A P E
```

Puzzle 629

```
M G T I U R K R X E Y S N J G F J
A A Q Z L A E Z Y C U V E R D E S
D N C D W B N Ó I C A N I B M O C
U A W O S V Y B N B P T K L F S O
R N V A O C N O R T A E S X M E M
O V J G S B N U I U R M F Z P H P
P V W I N Ó I N U E R J I Z S L A
C I F S E H X O A U M E Y N Y C Ñ
U E M A C E R O Q S F N H Q A I E
P B D I S A M A B L E M E N T E R
I S L S E F O R M A L M E N T E O
D W U O D N V D K W M Q P R A D O
O E Z M Q O T N E I M I U G E S H
M O M R B U S A H P A S A D O E W
N Ó I C A L E G N O C H W K Q C Q
```

PIMIENTA
PRADO
REUNIÓN
PASADO
COMBINACIÓN
VERDES
CONGELACIÓN
COMPAÑERO
FORMALMENTE
ACERO
MADURO
GANAN
MINA
CUPIDO
DESCENSO
AMABLEMENTE
TRONCO
BLOQUE
SEGUIMIENTO
PAR

Puzzle 630

DESPERTÓ
CESAR
CERVEZA
ADULTO
REINA
SALCHICHAS
PRIVAR
GENERACIÓN
CEPILLO
AVIÓN
PREGUNTA
GALLO
MAGDALENA
HÚMEDA
DIRECCIÓN
RECREATIVO
REGIÓN
CINTURÓN
CAMINO
PESO

```
P R E G U N T A L C D G Y W E D N
D M B I V L W R E C R E A T I V O
I S G N G X T O E K A C E C S U H
R A E W N I N S Z M V E O A I W B
E H Y P G T A G S P I S K M T K G
C C I N T U R Ó N R Ó A P I F J E
C I F Ó N G H S Z I N R O N D P N
I H A I H Z E O Q V V Z I O Y R E
Ó C E G G Y D H K A Z E V R E C R
N L J E X A Z K O R H T G H Y H A
F A S R O T L U D A E Ú V I H X C
J S O P Z U W L S C O T M C R O I
D E S P E R T Ó O L L I P E C E Ó
G J E M A G D A L E N A Z W D I N
B P P T B H A R R E I N A F G A K
```

Puzzle 631

```
O R R E Z L H D C T X P P Q J F U
N E W J Q T W I O R V E I M B W Z
C R T K U G N F L N O R E U F J K
S O U F E A O Í I I F T D W Z Q B
R H C B S S R C F U B E R P C Z J
A E H H O I U I L Q C N A Q V F I
R S X M E K C L O G Y E D O L O R
G R A C I A S M R A M C G E N T E
O H J E F L O R E S I E O D X W F
L R A T A R T L A T S E A D E P I
D H T G E F C K L D M D K N A O C
C E N T A V O S H E O T O X U U C
I A E I Y L F H K I M W X Q R A I
S O V P F F A W C W R A B O R P Ó
E U A D I P G F H F J W C P V J N
```

COLIFLOR
GRACIAS
QUESO
MISMO
FUERON
FLORES
OSCURO
GENTE
PERTENECE
PIEDRA
TRATAR
PROBAR
COCHE
CAMELLO
DOLOR
DIFÍCIL
FICCIÓN
VENTAJA
LOGRAR
CENTAVOS

Puzzle 632

COMPASIÓN
AJUSTE
CAPTURA
HACIA
AISLADO
RECIENTEMENTE
ACABADO
LUCIÉRNAGA
CIENTÍFICO
SOLEADO
GENEROSIDAD
VARIO
HUEVO
OTRA
LOBO
REALIDAD
CIENTOS
ELLA
CUNA
MESA

```
O E L E F A G A N R É I C U L X O
C T K O S J G W H E H U E V O C V
I N R D B E M I C A I A A Z H T A
F E T A A O D A E L O S J V O K R
Í M T B G I M N Ó I S A P M O C I
T E G A E C S S S D A J U S T E O
N T M C N A L L E A C I K M G U X
E N E A E P C U A D L X C D K P E
I E S L R T I G Z D K Z H L M K L
C I A W O U E B A Z O H A C I A C
Z C X Z S R N D O Z V C W W N D U
G E N K I A T R P Z F K Z N N W N
T R K Q D W O A A K S X U M Z C A
A V P I A J S J C W V B Y B S V W
V P A L D J C J E I Z B V L U G L
```

Puzzle 633

```
A  L  R  J  N  C  M  F  S  U  H  T  D  K  D  B  D
A  S  C  E  N  D  E  R  U  U  D  H  E  U  A  J  V
A  L  Q  U  I  L  E  R  Y  E  Y  P  N  H  B  L  N
E  E  N  V  U  E  L  V  A  J  N  A  S  I  M  C  K
A  S  A  J  Z  T  Q  R  J  Y  Z  T  A  E  K  R  N
V  O  P  R  E  U  C  A  A  I  C  N  E  D  I  V  E
S  V  U  E  S  U  S  T  A  N  T  I  V  O  H  F  X
V  E  C  N  C  G  G  N  K  E  P  X  A  T  E  H  F
J  U  K  D  R  T  S  A  L  T  A  M  O  N  T  E  S
D  H  K  Q  L  C  Á  C  A  K  E  Q  C  E  N  Y  T
G  T  T  C  P  G  C  S  H  L  M  I  M  U  D  P
L  O  N  G  I  T  U  D  U  O  E  B  L  U  L  Y  F
A  D  L  E  K  O  C  D  V  L  P  G  B  L  J  A  D
E  S  C  L  A  R  E  Z  C  A  O  P  Ú  O  S  L  K
A  B  R  E  V  I  A  T  U  R  A  J  P  V  E  G  R
```

ALQUILER
DENSA
SALTAMONTES
ENVUELVA
CANTAR
VOLUMEN
ESCLAREZCA
PÚBLICO
ESPECTÁCULO
ASCENDER
HUEVOS
PELEA
SUSTANTIVO
ABREVIATURA
LONGITUD
SAL
SUYA
EVIDENCIA
CUERPO
FUENTE

Puzzle 634

CEREZA
PRIVILEGIADA
PÁJAROS
AIRE
PERSEGUIR
ASIMIENTO
PROTEGER
EJERCICIO
SOPORTAR
MOVER
DISPARAR
SIEMPRE
PINTURAS
IMPORTANTE
CAER
PASANDO
INSIGNIA
PROBABLEMENTE
CORTEZA
ACTUALIZACIÓN

```
N  Ó  I  C  A  Z  I  L  A  U  T  C  A  H  N  C  A
M  Y  H  J  Q  I  Z  R  I  U  G  E  S  R  E  P  S
O  E  T  N  A  T  R  O  P  M  I  R  E  A  C  P  I
V  O  B  P  Q  W  L  E  K  X  L  E  S  I  I  R  M
E  D  I  S  P  A  R  A  R  N  A  Z  Y  N  W  O  I
R  S  I  E  M  P  R  E  Q  T  O  A  F  G  T  T  E
F  S  E  X  O  M  K  Q  E  G  X  K  V  I  T  E  N
X  T  N  N  C  X  Q  R  W  P  B  D  D  S  I  G  T
P  R  O  B  A  B  L  E  M  E  N  T  E  N  Q  E  O
M  E  T  D  E  J  E  R  C  I  C  I  O  I  D  R  X
U  W  X  S  N  P  R  I  V  I  L  E  G  I  A  D  A
B  J  B  U  S  A  R  U  T  N  I  P  S  F  U  X  S
G  B  D  C  G  M  S  O  R  A  J  Á  P  H  C  O  V
P  V  L  I  B  Z  R  A  Z  E  T  R  O  C  B  E  G
Y  Z  B  R  A  T  R  O  P  O  S  W  V  L  T  W  W
```

Puzzle 635

```
P B G S L D N L R P P I J E F I W
R Q V V D G U Z E O T S I V R V Z
D J X I A C S O S T B L C S A M H
K C J O H J V S T E D R A B O C H
R E S A L T A R A N A K G B O S N
A A J F U C I E U C C B O W M E A
I D M N H I C V R I Z H U L D N A
C X U Y P J N E A A E T N E M O U
O C N A L B A R N N R S E L L L T
G N L K L D T V T Z C R H L P A O
E I A V Q Z S E E E E Z H H O T R
N B F S A Y E T R K P S H L F N I
Z A P L U C S I D R A Ó J R E A Z
L I E D V G A V X R C L I G V P A
D E C A I M I E N T O O U K J G R
```

GUSANO
COBARDE
REVERSO
ESTANCIA
BLANCO
VISTO
DISCULPA
POTENCIA
RESTAURANTE
NEGOCIAR
RESALTAR
ABUELA
AUTORIZAR
PANTALONES
CREZCA
EVITE
MAR
MENTE
DECAIMIENTO
SÓLO

Puzzle 636

AGENTE
COMPLEJO
ABUELO
DEBERÁ
ROJO
REY
GANSO
OÍDO
INUNDACIÓN
NIÑA
RESULTADO
VALOR
PÚRPURA
LISTO
TOTALES
PASTINACA
SEPARADA
LLEGÓ
RECONOCER
NACIÓN

```
C Y J B F U K R V K M S R P G C Y
P Ú R P U R A T Y E E S V B C O Q
Z K I G R E C O N O C E R O T M B
G S L T D Z V T J M R L X Z D P T
V Y H P E X U S O O W A Y N A L W
S B V M D C B I I F R T A F V E C
Z X L N A G W L Y I E O D Í O J V
I N U N D A C I Ó N S T B C S O C
R Z N M A Ñ K U G Y U S N G G T R
E U A X R I B K E P L X B E T B X
X C C J A N R Q L C T O W A G S T
B K I C P V V F L H A C W T D A U
I M Ó Y E Á R E B E D V A L O R X
X G N D S A E Z B U O S N A G B J
A B U E L O Y P A S T I N A C A A
```

Puzzle 637

```
P Q O F C O H W W Y D L T J E C Q
A W I S P L L D T B O R I I D V R
R Y W R L U A E U E L H J F R J R
T E C N I T P R N L T N E I A M E
I S B T B Í O E A T O X R M Z L J
C P D N R P R V S M E B A N A L P
I A M W A A X O B E E N S B H F A
P C G U S C U M Ú O Z N D R C J Q
A I Z A L N Y E F R Z O T E E F F
R O E B C L O R A L C D B E R K G
L B Y O E M I U L X M G T G A O X
O B J E T O S D O S E C C A E E J
J X X L X K L S O G I M A N S E V
P R I M A V E R A R S C Y B E Y W
N D Y T V M N F R E S T O P D M L
```

CLARAMENTE
CLARO
ROPA
DESEAR
REMOVER
BÚFALO
PLANA
PRIMAVERA
ENTENDER
AMIGOS
LIBRAS
TIJERAS
RECHAZAR
ACCESO
RESTO
OBJETOS
ESPACIO
PARTICIPAR
MULLIDO
CAPÍTULO

Puzzle 638

FAMILIARIZADO
SIGLO
NARRADOR
COMO
PEQUEÑA
SUCEDER
VENDEDOR
DÉCIMO
DEDICAR
FAISÁN
POLVORIENTA
SARTÉN
CHARLA
CONTINUAR
TUBO
ACTUALMENTE
INTENTO
SEÑOR
CASQUILLO
CORTE

```
C S J M S A P V M C R F M D X C B
O N E C Z R O D A R R A N E M A U
R D T Ñ N F L A L V D M Á D C S V
T V N I O U V L R A K I S I W Q F
E P E Z E R O I A T F L I C C U S
S Z M F O T R D H Q N I A A O I I
V E L O D Q I É C E I A F R N L G
E C A R E D E C U S C R T Q T L L
N G U K W F N I N R Q I Q B I O O
D B T V X C T M C V D Z A Y N V B
E G C V G O A O K M I A Q U U Q U
D V A W B M T D W I X D Y X A A T
O F H P Y O R O R G L O H M R E K
R I N T E N T O H P E Q U E Ñ A W
Y K W Y N S A R T É N O S A V T Z
```

Puzzle 639

```
V L V A K T B L U J T E Y S G K X
S B T A I R A N I D R O L A M B F
R S V J B H O R M I G A S E F S I
A E Z E U R I N E V E R P E G O Y
M Q C B E N E Y U L C N I D C I O
O Í C A V S N L N U B S O I O R R
R Z S W U O P S A M S I M T M O R
G U A Q U Í N E V T I K S A E T O
D U R A N T E Q R W A U G R S I H
E I O N I D P J Y A Z S C A T M C
B A L O N C E S T O D D W J I R A
J X Z A L M I I X D P A K A B O C
F N W O C R E G A L O S I L L D T
H G J M N E F W C N V O E E E Q Q
M K L R E J L X G E Z D D R P T U
```

EDITAR
AQUÍ
ORDINARIA
MISMAS
ELEGIR
HORMIGAS
ABEJA
RELAJAR
ESPERADA
COMESTIBLE
DURANTE
AMOR
REGALOS
BALONCESTO
VACÍO
INCLUYEN
CACHORRO
DORMITORIO
ABRELATAS
PREVENIR

Puzzle 640

OBEDECEN
CERCA
PROMEDIO
INVITACIÓN
PREFERIR
PORQUE
MAMÁ
COBRAR
TURÓN
MOTOCICLETA
OREJA
CEBOLLA
HÁBITO
FUNCIÓN
GANÓ
MUESTRA
TETERA
ACTIVIDAD
NIÑOS
RESPUESTA

```
M S G D A Y R Y C M U E S T R A M
C K G A C R E C C O T I K G F V O
G T R I N Y S M D E B M S Y U J T
B A G Y Ó Ó P T Y F S R E V N E O
T Q B D R E U Q R O P R A K C M C
X M K B U D E I Y U N O A R I C I
H Á B I T O S J N Q H I A P Ó A C
K Z D Z J F T N R L O D Ñ Y N T L
R X I L U Z A V M A J E R O Z E E
A A C T I V I D A D Á M A M S T T
I N V I T A C I Ó N W O X A Z E A
Y C I Q E X T B A R I R E F E R P
O B E D E C E N T R G P N N G A W
J S U Z D D U Y T Q L N P A N B D
A C E B O L L A L C E A G R F P X
```

Puzzle 641

```
S O B O L G C K R Z F N M H G J V
E D D P R O Y E C T O Ó P S X T O
N N C O V I Ñ A K A D I R E U Q T
T E A B D D X I X A G C C M M D O
A Y P F T X M Z N F W A L I U G Á
R U A O T R A S R B G V Y D K L G
S L Z W H I R N L O L I O I K Z A
E C G P H B D P M J C T N L R P M
I N E S T A B L E B S O R G E N C
M I P E C G Q A W A Q M S O O B O
T J E U P B Z Z L H J Z C I R A E
J O V Q R O D A Ñ E S N E C B J L
Z V Z O G D I J O R T J O A K V I
J E W L A J U S T A R A P P M T S
M N M B T P P R R U B M N R C U E
```

AJUSTAR
DIO
VOTO
SENTARSE
FÓRMULA
NIÑO
CAPAZ
PROYECTO
MOTIVACIÓN
GLOBOS
INESTABLE
QUERIDA
OTRAS
NEGROS
JOVEN
BLOQUES
ALETA
ENSEÑADO
INCLUYENDO
ÁGUILA

Puzzle 642

LATERALES
CONSIDERAN
RESUMIR
CHAMPÚ
LIBRO
POLÍTICA
DURAZNO
TEMAS
PROPIETARIO
VARIEDAD
EMBARGO
PAPÁ
MULTIPLICACIÓN
PULGADAS
SEIS
FOLCLORE
ZANJA
OPONENTE
TELEVISIÓN
LLEGAR

```
M D J M A A M C D E E C X X V E P
X U A K U E S H U R E S U M I R R
F V L E Q G D A R A A V V R O O O
U A Q T U H W M A G M J R N T L P
N L K V I S L P Z E Q V E R J C I
L I B R O P F Ú N L V Z R M C L E
J A F Q M Q L I O L P A P Á X O T
H B N A R E D I S N O C Q D X F A
K M F L H S F L C L O E Z N X K R
T E M A S I E S S A D A G L U P I
L A T E R A L E S J C U U U Q J O
P O L Í T I C A K N Z I Q H D A V
C Y L D A D E I R A V J Ó A S H G
O P O N E N T E W Z A K R N Y G R
T E L E V I S I Ó N E M B A R G O
```

Puzzle 643

```
D I S P O N I B L E S R E O C J O
C A I G N O R A R T X E X K O F C
B O M C R E E R W N G C H P N U L
E T N E U C E R F A N U I B T O G
R O Í V N E A J H T A R B J E P I
R Q J D E T B A H S R S I C N I T
O H N J I N O V S A M O C I E Y Z
L F V U V S C C F B A R I N R D E
E S T L J P T E I O R E Ó Ú F G S
B A N D E R A R R F I N N T V K X
A O E T N A T S I D O A M I H G B
S I P H O D L O U B F R L L G X V
E N C A N T A D O R U G P I W K S
F U P L G T O I G E L I V I R P Q
V Y U G Q X W C M J E E R U L X Z
```

GRANERO
BASTANTE
ENVÍO
INÚTIL
DISTANTE
DISTRIBUIR
BANDERA
RECURSO
ARMARIO
PRIVILEGIO
BERRO
CONVENCER
AMENTO
CREER
FRECUENTE
ENCANTADOR
IGNORAR
DISPONIBLES
CONTENER
EXHIBICIÓN

Puzzle 644

ESPECÍFICA
ENOJADOS
INTERACTÚAN
COMBINAR
IMITAR
ESTILO
PLACA
DEJANDO
PAUTAS
MOTIVO
MIRAR
ZAPATOS
DELFINES
IMPORTAR
BÚHO
MONTAR
TIERRA
FRÍA
UTILIZA
DOS

```
W J X P R R P C P X U T T D C D B
K V U M L C L O A I U X T E O I O
K K J H C U F I U Z R U W L M U Z
S U V O Y N V S T F V M B F B X I
M D O S A D S Y A U J B R I I M K
M O L I T S E R S J T V C N N V C
S H T Z A P A T O S P I H E A L W
O Ú Z I I V U T S F O U L S R A E
W B X H V W Z W M T I F J I J W N
O M S T W O D N A J E D C C Z X O
U O I M I T A R A T R O P M I A J
M N I N T E R A C T Ú A N L M C A
D T J C P I M I R A R Z H W R A D
R A R R E I T N F R Í A X U Z L O
D R E S P E C Í F I C A W C N P S
```

Puzzle 645

```
Q N R A P E D S Q D D Q T J L L M U
M O R D E R E X O G P M P F S R Y
A S S V X M J D L M V I S T A E E
J P U V B J Ó G D A B X A B L L S
C A P V G C H E N W B R T X V I C
A L E E S T U D I O S I E V B G E
L O R L N W P J Z E Y P O R Q I N
I C F B P R O B L E M A S E O O A
E S I I S U C I A R M T U S Z S B
N F C N H O U V K J K H C B E A U
T B I O E M P U J A R H Y A B Q R
E B E P W Y L A G Z Z K K R S N R
K V K S M A G N Í F I C O S E A O
T S N I P R O N U N C I A C I Ó N
H H R D L G Y R D T N J G Q A K X
```

DEJÓ
COLAPSO
EMPUJAR
LABIO
VISTA
PRONUNCIACIÓN
SUCIA
CALIENTE
RELIGIOSA
BURRO
LA
MAGNÍFICO
SOMBRERO
PROBLEMAS
SUPERFICIE
CASA
DISPONIBLE
ESTUDIOS
ESCENA
MORDER

Puzzle 646

FAMILIA
ENFERMERA
VERTIDO
CUBIERTO
PRECIOSA
SÍ
CAJA
DRAGÓN
LIBRE
SENTIRSE
LANA
CONDICIÓN
MANTENER
TRATADO
INTELIGENTE
CONDUCTOR
DEMÁS
CONCENTRADO
LOCALIZAR
ESPANTAPÁJAROS

```
E I N T E L I G E N T E W L D C C
M S S B K U D Í S W R U O X R O O
A L P L O U H Z R T A Q J U A N N
N O X A A W V B I V O O O C G D D
T C L I N N S W T W D O T G Ó I U
E A R L P T A I N L I B R E N C C
N L Q I M B A Q E H T M E H H I T
E I P M E F S P S T R E I F X Ó O
R Z D A N F O S Á M E D B C Y N R
P A W F Z O I F B J V K U Y A Y S
J R H D S R C C O O A T C M K J O
E N F E R M E R A N M R Q J J H A
N Y S B B S R Z L R X W O O W N J
P G X C A M P C J P T S N S A J N
C O N C E N T R A D O D A T A R T
```

Puzzle 647

```
D P P R P C A R A Z I L A E R N C
P V D E D O A R X B P K Z H E A A
F A S A A E B J O R A L O B C T R
K L F C C K F R L Z Z M Z Y U A T
M J M C M G V E E L E C H E E C A
D A D I L A C R N Z H G V M R I I
V S F Ó C S T M E S A R J Ú D Ó R
F I I N E E I E B A A X S A N T
R R I L E R D X R Y F N T I K E U
O S Z O A F N B J I I I O C K F N
N J O X H W É W C H A Z R A Q D X
A V B A B S X U J Q L O T A O U F
U E U C N Ó I S I M Y A A R S D Y
X G V B B C T D N K V Y T Y N Z R
O B O C J A O D C C S H E S D G I
```

TORTA
REALIZAR
DEFENSA
ÉXITO
RISA
LECHE
CALIDAD
PAZ
MISIÓN
BOLA
CARTA
MÚSICA
NATACIÓN
GRANIZO
MATERIA
FRESA
NUTRIA
REACCIÓN
RECUERDA
POBREZA

Puzzle 648

ELLAS
CORRECTO
PRUEBA
ACUERDO
CALLE
MILLA
JABÓN
UVA
TRABAJO
SEQUÍA
PELO
DEMOCRÁTICA
FACILIDAD
CAÍDA
ORGANISMOS
TAL
ARAÑA
INVADIR
CUERVO
PATO

```
Q T A T G S E U T W Q Y G P C C G
I I O V R E U C P O M K S A A L X
S E T R F J C H R U S I R T L S T
F N C I G A C U E R D O L O L C T
L F E D T A B E U R P C A L E U P
Y S R A V V N Ó B A J G T S A K Y
Q K R V D A D I L I C A F E V H P
A I O N C M C C S T R A B A J O Y
G A C I T Á R C O M E D O D I B U
P E L O F V D E Y J O C C Í G N O
G B Z K T B H O J F N S S A C C G
Z S U R R E M U L M O V L C M V T
F J N V E L L A S T W L D R E E G
U R O S A Í U Q E S C A C S J J K
O A R A Ñ A J B M Q M V Y P V S Q
```

Puzzle 649

```
B F O J K F B M O G J Q K C M Q M
E S T R E L L A S P C B Q I W N X
C E L Q S J M C M V R X R E B E D
F O D O M I N G O O J O S R W T S
I T D A P A M E C A A D O T G C B
F L O O D B A N I L L A G A Í S H
W E D K R I A S P T N R H S N J X
U U M S Z N C M Í U O I Z N D M G
T S S W T X I O T M Q T Q E I L W
C A R T E R O C L Y Á X O T C Z C
C O L U M P I O E E P S Y C E U Y
E P U N T O S P J S V U N R I G P
H R P P M N E H Q C C D C L L A G
M P K O S T A I O E I C G F H K V
L E O P A R D O O H H Y N P L R L
```

DOMINGO
TODA
MÁS
ÍNDICE
ESTRELLAS
CIERTA
TÍPICO
DEBER
LEOPARDO
PUNTO
VELOCIDAD
SUELTO
OJOS
TIRADO
COLUMPIO
MAPA
CARTERO
TENSA
CODORNICES
GALLINA

Puzzle 650

VERANO
FRÍO
HABLAR
PARECEN
CANARIO
MORADO
ODIO
HORA
ESTÁNDAR
FRENTE
NACIMIENTO
COMPRAS
PESCA
CACAO
SALVAJE
DESIERTO
RESPONSABLE
COMPARAR
ROMPIÓ
PROCEDER

```
D E S I E R T O R Q N U F V L V A
E M O D I O Y C O C H Y R Q N E N
P S O E S A R P M O C H Í X P R N
R A T R V F Z M P M K E O U B A I
Z R R Á A H M J I P M L E I E N E
B O A E N D L K Ó A B B T H J O G
O H L D C D O X O R C A N A R I O
I Y B U N E A X J A C S E P F H Y
Q B A K B J N R R R Z N R V V S O
D F H J Z G M F L J M O F Y L A I
M G T K E T O A G B F P N A A L J
S Q K K S O U J Y Y O S B R X V W
U A F S X V Q G U B G E O W D A E
P R O C E D E R M G L R V T T J C
C A C A O T N E I M I C A N N E S
```

Puzzle 651

```
E A Q S K H U B X L Z B Y G E U V
H C D X G L E J O S Y F X I B G S
Á I O J T Y N F F N M M W O H Z E
B H D N U I N S T A N T Á N E O A
I C A E O N D Q X I L X F G D A V
T P T Y P M T Z Y N A J E L F E R
A E I O G I Í A P T V A G Ó N K D
T P C M R N S A R E F I G U R A E
W N X S G M P T M R C O R O N A S
J P E M W S F U A R P Z X E Ó B C
R E S O L V E R L U Q Y S P I G A
E X T R A Ñ A S O M H F G E M S R
R E C I E N T E M P M N H C A F T
E K Q U U K I T G I S J Q Q C N A
L K F X Y O T N O R P U D Z X H R
```

PISTA
EXCITADO
CAMIÓN
CHICA
INTERRUMPIR
CORONA
FIGURA
LEJOS
EXTRAÑAS
REFLEJAN
ADJUNTAR
INSTANTÁNEO
RESOLVER
RECIENTE
PRONTO
HÁBITAT
DESCARTAR
ECONOMÍA
OYEN
VAGÓN

Puzzle 652

DÉCADA
NUBLADO
MATRIMONIO
CIUDAD
CARRETERA
CLIMA
VENENO
ESPINACAS
CALCULAR
TABLERO
AZADA
ANIMALES
AMPLIA
ESCUELA
POCAS
TEMPRANO
POR
TÉRMINOS
INSERTAR
BURLA

```
I O E X N P C E C Q J U W M I J D
E N M O N O I S L D T P B A T R I
E A S N I C U C I A M G F T É S Q
D R L E V A D U M O M X W R R O P
É P M N R S A E A D A Z A I M D K
C M I E T T D L I K K X I M I A S
A E C V S B A A V T Z C D O N L Q
D T P A E I O R E L B A T N O B X
A B A E L K H K Q D L A M I S U U
R G Q S A C A N I P S E M O B N T
L W T H M X U G Z H L K M P S N I
F Z D Z I V M L B U R L A G L X L
X T G M N W Y J A O D Y J R U I W
A A U B A W Z W Y R X Q C H V N A
G U P C A R R E T E R A M N K W O
```

Puzzle 653

```
S U B I D A G C X M M N D R F Q G
C O S E R E T É U S O T S E U U O
N G P O S I T I V A T T O P E E D
O R E C A L P M O C C C S V G C A
J A S E U B M A R F A K M E O G N
L L Z M T F P S G V N P L T U A I
A Á W G L Á R U U O W R B N N P B
U K P A P C U M H J L A K A R O O
T Z Y I D I X A S S U P U L I H B
I R Y X C L R R J G D X E L U G E
B D B W A E L Q F F J P K I W B R
A M B S J S S Y Z C I T W R M C X
H C X C X N X H V X G X G B B P P
Y S S A L U D G B W E Q Q X K Z U
E U H A O J T C H G S X Y U R D L
```

SUMA
LÁPICES
OPUESTO
FUEGO
LARGO
HABITUAL
GOLPE
ESTOS
POSITIVA
SUÉTER
REBOBINADO
BRILLANTE
FRAMBUESA
SUBIDA
COSER
SALUD
ACTO
QUE
FÁCIL
COMPLACER

Puzzle 654

BOXEO
PEPINO
PEREJIL
EXISTEN
SABIOS
PARTICIPANTE
MONTÓN
PRÁCTICO
CUELLO
MADERA
VIEJO
CALCULADORA
ALGODÓN
TENER
RELOJ
ESCALERA
CUELGUE
MOMIA
ESTUFA
MILLONES

```
M V R O D J R E L O J C P T K V C
T O M K X V E U L U M U E H I I P
K T M R Y H N C T T O E R Z S E A
F G I I Y U E K E U G L E U C J R
N F H O A S T Q F C Z L J D X O T
E S C A L E R A B X S O I B A S I
S W O C A R O D A L U C L A C E C
M P E P I N O E X I S T E N M S I
P J X D T H B Q A V D B H E I T P
O X O C I T C Á R P N A B G L U A
G Z B T M A D E R A Ó R D M L F N
V I Y W S Q H V C T T S O R O A T
R G E R O X M E V V N O Z B N W E
L P C T Y G R A L G O D Ó N E X Y
C T H E V F F K W J M I J Z S B I
```

Puzzle 655

```
E T N A F E L E W N A R T C O F S
S N Q D I W T G M R T U S R D S A
K A C E D O I R N N L L Y E L Y B
O M L O S O T I X E E L L M I W Í
E I E I N E Q K L N T S A A D Y A
B T C W R T Z U I I P T B I Z F F
N C O U H F R A G A S S N U E S R
E Í O W K L J A H N M Q E C Z S A
C V G W M E M F D U O N T D T D Z
E D E F I E N D A O P Z N B O K I
S V E R E D I C T O M D O A C S N
I I J W Y P D K T A J F C N I S A
D C O N V E R S A C I Ó N C S L G
A M E L B O R P P M U S M O Í J R
D S I B Q V Z G T H R C P M F X O
```

DIEZ
SEDOSA
FÍSICO
ELEFANTE
BANCO
ORGANIZAR
LEY
PROBLEMA
EXITOSO
VEREDICTO
CONVERSACIÓN
SALIR
ENCONTRADO
CREMA
VÍCTIMA
ATLETISMO
NECESIDAD
CONTENTA
DEFIENDA
SABÍA

Puzzle 656

COMIENDO
CORTINAS
MAÑANA
CIERTAMENTE
VITAMINAS
TECNOLOGÍA
BOLÍGRAFOS
LOTE
ESCASO
DIVERTIDO
CANCIÓN
ESTÓMAGO
LLORADO
SEÑAL
BLUSA
ENREDADA
POBLACIÓN
CALMA
EJECUTAR
EVENTO

```
T C O W E C E J E C U T A R Q W E
E A J C N O O S A C S E U W S X X
C N S W R T B M C O R T I N A S X
N C Q G E Z P I I P Z C Z B R W U
O I A P D J E T N E M A T R E I C
L Ó C I A G Q P J M N E V E N T O
O N L U D S C T Y K H D K Z Ó L F
G U W M A N A Ñ A M Z O O A I X C
Í K O B W Y L B L U S A C S C I N
A Q D O M L M H H T N U P V A B R
S S A N I M A T I V Q S K O L G T
X C R E S T Ó M A G O T G T B N Z
L P O V Q L O T E B P W Q V O M Z
B O L Í G R A F O S X M C Z P F Y
F V L D I V E R T I D O S E Ñ A L
```

Puzzle 657

```
Z F B E L B A B O R P X O O I L A
S E R I E Z Y U B P E R D Ó N A W
Á R B O L E S I S A L L E S O R G
L P M U V E T N E D I S E R P M S
P E R Í O D O H R O F B W I R U U
M G Z A B N Q G V I G G G R L O S
P E L Í C U L A A N U P L E I K C
U J Y S I A P B R U K O O G B É S
I N F O R M A C I Ó N L B U E F O
L S G X N S N R N Q N I O S R I P
N E G O C I O S Y T Z L J S T R L
P R O P A G A C I Ó N L F G A F A
N D Z Y M A C I M É D A C A D E R
G I O U E L M P P J G S T Q T P E
W G B L E T Y H K U O W H S I K J
```

SUGERIR
PROPAGACIÓN
ÁRBOLES
PERÍODO
POLILLA
PERDÓN
INFORMACIÓN
GROSELLAS
PELÍCULA
OBSERVAR
PROBABLE
PRESIDENTE
KÉFIR
LIBERTAD
NEGOCIO
SERIE
SOPLAR
CORRER
ACADÉMICA
GLOBO

Puzzle 658

CASTAÑAS
CARNE
GOBIERNO
ANCHURA
CARA
SALTÓ
RÁPIDA
PLANETAS
COMENTARIO
CALIFICAR
DE
SEGÚN
ASUME
REPENTINAMENTE
LLAMADA
MERCADO
PELIGRO
SUPUESTO
ANTIGUO
ESTRELLA

```
L Q Q F B A R U H C N A P H I V L
Z L C C O F V J W J Ú C L L D R R
W S A Ñ A T S A C W G A A P F O Á
M Y X M R L A S U M E R N A J T P
C I V R A D I F J E S A E D I X I
L E K U W D Y F Q U Q Ó T L A S D
G D M G S Y A A I L Q O A I L D A
L O M E R C A D O C P J S L W Z L
S R B S E C Z I Z K A K V U Q A L
G G X I K G G V Q X Q R C A R N E
S I O U E C O M E N T A R I O V R
X L T A P R S U P U E S T O A I T
A E Z Y B M N B N Y T O P P W Y S
I P F G A I C O U G I T N A Q F E
R E P E N T I N A M E N T E B B A
```

Puzzle 659

```
O O R G Z Q U X Y I C Q I R Q F C
R P O I L E O O R M O G N A R A P
K A I U M A S C O T A S S T A L P
F C W E S M T T L R N T P Q M S N
N K H P X U V O L A I H I F Z A Z
O E R T E L E D I G N T R K A S C
Ñ X V E Q P P Í C E Q M A C F I I
A N K E P U X E E V Z W R U V S N
B X B D R C H R L A U C N N O B E
E P S S V A H N I N N A R A N J A
R D U E N D E D A C O C I E N T E
E T N E M A S O R G I L E P E W G
N H F X X A C X F H I E E U M Z U
M U L T I P L I C A R C I U O Y P
R E S P O N D E R Q H X R X Z Q L
```

REÍDO
PLUMA
COCIENTE
REBAÑO
NARANJA
SE
INSPIRAR
DELETREO
MULTIPLICAR
FALSAS
DUENDE
RESPONDER
FRAILECILLO
MASCOTAS
NEVERA
RANGO
NAVEGAR
CINE
PELIGROSAMENTE
TIRO

Puzzle 660

PREGUNTANDO
COMENZÓ
COMPACTO
DECLARAR
GUISANTE
SENCILLA
COMODIDAD
LINCE
PATATAS
CARO
EQUIVOCADA
GASTO
ZORRO
ABURRIDO
DECIR
CRIMEN
DESCUBRIR
MINUTOS
AFILADOS
CHEQUE

```
P A T A T A S Z O R R O L Q P G A
C O M E N Z Ó O X M A P I L R U B
M T L H O B A T D P Y X N A E I U
A C E U Q E H C A A A N C B G S R
Y P L I X Y A A D D L R E K U A R
C C Y T Q P S P I A L I X P N N I
O D T U Z Q N M D C I R F I T T D
L J C Y H P P O O O C B X A A E O
M I N U T O S C M V N U G S N I B
R R N M J I E Q O I E C H J D Z F
Z K M Y U G Y Y C U S S X Z O L G
O X L U N J W O K Q X E K W Y X A
Q G L Q L X B B R E K D W Y X D S
Q D Z D E C L A R A R I C E D T T
J E R F Y O X N R G C R I M E N O
```

Puzzle 661

```
C O M U N I C A R U B T A O U V Q
Q F A A Y E R D J Q R L B W N I N
L U M L R T K L J B M D A M K E W
F H I B A N I N E M E F J N V N I
W T T E D A Ñ O R G E N O C R D U
L L P Q R S W V A P L Ó T C E O P
G U É Y O E B H R O A I N O V K L
R J S P J R N I I S M C E N E S A
P C M V I E D B T I W A L F L D T
N U D O Z T U O K C R R A E A A A
F U P O P N F R J I N A T S R W V
Y H R W M I S D N Ó F L U I H S V
N K Z D D Y U E O N G C W Ó J J L
B E N E F I C I O O A E V N Y C D
P O S P O N E R F S G D N O Q G J
```

NEGRO
DECLARACIÓN
NUDO
INTERESANTE
BORDE
FEMENINA
POSPONER
BENEFICIO
QUIERE
COMUNICAR
SÉPTIMA
DAÑO
VIENDO
TIRAR
POSICIÓN
TALENTO
ABAJO
REVELAR
PLATA
CONFESIÓN

Puzzle 662

MÉDICO
PARED
ADMITIR
SEMANA
ADOPTAR
SAUCE
OCULTAR
FABRICAR
EXPERIMENTO
OYÓ
DIBUJAR
HERMANO
ROSTRO
TIEMPO
PREFIEREN
COMPITE
MISTERIOS
BORRADOR
EXTINTA
PESE

```
K A U W C E E X P E R I M E N T O
J D U O O G L Y P I C P L P L M N
S O I R E T S I M R Q H Z E T É A
L P T F N R D U A R E S P S I D M
B T I Y U W I R B T N F E E D I R
K A E Ó Y O B T R Y S U I M D C E
Z R M R D C U K K E D D Y E A O H
E Y P O J U J C O M P I T E R N L
S X O K J L A F A B R I C A R E A
A D T Y F T R E N E I M K N S X N
U M W I G A B N N S T N U I N E Y
C X V Q N R Y S M K I C T B Q T S
E N H Z N T G P S M M R O S T R O
R G X W K B A Q X P D E R A P B P
B O R R A D O R T H A H R N N R B
```

Puzzle 663

```
H B X Z P G R R K G P E R E Z N W
E N P G E R E Z P G H O G J L N A
G Ó C P R U P B H H O B R E V S Z
U I Y M S Ñ R L O R A J A B A R T
D C I M O I E E L D G Q N Y C J S
J A C L N D S V J I I G J E M F T
R U M M A O E I O S M S E T R A M
R T R D J J N T V T R D R O Z C J
W N G A E I T A E R O N O T X E T
C U G C D H A R J A H V L N L M X
P P U C T O N M A E K Q U E O Z E
S U A C G U A G S R A Y C M X Z F
M I E E X P R E S A R G R U C V W
Q W I D N V S O K R Y Z Í A B A P
E V K J E U A S B N Ó I C C E L E
```

PUNTUACIÓN
EVITAR
AUMENTO
PUEDE
REPRESENTAN
TEXTO
DISTRAER
HIJO
EXPRESAR
GRANJERO
GRUÑIDO
CÍRCULO
TRABAJAR
PERSONAJE
MARTES
ELECCIÓN
OVEJAS
JURADO
VERBO
HORMIGA

Puzzle 664

DELICADA
TELESCOPIO
FURIOSA
HURACÁN
EXTREMADAMENTE
PUPILA
PODÍA
ESPECIE
COCINAR
DELANTE
CUESTIÓN
MUJER
MEZCLA
ACEPTAR
SUPERIOR
LÍNEA
GRITO
CAMISA
REVERTIR
FELIZ

```
L V S Z P D M V K Z M G C H O N T
L S A B O E E N P J U D R A O Y E
E Í O I D L Z U K T J U J I B N L
R H N V Í I C Q D S E C O W T F E
C H I E A C L B N Z R R N E E O S
O O N R A A A L I P U P N T F A C
S W C O H D H H K F L R E N U C O
T A S I M A C F B V K E L A R E P
K X G R N Ó I T S E U C O L I P I
E T N E M A D A M E R T X E O T O
D J Q P V M R V V S F Q U D S A N
Z Z L U O E S P E C I E I V A R I
X D F S H U R A C Á N A O D A R O
N F E L I Z R E V E R T I R C U R
H Z O N Q L V O K T L O Y R B V Z
```

Puzzle 665

```
E N E I V Q B G G A Z O E R I K Y
N S O N E M W H Y P I D N U N P T
O I T A P P N L K P B E T Q R P M
R E L A D O B U V B R A R G N A S
E H B E B P A S A R A R E A P A O
C W F R A L E V J U L A N L M H J
U W X L T L E V Q J C R A T M M R
S I A S M D C C O A E M D E B C Y
P M E J O R A R E E S I O R H T F
U S J E K G S D H R X Ñ R N H K I
B O T E L L A S E M L O I A I C N
W E X Q M J G G L V F G V T E G T
I N D I V I D U O S A T L I R C L
H I P O P Ó T A M O Í R O V B T C
N H C I K P R G N Q U V G O A B H
```

RÍO
INDIVIDUOS
ALTERNATIVO
PASAR
HIERBA
ALCE
GRAVEDAD
BOTELLAS
BODA
ESTABLECER
SANGRAR
CERO
MEJORAR
ARMIÑO
HIPOPÓTAMO
MENOS
LEAL
VIENE
ENTRENADOR
PATIO

Puzzle 666

PERIÓDICO
VIAJES
PEZ
ASIGNAR
PASILLO
EJÉRCITO
INMEDIATAMENTE
VENTA
POSIBLE
INTERNO
MUCHO
EXPLICAR
CRUZ
ADIÓS
EXACTAMENTE
PROFESOR
OLVIDAR
BEBIDA
CALCETINES
IGUAL

```
M O E X X O Z Z J I Y U N O X A O
A T Q X H F E L B I S O P E C S L
R I T B A X P X I Q S Ó I D A I V
B C V J X C G S P U D F G D L G I
G R A E H K T P J L D Z U R C N D
F É X M E V D A P N I T A W E A A
O J E W U E M G M W S C L O T R R
B E B I D A U Q M E C G A N I Z K
I T T Q D X C T B J N X T R N R K
D X V Z F H H T Y X P T N E E B H
M W X I L R O Y X B Z X E T S C W
C J Z J A P A S I L L O V N W D M
V Z C T D J Y T O C I D Ó I R E P
L F I E T N E M A T A I D E M N I
H C U H M R O S E F O R P H U F M
```

Puzzle 667

```
S E C I D Y T U U L I M X B L P L
I S X G R S J L M U F G O C O R B
E R G F J W B X S M G J U N V E B
R A Z L O G L A C I M Ó T A O S L
R T J M D L Ó K Q E Q S J Y I I B
A R V M A R I S X D S E R T P Ó R
A O F L R A D A D A C T W M M N A
K P X K P L U D N F O E R C I L N
V M Q J M Z C A B T K S W E L M O
Y O J X O K A T V G E L A P C C I
I C O J C B S S B A J A C Y A H C
M B Z L B N H U M F E C S W S H A
P R E M I O J S Z C N P A C E Z L
F Z C T X M O A D I L Á C G A A E
C O M P E T E N C I A Y R X A W R
```

EXFOLIANTE
RELACIONAR
PREMIO
CÁLIDA
BAJA
PRESIÓN
MONO
ALGO
COMPORTARSE
ATÓMICA
ASUSTADAS
COMPRADO
DICE
ESTRECHA
LIMPIO
COMPETENCIA
CADA
SACUDIÓ
TRES
SIERRA

Puzzle 668

PERÍMETRO
MENTIRA
NABO
ELÉCTRICO
PRESTAR
VINO
COYOTES
DIVISIÓN
BEBÉ
SERPIENTE
PERMITIRSE
SUERTE
TUVO
ESCENARIO
EXPEDICIÓN
COMETA
FALTA
RECIBIR
ALGUNA
ARRUGAS

```
E T O K A F A M C I C Q K Z R B Y
C O Y O T E S L Q T Z O N I V E H
D I V I S I Ó N G V E B M I C B S
S E R P I E N T E U L A E E N É S
H E D R L P Y M G O N N D J T P U
E O I R A N E C S E R A R A R A E
X C B W O C I R T C É L E R R K R
A E M B A A K C Í B C F N R X H T
M E N T I R A Y R M E M M U K K E
R E C I B I R A T S E R P G N K K
C P E R M I T I R S E T D A N R E
P K H V X E Z E K Y M V R S L B G
J R U J S F X O K H Z N T O V U T
C Z W N T X L S X R F A L T A Z D
Z M U O A E X P E D I C I Ó N O Y
```

Puzzle 669

```
C J R E F O R M A C E S G V L R Q
A D O R G D Y D G I A L I Y D E P
U G T P X A X U U N T N I W W G P
L Y R A N B T Z T T U Ó G H M A N
E E O E G Á P U R R L I W R S L V
C K C X G S D H O O O S E I E O A
T K J S Y A L G T D S O E C T J L
U D É B I L R M K U B L F N P P O
R Y G P E Z U Ñ A C A P R Q R X J
A R Í G I D O D R I O X V E X W I
B O M B E R O C M R W E F P G R R
D E S T R U C C I Ó N H X Q D L F
A B V G J C I G L E S I A N C K A
Q F F U Z W Q N K X S V X A P D R
G O X S Y Q Z M X F V L N A E L L
```

REGALO
DÉBIL
TORTUGA
EXPLOSIÓN
CANGREJO
REGLA
CORTO
REFORMA
IGLESIA
AGREGAR
SÁBADO
INTRODUCIR
PEZUÑA
SECA
DESTRUCCIÓN
LECTURA
BOMBERO
FRIJOL
ABSOLUTA
RÍGIDO

Puzzle 670

PISCINA
CARÁCTER
ACLARAR
ASUMIR
PERRO
MODESTO
INVENTAR
ASUSTADO
RÁBANO
CONFINAMIENTO
CONSTANTE
DIJO
CAUTELOSO
SERVIR
PERA
PLANTA
PLIEGUE
HISTORIA
SIMILARES
ESPEJO

```
H Q C C W J S A X T R A R A L C A
I B O A E K I S D R O T S E D O M
S Q N U T B M S V P R N V U T B G
T P F T N P I L R K R A U V M R R
O I I E A G L N R B E L T A K I O
R S N L T B A R E P P P X S F V R
I C A O S K R W O D L U X U M R E
A I M S N M E V Z Z I U D S P E T
S N I O O A S J X D F J F T Z S C
F A E C C B B V W A B X O A G M Á
Q Y N J K X M Á V U N E X D Y V R
R A T N E V N I R S L K C O I K A
M L O P L I E G U E E S P E J O C
W S F E U M P Y X K O P M I W T E
V X C I S A B G G J K M Y T N T B
```

Puzzle 671

```
D F X K Q U M D E M J V K H G O W
H U Z O D I C A N A Í N E T T R U
Q H U K D K K E W P T J V Z R U P
I J N R U I M E D T S G M K E J U
U A O W R I C J P Q Q G K B M M Z
H S E X A L L O E U Q O L B E I Q
G E T L C P A D N O H P M Y N L N
Y R N G I H F A Q O N U O C D I E
X P A A Ó U C S V E C R N N O T Q
F M N N N A T N E M U G R A T A Z
S E R D D T Q A U M W F E D E R G
R F E Y K S G C Q V H O M C N S C
B O B C N E A E N F C L O X I B Q
G Z O V V I D R U S T H C L S V M
S B G K V F Z W A Y C U E L G A N
```

TENIS
NACIDO
OLLA
EMPRESA
FIESTA
CUELGAN
CANSADO
COMER
TREMENDO
GRUPO
ONDA
MILITAR
GOBERNANTE
ARGUMENTAN
CONOCIDO
TENÍAN
AUNQUE
DURACIÓN
BLOQUEO
GRAN

Puzzle 672

NUBE
CURIOSIDAD
COLINA
CONFIANZA
EXPERIENCIA
POSEER
SECRETARIO
AMARILLA
MINORÍA
PARTÍCULAS
ENCONTRAR
REDONDA
OLVIDÓ
PRISA
MISTERIO
COLEGIO
COMPRA
SANA
VEHÍCULO
PONER

```
K C M I Q P C P P X V C P K K R P
A S S Z K S O O O H R O A F T M K
N M E B U N M N S X Q N R C R O C
A F A C H P P E E H V F T O C C I
S Z V R R I R R E A X I Í L I U E
F U W U I E A I R I F A C E W R N
P R I S A L T C O C K N U G V I C
J R V Ó A P L A I N V Z L I B O O
Z F V D D R C A R E M A A O N S N
C O L I N A S N E I U I S D W I T
M K A V O O J J T R O J N A Z D R
P Q O L D K U L S E R J X O X A A
L F H O E H Z P I P N G F R R D R
C J Z F R J J S M X K H A H M Í P
W L I O L U C Í H E V R K W R W A
```

Puzzle 673

```
I  S  A  C  W  Y  B  L  M  E  I  Q  G  D  C  Y  B
N  P  R  O  N  T  O  R  E  V  O  M  E  R  Ó  M  K
T  J  M  E  J  O  R  A  C  I  L  P  A  C  M  T  V
E  J  P  K  D  E  F  R  E  S  C  A  S  G  O  O  V
R  X  S  A  G  E  M  Y  X  E  U  J  O  E  I  J  Q
N  H  D  C  S  U  T  P  F  M  M  K  M  B  D  N  N
A  J  I  H  Y  A  Z  E  R  E  C  Z  A  X  J  C  A
C  O  F  F  J  K  B  B  N  E  I  L  F  G  F  O  G
I  T  C  A  L  I  D  A  D  I  S  A  R  O  H  L  R
O  V  I  T  E  J  B  O  C  I  D  A  O  X  C  E  A
N  T  B  Y  Q  D  P  J  Y  C  K  O  V  O  N  C  C
A  I  Y  Z  U  F  E  Z  A  G  G  B  U  G  O  C  I
L  A  T  K  B  M  G  K  E  X  Z  T  L  P  V  I  A
K  I  Q  P  E  L  I  G  R  O  G  U  X  X  H  Ó  S
T  H  D  K  Y  C  N  V  W  W  W  A  J  F  R  N  I
```

INTERNACIONAL
COLECCIÓN
HIJA
FAMOSA
OBJETIVO
DETENIDO
CÓMO
IMAGINA
MEJOR
CASI
FRESCA
HORAS
APLICAR
GRACIAS
CEREZA
REMOVER
CALIDAD
PRONTO
PELIGRO
EMPRESA

Puzzle 674

TEMPERATURA
RESISTIR
AYER
PACIENTE
MAESTRO
TRUCO
ZANAHORIA
TRÁGICO
OFENDER
RISIBLE
LIMÓN
SOL
SEÑORITA
PRODUCIR
ACCESO
SUBIDA
DELETREO
HIJO
ESPECIE
TRES

```
L  H  V  N  M  O  H  Y  M  U  V  W  T  S  E  Y  S
E  V  D  B  Y  T  F  Z  Z  P  R  R  A  E  H  K  G
Z  S  E  R  T  R  I  T  S  I  S  E  R  Y  I  D  V
N  A  P  P  Y  U  M  Y  A  H  S  L  E  N  J  G  I
F  R  N  E  N  C  Q  A  Y  U  O  B  Y  P  O  Y  Z
S  U  Ó  A  C  O  B  T  E  A  L  I  A  A  J  G  H
V  T  M  T  H  I  O  X  U  S  W  S  H  C  T  S  C
N  A  I  I  W  O  E  T  X  F  T  I  O  I  A  U  T
V  R  L  R  V  C  R  O  R  W  T  R  L  E  Y  B  T
W  E  B  O  F  I  T  I  S  E  F  D  O  N  M  I  H
H  P  C  Ñ  B  G  E  F  A  L  F  M  S  T  G  D  R
R  M  X  E  A  Á  L  P  K  Y  Y  G  E  E  X  A  L
R  E  J  S  N  R  E  D  N  E  F  O  C  J  Y  B  Z
F  T  N  K  J  T  D  Q  Q  K  X  G  C  X  S  P  K
I  P  R  O  D  U  C  I  R  F  Q  B  A  U  B  S  G
```

Puzzle 675

M	N	W	N	P	L	F	G	M	S	U	N	Y	S	Q	C	Y
A	M	R	O	F	U	Y	C	B	O	H	M	P	P	D	P	C
R	O	F	N	E	H	L	O	C	Y	M	C	F	H	O	K	S
C	I	E	I	B	V	Q	G	F	A	U	E	K	S	K	V	J
A	J	X	P	H	K	W	D	A	Z	N	A	I	F	N	O	C
D	S	G	E	N	I	C	O	Ñ	D	R	M	Z	W	T	Z	R
O	D	A	P	T	R	N	R	A	W	A	E	Y	H	O	A	O
R	S	E	T	N	O	M	A	T	L	A	S	G	T	M	L	M
J	E	B	U	A	T	P	L	N	B	S	D	G	A	P	P	P
D	P	A	M	O	R	E	E	O	O	I	Y	W	N	L	R	I
G	A	A	B	Q	O	W	V	M	X	R	U	M	I	W	O	Ó
T	R	F	U	T	U	R	O	L	E	P	S	E	L	T	Z	S
L	A	R	E	T	I	R	A	R	O	B	J	N	O	X	N	C
Y	D	P	O	R	T	Á	T	I	L	F	U	X	C	W	P	D
A	A	V	V	U	V	K	W	W	R	Z	X	S	W	E	A	P

PLAZO
FORMA
RETIRAR
MONTAÑA
MARCADOR
VELA
FUTURO
PORTÁTIL
SALTAMONTES
SEPARADA
REGALOS
AMOR
PULGADAS
ROMPIÓ
PEPINO
BOXEO
CINE
PRISA
CONFIANZA
COLINA

Puzzle 676

ÁNGEL
PRÓXIMO
ACEBO
NUMERADOR
SOFÁ
LIBÉLULA
TRAÍDO
CACEROLA
PESO
RECIENTEMENTE
VISTO
GANSO
INÚTIL
PERDÓN
MERCADO
FRAILECILLO
EXTINTA
LEAL
EXFOLIANTE
TREMENDO

E	F	N	J	A	L	O	R	E	C	A	C	P	U	M	I	Y
X	N	U	O	L	L	I	C	E	L	I	A	R	F	E	N	J
F	Q	M	T	H	Y	X	B	L	P	A	N	Ó	W	R	Ú	F
O	O	E	R	C	E	O	G	É	E	C	C	X	K	C	T	Q
L	Z	R	E	V	I	S	T	O	L	A	X	I	D	A	I	B
I	P	A	M	S	A	N	Á	B	Z	U	L	M	N	D	L	E
A	K	D	E	M	F	A	N	E	J	R	L	O	C	O	S	P
N	E	O	N	P	E	G	G	C	L	Q	B	A	Y	S	W	C
T	L	R	D	D	E	R	E	A	V	N	U	T	V	E	T	V
E	B	J	O	H	B	R	L	O	X	X	C	N	W	P	D	O
K	A	E	K	B	N	M	D	Y	G	F	I	I	V	F	F	D
M	H	W	H	S	R	P	R	Ó	M	O	Q	T	S	L	N	Í
P	S	O	F	Á	G	N	O	F	N	V	L	X	C	H	S	A
P	I	A	V	E	T	N	E	M	E	T	N	E	I	C	E	R
P	O	N	F	E	B	P	G	A	P	J	E	N	T	O	Q	T

Puzzle 677

```
T A D A R E P S E E T Q Y X U X Q
J O C L B O E T R O P E D C Y P J
T M L C O A E X A B E J A H S D I
D I E E I I F I T D I T Q E X H W
X C C P R Ó N W Z R G T C Q E O O
B É N P O A N M V E A Y S U K E Y
E D I B L F R W P V I Ñ S E O R O
X W P S O N E U R O A A A V W P T
P L P Y T P C G Q M W H J S B G T
L I V S T Y A M A N T E N I D O O
I H S B O H L P O L I C Í A V B H
C X S L V D P O T E N C I A W V L
A N E L G C M A C C V A Q U E R O
R R C J E S O T A P A Z V M U L W
I H O X I I C P R E F I E R E N B
```

DEPORTE
OLOR
MANTENIDO
PINCEL
SECO
TOLERAR
VAQUERO
ACCIÓN
POLICÍA
MOVER
POTENCIA
DÉCIMO
ESPERADA
ABEJA
ZAPATOS
EXTRAÑAS
COMPLACER
CHEQUE
PREFIEREN
EXPLICAR

Puzzle 678

CUCHARA
PAUSA
OPINIÓN
CENA
CUPÉ
PROHIBIR
AÑO
AZÚCAR
CONJETURA
DIFÍCIL
COCHE
EVIDENCIA
PÚBLICO
MUESTRA
MULTIPLICACIÓN
LIBRO
SUGERIR
INSPIRAR
DICE
REFORMA

```
P B V L X Y P I L L P P F I I N U
S B R R K P W N D A R Z M I J D U
R C U H A Z Ú C A R O K S D Q I G
I A B U S R K U Y J H D P M Q C U
I H J S U O I S N Ó I N I P O E L
C U C H A R A P Y M B G E C E N A
Z Q U M P L B Y S U I R V C H U P
S U G E R I R J K N R O I C C M Ú
C I C D I F Í C I L I P D L O U B
A M R O F E R I T W E W E I C E L
C Ñ U M X R E K F I V T N B B S I
D U O C O N J E T U R A C R Q T C
I M P I F U U N Z Z X V I O P R O
L K I É I D N C M X R Y A D G A Q
M U L T I P L I C A C I Ó N G X M
```

Puzzle 679

```
E G T R C I I A V I T C A Y D B A
S Á N D W I C H B C Y N P H E I B
C L G L W E I Q U O T X V T C B U
C A Z L F P S B Y D G X B J L L E
R O H R E C E D R A T A T W A I L
E C L N A R P V A T W O D S R O A
A A I E B A I J V I W S N O A T Y
L R K M G P V W E C L J H I C E N
I Á X J V I O I L X F A J X I C E
Z C D I V C O P L E F Y Z B Ó A F
A T G B S I V A G Ó N Y C O N V R
R E T Z O T C E S A R Z N O O L A
K R P E N R C A R Á M B A N O S N
E T N E M A S O D A D I U C R M J
B A J C R P D E F E N S A L F S A
```

ATARDECER
ABOGADO
SÁNDWICH
ACTIVA
BIBLIOTECA
CARÁMBANOS
LLEVAR
FRANJA
CUIDADOSAMENTE
LAZO
CESAR
ABUELA
PARTICIPAR
DEFENSA
REALIZAR
VAGÓN
EXCITADO
DECLARACIÓN
CARÁCTER
COLEGIO

Puzzle 680

PRIMER
BIOLOGÍA
TEJÓN
NUESTROS
VISITA
RITMO
RESPONSABILIDAD
NUTRIENTES
VERDE
SOBRE
ABIERTO
ALEGRE
PRIVAR
VENTAJA
NACIÓN
CHAMPÚ
DEJANDO
TORTA
COMPRAS
ENCONTRAR

```
Z V F E B A V E S A R P M O C Y S
T I O V Z K A N O B E T B W G O Y
I S T Y Y D I C R Y S B E D R E V
Q I R O M M N O T P P K R J T P D
C T E G Q G N S D O C G D Ó B H
C A I L R P U T E E N N E Y V N U
Y H B P X A V R U J S U L B W D Y
E J A F G I E A N A A T A K A G L
Y U T M A X N R S N B R Í P C W V
C A R M P K T E B D I I G R T N S
R S O R V Ú A M W O L E O I P B O
F D T R B W J I W X I N L V T X B
R I T M O L A R L D D T O A W E R
U W F N A E Z P V Q A E I R O D E
N A C I Ó N Q R O P D S B S F J W
```

Puzzle 681

```
D B P P Y R Q Q U V B C C S T J S
X Z M A E K X G U E R U M E X K U
J H M J R Q C K R R A G E L L X P
T Y D S O A U H D B O C Q A V D U
I P Y Q P Q R E M O N F P N P E E
B O X Y R E N H Ñ I D L Z O R T S
K E W Q Z W U D T A S L A I V A T
S A B R E S I D E N T E Z C A L O
E I A I C N E L O I V M T I L L R
A V W V D P R O G R A M A D I E C
I W A M O A C I N C É T T A E V F
P R E G U N T A Y E W Q F R N C Z
D E S G A S T A D O Q Q S T T C V
I N V O L U C R A D O W V W E Y N
E X P L O R A R A L P O S W A O R
```

DETALLE
VIAL
VALIENTE
INVOLUCRADO
VIOLENCIA
PROGRAMA
TÉCNICA
PARAR
DESGASTADO
RESIDENTE
TRADICIONALES
EXPLORAR
PREGUNTA
PEQUEÑA
LLEGAR
POR
SOPLAR
SUPUESTO
VERBO
BEBIDA

Puzzle 682

ALFOMBRA
BONITA
OPERAR
CLASE
CÁSCARA
RINOCERONTE
CANDIDATO
AGRESIVO
CASTIGAR
MECÁNICO
LATIDO
BAILE
ATRACTIVO
PREVENIR
IMPORTAR
FRÍO
DEFIENDA
PREGUNTANDO
MONO
BEBÉ

```
R A R E P O W L L C O X R S B C P
K I T Q X N K A O Á C U K J R A R
A F N R J O G T F S I L Z V B N E
A C D O A M S I O C N F A D G D G
C D E V C C G D N A Á U T S G I U
G A F I L E T O C R C L I Y E D N
V L I S G L R I S A E C N Z P A T
P F E E L I H O V W M X O A I T A
R O N R Y A O Í N O A K B X O O N
E M D G Z B M R A T R O P M I F D
V B A A M R H F L N E X O K T T O
E R C A S T I G A R G B U H E P I
N A X C C C X H J B U E I Y U W J
I X C Y S I O K R M S B X W C D U
R N R K K B A L X K H É E I G Q F
```

Puzzle 683

```
N S A G R I C U L T O R E S G N D
X Q B H W P B W R Y S I D D O C A
A L T E R N A T I V O A O K G J K
S O L A M E N T E R P P L Y D V T
K D O K O A U O I R A T N U L O V
L O D A T L U S E R A J T S D S X
C K R A U N I T N O C F R T T R K
Z H A D T A N I M A L E S S F A M
B O M B E R O G R A B M E I T T E
I I L O J Y E E S P A C I O O C T
U R Q Z E R N B Q N A D O P T A R
P A O S O D A D I U C B L A N C O
F N R E Í D O J H L J C C A D G C
K A D A R E P S E S E D L I O L O
A C A Y K R E V E L A R L O A H D
```

CUIDADOSO
VOLUNTARIO
SOLAMENTE
DESESPERADA
AGRICULTORES
BLANCO
RESULTADO
ESPACIO
CORTE
CONTINUAR
EMBARGO
CANARIO
ANIMALES
SALUD
LIBERTAD
REÍDO
REVELAR
ADOPTAR
ALTERNATIVO
BOMBERO

Puzzle 684

CORTINA
ALTO
LÁPIZ
AMENAZA
CORAZÓN
OFICINA
SUFRIR
ERIZO
MADRE
BRILLO
LECHUGA
VARIAS
CAMINO
TRATAR
HACIA
RECHAZAR
PRIMAVERA
CONVERSACIÓN
OBSERVAR
CADA

```
R E C H A Z A R P G K M O W P F O
C N E U J I T A R W U A G U R K B
B O A R U P R V M M K D Y N I D C
S N N L N Á A R G E A R U E M F I
R I I V T L T E M B N E E N A N B
F M T H E O A S M K I A G Ó V H P
B A R G E R R B V H C M Z Z E A G
Z C O K D W S O M A I S D A R C W
Z X C A E M O A S U F R I R A I C
L E C H U G A V C U O S G O N A Z
B R I L L O M A M I Z Z R C X C W
N S Z H X Z G R X O Ó Q P D U Y J
I O K C D I M I D K C N B Y H M Y
D W U C Q R H A I H Y S G F Q O D
C A D A D E C S T B D D K P P U P
```

Puzzle 685

```
X L N U N C I C L I S M O A P V O
E S P E R A N Z A C A U O B R A R
D I S T A N C I A Í J A P S I H C
Z A A X G G H H T R E T O O V N A
N I M A C H U L W C V E M R I A L
E R G I E G G P X U O L P B L R U
C V K P G Y G J D L Y P B E E M M
I Y L G B O O V O O T M K R G A I
Q D R D R A G Ó N C X O B R I R S
D H E W T C T H J Q F C L J A I Y
P U V J T A C I E M P I É S D O D
V J E O Ó C O S K F P P K S A V M
Z K U C O N E J O S M E N G C B G
F H N A O V B P E W Z Z O R M W T
I M Z S C H J B M X Q U T R X K I
```

NUEVE
ESPERANZA
SIMULACRO
CICLISMO
COMPLETA
PEOR
CONEJO
DISTANCIA
AMIGO
ABSORBER
CHISPA
CIEMPIÉS
NI
PRIVILEGIADA
ARMARIO
DEJÓ
DRAGÓN
CACAO
OVEJAS
CÍRCULO

Puzzle 686

PLAYA
PILOTO
PROFESIONAL
MITAD
PEINE
ARMA
LIBRERO
NECESARIO
RAZA
AMABLEMENTE
COMPLEJO
PREFERIR
DIO
TRATADO
COLUMPIO
MORADO
DECLARAR
NUDO
REPRESENTAN
PERRO

```
W P P L Q S Y N P S R X X R G P P
D R E A I B O U Y L N N O K Y Q P
D E R N Q B K D J D A T I M A U I
E F R O D A R O M Y M Y R I N J L
C E O I P F C E M T R S A Z A R O
L R D S E M N O R Z A O S R T N T
A I A E I P V J L O L G E K N H O
R R T F N Z S E M U C Y C C E V R
A C A O E O F L F I M Y E X S S P
R N R R M T W P X Q N P N P E J W
A U T P D E K M A C A B I M R G L
D R B P Y I T O F T P X G O P Y T
Q L B B Z M O C F V X Z K U E F G
A M A B L E M E N T E D I O R X V
G I C J C U H S F W D C K X W G Q
```

Puzzle 687

```
E P U B O A O W Z P A D Q T T W A
S S C N D J S X N I C U G Z K B C
A P Q B V U E R I Ú X L J I U M Z
R R L U R S T U V T G C Q U I E N
T O K Q Í T C O R U G E S D P N Q
É G A B K A F E R G A S S I U R M
N R L V D R K R A T J H W K O E G
Q E O R A C N R L J U W J H Y S P
N S N E D P Y O B S C G H L R T E
I O Y F Z R N C O I B I A G T R R
A H Z M K J A D D T R M L J O E F
V E N T A Y D H Y H C I N T A L E
L I B R A S A R E D N A B T V L C
J E H G V Y F S V C W B V A B A T
E M G F R F P O C A U S A J Q S O
```

DOBLAR
PROGRESO
CORREO
NADA
QUIEN
CAUSA
DULCES
PERFECTO
SEGURO
VA
ESQUÍ
CINTA
LIBRAS
SARTÉN
AJUSTAR
BANDERA
ESTRELLAS
SEGÚN
VENTA
TORTUGA

Puzzle 688

ROL
RANA
CANGURO
SOBRESALIENTE
PRODUCTO
SIMPLIFICAR
POBRE
PENSÓ
CERDO
INSPECCIONAR
LIGERO
ABREVIATURA
PANTALONES
NEGOCIAR
AMIGOS
BASTANTE
BURLA
BLUSA
PELÍCULA
AUNQUE

```
C V L C C K R B H A X C A B P I U
D E A K F B U U O R F A M A A N M
Z L R F A T I R D U F N I S W S H
S D U D C R V L Q T L G G T Y P P
H N L L O G Y A R A Z U O A O E L
R A C I F I L P M I S R S N W C R
P E L Í C U L A E V E O W T N C O
S O B R E S A L I E N T E E E I L
P P R O D U C T O R O V N J G O G
C E B R A N A I R B L C O B O N A
I B N L A G I O E A A G E C C A G
L F M S U Z T U G V T Q D R I R K
K O G Y Ó S P H I O N N D W A A F
P O B R E M A D L J A F S J R L H
H T Y L A U N Q U E P Q A J N I N
```

Puzzle 689

```
S O C I E D A D M R A A N T I L Q
G E X M W X S I D S K S D S Y E P
A P B W Z V Q Z A B J S Q U C C O
W A F E C Q D A D E I R A V L W G
L O T U Z G K N N K N E G P I T Q
V E N D E D O R T O D O S A L V O
O U X H M U N R E P E N T I N O O
Z Q S B E P V V R S Z Á N L J R T
S O U L L C W Z T Q C V I F E E
F F O Y H H A R E D L A C M K N R
U N Q E D C A D I P Á R T A L A C
W E R F E L S V A V R U C F N R E
A B U N D A N T E S X H D L L G R
S A L T O D A N O I C P E C E D O
D E I R X T D T E L É F O N O R T
```

SALTO
ABUNDANTE
CURVA
TODOS
HELADAS
ENFOQUE
DECEPCIONADO
SOCIEDAD
CALDERA
REPENTINO
TERCERO
TELÉFONO
VIVO
ADULTO
VENDEDOR
VARIEDAD
GRANERO
FAMILIA
RÁPIDA
HURACÁN

Puzzle 690

ISLA
HUMILDE
DESCRIBIR
EMPLEADO
PERECER
SILENCIO
CONTROLADOR
DECISIÓN
JUGADOR
HILERA
REUNIÓN
LOGRAR
CALMA
ASUME
COMODIDAD
FABRICAR
FURIOSA
COYOTES
CONFINAMIENTO
ONDA

```
I H X C F O N D A Q R X K E H T Y
C A L M A A F U R I O S A S I J R
I M L Z D N B A S U M E E D L X J
Z O N G H G Ó R E C E R E P E O G
D J W S J U Y I I Y F Z D Q R C E
S I L E N C I O S C Z H Q R A V D
R L R P C X K Y Y I A N D L Q E E
R O D A L O R T N O C R P N V J S
N Y Z R N A Y Y O D A E L P M E C
I S L A F A H O J U G A D O R H R
U P F P P K X U T L T Z I K W L I
C O M O D I D A D E D L I M U H B
R E U N I Ó N V T J S Z A O I P I
U S R E L O G R A R E L T K X D R
R D Y X C O N F I N A M I E N T O
```

Puzzle 691

```
P C O N D I C I Ó N N M H T F E R
C R G B D X L P B K U O A C O V E
J I O E F A O V P U N T B O T M J
T Q D P L O D L O L C O L L O Q Y
D I I I A V U G K O A C A I G R M
N N Ñ C U G G W M C A I N F R E F
H Y U N T M A O N O E C C L A S E
O T R Í C F I C Ó H G L F O F P L
H U G R A X T L I S P E P R Í E H
N L T P E L N S C Ó W T P V A C I
M O N T Ó N U N A U N A K U N T O
X P F M L H P A U W T W C B N O Z
F M S P O N R E T X E K U L Q T A
K A A V A R M A I R A N I D R O O
R C Y W T L V X S S X S Z G I O K
```

RESPECTO
PUNTIAGUDO
ACTUAL
FOTOGRAFÍA
CAMPO
NUNCA
HABLAN
EXTERNO
PRÍNCIPE
LOCO
SITUACIÓN
COLIFLOR
ORDINARIA
MOTOCICLETA
CONDICIÓN
UVA
PUNTO
MONTÓN
PROPAGACIÓN
GRUÑIDO

Puzzle 692

ESTÚPIDO
MODIFICAR
PUERTA
LIEBRE
FLORECER
ALGUIEN
COMERCIAL
ATENCIÓN
MERA
BAJO
NOTA
ASAMBLEA
CIENTOS
FRENTE
NEGRO
MUJER
COCINAR
PATIO
MEJORAR
ACLARAR

```
C K U Z A M H E U C O M I K F A D
D O Q A S Y U S L Y O O J N X S J
F I C E Y O S T B Z J I H V L A B
M L P I I K Z Ú A T O N N C A M I
T H O U N O K P J W U J L G K B Q
Y K L R E A T I O I T A P K N L U
M S F E E R R D R A R A L C A E C
O M T J V C T O G J F G W H D A O
D E O U P B E A E R B E I L H M M
I R P M Q B P R N F N S X Q Y B E
F A W E M R B O A R A R O J E M R
I L S K U O X X I E D Z M G X R C
C I J M U U S U A N E I U G L A I
A C U P V T M S O T N E I C A U A
R A T E N C I Ó N E F G P N E I L
```

Puzzle 693

```
M A R I P O S A U P L R W Q O D Y
P I S T A R B M X P L A O D G A T
U G Á O T O V O E I Á N G S J D O
O C M D R P J K L N P O A M T I I
O I N A A F I J B W I D L P F R R
U J P Q C N I E V E C R É T M U O
I M W H R A I J I K E E I A I G T
S B E O D Z L I H Q S P C G N E A
L W N S G Y N A A Y L J R C B S D
H O R A R I O X M Q F W U Z E R R
M A R T I L L O V A H B M I U K O
T E L E S C O P I O R E N O P R C
G E N E R A L M E N T E Q J G I E
L U C I É R N A G A R O D L Í P R
D F U B Z T Z C K V J C W J Y D Q
```

GENERALMENTE
CALAMAR
HORARIO
PÍLDORA
PERDONAR
MARIPOSA
SEGURIDAD
MURCIÉLAGO
MARTILLO
RECORDATORIO
NIEVE
LOBO
LUCIÉRNAGA
CARTA
MÁS
PISTA
LÁPICES
ROSTRO
TELESCOPIO
PONER

Puzzle 694

DENOMINADOR
GUISANTES
APIO
CARAMELO
CONTACTO
PACÍFICO
MOSTRÓ
RECOMENDAR
RARAMENTE
LUGAR
HABER
CONSTRUIR
EVITE
ROPA
JOVEN
CALLE
CREMA
SERIE
DESCUBRIR
MENOS

```
Y K R G U I S A N T E S K C I K T
E R A E I U L B O R L V B O L F G
V O G C C F Z C L U M N D N E P G
I P U R Y O T C A T N O C S W Z A
T A L E J D M A P I O Ó R T S O M
E G V M F E P E P K N B D R O C L
K N Y A K S Y L N Z U Z F U G I N
S Q X U G C C L O D S N M I E F O
Q E B P F U G A P R A V L R B Í I
F B R D P B G C R E H R Y E C C A
U D T I F R H V I A W U N B Q A J
W T M J E I E T N E M A R A R P F
M E N O S R S K D E U E E H E K W
D E N O M I N A D O R R L R I N G
O C N W X V J O V E N Z Y O U I Y
```

Puzzle 695

```
O B M M E X I T O S O M I A V L A
R E L É C T R I C A Z A R T E Y N
G Z K H O S P X M S D Z H G P T C
U F H E E L E I O P Z L E X F G E
L W T W K O T N E L A T U G O W S
L H P F W B N M O S D T V H B V T
O W T G B T E W Q O X S E Ñ O R R
S K Y N F Ú M A G I M R O H K E O
O I M A T F L V S R E E S O P S F
A S S L P B A I S A E Z L F P W V
K J D M V O N D J T E D Y T J V N
Z N K Y D C I A D I U E O O C H O
H R Z N X X F Y T L Y B J N O Y C
S O L D A D O X G O A M O I D I Z
D R E L A C I Ó N S B R N U S A F
```

FÚTBOL
OCHO
ANCESTRO
ARTE
PIES
SOLITARIO
IDIOMA
ORGULLOSO
SOLDADO
ELÉCTRICA
SER
FINALMENTE
RELACIÓN
SEÑOR
TUBO
EXITOSO
TALENTO
HORMIGA
REDONDA
POSEER

Puzzle 696

PRECIPITACIONES
TAREA
TÍA
TRAER
DOMINANTE
CAMA
COLORES
GRIS
LAVADO
INSENSATO
DECIDIR
ALLÍ
PIEL
PORCIÓN
MUSEO
PROTEGER
RELOJ
CANCIÓN
DIVERTIDO
COMENTARIO

```
D I N S E N S A T O W M H E C Z R
O Y G F Z X E A K G Y U W W A H R
M P D P D E T A L L Y S X R N G V
I E F W O I R P V E X E S Z C D O
N Y N D V R V L D X R O R B I S H
A H R I D I C E D S O E N G Ó A I
N O S B A V N I R O I A G R N J Y
T Q Z P T V N P Ó T H P R E A R T
E U Z Z P Í L L A N I T I M X P Z
B R Q R S R A M A C P D S V W M I
L A V A D O E I O P Q J O L E R Z
S T R I C S R E G E T O R P Q G Q
F I O O I R A T N E M O C D H O X
X P H J A R T F Y J C O L O R E S
P R E C I P I T A C I O N E S U Y
```

Puzzle 697

```
Y K Y S R E E S P E C T Á C U L O
V X T T I O S B W D E M E T L P S
G L K E O G Q C E J E Z V K G B V
S O M B R E R O O X E L Y Q J U H
W A V L E U V N E G V I F V X R E
J N L Q O E X A V A I D F I M R C
B N Ó I C C U R T S E D A U N O H
R D L E T K A T N D U A A G I E O
U F C C T L L A L Q U I L E R S
J X Y P M O L Q I U B R U Z A L Y
A Z K D P S A U K Z D A E N Y R C
Y B K F S A O I L J A R I T N E M
V E N T R E T E R X S R L A G O H
C O R T E Z A T F H X E O Z C Q E
O C U L T A R O S Y V C N T R K W
```

CERRAR
HECHO
TOALLA
QUIETO
LAGO
BRUJA
ENTRE
COSA
ESCOGIDA
ESPECTÁCULO
ENVUELVA
ALQUILER
CORTEZA
DELFINES
SOMBRERO
BURRO
LOCALIZAR
OCULTAR
MENTIRA
DESTRUCCIÓN

Puzzle 698

AFILADOR
CEBRA
FIESTAS
BARCO
ARDILLA
ALMACENAR
LAGARTO
PRIVADO
PROCEDIMIENTO
POPULARES
SECUENCIA
PASANDO
RESPUESTA
MÚSICA
ENREDADA
BOLÍGRAFOS
ANTIGUO
FEMENINA
PASILLO
PREMIO

```
C E B R A T S E U P S E R P P Y S
O X O P O P R E M I O V S U U A Z
D G W O T D A A K Y I Y O R R I R
U Z Y I R P A D A D E R N E V C D
B P X M A G A L N B H H M U P N E
Z J B G G X U S I J E P H Q K E A
X F T Q A X J Y I F A N T I G U O
S E R A L U P O P L A Q Y N J C J
I B P A S A N D O N L M Z C R E V
S A T S E I F E Y M L O Ú R I S T
T R F E M E N I N A I B N S L Z L
I C G C F P V O R P D K Q N I A V
S O F A R G Í L O B R S W P H C K
P R I V A D O A L M A C E N A R A
P R O C E D I M I E N T O C X M M
```

Puzzle 699

```
N F Q A P H B J Q Q J R U H C J E
N A J E L P M O C G J W Z E O V Q
C A T D W D M R V A O F F L N O U
O C T I Z H F A E L T M Y I C L I
M O D U V Y J J C L O D L C L U V
E R E J R O V Á E I C C T Ó U M O
S O L U E A Y P S L K S A P S E C
T U G N N Z L F D O J G P T I N A
I E A S E D R E V P K W A E Ó R D
B L D U T P A V Z Q E S K R N H A
L Q O Y N W O T F A P B E O C V K
E S A C O C J N E C E S I D A D G
I T Y H C P E R I Ó D I C O K S J
C O M P A R A R I E N Y I F A J F
I G H V M O J O S J P J S X V A C
```

NATIVO
ROCA
NATURALEZA
PÁJARO
CONCLUSIÓN
VECES
DELGADO
LOCA
COMPLEJA
HELICÓPTERO
VERDES
VOLUMEN
COMESTIBLE
CONTENER
OJOS
COMPARAR
NECESIDAD
POLILLA
EQUIVOCADA
PERIÓDICO

Puzzle 700

ESQUINA
CIERTO
COMPLETAMENTE
AÑOS
MONTAÑAS
PLATOS
DIGAMOS
DEMOSTRAR
MISMO
IMPORTANTE
CAPÍTULO
COMO
ORGANISMOS
ÍNDICE
JURADO
AUMENTO
ATÓMICA
PERMITIRSE
EXPLOSIÓN
PERA

```
P E R M I T I R S E J E D C A M I
O X G D W Q O R E Q U X E O Ñ O M
O R G A N I S M O S R P M M O N P
V G P F Y E M W O T A L O P S T O
E N V X Q P S Y A C D O S L K A R
A U M E N T O Q I B O S T E A Ñ T
C A P Í T U L O U W L I R T H A A
P C O V K Z H H R I F Ó A A N S N
W L I G G L U K O S N N R M T N T
M G A E S Z Q O Y O P A R E P L E
G V P T R U A T Ó M I C A N K E C
X K Q L O T O M W A W Q K T U I I
C O M O S S O P H G Z T I E M J D
E P O F W B S V K I M I S M O J N
Y B W C N K T D F D B Q K C P V Í
```

Puzzle 701

```
V P C M Z Z J V Z P D A D E M U H
E T K I I X D N X G K E C S D P C
R H M L L A L G U M J T R A I E W
D E C O N V E N C E R O V E V L E
A S C W W T A I H K L L S T C O U
D P C H H X C J J R Z A N A L H K
E E E V A N U E V O I I I P O Z O
R R P Y S R O F C J J R Z C A H D
O A I R E S C J O J S O V V O W A
T N L R M F R A D N Á T S E T D L
J S L C O A I J L A N S P I I W S
V M O D R E A J T U Z I F J B A I
V I H P P A L V W U U H F N Á Z A
J A Q C R E C I M I E N T O H P H
E S P A N T A P Á J A R O S D D B
```

CHARCA
HUMEDAD
MIL
ESPERAN
DERECHO
PROMESA
LAICO
CRECIMIENTO
NUEVO
VERDADERO
CEPILLO
AISLADO
HÁBITO
CONVENCER
ESPANTAPÁJAROS
LANA
PELO
ESTÁNDAR
LOTE
HISTORIA

Puzzle 702

ATENTA
PECES
RESPETO
LECCIÓN
ANÉMONA
PALABRA
FRACTURA
FEROZ
AVENTURERO
ESPOSA
DESTRUIR
PLANA
FÓRMULA
SUCIA
VIEJO
PARTICIPANTE
DE
NARANJA
GRANJERO
MISTERIO

```
X P E P P E N F H V B U T W H P N
D A O E D S F R A C T U R A I J I
E L F C E P Z Z A X L T V Y Y S I
T A E E R O A C F X P E V I E J O
N B R S E S W L G Ó N S C R Q Q T
A R O U S A I C U S R G D C C F C
P A Z Q P N M T R E I M C Y I D R
I L U J E O M I X I U M U T T Ó J
C A A R T M I R I U R Q R L O I N
I F T N O É S F R Q T S S W A C V
T H N L A N T S M Y S H O T I J T
R I E H B A E N O R E J N A R G T
A C T O K I R R C A D Q U S Y A E
P Q A P B G I Q N A R A N J A M H
Q N S K T B O A V E N T U R E R O
```

Puzzle 703

```
R B X L O C I F Í T N E I C H C B
M A M Á G U B A Q G N H Y R U O E
C B D X U L V B K Y U U M A M N N
V A P O R P O U V C S S W H A G E
B I J M J A H R A D O P A L N E F
I C A O O B K R M Z C U R N A L I
C N C T R L W I G D D B U P O A C
I E R E Z E F D A D I D R É P C I
C T Q L J S C O N M B I O F J I O
L E D E U U O K A C X O I I V Ó V
E P O U I N N Y D F I E S T A N T
T M E Q Z V T T O D I U R U P A Y
A O Y S C J R Z O E C Q V H F G A
Y C O E B L O Q U E O O V S Z T C
E S T A N C I A R S S T S X J T L
```

GANADO
BICICLETA
ESQUELETO
PÉRDIDA
JUNTO
CULPABLES
HUMANA
TOQUE
VAPOR
CONGELACIÓN
CIENTÍFICO
ESTANCIA
GUSANO
MAMÁ
ABURRIDO
BENEFICIO
CERO
COMPETENCIA
BLOQUEO
FIESTA

Puzzle 704

MONSTRUO
HAMBURGUESA
MUSARAÑA
TRATAMIENTO
RODILLA
SIMPLEMENTE
SITIO
DELANTAL
CUATRO
HÚMEDA
MAGDALENA
RECURSO
VISTA
ESTOS
ALGODÓN
LLORADO
TECNOLOGÍA
PERÍODO
ABAJO
LECTURA

```
C L D E L A N T A L A K X K A X C
M T R A T A M I E N T O I T I S U
O U R T S N O M G I T D N T Q U A
A Y S S I M P L E M E N T E R S T
R W V A S E U G R U B M A H W M R
N S L L R T E M W X N X K V P W O
Q D K L X A E R T J W D E N A S H
A T S I V T Ñ C X T K G P D X K Ú
R N Ó D O G L A N E L A D G A M M
U E S O J A B A P O D O Í R E P E
T T C R T M W Q Q I L U F D I O D
C H U U E C N Q J N X O E U C Z A
E T N E R G L Y F L V D G Y H M F
L N V T U S P L I L P B M Í P H B
E E S T O S O D A R O L L S A P Z
```

Puzzle 705

```
F U E R A O I R A L U B A C O V Á
Y E R A H I H L Z E I D I J P V G
T T L J A V S R D O F E C H E D U
R P Z E C B Y P W N F J N J R V I
I S M D F O N G O E N E E D A V L
V W D R V A V U D S K C I H C T A
D E B E R Á N X A D R U R F I F T
C U A G U J A T Ñ D P T E Á Ó P L
C A B Y P B D G E G T A P C N E N
A S U S T A D A S I K R X I L Z A
P A T Í N U D J N H N H E L C I F
E D Z K S D X U E O J S V C S G U
Q D A A S A S E U B M A R F P J U
H D U I L H X G V X S S L Y E W O
P H Z Y R P X O H N J Q K H C Q P
```

JUEGO
DEJAR
AGUJA
VOCABULARIO
LEONES
PATÍN
FUERA
OBVIO
OPERACIÓN
REY
DEBERÁ
ÁGUILA
ENSEÑADO
FÁCIL
FRAMBUESA
ELEFANTE
DIEZ
EJECUTAR
ASUSTADAS
EXPERIENCIA

Puzzle 706

DIFERENTE
INTERCEPTAR
SATISFECHO
AGUJERO
LINDA
LOS
CINCO
REGULACIÓN
VIENTO
CRÍTICA
EJECUTIVO
PÁRRAFO
ACERO
ACTO
MILLONES
ACADÉMICA
CASTAÑAS
COCIENTE
RÍO
ALGUNA

```
E Q D F A D G Z H O H S T R T H L
N X C F D V C P O T N U A M T S B
M O E S O T V Z J J S K R J Y M G
I N T E R C E P T A R F W T I R N
S C N N E B A V A C A D É M I C A
A A E O C N I C L B P L K S O F L
T S I L A G B N A O R A F E R O I
I T C L Q N O S M S S D L S E R N
S A O I B M I Y H D C F A G J L D
F Ñ C M S A S P Á R R A F O U F A
E A N Ó I C A L U G E R N Z G N R
C S N E E T N E R E F I D P A W A
H Y V B A O Í R I D V C U O I R I
O T N E I V X J X K G Z Y K U R T
E J E C U T I V O L C R Í T I C A
```

Puzzle 707

```
M R Y Q Z G M A Ñ A N A K P I Z C
I O W J D G K R C A N T I D A D X
N T L O Í V L T J B R W N M M T G
S N R E A H A O M P S H Ó E I Z A
E U W Q S K I F E L I C I T A R R
R J N K R T L Í D E R O C N V A Z
T N Q Q D U A Y X V R L A E R J A
A O I R A T E R C E S U Z M E B D
R C S Y O V N A C O H C I A S M I
D G O C O V E M J K O Í L D E A R
G N G D M Y M Y O K Q T A I R G E
V I Y T K E I V G S R R U P O K U
L B D G C Z H H C F C A T Á G G Q
O U R J O N C W D U N A C R X O R
V H V S J C U Y A A D T A A P V M
```

FELICITAR
CONJUNTO
GARZA
CUYA
CHOCAN
CANTIDAD
LÍDER
RÁPIDAMENTE
RESERVA
MOSCA
CHIMENEA
MOLESTAR
ARTÍCULO
DÍA
OTRA
ACTUALIZACIÓN
QUERIDA
INSERTAR
MAÑANA
SECRETARIO

Puzzle 708

AUTOMÓVIL
PADRES
DIFERENCIA
ELÍPTICA
PREOCUPADO
CUCHILLO
HERVIDOR
EXPRESO
INCIDENTE
CAFÉ
EJERCER
LEÓN
BÚFALO
INCLUYEN
DOMINGO
DESCARTAR
PRESIDENTE
NEVERA
OYÓ
TENIS

```
E U A T R W T I O V B P D U O G M
E X E Q P M I N Z Q W M W L I A R
U M P A V R F C P A D R E S I U V
H O O R E Z P I E J E R C E R T N
I L C E E G Ó D U D J N F T A O N
D L T V Y S Y E S I V K T N T M X
F I É E A H O N L E Ó N E E R Ó F
E H F N H C H T C J X Q N D A V W
P C A E L Q W E U Q N P I I C I S
S U C C R O D I V R E H S S S L V
L C H S N E Y U L C N I X E E Z X
N K J J O G N I M O D E S R D K J
B Z O D A P U C O E R P Z P R U L
E L Í P T I C A I W I X H H V N E
X I N H F J S O L A F Ú B Z K K D
```

Puzzle 709

```
J  E  R  A  R  Q  U  Í  A  P  F  U  E  H  S  H  N
S  Q  H  F  K  S  W  I  C  E  U  B  P  Z  A  Á  M
P  O  F  C  Y  L  H  M  Y  O  C  N  Y  V  L  M  H
T  E  A  V  Z  D  J  A  L  E  A  W  T  L  C  S  P
Q  S  F  D  Z  B  Q  I  O  N  N  K  G  A  H  T  R
L  P  L  U  J  I  W  N  P  Á  Ó  E  G  F  I  E  S
A  N  U  A  L  E  M  G  O  T  I  G  I  O  C  R  L
C  D  B  I  C  L  I  I  S  N  C  D  B  T  H  A  Y
N  X  V  L  F  V  N  S  I  A  A  A  K  R  A  R  E
O  M  I  R  A  R  O  N  T  T  I  W  D  S  T  G
M  R  Q  H  Q  F  R  I  I  S  S  R  X  L  L  Q  S
W  X  U  O  F  I  Í  U  V  N  E  O  O  K  P  M  H
T  E  R  C  E  R  A  L  O  I  M  M  L  A  K  H  M
O  K  P  Z  S  A  C  T  U  A  L  E  S  K  V  W  L
S  A  U  C  E  O  I  R  O  T  I  M  R  O  D  E  N
```

JERARQUÍA
TERCER
ACTUALES
POSITIVO
TIENE
HÁMSTER
MEMORIA
ANUAL
JALEA
ESTACIÓN
FUE
PUNTA
SALCHICHAS
OSCURO
INSIGNIA
DORMITORIO
MIRAR
INSTANTÁNEO
SAUCE
MINORÍA

Puzzle 710

VIRUTAS
PAVO
SECRETARIA
TULIPÁN
DAMA
PRINCIPAL
LLENA
PUENTE
ALGUNAS
ROSA
DOLOR
DISCULPA
COBARDE
PAUTAS
GRANIZO
CODORNICES
SALTÓ
REBAÑO
INMEDIATAMENTE
ESCENARIO

```
A  E  Q  S  U  E  G  D  U  C  T  X  V  Z  K  T  Z
I  H  O  R  Z  H  R  I  K  O  X  D  Y  Z  Z  U  B
R  N  C  K  L  V  A  S  G  D  A  G  T  F  T  L  N
A  Y  M  J  D  L  N  C  G  O  T  L  Q  I  J  I  L
T  C  E  E  H  A  I  U  X  R  P  R  G  P  F  P  R
E  L  P  K  D  P  Z  L  J  N  E  V  R  U  R  Á  S
R  U  J  U  X  I  O  P  R  I  O  I  F  E  N  N  F
C  S  U  Q  E  C  A  A  O  C  H  R  W  B  Q  A  G
E  A  L  P  D  N  V  T  Ñ  E  O  U  D  A  M  A  S
S  L  L  A  R  I  T  O  A  S  A  T  U  A  P  X  X
U  T  E  V  A  R  M  E  B  M  V  A  D  O  L  O  R
E  Ó  N  O  B  P  Q  A  E  C  E  S  T  J  E  T  S
M  N  A  S  O  R  Z  H  R  L  S  N  W  W  Z  B  D
Z  J  T  E  C  B  F  O  U  Q  T  T  T  X  H  N  S
E  S  C  E  N  A  R  I  O  A  N  D  L  E  V  Q  W
```

Puzzle 711

```
D G L K R I H C Y A L N C D Q J Z
E E F E C N S W W R S E L M A B D
S R M R U E T L I R A U Y M Y Ñ
T G L Á M S Z A F E L T S G L X O
R I V K S T Y I L I L G A T S I L
E T A Y Q A Y C F T E K W F A K K
L U J H Z B M N O L L E M A C D J
L Q M B D L G E N E R A C I Ó N O
A X X M G E Z S R I L K Y J B N Q
W Q W D J T B E E C U B I E R T O
E N F E R M A C D M A B E W M G Y
Z O O L Ó G I C O A N S I O S O N
E X X H J D L J M Z X Y P A G A R
S I M I L A R E S L G B J H S K J
I D E N T I F I C A R Q G H T Z A
```

IDENTIFICAR
TIGRE
ENFERMA
ANSIOSO
ESENCIAL
ZOOLÓGICO
PAGAR
MODERNO
LISTA
GENERACIÓN
CAMELLO
INESTABLE
TIERRA
DEMÁS
CUBIERTO
ELLAS
ESTRELLA
DAÑO
SIMILARES
ASUSTADO

Puzzle 712

ELEGIBLE
SORPRESA
FANGOSO
ENFERMEDAD
SUEÑO
IMPACTO
SENSACIÓN
TESIS
ARTISTA
CUERPO
DISTANTE
PLACA
VERANO
COMIENDO
REPENTINAMENTE
PERSONAJE
SUPERIOR
RECIBIR
EXPEDICIÓN
CONOCIDO

```
R W W M S S O R P R E S A M S H A
E Q Z R U Q A Q R O O W O C H Z R
P F H O P R E U C U A Z G V K K T
E P W B E L B I G E L E V B B G I
N G J S R E N F E R M E D A D N S
T V O D I C O N O C K D O H Q J T
I I X L O Ñ E U S Z M L J T P S A
N R C L R C O M I E N D O N M E M
A F I M P A C T O V E R A N O N O
M P B B E X P E D I C I Ó N U S Z
E U L Q I N H Q F J O S O G N A F
N T E A V C D F S I X I M N Z C Q
T J Q L C I E J A N O S R E P I L
E E U V G A B R P V B E T I W Ó T
D I S T A N T E V P V T U D S N F
```

Puzzle 713

```
S Q Z X E T I P M O C C U S Q V U
C U A V N M I N O R I P M A V E N
J W M O E A F Q G D L D C K M L I
N Ó I S I C E R P O Í S O O P O R
V L V H N V I H C W L A L L O C S
E M P L E A R N G Q F B O Q V I E
M W C U D Í U Á O T P M N S L D Z
R F C K N F O S U R U A O H D A B
O N Y O O A S I E N F R S G A D A
F C M Z P R Z A A V H O Ó K U U A
N D A V S G B F C A L O R N T X N
I C T D E O K F D C A N E L A G B
D R P O R E O P C U A D R A D A R
I N G C J G G U I S A N T E T M C
X J H P E R Í M E T R O N V N W C
```

PRECISIÓN
UNIRSE
VAMPIRO
CANELA
AMBAS
GEOGRAFÍA
VECINO
RESPONDEN
INFORME
COLONOS
CALOR
EMPLEAR
CUADRADA
FAISÁN
TURÓN
VELOCIDAD
GUISANTE
COMPITE
PODÍA
PERÍMETRO

Puzzle 714

DENTISTA
TRANQUILA
GRASA
ENSEÑAR
GESTIÓN
EXTENDER
AYUDA
DISPARAR
LISTO
OTRAS
DISPONIBLE
ECONOMÍA
CUELLO
CORTINAS
PLUMA
SENCILLA
DIBUJAR
PASAR
MUCHO
ABSOLUTA

```
G E X J R E D N E T X E A P R O A
D R R Z M S C Q L G X S Y L G K B
C E E L B I N O P S I D U U B O S
O E N I E R W T N K W T D M D D O
R S Ó T C D R S S O V J A A I I L
T R I T I K P I M U M K L Z B S U
I A T P S S G L N F X Í S N U P T
N L S K D A T J X Z F N A G J A A
A I E S X R Z A X I C B Y P A R W
S U G F Y T W U O T T U X F R A C
D Q D I O O V G J Q G O E M L R S
E N S E Ñ A R R A S A P O L W J U
X A L N Q N T A M U C H O Q L Q Z
Y R W T W J P S A T C K C J I O D
O T S U J D L A L L I C N E S N K
```

Puzzle 715

```
H C V I I U O D I U L F R X Y B M
I O L B C F T F U S B H A B J W K
Q M T N A G O U L R J C J R C M V
N I A K L A V Y V X A C R E U T Í
S T D D J B D L T J L C O S U A C
É É G A N Ó Y Y Y R L D I A E L T
L I B E R A C I Ó N I E R Ó W I I
G S G D B S Z J R K M C A P N L M
N C S N E A B X O B K I M R B A A
I M M E P C D Z D J R D I A Z H J
T E O P W Z F O I R U A R D X U M
Z E C E N E T R E P Z K P O H S M
F Y N D X L E L A X E O X K A B I
R Y E I C R Z T S G P R S D E A S
B Z N C K F G T I R A R O D R N E
```

DEPENDE
COMITÉ
PERO
DECIDA
FLUIDO
TUERCA
LILA
LIBERACIÓN
INGLÉS
PRIMARIO
PRADO
PERTENECE
GANÓ
VOTO
CASA
MILLA
VÍCTIMA
SE
TIRAR
DURACIÓN

Puzzle 716

ALFILER
DESAYUNO
NÚMERO
ESCUCHAR
NOMBRAR
EDUCADO
ADVERTENCIA
SENTIDO
ELEMENTAL
LLEGÓ
VALOR
SIGLO
CERCA
REFLEJAN
SALIR
PROBABLE
ELECCIÓN
CAMISA
DIVISIÓN
COMER

```
C X T B Z R K G F M T Y H N K K U
Q O A B C Y U Y J B M D G G R S F
C O M E R N N A R P R E L I F L A
J N R E F L E J A N J S E Q C D M
Y Ó P D S H N I O Ó T A S A D P M
Z I S R Z Z D P Q G X Y C I Z Y U
L S B I O D I T N E S U U C S T A
A I A K G B S F H L F N C N J Y A
T V Z L L A V U L N O H E R U S
N I Z Y I R O B X O O Q A T A N I
E D A S L R T T L T M D R R F R M
M W K N Ú M E R O E B Y C E R C A
E L E C C I Ó N G D R P J V L Y C
L E D U C A D O G O A A N D E J Y
E W Y B G X N C S M R O L A V J A
```

Puzzle 717

E	L	B	A	S	N	O	P	S	E	R	Z	A	N	J	A	C
T	X	I	C	O	S	A	S	Y	H	R	O	D	E	N	E	U
N	C	I	N	D	N	G	A	P	A	D	R	E	Z	E	F	M
O	C	D	S	C	C	O	M	I	E	N	Z	A	N	U	O	P
S	U	Q	W	T	E	I	O	U	T	L	S	J	Y	G	D	L
I	I	Z	Z	F	E	I	Y	R	B	G	J	S	I	E	A	E
B	C	S	A	O	N	N	E	A	I	N	V	A	D	I	R	A
I	G	L	E	S	I	A	N	K	Y	Q	F	Z	S	L	A	Ñ
F	C	A	R	R	E	T	E	R	A	E	D	U	G	P	P	O
E	I	R	E	O	F	V	U	F	E	N	F	D	E	Y	E	S
O	Y	S	V	E	T	N	E	M	L	A	N	O	S	R	E	P
P	E	L	I	G	R	O	S	A	M	E	N	T	E	K	T	U
R	Y	V	U	H	T	B	T	S	Z	P	U	V	Y	E	J	E
P	A	P	E	L	K	C	V	N	N	I	N	V	J	K	C	F
K	S	G	X	U	I	P	G	M	X	W	U	E	C	C	G	P

PAPEL
COMIENZAN
BISONTE
PERSONALMENTE
PADRE
COSAS
CUMPLEAÑOS
PARADO
FUERTE
EN
ZANJA
INVADIR
RESPONSABLE
OYEN
CARRETERA
EXISTEN
PELIGROSAMENTE
LINCE
IGLESIA
PLIEGUE

Puzzle 718

BREVE
CENTAVO
CULTURA
LLANURAS
FIRMES
CAMPANA
SILLA
VIVIR
EXCEPCIÓN
COCODRILO
ÚLTIMO
VERDAD
DEBO
SÓLO
FAMILIARIZADO
ENOJADOS
LA
ESTRECHA
COMETA
DIJO

O	V	A	T	N	E	C	S	B	Q	I	Z	Y	O	F	P	Ú
L	W	X	N	A	X	H	J	H	A	N	A	P	M	A	C	L
Ó	A	S	A	H	C	E	R	T	S	E	S	X	Y	M	O	T
S	J	R	L	Q	E	U	L	X	U	W	Z	T	B	I	N	I
D	I	J	O	J	P	Q	A	X	S	K	P	O	X	L	D	M
A	T	E	M	O	C	B	G	I	B	E	M	H	E	I	B	O
D	F	V	E	B	I	P	C	A	N	N	B	T	S	A	W	D
R	L	M	Y	T	Ó	G	V	O	Z	M	I	A	M	R	O	K
E	S	A	R	U	N	A	L	L	C	J	M	K	S	I	B	I
V	P	E	V	R	D	E	B	O	V	O	R	E	O	Z	R	L
X	F	X	M	O	U	F	A	G	X	V	D	W	C	A	E	L
F	L	F	A	R	U	T	L	U	C	P	X	R	V	D	V	S
N	F	Q	B	D	I	I	L	L	D	B	L	P	I	O	E	U
V	I	V	I	R	T	F	I	F	V	Y	U	P	T	L	G	H
E	N	O	J	A	D	O	S	H	M	N	P	H	H	C	O	D

Puzzle 719

```
Z P T E R M Ó M E T R O M W P P H
B C E F Y Q P T H C N V K P F R O
Z Q A R O D A L U C L A C O E O J
P E L H S E S T U D I A N T E P A
L F L D G E E S P O N J A N V O S
A U C L D F G W G Q W A H E A R E
N N T C A Q R U V E Z U K I C C T
O C H A D F A A I B I L I M Í I R
L I W L U X I B J R X A E I O O O
E Ó T C C O E S J Y Y A P S C N P
U N J E Y W Z J W E Z H R A C A E
B T Q T A T I B Á H E J U Z V R D
A J I Í G W V X S S O Q E C N R Y
E H A N X S J L X K B E B B C V K
C O N D U C T O R D Y F A E W A Q
```

CALCETÍN
ESPONJA
HOJAS
TERMÓMETRO
ESTUDIANTE
AULA
DEPORTES
VEZ
PLANO
PROPORCIONAR
ELLA
ASIMIENTO
PERSEGUIR
ABUELO
VACÍO
FUNCIÓN
CONDUCTOR
PRUEBA
HÁBITAT
CALCULADORA

Puzzle 720

CAYERON
MIGRAR
ENTENDIDO
HECES
AGUA
NIÑAS
MISMA
MINUTO
DINERO
QUESO
FRECUENTE
IMITAR
INTERACTÚAN
CARTERO
PESCA
RESOLVER
VEREDICTO
FALSAS
EVITAR
ENTRENADOR

```
W U U Y M F R E C U E N T E H Z C
F Q Y I K I D Z M E Q V K E G N A
X U W Y X R N W U P S C Q L D I Y
M E I P L F R U V H F I K S N F E
D S I M I T A R T E P E S C A A R
M O L P W M R A O O J N D P Ú L O
I R H Z O W G T W D G K F P T S N
S E G E T F I I U R A V E R C A H
M S G Y C Z M V L G S N O N A S F
A O N S I E I E A V O R E T R A C
P L G Y D Z S A T N M S E R E Ñ U
P V R Y E D Q G D I N E R O T I A
H E A T R I Q U O K B X W L N N I
R R T S E W P A L P N T W L I E E
U N T E V E N T E N D I D O W O T
```

Puzzle 721

```
Y Q G F M M K D B D S T C Q P F T
N X H G W E D T E H O X A N E Q E
M I L I O G Z Y B Y L K B E L G R
J N Z A B P O C F B U K A S Í A M
P F J X R W T B L O C O L L C L A
A O D A H C N A M A I V L D U O L
B R E B A S E D P T Ó B E B L P A
C M M O V J M E S R N U R V A E C
J A A O I G A V N O N F O D S X T
E C R X H P U B L M T A S K Q X I
O I I B I V K I O D P N M P N W V
S Ó D B H I T H T X A D E N S F I
W N O D I P Á R F I P A D I G Q D
I M P U E S T O S C Á C U B S T A
O B E D E C E N A G L E U C G A D
```

PELÍCULAS
MARIDO
CABALLERO
RÁPIDO
BUFANDA
ASIENTO
TERMAL
SABER
SOLUCIÓN
IMPUESTOS
GALOPE
MANCHADO
ACTIVIDAD
OBEDECEN
PAPÁ
AMENTO
INFORMACIÓN
MEZCLA
BAJA
CUELGAN

Puzzle 722

ALIMENTACIÓN
TEORÍA
ANTERIOR
UNIDAD
PENDIENTE
EXCEPTO
CAJÓN
DISCUSIÓN
MAYOR
VACA
SAPO
GIRASOL
TÍMIDO
INGREDIENTE
CONCEBIR
AGENTE
INCLUYENDO
INTELIGENTE
ADIÓS
CURIOSIDAD

```
Y A A K Q Y B H B W A T E T C I P
E E T N E G I L E T N I W Í U N E
T F Y R T N Z Y M M R M Y M R C N
N Ó J A C E Y D A D I N U I I L D
E G N E O N R P I C B I C D O U I
G I R A S O L I G S E T K O S Y E
A A O Í G Q F A O U C P A N I E N
E D Y R V B H Y R R N U M I D N T
X I A O E A C F L C O L S K A D E
K Ó M E X T C N H X C K B I D O P
M S O T L X U A Y R X M K T Ó F G
F W B A L I M E N T A C I Ó N N G
S A P O T P E C X E E E A B I I U
I N G R E D I E N T E F U C B B T
P U Z R M D B L C F L H Y R S E E
```

Puzzle 723

```
Z T L P N Q T I U Q I F D J P S Y
C O S G O T A G O S N R L B R O O
M R I U S T L Y L T V E A L O B I
T R X P A D E Z L I E N H C P O S
K A C A Z U L J A V N O A C I L M
U T R U I D O P O S T P C A E G U
I R I Z H Z M C C F A S S L T L Y
I O J R A H L F T I R O Y E A Y P
K P D A A T L A F C B P Z R R F Q
Q O W A D D W G R C O K Y T I I B
R S W F K T O B S I I O O A O G B
Q Q C S Q H Y I T Ó W L G S U L D
J S B H L X H T E N A E R C T G Z
H A B I L I D A D G W B C P Z M G
D T E N E R A L L O R R A S E D Z
```

CREAN
HABILIDAD
DESARROLLAR
ALERTA
RUIDO
GATO
POTE
AZUL
FICCIÓN
SOPORTAR
GLOBOS
PROPIETARIO
BOLA
LECHE
TIRADO
TENER
POSPONER
FALTA
INVENTAR
OLLA

Puzzle 724

CIRCULAN
SELECCIONAR
GASOLINA
ÚLTIMAMENTE
VIERNES
UNA
ENSAYO
HURÓN
PRESENTE
TÉRMINO
CUPIDO
MADERA
BORRADOR
SEMANA
LÍNEA
ASIGNAR
PRESIÓN
CORTO
CANGREJO
GRUPO

```
B L A L E I G E N S A Y O V G G K
O C Í P F T O R W O N I M R É T S
R O R N S A J H U M U Q A H F G E
R R A Ó E X N Z H P O H C D B H L
A T A R N A Z L U E O H P F A A E
D O S U R C I R C U L A N B T N C
O J I H E N D H G A S O L I N A C
R A G Q I I L E A O Z U E D K M I
I H N Z V Ú L T I M A M E N T E O
V I A C Q N P N S O P C E M A S N
U H R E M R K E K S G Y Y A R C A
N H E G Q T Z S H F E T R D T A R
C U P I D O J E R G N A C E N O L
A F G A T R Q R S M A X O R S W J
P R E S I Ó N P K N A I N A I Y J
```

Puzzle 725

```
P R O P Ó S I T O L W Z T T H C H
O M E N C I O N A R Q A H P D O T
D R F D V W R T D Q H P L V E N S
A E X T Q A A O A Y B A E B R F B
I D S R E D T N D M D T T M R E M
C N É D O T P Ó I E A O A I E S A
A O U O E N E I V Q N Ñ M N T I D
V P P J Y Ó C C A N X E O A I Ó P
P S S M M I A U N C H C T P R N C
L E E D T S U T U W V R A F A F Y
D R D M Q A S I P B V C Z R G H L
U J V A K P L T P Z U O A O E A S
J V Y F R M V S L E S O U D R Z U
X A L A Y O U N Z I J Z U L G J C
F L K O L C Y I I U D Q K W A V H
```

INSTITUCIÓN
ZAPATO
VACIADO
DERRETIR
DESPUÉS
PROPÓSITO
TAMAÑO
TAZA
MENCIONAR
DESDE
TENEDOR
NAVIDAD
TOMATE
MINA
COMPASIÓN
RESPONDER
CONFESIÓN
ACEPTAR
VIENE
AGREGAR

Puzzle 726

ETAPA
PERMANECEN
NEGATIVA
AHORA
RATÓN
MUCHOS
REFERIR
REUTILIZABLE
CON
RIZADO
BESO
POLÍTICO
OCHENTA
FUENTE
ELEGIR
DISPONIBLES
SUPERFICIE
CONTENTA
TIEMPO
COMPRA

```
P Y Q U F M S Q S R X W P A O F N
Z E I C Y N X A T N E T N O C U E
V S R S O H C U M O S F X V H E G
K U R M D F C Y X M O Y E I P N A
J P E K A P A T E G E C A R T T T
F E U Y Z N F S N V D O H M I E I
D R T R I G E L E V B R C E G R V
T F I H R D R C F S E A O Z N Y A
I I L B N O U Z E J S T M R R T Z
E C I P X W U N D N O Ó P Q P N A
M I Z P O L Í T I C O N R E I L H
P E A A H O R A Q P U C A F Q F X
O E B D I S P O N I B L E S C O N
S G L F Y F R E F J V D D Z O G A
T E E N C R N R M U X Y Z X E A M
```

Puzzle 727

```
S I N T I E R O N O N K O E A E Y
U Z A T Y S T D O Q W P T W N V G
S Y R W T M B S T L Q X C D I E G
N U B L A D O E S P E C I A L N C
F X C I Z V E T A K M B L D L T U
X K R A B O R N C R F A F I A O E
N S I N J F B E E A A I N L G U L
W R R S X A B M M M G P O A D A G
L E N T O M O A G E I F C E R B U
O C L U R A H R T U N G N R L O E
A L L X K W F A W Q C S O L H D H
M U Ñ E C A N L K V I G A B T M G
M D Q L Q P G C B A H Í A J R U P
M A G N Í F I C O X D H I A E U R
S E H L Í M I T E S E T J Y H Y J
```

SINTIERON
MENSAJE
ESPECIAL
CONFLICTO
ENEMIGO
MUÑECA
BAHÍA
QUEMAR
LÍMITE
ROBAR
DULCE
LENTO
REALIDAD
CLARAMENTE
MAGNÍFICO
CAJA
GALLINA
NUBLADO
CUELGUE
EVENTO

Puzzle 728

FIN
COHETE
APOYO
SONIDO
DATOS
VOZ
RIESGO
DISCUTIR
DEDO
MANO
AUTORIDAD
BLOQUE
FORMALMENTE
BERRO
ODIO
ESCUELA
PROBLEMA
ESCASO
PARED
VIAJES

```
A R P D J N N L B A M E L B O R P
X Q D F G F W P E L B Y S O T A D
F Y R L A L V Q R R U Z X C N Q J
A W W J N N F R R A P O Y O A T V
E S C U E L A V O I K V Z B C S K
S M J M T A G N I C J F O L S O O
W V R Z N U D M V A G J A O F Y D
D O T N E T E H O C J F V Q D P E
I L S F M O Y H N B K E V U X N D
S Q U U L R Y I W B O G S E I R E
C V F Y A I E W B R G L X M A X R
U O B Z M D H O W Q W K M C B Z A
T I W K R A L D F D P K Q D Z Y P
I R G V O D E I I M A N O H A B D
R Y U Z F Y O O N S O N I D O V N
```

Puzzle 729

```
B L O J I R F E J X Q P C W G G E
M E P G N A L S B W B F E L V A X
O D U E D D W T K P O X M R P Z Q
M U E V Z A R A Y F U T R P D W T
I R S F M N R D I H Y W O Á I E Z
A A T T A J B O R B O C N G I L R
W Z A M A N E S C E N A E I B P O
X N G A B R T G M H J R F N O K R
N O U R D R D A C I T Á M A R D I
G C M G L A Ñ E S Q U E M A D O L
P I C A N F V W X M N H P N N R L
F S Y R Y B B R A Ñ A P M O C A A
Z Í T I N J L D A D S O I N W S U
V F V T U N J B K D S F R V D N I
L P S A B R M Z F Q J F S D J F T
```

PÁGINA
MARGARITA
NADAR
ACOMPAÑAR
PERDER
COBRO
ORILLA
ESTADO
QUEMADO
TARDE
ENORME
OPUESTA
DRAMÁTICA
FANTASMA
DURAZNO
ESCENA
MOMIA
FÍSICO
SEÑAL
FRIJOL

Puzzle 730

GRADUADO
CABALLO
CRECIÓ
CÓMODO
INVIERNO
OBSERVACIÓN
NUMEROSO
COOPERAR
TAPETES
TÍO
COSTO
CUMBRE
MANTENER
ARAÑA
COSER
FUEGO
ESTÓMAGO
MISTERIOS
SERPIENTE
PEZUÑA

```
M K X S C F D B G G O Í T V Q O C
R A X N C U H H C R B O T I S T O
R Ñ N W L E E H S A S L M N C F S
H A M T S G J V E D E M I V X Y T
W R O D E O S R R U R J P I R W O
R A X C T N G J P A V F B E H S S
P A G X E W E P I D A T T R K G O
C E E O P R P R E O C Y K N E S R
U F Z P A B A M N D I W M O K U E
M P Z U T Z Y H T O Ó I O T H R M
B A Z Y Ñ C J Z E M N G C K D F U
R B Y S C A O Q A Ó C R E C I Ó N
E O G A M Ó T S E C C A B A L L O
L F S O J K M V E C O O P E R A R
M I S T E R I O S R D T L I X G D
```

Puzzle 731

```
W I Z W Z M S G N T Z M X O T A P
W N O O K E F H D Z R A C R V P W
J D E S V D A S P M F S P G C A P
H U C O T I J D T E J C K A T R R
Y S L I R C T H J N J O H N F T E
U T I C A I U O M O H T V I W Í S
W R E I B N I B M R Y A F Z O C U
C I N L A A L G E R V S R A S U L
H A T E J A M B I C I Ó N R E L T
Z A E D O P Ú R P U R A E K L A A
N D L X L N T J I R A F A V L S D
S A V C N F R H S N Q O K N O L O
A U I G Ó H G L X E H O C Z D Z S
L V D H J N G T M U B I C J Q M A
L G H L S P F X Q E C V Q T G L F
```

AMBICIÓN
HALCÓN
SELLO
JIRAFA
DELICIOSO
MEDICINA
INDUSTRIA
RESULTADOS
MENOR
CLIENTE
SAL
PÚRPURA
MOTIVO
PAZ
PATO
TRABAJO
ORGANIZAR
MASCOTAS
REGLA
PARTÍCULAS

Puzzle 732

DIGERIR
PLATO
CONSIGUIÓ
PELIGROSO
IMAGINAR
COL
NETA
PIE
ESCRITORIO
COMBINACIÓN
ASCENDER
SENTARSE
TELEVISIÓN
RECUERDA
CUERVO
OPUESTO
ESCALERA
NAVEGAR
ARRUGAS
CAUTELOSO

```
A A U R O V E J D T A O A A I G S
P E L I G R O S O P K V D L M K L
T E O N G L S S A G U R R A A W S
C R I R E G I D E I Q E E U G U C
L A R Q P T D K F N C U U K I R U
M K U J A C A P E J T C C L N Q E
N J L T U I Y S C W T A E J A Y X
A P P R E D N E C S A C R Z R H B
V E J I M L U T Ó I U G I S N O C
E A I W Q T O T S E U P O L E T K
G J L H N Ó I S I V E L E T H A F
A V V L M O I R O T I R C S E L Z
R O Y K N M U K A P X I G H V P W
C O L R A C O M B I N A C I Ó N H
E S C A L E R A P I E Q W M D H Z
```

Puzzle 733

```
M I S M A S E W E U D A Y D G H L
L P R E C I O X V Q K W U E A I Q
T W E A H L O K P S K X Y P L P A
E Y Z S J C I N T U R Ó N R L O N
A B R A Z Ó E T A D A Z A I O P W
I M E Z D N N J C M B L B M J Ó J
M H E A U I C Z A G A T H I A T U
E K Q T B M A N B L R T N R B A W
R R N H X X N E A O G A C A A M A
D Y F X E Q T G D A K R A Z R O J
Q A M P G Z A A O R R X R N A I Y
Q C Q Q U K D M W F O J P C C F Z
G R A D O H O I Z C V B A C S W A
T P Q V L J R F Q F X B Y G E Q M
D U P L I C A R T E X T O C N W O
```

TEMA
GRABAR
NARIZ
PRECIO
DEPRIMIR
GRADO
ESCARABAJO
ABRAZÓ
IMAGEN
DUPLICAR
CARPA
CINTURÓN
GALLO
ACABADO
MISMAS
ENCANTADOR
AZADA
BORDE
TEXTO
HIPOPÓTAMO

Puzzle 734

EDAD
LÁMPARA
CIUDADANO
PROPIEDAD
PERMITEN
SERIA
EXACTA
VIDAS
HASTA
PIERNA
MIÉRCOLES
PREOCUPACIÓN
LIMONADA
GENEROSIDAD
MOTIVACIÓN
TABLERO
CALIFICAR
FELIZ
REVERTIR
INTERNO

```
C X A L I M O N A D A M Z P C Z R
I A T A B L E R O U R Z Z R A V E
U W S R M I É R C O L E S E L Q V
D S A A W N E T I M R E P O I I E
A Q H P S D X Q Z T K U L C F N R
D Z N M E A A I R E S Z K U I T T
A A C Á C D C D S N R P X P C E I
N C D L R E T V I Q U Y Y A A R R
O Y R E H I A L I S U O M C R N O
F E L I Z P N M C D O T H I F O C
Y M N M U O R A J O A R W Ó G H E
A V T Y B R E W A V L S E N D E O
S P N V Q P I A Y G M M Z N Q D E
Z X O K U A P D Q O Q V N B E X G
M O T I V A C I Ó N J R U H Z G T
```

Puzzle 735

```
O I N T V S O D A L I F A S S A A
E Z M S Z A S H L C C K M C K M C
J E Y J H U O A I M T I W L U O T
J Y M S S G M C P M M U H B Q R I
E P B R E A R E U D G R A K Y O T
D G U B D R E A P M S H R C A S U
I C I J O A H E G W F W U C I O D
F K A Y S P F L O R E S T O J Ó G
I M I S A E L E P A T F C L N V N
C J R V Q M I S A U R S U U X N B
I C E K T U X F E C S E R M C D U
O U T D K F I H F A X K T N X E A
H F A R A Q G L Z V I I S A S M J
I D M U Z N F M L E A I E B B K S
P H A B L A R B B O S E C O R P D
```

EVACUAR
ACTITUD
PARAGUAS
ACTUACIÓN
EDIFICIO
COLUMNA
ESTRUCTURA
HERMOSO
DAN
PROCESO
HACE
AMOROSO
FLORES
PELEA
CASQUILLO
MATERIA
HABLAR
SEDOSA
AFILADOS
PUPILA

Puzzle 736

CUANDO
MEDIDA
CITA
PESADA
RECUPERACIÓN
CIERVO
TELEFÓNICA
SABIDURÍA
ESFUERZO
HUEVO
PÁJAROS
AQUÍ
EDITAR
BLOQUES
LEJOS
BRILLANTE
POBLACIÓN
CIERTAMENTE
RANGO
CANSADO

```
Y R L Q A C Í H E J C L R S H P X
C D M A G L U B R A N G O A U Á Z
P I H Q H C Q A D A S E P B E J I
O C E E O D A S N A C T N I V A C
B G I R E P X A X D M N Y D O R I
L T P T V U K Q O F O A D U Y O E
A M V O A O S E U Q O L B R X S R
C M E D I D A D T D O L L Í A O T
I A Z X R O C I L M B I A A U J A
Ó F L T K F S T K L B R K L C E M
N M I P N Q Q A M A A B L Z W L E
M B C B R O Z R E U F S E Y D N N
R E C U P E R A C I Ó N E J T B T
B D S B T C K Q P W K I Y P V W E
O Z T U T E L E F Ó N I C A M X Y
```

Puzzle 737

```
C W Z A P A C P W S X J A C P T V
U Z L O R E N E T S O S L N R R W
A Q L R W T L U M W F G T M E A Q
R L L X O N O U O P Z P A O G N I
E C O O Z E W X C B G W H T U S M
N I N T L M C M C H S G E P N P E
T D G R G L M M N H E O T É T A L
A O V I T A E R C E R D C L A R O
V D W D P E Y H I I D A H I R E C
E N V N Q R Y D A Q I L P S O N O
N A C U R E T E N E R L J E V T T
T E C F L C X I K T Z E I H Z E Ó
A S M N K K U V Z S U S B F L I N
N E V O S O L I C I T A R R L I A
A D A C A N I T S A P P N X O K C
```

MELOCOTÓN
CONFUNDIR
ALTA
SOSTENER
PELUCHE
SELLADO
REALMENTE
SOCIO
TRANSPARENTE
PREGUNTAR
DESEANDO
CUARENTA
SOLICITAR
VENTANA
RETENER
TÉ
RECREATIVO
PASTINACA
CAPAZ
PEZ

Puzzle 738

SUAVE
IMPROPIAS
CONFIABLE
COMPROMISO
CIENCIA
POCO
CONEXIÓN
LUNES
FREGADERO
VIAJE
EVALUAR
ESTA
ASISTENCIA
MULLIDO
ALETA
BÚHO
CORRECTO
RECIENTE
LARGO
COMUNICAR

```
F P B F R E G A D E R O I M V C V
E K P Ú M I H L U L E C M F B O I
E Y G X H X K J L B V O P S M R A
O B Z F W O X G B A A P R E M R J
P G J W W S F Z M I L F O E U E E
R C A U L M C V M F U A P S L C O
N E I R B U W Z H N A C I T L T L
K P C E S U A V E O R K A A I O A
R A C I N U M O C C J Q S D V U
B J F R E C C O N E X I Ó N O K X
L A R G O N I C O M P R O M I S O
F R R C P W T A J J W S N N O E L
M X O P U O W E U A L V W H A N L
A S I S T E N C I A A L E T A U Q
I W G E O F H F M P A G O I V L C
```

Puzzle 739

```
S I E N T O F C X F B M K T Z V F
N T G F B W S É R E T N I O I E D
S K J A H E F M H E H J M N I S M
O R T O G R A F Í A E F H T H U I
F N Ó I C I B I H X E R G A Z E T
H U M O K Y O M S I T E L T A R O
M V D R S S S N Y P H D D Q F T N
Q O E E Q B Q V Z C I S M S E E E
M O N E D A U N Z S Y M V Q J T S
F T F P G I E P L O S N I A D G W
D R O T P R E S E R V A R E D A Q
Y A C A S A R S E G O Y K C N Q Z
N U E S P E J O E E O A L M U T X
A C L Y Y W M A P N D L C O G W A
B Z F C O N T E N I D O U U A K E
```

HUMO
BOSQUE
CONTENIDO
CASARSE
TONTA
PRESERVAR
MITONES
SIENTO
CUARTO
ORTOGRAFÍA
MES
MONEDA
INTERÉS
PIMIENTA
NEGROS
EXHIBICIÓN
CREER
ATLETISMO
SUERTE
ESPEJO

Puzzle 740

PLÁSTICO
CHOQUE
ESTADOUNIDENSE
ATAQUE
CUIDADO
PIEZA
CONOCIMIENTO
RELAJAR
TETERA
COLAPSO
ESPINACAS
QUE
SABIOS
VITAMINAS
ESTABLECER
BOTELLAS
HIERBA
EXACTAMENTE
CRUZ
TENÍAN

```
C U I D A D O N A H R A J A L E R
R R Y J F O C I T S Á L P T X X C
K X R E C E L B A T S E N V G A O
I C H R F K B V Q H N B B X X C N
M J I A H J G O U B V J I Z A T O
O I I Q D D M S E K L T T Q B A C
E R A D S A L L E T O B P X R M I
  E S T A D O U N I D E N S E E M
L Z U R C Z T E T E R A H H I N I
O B W Q A F E M Z U B C M H H T E
W L M N N S O I B A S Z H X X E N
Y L E C I Y P H P Q F O O O X F T
M X R H P C O L A P S O U G Q T O
Y Q M Y S V I T A M I N A S I U Y
L W F R E E A G S T E N Í A N Y E
```

Puzzle 741

```
I G F N M D G N K N V I B T F L H
Z I F E R O L C L O F A E I U X V
Q A M A R I L L A U B J L C C V S
U L O D A R P M O C E Y L R U Q O
I L M E E Z Q M C A R O O N I V V
E E I H T V E F U W Z O T U B L A
R T X Y O N A B Á R P T A O P I T
D O Á K C R V N T Z R N S A I M N
A B M O I E S T E L A E Y V E P E
E W K J P Z I V P X R T T J P I C
C U E S T I Ó N E M E N A N E O J
A D M I N I S T R A C I Ó N I D U
V M Y K G Q F S T H P A U C R I U
M A L F I S T I G J G U A E F V A
I R X Z C J D D V P B I U B V V G
```

BOTELLA
TIPO
BELLOTAS
IZQUIERDA
ADMINISTRACIÓN
PICOTEAR
MÁXIMO
ESTELA
CENTAVOS
INTENTO
FOLCLORE
INTERRUMPIR
CARO
CUESTIÓN
LIMPIO
COMPRADO
TUVO
VINO
RÁBANO
AMARILLA

Puzzle 742

OFICIAL
TELA
INDIVIDUO
SOBREVIVIR
INTERACCIÓN
MOVIMIENTO
PATO
VER
CARBÓN
SEGUIMIENTO
TRONCO
ESCLAREZCA
ENTENDER
NARRADOR
POLÍTICA
SEQUÍA
MAPA
POCAS
CARNE
SÉPTIMA

```
M S X F O T N E I M I U G E S L L
O É W S V F L S O B R E V I V I R
V P J O U D I V I D N I F C J Z I
I T G K C O P C C N V G N V U N S
M I C H L B N Ó I C C A R E T N I
I M S A C A R N E A Q J R R T L H
E A E A R I N E E I L T R O N C O
N V Q I B B A Q T N A R R A D O R
T F U S G C Ó Z A O B Y Y Q I T Z
O O Í Z I P S N S F W Z J T P E B
K X A F Z Y P O L Í T I C A O L L
U X Z B S U O K R P F K I C C A R
E E Q I N S J I K W A F J M A B P
C E S C L A R E Z C A T J B S A M
E N T E N D E R W L A M O M A P A
```

Puzzle 743

```
D N L L N W F C O C N A B Y G F O
F L D O C N B A R N H S V U A R L
P K H V F J D C D A Z E B A C J V
O Q Z Q D R E H E D L M R F N Z I
W T B K Y J H O N L Q P F V Ó S D
G O L X B D S R A R R E U G I R Ó
W U W R O M N R D K K I Y B C R L
Q U E Y N Z J O O K M X X O C A E
M T I Y T B S T R D É Z S D U Z Í
D E C A I M I E N T O F N I D N D
A Í R O Y A M D B W K V I T O E O
M L E S T A N T E R Í A V R R M W
A O C I T C Á R P H R D B E P O L
N O R E I D N E R P R O S V K C N
C O N C E N T R A D O K B U G T Y
```

GUERRA
CABEZA
MAYORÍA
COMENZAR
SORPRENDIERON
LEÍDO
ORDENADOR
ESTANTERÍA
PRODUCCIÓN
HERVIR
MESA
DECAIMIENTO
CACHORRO
CONCENTRADO
VERTIDO
PRÁCTICO
BANCO
KÉFIR
ALCE
OLVIDÓ

Puzzle 744

ÓRBITA
SIETE
GUSTO
GRANDE
MOMENTO
MEDIR
DESECHABLE
TIERNAMENTE
SU
PLATAFORMA
FORMATO
REGIÓN
NIÑA
POLVORIENTA
PRIVILEGIO
LABIO
LIBRE
FRESA
GOLPE
QUIERE

```
G R C L C H G N S D B U P A D L U
U K Q Q M Z Z Z N X N G L X E A V
S X A G W P H Y K R S C A I S M S
T O I G E L I V I R P Z T R E C Z
O T I E R N A M E N T E A S C Z K
P N E B P U T T S D D T F U H E G
X E W K A F N Ó R U D E O R A V R
X M K D W L E Z R Z Y I R E B J A
R O N I Ñ A I N G B O S M G L F N
L M H X Q F R T L L I D A I E X D
G O L P E E O L U G T T V Ó S C E
U Y W W F O V V I O Q F A N R L B
F W P Y M P L M P B F O R M A T O
M E D I R M O B R J R T N Z B T F
F R E S A C P R P S I E R E I U Q
```

Puzzle 745

```
I P X C L Á G R I M A H U P S W J
N E S O L A P V F O J X G U J I B
V R A M N A C I D O C E O B B A S
E S H P V E M L F T Z P T L É L Y
R E R O S E F O R P J E L I X L K
S C Z R B C J Q N Ó I V A C I E Q
I U L T I H B A H T R L R A T G C
Ó C D A D U I C Í S A F E C O A B
N I W M G H X P N W T R I I R N O
Y Ó N I C F Y P Y X N E C Ó X D D
R N A E A B E L K G U Y N N N O A
C R A N O I T S E G J L A Y H X J
W S B T P R O P I O D H N W X D J
E W O O K M T J E V A J I U C F V
A D E C U A D A B W N I F P I O N
```

LÁGRIMA
ASÍ
LLEGANDO
FINANCIERA
COMPORTAMIENTO
PROPIO
PERSECUCIÓN
ADECUADA
PUBLICACIÓN
GESTIONAR
PALO
INVERSIÓN
AVIÓN
MONTAR
ÉXITO
ADJUNTAR
CIUDAD
BODA
PROFESOR
NACIDO

Puzzle 746

UVAS
TAMBOR
GIGANTESCO
PERMISO
ENGAÑAN
TRATANDO
TAMBIÉN
PASADO
CUNA
SUYA
SIEMPRE
EJERCICIO
MENTE
RESALTAR
PORQUE
INVITACIÓN
FRÍA
SENTIRSE
SANGRAR
SACUDIÓ

```
Z F O M B S V T W F O U R Z D X Z
O L O A O I C I C R E J E T N E M
D S T A M B O R Y Í C F S V N N K
A Ó I D U C A S O A K W A U V A S
S I E M P R E U Q R O P L A U Y B
A S S T R G K N Ó I C A T I V N I
P A R V A E I F B D O S A W R W K
P N I V G M P G F H A F R I E K Z
D G T D R B B C A T R A T A N D O
N R N I Z T B I Q N A Ñ A G N E C
T A E P I S X I É Z T S U Y A I U
C R S L J L X R D N I E D V M N N
T Q K R B J C M E N R D S J Y B A
R X O C X I W H N U S U J C Y F F
D Y P X D E Q R O F M D P U O G B
```

Puzzle 747

```
C M O R M C X N K A X H Q U C A C
E A T Z C G R A R B O C H F O F O
Q M N V H X A I S Q P T E C N P M
U N E T I N L J M S V B E L T S P
I Ó M L A G I F R E D N E T R D A
P I G S W R C D Z P N O L Q A F Ñ
O C A V R Y A T W X S Á B A D O E
M A R R Ó N V A P Z W I A T A B R
F U F Y H A Y L C K I D D A D A O
C L B W N S U F Q E E W A N E N P
E A P M K U N W K O S O R V V Y M
F V S P K M R A G V U T G S A R L
N E O A J I I W S G S K A C R I S
P Q M X D R N A T A C I Ó N G L F
Z N F O V O G D D F J I K D V Y S
```

CASADO
CONTRA
EQUIPO
AGRADABLE
EVALUACIÓN
TENDER
VACILAR
MARRÓN
OSO
FRAGMENTO
COMPAÑERO
CANTAR
COBRAR
NATACIÓN
TAL
CRIMEN
GRAVEDAD
NABO
SÁBADO
ASUMIR

Puzzle 748

LADOS
AUTOMÁTICO
DOLOROSAMENTE
CISNE
ESPADA
EXAMEN
AZAFRÁN
FRUTA
MISERIA
VIDRIO
DESAPARECER
MADURO
DIRECCIÓN
VARIO
NIÑOS
RELIGIOSA
CALIENTE
TRABAJAR
INDIVIDUOS
INTRODUCIR

```
Q Q W E C X Z F J N K Z F R A D E
D I R E C C I Ó N R H R X I Z O S
T D S A A N P Q T F T Y P C A L P
I R E C E R A P A S E D Y U F O A
C L A T U R F Y T F K M C D R R D
E I A B R E L I G I O S A O Á O A
P Z S N A I R E S I M U D R N S A
L V V N V J O C I T Á M O T U A E
K A G N E M A X E L Z Z R N C M B
G L D X D A Q R B P Z B U I L E L
X E S O U D I V I D N I D V Z N R
L A A I S O Ñ I N V M S A J Y T D
K X S R Z Z T C J G Q G M X O E J
L F E A Z K J Y C A L I E N T E Z
P G T V N Y C V I D R I O F U S O
```

Puzzle 749

```
T R A T N O C N A D I M O C A M O
F I E F N Q L E W U S I I U M A R
A J R A T S E R P C I V L S G R N
C M E O C W U J H H Y O M V M I R
I E D N G C K G O A F I B L E Q E
L U I E T V I P S N P U Y J D U Q
I Q S N S T P Ó A E T N E G I I U
D N N E D E B E N P W I P R O T E
A A O V E A V O R U Z O R K O A R
D T C E J N Q K E W C X N Y J N I
I S W S O R T S I N I M U S C P R
R E V E R S O C P R O C D B U K P
Y I V L W M O T J B P M C Y O N Q
W B Y Z H H X F L C L M O J J Y X
S C A R A B J P Y V N C A S A O M
```

SUMINISTROS
DEBE
PIERNAS
MEDIO
DUCHA
COMIDA
CONSIDERE
CONTAR
ESTANQUE
REQUERIR
PENA
MARIQUITA
GENTE
FUERON
REVERSO
REACCIÓN
FACILIDAD
VENENO
TIRO
PRESTAR

Puzzle 750

FAVORITA
ECONÓMICA
CATEGORÍA
VISIÓN
HORNEAR
IDÉNTICO
BOCA
FABRICACIÓN
ASISTIR
ADECUADO
BALCÓN
ALTITUD
OBJETOS
HORMIGAS
OPONENTE
ENVÍO
TÍPICO
ENCONTRADO
CORRER
LLAMADA

```
I R L R K E H H O R N E A R M H H
C Z L N F K O B L L A M A D A P D
Y O B O C A R A Í R O G E T A C Z
M Z R H L T M L A U U V E W E L I
T J G R N Ó I C A C I R B A F T T
A A L A E F G Ó O P O N E N T E L
W H N K P R A N E C O N Ó M I C A
V I S I Ó N S E N C O N T R A D O
H T X T F I C A W X L X Q J H U C
L C O C T V E V S O T E J B O T I
K Y Y B Z C A W S I H J G X E I P
F A V O R I T A C H S S C K N T Í
H K W I D É N T I C O T I C V L T
K C S U J I E T P L L J I Z Í A U
A D E C U A D O E J A W B R O S Q
```

Puzzle 751

```
S U M A C E S H N R P U A Y D M A
K L M C P W R R O M L H O L L O P
I A I I Q B A S I N M T I L M R Q
N X X H M I Y W Q T D H Y P M D Q
D W U C O P C I Ó N I Z R V F E O
E J O D E L I C A D A M O I K R D
P G R A P U C O R I M A S R R Q L
E Q D D A R M R K M A O A N R H Y
N V E Y I E G I L V R A E G A O U
D Y N D X C A S N E T H M U F R R
I I A F K Z S I N T E N T A R A T
E G D H O C T V F J G Q N G T K A
N G A V V C O E S P E C Í F I C A
T V P G K I A B O P O C A U V Q P
E K Z H X B I A U V Z E K W D S H
```

TRANSMITIR
RAMA
INTENTAR
OPCIÓN
ORDENADA
INDEPENDIENTE
RIMA
POLLO
FOCA
SIN
OCUPAR
ESPECÍFICA
MORDER
TENSA
CHICA
SUMA
ZORRO
GASTO
DELICADA
SECA

Puzzle 752

CIERVOS
EMOCIONAL
ÚTIL
COMPLICADO
SIGNIFICATIVO
DIRECCIONES
FLOR
JARDÍN
CAMBIO
NACIONAL
CELEBRADA
ROJO
CHARLA
DISTRIBUIR
ENFERMERA
SALVAJE
CALCULAR
SABÍA
COMPACTO
GRAN

```
S C E Q M Y S W S D D H F E M Y A
R A X N C T U A D A R B E L E C Ú
E M R Í F L I B C L L J O V N D T
W B V D S E F V Q R E V D G U I I
J I Y R A J R Z V A C T A F Y R L
F O T A B P R M F H O A C J I E D
W L L J Í I H I E C L W I I E C I
A P O G A L Z J V R T U L G X C S
O E J R V I O S C C A I P R U I T
E H C A L C U L A R H V M A X O R
S I G N I F I C A T I V O N Z N I
C O M P A C T O F V Y L C X B E B
A Z G V C I E R V O S I F P S Y U
V W I R O J O N A C I O N A L Z I
E M O C I O N A L V Z B D T P F R
```

Puzzle 753

```
E Q E Y A A N A M R E H R D R M B
S W G V X A N V G G E Q Y B O I M
T Z J Z N T I V T Z W S H Z N S O
U W P B R R I C E D E R P Y Z I E
D J D M L M N R Á C J C I I T Ó Q
I S E R V I R E E L F P A P R N D
A D A R T N E D K J I G D R G A Y
R T P O B Z G U K R O D G Á C Í R
O H X R P F M C N Ó I M A C C R H
U S J E W O O I A I R E T T I D J
J H O S S Y H R P S B D R I F O W
D E M O C R Á T I C A J E C M P G
S S O R B Q F I G U R A I A C W P
J O B G M E D I O S D O C O U J J
D E M O C R Á T I C O A T P X D C
```

MEDIOS
REDUCIR
PREDECIR
SEXTA
DEMOCRÁTICO
ESTUDIAR
RESPIRAR
PODRÍA
PRÁCTICA
ENTRADA
HERMANA
GROSERO
AIRE
MISIÓN
DEMOCRÁTICA
CIERTA
FIGURA
CAMIÓN
CÁLIDA
SERVIR

Puzzle 754

NIVEL
APRENDER
VIDA
PERSONA
RETRATO
MIRADO
ÁRTICO
AUTOR
HOMBRE
CAMIONETA
SACUDIERON
SONRISA
ARREGLAR
PAR
PROBABLEMENTE
TOTALES
IGNORAR
NEGOCIO
HERMANO
PUNTUACIÓN

```
B Y K H O G Y O C I T R Á S A F P
N O R E I D U C A S W A M O P I R
Ó O M R C J O H M I V P I N R K O
I X M B O I R Q I F I K R R E G B
C O C M G E H E O A D U A I N X A
A U T O E V E M N N A X D S D I B
U A G H N A E L E O A O O A E G L
T R R Y K K E K T S L M R T R N E
N O F R J R O T A R T E R P N O M
U T T V E N D S E E T X R E N R E
P U Q A S G Q T C P V M Q M H A N
D A F C L G L A W K R S Q L P R T
N D E H J E Y A U O V K O W L T E
S O R I V H S O R X N J L P N H I
N B G N I V E L G Y C O L L T X R
```

Puzzle 755

```
R X V P L A T A H Z C W A W L M N
R W F N P D O N U G N I N L R O C
V O P D B O M D C H X H E Q X D T
S A B J M T L N R D M J S L G E J
O O K Q G I Z G E O W J D W O S O
C P V P A S E N T A D O S Y S T E
C O M E N Z Ó P E T M Ú F Z O O C
E J E M P L O I F R E B E D Z P A
S A N D Í A S S D E A I K C E U E
I F U O S O N C M I Q R J O R T R
L V N N D Í E I I V Q A U C E A X
O C I F K D C N C F R C B G P N T
V V B U N O S A D I I V Q Y E L O
B E S J Y R E W X Y B K F G F S X
P E Q H Z I D O R G A N I Z A N A
```

NINGUNO
NO
ASEGURAR
CIELO
CARIBÚ
VIERTA
PEREZOSO
EJEMPLO
SANDÍA
ORGANIZAN
ASENTADOS
DESCENSO
CAER
OÍDO
DEBER
TODA
COMENZÓ
PLATA
MODESTO
PISCINA

Puzzle 756

GUSTABA
REVISTA
LECHO
TORMENTA
MANÍA
LUNA
AFECTO
INUNDACIÓN
ABRELATAS
ESTUDIOS
RISA
ACUERDO
LEOPARDO
SUÉTER
POSITIVA
GROSELLAS
GOBIERNO
ADMITIR
ELÉCTRICO
PLANTA

```
G R E T É U S M R A N U L P A U T
L R I L V H B Z E O D R E U C A O
E E O S O P S U V Y B M D F X S R
C L T S A V I T I S O P I B X H M
H É C A E U O J S O I D U T S E E
O C E T A L R S T Z I E S F I Z N
N T F A W R L R A Í N A M X C R T
R R A L V G O A T A X C L L G U A
E I G E A B A T S U G A T C H F U
I C M R L K I N U N D A C I Ó N E
B O O B B Q J A W M U B J L I V X
O D R A P O E L V J N U Q G O G L
G F C D Z D S P R W E M R Q R N C
Q B Q R J W I Y F V G Y R A W E W
Y D W O F W J B K N G V D H E V K
```

Puzzle 757

```
Á  D  A  D  I  V  A  C  J  P  D  N  T  G  G  D  R
N  R  F  R  W  H  T  T  Z  A  I  O  Z  L  O  E  E
S  O  B  Z  M  E  Z  Y  A  T  S  O  D  M  B  S  C
N  Y  P  O  A  I  R  M  Z  A  T  Z  Y  R  E  P  O
G  E  T  Y  L  S  Ñ  O  O  T  R  R  M  C  R  E  N
W  D  U  Ñ  A  E  I  O  L  A  A  E  O  O  N  R  O
N  K  L  F  M  W  S  D  A  S  E  U  W  N  A  T  C
H  A  B  I  T  U  A  L  T  P  R  M  B  S  N  Ó  E
S  U  R  T  I  D  O  X  E  A  B  L  W  T  T  X  R
A  V  R  W  S  W  I  B  R  H  M  A  U  A  E  V  A
S  D  Z  N  H  V  P  L  A  Y  U  C  M  N  J  U  J
C  I  Q  I  D  R  B  V  L  O  S  E  V  T  A  L  L
G  R  A  S  E  R  P  X  E  L  Y  Q  S  E  K  W  K
T  P  N  Q  E  L  L  Y  S  X  J  H  C  O  I  T  A
N  A  C  I  M  I  E  N  T  O  D  I  D  R  E  P  L
```

PERDIDO
HUESO
SURTIDO
UÑA
ALMUERZO
MALA
CAVIDAD
DESPERTÓ
RECONOCER
LATERALES
DOS
NACIMIENTO
HABITUAL
ÁRBOLES
PATATAS
EXPRESAR
DISTRAER
ARMIÑO
CONSTANTE
GOBERNANTE

Puzzle 758

TOMADO
SENTADAS
JABONOSA
ARTÍCULOS
OJO
NEGRITA
BALLENA
ÉL
ENVIADO
HOLA
MUNDO
DEL
HUEVOS
MAR
DESIERTO
GLOBO
VIENDO
SIERRA
ALGO
DÉBIL

```
O  D  O  B  K  C  M  B  H  D  A  E  Y  T  O  M  J
K  S  J  Y  M  A  C  U  H  N  F  S  L  Q  H  K  A
S  O  L  U  C  Í  T  R  A  U  C  T  C  Y  A  R  B
Y  E  É  Y  E  O  Z  I  R  Y  E  B  K  W  W  F  O
B  V  N  O  B  O  L  G  D  E  L  V  N  E  K  E  N  N
A  T  O  T  S  I  E  R  R  A  N  E  O  J  O  J  O
B  K  Z  R  A  O  D  N  U  M  E  T  D  S  Y  L  S
W  V  N  E  V  D  A  M  U  E  G  K  A  N  R  L  A
V  M  U  I  V  N  A  L  P  K  R  L  I  B  É  D  F
M  A  R  S  O  E  O  S  G  J  I  X  V  K  Z  X  K
T  U  N  E  O  I  I  Y  A  O  T  Q  N  O  B  I  J
O  A  I  D  A  V  R  W  P  X  A  N  E  L  L  A  B
B  J  O  L  A  U  E  J  C  Z  L  O  Y  C  B  K  X
Z  I  M  V  W  G  T  G  A  Q  O  F  J  G  N  J  Z
H  O  L  A  T  O  M  A  D  O  I  K  F  B  O  O  U
```

Puzzle 759

```
P Z K K T G V T A D B E J H O E E
P I I B Y A R D H R G P R V V Y S
S X N E S T R A T E G I A B A N G
S E A T R J A X L Q F O C J L D R
W I O L U C Í H E V S K I U L I I
Q M N A W R I B U S C S D M A R M
P D A U I F A I R O T A E L A A A
Q A R B M O S Q D N N G D H D M J
S D R L O Y N K G S U C E D E R T
U I D E C E R A P A O C X P L B E
E N F D C O L V I D A R O D O Q S
L U N G L E G R Á F I C O M W W O
T M I I N F N F E X O A M Z Ú D R
O O T I C R É J E O I E F C L N O
W C S U S T A N C I A G L Q P P L
```

ESTRATEGIA
COMUNIDAD
TESORO
VALLA
SUBIR
COMÚN
SUSTANCIA
ALEATORIA
PINTURA
ESGRIMA
GRÁFICO
APARECE
SOMBRA
DEDICAR
SUCEDER
SUELTO
PARECEN
OLVIDAR
EJÉRCITO
VEHÍCULO

Puzzle 760

HAZAÑA
TODO
DESAFÍO
TIPO
REINAR
ASESORAMIENTO
TAZÓN
PIEDRA
CAPTURA
LONGITUD
PROBLEMAS
PRONUNCIACIÓN
EMPUJAR
SÍ
POBREZA
JABÓN
PEREJIL
CARA
DECIR
MILITAR

```
J A B Ó N C D E S A F Í O M C V M
A R P O G A R A C Z R S P D H B V
S D R X N P L X T A T R I H O K P
E E O D U T I G N O L I T W N T O
S I N S F U P R O B L E M A S N B
O P U E H R A N I E R W L Z E A R
R N N Z M A E J I O G M R Z X Q E
A K C V T P I C D M I L I T A R Z
M C I O W J U O D E F I U J S R A
I V A W C Q W J Z L C T J S E L U
E S C I Z W H K A T L I J E R E P
N Y I U I L H Q Y R V Y R B O F N
T V Ó W D V Z O V I P S K J L P W
O V N Ó Z A T G L M Y Z S B N Q J
F A P U I D H A Z A Ñ A Y X Y W F
```

Puzzle 761

```
E X Y J G Y J U G K P S F F M D F
T O S T B Q G B V X A O R J A M K
N A C S U B R B M R T L I J R A Q
E K B R B P U K F B I E T N A V J
M J F W B Á S I C O N A S K V E E
A S N E D P R S J A A D G Z I S T
D C O M B I N A R O J O S T L U S
A N I Ñ O X V M V N E T N A L E D
M A Y S L W P R O Y E C T O A L W
E A R E L A C I O N A R W D U I D
R C E A L D F U J B M S S A Y M A
T R I N E O A L B V G R L T H P A
X A C O M P O R T A R S E A P I N
E M I N T E N C I Ó N W K I R A S
S T V V P X B Z Q I X J T F F R D
```

PATINAJE
TRINEO
MARAVILLA
ATADO
BÁSICO
BUSCAN
INTENCIÓN
LIMPIAR
MARCA
AVES
SOLEADO
DENSA
PROYECTO
NIÑO
COMBINAR
LEY
DELANTE
EXTREMADAMENTE
COMPORTARSE
RELACIONAR

Puzzle 762

HACER
PAÍS
COMPROBADO
PIENSE
VOLTIOS
TRISTE
EXPERTO
OTOÑO
INDICAN
MÉTODO
CUEVA
CERVEZA
CREZCA
RESTO
ACTUALMENTE
PROMEDIO
HORA
MATRIMONIO
MULTIPLICAR
PUEDE

```
L F I F L N H C H V I U P S V P S
I C X I R A C I L P I T L U M A Z
E T N E M L A U T C A U D W A Í Q
B A L R Y C K J T R E C A H T S R
C O M P R O B A D O I X A A R S E
O T X C F F B F X N S S M O I H S
L R X S R B L P K P O M T W M K T
C U E V A C Z E R C I I S E O O O
Y H K W V S Q O D T E K X N T M
O Y O T R E P X E V L K N D I O É
N Z D R R Q S M A G O Y O S O Ñ T
C E G B A P U E D E V R X M E O O
C E R V E Z A P R O M E D I O C D
U B S R W R W O M V C D Q F G Z O
X H Q B F Y I N D I C A N V O W D
```

Puzzle 763

```
C Q Q R C L B O C H K T B E B T C
O T A A O O P A T R Ó N A N A S O
N E O Z O T N W L X H M J V L S N
S N E I V P O T M Q B N U I O R S
I T T R B J O S R Z I R S A N I E
D R G O W F W R H I W U T R C N C
E E I T M K P Z T I B O E Y E T U
R V L U N T G Y S U L U V Z S E T
A I L A N O Q Q O R N S Y O T R I
N S R E I N A B S T R I B E O E V
H T Z F A A P Y O W I B D S N S A
B A B F N Ó I C I S O P D A U A Q
W Y T K G L W U S J S G D P D N Q
U J V H H G C O N D U C T A Y T F
P R U E B A S M A F U T S E S E P
```

OPORTUNIDAD
ENVIAR
ENTREVISTA
ROTO
ANSIOSOS
CONSECUTIVA
PATRÓN
CONTRIBUYEN
PRUEBAS
CONDUCTA
PASEO
REINA
AJUSTE
AUTORIZAR
BALONCESTO
CONSIDERAN
ESTUFA
POSICIÓN
INTERESANTE
PESE

Puzzle 764

PUERRO
ELEMENTO
SEGUNDO
VIOLETA
ASA
LAVANDERÍA
DONDE
GRANJA
COMPARTIR
ILUSTRAR
DISÍMILES
ERUPCIONAR
EMPAREJAR
CORRIENTE
DESPLAZAR
SUSTANTIVO
CEBOLLA
PRECIOSA
TÉRMINOS
REBOBINADO

```
P R E C I O S A T S X R Z N D P V
A O J F F A S A J É E K N V O U W
F G U U M M G N T N R G E Z N E F
H V E P H T O Z V G A M U K D R R
O A C U A J D N L I Y R I N E R Y
I L U S T R A R U X X J G N D O I
C L D E E I N U F R W K X V O O O
O O I L L T I P S S E Q Y R N S A
R B S E O R B L A V A N D E R Í A
R E Í M I A O E R U P C I O N A R
I C M E V P B P E M P A R E J A R
E U I N O M E S U S T A N T I V O
N G L T S O R A Z A L P S E D R D
T T E O C C K G A K K Y V H M N H
E Z S W N W Z M C Q I V K G L U H
```

Puzzle 765

```
W G N Ó I C A G I T S E V N I H P
T M T E M A S W V G U T N B C D A
W I A R M L T Q Y A F N H É K P Q
W O J R S B Z Y M N I A B I J R K
S W Q E T A N B G A C R U S D O E
A N G N R E N W E N I U N B E B M
N X Q H Y A S Y U W E A É O S A E
A G A F A S S T I K N T C L E R R
P E Q U E Ñ O U Y H T S T O O G G
Q Y J M S T R E F R E E A Y T K E
N W K B X C A A K U K R R S I Z R
N H M Q N F L G P T R A B N R X H
D B D L S K C Q Z O H M A M G I H
M R X X T V Y Z W F G O C R A Z K
J Q V I N T U A I R O T C I V H B
```

INVESTIGACIÓN
VICTORIA
TOMAR
BÉISBOL
DESEO
PEQUEÑO
NÉCTAR
GAFAS
HAMBRE
SUFICIENTE
EMERGER
GANAN
PROBAR
RESTAURANTE
TIJERAS
CLARO
TEMAS
MARTES
GRITO
SANA

Puzzle 766

GLOSARIO
PODRIDO
ALIMENTOS
BARATO
MIEMBRO
DURA
CELDA
COMADREJA
PRISIÓN
SERÁ
PINTURAS
DURANTE
OREJA
RESUMIR
ESTILO
PLANETAS
MINUTOS
EXPERIMENTO
CALCETINES
REGALO

```
M I E M B R O L I T S E C L P O W
E A J Y V Y O P W F M A A R U D X
Q X R C O Y T Y K U P L L G C U M
V H P Z O L A G E R R I C A A N G
P Q D E L M R Y K Y I M E Z E T G
Y A J E R O A B Z S S E T D T A F
F B Y G I I B D E N I N I U K F C
Y U X B M R M P R P Ó T N W T E T
D E A Y U A F E B E N O E S E R Á
A U E T S S M C N D J S S G A V I
F R R K E O Z Y E T Z A S W G Y J
W L J A R L V J O G O D I R D O P
B F C T N G E D P L A N E T A S J
C E L D A T P I N T U R A S A X C
Y S T B T K E M I N U T O S Y M U
```

Puzzle 767

```
D E T E C T A R M D E W U R T M R
T O N T O A M I L C E A D F N É E
A D Í A C C Y Q P S P S I K Q D Q
F I S U S U H F P A O C E Y T I U
Z G E Z E S A F P B S A M A P C E
S Í T P R A E I R I I R Y T R O R
F R R C F R E B J A B W T E I L I
E X O W K U T W B B L K F M C U D
R T P U N E S A B X E S F P I N O
D E S L I Z A M I E N T O R O L A
V B N C G E R E N T E O S A C A R
O V A I T Q T S S Q O U C N P X H
M I R N F V N S K S Y P I O K Z U
Z M T S D C O A U D I C I Ó N D D
X M U O I I C G E L F X D N P T A
```

GERENTE
TONTO
FRESCO
DESLIZAMIENTO
TRANSPORTE
REQUERIDO
SABIA
ACUSAR
YA
LORO
AUDICIÓN
CONTRASTE
DETECTAR
DESEAR
CAÍDA
TEMPRANO
CLIMA
MÉDICO
POSIBLE
RÍGIDO

Puzzle 768

GOLF
PENSAMIENTO
ESCALERAS
PREPARAR
SECCIÓN
DETERMINAR
SANGRE
DESCUIDO
REUNIRSE
VERSIÓN
ARRESTO
ANIVERSARIO
UTILIZA
NUTRIA
PROCEDER
AMPLIA
ANCHURA
DUENDE
IGUAL
ARGUMENTAN

```
H P B W M B S K L I T B A I A X F
M P E D N E U D S Y V E R S I Ó N
E R G N A S Q J U W R U T P R C O
T O E Ó S P H O B C N T Y F T B V
A C S I A A A M P L I A X R U D H
R E C C R R M D E T E R M I N A R
G D A C R R U I H X D S X M U Z C
U E L E E N E H E A L L J B S I M
M R E S S P V U C N S F S M N L Y
E G R K T L N M N N T L A U G I W
N V A M O C S K N I A O W L K T Q
T H S V E A B Q C J R G X M P U F
A P R E P A R A R B Z S L U T Y X
N A N I V E R S A R I O E H M Y H
G S O I D E S C U I D O T Y N W A
```

Puzzle 769

```
K Q A Y A I T A F V C O R Q Q T M
C U M S B N R D J O F Í S I C O O
A E E Z O S E L E C F I E S T A N
U R N E G P S B B A A B H R U T T
T I T L A I R Z W B J D Q U W P A
E D O K D R E F T U D Q M V Y E Ñ
L A J M O A S I R L R X M I N G A
O V W C Á R P Y E A Z V T E T H S
S T C S H S I A V R X C S D G I I
O G O J D E R N Ó I C U L O S X R
S Y A Z C C A V Y O P Á R R A F O
M Q N N T E R M U R C I É L A G O
R X L K Ó P K Z Y J B V L B I V U
V U J Z N I T U C O N V E N C E R
C O N C E N T R A D O H H W T B M
```

TRES
INSPIRAR
ABOGADO
MÁS
MURCIÉLAGO
MONTAÑAS
CONVENCER
PECES
FIESTA
VOCABULARIO
PÁRRAFO
QUERIDA
GANÓ
AMENTO
SOLUCIÓN
FÍSICO
CAUTELOSO
CONCENTRADO
RESPIRAR
ADMITIR

Puzzle 770

RECIENTEMENTE
GENERALMENTE
DECIDIR
ESCOGIDA
JUNTO
PERÍODO
DEJAR
ARTÍCULO
DESAYUNO
PLANO
INSTITUCIÓN
ESCENA
ESTABLECER
ESPINACAS
FRESA
CALIENTE
RIMA
DESPERTÓ
INTERESANTE
ARGUMENTAN

```
E S T A B L E C E R K E V H D I R
W Y C V K N I E P E R O A F E N E
J U N T O J Q L V S I I Z G S S C
E E Q K X V Q S R P D N M Z A T I
S T A P L A N O E I I V F A Y I E
C N R A J E D W T N C H V N U T N
O E T S A T D I N A E Y I E N U T
G M Í E S N C O A C D I J C O C E
I L C R N E U L S A G C A S Y I M
D A U F F I A E E S O K K E B Ó E
A R L I J L P E R Í O D O D W N N
O E O N N A T N E M U G R A Z T T
H N E E G C H N T M G D C B N I E
D E S P E R T Ó N W H L K Y W Z V
C G H Q S H Q Z I P F Z V K T N G
```

Puzzle 771

```
M A R I Q U I T A B C L H A L C E
U S N B A O Y Y U A E D K J E P T
A A P O R U T U F B P S Z N S R G
R C F D B Q P Y O U R A O A T E S
J C U A L P M U P E O L D R A G Y
T G A S A B M A J L B U N F N U L
X M L Z A B X T J A A C E K T N L
P R P O N R L A K L B Í I W E T O
C O M P R O M I S O L L V I R A R
C A M E L L O F A S E E D X Í C A
C O M P R A S J M I M P Z N A M D
Z T I P Q J E T C M E P R F E H O
U K V V B Y J P N R N I J S D X J
N W R L B T W Y P E T X Z Y E G G
I V E C A O S J M P E G I N Q X Y
```

FUTURO
ABUELA
FRANJA
COMPRAS
PREGUNTA
LLORADO
OBVIO
CAMELLO
AMBAS
PELÍCULAS
BESO
COMPROMISO
ALCE
ESTANTERÍA
BODA
PERMISO
MARIQUITA
PROBABLEMENTE
VIENDO
ACUSAR

Puzzle 772

ESPERADA
EMPLEADO
DOMINANTE
QUIETO
SECUENCIA
DELANTAL
ANUAL
COBARDE
DEMÁS
ELEMENTAL
PATO
PIE
PERMITEN
HABLAR
CIERVO
CUESTIÓN
ZORRO
PATINAJE
PESE
MÉDICO

```
E X O N R F Y K H Q K S Q J S V Z
O W O Z A X E U P E S E G T O R O
D O M I N A N T E M J S U Y V H R
P A T O S W E W P K R A L B A H R
Q V I T T U Y L G Z K T N F O C O
L A T N A L E D C G T U G I X Q G
A A X O I V N L O C I D É M T W J
U D T R C W Ó R B Q U I E T O A R
N A P N N G I D A D E M Á S I E P
A R I P E K T A R E M P L E A D O
M E E U U M S C D L N H B T G E L
C P K Q C R E N E T I M R E P U K
Y S T X E I U L X P U K I T N B G
X E R I S T C I E R V O T D N V J
H U S Q F G T H A O J Y G V M S P
```

Puzzle 773

```
L X R C S A D A T N E S U Z V D B
Y U H S E T Z L A A Y Z C P C E F
N S N R C E O R R V Z U V R R R P
Ó V F E E N S E F I L K E A Í A V
I H E D S C D S X D C X N W T A A
S N O R E I D U C A S U S B I W T
U O F O O Ó O D A D B I D J C S R
L A L M G N P A C I E N T E A A A
C B R A E X I T O S O X Z U R B C
N I S W M O P E R A C I Ó N T Í T
O E O R L E F E L I C I T A R A I
C R E F W U N Ó J E T J C O S A V
O T G X Y E U T P C D H N P Q I O
J O C R Q O P H E D X E A U I I H
I N T E R A C T Ú A N W R I T E P
```

PACIENTE
ABIERTO
TEJÓN
ATRACTIVO
SOLAMENTE
ATENCIÓN
EXITOSO
COSA
CONCLUSIÓN
OPERACIÓN
CRÍTICA
FELICITAR
INTERACTÚAN
NAVIDAD
LUNES
MORDER
SABÍA
REDUCIR
SACUDIERON
SENTADAS

Puzzle 774

TRÁGICO
PERRO
JOVEN
PERIÓDICO
SIMPLEMENTE
MUCHO
CASA
PELIGROSAMENTE
ESTUDIANTE
MEZCLA
FELIZ
BÚHO
ATLETISMO
CARNE
QUIERE
PORQUE
INDIVIDUOS
HERMANA
ELÉCTRICO
CAPTURA

```
P P S M V S L E C E Q C F B E I P
E C E I F A O Q W C U R A T T N E
R A K L M C A R N E I Z O S N D R
I J S D I P Z K N Q E O C C A I R
Ó E A M R G L H B K R C I F I V O
D C Z E E X R E R U E I R T D I P
I L P Z W X F O M P K G T X U D J
C W O C H B C C S E O Á C M T U T
O O R L M U C H O A N R É N S O C
W B Q A O S N G H R M T L Z E S R
P D U T F Q D S Ú D M E E I A S G
R V E A Z H D N B N K J N E V O J
D S X F E L I Z O X E K Z T Y K F
H E R M A N A C A P T U R A E U T
A T L E T I S M O O V M Z W I G G
```

Puzzle 775

```
P A S U M I N I S T R O S U U C H
R R I N S E R T A R J H P K J O A
J A O I O R G S V E N J O S V D B
B H J H C N S E X A W N X A N A L
O D A D I U C N A X G T O R H N A
O E P J N B F V J X Q Ó Q T E O N
L O G H Á C I C Q Z N L N É L I O
C Z F J C S X R L V M I Ó N B C T
D A T R E B I L M D W Z I E A P Y
L R C V M M A U L A N I C I D E M
Z E P H A P R E N D E R A B A C N
M D H G O J E N O C Q L N L R E J
Y A G D S R I C U D O R P O G D Z
F M Q I J N R L I W Y K K H A X D
E E A L Y X R O I B M A C X K Q V
```

PRODUCIR
PROHIBIR
VAGÓN
NACIÓN
MECÁNICO
LIBERTAD
CONEJO
SARTÉN
DECEPCIONADO
HABLAN
INSERTAR
AULA
MADERA
MEDICINA
CUIDADO
CACHORRO
AGRADABLE
SUMINISTROS
CAMBIO
APRENDER

Puzzle 776

TEMPERATURA
POLICÍA
CACAO
DRAGÓN
PONER
MARTILLO
FINALMENTE
HELICÓPTERO
BICICLETA
ESCENARIO
PRINCIPAL
SIMILARES
ARTISTA
ELEGIBLE
LISTO
BAJA
ESFUERZO
SENTIRSE
ESTUDIAR
SUFICIENTE

```
E T E M P E R A T U R A J A B P A
I S I W G K O S O N X M O Y H R R
M N C F I N A L M E N T E S E I T
B Y H E I Ó C P X L J V Z U L N I
U W W J N G A O Z B S F N F I C S
B T Z W L A C L F I E B X I C I T
S I W Z N R R L N G N M O C Ó P A
O I C U W D E I Q E T W G I P A P
Y N M I R C N T O L I C M E T L J
B J O I C J O R T E R P I N E J S
O B A I L L P A S A S B L T R I C
J X H K Z A E M I Z E F M E O S P
O G H U I S R T L E S F U E R Z O
S V M L E Y E E A Í C I L O P E W
F U P O G O N E S E S T U D I A R
```

Puzzle 777

```
C S R X G E V O I C X I K V V V E
F O O N Ó I C A G A P O R P S I S
N D N B G G L S T G A G U S A S C
K I C J R M T N N S A R N H C I R
M P I E E E C E E O I F A P U Ó I
O Á S Y S T V D G V S V V G D N T
Z R R I Y E U I Q L A Ñ E S I Q O
P E Q U E Ñ A R V Ó Y X G R Ó O R
B I O L O G Í A A I E V A B T T I
A R R U G A S J L C R U R V B N O
M O L E S T A R I E G A Y M R E E
C I R B V S H I P R B M P J F M U
V R S D V S F F U C A S D G T E X
P L A N E T A S P W C A M P O L M
G W G P W I R X I Y I Q W S G E S
```

CONJETURA
BIOLOGÍA
PEQUEÑA
PROPAGACIÓN
CAMPO
MOLESTAR
RÁPIDO
SEÑAL
CRECIÓ
ARRUGAS
NAVEGAR
ESCRITORIO
PUPILA
SOBREVIVIR
SACUDIÓ
VISIÓN
DENSA
ENTREVISTA
ELEMENTO
PLANETAS

Puzzle 778

DIFÍCIL
NECESARIO
LIEBRE
MENOS
ATÓMICA
VAPOR
ENSEÑADO
LINDA
COMIENZAN
DINERO
LECHE
CIRCULAN
REALIDAD
MUÑECA
MOTIVO
PÚRPURA
SUERTE
JARDÍN
PEREZOSO
GERENTE

```
X M M M T D K U O W L N D I J A O
V O T U S E J Q J Q G K G V R T O
I D R Ñ D N P L P G S M I H N Ó W
K S A E R B E I L M E N O S B M S
G E I C N A Z N E I M O C W Q I K
C N D A D I L A E R L E C H E C W
G J X O D A N D I J Q T X T A Y
E T N E R E G P B N G V C D R M P
N G A N J E D K J A I G M D E O E
M Y L I C Í F I D S A L I P U T R
T E U M I B I J H U I P G Q S I E
V H C E N S E Ñ A D O Y A Q S V Z
Z S R O P A V K S Q N B W N G O O
Z F I J A R D Í N P Ú R P U R A S
N E C E S A R I O P S R B Y R E O
```

Puzzle 779

```
M E U A T N E R A U C X V X V L R
A D F D M Ó S K E S D V Q D S S V
S Q M V T I X E I G S I D P D W H
C J T G E C G X X F M Q L Q D A G
O X V D Z A P O M R E A L I Z A R
T S I E K R A T S O D A C U D E A
A D Y G I E W N N I N U P V A R E
S W V M X N W U O R A O V Y K D N
A E I H A E I J Z A C U M E Z A R
W V S W J G P N I T I X O A S P O
R R B P E T R O P E D P H E U T H
A E L L A Z O C X R N K T K V V A
A S I M I E N T O C I Q F Z X T H
P Y F E Y C R A R E L O T I N R G
E N V U E L V A X S A G I M R O H
```

TOLERAR
DEPORTE
REALIZAR
MONO
AMIGOS
ENVUELVA
SECRETARIO
CONJUNTO
GENERACIÓN
EDUCADO
PADRE
ASIMIENTO
ELLA
MASCOTAS
PAZ
CUARENTA
ESTA
HORMIGAS
HORNEAR
INDICAN

Puzzle 780

PRIVILEGIADA
SEGURIDAD
FÓRMULA
MILLA
ASIENTO
SUPERFICIE
PARTÍCULAS
PESADA
CREER
TONTA
CHOQUE
ADMINISTRACIÓN
ENTENDER
KÉFIR
PROPIO
MUNDO
REINA
PATRÓN
POSIBLE
AUDICIÓN

```
W V B V S A L U C Í T R A P S S U
V N E J G K P X L Z P E E R U E C
D F U S W V É Y T W T D C I P G S
T Ó C O X M E F O Z S N H V E U C
C R Y K D V A N I E R E O I R R E
Z M N E W Y D Ó P R F T Q L F I L
C U W J W B A R O N Q N U E I D B
A L L I M W S T R Ó H E E G C A Z
A A T N O T E A P I C C U I I D C
U I D S M H P P M C C R D A E T Q
P O S I B L E X R I V E O D N U M
A S I E N T O L P D Z E V A M H Z
R O Q D I Q F V Z U K R A A C E F
A D M I N I S T R A C I Ó N B D M
Y Z Z S P F D Z F L S Z E P N D D
```

Puzzle 781

```
O E Q V Y B I C E X T R A Ñ A S G
U C S F N V C U U S Y D K Y Á M U
U B U T I W O A S X M Q X X R U I
V Y C L R R I T S I S E R J T S S
K I D T T E D R S V E N E O I A A
F N J M F A L O H D T U D S C R N
C I W B F Z R L B X O B N O O A T
O I N O M I R T A M Y L O R N Ñ E
Z M O A Y X M L N K O A P G W A S
K P T S N K J U A J C D S I S E T
H G Z N Z C K I B K U O E L J R U
W R V X F V I K O S O M R E H E W
P U F F K C N E C P O K S P M Í G
P O S I C I Ó N R V S U Y Z A D B
L A T I D O F N D A D Q O F O O S
```

RESISTIR
EXTRAÑAS
LATIDO
REÍDO
COYOTES
GUISANTES
OCULTAR
CUATRO
MUSARAÑA
ESTRELLA
TESIS
RESPONDER
NUBLADO
PELIGROSO
HERMOSO
FINANCIERA
NABO
ÁRTICO
MATRIMONIO
POSICIÓN

Puzzle 782

CALIDAD
LOBO
PÁJARO
DÍA
RESERVA
DOMINGO
ALGUNAS
EVITAR
INTELIGENTE
GIRASOL
TAMAÑO
PARED
COHETE
DECAIMIENTO
MOMENTO
UVAS
FRAGMENTO
SALVAJE
VIERTA
PROCEDER

```
T A M A Ñ O E F P L V B Y U B S P
Y V I F X T V C L O O I B X I C R
X R R R J N I M A B S D E R A P O
B E T A G E T U J O M A T R T Y C
J S F G J I A Y I F K G L W T W E
C E M M E M R X I T H F Z V D A D
E R Z E Q I C U V A S U C F A N E
H R A N S A O G N I M O D L D J R
D Í A T G C H M O M E N T O I E E
P O Y O S E E F E C O C R S L Q U
M Á K N W D T V X A B H U A A O Z
T K J H T U E X S G E Q X R C X G
E C S A N U G L A P E R W I M J V
I R R R R M T A Q Y K Z Z G Z V X
J T F Y K O I N T E L I G E N T E
```

Puzzle 783

```
Q Y B P P P F O I J A J G N B T G G
S K E Q Y O F M A L U F U W C E H
C A P R O B L E M A S H E V O O T
N M R A G E L L C K L R V Y N G G
Q E M M J J S F V P C I E H T R A
S R O S A Z I L I T U Q I K E A L
B C D E U R A R I T Z E S A N F G
I M A G E N I T O M O R N W T Í G
E S U G R R K O I P M I L T A A I
X C D V T D B H F Y D N A C E P C
C C A S N E T M I M P R O P I A S
E E R S E Y K N U D G X L D Q D T
P H G L M A H M A C A N I T S A P
T H I G P I T Y C O N T I N U A R
O W W F A D D L J J Y Y W F C E K
```

LLEGAR
CONTINUAR
ARMARIO
NUEVE
CREMA
ENTRE
PUENTE
GEOGRAFÍA
TIRAR
EXCEPTO
CONTENTA
CUMBRE
GRADUADO
IMAGEN
PASTINACA
IMPROPIAS
LIMPIO
TENSA
PROBLEMAS
UTILIZA

Puzzle 784

CORONA
NUBE
EXPLORAR
BURLA
PASILLO
VERDES
ESPERAN
PASAR
COMETA
SABER
TELEFÓNICA
MEDIDA
SOCIO
POCO
IZQUIERDA
HERVIR
DIRECCIÓN
FOCA
SUBIR
ARRESTO

```
I Z Q U I E R D A C R T C N N V C
C D I R E C C I Ó N S E O C O P J
R O N Q V I H O H A J L M G R A X
F T R I V R E H M R A E E B U N F
H X E O S O C I O E Z F T C G W H
G C B D N P H M O P D Ó A L R U B
P T A S K A A E H S T N P R G F O
L Q S R M G X S X E X I A S A M P
A R R E S T O U I P V C S U K O G
D U N B E F K F A L L A A B X S O
I K D M D J E O G N L O R I B S K
D Q P E R V A C F G G O R R Z Y I
E U J E E D N A G P B U N A O Y D
M C D K V N W F C S C Z X R R P S
B Z E U X U F P T I G Q A X A Y W
```

Puzzle 785

```
P Q R E X U G I E U J O T L E U S
A B H L C R K S V L X M P K I C N
C I G L C O F O J L L J K S E N X W
A A C A A D N N X R N Ó I C R O P
L P Y C R A Ó Ó H W L Q N N Z A Y
D R Y P Á T E I M K L E G N Á D R
E I F G M L L C B I H Á O D P I O
R V B U B U U P J Z C Q M J T P U
A A N R A S T O O F N A D P L Á Q
G D X V N E A M O R O S O S A R G
I O I D O R P L V Z A U T O R R E
M L L P S G O B I E R N O I X M A
R I Q E I M N L A D U E K G W V Z
O S Y V E X G T V U E J N A L X H
H E F U S G F P J R Y F W R Y B F
```

SEIS
ÁNGEL
CARÁMBANOS
OPERAR
RESULTADO
RÁPIDA
CALDERA
CALLE
HORMIGA
PORCIÓN
PRIVADO
LEÓN
ODIO
LÁMPARA
AMOROSO
ECONÓMICA
OPCIÓN
AUTOR
GOBIERNO
SUELTO

Puzzle 786

HORAS
BIBLIOTECA
ESPACIO
PANTALONES
ABREVIATURA
DEMOSTRAR
HAMBURGUESA
POSITIVO
TULIPÁN
CANGREJO
VIDAS
PÁJAROS
VENTANA
COLAPSO
MAPA
CABEZA
POLLO
CARA
CUEVA
CONDUCTA

```
P T D N H D Z P A N T A L O N E S
O J E R G N A C X V E I G Y C X A
S O R A J Á P X J G E C V U O A B
I W A C O G P U B B X B J H L S R
T E R E K R J O I C A P S E A E E
I L T T J K R H L V C J S Z P U V
V W S O V T D F V L B H G R S G I
O Q O I E X T S A R O H G B O R A
B W M L L W E W T G N Á P I L U T
N M E B M A P A C A B E Z A A B U
W N D I U A S N U V R W H X F M R
H U W B N G W D D E I A A T G A A
V E N T A N A L N U R D C K G H T
F X V U Z P G Q O C E Z A N M G Y
C I Q V A U H A C Y Q H T S F T F
```

Puzzle 787

```
T I Q N I N Q D E R M I C L N M Q
A E Y M A G N Í F I C O E M R G I
C F M W R C D F Q W B I N D R U S
A G Y A R L I I A D A R T N E E L
J C B O E E A N U G L A A P C R M
A O Á F I E E C C F B T V E O R S
Z B A S T E N M A O B I O L N A A
U J X O C N Í Z R D O L S Í O M N
N E H T S A L Q O A A O M C C L G
O T W E D B R L C R V S M U E G R
M I F J Z U D A F U M K B L R C A
Y V J B K L Q X O J B W T A O Q R
C O T O Q K D A C O M U N I C A R
K O Z Y K H N M O R J P A T I O C
G G M X O B E K M E X A Z S S V C
```

OBJETIVO
CÁSCARA
PELÍCULA
PATIO
SOLITARIO
JURADO
ALGUNA
CINCO
TIERRA
LÍNEA
CAJA
MAGNÍFICO
TEMA
COMUNICAR
CENTAVOS
GUERRA
SANGRAR
OBJETOS
ENTRADA
RECONOCER

Puzzle 788

GANSO
NUMERADOR
CORREO
DENOMINADOR
CONTENER
FRACTURA
HÚMEDA
DIEZ
RECIBIR
PLUMA
ESPONJA
ENTENDIDO
MAYOR
CREAN
SABIDURÍA
INTERRUMPIR
HABITUAL
MÉTODO
PRUEBAS
DETECTAR

```
R J M D H Y M F S G W I A D I H R
F Q É E H Ú D F J A E C Z E I D C
A G T N V T M C W P Y O O T B E C
B X O O U U G E O S N A G E A S S
V O D M W K Q Q D N S Q O C R A P
L N O I C R E A N A T F Q T U B P
G X D N R E C I B I R E G A T I K
Z K I A M U L P H K L U N R C D G
M C D D H A B I T U A L P E A U J
I L N O E R R O C D I J N G R R Q
P F E R O D A R E M U N A F F Í A
I D T B O P R U E B A S V N N A U
A O N K G Y I N E K Q K D Q B F G
A K E X H C A J N O P S E Z H Q F
Z E H B R I P M U R R E T N I I S
```

Puzzle 789

```
P P I C O K Y W Z H E Z F M B M I
L R A N I E R L X D A D E I C O S
A V E T S A R T N O C M W E T C O
G T T S O Z N T A H A L B L K U H
A E I A I B J A F R E J H R Z R S
R N P V I D A D R E V I S V E T I
T Ó M N P P E M E N C I O N A R M
O R O J H A T N E I R O V L O P P
V R C B O N E Ó T O X E W R D E L
O A U B T H V C I E T I R O A J I
N M M V Q N E L P E M O D F T L F
I M M P W W N A A A D L O U O D I
B V N E I S T H F T O A K L S Z C
T Y W S W R O D I S P A R A R C A
Y K R T O F O V I S E R G A R S R
```

TRUCO
AGRESIVO
SIMPLIFICAR
SOCIEDAD
LAGARTO
PRESIDENTE
COMPITE
VAMPIRO
DISPARAR
VERDAD
MENCIONAR
EVENTO
DATOS
HALCÓN
POLVORIENTA
MARRÓN
TIRO
REINAR
HAMBRE
CONTRASTE

Puzzle 790

CUIDADOSO
RECHAZAR
CIERTO
VISTA
DISPONIBLE
VALOR
CURIOSIDAD
CUPIDO
ESCARABAJO
MES
PERSECUCIÓN
CASADO
GROSERO
SANDÍA
OJO
TESORO
BÁSICO
MARAVILLA
ROTO
ILUSTRAR

```
B A S M D I V C K E I N E M V D O
Á F Y A L L I V A R A M Y A L I P
S E M R N M M K D Z E D L K E S E
I O H X O D I P U C F D E K C P R
C Q H D X S Í J M Y X A K Z U O S
O R O S E T I A C E Z D W L I N E
D J P J F N B L Z J R I Z Z D I C
A T O T R E I C U V I S T A A B U
S E R O L A V Z X S O O Q K D L C
A U E H Q W O Z D A T I M G O E I
C O S E A G L H C R O R Z Q S I Ó
R Y O T O R M Y T P I U A Y O A N
W J R S J R G P B J C C M R P S U
M Y G E S C A R A B A J O S I W X
R E C H A Z A R F A Q T M Q S K Q
```

Puzzle 791

```
W E Z Y I X V A I C N E L O I V M
A B R E L A T A S N H D E J B O A
O T A D I D N A C A C T L K U L R
É P U C M W R J J Q K I N N U E C
A F I L A G Y A W W B Q D H R F A
Y N A Q O O G B T E L A H E Y W D
E L A L Q S E Ó Ó W G D F U N I O
R N V R J A B N I C X W I V Q T R
D W J U I M T A U C A V I D A D E
H W B U K Z D O G Q J T O E Í I E
D E S T R U C C I Ó N A U R R N P
B T C M I E X S S R X S M H O G A
T O B W R D Y G N D A E Y K Y L S
B A L L E N A G O D A R I T A É E
S R J J S D V W C L V Q R Z M S O
```

AYER
MARCADOR
CUPÉ
VIOLENCIA
CANDIDATO
SER
DESTRUCCIÓN
INCIDENTE
ABSOLUTA
INGLÉS
TIRADO
CONSIGUIÓ
NARIZ
TELA
MAYORÍA
ABRELATAS
CAVIDAD
BALLENA
JABÓN
PASEO

Puzzle 792

CINE
INÚTIL
HACIA
NI
HELADAS
RECOMENDAR
MÚSICA
PADRES
JERARQUÍA
INESTABLE
COLONOS
ENTRENADOR
RESOLVER
QUESO
PROPÓSITO
PELUCHE
FOLCLORE
CRIMEN
NATACIÓN
GASTO

```
M D C E H C U L E P D N J G G J J
C D E E U A M Ú S I C A M D A I E
W W J P B N C Z J Y I U I L S R R
O T K J I O T I S Ó P O R P T E A
P A D R E S A D A L E H O C O C R
L F R Z Q E N I C W E U D C R O Q
D R F Z Q U N R J V Z D A T F M U
E P X Y N Q K U V L R N N J R E Í
C E X F O L C L O R E T E N E N A
N A T A C I Ó N I F V H R M H D E
D D C I N E S T A B L E T M I A Y
F T A I I N Ú T I L O N N D I R M
M U A F N Y Q J H W S R E H O W C
L Q Y V R E Q X L X E Z M U L P E
B C O L O N O S U Y R F I P S C S
```

Puzzle 793

```
N E M A Y Y T C A B A L L E R O N
W L D L V H T M D R S P D G H Ñ E
G E E V E E Y A A J O A O R G A Y
L F O S A Q N Ó Z A R B A S B V U
O A J W T Y K T A L L I S L E U B
B N O D R Ó Q W U R J V O Y E E I
O T S W N Z M P Z R C O N T A R R
T E I D E A U A C A E V H M T H T
I N V E N T A R G S A R G N S X N
C E L E B R A D A O I S O N I M O
M I T A D P K D V T D M K W V V C
S A A B C O U F K N Z B Q V E O F
B C N S Q Z F H B E N D X Z R J W
H R E Z O L G Q X L S S R X S M V
U W X U A Z S F W N T Z O Z R V W
```

AÑO
MITAD
POSEER
OJOS
AVENTURERO
ELEFANTE
ROSA
SILLA
CABALLERO
INVENTAR
LENTO
ESTÓMAGO
AZADA
ABRAZÓ
CONTAR
CELEBRADA
REVISTA
GLOBO
CONTRIBUYEN
YA

Puzzle 794

ALEGRE
COMPLETA
ESTÚPIDO
PERA
ORGANISMOS
COMO
INCLUYEN
SE
PRUEBA
RIZADO
TARDE
VITAMINAS
TRANSMITIR
COMPLICADO
MALA
UÑA
TOMADO
GAFAS
CALCETINES
TONTO

```
C P T O S A F A G X Y K H K D X R
T O R Z C F L O R G A N I S M O S
R I M U D X U E T O M A D O P G E
A N C P E U Ñ M G Q P N O O G N M
N C O M L B A D D R T A R D E S L
S L M A C I A R E P E R I Z A D O
M U P L A N C X O I V T E F G W M
I Y L A L E Z A S E I O S I Q I O
T E E B C O W W D M T N T F Z B C
I N T Q E L O E A O A T Ú J J D T
R X A A T U Y N O H M O P P P K Z
I P M H I Y F M A K I R I Z X D R
U C J K N H W W S K N C D H V J N
Z O H X E V Z S B Y A G O F U W I
S B Y D S R H T L Y S E I O C P E
```

Puzzle 795

```
K I P Z M O C Z M Z X P I D R I P
F R B L U T V I J G N L O S E V U
A A D Í A C I E E T K A U T S I P
S C I L D A Q E M R H N E G P O P
A Ú A S M Z Q Z R A T A R T O L U
M Z R A Á D I Q V Q V A E V N E P
B A I D X N S N G U T P C S S T E
L F R H X A V L A Z O S E L A A I
E O B D P P A U F B O C R U B H N
A O U D P B C C E X Z Q E H I C E
M G C U T X I L I W L T P T L E I
C U S I S A L O R E C A C U I R M
G L E C H O A B B P L C J P D T T
S R D E O O R I I G S O G E A S T
C A S Q U I L L O J R D Y U D E H
```

CACEROLA
AZÚCAR
LAZO
RESPONSABILIDAD
TRATAR
PEINE
PERECER
ASAMBLEA
DESCUBRIR
PLANA
ACTO
FAISÁN
ESTRECHA
CASQUILLO
VACILAR
CIERTA
CIELO
LECHO
VIOLETA
CAÍDA

Puzzle 796

EXPLICAR
VOLUNTARIO
COLUMPIO
LIGERO
LUCIÉRNAGA
REDONDA
INTERCEPTAR
JALEA
FAMILIARIZADO
CONDUCTOR
ESTADO
COBRO
CABALLO
ACTUACIÓN
OFICIAL
NIÑA
MISERIA
GENTE
NEGOCIO
PERDIDO

```
M A E L A J V J E B I W C N H I T
T I C J D J Q K L Y N K A D X N Z
W J S T K M Z G Q O E Z B K G T V
N L L E U F Z Z B G I S A X E E C
O E E I R A Ñ I N J I R L J Y R R
I T G V O I C N V Q W W L H R C E
R N O O T L A I C I F O O K S E E
A E D I C U D Y Ó A S O L B Q P S
T G R P U I N E L N G J V Y H T T
N G N M D P O E X P L I C A R A A
U L O U N Z D Y P E R D I D O R D
L P P L O R E G I L C C U P D D O
O R B O C N R L Z J J J P C Y X B
V E J C F A M I L I A R I Z A D O
L U C I É R N A G A K K M B I J Y
```

Puzzle 797

```
P X A Q T R Q Z D L B L N P N E R
B H N M M J A I G I E A Ó N A C I
S J I G M M E C O J T D I B T H H
D E C L A R A C I Ó N O C I U P V
Y W S W S D T W B F E S C U R R P
S P I Z O D A V A L I E E F A A R
V X P J I M T P C Y D D L J L K O
N R G M R F S D I J N U O Z E E P
W R L M U K I E N T E G C M Z M I
G X S O F W T M C A P M J J A P E
C E R D O F N J É X E V A A W R D
O L I M N J E F T V D Q H R X E A
L U G A R Q D C R M N U O L S S D
F R E C U E N T E Í I Q F I A A R
F R A M B U E S A W O L Ó S R E F
```

EMPRESA
COLECCIÓN
DECLARACIÓN
TÉCNICA
FRÍO
CERDO
FURIOSA
MODIFICAR
LUGAR
LAVADO
NATURALEZA
FRAMBUESA
DENTISTA
SÓLO
FRECUENTE
PROPIEDAD
LADOS
INDEPENDIENTE
PISCINA
MAR

Puzzle 798

RETIRAR
NUDO
ALLÍ
BRUJA
TECNOLOGÍA
SECRETARIA
ELLAS
CANELA
GESTIÓN
TRANQUILA
DESARROLLAR
ESTELA
MEDIR
INVERSIÓN
CUNA
NO
PATATAS
ÁRBOLES
TRISTE
COMADREJA

```
P T Á O Q R Q Z X X V G G W N N H
S A G R A L L O R R A S E D U O S
E J T C B T R A N Q U I L A D R I
C E E A W O G E S T I Ó N F O S G
R R S R T C L T E C N O L O G Í A
E D T E E A N E I N V E R S I Ó N
T A E T Z D S N S E L L A S V B Z
A M L I Z V P C F L H H M Z M R T
R O A R I D E M T I G T Z K H U S
I C P A L E N A C M T L J M M J L
A D Q R W K C W L G K H F B G A U
J W W S Y N T X U L Z S G C K N B
D C U N A S S Y W E Í V D C R X C
V M U J A Y G P X S K Z T N J Q D
D Z T R I S T E M T I D N I H Y E
```

Puzzle 799

```
F E J B J R L H E A Z H P F I P P
M E N T E E S A N A P A U I N R A
A Q R M R L A K O C G S L G F O R
S D Z H C O C W E A X C G U O P A
R R J C F J A Q O T Y E A R R O D
S Q F U I W R E C I U N D A M R O
O F U C N W T A I G K D A B A C P
A M X M E T A C T O Y E S M C I G
M G H J I F A J Á S A R Y B I O O
R E V E L A R R M E U Z K É Ó N E
O J I H F F B K O C F J S I N A X
F C C E Q H P M T C S S A S A R G
E S G R I M A T U A P S S B N B Q
R X Y M J V T E A H H Z W O A J H
V C Z J A K E B Q B S T Q L G I R
```

HIJO
ACCESO
PULGADAS
REFORMA
REVELAR
AJUSTAR
CARTA
RELOJ
PARADO
PROPORCIONAR
INFORMACIÓN
ASCENDER
ADJUNTAR
MENTE
AUTOMÁTICO
FIGURA
ESGRIMA
SANA
GANAN
BÉISBOL

Puzzle 800

AMOR
SECO
PRIMAVERA
DIO
PILOTO
PENSÓ
FABRICAR
SILENCIO
RESPONDEN
PERSONALMENTE
CAMPANA
BUFANDA
PROCESO
INDIVIDUO
VERTIDO
TAMBIÉN
TENDER
SECA
DESIERTO
PAÍS

```
S L P S J H L K K F O S E C O R P
I K E K T X V F C C T V I U G O E
L X N V H I E P I P E N S Ó A M R
E T Y I C E R E D N E T Z B V A S
N X A T O J T K Q Y A N R V C H O
C H D M U N I S E C O F L E S P N
I F N N B A D D E S I E R T O A A
O D A U C I O U D I V I D N I Í L
F L F V I O É I Y D G F Z G Z S M
K Q U Y N H Q N D M M A S E U W E
T V B J Q J S E C A N A P M A C N
P R I M A V E R A T L O I L M E T
F A B R I C A R E C X Z B C U G E
G B O T R R E S P O N D E N G K Q
H B M H A L V C U P P I L O T O V
```

Puzzle 801

```
A S H P R E G U N T A N D O W H C
G C M A S O A C U E R D O L K N T
Y W S D E I P L I E G U E X B S N
G N P I X P V R E S P E C T O U F
R B G Ó O O O A L L I C N E S P D
A E A S C C B L U M H H I P O E P
D J A W W S Z G J D A A D R T R T
A O O L L E S U O H D U F O U I S
D S R Y M L L I X E V Y D T N O H
E K I I M E R E W B G W P E I R T
I Y X G L T N N R S X M C G M A G
R K U P N L S T W H W C N E W K D
A T K S P A A D E N O M P R W L E
V Y X W Y N R O N E M F X N Z B Z
R I S I B L E V E L I B R E R O P
```

RISIBLE
PREGUNTANDO
LIBRERO
VARIEDAD
RESPECTO
ALGUIEN
TELESCOPIO
PROTEGER
SUPERIOR
SENCILLA
PLIEGUE
ADIÓS
ASIGNAR
ORILLA
MENOR
SELLO
REALMENTE
MONEDA
ACUERDO
MINUTOS

Puzzle 802

AMABLEMENTE
UVA
VIENTO
MOSCA
EXTENDER
IMPUESTOS
SAPO
UNIDAD
ELEGIR
CUELGUE
DEDO
PÁGINA
SAL
COLUMNA
PARAGUAS
RECREATIVO
COMPRADO
VOLTIOS
PIENSE
CELDA

```
E C O M P R A D O X C K O L U W A
U X H R R U C W P L E H I J R H M
G Y T O X G S B A Z L D E S Y X A
L R O E T P O E S O D E D A T E B
E N M S N U M P M O A N I G Á P L
U T D R H D V A B S A R H B Y D E
C E V L K G E A B X J I Z D B H M
G H S A U G A R A P O G E E V F E
Z K S H W M X S O T S E U P M I N
R W E Q G R Q O L C O L U M N A T
B W X T C U N I D A D E F Q R C E
O Q B K A T M T N E S N E I P W L
V Z S L N O Y L J K A F J W K Q F
K R L B Q P H O T N E I V I D R U
B X X K Q U O V I T A E R C E R V
```

Puzzle 803

```
K X A R K Y A I B D C M B K K N K
E D N E U D V W J G O N O D M Ó Q
D X M E I O H U S R L D A N G I G
E A P Y X B O F D Q O K W U T C D
M L I E O P A M O O R I O L P A G
O E N S R G R W T E E A I R E R R
C A T K S I C E C T S N C A E E C
R T E H Q X E D S N V I I R D P O
Á O N B O L A N M O I C F A H U N
T R T R S U M A C S F I E P F C T
I I O P D G R N Y I H F N M Ú E E
C A C T F J F O T B A O E O T R N
O P R O F E S I O N A L B C B N I
I N T E R N A C I O N A L A O B D
I D N A O G P E F L F I B F L B O
```

INTERNACIONAL
OFICINA
PROFESIONAL
FÚTBOL
COLORES
COMPARAR
BENEFICIO
EXPERIENCIA
EXPRESO
BISONTE
BOLA
RECUPERACIÓN
CONTENIDO
INTENTO
MONTAR
SUMA
AIRE
DEMOCRÁTICO
ALEATORIA
DUENDE

Puzzle 804

PLAYA
ESTRELLAS
RANA
MARIPOSA
CARAMELO
DIGAMOS
COMPLETAMENTE
DOLOR
TABLERO
EXACTA
SOSTENER
CIENCIA
VER
OLVIDÓ
EQUIPO
MEDIO
CHARLA
CAMIONETA
GRANJA
SANGRE

```
O L V I D Ó E S T R E L L A S E D
Z Q B C A A I C N E I C D Y E T I
Q I C S N J M A R I P O S A R N G
E D E S A N G R E Y L K K T E E A
D Q H P N A Y E E N R H I T X M M
E O U K A R J N N N C H A R L A O
W R L I R G W I E W E A R K F T S
B E Q O P C M K W S K T P S V E I
M L E W R O P H W H O E S F N L C
H B P Q B P M E D I O N B O G P X
C A R A M E L O N P X O K X S M N
L T E X M V B M P L S I O F B O S
Z S X A J E V Z N A N M U X T C U
C J J U I R L B G Y I A E D Y U N
T Y J E X A C T A A T C J P I P I
```

Puzzle 805

```
M G P S K X G M F R D E M I N A E
D I Q E E Q W E V B E P B H Y Z D
M E G Y R É H J T U F P E S O C W
D N B R S T X O H R I Z N G I A U
I E Q F A N E R O T E L E U Q S E
O V T R A R O N G I N L E T T T S
I J G C F G Z Y E L D L X W H A A
V P O L S P D C C A E P U Y Ñ E
O A Q Z W Y K T Y A E G E D J A V
D T R J O T N E L A T A D Q E S L
A L L I L O P S N H X N I X S B D
N A Q B O Q V F P R R D C X U J F
A Q D J I U V I A J E O I O F M V
G E Q U V E C B K R J O Ó M A G P
V W H D E L F I N E S I N X S K L
```

MEJOR
PESO
DEFIENDA
TALENTO
DELFINES
POLILLA
TOQUE
ESQUELETO
GANADO
CASTAÑAS
EXPEDICIÓN
PERTENECE
MIGRAR
MINA
TÉ
VIAJE
SU
LLEGANDO
VARIO
IGNORAR

Puzzle 806

DETENIDO
MERCADO
OPINIÓN
PREVENIR
PRODUCTO
ROSTRO
ASUSTADAS
IDENTIFICAR
TUERCA
HOJAS
MARIDO
RATÓN
EDIFICIO
BELLOTAS
MIRADO
EJEMPLO
SEGUNDO
EMERGER
TOMAR
ANIVERSARIO

```
L M E Y Z A Y M V B I C A X M K M
D E T E N I D O D N U G E S G F E
T M W Q Z C P L J Q Z Z B B N G R
I U I G M R E P M W P H L B Ó V C
D G E R H C Y M P R O D U C T O A
E H Q R A K S E K V D U W F A B D
N T J W C D V J E M E R G E R E O
T O I A A A O E O P I N I Ó N L E
I M A N I V E R S A R I O M X L D
F A H O J A S K T O V W L A V O I
I R I N E V E R P S L Q V R Z T F
C A S U S T A D A S O U V I V A I
A S V M K I I P I R L R C D R S C
R V Z D Z U Y L A X W S H O B W I
V Y C O W J Z A M N K K Z R L P O
```

Puzzle 807

```
N A M U X G N D D W A O D V D T I
P R Á L E A C E P T A R Q B I R N
J K X E S P E C T Á C U L O I A F
N Ó I C A V R E S B O T A L P N O
S F M I R D A C I T Á M A R D S R
S L O W U C C W Z L G S F S R P M
G J V U T L I D K O W Q D L A O E
J F P O L E L M I T O N E S R R E
H O S E U H P P M F B E A L A T G
L U D O C R A G E R G A S M P E G
V S M J L R Á P I D A M E N T E Y
G X H A F D N X H X D I J S A G B
R M H V N G A Q G A F E A V J A Z
Y H A Y T A M D D H I J I Q G I O
B S L O T C E Y O R P A V E J M Z
```

APLICAR
PARAR
SOLDADO
ESPECTÁCULO
HUMANA
RÁPIDAMENTE
INFORME
GRASA
CULTURA
AGREGAR
ACEPTAR
VIAJES
DRAMÁTICA
OBSERVACIÓN
PLATO
MITONES
MÁXIMO
HUESO
PROYECTO
TRANSPORTE

Puzzle 808

PELIGRO
COLINA
ACCIÓN
CASTIGAR
CLASE
LOGRAR
LOS
CONCEBIR
PENDIENTE
QUE
TAL
CISNE
PRESTAR
FACILIDAD
PUNTUACIÓN
HERMANO
DESPLAZAR
ERUPCIONAR
DONDE
NÉCTAR

```
E S A L C L F H W I W A D F Y D T
U R P W L O X E D N O D T R V A V
Q M U H Q S V R A Z A L P S E D M
N R B P Y V Y M C Z J V E I C I U
L R C Z C B F A N A I R Q W U L N
U O T M M I R N Ó J S X A U T I C
J Q G V B H O O I G Z T J U S C I
C V A R Z Z R N C S W K I B H A S
E V N Q A X G O A E C L M G S F N
L H I H I R I A U R I M E Z A X E
T A L C S H L C T A C C I Ó N R C
K Z O R I B E C N O C T N U V Y V
N É C T A R P T U P Y S T H X F U
M R I L V M Y R P P R E S T A R G
P E N D I E N T E S L D E M O O U
```

Puzzle 809

```
I M V P V J F L T Y F L L K O C N
A L E T A K I Y N N I V E L R Y S
V O T N E I M A S N E P E W P V J
Z P E K Q H W E B N R I R E F E R
N O N A B Á R A C I L P U D E Q B
D D Ó L R A C I F I L A C Q G N P
U N I L A M C U M P L E A Ñ O S R
L A C I N J A S E L A R E T A L O
C J N D I B A F N A U Q X P R R M
E E A R C O C U Q S N P U Q K Z E
S D C A O G E U F U Q H B Í U G S
F J I V C K J B W M L H U U P P A
W F R O T Y T T J E K Z X N F C Q
F I H T Z D L C F I P S R M V T A
A N U Y S I V M M Z X V N V V T V
```

DEJANDO
ARMA
DULCES
QUIEN
ASUME
COCINAR
CANCIÓN
ARDILLA
PROMESA
CUMPLEAÑOS
REFERIR
FUEGO
DUPLICAR
CALIFICAR
AQUÍ
ALETA
RÁBANO
NIVEL
LATERALES
PENSAMIENTO

Puzzle 810

VISITA
SUFRIR
BAJO
HORARIO
ESPANTAPÁJAROS
NOMBRAR
LLANURAS
PERSEGUIR
MISMA
NIÑAS
INCLUYENDO
PRESIÓN
VOZ
RECUERDA
IMAGINAR
PRESERVAR
NIÑOS
PODRÍA
SEXTA
OLVIDAR

```
W O E O I P K J F Q G D B K F V P
G T Q A R E C U E R D A M S I M R
B J U F B F G Y O I E R O N L T E
A S O R A J Á P A T N A P S E B S
P C D P W Y I J Z A R T O H M A E
E R N B O E A E L R I X L Q F J R
N F E N T D Y M D A U E V J L O V
I V Y S X L R O V N G S I N S L A
Ñ V U H I O N Í Z I E L D I U L R
A O L O V Ó D X A G S S A Ñ F A S
S Z C R R J N U Y A R I R O R N P
B F N A U N D S B M E J T S I U I
Y A I R B Q S O W I P O C A R R O
S Y Q I C S N O M B R A R E A A O
X N O O D Z Z X C D R H T T N S E
```

Puzzle 811

```
B S R M R C O R R E C T O S K P G
O M O X I J D T C P C X M E Z E Q
I E D C M B P O H C P A M D C R M
J Z A H U V H R E R R O C O J M N
S O R T S E U N Q W N T Q S H A C
O Z R A A S L P U T O R A A G N F
N Q A Y D R A G E R L S T E M E P
A U N X O I N S A J E V O J T C M
R Z N N T T K N N W X L G H E S
E K Q C L I I X E S X Z U Q N N O
V M V I A M C L C V H T C B Q A K
O A G U T R O T F A G P R K W V F
C L P T V E M K I W P E Í A Y O U
N X C C A P E H R S T J C G N T N
C U I D A D O S A M E N T E J J W
```

CHEQUE
CENA
CUIDADOSAMENTE
NUESTROS
CÍRCULO
OVEJAS
TORTUGA
NUNCA
PERMITIRSE
VERANO
FANGOSO
CUELGAN
PERMANECEN
SEDOSA
CORRECTO
NARRADOR
ASUMIR
CORRER
EMOCIONAL
TODA

Puzzle 812

ERIZO
TERCERO
GRUÑIDO
NIEVE
ENREDADA
IMPORTANTE
GUSANO
RODILLA
ÁGUILA
CARTERO
CAYERON
DULCE
SINTIERON
ACOMPAÑAR
SABIOS
ESCLAREZCA
REACCIÓN
ALTITUD
LIMPIAR
CONSECUTIVA

```
G S R P X H Q A R V G N H R J L I
C R A I P M I L E V E I N J T O Q
E A U E C K Y K A Y N O R Y N M N
S V R Ñ Q T F T C K T D P W F Z T
C I O T I Y B P C Á G U S A N O S
L T D K E D M A I X G Z I S E Y R
A U U B I R O X Ó T D U T I T L A
R C B U B P O G N P Z A I K B T Ñ
E E T N A T R O P M I I X L L E A
Z S O I B A S E W Z L Y Z U A R P
C N O R E Y A C C Z M S T X A C M
A O Z I R E S I N T I E R O N E O
F C V R O D I L L A J N N I G R C
S U X M E N R E D A D A J D E O A
D U L C E K B Z P C W O I Z I C J
```

Puzzle 813

```
N N Ó I C A Z I L A U T C A A H S
A L P O T N E I M A T R O P M O C
P Q R X Z X U P S N C A T Í H R A
C O N S I D E R A N O D I E R E J
A B A J O A G I A Ó N I X C H G R
B L P U D S N V Q T O C É X Z L V
L X C Q V I Ó I K N C I R V R A A
E A X E Z S I V O O I O A O P I S
F M A K G T C Z E M D N F L L C I
K D P Z W I C N G T O A B U Y N Z
D V L L R R U E U S N L P M A E C
J N B W E P D F L L X E O E O T L
C O S T O A O S Q H K S G N G O R
V M T V G Z R V E N T A J A L P F
E B A G R Q P P A S A N D O Z C B
```

POTENCIA
VENTAJA
TRADICIONALES
MONTÓN
PASANDO
VOLUMEN
ABAJO
RÍO
ACTUALIZACIÓN
CONOCIDO
EMPLEAR
VIVIR
AGENTE
COSTO
REGLA
PRODUCCIÓN
ÉXITO
COMPORTAMIENTO
ASISTIR
CONSIDERAN

Puzzle 814

NUTRIENTES
CONSTRUIR
PROCEDIMIENTO
PELO
SALCHICHAS
ASUSTADO
TAZA
GRABAR
RANGO
CITA
PEZ
CONFUNDIR
AZAFRÁN
ENCONTRADO
PREDECIR
ENVIADO
DECIR
DESAFÍO
HAZAÑA
SOLEADO

```
C R I C E D E R P T U V U I W S G
O A T I C U H Z X K D J S Q G A R
N N Z H R Q R W L N C N Q Z U L A
F G T K J R K H P V Á B A G J C B
U O D G M E N C O N T R A D O H A
N L D E D E C I R X J A F B W I R
D E Z A S K N J J I B N X A I C I
I P S Z T A H A Z A Ñ A H S Z H U
R W Z A O S F O O S T C D U E A R
Z B I T J E U Í Y C C L T Z J S T
F B Z I I U R S O D A I V N E P S
N I T O M G Y I A U H I U W Q E N
P R O C E D I M I E N T O I K Z O
N U T R I E N T E S H A R I Z G C
S O L E A D O P V Y W P I N P K L
```

Puzzle 815

```
B S O R P R E N D I E R O N Q V P
T O A E X F O L I A N T E Z I I O
W L M Y L F P W C O G N O Y D R X
S I D B S C K Y E D X N B S U U J
C Y D B E U Q S O B Y K C Y C T P
K O Q R P R A L P O S Y X K H A E
M D M C X U O I X G A Q H X A S X
Q I S P L H R T B X S D W M D A K
E C P E E V T Ú Z C O X N A M M M
A A T Z P T S K C L C E Y M R S N
T N I S A A E N L I F H J T N I T
M O T Z P Z A N X X N C V U I M C
H C K K Q Y M I C Q M T Z X A L W
S E R I E K O R J I T V A O T M T
D E F E N S A A G R A R A L C A U
```

MAESTRO
EXFOLIANTE
DEFENSA
SOPLAR
BOMBERO
CINTA
ACLARAR
SERIE
COMPETENCIA
VIRUTAS
COSAS
PAPEL
CON
MISMAS
BOSQUE
SORPRENDIERON
NACIDO
DUCHA
SIN
ÚTIL

Puzzle 816

SALTAMONTES
SÁNDWICH
CORTINA
MORADO
VA
NEGRO
ANÉMONA
COCIENTE
DISCULPA
CUELLO
CALCULADORA
VACIADO
BRILLANTE
HUEVO
OPONENTE
GRAN
ROJO
GRITO
DURANTE
DETERMINAR

```
S A L T A M O N T E S I U F M I J
D I S C U L P A Q Q G Z V E J Q L
M K D D H I T R P W R S I L T X A
M O P O N E N T E T N E I C O C U
C X Z L W X C Y X L P K O X H A O
C O R T I N A R O D A L U C L A C
S G D P U B R I L L A N T E T A V
V Á P A D P Q Q D R H E N B U N S
A O N A R G O H U N M Z H F E É K
C W F D Z O M U R C U E L L O M C
I U B L W T M E A N E G R O J O R
A E Q L R I A V N N U J V F F N V
D T J J V R C O T R A J T N P A Z
O J Q J T G X H E Q D O X F T I L
D E T E R M I N A R J A N A T D D
```

Puzzle 817

```
G M G M Z Z A N J A V R U C M C G
T L X K T I E R N A M E N T E U R
F Q R P A C Í F I C O O J T I Y A
U W A E L L A T E D S R E N N A N
R B T M S D S G G B O G Z P G A I
T O R T A P K G L F F U Y M R S Z
R I A R B M O F L A Á L B Z E E O
O S C U E C O N O F É L E T D N Y
F E S Y M W A E S R D O K M I T F
D T E Z F Y M N E A K S N D E I T
K L D H C N D O S C B O J S N D Z
A B U N D A N T E A U L B C T O C
N S W T D B T T J X D J E V E B B
N J Q U L T N F U Q O O P I D N E
C U C H I L L O I R O T I M R O D
```

SOFÁ
TORTA
DETALLE
ALFOMBRA
TELÉFONO
CURVA
ABUNDANTE
PACÍFICO
ORGULLOSO
CUYA
DESCARTAR
CUCHILLO
DORMITORIO
GRANIZO
SENTIDO
RESPONSABLE
ZANJA
INGREDIENTE
CANSADO
TIERNAMENTE

Puzzle 818

GRACIAS
VALIENTE
BEBÉ
PLATOS
DERECHO
TRATAMIENTO
MAÑANA
REBAÑO
CUERPO
BREVE
CALCETÍN
GALOPE
SERIA
PREGUNTAR
SIENTO
POLÍTICA
CONTRA
COMPROBADO
CLIMA
DESEAR

```
D E R E C H O B S G V E Z R A I S
K B X P G S F E E R A C U E R P O
C H H N D W D B R A L J Z M T O Z
V L G E S U X É I C I E J O R L I
D C I U W E Q I A I E D H U A M M
P A J M K I V B M A N U Y H T R A
R K S R A E S E D S T E C N A E Ñ
P R E G U N T A R R E G A P M B A
K W E U Y E K I A B N A W O I A N
F U M O D A B O R P M O C L E Ñ A
C O N T R A P L A T O S G Í N O F
V I L N Í T E C L A C V S T T P P
D R S E P O L A G K Q T C I O R X
H J Q I L G L F Y T M G Y C L M Q
F Y W S S J U E S G P R H A L A S
```

Puzzle 819

```
Q X L J S C F A R U H C N A Q C S
A C B B B S K L V X F N G K J A O
N V V E W S Y I E E R B O P W N N
O R A C T X X L Y H S O I K R A I
P D W M B F L R B I Q F B H R R D
I J O T N E I M A R O S E S A I O
N U E M U G B S E O T O Ñ O T O P
C C S C Ó P É E V N K H L E I J É
E D U D C C D L V P T U W J L X R
L I M I E U W G N W X I N Y I D D
F U E N T E C A J Ó N Q R F M E I
M S F V M F P B I Y E N U A F S D
O Y L J K T X V I P W K O R K A A
N X G J W P A W M A D U R O R T G
V V R S T Q F Y E N G A Ñ A N A R
```

PINCEL
CANARIO
POBRE
MUSEO
MENTIRA
PÉRDIDA
LILA
CAJÓN
FUENTE
SONIDO
CÓMODO
CARO
ENGAÑAN
MADURO
DÉBIL
MILITAR
ASESORAMIENTO
AVES
OTOÑO
ANCHURA

Puzzle 820

VERBO
INVOLUCRADO
CAUSA
BASTANTE
DIVERTIDO
MISMO
LECTURA
LEONES
GRADO
ORTOGRAFÍA
PLATAFORMA
ENVÍO
VIDA
COMENZÓ
APARECE
EMPUJAR
COMPORTARSE
ATADO
ALIMENTOS
LORO

```
O Ó J P L P W J Y J A O L A D A I
P F Z H A E F G O V L R O R I T N
I A Q N J M O J M E I T R H V A V
A P A R E C E N R O M O O V E D O
C A U S A M F O E X E G P E R O L
T D Y R T L O M H S N R O R T Z U
M I S M O U F C K T T A U B I T C
A V E M P U J A R A O F S O D K R
G G W E W G D S C G S Í U V O B A
L E C T U R A H E T N A T S A B D
E R H H P P L A T A F O R M A G O
V N J F A M Q O H Y T J N Q O R M
E R V J X T U M H U F H F Z E A C
B N M Í C O M P O R T A R S E D K
E I E G O T F P O H K I O P F O J
```

Puzzle 821

```
E F Y P U T U C I N T U R Ó N N O
O E Q G E T O D O U Q X O T S P I
F X C M F Z D I F E R E N T E O W
F L U I D O U C A R I B Ú J R P F
J T Y J C T E Ñ Y H N E G R I T A
Q I N T S C U Y A U M P R A T E P
E S P E R A N Z A M C F Q Z R L R
E I I G D P C L O O E Y E U W Í A
A N Y Z H M A N W H V J U L C P C
D G S V M O L H F I N S Z F P T O
U K P A S C C L O D I R D O P I Q
L C Z S Y J U M K L J W U U R C Z
T S J Y T O L K O K A N W B V A X
O V F T O N A Z I N A G R O H O K
P C G F V Q R I R E G I D K Q W L
```

ESPERANZA
ADULTO
DIFERENTE
ELÍPTICA
FLUIDO
AZUL
ENSAYO
PEZUÑA
DIGERIR
CINTURÓN
CARPA
HUMO
COMPACTO
CALCULAR
ORGANIZAN
CARIBÚ
HOLA
NEGRITA
TODO
PODRIDO

Puzzle 822

COMPLACER
PARTICIPAR
BLUSA
AUMENTO
ESPOSA
SENSACIÓN
DESDE
AHORA
ENEMIGO
MANO
MARGARITA
CONFIABLE
SEGUIMIENTO
PRIVILEGIO
EJERCICIO
REVERSO
ORDENADA
SUÉTER
TORMENTA
PROBAR

```
S E G U I M I E N T O D M Q I V S
E J E R C I C I O A T N E M R O T
O A S S G L V J B W Y B M S U H T
F B Z R S O E T B W D M A R D O X
G L L X O A T I R A G R A M D E M
R A P I C I T R A P E V N R X N Q
E E W Q C I G P I D Z Z W Y O R J
C H I J J I B M U A J K E B S H O
A U M E N T O U A D A N E D R O A
L S U É T E R V F N Q Q C W E G S
P A N K S L Y R A B O R P O V I O
M C O N F I A B L E D L L B E M P
O P M D P R I V I L E G I O R E S
C S E N S A C I Ó N B L U S A N E
X M D O F O K W H S D F B O H E U
```

Puzzle 823

```
U G Q L K G W V Z P S K G N G Q T
A Q O R E J U G A C I M É D A C A
T T B O T C A T N O C L Y I O Q M
H S Y Q N A C N E V O C K R C H N
G H R H E S M I D A E C B N H A G
F W D L M C Z S Ó T X H I H O F R
E C Á P A P I A U N T U O D A E U
M A Y S T W B C Z E E T E F B C P
E R T D R A B O R C R M E N L T O
N R J E E F V M J G N E B N I O N
I E P L I F H T C J O N T R Í Ñ E
N T R J C A P L Á P I Z B D W A O
A E E V A L U A C I Ó N I V K H N
P R A D A N N X E C M H L I Y Y K
C A L W S K D S G K V H R V E F K
```

CASI
LÁPIZ
EXTERNO
CONTACTO
OCHO
FEMENINA
LECCIÓN
ACADÉMICA
AGUJERO
CARRETERA
CENTAVO
PAPÁ
GRUPO
ROBAR
NADAR
CIERTAMENTE
TENÍAN
EVALUACIÓN
AFECTO
NIÑO

Puzzle 824

SUPUESTO
CONVERSACIÓN
DECLARAR
VENTA
PERFECTO
MUJER
NOTA
LÁPICES
PISTA
MOSTRÓ
BOLÍGRAFOS
POPULARES
ALMACENAR
ACERO
SATISFECHO
BLOQUES
EXACTAMENTE
CARBÓN
POBREZA
EXPERTO

```
C S C G E M P O P T F E A R E M M
F O A O N P I A G G A S L G X U O
N T N T R G S Q C W X U M R A J S
X C D V I E T D V R H P A G C E T
P E P B E S A T N E V U C A T R R
G F U M I R F W O N N E E D A I Ó
R R D Y W E S E B N O S N E M A U
V E P N Ó B R A C B T T A C E C P
Q P X W B A O J C H A O R L N E X
E X P E R T O G J I O K Q A T R F
B O L Í G R A F O S Ó A Z R E O T
B L O Q U E S E X T N N J A P A T
P O P U L A R E S F A Z E R B O P
I Y U E M L Á P I C E S K A N L J
I X L I I F P C I S H Q E B T P X
```

Puzzle 825

```
H I L E R A E R A O G J O N C N S
I B E X E Q K A E U P Q S P U S E
R G W P O H Q I J L H U Z O H J R
C E Z O S E P V A P A H E F M E P
Q U S Y A F I N N O C C J S T R I
O Z M U L C A E O S I S I X T E E
Q U H X L V N T S I F N T O U O N
V F B G E T E J R T Í U P V N N T
D Q C M S Y A J E I C M O I G A E
R O P A O Y C D P V E E T T X Q R
T E T E R A R L O A P R E U O V H
B G Q A G Y A M Y S S O O C I C A
E T E N I S M D E K E S M E D R L
F R A I L E C I L L O O J J Q Z Z
I N S T A N T Á N E O J Q E K G H
```

FRAILECILLO
HILERA
ROPA
DE
EJECUTIVO
TENIS
INSTANTÁNEO
PERSONAJE
POTE
SERPIENTE
NUMEROSO
RESULTADOS
OPUESTO
TETERA
ESPECÍFICA
GROSELLAS
POSITIVA
RELACIONAR
MARCA
ENVIAR

Puzzle 826

BOXEO
ALTERNATIVO
CICLISMO
FLORECER
ARTE
GRIS
UNIRSE
ZAPATO
MENSAJE
EDAD
AFILADOS
RETENER
ADECUADA
ASÍ
FRUTA
DISTRIBUIR
RETRATO
TIJERAS
REQUERIDO
VERSIÓN

```
O D S P N Z C I C L I S M O G C D
A N G C I A A K L Y K O M E W I I
R D J L T P C R U T J M F X M O S
E V E A Q A V I T K Z V E O O H T
T E F C K T D J X E U J S B I V R
E R R M U O V I T A N R E T L A I
N S U E R A I V W N L E F U A Y B
E I T N E V D D U W A C S C R P U
R Ó A S Q D A A N L T E I H B Z I
U N H A U K D F Z K R R E K E T R
N E C J E R E T R A T O G J C Q Y
I W I E R L M N C R V L C R A S Í
R U P U I K O N O M L F X K I V Y
S L L Q D T I J E R A S M V Z S Y
E P F S O D A L I F A A X M X Z W
```

Puzzle 827

```
R L N K P Z Y C E R G I T E U W S
E W E N M U B C L D C G Z E X Q Q
C I S E D Z D T L A I A U G M D B
O O Q M S D L I I Y R T Q A N R L
R G U O X T L E V E K A A T N U P
D W Í D L U A U Ó X M B M R V E Z
A T N A L P M L M V R P Y E A U C
T M J J K F A P O K E C O C N Z Y
O A N W D Y D X T X C U P I E T B
R K W K J I A S U H I A U E I M E
I O D I N E T N A M E D P M B I Q
O P O L Í T I C O R N R M P Z R P
G L F B W D R E U K T A X I C A X
C A P Í T U L O X R E D Y É E R O
M O T O C I C L E T A A F S X Q X
```

BIEN
MANTENIDO
CIEMPIÉS
ESQUÍ
MOTOCICLETA
RECORDATORIO
CAPÍTULO
AUTOMÓVIL
MIRAR
PUNTA
TIGRE
CUADRADA
VEZ
TIEMPO
POLÍTICO
CLARAMENTE
EDITAR
RECIENTE
LLAMADA
PLANTA

Puzzle 828

PAUSA
CORTE
MERA
DELGADO
LAICO
ELECCIÓN
PROBABLE
ALFILER
ANTERIOR
MIÉRCOLES
ALTA
PIMIENTA
PIERNAS
ADECUADO
CATEGORÍA
HOMBRE
NACIMIENTO
PUEDE
PROMEDIO
TÉRMINOS

```
N P D Z R D U U C Q Y M A P X Z U
A L I U Q D W L K M M E L I F Y X
C N W M D E L G A D O R T E R U E
I N D H I D G D V Z Y A A R K D W
M E S T R E L I F L A T E N T N R
I L I Z M T N N U X X A U A P X A
E D A I L R K T U S Q E Q S U D Í
N Y A I H O Q H A A N T E R I O R
T M E E C C P R O M E D I O J P O
O D E C V O O Q T J J H F V F A G
A D E C U A D O J N A N O S I U E
T É R M I N O S Z A N P W M W S T
E B L G P R O B A B L E E P B A A
E L E C C I Ó N P U E D E L V R C
M I É R C O L E S P F U Y G P V E
```

Puzzle 829

```
N Ó I V A D H F G B C H N G G O Z
Ó R T J Q D S B L L H W B E O I G
I D A Q U K U E V R T D M S K V S
C Z N B R N B O Q C U W Q T N Y U
A O D I C E Y P U G F R X I V Z H
R T M W M D F U E P L O G O N X S
U S W P R Z G E M Q A C P N T I I
D E Z W L E U S A E I N A A G T U
D D X V J E Y T R X V O K R O R M
O O L E Y O J A W I K R D B Y E L
A M E K Y W K O W I D T A Q X M F
C A L A M A R U D R S A C O P E Y
C O D O R N I C E S B B V I F N K
D A H I N R P R E C I O B N T D J
J U G A D O R F G B K T A Q I O H
```

TREMENDO
DICE
VIAL
COMPLEJO
JUGADOR
CALAMAR
REY
CODORNICES
DURACIÓN
INVADIR
QUEMAR
OPUESTA
PRECIO
POCAS
TRONCO
GOLPE
AVIÓN
GESTIONAR
MODESTO
LEY

Puzzle 830

PRISA
SUGERIR
RINOCERONTE
SALUD
LECHUGA
BANDERA
MEJORAR
CHIMENEA
MINORÍA
AGUA
ÚLTIMAMENTE
BERRO
AMBICIÓN
TRANSPARENTE
PICOTEAR
SEQUÍA
COBRAR
REQUERIR
FAVORITA
COMPARTIR

```
C O M P A R T I R M B Y R S P B A
T R V D U L A S I K I B J O F B M
O R N O G X M B R J Y N G F N X B
N E A Y A Í U Q E S G M O D D W I
O B P N V Y V O G R M R A R B O C
V M B R S C I G U M D F N M Í O I
B I U A I P D L S V S D U C D A Ó
A F P R C S A L E C H U G A X X N
N A F O H S A R P I C O T E A R R
D V F J I E T N E M A M I T L Ú Q
E O R E M Z F A F N X X D X G K K
R R T M E S A O V C T K K C D K W
A I K S N X D F D O U E X O V M J
I T O G E T N O R E C O N I R N R
V A W K A R E Q U E R I R R K W X
```

Puzzle 831

```
F A R V A I I S P R B B Y F M U P
Z J E S E F S E E E M G K O Y C U
S U C A M A T M C U R G C X C Z N
E S U P H X M A P O A D C O S S T
L T R N D C Z N Ñ S U Ó W E N I
E E S E J U Q A X E O E X N H A A
C O O V R I G S C U J P R Ó T C G
C R S H U R Ó N R Q E Z C I R I U
I U W A C A V I G E L O M N A O D
O G D W C V F F O P X K B U T N O
N N A A J S U Y T T E Y J E A A Z
A A E U I U E H A Q Y M C R D L W
R C W M Q P R I N T E R É S O R F
Y V S I K L A C O B Q H G I E V Y
M E L O C O T Ó N U D N I B U D J
```

PERDÓN
TRATADO
CANGURO
REUNIÓN
PUNTIAGUDO
RECURSO
FUERA
VACA
SEMANA
HURÓN
SELECCIONAR
ESCASO
COSER
LEJOS
MELOCOTÓN
INTERÉS
BOCA
NACIONAL
AJUSTE
PEQUEÑO

Puzzle 832

DELETREO
ENFOQUE
COMODIDAD
CRECIMIENTO
CHARCA
CAFÉ
ACTUALES
GUISANTE
CERCA
FALTA
GLOBOS
LÍMITE
GENEROSIDAD
CUARTO
CONOCIMIENTO
AMARILLA
MOVIMIENTO
PINTURA
TRINEO
PRECIOSA

```
A C R A H C F M P N C I U X N S C
M X A X I W O T N E I M I V O M O
A L Z O P T G N A R U T N I P A M
R I U T A U U X O C E U Z L S T O
I D D N Z C I J X C T N W S Y H D
L M E E R N S Q Y Y I U F H N E I
L Y B I R I A T L A F M A O W L D
A M V M O E N I R T P I I L Q I A
L Í M I T E T C I E T O T E E U D
C B V C R Y E E Y O H Q L G N S E
A O D E A O E R T E L E D L D T M
F D Y R U W S C X O V C M O Q F O
É Y L C C B D A Q Z D A X B Z X X
P R E C I O S A C J P P R O K F U
G E N E R O S I D A D T H S Z R Q
```

Puzzle 833

```
A G B I N S E N S A T O L V O T T
A U L R R L R P S H V J I Z J Y W
G V A B S B O Z Z N F U B F B Y W
W E N B E I O V J D J J R K B H J
R Q C B R N P H A C E R A R C T K
I U O M O Y O P A F U A S H L X G
R P R V T L R H R V L I N C E C M
E S C A L E R A N E G O C I A R S
F D L R U F A Q E P L A Z O O N E
E S P W C E R L G S A R U T N I P
R P K V I C L E G K Q O D T I U A
P B R L R D V J S O V U T L M Y R
Z T V T G O P Q Z C D C I W A R A
C L L H A L I B R O O Ó R N C Q D
F V S Z G S C O L N B I N K A M A
```

SEPARADA
PLAZO
LIBRO
BLANCO
AGRICULTORES
CAMINO
PREFERIR
LIBRAS
NEGOCIAR
INSENSATO
ESQUINA
ALGODÓN
LINCE
APOYO
ESCALERA
COL
TUVO
HACER
PINTURAS
FRESCO

Puzzle 834

REMOVER
LIBÉLULA
ACTIVA
SEGURO
INSPECCIONAR
SOBRESALIENTE
CONFINAMIENTO
LAGO
AFILADOR
PATÍN
PREOCUPADO
ENFERMA
VELOCIDAD
COMITÉ
ABUELO
CORTO
PRESENTE
CASARSE
DELICADA
SÍ

```
D U W F A M I B Q R H S I V V M S
Z E P Q X K O Z U E V K O Z E H O
C E L S T D É T I M O C T A L R B
O O P I O O S G P O R L N K O A R
A O R R C D E H R V U G E O C N E
I B A T K A U X E E G V I V I O S
S Í U R O P D A S R E Z M L D I A
Y Y M E G U S A E E S R A S A C L
L A G O L C H V N Q P I N E D C I
N G E S H O T I T S A D I N F E E
J S J R O E H T E B T Z F F X P N
K U Y I J R O C Q C Í U N E H S T
Z E V J N P Z A S H N E O R H N E
A F I L A D O R D A F S C M P I I
H Q T K R L I B É L U L A A L H V
```

Puzzle 835

```
H I S T O R I A A T A S I E R R A
Y O U N E P B P W S E L A T O T R
C G J I S M G R N Z X I E O Z H C
V S G J P C C Í P O T E G R F S H
V E V W R A L G E R R A C C T M I
U I R C J G D I R E E R E O V A C
D R A E I H D D N X M Q R M A I A
J I R Z D Ó Y O A P A L E P L R C
L X V C N I L A R L D K Z R L X E
R A D I M O C M X O A P A A A U R
T W Y H S W Q T P S M I H U Y C V
Y W W N T I U J O I E E A W A W E
U C Z G D R Ó U G Ó N Ó C L A B Z
X V P M T R E N V N T C C Q H O A
A U T O R I D A D J E C V N J X R
```

CEREZA
EXPLOSIÓN
HISTORIA
OYÓ
DIVISIÓN
VEREDICTO
ALERTA
COMPRA
AUTORIDAD
RIESGO
COMIDA
BALCÓN
CHICA
TOTALES
ARREGLAR
SIERRA
VALLA
EXTREMADAMENTE
CERVEZA
RÍGIDO

Puzzle 836

COCHE
RESIDENTE
PROGRESO
NECESIDAD
BLOQUEO
LÍDER
IGLESIA
IMITAR
TEORÍA
HABILIDAD
MISTERIOS
INDUSTRIA
PREOCUPACIÓN
LUNA
CONSTANTE
EXPRESAR
HORA
BARATO
DESCUIDO
SECCIÓN

```
H X Z R A W U H C O N S T A N T E
O O F A Z W C X A I R T S U D N I
R Z Q R I U U V X B T E J G P W S
A R E S I D E N T E I P X H X C E
B T O K D H A A I S E L G I Y O C
P R E O C U P A C I Ó N I B Q C C
M N U A Z H N L M E Y Z P D R H I
I L I U K O E U Q O L B R D A E Ó
S I U A D B C V H T H X O E S D N
T M Y N H A E L A S B U G S E J I
E I P N A R S K Í H W S R C R F K
R T Z E K A I Z R D D K E U P K Z
I A H P H T D J O O E H S I X I Z
O R G Q E O A R E G B R O D E Z E
S X C W R N D R T M B F P O D R W
```

Puzzle 837

```
U A L Q U I L E R T C D S Y Z K S
C O N F L I C T O Í T Z D U V K O
T E Q R W F O Z N A J E L F E R P
D I B U J A R O L F I L O C X P O
W T K G D S Q V M Z L G P Q Q F R
X A J S X F I S Y C Q W J I M A T
C S W N H Y N T H B I H H W Y M A
B M R E L I G I O S A A Ñ O S O R
I O L A R G O A O Z A Z F F H S A
C G T E J N B G P M D M W H N A A
A X U E V T J U A S O M B R E R O
E B J A L I S J L J H C R O Y A W
R Z Q B L L T A O W I J G X L W E
T X B P U E A E B U H Z L F D N P
I P A S I S T E N C I A A Y C P L
```

FAMOSA
COLIFLOR
EVITE
TÍA
SOMBRERO
ALQUILER
AÑOS
AGUJA
DIBUJAR
REFLEJAN
LA
SOPORTAR
CONFLICTO
LARGO
ASISTENCIA
BOTELLA
PALO
RELIGIOSA
CAER
IGUAL

Puzzle 838

PRONTO
TODOS
BARCO
LOCA
CERO
LISTA
CALOR
VÍCTIMA
TERMÓMETRO
TÍMIDO
TÉRMINO
ORGANIZAR
JIRAFA
ENCANTADOR
ATAQUE
CIUDAD
RAMA
SUCEDER
PUERRO
ESCALERAS

```
U D P Y J R J B P R O N T O A F E
E I G U L Q M A L I S T A J S E K
T A B D E Z K R C A L O R Y O X Q
E E W A T R S C J N U H D O A E O
S E R A A M R O U M T W U I C N O
C N A M L J U O C I U D A D M F T
A C Z I Ó R D N L C L J I E K Í P
L A I T X M S U C E D E R X W F T
E N N C V S E A W Z P I L N R B U
R T A Í U C H T O K Y S O D O T D
A A G V T R D D R A O B C C R D Q
S D R A F A R I J O B D A Y W G I
T O O T J M X F E I Q V J I R H A
Q R A R U A D S C E R O B U D Y U
T É R M I N O A T A Q U E I L S L
```

Puzzle 839

```
B C D F U E R T E D G R W L E O V
U P A M E L B O R P Z E G G N I I
H Y M A K Y D Y L O X S P M O R C
A S A X S E N A D J S P E U R N T
M C X G O S Ó T N S U E P C M E O
X X T A H Z I S E M S T I H E T R
N E W I O T G M I L B O N O M E I
L O Y S T K E L U W E M O S U J A
C S L I Q U R T G L A V K G Y Z F
F R Z Q E W D Y S P A F I B I G F
F O L L I P E C E M O C K S M Y C
Q B A C O N D I C I Ó N R C I W F
U M F I R M E S N H Q F G O M Ó I
T A L I M E N T A C I Ó N S T G N
O T R E I B U C C A N T I D A D A
```

PEPINO
SIMULACRO
CONDICIÓN
CEPILLO
RESPETO
CANTIDAD
DAMA
CUBIERTO
FUERTE
FIRMES
ALIMENTACIÓN
MUCHOS
PROBLEMA
ENORME
TELEVISIÓN
DAN
ACTITUD
REGIÓN
TAMBOR
VICTORIA

Puzzle 840

ACEBO
SEGÚN
ISLA
MILLONES
ZOOLÓGICO
ECONOMÍA
SIGLO
HÁBITAT
GATO
GASOLINA
OCHENTA
NEGATIVA
TRABAJO
HACE
PLÁSTICO
GIGANTESCO
CIERVOS
LEOPARDO
DISÍMILES
REGALO

```
B G W K I R U O J A B A R T C H W
E C A H Z Z L M Z J C X A M X Á D
R V Q S O E B S S D X E O Z K B U
C F S D O L G I S Y M D B X U I F
S E G Ú N L R E G A L O A O P T Y
D L O E F Q I E C O N O M Í A A H
L V E G A T O N Q C K I F H Y T B
Z Z L O I S L A A S C I E R V O S
Z A S X P D E W O E K Z T B L N P
D P D Y S A O C I T S Á L P X S Z
Y M U K Y R R O C N X V U A O F G
K Z I C X L C D O A V I T A G E N
M I L L O N E S O G Z U Q D J X B
Z O O L Ó G I C O I O C H E N T A
D I S Í M I L E S G G N H B U L J
```

Puzzle 841

```
D P U N T O P I T F W Y W F W R M
I E D R E V A M U T C J I I B A Z
N N B F P M N J M G G Z U G W D M
D Q T E I N T E N C I Ó N A F A T
U P C E C T I E N E S E R V I R Í
G Z H T N C A T Z D O Q M Q I E P
H U K S Í T W N H C T R N L P P I
Y W S X R F A A D Z S R D C E S C
N T Y T P Z Z R G L E K M J J E O
Q T J L O Z E U H I E R B A L S U
G I X N Ñ G I A D M A L W W X E Z
L M K M A U P T O M T Q V S F D D
C Y F N D L G S E S T Á N D A R S
F A L S A S F E L B A H C E S E D
L U F R G P L R Y V P N P K X E J
```

VERDE
DESESPERADA
PUNTO
PRÍNCIPE
ESTÁNDAR
ESTOS
TIENE
DAÑO
FALSAS
HIERBA
PIEZA
TIPO
DESECHABLE
GUSTO
DEBE
TÍPICO
INTENTAR
SERVIR
INTENCIÓN
RESTAURANTE

Puzzle 842

SUBIDA
ROMPIÓ
FORMA
EVIDENCIA
ELÉCTRICA
NUEVO
PAVO
NÚMERO
FRIJOL
COMBINACIÓN
MOTIVACIÓN
SIEMPRE
SUYA
TRABAJAR
FABRICACIÓN
SIGNIFICATIVO
MISIÓN
JABONOSA
ACTUALMENTE
INVESTIGACIÓN

```
G W T B O O V A P M V E U K E I M
P Y R N C D P C R I Q V V D L N O
Z O A Y U S S T P S F I O W É V T
S T B W F Y Q U T I B D V F C E I
S Z A Q T P G A O Ó B E I A T S V
B B J J M E P L V N E N T B R T A
J A A I E R P M E I S C A R I I C
R A R S C N M E U H W I C I C G I
A M B L U K A N N A J A I C A A Ó
U R Z O P B L T R Y E M F A N C N
K O D J N Y I E X O B P I C Ú I C
X F N I I O D D B G M N N I M Ó T
N O V R D G S T A V Z P G Ó E N G
T P W F G C M A Y N Z D I N R U W
C O M B I N A C I Ó N J S Ó O T B
```

Puzzle 843

```
I Q C W C D E S G A S T A D O W S
N E P D U U D I R E C C I O N E S
U Y U V Q L A Ñ A T N O M X J C J
N A G Q G E T N A P I C I T R A P
D X S H Y E R E D R E P L U M Y T
A P U E R T A H R O E P O G I M A
C O P M S F B U S C A N C S P G F
I T R S E N T A R S E Ó A I K J E
Ó I A D K K B A C B P I L I S R P
N B P J E E E P U Z V S I Q V F M
F Á D T S N R N D V X I Z F X S H
W H A W E R A K J L O C A Y X I A
N A M L F M T D R I T E R R E D N
Z Y E Y G G K J O C E D X T J M M
R I S A W O S X V R E G L T Y H F
```

MONTAÑA
DESGASTADO
AMIGO
PEOR
DECISIÓN
PUERTA
LOCALIZAR
HÁBITO
PARTICIPANTE
DERRETIR
PERDER
SENTARSE
CUANDO
ORDENADOR
DIRECCIONES
PAR
RISA
INUNDACIÓN
ALGO
BUSCAN

Puzzle 844

IMAGINA
VELA
LLEVAR
ORDINARIA
TOALLA
ENFERMEDAD
VECINO
EXISTEN
BORRADOR
VIERNES
FORMALMENTE
MATERIA
VINO
PUBLICACIÓN
TRATANDO
ASENTADOS
VEHÍCULO
LONGITUD
CEBOLLA
EMPAREJAR

```
A L E V C C P L T R A T A N D O P
S L U Q E H Z U L K Z E Z U A Y R
E O W M B G C P B E F V E C I N O
N F L Y O B H F U L V D Z F R H C
T H X L L A U G M Z I A Q P E I J
A J P X L T O A L L A C R Q T T I
D A I R A N I D R O I H A T A M G
O B O R R A D O R X D M N C M T J
S F O R M A L M E N T E A B I E H
E M P A R E J A R A Y R S G Q Ó T
C V E H Í C U L O W R A Q V I P N
E N F E R M E D A D O Q D I O N R
L O N G I T U D S I D J Q N Y O A
P B A I N E X I S T E N B O X K U
V I E R N E S I O K R R Y D O X R
```

Puzzle 845

```
R P P P L F E P O B E D N C M P H
E G I R E X V W P X S Y E O A R N
S A V E E G J D O R L R G N G O E
P R V B R M K G R Y A O R F D P V
U Z Q C O N I H T L U N O E A I N
E A I M O M A O U F T I S S L E K
S R A T C C I D N O U T A I E T Q
T E A Z I D L A I T R N A Ó N A O
A V O L G K I M D Q E E C N A R T
P E I I E B M E A F U P S I J I L
A N N T I M A U D Y D E E Y Ó O I
T O M A T E F Q P Q U R P K J N H
E Q X C Y N H Á M S T E R A V E J
X P Q R K X A J G G P L O U G S K
Q D R U V T K B S H Z H G J P J K
```

FAMILIA
REPENTINO
PREMIO
RESPUESTA
MAGDALENA
GARZA
NEVERA
HÁMSTER
DEBO
FUNCIÓN
PESCA
PROPIETARIO
CONFESIÓN
TOMATE
ETAPA
MOMIA
QUEMADO
PIERNA
NEGROS
OPORTUNIDAD

Puzzle 846

TRAÍDO
DÉCIMO
VARIAS
DISTANCIA
RELACIÓN
REGULACIÓN
TERCER
ESENCIAL
IMPACTO
VACÍO
PELEA
EXHIBICIÓN
SÁBADO
VIDRIO
OÍDO
ESTUDIOS
ALMUERZO
SUSTANTIVO
OREJA
AMPLIA

```
P E L E A O Q D B L I J T V T A R
T O O C L N D G É U Y K O A L M E
N N W W A E G Y S C V U A R S P G
Ó Q S N I K G K B S I K M I J L U
I M P A C T O Í C A V M K A C I L
C K Z J N S D Z S N V K O S V A A
I M W E E Á Í D I S T A N C I A C
B T A R S B O V I T N A T S U S I
I E L O E A I R R T X T F K Q Y Ó
H R M Y T D R V Y J A R S A K W N
X C U S D O D Z E M T A U H Z Z I
E E E Z P W I D W W T Í M M M W I U
O R R L Q H V M P Y A D M K N D J
X N Z E S T U D I O S O F A D Y K
Q P O R E L A C I Ó N Y D Y U N E
```

Puzzle 847

```
N A R A N J A T N A C O H C E C D
A H I X B A H Í A S P R D O X K E
J B C F J H O V K A R T J Í P N L
C F U W L G R I L W E E O Y E F A
P P O R P Y E L W L P M Y P R L N
J J N I R T D T V L A Í L K I T T
N F P Q V I A I M A R R L R M L E
Ó T Y J U T D C N P A E L W E Y Y
I K X S V I R O A D R P N O N Q L
C A R Á C T E R D N N L K A T Y T
A P Y R W A V A H E T Q K E O N Z
U G F E Z Y P L V U R A E N Y A Z
T J M B W U R I C U D O R T N I B
I A Q E K D X F O T O G R A F Í A
S K T D P A M U L L I D O V V X C
```

CARÁCTER
SITUACIÓN
FOTOGRAFÍA
VERDADERO
NARANJA
ABURRIDO
DEBERÁ
CHOCAN
PERÍMETRO
AYUDA
EN
BAHÍA
MULLIDO
LEÍDO
CANTAR
INTRODUCIR
DELANTE
ASA
EXPERIMENTO
PREPARAR

Puzzle 848

COLEGIO
EMBARGO
REPRESENTAN
PIES
TRAER
DESTRUIR
PALABRA
BÚFALO
MEMORIA
COMPASIÓN
REUTILIZABLE
REVERTIR
HASTA
ESPEJO
RELAJAR
VENENO
OCUPAR
FLOR
ASEGURAR
PIEDRA

```
C P C U U G K S X I Y I J F E F P
O I T Y D M D L A K O Y Y V Q N A
M E O J E P S E M N H A S T A J L
P D S G R E U T I L I Z A B L E A
A R I U R T S E D A B E S Q K P B
S A Y W O A M S K M S Ú J A F K R
I J Y O L W B F N S E E F O R G A
Ó V H P F C K M R W I K G A Z R B
N M O I J F P Q E T P Q Y U L E Y
T K M E M O R I A G P Y R E R O F
L D Y E U Q J R H O C K J A A E
Y U P E R P N A T N E S E R P E R
R E L A J A R I T R E V E R U W Y
V E N E N O Y C O L E G I O C T B
W O E W V X T V L P I P E P O O I
```

Puzzle 849

```
O H Q I X M D I S P O N I B L E S
H T V C I H O A S E L S S T B X V
U Y R E N E T N N Ó I S U C S I D
E W I A M L Y F S C X G Q P U H U
V I W B S F I N I T E D N E P E D
O I R A M I R P Z F R S N K I B D
S B A L O N C E S T O U T Y V E U
O D G P M A M M D T W Q O R H B R
I D É N T I C O I I G V R A O I A
D C A O M T M K S K C V R V K D Z
E I C E P S E C T D S I N R N A N
M J Q I S P K F R I D C A E L D O
B O U M I M I L A J D M W S W F J
S W N Q J B K B E O N C T B Z P N
Y M P I I Q L Z R G B H W O X T P
```

ESPECIE
BEBIDA
OBSERVAR
ANCESTRO
MIL
MONSTRUO
OTRAS
PRIMARIO
DEPENDE
DIJO
DISCUSIÓN
TENER
DISPONIBLES
FIN
DURAZNO
IDÉNTICO
MEDIOS
DISTRAER
HUEVOS
BALONCESTO

Puzzle 850

ABSORBER
HABER
FIESTAS
NATIVO
VIEJO
EJECUTAR
SAUCE
PODÍA
OLLA
SELLADO
INTERACCIÓN
LIBRE
DESAPARECER
ENFERMERA
GUSTABA
SOMBRA
TAZÓN
RESUMIR
MIEMBRO
TEMPRANO

```
S O E R B I L S S S F G S A U C E
D J Z J W X K V O E I U K Q Z O N
A E M P E B G S M L E S J K C E Ó
B I S C O C T F B L S T O U K J Z
S V W A G D U R R A T A N O L L A
O Z T B P V Í T A D A B A R S N T
R E S Z R A O A A O S A R E B A H
B X G M B C R W Y R F U P Y W T C
E E R U N Y B E R E S U M I R O M
R B D D K W M Y C T U I E T N R L
L A R E M R E F N E H V T G D R O
L R L T N Ó I C C A R E T N I D Z
Y Q A X Z G M N N A T I V O D M Q T
C B F D D D W B L F I Q X V O K G
A B J R K H X A C U L T G N Y V O
```

Puzzle 851

```
E Y A I C N E R E F I D L C P I E
J E I Q M O R E P U P L A O Ú M P
É Z A A T E M S R I C O V O B N R
R L G L I S L P K R R B A P L I O
C O D N M P S M L T M P N E I U G
I M G H Q A J I I E D J D R C P R
T O G K T D E S C L J U E A O N A
O L C T V A W T Á G V A R R C N M
D O Y W M N A E F Z F T Í H C H A
D C P B E C U R O L O C A L R O J
R O S Y Q A A I R O H A N A Z Q S
P C H A M P Ú O S N E C S E D O Q
I D T N K S A L T Ó H X B N H E A
E X J L A B I O P O B L A C I Ó N
L N J M R R U M S Q W O P E T P J
```

ZANAHORIA
OLOR
PÚBLICO
CHAMPÚ
PROGRAMA
LOCO
PIEL
COMPLEJA
MISTERIO
FÁCIL
DIFERENCIA
SALTÓ
PERO
COOPERAR
POBLACIÓN
LABIO
ESPADA
DESCENSO
EJÉRCITO
LAVANDERÍA

Puzzle 852

SOL
PORTÁTIL
PRIVAR
SOBRE
IMPORTAR
ANIMALES
DOBLAR
APIO
SUCIA
ANSIOSO
SORPRESA
CAMISA
ADVERTENCIA
UNA
FREGADERO
PERSONA
SUSTANCIA
RESTO
ESTILO
SERÁ

```
A S I M A C V V D E A P R I V A R
P N S U C I A H P K S S E R Á Y U
E P I N H R A I C N E T R E V D A
R O I M U H T E D V R W I Y I Z I
S R F L A H F V Y S P Y G L P I M
O T K A B L G V Y W R A L B O D P
N Á U N A Q E E R B O S X O T D O
A T A G E B G S J H S M D R S D R
D I N W P F R E G A D E R O E S T
A L S S O L J O A C P A B A R K A
A H I R X H W S U S T A N C I A R
P Z O H K K C F C E O O K L C Y E
I H S D L O V P H Q V Z D E D R Z
O R O K F G R V S L N N X F A M R
D Y D W C D G I M H S R P L Y A Y
```

Puzzle 853

```
P X E O E U O C S E L B P K Z E M
W L Q S U N Y M C S D H W M G J A
H D A C C M Z L Y C J O H O T E N
B I U C O U U W R U Z B S B B R T
U I C T A R E X A C I B B B C C E
C Y N L Q T R L Z H D F W R O E N
S I X T F E S I A A G M H A M R E
C U C H A R A V E R O D E N E T R
D I S T A N T E D N A R G I R T F
C R E Z C A F O I D T X S B C B J
V E C E S F F R N R Y E K M I G J
A C T I V I D A D G Y A Y O A N E
I M K J O T I L C P T G J C L T H
C M V G B W R C E X C E P C I Ó N
T E X T O M T I R M V F U L O T E
```

CUCHARA
RITMO
COMERCIAL
VECES
LOTE
EJERCER
PLACA
DISTANTE
ESCUCHAR
EXCEPCIÓN
ACTIVIDAD
TENEDOR
ESCUELA
MANTENER
TEXTO
GRANDE
COMBINAR
CREZCA
CORRIENTE
CLARO

Puzzle 854

CONFIANZA
MOVER
AUNQUE
ACTUAL
CIENTOS
PÍLDORA
TUBO
HUMEDAD
JUEGO
FUE
TURÓN
HECES
TAPETES
NETA
GALLO
FORMATO
PASADO
DOLOROSAMENTE
CAMIÓN
PLATA

```
W R C P Í L D O R A O A X N N D L
C F S O T N E I C W G T B E C O F
U E M B N S U H U M E D A D G L N
F K G U R F F C I A U Q T J Y O J
E O X T J K I L W Y J R E W R R L
B S R J O L L A G K F M N T W O H
D G H M B C Z U N L L O I U E S M
U S H M A P E T U Z R V J W M A P
P L A T A T B C U L A E R X G M X
C A M I Ó N O A P T E R S E C E H
A U N Q U E D J F R U B D V J N Z
K P X S F Q A I L W V R B Z E T X
H T R Z H O S U O C W P Ó H L E M
P L L I K S A Z G P X V D N C G B
L V P A M Y P T A P E T E S X K D
```

Puzzle 855

```
B M U L T I P L I C A C I Ó N S R
O V I V E A L P L W T J K X Ó É E
C B D H Y G R T B V I R X M I P S
A O E R D A M H D J R G M F C T A
U W C D U L G S K T O A X K C I L
T J G O E E V B B Q Ñ J U X I M T
O P O O D C T I P O E E J Q F A A
R Z R A Q R E F P H S B G T B Q R
I F A I C F I N Ó I C A T I V N I
Z Z N C S P Y L C U L P A B L E S
A Q O N K I X F O D I U R I H K V
R Q D A W W Ó K H R I M S X W F U
V B R T D D N N C D I S B C P B M
R D E S M R J B E Ó R B I T A I P
U O P E S K V C H S E M F J U U D
```

SEÑORITA
ABEJA
MULTIPLICACIÓN
MADRE
VIVO
PERDONAR
HECHO
ESTANCIA
CULPABLES
COCODRILO
OBEDECEN
FICCIÓN
RUIDO
SÉPTIMA
ÓRBITA
INVITACIÓN
RESALTAR
TIPO
AUTORIZAR
PRISIÓN

Puzzle 856

EXTINTA
VISTO
ENCONTRAR
BAILE
RAZA
SALTO
DESCRIBIR
ESPECIAL
BLOQUE
ARAÑA
DELICIOSO
OSO
FUERON
PRÁCTICA
DEL
MARTES
DESEO
DURA
SABIA
NUTRIA

```
X I U S D B U J H Z S N U I Q G J
E Z C A J E L E D I A F U E R O N
A Y R R V L L O J N B Q P J A T V
P L K Y E I K I Q D I E F V R S H
V U C A Ñ A R A C U A R U D T I J
T J E K R B Q C Y I E Y O Y N V R
D X L W R K D Y S E O V S L O Z O
M A R T E S Y V D M E S O T C D W
E X T I N T A O L P S E O L N E R
P R Á C T I C A F N E M M Z E N H
R I B I R C S E D G D T J E X R V
J A I R T U N E X X E W S U Y M E
V U Z S A L T O O L V R F F M T F
R J L A I C E P S E M M H S C T I
W M A F G S G G I Z K O A H E S S
```

Puzzle 857

```
G S G F A N I L L A G B C Z W M G
C R S N S T L U L A O P O A J W P
M Z A P A C E A C Z L H N P G L S
V Q D V N G Q N N S L C T A B H O
L T A D E O G M T A W X R T Q E L
C A C O R D O Y B A Q L O O J L I
B D É O E A A T V X U S L S D L C
R Q D V I N C D U H R U A N E P I
J S D V F I G Q D P E E D J D G T
E S M U E B Z V G H K Ñ O Z I N A
O P V J R O U V F B N O R K C V R
M E S A P B L I M O N A D A A W P
I N P D U E G L O S A R I O R X N
J K P T B R A Ñ E S N E Z X R A V
D E S E A N D O N X S W E N Z W W
```

DÉCADA
PREFIEREN
ZAPATOS
CONTROLADOR
ROCA
LANA
ATENTA
SUEÑO
ENSEÑAR
GALLINA
LIMONADA
CAPAZ
SOLICITAR
DESEANDO
MESA
GRAVEDAD
PENA
DEDICAR
REBOBINADO
GLOSARIO

Puzzle 858

ATARDECER
PRIMER
ALTO
DEJÓ
ROL
COMENTARIO
ANTIGUO
EQUIVOCADA
OSCURO
LLENA
MODERNO
PRECISIÓN
DECIDA
FANTASMA
INTERNO
MANÍA
SURTIDO
ARTÍCULOS
COMÚN
ESTRATEGIA

```
A O B R A P M A T A R D E C E R Z
N U Q A L D E A I G E T A R T S E
T O S C U R O Q N J G R K V M S C
I E Z M H M Y L U Í Z Q O T O U L
G L S L O J C L Q I A T Z Q D R A
U D J F D I O E R Q V J S C E T T
O N T P K Q M N P Y C O D R R I C
K B F I F H E A R Z P T C A N D O
P R I M E R N M E Q X L K A O O M
F C A Q G D T S C D H A I H D V Ú
D E C I D A A A I R R Y Y V E A N
R S R R W Z R T S O L U C Í T R A
P O C D X Y I N I I N T E R N O B
R B L I C E O A Ó J E D J I R O T
K U Y V I D F F N O Q G I D K I Y
```

Puzzle 859

```
C H X U V A C R T C D R P M J V B
B H J U V S O D A J O N E H K B U
R L I R H K M O Q E H F E Z V Y R
I K B S G P E I C A M A J M M U R
L C A Z P Q N F N I E X A M E N O
L G N O O A Z K J D F B O N I T A
O M C U F O A Q O P J Á E W J N Z
Y E O V R B R C C F A L R I V U A
P G Y L B C W J I P S V E G E U N
V R A C I L P I T L U M D I N D E
F A S Z T Z H Q C K P B N L D J M
W N E F M I K Y Á U S E E G E D A
O E S R I N U E R M N V F G D Q S
D R A G A P I N P N W K O G O G M
A O E E J T G R A N J E R O R K P
```

OFENDER
BONITA
BRILLO
AMENAZA
CHISPA
GRANERO
VENDEDOR
CAMA
TAREA
BURRO
GRANJERO
PAGAR
ENOJADOS
BANCO
PRÁCTICO
COMENZAR
EXAMEN
GRÁFICO
MULTIPLICAR
REUNIRSE

Puzzle 860

LIMÓN
EXCITADO
ADOPTAR
CORAZÓN
ONDA
IDIOMA
CEBRA
COMESTIBLE
CIENTÍFICO
OTRA
ESTACIÓN
COMIENDO
INVIERNO
HIPOPÓTAMO
EVALUAR
PROFESOR
DEMOCRÁTICA
SONRISA
DEBER
ÉL

```
O C I F Í T N E I C M L Y Q A O B
J O D Q Z P W S N D H H O U D N R
E M U E O D A T I C X E K F O N J
V E W I B I X A A E U U K G P N A
A S K F I E I C R G A J S J T P D
L T Q Y Y B R I B T O N D A A Z I
U I S H X M G Ó E X O O U G R T M
A B L O F V M N C O M I E N D O G
R L É P N Ó M I L H W J L F K N T
A E M D U R O S E F O R P T R R I
K Y D U A C I T Á R C O M E D E D
L C J B T N Q S N C M O Y N O I I
D W A R C N Ó Z A R O C S N D V O
W E M T T U B O J N H K K J X N M
H I P O P Ó T A M O O N J S Y I A
```

Puzzle 861

```
A M L A C G N M P J D Z Q H C J I
O N U G N I N U R L V O O N C T N
O C S L A S E E E V A U S L G P M
D E Q I V D P S C P C L E I O O E
W I D G O Z O T I F S L T B B R D
P A T O D S V R P X V E R E E S I
K I M D A Y O A I W S G O R R C A
S N A A L R H S T S L Ó P A N O T
H E B R S K E N A P E M E C A N A
R M Ñ P I H P M C L A I D I N S M
N O O O A V G O I E Z U T Ó T I E
U R R Z R Á K B O P K P T N E D N
D E P R I M I R N Q S Y X A D E T
A F R K D A F D E T Z N O F S R E
Z L V A D M G H S H P N W E C E P
```

MUESTRA
POR
CALMA
SEÑOR
PRECIPITACIONES
AISLADO
MAMÁ
INMEDIATAMENTE
PAUTAS
PRADO
LIBERACIÓN
LLEGÓ
DEPORTES
DEPRIMIR
SUAVE
PATO
CONSIDERE
NINGUNO
GOBERNANTE
ANSIOSOS

Puzzle 862

FRESCA
REGALOS
FRENTE
CORTEZA
FEROZ
SITIO
CORTINAS
COMER
MINUTO
TERMAL
POSPONER
VIENE
CLIENTE
FLORES
EVACUAR
CONEXIÓN
CRUZ
LÁGRIMA
ESTANQUE
COMUNIDAD

```
C H H N Ó I X E N O C P N R Q M X
X O I T I S Y V O H B G Q E G I G
I A M U R X G A C S E R F G G N G
I E Y U E A W C K U U E Q A K U J
U S K V N M W U N M Q M F L K T X
Q F S I O I W A H O N O R O J O Z
E H S S P R D R A Q A C E S Q B Z
K O L A S G T A N D T I N E C D X
H O A N O Á F K D K S V T R L U N
K A M I P L C R U Z E I E O I P B
C O R T E Z A O Z O I E R L E I B
U M E R D R T B U R U N W F N C Y
Q J T O N W O L P E T E I Y T O J
U I A C A O M A C F W K L I E W A
F N M L Q N R P T Q C F Z O S Y A
```

Puzzle 863

Y	J	W	X	A	M	T	X	E	A	B	M	V	Q	Í	O	S
R	E	H	V	A	Q	U	E	R	O	E	S	O	M	N	K	Z
S	I	E	T	E	E	I	T	C	V	V	D	T	D	D	C	Y
N	A	D	A	C	S	T	N	T	A	Z	R	O	H	I	E	Q
R	A	A	K	O	T	M	E	Í	F	D	A	E	R	C	R	G
R	L	E	N	N	R	D	M	O	I	H	A	X	U	E	R	C
L	Z	G	V	G	U	O	A	I	O	D	A	B	A	C	A	V
O	K	O	C	E	C	S	N	W	I	V	E	E	S	K	R	V
Q	O	I	E	L	T	Y	I	R	A	R	A	M	E	N	T	E
G	M	L	U	A	U	Z	T	T	U	V	N	V	G	V	H	A
B	V	J	E	C	R	L	N	A	E	X	C	E	I	L	N	G
L	C	M	R	I	A	J	E	U	G	M	A	A	I	X	B	P
P	T	O	A	Ó	C	Z	P	W	O	D	A	H	C	N	A	M
E	R	O	M	N	E	C	E	R	A	P	L	S	C	H	H	W
H	U	M	I	L	D	E	R	I	T	U	C	S	I	D	B	D

VAQUERO
CADA
NADA
HUMILDE
RARAMENTE
CERRAR
ÍNDICE
CONGELACIÓN
REPENTINAMENTE
VOTO
MANCHADO
DISCUTIR
TÍO
CUERVO
ACABADO
ESTRUCTURA
SIETE
DOS
PARECEN
TEMAS

Puzzle 864

HIJA
LEAL
PRÓXIMO
CESAR
HURACÁN
HERVIDOR
INSIGNIA
SALIR
OYEN
DESPUÉS
CIUDADANO
BOTELLAS
FRÍA
COMPAÑERO
CÁLIDA
ARMIÑO
PEREJIL
PRONUNCIACIÓN
ESTUFA
DESLIZAMIENTO

P	N	Á	C	A	R	U	H	B	C	T	H	P	G	A	R	E
G	E	R	F	I	D	E	S	P	U	É	S	Z	I	K	Z	R
G	P	R	E	S	U	U	U	C	H	M	A	Q	Z	P	I	C
F	R	I	E	W	O	D	Y	W	C	Z	V	U	E	R	U	O
W	O	L	O	J	R	S	A	L	L	E	T	O	B	Ó	D	Y
X	N	A	J	F	I	H	W	D	A	Y	U	O	K	X	G	E
A	U	S	M	V	O	L	P	H	A	B	I	C	B	I	V	N
Q	N	B	M	A	I	N	G	I	S	N	I	H	Z	M	W	M
E	C	L	E	A	L	O	A	J	X	Y	O	G	K	O	D	O
S	I	C	R	L	R	L	Ñ	A	D	I	L	Á	C	C	G	B
T	A	E	A	D	E	S	L	I	Z	A	M	I	E	N	T	O
U	C	S	O	P	B	N	A	G	M	Í	O	T	N	L	P	I
F	I	A	G	H	S	A	X	D	M	R	U	R	M	A	P	J
A	Ó	R	O	D	I	V	R	E	H	F	A	G	W	D	J	W
A	N	C	O	M	P	A	Ñ	E	R	O	U	T	Q	N	X	F

Puzzle 865

```
N N E D K I T P R G F O R T S O R
S E B Q H N O A L Y K J C A O M O
K W A Q T Z Q E M A H O J M T E T
D E C I R O E P S A N F H B U N H
W T I G F S J R J P Ñ E J O N C B
G E G I R E H U O P E O T R I I H
S H O K I R S I E T E C R A M O E
A O S R S P M O K K S J Í X S N L
N C O X A X U T Y H I P T F T A F
J P L U I E L F B S B B V P I R C
W Q L T T E M P R A N O R Y G C R
A E U P R E O C U P A C I Ó N U A
A L G U N A S P R O G R A M A T K
M A R V E H Í C U L O Q H Y D R Y
Z R O C S F Y F Q Q V K R H R W H
```

PLANETAS
COHETE
TAMAÑO
ALGUNAS
MENCIONAR
OJO
MINUTOS
EXPRESO
ROSTRO
DECIR
ORGULLOSO
ESPECÍFICA
PREOCUPACIÓN
TAMBOR
RISA
PEOR
VEHÍCULO
TEMPRANO
PROGRAMA
SIETE

Puzzle 866

PERMISO
OPERACIÓN
ESFUERZO
LISTO
ARTISTA
PELIGROSO
CONTENER
LUCIÉRNAGA
HUESO
ALETA
IMPORTANTE
PINCEL
LECTURA
SEGUIMIENTO
ZAPATO
JIRAFA
GASOLINA
AMIGO
BÚFALO
TENEDOR

```
B S E G U I M I E N T O X L R L R
C Ú B Q J L U C I É R N A G A K C
B A F H R P F W K W T E N E D O R
S M K A R O S I M R E P S C R G A
M I I N L F P R V D D Z K L I T N
G G T B U O R E T N A T R O P M I
E O J I R A F A R U N B W T P P L
E R E O S E U H Y A O H G A I E O
S P T A Z L I S T O C L P P N L S
L E C T U R A T E L A I S A C I A
C E T S H X E D R F T N Ó Z E G G
R Q Z I J X B U X X T L L N L R J
C O N T E N E R F N N X O W T O R
V P H R Q B Y P X S X W J J R S K
E M H A P X J R S W E R E G T O R
```

Puzzle 867

```
R X C R N Y J V K É F I R N U D K
D S B O T N E L A T L R N A N A G
E H Y E M S J A R D Í N Ó N E J V
S W X R L E M S Z V W W I I Y O V
H C J R N R S I A Q Z B C C T K V
H Z A O E O F T N S F D A I T Y V
F V P C N L O W I C O Y R D G O F
D F E P U F L T C B P O T E A N K
T E R M A L C T I M L Z S M L Ó L
C O L I N A L B F E E E I M G R S
U D R S E P O A O B H D N U U U A
L N K D N W R A M O R Q I D N T T
V P X L A N E L A D G A M O A N O
T R A N S M I T I R F O D B F I K
N J K K T U O V A N O D A B A C A
```

MEDICINA
JARDÍN
KÉFIR
ADMINISTRACIÓN
ALGUNA
CORREO
FOLCLORE
TRANSMITIR
GANAN
AMOR
OFICINA
MEDIO
TALENTO
COLINA
CINTURÓN
MAGDALENA
COMESTIBLE
FLORES
TERMAL
ACABADO

Puzzle 868

PASTINACA
CURIOSIDAD
SER
PREGUNTANDO
DEMOCRÁTICO
TÉ
CANCIÓN
TODA
EMOCIONAL
ASUSTADO
ZANJA
TIGRE
ENFERMA
DIBUJAR
AGUJA
PUERRO
SERVIR
DIRECCIONES
DESGASTADO
SORPRESA

```
D E M O C R Á T I C O E J P L T Y
A T K P H W J U W X V N V H P R F
J Q F E K G N X H F E F U F M E D
W V N G É O F I N S B E O W E U E
X C P A S T I N A C A R P L M U S
V U R R A J U B I D V M U A O Y G
F R E S P N U G M H O A E S C B A
R I P R O N J T Y A T T R E I I S
C O A A G Ó C M C W J T R R O A T
V S E N O I C C E R I D O V N K A
J I C J M C T F R G A M I I A S D
A D L B M N Z N A Y L B N R L P O
V A J U G A J N A Z Z W T M R K N
M D L R I C P R E G U N T A N D O
S O R P R E S A A S U S T A D O N
```

Puzzle 869

```
C X Q A Z S H N G Y M G A S C P I
O L A G E R O F L C V T O Q O U X
M O C C R B J U W S S Ó I P M O R
E L M W A P A L I N D A W P U M C
R L A E M L S H U M I L D E N O O
C A Z A J S P Y B E S R G T I N R
I I M A G I N A A A X A R N C T T
A S I M U L A C R O S P U V A A I
L V M I C T X I U Q S T R J R Ñ N
P R E S E N T E T G T T A E D A A
A C E P T A R C C S S F H N S P S
W S E X W E L K A H U F N Ó T A R
E X Q B D N P A R A R N G G E E R
I I A M F Y N D F A H M F F Z C I
K F P M Y J X E B V D B Z F F Y A
```

LINDA
COMUNICAR
FRACTURA
RATÓN
HOJAS
ACEPTAR
PARAR
BASTANTE
PRESENTE
EXPRESAR
SIMULACRO
REGALO
ROMPIÓ
MONTAÑA
IMAGINA
OLLA
PLACA
COMERCIAL
CORTINAS
HUMILDE

Puzzle 870

BORDE
BAJA
MOMENTO
ABSOLUTA
CONTRIBUYEN
POSEER
CIELO
JALEA
INTENTO
MITONES
QUE
RODILLA
SEMANA
BARATO
CONSTANTE
TÉRMINO
SEÑORITA
CIENTÍFICO
INMEDIATAMENTE
PRONUNCIACIÓN

```
J K Z G T C O E D R O B M L C R P
Z S D M É Q O T A R A B O Z O P R
N E Q X R V T N R F F I M D N C O
R N Y C M K N E T M O Z E X S U N
Z O B V I O E M C R C Y N P T Q U
F T D L N L T A I Q I J T I A H N
L I V I O F N T E U F B O Z N T C
A M L S L A I A L E Í E U S T A I
E B U G H L A I O D T D Y Y E S A
L C S J N P A D D A N P B G E Q C
A G U O W A J E W R E D W L S N I
J N E T L U A M I U I U R H P B Ó
H M Q F X U B N X G C C Z E K L N
K X X E U A T I R O Ñ E S K Q X G
P O S E E R R A G E S E M A N A Y
```

Puzzle 871

```
S I N T I E R O N L A P A M H K P
J Y T R X D E T E S M O D I U R A
S L T A B Y B Y I A Z R A B H S N
T É R M I N O S B D U T D C F O T
C K Z A J Ó I T M A I Á E F B A A
Z A Y J W R C E N L E T R A I U L
N N R C R R O F Ó E L I N R E S O
J G K O Z A G S E H V L E O V N N
D M D D J M E A L K F E R B O S E
R A C Z R C N F A C I L I D A D S
A S A M B L E A V T M E H A Z O I
Z I W R D C V C H K C V T R U E R
D N S M N K P E A H K Q N O H L W
Z U N V H S X H D E N T I S T A A
J P S R W V J E O V B T H B V O S
```

AULA
LEÓN
MAPA
PANTALONES
MARRÓN
EVENTO
HELADAS
ASAMBLEA
NEGOCIO
DENTISTA
FACILIDAD
SINTIERON
ENREDADA
CARO
ARTE
BIEN
TÉRMINOS
SOBRE
PORTÁTIL
RUIDO

Puzzle 872

ELEMENTO
REALIDAD
PROCEDER
TIRAR
MEDIDA
PÁJAROS
REINAR
GAFAS
ÁRBOLES
PROFESIONAL
CULTURA
COMPLACER
ESQUÍ
PUEDE
AMBICIÓN
PRECIOSA
APOYO
PEPINO
EVACUAR
DISCUTIR

```
R P F Y P G R Z W P T U M P G W A
E R L L D I A E L Á E V E W A A X
A E H N T N R G C J F H D T F R F
L C Y G V T I E R A E A I Z A L P
I I O C P I T O Z R L W D V S L X
D O E V A C U A R O U P A R N Y S
A S K W T S Q A L S A X M R C F E
D A E D E U P R O F E S I O N A L
Q J S E U A U U X P H T L E C E O
R G Q K Y G H T E L E M E N T O B
D O U H V T U L P E P I N O L H R
I A Í P Q L M U R E I N A R D Y Á
P S A L N Ó I C I B M A P O Y O C
X C G E Z S O P R O C E D E R A K
D I S C U T I R A C R J Y Q I N L
```

Puzzle 873

```
E F K S A D I V E I W L Y B T H A
W G T O I B A L C N M Z J B E C G
O H Y M D S A D T D I K D O J O G
C G A B T A C A M P A N A L S L V
K X R R U R T U G S I Z K Í T E P
E V L A K O Y S R Q C G Q G R C B
C U R V A H W H E O E Y K R A C W
X N Z R V A M S D C R U Z A T I B
D Z H P T M R Z R I O R E F A Ó L
J N E O S Y I L E T L J E O R N O
U C Z C T S K Y P R A I E S E J Q
B L A N C O I O D Á C L R I M D U
T E L E S C O P I O J X P O V R E
A L F I L E R F D V L F I F O Q S
G R R Q E W N W J O I U H V U J T
```

BESO
ÁRTICO
VIDAS
TRATAR
ESTADO
COLECCIÓN
CAMPANA
TELESCOPIO
CURVA
AHORA
BLOQUES
BOLÍGRAFOS
ALFILER
BLANCO
CALOR
PERDER
SOMBRA
VIEJO
LABIO
CRUZ

Puzzle 874

SOLUCIÓN
GANÓ
MÁS
MUCHO
IMPROPIAS
COLAPSO
DESTRUCCIÓN
SAL
PÁGINA
CISNE
COMPACTO
EXPERTO
MOTOCICLETA
ADECUADO
ACEBO
AMPLIA
VACÍO
DEBERÁ
SOL
PARECEN

```
A L I J R C P V S O L U C I Ó N A
C A M M O T O C I C L E T A O C P
E M P R L J U U M A F D P K F N Z
B P R P Á G I N A C O M P A C T O
O L O V A C Í O S K D S A O J Q V
I I P O V X R P S I A C P M Á S G
T A I M U C H O U V U U T A I Z A
T M A G R U K D X G C D N V L S N
K E S V M E M T I X E N E X A O Ó
C W I W A W Q J S F D K C B S L C
E X P E R T O G C D A C E Y E A Y
D E S T R U C C I Ó N I R K Y R Q
W X I S D G H P J B L S A K L V Á
J J J Y O J H H X C M N P A T P J
B O S K M L P H G Z Z E S U O A A
```

Puzzle 875

```
D M U G W W T Z L Y F T R I E P B
U E C M K G C Z I B E E K R Q R A
Z Z L C E U C F B C R M V M U O N
B I M I O X R J E B G P R O I H D
K N Ó I C A L E R O I E N P V I E
M W B F I A G U A X K R V R O B R
U G U S T D D Y C X S A D O C I A
A M H B C R E A I X J T K B A R Q
Á A Y T Á E C P Ó L T U Q A D I F
E N X L R U A O N Q N R R R A Q X
Q C G J P C Y N U D O A L K S A B
E D N E P E D D A D I N U M O C A
L I Y R L R U P U Z R S F V M T A
I N T E R N A C I O N A L L A O B
F R U T A T I P O Q R O F O F M T
```

PROHIBIR
TEMPERATURA
ÁNGEL
ACTO
NUDO
INTERNACIONAL
RECUERDA
PROBAR
FRUTA
BANDERA
DELICADA
LA
FAMOSA
TIPO
RELACIÓN
DEPENDE
EQUIVOCADA
PRÁCTICO
LIBERACIÓN
COMUNIDAD

Puzzle 876

COMPROMISO
PROPAGACIÓN
CÁSCARA
NUMERADOR
RECOMENDAR
CONTAR
VOLUNTARIO
DESARROLLAR
COMPARAR
INFORME
DETALLE
AVES
ACERO
SUPUESTO
TRONCO
MEJORAR
COSER
LINCE
IMPORTAR
CALMA

```
S C P R O P A G A C I Ó N C T L D
V R O V O L U N T A R I O O A C E
K A D M C Z J S Z R H C U N Y O S
I D Y B P A F O W X Y Q F T A X A
G N L Q T A E D L Q F V F A T U R
L E F F X K R H C T C S M R X N R
S M O O X Y D A D A R A C S Á C O
U O Y C R C D H R M J O Y C Y C L
J C I J C M W G K L C Q N Z O O L
S E V A I C E L L A T E D C Y S A
E R T O C B Q G A C E R O M O E R
M E J O R A R I M P O R T A R R M
B B G R C O M P R O M I S O R I Y
N U M E R A D O R L I N C E O L F
S U P U E S T O D S K D U R L D U
```

Puzzle 877

```
C A S L S F I N A N C I E R A X V
A S K U R A L I C V I B C M U M Q
E C L R B F B R U Q W F E B Y C C
R E Í A O I G U I S A N T E S O U
D N M A R C R P E N S Ó A R Q M A
M D I A O N U T Q G F K L T R P N
O E T G L Ó K L D E L G A D O R D
R R E W A I O Z T L G R F B R O O
G A J O M S V J K A L U F A Á B B
A R F A B R I C A R R U D Z P A Q
N O L A Z E A C A Y E R O N I D W
I L G I W V F P J Y U F X C D O B
Z P R U J N L P U D M H U W O V Z
A X R O Q I F P R C C E N T A V O
N E S A Y O K H B V O Y S M I O B
```

RÁPIDO
FINANCIERA
OCULTAR
GUISANTES
SUBIR
EXPLORAR
INVERSIÓN
BRUJA
ASCENDER
FABRICAR
PENSÓ
CAYERON
COMPROBADO
LORO
ORGANIZAN
CENTAVO
DELGADO
LÍMITE
CUANDO
OCUPAR

Puzzle 878

SALVAJE
SOCIO
PASAR
SUELTO
MÉTODO
DENOMINADOR
GENTE
IMPUESTOS
AGREGAR
CUCHILLO
ENVÍO
PARTICIPAR
PISTA
CAPÍTULO
ATAQUE
PIES
SAUCE
GALLO
TUBO
EVALUAR

```
G P I J E V A L U A R V S Y C Y I
F E I R N Y G L J I I Y F A U O M
G O N S K L B R E H O F C I C D P
C V H T T A E N U S Y P R X H E U
D G F S E A R X F H R I A Y I N E
M É T O D O Y X S X A E P E L O S
A R X X T A T R E U G S I Q L M T
S A U C E L L P J D E Q C B O I O
H S D K L H P I A L R L I D L N S
G A J Z H B H G V D G K T F U A R
H P D E N V Í O L L A G R O T D G
A T A Q U E U I A T Y H A G Í O R
V P O B V X D C S N N Q P I P R V
P U R J B M P O J E H E Y Z A U E
W Q R T U B O S I H B T I Q C V Y
```

Puzzle 879

```
S M R R I V I V R N U G B E L J I
Y B E V O B L K D D B O G S R D N
F U V L Q P T Y K E P X K C C D T
W G O E O B A G Z M U X E R O M R
B E M S R C F L V Á Y T V I C N O
R N E R Y A O S G S C D E T I F D
J E R I T C N T R I T M O O E O U
Y R A T T E Ó O Ó V W M O R N C C
D A Z I V Ñ I S F N U V L I T A I
E L P M F U S N W C E M S O E J R
C M J R V M A E X Y K T Q F D N B
I E S E X W P C G W X L Q E S A X
D N W P D N M S B R F L E A L R J
A T M K A Y O E R R S A B E R A J
C E C V L D C D V I V U N X Z N F
```

GENERALMENTE
DEMÁS
ESCRITORIO
MUÑECA
FOCA
SABER
VERANO
PERMITIRSE
VIVIR
COCIENTE
ROPA
MELOCOTÓN
REMOVER
INTRODUCIR
NARANJA
COMPASIÓN
DESCENSO
RITMO
DECIDA
LEAL

Puzzle 880

MUNDO
LÍNEA
ROTO
PELUCHE
PAÍS
VIENTO
ESQUELETO
CASTIGAR
ENCONTRADO
TIERNAMENTE
DERECHO
CARIBÚ
NECESIDAD
ESCALERAS
TRABAJO
OREJA
HECES
GRANERO
IDIOMA
OYEN

```
D A X A S R K S S I M B Q W D H Z
A B R Y P K T Q M S D X N A G O F
W R Q S V E U S R A G I T S A C X
D Z K S T X B H N R U Y O T S D X
N U S Í G G N V S E C E H M E J L
D G R A N E R O Ú L Y E H F A Y G
A E L P L T R A B A J O T N E I V
D M R U F I T U I C L Í N E A Q A
I U Z E R O T O R S T L Q T C M V
S N B Y C E W Z A E P X H X T U N
E D F A M H R C C P E L U C H E A
C O I J M Z O E N C O N T R A D O
E T I E R N A M E N T E M U E S D
N S G R N E S Q U E L E T O C F K
G Y I O F H T K M W X Y L Z A C U
```

Puzzle 881

```
L A K X Q P W J O Z V J C O H P C
O K L B C O M P R A S W R K G E O
C H J N V W Y Z I P B I E P U Z N
A H U R Q G Y N O G I J C Y V K D
L T R A T A M I E N T O I A B M I
I S A I C N A T S I D I Ó R R Q C
Z Q N P R P N O A S Q O T N R F I
A T A P O B E H M S R Á B A N O Ó
R A T U V L U R D A T O S N Ó T N
X Z N X R B Í C E B D X A A I I M
N Ó E Y G C J T S Z Z X C M M C É
R N V E E C F G I E O X A R A R D
B E N E F I C I O C D S M E C É I
P R E S E R V A R V A S O H S J C
G D N J S X K U A O P J Q A E E O
```

COMPRAS
MÉDICO
HERMANA
CRECIÓ
PEREZOSO
VENTANA
DATOS
DESCUBRIR
BENEFICIO
RÁBANO
PRESERVAR
PEZ
POLÍTICA
TRATAMIENTO
CONDICIÓN
LOCALIZAR
DISTANCIA
TAZÓN
EJÉRCITO
CAMIÓN

Puzzle 882

ESTUDIANTE
SOBREVIVIR
PAZ
AUTOR
HÚMEDA
ILUSTRAR
PULGADAS
LIBRERO
INCLUYENDO
LIMPIAR
PEZUÑA
CARRETERA
ASÍ
PLAZO
LAGO
SIGLO
HÁBITO
ROL
CONEXIÓN
CIUDADANO

```
T Y T A P K W S A W P B Q A L Q I
S T P V A A O X G N Y R Q Ñ S T X
R J I O Q U M T P N Y Z R U I Í C
H Á B I T O A U T O R H M Z C E K
C I U D A D A N O F B M V E T K E
W T B S O B R E V I V I R P L F T
C A R R E T E R A S I G L O B G N
P R A C Z P L A Z O X R I W A N A
U O I O F A Z I D R A R T S U L I
L L P N C L O D N E Y U L C N I D
G A M E W A O E F R M M O M J R U
A Q I X X G M V F B Y Ú S R E I T
D X L I S O P S L I K Z H P C R S
A F F Ó C E T A S L N H P V Z Q E
S P X N H H U V Z A U P M I U A E
```

Puzzle 883

```
T Y X K F M J O N R E T N I F Q E
I F C R O R K E H B T F Á C I L N
R H B A E H E H Y Y S Í A H P T T
A V A S N V R C Q R A T M K T T R
D G M A I W E M U J R O L I T S E
O U V T C T I L S E T S V C D C Q
U W V A X Z R I A V N X Q V T O O
E Z P L K U A T R R O T K O V V E
O X P E I N E Ú O A C M E C E R O
U Q T R K W T W H R V K C X I W B
S V P B W E Y Y V U S O V Z R H A
M O R A G B A D V G R E V E R S O
T C S E C O W O Y E P I Q M Z D V
O F E N D E R C O S R U C E R W F
A T Q Z Y E P X B A L L I S P V Y
```

ENTRE
HORAS
CONTRASTE
ABRELATAS
TIRADO
CINE
SILLA
PEINE
FRECUENTE
REVELAR
SECO
ÚTIL
REVERSO
RECURSO
TÍMIDO
ASEGURAR
FÁCIL
ESTILO
INTERNO
OFENDER

Puzzle 884

CONVENCER
PARTÍCULAS
PASILLO
GANSO
SANDÍA
MAYORÍA
GASTO
PROTEGER
RECUPERACIÓN
GRADO
ESPERANZA
TETERA
REQUERIDO
JUGADOR
DAMA
DAÑO
NEGROS
ASA
ATARDECER
SEÑOR

```
C X A S Y F I E G O C T S C K R R
S O Z B G D A Ñ O X F Z E P O H C
A D N I T R O D A G U J Ñ N Y X W
N I A V E J A M A D B F O S N A G
D R R R E C E D R A T A R L H V C
Í E E B N N M P O R I D J P O Z V
A U P O X E C R J E E D M T J U J
E Q S R K G G E J T J T S W Y J W
Z E E W T K H R R E G E T O R P L
Y R M U T R K A O T S A G F U E X
S S Y A S O L L I S A P W U F B U
R E C U P E R A C I Ó N Z W V D X
E A R N L S F S I K H P L Z Z F E
P O U D G L M A Y O R Í A W G Z Y
F P A R T Í C U L A S F Q Z Q Y P
```

Puzzle 885

```
K B Y C O N F E S I Ó N V U B I M
L W Y M B T N H J M F T N A M I R
C U A R T O N T A D T O D E R G Q
C H Z M Z I L O J U R A D O E I S
P N U A Y P X J T U G D M T D G O
M F I G D A S E G U R O I N N R E
V Z Y M C O M P I T E P L O E O Q
G R N V P U S J P L N Q I R T S U
R W S H V D Z T A H I V T P Y E C
R I S I B L E F R E S A A M H R H
S A L T Ó O M V C I W G R D I O O
C X N A S R C O M P R A L M H D R
D I Q P E S C A W F J E Z R S G B
H X A U S J A L E N P W W M G Q E
C H O Q U E M Q E E Q L D F F C M
```

RIMA
FRESA
CHOQUE
JURADO
COMPITE
GROSERO
TONTO
TENDER
RISIBLE
VARIO
MILITAR
AZUL
CUARTO
SEGURO
COMPRA
PRONTO
CONFESIÓN
PESCA
SALTÓ
APIO

Puzzle 886

GOLF
INSPIRAR
ATRACTIVO
ENSEÑADO
RECIBIR
NARIZ
RESOLVER
RELOJ
COLORES
NIÑAS
ESPANTAPÁJAROS
SUÉTER
TENÍAN
ANTERIOR
MUCHOS
OCHENTA
FOTOGRAFÍA
GUSTABA
RESTO
ESTUFA

```
R N A Í N E T V E W I W R S T N O
G R B T T O T U G O Q I E O D Z C
E W A V R D G U N B X V S R O J H
M C T Z R A R I P S N I O A E F E
H X S M G Ñ C X G X Z I L J C H N
A F U T S E P T J F J T V Á D M T
Í A G L U S A Ñ I N V O E P K I A
F N S G Z N X Y W V Z I R A N E Q
A T E T Q E A G S W O W C T X Y W
R E R E T É U S R E S T O N Y S F
G R O E M R E C I B I R O A Q E Q
O I L J L Q N J J T N D A P Y I Y
T O O C D O L O M U C H O S Z I Y
O R C Q X G J J N V Z P R E D U K
F L O G H T G U A G G R N F S W E
```

Puzzle 887

```
I F Y O Z K Q A D X D I R O C X L
D N É I B M A T L Y X B I B X B I
I Ó S M A G E N T E I D D J H V Y
F I N T I Y P E L G W T É E J A U
Z U E B A N A R Y O P D N T Z C Y
L G M M H N N Ú M E R O T O S I M
D I A I C B T U C F E Q I S I L G
M S X B E M A Á T E O F C S T A M
R N E Q R O J N N C E Y O A U R Y
M O T F T N K S C E U L E H A Q V
B C F C S G N W S O O M I A C T Z
J K M G E U X C B D R J V C I C H
P R O P I E D A D S R X A E Ó B Z
R A U T O M Ó V I L O U Y B N T K
A C C E S O P W L L Z N I W A F M
```

ZORRO
OBJETOS
CONSIGUIÓ
VACILAR
ESTRECHA
PROPIEDAD
ACCESO
TAMBIÉN
RANA
AGENTE
ABAJO
INSTANTÁNEO
AUTOMÓVIL
HACE
NÚMERO
SITUACIÓN
IDÉNTICO
FIN
EXAMEN
BANCO

Puzzle 888

FÍSICO
LIBERTAD
CARA
SABIDURÍA
ESTÚPIDO
INDEPENDIENTE
DIGAMOS
ACTUALIZACIÓN
MERA
COMPARTIR
ACTUALES
PREOCUPADO
EVITE
CERO
NEGATIVA
PUERTA
MULTIPLICACIÓN
SALTO
EXTINTA
ÉL

```
N E G A T I V A O F A T É D O S R
X M H D O N Q Q D K I X L I B A E
A C T U A L I Z A C I Ó N G D B M
R T R P R L D U P E C U B A A I R
E T N S A T R E U P S O E M T D G
M R Y I C C D M C M E T U O R U G
R C C P T T J A O W L L Ú S E R V
I V K N O X F G E T A A T P B Í X
T Z M X V V E N R K U S K G I A Z
R R H F K P J G P O T F M V L D J
A L B C E R O X G V C J Í F P B O
P L E J F N A X K H A O F S J C B
M U L T I P L I C A C I Ó N I E O
O I N D E P E N D I E N T E Q C Z
C Y F Y R G Y O E V I T E N K Z O
```

Puzzle 889

```
E F J W R E C O M P L I C A D O A
F S B Z V I P H T I A L L I R O N
M D S F V X D C M A U U S R S S S
I S E T R O P E D J P U F E P O I
R V C C H O H H Y N Y K G S R C O
A A I T T L K O D O W X B I N S S
R B N D P O Y E E P W Z C M T E O
A S R S R K M R T S D W Z P Q T S
T O O E U I G E N E R A C I Ó N K
I R D G N J O Q E Ó X W N C E A S
V B O Ú B G Q W I U R Q H P A G D
E E C N C S H W L E A T U A P I W
L R U Y J L J S A W R S A L C G S
R E C I E N T E C H A N T P P W M
C R E C I M I E N T O P K O M R S
```

CALIENTE
GENERACIÓN
PATRÓN
EVITAR
ESPONJA
COMPLICADO
MISERIA
ORILLA
RECIENTE
MIRAR
CODORNICES
CRECIMIENTO
GIGANTESCO
SEGÚN
VIDRIO
ABSORBER
HECHO
ANSIOSOS
PATO
DEPORTES

Puzzle 890

DECIDIR
CRÍTICA
MASCOTAS
MÚSICA
AÑO
VITAMINAS
PODRÍA
NARRADOR
VENTAJA
PERFECTO
MENSAJE
GESTIONAR
VELOCIDAD
EXTREMADAMENTE
TRATANDO
HÁMSTER
MULLIDO
ADVERTENCIA
RAZA
BAILE

```
N A D K G N P G E S T I O N A R D
A J A T N E V E Q M O N B A I L E
R I D I C E D E R T X C A G Y O A
R I I Q A N S R Q F T F B X G H D
A A C M A Z A R Z V E F H P S O V
D Z O X Ñ T T E K Q M C K G A Q E
O G L I O M O M M O S D T Y N J R
R T E M D H C C C Ú M S F O I G T
N S V T N E S C R W S U S Q M K E
O K W W A J A C Í A D I L J A Z N
K Q Y U T A M N T X G R C L T H C
Y V B R A S V A I Z E D U A I Q I
D U N R R N C Y C D W H V I V D A
H Á M S T E R Q A P O D R Í A D O
E X T R E M A D A M E N T E I S C
```

Puzzle 891

```
J Y R T H G D T N D S A N G C A D
Z P H L Y R L Y O B C Z Q R O U E
K G I Z A N I N E M E F L A M G Z
N A C I Ó N B Ó N P A F H N B P T
Ó R B I T A É B Á J T D P J I F I
S U C H V B D A S Z D T O E N T I
G R A N I Z O J I I W S D R A N C
I N V O L U C R A D O T H O R U F
S O H B O U H G F S R P Y I V T I
E R I Z O H V S R A T R O P O S E
W O E J W S N N Ó I S U C S I D S
L E C H U G A R G J T P I E Z A T
P L G G Z I L Q D N A O S B T G A
M E U Z N M E M O R I A C L H U G
E C L W W U E S P E J O K H K S G
```

FIESTA
NACIÓN
JABÓN
TOMADO
FAISÁN
ERIZO
GRITO
GRANIZO
DÉBIL
INVOLUCRADO
FEMENINA
LECHUGA
SOPORTAR
PIEZA
ESPEJO
MEMORIA
DISCUSIÓN
COMBINAR
ÓRBITA
GRANJERO

Puzzle 892

JUNTO
PONER
PARED
NATURALEZA
TECNOLOGÍA
ESGRIMA
SELLO
RESPECTO
HUMANA
CONCEBIR
LOGRAR
COMPORTAMIENTO
TRATADO
TOTALES
SECCIÓN
IMITAR
ALMUERZO
TENER
PERSONA
CUERVO

```
B L L K R C C P H E R L P S F G F
A Z P D P U B O A R P Z G E N U N
R E S P E C T O N J Z P G C U V H
P U S J S Q W Z A C Z A A C A Z T
O O K W Q W J R M C E A Z I U V P
N L O G R A R E U K L B P Ó I T E
E L P U T U S U H C V J I N M E R
R E K A L X F M G F U K Y R I C S
Y S B Q R P Z L G T R E N E T N O
K R T C F E D A T V N Z R I A O N
Y D V D E O D A T A R T I V R L A
N A T U R A L E Z A F Q P I O O N
E S G R I M A T O T A L E S Q G J
Q Z E C X E G K E W J U N T O Í K
C O M P O R T A M I E N T O C A B
```

Puzzle 893

```
V I A L M N S P D J X C A L N D G
K H U G P P M X E T Z O L U O P K
C M D Q D C L Q U M D D K V D E C
F E P M I I M U J Y T I J E R A S
D H X W F N U U E H T Ñ T D A L A
J T N P Z C O H J X Z U V T P O I
M H C F E O U I U E Z R E T O R C
N D Z G L R Z S N A R G P R E E A
T R A Í D O I A F H K I E E L C R
G J A T A A B M Q D R H L S O A G
P I Z P L W E E E T R L O M J C J
I N S E N S A T O N E I P G I A J
N C Z M E D I R I Z T S M R R O K
M N C E F O R M A S R O I R F I W
C O N S I D E R A N X U A S Q Z D
```

TRES
TESIS
CINCO
CACEROLA
MEDIR
GRUÑIDO
CONSIDERAN
PELO
GRAN
GRACIAS
MUJER
TIJERAS
VIAL
INSENSATO
LEOPARDO
FRIJOL
FORMA
TRAÍDO
EXPERIMENTO
TEMAS

Puzzle 894

SENTADAS
CHARLA
CARAMELO
MEJOR
EJEMPLO
COMPETENCIA
DESEAR
CLIMA
GROSELLAS
PROBABLE
COMPLEJO
PREFERIR
SEPARADA
PLÁSTICO
PRÍNCIPE
DESTRUIR
GRANDE
ESTANCIA
ARTÍCULOS
FEROZ

```
S P C A V V J Z O D P W I G M U J
K E L C L I M A T C F Z O R E F P
G C N Á R P T C Z B H J G A J X R
J O P T S P R Í N C I P E N O A E
L M R K A T P W M W C O M D R W F
T P O K I D I B E G H E T E J E E
A E B L C W A C A A N A B U N S R
A T A S N R T S O L U C Í T R A I
E E B O A K Y E N R X X A R T L R
J N L U T V J A V A V A E M O L D
E C E E S A A O P H I M V I A E E
M I O J E L P M O C M D C Q N S S
P A T H C R W M C A R A M E L O E
L D E S T R U I R E I R B E D R A
O S E P A R A D A A A F Y N V F G R
```

Puzzle 895

```
G L S Q I K P O L L E M A C V F A
D U R A N T E U V I P R E S I Ó N
T O R M E N T A R S E T S I R T B
A V U R S F W I Z P D B N R B V D
A B R A Z Ó J L E N T O R F L O R
D E S P E R T Ó S O S D J E P H D
R E A L M E N T E R Q A H C C I S
A L G U I E N K W T N V D Q B J C
S E C R E T A R I O M I X Á M O P
N X K D E T N E I D E R G N I S B
C E X Y U G J X K D D P A S K S D
B H L C U P R O S K Z N L U A T E
Q H I F X C M E L B A I F N O C T
J I S C U Z T Q M N L F I Z O C U
Q N E I A U X L J E P W R Y M S M
```

DESPERTÓ
CAMELLO
LIEBRE
SECRETARIO
PRIVADO
ABRAZÓ
LENTO
TRISTE
HIJO
REALMENTE
ALGUIEN
EMERGER
MÁXIMO
PRESIÓN
DURANTE
INGREDIENTE
TORMENTA
CONFIABLE
CHICA
FLOR

Puzzle 896

DESAYUNO
QUIERE
APRENDER
CONEJO
ELEGIBLE
MOLESTAR
TONTA
DISPARAR
TRUCO
COMADREJA
PLIEGUE
OLVIDAR
SEDOSA
ALIMENTOS
ATADO
OCHO
ALQUILER
RESALTAR
PROFESOR
ESTACIÓN

```
P G W U K P G P X A D E R E I U Q
R R V M W A O L F L I S F L H G L
D E O U P Q U I D I S T V D M R Q
V L T F M H O E O M P A S O D E S
Q I R B E R R G W E A C X T M D U
D U U Y L S Q U D N R I I X Q N C
W Q C W B T O E E T A Ó X V R E G
Z L O H I U D R S O R N K B Z R Z
O A M Z G O D A A S U O C H O P Q
J T N J E H U D Y M A W N M G A W
O N Z Q L O R I U T T Z V R J B U
J O L U E E K V N R A T L A S E R
D T I I N H F L O M D F N N X T D
A J E R D A M O C U O J E N O C H
W O M O L E S T A R N A I Z V G P
```

Puzzle 897

```
R I C E D E R P R S A Q U Í U Y I
A A L L A V O T C I L F N O C F M
Z C M R A L O K K E P O Z B R G A
A A A A S I P O E R T E L E D S G
H V L Y P M L R E R E P R E R C I
C B L R C P P D I A T L I D K M N
E Y Í T F I Q I S M N C C Z Ó I A
R E K J M O X O I I E Y V U N N R
P N R M D R W D Z X M R Y Z C D N
D X A C A R A R I T E R V M M W L
T H P D I U U Q P N L X W K C T N
W Y C B J B F I F Z P U K H W V Y
A E L É C T R I C A M D R F S V G
P O L I C Í A Z Q D I I J P G Q T
V H O E W K K M G L S C P J Y M U
```

SIMPLEMENTE
POLICÍA
LIMPIO
RECHAZAR
ALLÍ
RETIRAR
DIO
AQUÍ
IMAGINAR
PREDECIR
VACA
PERDÓN
DELETREO
VALLA
SIERRA
CONFLICTO
RAMA
ELÉCTRICA
PRIMER
BURRO

Puzzle 898

LLORADO
PLANA
DULCES
CONOCIDO
DETERMINAR
AGUJERO
EXACTAMENTE
CIEMPIÉS
DICE
FUERA
REFLEJAN
GUSTO
SUBIDA
DEBO
OÍDO
ESPECIE
HABER
ESPECIAL
COMER
CORTEZA

```
J J W L V G N H X D S O I Z W C K
C N W P H R B N A J E L F E R O G
D W O A V B V X R S C B E C E R E
O M L E F B X D E L L X O I B T S
U I G R L H Y C U Y U E S D A E P
O T G F A L D F F Z D X V D H Z E
Í K L L N G O S U B I D A E A A C
D V D K A K U R G U S T O T Z Y I
O H V S L E G J A E M U Q E W T A
C I E M P I É S E D X Y W R T A L
E S P E C I E L I R O R E M O C H
C O N O C I D O I Y O F D I B S Z
L T N C H W Y E Q I A O A N A R K
J B B N N P H V S C C R Z A B R Q
E X A C T A M E N T E L G R T S H
```

Puzzle 899

```
X E C E R A P A E S T U Z U W Y H
R B V D A H J T T W O A R Ñ J E S
J Q J I Y I L E A U E N A A F E D
G Y E F Y U J O P C S O I P R A N
X U M I A T J C A E U R L D V Q Y
O U M C H I L E R A M O O R O E G
M X S I N C I E R T O C T J E V C
S I V O B E D R P V B S O Y E A R
E O C H Z R V L H G K E Z W A K K
R P L C K N Q E F A D M V Y G U J
D R J E R Y I S R P O R C I Ó N T
A E X L A P N D P A S I M A C J X
P U A I T D B Y K D L F V Q S G C
F C W N S V O T N E I M I C A N I
C K I Q E C I C L I S M O H T J X
```

ESTA
CORONA
PORCIÓN
CIERTO
PADRES
UÑA
LECHO
EDIFICIO
SOLEADO
CUERPO
SONIDO
MUSEO
APARECE
HILERA
CICLISMO
NACIMIENTO
FIRMES
ETAPA
NEVERA
CAMISA

Puzzle 900

ESTANTERÍA
HORMIGA
RESULTADO
TESORO
INESTABLE
PUNTUACIÓN
NACIDO
SOPLAR
EMPUJAR
PLATAFORMA
VERBO
FRAILECILLO
SALUD
RELIGIOSA
DISÍMILES
ALGO
DOBLAR
OBEDECEN
PENA
SUEÑO

```
H F I E S T A N T E R Í A Z F E D
P R L N F R C N S B A K G N B M I
R A R U E R P K R B L G I J W P S
E C P B H S L O Z P B T M Z D U Í
S D F T N M T H U A O D R H U J M
U N V E R B O A U C D N O G L A I
L S A O K U Z W B N O Y H Y A R L
T G N C V I P P U L Ñ C E C S V E
A U C E I O L L I C E L I A R F S
D W M A C D P U N T U A C I Ó N D
O D D X A E O D C B S P E N A Z C
S O P L A R D P L A T A F O R M A
I S B T Z S G E T E S O R O B F Y
Y E W R Z Y Z F B Z I L W B J Q W
T Q X R E L I G I O S A V E T I N
```

Puzzle 901

```
Z M I T A D T F S U S T A N C I A
T P T D A J C I F I C Y R L B I D
P O D Í E L L N R F P Z Q M C L I
K D L T K E T A Ñ A R A Q P Q W S
A I S E R O T L U C I R G A C L C
Q G X W R C H M K R Z Z O L O X U
X Í P S J A D E N O M R E N N J L
V R S O F Á R N C U A T R O E A P
D I D R R Q E T O P Q R O A S M A
P M C I A P A E A W Z O D V R C I
O Y M T C Z R N V U L K E Y I L G
V W H Y O F T G M Q J C D N N Q K
H W S T U R S W B B L E N Q U O R
C U W P E N I W T U E P E A J O Q
R F O D A U D A R G W Z V M O F Z
```

FINALMENTE
TOLERAR
CUATRO
GRADUADO
MITAD
MONEDA
MENOR
CON
DISCULPA
SOFÁ
POTE
UNIRSE
AGRICULTORES
RÍGIDO
VICTORIA
LEÍDO
DISTRAER
SUSTANCIA
ARAÑA
VENDEDOR

Puzzle 902

QUERIDA
ARGUMENTAN
ALCE
ELÉCTRICO
PERIÓDICO
DUENDE
DONDE
DESPLAZAR
ESPOSA
DE
EDAD
AJUSTE
SELECCIONAR
CASARSE
CEBOLLA
LLEVAR
QUEMADO
PIEDRA
CAMA
DEMOCRÁTICA

```
P C H R T O Z V X A K P L P W Y V
I A M A C B P N Y J T E D N O D B
E S L A T N A C I T Á R C O M E D
D A L X Z S W T K W F I O Y S G A
R R E E J I Q I R Z R Ó L J H J D
A S V D O L M I K R M D H Y F Q E
A E A Z E D N E U D C I A G Z O J
E J R I A S R A N O I C C E L E S
C S U V L E P P T K K O A B B N S
J I P S I Y O L V W L L H Y S J N
H K A O T D C B A L L O B E C H G
S A I T S E R G D Z A L C E C G X
E C H T S A Y B E A A D I R E U Q
A R G U M E N T A N O R L P R N N
E L É C T R I C O D A M E U Q L G
```

Puzzle 903

```
R L E B I N H R O F F B D K C U P
E T N A I L O F X E A C E S W N E
V V T Y B Q Q O D I N E T N A M R
R E G E K O L W Q R M T F U Z E O T
L R N M O O A A G Z A N I Ñ A S E
A L D S F G X T J U S I E S Q D N
A N I T X W K B I M M O M W P F E
J K D C Z W K H I D A R L Y V R C
B Y O I D E M O R P O G E A E O E
D E S C A R T A R F I A Y A I H X
V A T Ó M I C A B T L N K Q C C V
E S T R U C T U R A C I M C O J O
F O R M A L M E N T E Z J M C H D
E N V I A R G A Y M I A F F W R Y
S V V E O P S K O S O R E M U N I
```

ATÓMICA
LATIDO
SEIS
ENTENDIDO
NIÑA
SECA
PERTENECE
EXFOLIANTE
DESCARTAR
ENVIAR
NUMEROSO
MANTENIDO
PROMEDIO
LAICO
CAER
ORGANIZAR
FORMALMENTE
VELA
FANTASMA
ESTRUCTURA

Puzzle 904

CÓMO
CAMBIO
ARRUGAS
POSITIVO
COMPLETA
CUELGAN
ABUNDANTE
CLARAMENTE
AGUA
INSPECCIONAR
OYÓ
SIGNIFICATIVO
NUEVO
SÁBADO
DÉCIMO
DESAPARECER
PERO
DELICIOSO
VISTO
ENSEÑAR

```
L W U C C D S M C O J N C G V F I
G Y Z X C L E L M Q N N U D Y B N
C O W J A Y A S R N A G L E U C S
P O Y Ó M W W R A Ñ E S N E V T P
E X W W B S P W A P F A M S W O E
R S T Y I V G H K M A L P R X D C
O S V A O Q X F F L E R L K Z A C
D E L I C I O S O M J N E C C B I
P O S I T I V O E W P A T C L Á O
A R R U G A S C Ó M O G M E E S N
C O M P L E T A B L B U J J P R A
V I S T O D É C I M O A A C Q G R
K G B A D A S Y Y Z V B G M T G P
S I G N I F I C A T I V O T D C N
V E F V H A B U N D A N T E U R H
```

Puzzle 905

```
H J T X X O E C G Y Q X G G D E C
C E I F T C E O N L S N L J B S A
O H R A R A P M Á L G E G L O C L
N I C V X Í W O S Z E U V M F A C
T N D E I X O D D E D I C A R S E
I G R K B R B I O A S W W N Y O T
N Ó G E L L J D V P I Z Z U M C I
U O G S E I R A T I C I L E F P N
A E J N H Q U D L R E F E R I R E
R Y N E M I R C K I R Z M A H E S
R Á P I D A E B O U P F K A H K O
A A T P Q I E N N F A U B P T W T
K U O T N E I M A S N E P G C E S
D I F E R E N T E J T J V Q E R E
O T F U B B I U I G X E Q F D M H
```

FELICITAR
PUPILA
CONTINUAR
HERVIR
LÁMPARA
RÁPIDA
CRIMEN
CALCETINES
FRÍO
PIENSE
PENSAMIENTO
REFERIR
DIFERENTE
ESCASO
COMODIDAD
RIESGO
ESTOS
UNA
DEDICAR
LLEGÓ

Puzzle 906

FRANJA
BICICLETA
ASIENTO
NUBE
HAMBURGUESA
BÉISBOL
SU
MISMA
BRILLANTE
COMPORTARSE
PINTURA
SÍ
ABUELO
DAN
VECES
SÉPTIMA
DESEO
MAMÁ
FRENTE
SALIR

```
R R N L Q D A O Y Z V Y K O T X K
I Q E U S Í M Y D C I M Y D I E B
R B U G B R P K O E S E D Q R T R
F J C W C E S R A T R O P M O C J
W V C K Y L Z Y M N N T A P D D F
X F U S Y E W Q I E I N S A L I R
B H Z U R Y L U T R A E E B A S U
Z M J P H N C R P F T I U R B T Q
U I E A M A M Á É G E S G I U M M
V E C E S W R M S L L A R L E K Y
D Z L B U O C U T A C A U L L F F
S A F R A N J A T P I R B A O U P
P S N R G L G V Z N C W M N H T E
B É I S B O L L P I I G A T J B M
M I S M A X N M Z Z B P H E Y S P
```

Puzzle 907

```
K C F S S Y V B J C X J P V J Y N
A U J M H G P C L A E L O I N Z C
D E S E S P E R A D A N P U S W J
O V M F J V L X G O F O U V Q L J
R Z Q J L M F X H S A T L D D N A
D C G S E U G L E U C A A M U S C
I R O B A R I A T K B H R H C A E
N A C A M I O D N A E S E D O M T
A N O A R R Z W O T O S S P M S O
R E L X O E L L A C I D Y C P I I
I C U L F G Z T L J U G Z U A M L
A A M E E I N D I S I W U S Ñ F B
F M P N R D E D N J J Z Q O E M I
X L I N I J P C B R N J U I R Y B
K A O H C T W S H O S Z K S O P T
```

CALLE
BIBLIOTECA
NI
COLUMPIO
REFORMA
CUELGUE
SUMA
MISMAS
DIGERIR
FLUIDO
ROBAR
ALMACENAR
POPULARES
NOTA
ISLA
DESESPERADA
ORDINARIA
DESEANDO
ANTIGUO
COMPAÑERO

Puzzle 908

OBVIO
INDICAN
POLVORIENTA
CARTA
CENA
TRADICIONALES
LEONES
POLÍTICO
QUEMAR
CALAMAR
TERMÓMETRO
LISTA
PUNTO
SENTARSE
VERDADERO
LOTE
GRAVEDAD
AMENAZA
OTRA
TÍO

```
J D X Z I D J D Z C E O S L G P A
V E R D A D E R O A F Z K E R O M
M N N C X M J X N R A R S O A L E
C J Z X O O R F T T C V K N V V N
B Q X C U Q Z O D A O U E E E O A
T R A D I C I O N A L E S S D R Z
M V I N B T A G Í J Z R R I A I A
L G U Z E H Z D O T U Q A N D E J
R C A R O C I T Í L O P T D G N P
O T R A T S I L H D X B N I D T P
I O O M N N Q U E M A R E C C A F
V N X A U F N T V L T Q S A K C C
B M Q L P V Z I X L O U S N I U E
O S C A L Y O V S F M T F U Q Q P
C P W C O R T E M Ó M R E T J J W
```

Puzzle 909

```
R B O E N I R T X R L C U T C B V
V E D R Á P I D A M E N T E R L A
P F A B U H Z A D A R D A U C W Q
W I L A A R X N I T J L H B B B U
V T S S G D A C V T M D V E D S E
P P I C Q H M Z G K N S R B F U R
R R A R I Y I L I U A O T O Ñ O O
E O O Z O N U D W T T Z T O D O S
S D I P X T A D A N E D R O F G K
I A R R I S N E V O N R E G L A E
D L A A X O I D B Z O I V R N D A
E I N N E Y E G E L I A V B F J O
N F A G T W V I O G M A E D Z N G
T A C O Q P E A F K A I M E D Q S
E D R A B O C T U Z C M B U K W D
```

COBARDE
PROPIO
TIRO
PISCINA
CAMIONETA
RÁPIDAMENTE
NIEVE
REGLA
RANGO
OTOÑO
CANARIO
VIDA
ORDENADA
CUADRADA
TRINEO
AFILADOR
RESIDENTE
TODOS
AISLADO
VAQUERO

Puzzle 910

PÚRPURA
PRIVILEGIADA
BÁSICO
MES
ENTRENADOR
CABALLERO
DECLARACIÓN
SAPO
ASUME
VIRUTAS
ROJO
NEGRITA
EVALUACIÓN
EXTERNO
HOMBRE
GOLPE
SUCEDER
VERDE
GARZA
ALTO

```
W E F B Q B E H S R N E E D R E V
A L T O Y F O S L O U V N M W G I
B U Z Q Q M E S D J W A T R U P A
N W I V C P S L L O J L R Q E S D
A Z G B Y B I S W N L U E U A Z A
C S U C E D E R A O X A N N P S I
C A B A L L E R O P X C A Z R A G
N E G R I T A U J O O I D H T T E
D E C L A R A C I Ó N Ó O O W U L
F D C G Z A Z J N B Q N R M D R I
A V T O O R C N U C Á C B B H I V
V Z A L V X V L V V M S F R J V I
V V Y P J W N B H K V C I E S D R
Z Y V E G O M R U X I C Y C F C P
E X T E R N O P Ú R P U R A O N B
```

Puzzle 911

N	F	P	C	X	S	T	G	K	Z	W	F	W	P	O	F	N
R	E	C	I	E	N	T	E	M	E	N	T	E	E	P	A	E
L	U	G	A	V	L	D	W	V	I	Z	Y	E	C	O	L	T
H	O	I	R	A	C	I	L	P	A	M	J	N	E	N	S	A
O	N	C	O	Í	X	O	J	T	W	E	V	Z	S	E	A	Q
R	G	M	A	C	O	I	R	A	T	I	L	O	S	N	S	T
N	W	S	K	C	U	Z	K	H	H	F	C	F	G	T	R	C
E	X	P	G	J	S	W	K	Y	R	S	M	A	J	E	W	E
A	Z	M	O	N	E	N	F	E	R	M	E	D	A	D	Q	P
R	I	G	I	F	R	A	C	I	L	P	I	T	L	U	M	I
B	M	X	M	J	B	D	E	D	O	O	N	C	O	H	Q	L
O	T	N	E	I	M	A	Z	I	L	S	E	D	I	Y	H	L
N	P	N	R	X	U	K	K	W	T	F	J	V	X	A	O	O
Y	C	K	P	D	C	L	U	U	O	T	Z	E	B	Q	L	C
E	N	T	R	E	V	I	S	T	A	R	W	R	V	F	U	D

PECES
RECIENTEMENTE
ENTREVISTA
HORNEAR
COYOTES
CUMBRE
SOLITARIO
DEDO
VER
APLICAR
RÍO
OPONENTE
LOCA
CEPILLO
FALSAS
ENFERMEDAD
PREMIO
NETA
MULTIPLICAR
DESLIZAMIENTO

Puzzle 912

EXITOSO
HELICÓPTERO
SEGURIDAD
RESPONDER
ENTRADA
CAJA
NO
INDIVIDUO
PARAGUAS
BELLOTAS
ESPECTÁCULO
OVEJAS
SIENTO
BLOQUEO
VINO
SELLADO
LAVANDERÍA
CLARO
EXCEPCIÓN
BLOQUE

E	C	W	R	U	U	G	Y	W	C	B	Q	T	X	O	B	E
E	O	J	V	H	R	P	N	I	E	L	Y	Q	K	V	L	X
E	I	J	F	F	I	N	D	I	V	I	D	U	O	E	O	C
L	H	E	L	I	C	Ó	P	T	E	R	O	O	N	J	Q	E
B	E	L	L	O	T	A	S	Y	T	J	V	W	I	A	U	P
P	C	A	L	L	U	A	D	A	R	T	N	E	V	S	E	C
A	X	L	S	U	W	J	Í	U	W	V	Z	B	R	E	O	I
R	X	Q	E	C	U	A	O	R	A	L	C	R	F	W	S	Ó
A	S	E	G	Á	V	C	U	O	E	S	V	L	H	J	O	N
G	E	F	U	T	U	A	A	K	O	D	O	C	O	H	T	Z
U	L	B	R	C	V	R	E	S	P	O	N	D	E	R	I	N
A	L	I	I	E	J	H	O	B	O	X	E	A	C	D	X	Z
S	A	S	D	P	B	L	O	Q	U	E	H	G	V	X	E	B
C	D	A	A	S	S	I	E	N	T	O	O	K	R	A	A	Y
B	O	G	D	E	P	I	N	F	K	F	U	I	H	L	L	E

Puzzle 913

```
P M D N X Z S U Y A H Á B I T A T
L R A N I V E R S A R I O O O G X
H V O C I N V R C D Y D K O J O
P E P D O H F E U X M E N O S I T
A R R F U N Ó I C P O P Y G H M E
U E O I L C T J C L C A P U Z C P
S D D G A L C A I R A T E R C E S
A I U U H A I C A C I T P Í L E
I C C R T W L N Ó T J N W C C S R
G T T A O H U O U N O A O S N X U
G O O R R V C Q Q R G J H R Z W E
O J O M I J Í Y B C A E G M Y J B
R E B R D R L S U V E S R W Y Z I
L B A F A J E T N E I R R O C A Y
O I S V D F P E X P E D I C I Ó N
```

PATINAJE
MENOS
OPCIÓN
PELÍCULA
SECRETARIA
FIGURA
EXPEDICIÓN
ANIVERSARIO
PRODUCTO
LLANURAS
PRODUCCIÓN
ELÍPTICA
CONTACTO
PAUSA
AUTORIDAD
VEREDICTO
RESPETO
HÁBITAT
SUYA
CORRIENTE

Puzzle 914

BIOLOGÍA
COMETA
ESPERAN
DIEZ
HAMBRE
SE
FAMILIARIZADO
BISONTE
COMPLETAMENTE
RETRATO
LLAMADA
TRANSPARENTE
SIEMPRE
LONGITUD
FAMILIA
ACTIVIDAD
HIPOPÓTAMO
PAUTAS
MUESTRA
PEREJIL

```
H I P O P Ó T A M O I O M E L A F
L V V E Y G F S B F M B L J O C A
G J A Y N C E P A U T A S O N T M
U I F R L X E B R Í D B C X G I I
A I T F S D T M T P G N V T I V L
I L U F K E N C S P C O W I T I I
L K B J Z R E Z E I D W L B U D A
I L N Y H B R V U H R X E O D A R
M J A E D M A Q M B G N I Z I D I
A H T M K A P B I S O N T E D B Z
F Z E D A H S P E R E J I L V O A
W V M E V D N A R E P S E Q B N D
I W O E O T A R T E R Q O I R N O
C N C Q V E R P M E I S G Z Z B Q
E T N E M A T E L P M O C U B B B
```

Puzzle 915

```
C G E O C G Z F V C Y V P A P Á P
V H A D R O T C U D N O C S O Q R
L G I N V M N M J G Z L D E Q K E
I G Y M A K U T H G V U U R Y C
M E D O E D O G E N D M H B L D I
O V E Z A N O E N N U E T M M E O
N G Y W S V E H E W T N U A N H S
A É I O U L O A W O N A M R E H O
D X D A S M P L D G Y G V F T D S
A I R S T P R O P I E T A R I O T
M T G T A F R E G A D E R O M D E
R O H C D S I M I L A R E S R Z N
X X V Q A A H U G X Y R S P E A E
D A E H S J X H R A R P L J P N R
P E S A D A O R T O G R A F Í A O
```

PERMITEN
SIMILARES
PESADA
CONTENTA
CONDUCTOR
FRAMBUESA
SOSTENER
GANADO
ASUSTADAS
HERMANO
ÉXITO
VOLUMEN
ORTOGRAFÍA
PAPÁ
VEZ
PRECIO
CHIMENEA
PROPIETARIO
FREGADERO
LIMONADA

Puzzle 916

MOTIVO
TEMA
PATIO
VIOLENCIA
OFICIAL
AJUSTAR
LLEGANDO
OBSERVACIÓN
CORRER
MENTIRA
ESENCIAL
BALONCESTO
PÚBLICO
PRIVAR
HUMEDAD
DURA
DESCRIBIR
DEJÓ
GOBERNANTE
DOS

```
T J H U M E D A D P M E N T I R A
Y V K S P R I V A R A Y M S S C X
T E M A T O I D B I K T V M S R L
C Z T G I S S L F B S T I R N D U
V O F N S M R S J I N M S O D Z U
I V R X A H C O V R A J U S T A R
O I R R R N N Ó I C A V R E S B O
L T B A E B R X Y S O F I C I A L
E O O C Z R G E B E N A I F F K O
N M Y J Y E U J B D E Y Z L K L P
C W J D B C Q M B O C I L B Ú P W
I G D E J R M H A M G Q P S W O P
A M S J E S E N C I A L M G R X Z
Z D S Ó L L E G A N D O D U R A O
B A L O N C E S T O Q F D Z G P S
```

Puzzle 917

D	N	O	H	F	A	J	B	A	E	C	A	L	O	H	Q	X
E	A	R	U	P	L	L	N	Ú	M	O	C	L	E	I	P	L
C	V	N	E	M	L	F	U	P	G	O	U	P	I	O	U	U
E	E	F	V	D	I	A	D	A	C	P	E	Z	A	U	T	D
P	G	I	O	P	L	H	N	E	S	E	R	O	S	V	G	P
C	A	I	S	W	O	H	Y	O	C	R	D	W	E	E	X	Á
I	R	T	X	L	P	J	O	O	Q	A	O	C	N	S	E	N
O	T	N	U	J	N	O	C	O	Y	R	S	K	T	T	J	B
N	J	I	X	V	D	I	S	T	A	N	T	E	A	R	A	P
A	M	I	T	C	Í	V	M	T	X	L	S	X	D	E	X	Y
D	Z	A	P	A	T	O	S	H	I	N	C	R	O	L	W	A
O	H	R	P	F	O	R	N	D	Q	D	P	Z	S	L	C	E
Z	U	X	P	F	A	X	D	L	S	M	V	R	E	A	T	D
W	F	A	H	W	J	C	K	T	D	I	E	M	M	M	V	P
F	A	B	R	I	C	A	C	I	Ó	N	H	P	S	X	E	K

PLANO
MEZCLA
DECEPCIONADO
NAVEGAR
CONJUNTO
ESTRELLA
ACUERDO
POLILLA
ÁGUILA
HOLA
VÍCTIMA
FABRICACIÓN
ASENTADOS
HUEVOS
COOPERAR
PIEL
DISTANTE
ZAPATOS
COMÚN
CADA

Puzzle 918

VOCABULARIO
DENSA
DIRECCIÓN
CUEVA
TULIPÁN
BALLENA
INGLÉS
AIRE
CUIDADOSAMENTE
PASANDO
DEFENSA
CONVERSACIÓN
DISTRIBUIR
TREMENDO
LUNA
TÍA
PAVO
PERÍMETRO
CONFIANZA
CULPABLES

B	C	U	L	P	A	B	L	E	S	K	Z	H	S	C	E	D
L	A	I	N	G	L	É	S	Q	Y	T	Z	E	U	O	J	S
R	S	L	P	A	V	O	N	A	V	R	A	T	A	N	V	V
I	N	G	L	V	M	B	Ó	X	O	E	B	N	E	F	B	U
U	E	V	T	E	N	P	I	R	C	M	C	E	R	I	A	Y
B	F	F	T	U	N	J	C	Z	A	E	Z	M	D	A	P	U
I	E	Y	D	C	Á	A	A	X	B	N	A	A	S	N	E	D
R	D	R	G	K	P	K	S	U	U	D	G	S	T	Z	R	L
T	Í	A	H	S	I	Q	R	M	L	O	X	O	C	A	Í	Q
S	K	I	S	C	L	I	E	H	A	S	K	D	M	H	M	Q
I	B	W	R	L	U	U	V	O	R	X	A	A	B	N	E	V
D	J	L	Y	G	T	V	N	G	I	V	F	D	P	G	T	M
P	A	S	A	N	D	O	O	A	O	W	I	I	T	M	R	G
B	O	S	Z	V	X	C	C	E	F	X	T	U	V	E	O	S
M	W	P	D	I	R	E	C	C	I	Ó	N	C	V	A	X	T

Puzzle 919

```
P G S E V I C U C K E F V W R V C
T R S N G R M U F A T S E U P O A
I R U O G A L É I C R U M F Z K L
Z P T E U X D R W I I Á G L B Z I
I U P E B R B E A N U C C U K B F
H N F L A A O V G Ó D D E T S A I
K N S Q I T S E R F R V V L E K C
Y T U I N C M R E E D H M G N R A
W X P E G É N T G L A U N A O A R
P A D R E N G I A E D D Ó T L S S
E N O F O T I R L T I Z I N L I R
E X C E P T O A O H V W S U I S Y
L Q D T J Q K M S M A I I P M T M
S Y S B Z H G O P W C W R G M I Q
M H G G V E T T C G P I P B Q R S
```

MURCIÉLAGO
ANUAL
PADRE
EXCEPTO
TELEFÓNICA
PRUEBAS
CAVIDAD
CUNA
TOMAR
NÉCTAR
CALIFICAR
ASISTIR
PUNTA
OPUESTA
MILLONES
CARÁCTER
REVERTIR
PRISIÓN
REGALOS
INSIGNIA

Puzzle 920

AMENTO
PÁRRAFO
CONJETURA
INTELIGENTE
LOBO
VAMPIRO
ROSA
MAR
MENTE
DESIERTO
RECREATIVO
ENVIADO
BOSQUE
CARBÓN
HURÓN
BORRADOR
EXHIBICIÓN
SABIA
PRÁCTICA
CHISPA

```
D E S I E R T O I M E Z V E I M V
C A R B Ó N E N V I A D O X N E T
V R S A F N Ó B O X I B F H T N O
B O R R A D O R W E B K A I E T Q
T J C S A R F C U R A K R B L E Y
A O V W A S E C O H S L R I I U J
F B Y O F O M C E N S A Á C G Q P
C H I S P A M Q R S J R P I E S R
M S S V L R O S A E W E C Ó N O Á
U O E H O T R A M Q A O T N T B C
R E N F B Y I C M Z J T S U E F T
D O G W O M P R Y I H N I X R I I
E I W G I O M R X Q U E F V X A C
U Z E V N N A F S D Z M M R O I A
W Y B N I K V T T I Z A F I S U Y
```

Puzzle 921

```
P O B R E C A R P A U F F H S P Q
W W J G J Q J P C O B R O O P U J
T R F X L Y E E C D Q I M S V B R
M V J M H M L R L A T N E M E L E
T O M A T E P E Z E P B G C T I S
M Z M R C Y M C E L E C S O R C U
F O S L N W O E Z P B P R O E A F
X U V U A U C R E M J R N W U C I
P X R I T I M D A E J B I P S I C
O É T I M O C U R K C Y Y L G Ó I
D A R D O I E C O N O M Í A L N E
Í I P D D S E U Q N A T S E T O N
A K V P I W A N H B E M C E I H T
O C H V A C U B T A L X A I Q W E
E M P L E A R U M O K R B Q D A H
```

ADMITIR
ELEMENTAL
EMPLEADO
SUFICIENTE
SUERTE
PERECER
COBRO
FURIOSA
EMPLEAR
POBRE
CARPA
MOVIMIENTO
COMITÉ
ECONOMÍA
PUBLICACIÓN
TOMATE
PODÍA
COMPLEJA
BRILLO
ESTANQUE

Puzzle 922

INSTITUCIÓN
ATENCIÓN
CUARENTA
LLEGAR
HACIA
ADIÓS
TRANSPORTE
NIÑOS
CITA
DUCHA
ANÉMONA
EDITAR
ALTA
DURACIÓN
NACIONAL
REGULACIÓN
VENENO
PASADO
ARMIÑO
PRÓXIMO

```
A P E T R O P S N A R T J R T N V
R N R A G E L L A A T E N C I Ó N
R Ó É Ó K N X R C E L N Y C M K V
N I Z M X J T R I Y I N I S S T L
W C W I O I S Y O D U C H A J I P
R A B C N N M Z N N T I C O F H C
G R G K E S A O A I T B U L Z Y B
P U M D N J T Ñ L Ñ R V A D G H O
U D A T E E L I U O D M R H W A J
A I J C V G A M T S F L E A L D J
E D I T A R R R U U K T N C Z I H
P A S A D O T A T I C D T I O Ó R
R E G U L A C I Ó N L I A A E S P
C H Q M B N B P Q P P P Ó X S F J
X E F J U O M E B A L L R N P V L
```

Puzzle 923

```
C Z M Z L S P X H X I Q A Y Q M P
U E I B Z Y A E U Q O F N E Y K R
I T É X M T L L L G O V J L C T E
D N R G O H E T T Í I F E H X E C
A E C V S Z T I T A C E U J D N I
D M O F C I O E G W M U J K N E P
O E L C U C L R S X Z O L X K M I
S L E D R B Á R E S M E N A D I T
O B S C O J S A T T O L F T S G A
V A L I E N T E D D R Z F F E O C
C B T E O R Í A C P E A A F O S I
N O R A J Á P N U N C A C B S G O
E R I N E V E R P E R X M H H Z N
K P H O R M I G A S E V R S P G E
B W Q N K E H J C X T F P U J X S
```

PROBABLEMENTE
PELÍCULAS
HORMIGAS
PÁJARO
TIERRA
CUIDADOSO
TELA
PREVENIR
NUNCA
CARTERO
TERCERO
SALTAMONTES
VALIENTE
ENEMIGO
MIÉRCOLES
ENFOQUE
TEORÍA
SERÁ
OSCURO
PRECIPITACIONES

Puzzle 924

COMIENZAN
CONDUCTA
TOQUE
PERMANECEN
SALCHICHAS
NEGRO
PREGUNTAR
NADAR
POSITIVA
ADECUADA
PLANTA
RECORDATORIO
ARREGLAR
CUBIERTO
ZOOLÓGICO
INVESTIGACIÓN
SUSTANTIVO
TERCER
DISPONIBLES
MESA

```
D I S P O N I B L E S W F I A P J
I N V E S T I G A C I Ó N G D O W
T E R C E R O C I G Ó L O O Z B L
P E R M A N E C E N J R I C B P A
C U B I E R T O L Z Y O R A E I M
P R E G U N T A R S N V O O B I D
X A P U H V E H Y A V I T I S O P
K D P L Q W I U C H H T A C W H O
N E J F A O O R M C O N D U C T A
E C X H F N T V A I A A R O B U F
G U U K Z T T P E H A T O K D Q Z
R A D C E V T A C C L S C F Z F V
O D T N A D A R L L K U E J O Z L
N A Z N E I M O C A Y S R M K A V
A R R E G L A R O S P H X D C R K
```

Puzzle 925

```
M V A A F A M U N A E M C P A Z O
O U I P R I M A V E R A O P S V B
J T I E W J Z B D Y A N N Z I W J
O Q M R N A U R E N P O T B S J E
S B X D G E F E X R O T E X T E T
A W W A C H S I J P T N N L E P I
R C O M F E E H H E N E I T N U V
O N A J K O D A C R E M D A C N O
E S C E N A R I O R I G O B I T U
C I N C L U Y E N O M A T E A I V
C R C N C O J Y C L I R R B J A C
C K E S E G A I R Q S F V É F G W
Q R S A W H M E G C A A A E E U H
X H E M N U N V E M C I F E Z D M
C F G X R M W R C U Z M D Z B O K
```

PERRO
ESCENARIO
ASIMIENTO
FRAGMENTO
OBJETIVO
CREAN
OJOS
INCLUYEN
PRIMAVERA
CONTENIDO
MERCADO
BEBÉ
PUNTIAGUDO
ASISTENCIA
HIERBA
TIENE
PAR
MADRE
ONDA
VIENE

Puzzle 926

ACUSAR
SABÍA
TEJÓN
PEQUEÑA
AVENTURERO
ORGANISMOS
AZÚCAR
COLUMNA
DELFINES
TAL
COSTO
CALCETÍN
REBAÑO
POCAS
RINOCERONTE
INTERÉS
CAFÉ
EVIDENCIA
GLOSARIO
SOLICITAR

```
E T G M Z S A Í B A S N A V X J C
X V A N D X Z N L V E R A S U C A
O R I L C Y Ú B W E N J S A P S L
T R B D R A C Q D N I Z Q C E O C
E R G V E E A K C T F K E O Q L E
J E P A L N R V S U L B T P U I T
Ó B J I N L C S É R E T N I E C Í
N A Y V Q I F I F E D F O U Ñ I N
F Ñ N A R M S G A R L O R K A T I
R O T S O C W M C O X W E H O A S
G L O S A R I O O C A M C Y Z R W
C O L U M N A K X S R N O Y U G A
V L I T C U N Y V Z B A N M B E M
M E J C O E S W G Q Q U I V T M T
E H W L O C E T F E F N R W Y J J
```

Puzzle 927

```
R P O A C T X G O D I T N E S Q K
E A U A L Z X X S Z A B B U R L A
P T R A M E H W O J L N H H Y Z O
E Í T R R F R G G B L H B S U Y F
N N S U C P O T N E I M I A C E D
T E N T N A D A A T R N O L M L L
I D O A K J N G F R A O J L W Y J
N G M I G R A R S O M B R E R O C
A U L V J H F N E P A C S A O C E
M C Y E E Y S X J E L H T I X O R
E B W R D D N Q A D M I S M O P V
N B K B Q E W E I J S O E T T I E
T Y A A L T B L V W B L E O N R Z
E Y O E B I S E P F T P M R B E A
J S F Q T Z E D J T W D P Z B B L
```

DEPORTE
DECAIMIENTO
POCO
BURLA
ABREVIATURA
ELLAS
MIGRAR
VIAJES
FANGOSO
SENTIDO
MISMO
AMARILLA
PATÍN
CERVEZA
ALERTA
SOMBRERO
DEBE
MONSTRUO
REPENTINAMENTE
NADA

Puzzle 928

PESE
MECÁNICO
REALIZAR
CREMA
COMO
ASUMIR
DESAFÍO
CONFUNDIR
MORADO
TODO
RETENER
BOXEO
LEJOS
COMIDA
MISIÓN
VECINO
COLEGIO
RESUMIR
PÍLDORA
GALLINA

```
D Q D C N M L T W A D I M O C M F
S E Z U E S S C H I S O J E L I B
I S S B C E A G O U Z U V K C S P
U E C A M E C Á N I C O M R K I R
H P H R F S I R R T F K R I J Ó Y
E O H O Z Í W I C Q E E N M R N R
Y C G D Y R O D O T U A V U A G E
Q J A L B H I N M D B V A S Z A T
Q T R Í H X G U O T A I X E I L E
Q P L P O L E F F Z M R Q R L L N
Y W S B F A L N T R E X O T A I E
J U I O I W O O X N R M Y M E N R
G X M X W Q C C V E C I N O R A F
T J I E B I M K L K K D K I P Z W
B U O O N Z A P T S Y B M Y B D B
```

Puzzle 929

```
A S A C H X U P F D R F E D D J R
Y D B Q J E G I W T V M M R X C E
E N O L Ó S O R T S E U N A Z J A
T Ó J P H V O W A V B V F M E G C
N I S E T N E I R T U N B Á I A C
E C G N A A C X T X N M J T E L I
M A N O N Z R O V A L O R I N G Ó
A L J F C S E I R U B U L C O O N
M E W M H F D U T A I Y J A J D P
I G M Y U G Í O N E Z Z B C A Ó V
T N K P R Z L O E F R Ó M X D N A
L O I L A S U F R I R R N I O D F
Ú C U L E C C I Ó N G K E I S R A
H I S T O R I A G A I D I D G Z G
X V A H C X J L V W S H S X I P X
```

CASA
VALOR
SÓLO
DRAMÁTICA
SUFRIR
NUESTROS
REACCIÓN
NUTRIENTES
ANCHURA
MANO
LECCIÓN
ÚLTIMAMENTE
ALGODÓN
HISTORIA
LÍDER
DERRETIR
ENOJADOS
CORAZÓN
ADOPTAR
CONGELACIÓN

Puzzle 930

PERÍODO
SOLAMENTE
PELIGROSAMENTE
NUBLADO
DÍA
AGRESIVO
ESCARABAJO
CUPIDO
PASEO
EXPLICAR
DETENIDO
SEQUÍA
PEQUEÑO
FUERTE
EMBARGO
OTRAS
ESPADA
VIVO
LANA
COMIENDO

```
O K Z E T N E M A S O R G I L E P
Z G H S S E Q U Í A P E R Í O D O
G U B P A G R E S I V O Y U J G D
C S L A N P E Q U E Ñ O R E A R I
T U O D A L B U N F K G O G B B N
G C P A L A V W G Y H S R F A X E
T U F I I R I C R Z N O N K R S T
I L E N D W R S Z D X L S D A H E
L X U Z M O O N O Y J A L K C O D
D C E X P L I C A R E M X H S N T
S Í H N L B P A S E O E T R E U F
L L A Z N X Q X A V N N F J X E W
A A Y X E J B T R I C T H P N C V
C O M I E N D O T V J E Z L Z Y M
E M B A R G O T O O N B O Z Q I M
```

Puzzle 931

```
B Z Q Y F N P C R V M S X C T R Y
C R E Z C A S E R P M E B E E E X
C A C D E N S A Y O S N H N N S V
I R I É N A C S U B M J N T S P E
R T D C C A U T E L O S O A A O R
C S N A F E Ñ I Q J D J C V H N T
U O Í D U L O A N D C R O O J S I
L M P A C E I B G T G D R S E A D
A E Z V K P P H S N E W T Z H B O
N D A C C I Ó N T E E N O M K I O
Y L D B O U A O B D R H T I O L S
U I H V T Q O I I Q Z V X A X I U
K W P V K P E G G O O O A G R D P
C V N B A P C Q Z X T T Z R P A C
M B Q W F D F O R I M I R P E D M
```

CAUTELOSO
CIRCULAN
TENSA
DEMOSTRAR
CENTAVOS
RESPONSABILIDAD
EMPRESA
VERTIDO
ACCIÓN
ENGAÑAN
ENSAYO
CORTO
INTENTAR
BUSCAN
PELEA
OBSERVAR
CREZCA
DÉCADA
DEPRIMIR
ÍNDICE

Puzzle 932

ABUELA
FUTURO
NAVIDAD
ABIERTO
SEÑAL
ECONÓMICA
INCIDENTE
CELEBRADA
TARDE
LIGERO
EXACTA
DEJANDO
PROCEDIMIENTO
TORTA
MAÑANA
PLATOS
EJERCICIO
PIERNA
ESTUDIOS
MANÍA

```
O X N T S O T A L P Q N C J W E S
E X A T R O T B S X I X R G D J E
T S V J K X N U O D T E Z O I E Ñ
S O I D U T S E G E E T R T V R A
U F D R P D Y L I J J N A N E C L
W E A F X E R A J A P E B E A I P
H S D M A Ñ A N A N X D I I E C X
C E L E B R A D A D K I E M C I H
M A N Í A F T A J O A C R I O O Q
F F T V F B J S B I U N T D N T X
U U P C V E F A J X J I O E Ó K S
Z L T X A L I G E R O W V C M K J
K X Z U J X N R J Z W U Z O I H G
V N V D R I E D R A T O C R C A S
R L Q F M O W T E M W R Z P A J V
```

Puzzle 933

```
E H S H N R S N D P D I O J A P P
T S L C Z W K A A T N E V W T I E
N F M B D A F U D T O R Q O Q N R
E A U G J D O T R A A R Z D R T S
M I L E Z W W O E C P C L O Y U E
L P X U R P R R V F E W I M U R C
A F O H H O C I A Y M S H Ó H A U
N U T R I A N Z A X E K Q C N S C
O L L I U Q S A C K A F B U K T I
S P E B K O I R A R O H T Q I C Ó
R S W R E U T I L I Z A B L E N N
E L H A B I T U A L S E X T A P A
P C O N O C I M I E N T O T A L P
D G T V D S E R U P C I O N A R J
G C O N C L U S I Ó N L A K P U P
```

CONCLUSIÓN
HABITUAL
VERDAD
PERSECUCIÓN
NATACIÓN
CASQUILLO
PERSONALMENTE
PLATO
ERUPCIONAR
SEXTA
HORARIO
CÓMODO
VENTA
CONOCIMIENTO
PINTURAS
ESQUINA
REUTILIZABLE
AUTORIZAR
NUTRIA
FUERON

Puzzle 934

DINERO
QUESO
VIOLETA
LAZO
PILOTO
EXPERIENCIA
LATERALES
DULCE
PÉRDIDA
SENSACIÓN
SATISFECHO
MOSTRÓ
OPUESTO
MISTERIOS
HABILIDAD
PROGRESO
RESTAURANTE
TOALLA
REPRESENTAN
ATENTA

```
M Z U Z K O W G Y O T O L I P H R
J I V P Q H F D U W G S A R R A E
S E N S A C I Ó N X G E Z R O B P
O A B E T E U M U P R U O F G I R
G N K T E F H H S O É Q O J R L E
U R B N L S Y L A H P R O Z E I S
K Z L A O I G Ó E C L U D H S D E
U M Z R I T V R K U Y Q E I O A N
J L H U V A E T B H F I X S D D T
L G M A L S A S O R E N I D T A A
M I S T E R I O S A T N E T A O N
W I F S O T N M V B L U F Z Z T X
E X P E R I E N C I A L H M H U L
E H Q R Q H Z A J R N O A F T V T
Q R P W L A T E R A L E S A L U H
```

Puzzle 935

```
V W M B J N P F U R X A R H X H P
A C O M P A Ñ A R P T N Y B S U A
E P O S L E P V I A D N O D E R R
S I O K P F Q K J X X J N J S A A
C E L B A S N O P S E R H L F C D
U R U A R T G L O B O M X G D Á O
E N C W E A S A R G Z T Z J L N K
L A Í G L E B I X U R L H U H Ó F
A S T L A G Q I V K Z A G F U J D
G T R G C I S Z G I R G L K E A W
F H A Y S A L I U Q N A R T V C Y
Q T I P E P A A A Z E R E C O R A
A L F O M B R A O F V T H Y T X T
M O T I V A C I Ó N O O N V D R D
X L C R M Z V J I G J Z R J T G Y
```

ARTÍCULO
JOVEN
LAGARTO
VISTA
GLOBO
REDONDA
TRANQUILA
PARADO
GRASA
ACOMPAÑAR
HUEVO
RESPONSABLE
ALFOMBRA
CAJÓN
PIERNAS
ESCALERA
CEREZA
MOTIVACIÓN
ESCUELA
HURACÁN

Puzzle 936

ESPERADA
SACUDIERON
ENTENDER
AYER
VARIEDAD
BOLA
SERIE
CONTRA
LÁPICES
GRIS
FLORECER
JABONOSA
DECISIÓN
ABURRIDO
MEDIOS
ANSIOSO
CIENTOS
CAPAZ
CONTROLADOR
CERRAR

```
E J R J P D A Z Y N V N I X V E U
N A O H K H E A C T C G S X A A G
T B S D P M V C O J H R W J G B Z
E O O O I P A G I F N I W A B U P
N N I S T F R V J S L S M C J R N
D O S P N N I K X Z I O L O U R V
E S N J B G E D B B L Ó R S Y I V
R A A L O B D I Z U B N E F D S
C A P A Z B A D C E E U K C C O U
C R J F W S D I Z I J S O I D E M
A T S A C U D I E R O N X P A M R
S N N Z U A D A R E P S E Á L R E
K O K R D Y O L C S I R W L V G U
J C A G R E C O N T R O L A D O R
B G J S L R A R R E C P U C T P U
```

Puzzle 937

```
C I E R T A M E N T E H U A N B S
U X K W J G V V I B Q P O E E A O
Z B O T E L L A I Q J M D A D J N
B I A J T V R B G E U Q R O P O R
P A E L E C C I Ó N N A L B A H I
Y V L O B T Ú F T B O D E R P Y S
S Y M C Q C Y S E S R O O V K H A
H K V R Ó Q O D A N I B O B E R Í
V Q Z A J N D L W A U S D O F P R
S C P B P B R J N P R A E R A T O
A Y R L Z N E X F P T V O R J O G
T V A U I F C X E H S D C R V Y E
K N D F Q P U A U S N K W E W C T
C E O W A M T A L T O Y T J D E A
F L Y H Q A D K Z Y C G U I T B C
```

VIENDO
BODA
PORQUE
HABLAN
RESISTIR
CERDO
FÚTBOL
BAJO
CONSTRUIR
VA
CIERTAMENTE
CATEGORÍA
ELECCIÓN
BALCÓN
BOTELLA
BARCO
REBOBINADO
TAREA
SONRISA
PRADO

Puzzle 938

MONTAÑAS
INTERACTÚAN
MADERA
EXTRAÑAS
VERDES
HALCÓN
ELEFANTE
UVA
ESTRELLAS
PLAYA
PRESTAR
NIVEL
DUPLICAR
VOZ
VISITA
PIMIENTA
COMBINACIÓN
PREPARAR
HASTA
LIBRE

```
E S T R E L L A S M R C O H J O W
M P Z K X P G M A V U O V H Y O X
N I V E L H N O Ñ C X M F W V I G
Ó A N L T A L N A I L B M M U D Q
C Y Ú O U S K T R A C I L P U D R
L A M T E T C A T T V N Y D R E Y
A L K S C A X Ñ X I O A N W A L O
H P L S M A A A E S Z C H J B E W
O C M C T B R S E I I I A D C F M
K K B T S X A E F V P Ó O A A A A
P I M I E N T A T N U N L P L N D
Y I K D D N S M B N Q Q P I Z T E
L A X X R G E K X J I T Q E B E R
K Z P V E S R A R A P E R P V R A
A V A H V X P R V S T E M Q B U E
```

Puzzle 939

```
G I L L F E M S S P V P E E K J Z
R N R C R D I S U D R S G N C Z I
A V S M L I N W P G N O N O M A Z
N E U U Z V U T O P E Q C H E R P
J N O B D E T X R Z G R A E O U R
A T L V A R O C O L A A I E S F I
J A O T D T J T Z M M J D R O O V
N R R R G I Z O E J I A Q J G G I
B O L I R D O C O C M B K N I M L
R D Q C Y O R G T Y Q A L R M V E
P B Q Q Z Q T E N D Q R Z U A E G
J V Q Y L O S E X I S T E N Y S I
V V H M F D E W N J M P A V H S O
O T N E I M A N I F N O C P I Z S
H L H G W M M W S I N Z D G H H V
```

AMIGOS
MONO
DOMINGO
IMAGEN
INVENTAR
PROCESO
GRANJA
SIN
MAESTRO
DIVERTIDO
PRIVILEGIO
SUGERIR
CONFINAMIENTO
TRABAJAR
EXISTEN
LOCO
OLOR
COCODRILO
POR
MINUTO

Puzzle 940

ABOGADO
ELLA
POSIBLE
CREER
CARÁMBANOS
MAGNÍFICO
SOCIEDAD
MARAVILLA
COLONOS
ALEGRE
SANA
PROYECTO
BOMBERO
SERIA
PICOTEAR
BOCA
REPENTINO
DURAZNO
MANTENER
MOVER

```
C Q X Q R E P E N T I N O A M A S
M R Z X P I C O T E A R C B A L O
O R E D D B B Q C H F O I O R E C
V J B E E A U Q N D C A F G A G I
E E D S R E N E T N A M Í A V R E
R V D O M U I F F J L G N D I E D
E E J N D C Y K K N R R G O L N A
A B E A D C O L O N O S A T L H D
O J O B P U D T O Y S P M C A N H
A P G M H X R B V D D O X E C A R
Q O P Á B T S A L L E S N Y O M M
I C I R N E U V Z P F I R O B R F
S A N A L W R V C N J B D R C P P
V K X C G H X O T B O L O P A W L
F S E R I A A Z X G T E N C L Q L
```

Puzzle 941

```
N C A L D E R A B V Q Y N O Z D C
W E X F F H R I M N I B N P A O U
F W G S W C A E U L R B G E N R C
I Y Z O O O G T L B Y K M R A M H
M G A J C C A M D A A P J A H I A
P B K J U I P S X S C B Y R O T R
S V R K T C A K P P W I I M R O A
D E J A N O S R E P J C O B I R M
C W V M W R C U I D A D O N A I O
J O O V F T C I U D A D B B A O R
A V C Z E E H R A A A R Q U W R D
H Z R I R E U Q E R W N E G W L E
R H I X N A C O H C X L W R J X R
Q Q I T O A I N T E R R U M P I R
A B E J A Q R S U P E R F I C I E
```

MORDER
CUIDADO
SUPERFICIE
CALDERA
OPERAR
INTERRUMPIR
COCINAR
DORMITORIO
RELACIONAR
PERSONAJE
CORTE
REQUERIR
NEGOCIAR
COCHE
CIUDAD
CHOCAN
ZANAHORIA
CUCHARA
ABEJA
PAGAR

Puzzle 942

INDIVIDUOS
MARTILLO
LECHE
PROBLEMAS
NUEVE
CASADO
CABALLO
LUGAR
ESTELA
SANGRE
DOLOR
MARIPOSA
NOMBRAR
CÍRCULO
CANSADO
VERSIÓN
DIVISIÓN
INTENCIÓN
FUNCIÓN
PRIMARIO

```
O R O J Z C L M U V T U H I C I K
V R B L Z Y A L E T S E D Z F W B
F D W L W V M N Ó I S R E V R B N
I D Y J U Y Q Z S A M E L B O R P
P N Ó I C N U F G A G R E W L A K
R D D D N U E V E N D V I H L G N
I I Q I O O L E C H E O P D A U C
M V C K V L H R Z H X M W K B L A
A I H W R I O L U C R Í C T A R S
R S Q A H D D R T Z E W J S C I A
I I Q N N Z B U M N O M B R A R D
O Ó Y Z V Z M H O L L I T R A M O
R N S I T V U O A S O P I R A M O
W B R Q N I L I N T E N C I Ó N W
E Y N X Y Q Q S A N G R E K Z W J
```

Puzzle 943

```
M D Y G N S R A T P E C R E T N I
A I E T N A L E D A I A L T E J R
N X E L C F M M G C K T C E T U X
P A Y M A C M A Y Í U I R N N E E
K V M R B N V V T F Z R A I E G X
T K E G T R T S O I B A S S I O C
Z X J U X A O A W C I G U A L C I
L Z V T Z T G J L O E R A E A L T
W U N U G N E Q E A W A A F S I A
G J T N G A U Q R R S M J G E E D
Y F C F A C F X G L G A T S R N O
R E C O N O C E R R U N O D B T F
F Q Y C A L C U L A R P A S O E D
C A N D I D A T O W D N O C S D Y
E M P A R E J A R S E B H V U G Q
```

DELANTAL
CANGREJO
RECONOCER
CANDIDATO
INTERCEPTAR
FUEGO
SABIOS
PACÍFICO
CALCULAR
MARGARITA
TENIS
SOBRESALIENTE
IGUAL
EMPAREJAR
DELANTE
CANTAR
MIEMBRO
JUEGO
EXCITADO
CLIENTE

Puzzle 944

QUIETO
MATRIMONIO
UTILIZA
MAYOR
PRESIDENTE
CIERTA
PATATAS
VOLTIOS
VIAJE
PERSEGUIR
GENEROSIDAD
ACTIVA
EXPLOSIÓN
ENCANTADOR
AYUDA
ANIMALES
AUNQUE
COMENTARIO
DEBER
NINGUNO

```
D A M E J A I V P E R S E G U I R
J C S X B C X C W V U U P O G C L
M P T W O T E I U Q Y U D C E H E
F O A N Ó I S O L P X E E A N M V
M A Y O R V R T L O H U B K E A R
I T X F M A R A E X P Q E M R T Z
Z R M S W Z O Y T H G N R C O R R
G E V O R I M X C N S U B C S I I
F I I E K L D O J G E A E T I M X
N C U S O I T L O V L M E F D O C
E N C A N T A D O R A I O D A N H
U E H F S U K M J N M Z U C D I B
W N E T R E T N E D I S E R P O I
N I N G U N O H T Z N P A C I U T
P A T A T A S A J L A D U Y A K O
```

Puzzle 945

```
A O P V Z T W T G B J F N C T U F
Í N R O D E D A D I N U T R O P O
R P C Z B Q T D T S N P P M R A R
F R Y E L R H H L S L N A P Y R A
A U G M S U E E N Ó I S I C E R P
Ñ E G S F T U Z D E T V B E T A K
O B O O C Z R W A D Ú P E B É J C
S A V F K D M O D U N E G R C A O
O P I N I Ó N P I C I G O A N L R
B B T R X G R M L A G T P T I E T
O M U D T E Y E A D Y L V J C R I
L V C L H L O I C O I K V H A P N
G L E M M U Z T X T N I L O N H A
U V J Q V D L H L S Q U K V H P D
P W E W Y D D H A J T G F L D J V
```

EDUCADO
CALIDAD
INÚTIL
REVISTA
PRUEBA
TÉCNICA
OPINIÓN
CORTINA
POBREZA
EJECUTIVO
TIEMPO
LEY
GLOBOS
AÑOS
OPORTUNIDAD
RELAJAR
ANCESTRO
PRECISIÓN
CEBRA
FRÍA

Puzzle 946

DEJAR
PACIENTE
CACAO
VAPOR
IZQUIERDA
CAÍDA
ALEATORIA
TABLERO
SOLDADO
QUIEN
TORTUGA
LIBRO
MATERIA
VARIAS
BAHÍA
PLATA
MODERNO
LLENA
LÁGRIMA
MANCHADO

```
Y P K F M S B A H Í A I R E T A M
A L W A X X O N R E D O M I G U L
V A J W P L H L S K R G I Z W A L
B T L I B R O D D N I E Z Q S C U
P A O R E L B A T A R S G U V Q Q
W S B O A C A C V I D I I I U K
N J X P D E J A R S B O I E M P U
L X C A Í D A J O B V O T R S Q P
H Á Y V N S A X T B K D P D T U V
E C G T U E T N E I C A P A O I E
N U L R I F L C O I G H R A R E T
G H R F I C P L T A K C C J T N Q
Q V I L N M H M B C E N B G U K K
M N T P M J A V A R I A S W G A V
A L E A T O R I A C Y M P C A N A
```

Puzzle 947

```
Z L P R H L L J E O R U D A M O V
G A L S R A K U G L L N J G C Y H
Q V Y U E L R F T V N E K F H X J
J A F I C C I Ó N I L P J L Z B M
N D N Y R F W S O D A T L U S E R
I O X V E E T W Q Ó J R M R R Y N
O N I C J T H I U C W W B G A T O
G C U U E W R Z G D L G M M L J M
R R W N S Z R I Q N S X U R B M S
A W A O D A R T N E C N O C A A I
L O S B D A V I E R N E S X H R T
I F E S A V C A U M E N T O I T E
A V T K W R F I Q D N B K L B E L
Y F C O S A S B Ó H Q M M I E S T
E H C S A R T É N N R I Z A D O A
```

CONCENTRADO
HABLAR
ATLETISMO
SARTÉN
RIZADO
LAVADO
OLVIDÓ
LOS
GRABAR
COSAS
MADURO
AUMENTO
RESULTADOS
LARGO
GATO
INUNDACIÓN
VIERNES
EJERCER
FICCIÓN
MARTES

Puzzle 948

ESTADOUNIDENSE
INSERTAR
ENVUELVA
GOBIERNO
PROPORCIONAR
BUFANDA
CIENCIA
BREVE
BLUSA
DECLARAR
CANGURO
CIERVOS
DESECHABLE
ESTÁNDAR
PALABRA
EJECUTAR
DOLOROSAMENTE
TURÓN
COMENZAR
VOTO

```
G N U F X E V E R B D V C K W C
F E O J F R A N O I C R O P O R P
F E S B U N R Ó V G Q P H P S Y L
D S B T I U Y R V U C I E N C I A
E T N W A E D U Z Z E H C F U S B
S Á I L S D R T Q V I L P O A Q Q
E N N C U Y O N K R U V V Y C G L
C D S C L B T U O R U G N A C E O
H A E J B F O B N C O M E N Z A R
A R R K S O V R E I C G Y R I D W
B N T P A L A B R A D O D R T N J
L J A D E C L A R A R E X B E A H
E T R A T U C E J E P M N M E F E
D O L O R O S A M E N T E S I U A
Y J P A G B M D O D T S Z U E B B
```

Puzzle 949

```
O M R R J O I A B I N V I E R N O
W I C O L G O V H O C I P Í T C Q
A S E M S Y A G O P T N D F Y E G
Z T A W M F E D O L T E C L M S D
E E R O D A C R A M G M L E P A P
B R E E S Y R D R A G Ó N L C R N
A I Q Z I J L C F R S J H C A O B
C O L A P V V K A E C B Q C S S F
B L H D B E R R O P N A T I V O V
W B A L T I P O F U U U K X M I L
P B R E I N T E R E S A N T E I H
Q K A C M T G I S H B J C Q J M M
W R G U C I K Z X P N S D F J K S
I M H F P R A N E T Y V S E K X L
S J L N E I A A O E T P O B S Y K
```

INTERESANTE
DRAGÓN
VIERTA
CABEZA
MARCADOR
PERA
CELDA
PAPEL
MARCA
BERRO
PALO
TÍPICO
MIL
NATIVO
MISTERIO
TIPO
OSO
INVIERNO
BOTELLAS
CESAR

Puzzle 950

CIERVO
SACUDIÓ
CAMPO
POSICIÓN
DETECTAR
SIMPLIFICAR
CUPÉ
ESTÓMAGO
PENDIENTE
MONTÓN
GRUPO
ACADÉMICA
TUVO
TELEVISIÓN
ACTUALMENTE
BEBIDA
ACTUAL
ESTRATEGIA
LIMÓN
POSPONER

```
G Y Q Y W F E S T Ó M A G O V U T
J I M O N T Ó N Ó M I L R W E P R
Z U B T A N U A I G E T A R T S E
C V A K O D D V A V A X H D N I N
U N C C O P W S C T D A X E E M O
P P A U A U W Y G I L L W T M P P
É O M V V D Q O Y G E L C U L L S
V S P X B F É M A O J R A B A I O
J I O X I Z X M M X Q P V U U F P
T C H E P P J D I E L G H O T I X
Ó I D U C A S Z R C Q R Q Z C C I
D Ó D E T E C T A R A U W Z A A A
I N T I P B E B I D A P E C O R O
U Y P E N D I E N T E O J T Y I N
U P T E L E V I S I Ó N F I R B H
```

Puzzle 951

```
O U X A Y C Y M Ú P M A H C T E N
D Q R E D U C I R R T L C U E N A
G O I X Y A L U C E Z L Q E X G B
R C K H X U Z A S G K I I S T H O
Á D Q X R M L A A U O D Z T O W L
F I E H F F T M J N D R G I P Y N
I D U A C R A H C T O A U Ó E N A
C A Í R O N I M S A L E L N G Ó L
O D U K M T Y L G M Z Á T O A I U
V I U F E A C S O G G B P F A G O
R N J W N X R E Z H O R A I V E U
L U E X Z J X G F U N A J J Z R S
P E S A Ó I U I D A L A M X E E F
P A R T I C I P A N T E U V G B J
O I T S F I Q W W D L U T G R W I
```

PREGUNTA
CUESTIÓN
REDUCIR
NABO
AZADA
MALA
UNIDAD
ARDILLA
COMENZÓ
AFECTO
LÁPIZ
MINORÍA
CHARCA
HORA
REGIÓN
PARTICIPANTE
EN
CHAMPÚ
TEXTO
GRÁFICO

Puzzle 952

CARNE
FELIZ
VAGÓN
ESTUDIAR
AUTOMÁTICO
RESPONDEN
DEFIENDA
PROMESA
TAZA
CALCULADORA
FAVORITA
COBRAR
COL
DIJO
ENFERMERA
FIESTAS
SUCIA
DEL
BONITA
FRESCA

```
C S C I S Q U E S T U D I A R A E
K A Z A T U O T X D F F E C N U N
T T L E D I C N Z I L E F S P T F
D I O C C U N I M J C X Y E V O E
C R C N U H Ó S A O S T I R G M R
R O O W B L G S U X E P M F K Á M
M V E M C E A F I E S T A S I T E
I A T L E P V D P E J V R W H I R
A F E M P W X W O F M L X I E C A
P X Q M R L Q Q B R K C J J A O X
N E D N O P S E R O A C B Y R S W
D A X O M H Y Q H E N R A C Q W S
X A D N E I F E D L K I G O R Z S
Y E B L S E Q U M Z V U T H U T A
F E S I A C O B R A R I O A V J Z
```

Puzzle 953

```
T B Q N O W E S R I N U E R P M J
U J D O T V D S N E C E S A R I O
H Q M Q A M S Q C T Z X F C B M G
F J T D M H E J Q L Y D N G P Y E
C O M P R A D O W W A S U A C R X
B O E I O A L W I S C R G Y V E T
Q P R V F V N M K I R G E A A I E
C U E L L O L L O P E F W Z E N N
E J D M O D Z K W R U X D W C A D
Q U I B D Í A N Ó I T S E G J A E
W Q S N A E D I F E R E N C I A R
F L N A I R T S U D N I T A C I Z
U E O P C R A R A M E N T E P W B
J L C V A O R D E N A D O R G N W
T W B D V S M Z E T K J Z K J N A
```

NECESARIO
REINA
REÍDO
POLLO
GESTIÓN
COMPRADO
EXTENDER
TUERCA
ESCLAREZCA
VACIADO
CUELLO
CAUSA
DESDE
INDUSTRIA
ORDENADOR
DIFERENCIA
FORMATO
REUNIRSE
CONSIDERE
RARAMENTE

Puzzle 954

ESPINACAS
PATO
DOMINANTE
LUNES
COSA
SUMINISTROS
AGRADABLE
GERENTE
ARRESTO
ESPACIO
GUERRA
MODIFICAR
AMABLEMENTE
IGNORAR
CASTAÑAS
CUMPLEAÑOS
ALTERNATIVO
ENORME
RESPUESTA
PERDONAR

```
A R C M C G A G R A D A B L E B K
L E U O A I E U R S S B E Q S R T
T S M D S G A R A N O D R E P M W
E P P I T N M C E G L R D T L K U
R U L F A O A V O N U S S P A T O
N E E I Ñ R B H T S T E O M F E I
A S A C A A L A S D A E R A S F C
T T Ñ A S R E T E M G K T R X Y A
I A O R L J M Z R H Q G S W A S P
V E S Q V A E E R I C H I R F R S
O L U N E S N M A E M O N A A Q E
Z M A Z P B T S A C A N I P S E T
F H B L N E E T N A N I M O D L L
E N O R M E T B O E D V U J C L U
A S K T Z V Z G Z G K S S F A U G
```

Puzzle 955

```
S M U S A R A Ñ A G V O Y G O A G
J I A L M V E E D D C R R R T R U
Y S T D G M Z Z S H K G P E C W I
H E I I H K B N Ó I C I D U A V S
E R U I O D N U G E S L F Q P R A
R P Q D N Q P G R S G E U E M E N
M I I M O V N G C A A P M H I S T
O E R A N G I S A L M O S C A P E
S N A W D E Z T R C P G Q O H I W
O T M F Y Q U O A F K R C J X R Z
L E C K Z S J U X C M S I P H A X
S T C K J O P O J S I B T S P R Z
X I Ú L T I M O C E T Ó C M A K A
E L E G I R T L A P I C N I R P A
Z W V Q U D Q Q S B V C A S U I L
```

ÚLTIMO
RESPIRAR
MARIQUITA
PRINCIPAL
AUDICIÓN
HERMOSO
MUSARAÑA
ASIGNAR
ELEGIR
MOSCA
SEGUNDO
CLASE
PELIGRO
CHEQUE
SERPIENTE
PRISA
GUISANTE
IMPACTO
INVITACIÓN
SITIO

Puzzle 956

ESTABLECER
CACHORRO
VISIÓN
MILLA
UVAS
GIRASOL
RESERVA
GEOGRAFÍA
AMOROSO
PROPÓSITO
INFORMACIÓN
EQUIPO
CORRECTO
HAZAÑA
PODRIDO
NIÑO
CASI
ESCUCHAR
PREFIEREN
SUAVE

```
P T T I Q H W G Z E N M A L E Y U
R I V O M X H E E Q V I W D S S R
O R J N E P L O E U V A Ñ G C Y U
P L O S A R I G D I U V U O U A V
Ó M U H L E V R B P N R H S C I A
S B R P Z F C A I O O E S O H N S
I A E I H I A F P T C S M R A F B
T B C Q A E C Í H C T E S O R O N
O I E E Ñ R H A F E A R R M N R U
M I L L A E O D I R D O P A B M R
Q W B J Z N R U Q R K P C J F A P
S E A N A Z R J B O I Y K D Z C R
D N T E H C O W P C I U U R I I S
L F S H V R V I S I Ó N M O Y Ó O
C V E C A S I D R G R Q F V Q N O
```

Puzzle 957

```
S P E R D I D O N O F É L E T G H
U M L C Y X C D C X L X T S O A N
R R N I V J W A I C S K F R P L D
T A K A B T M R N H Q Z P I P O H
I R D F T R X I T Z X S W T E P X
D T O I R K A M A D G E E N U E D
O N D L G D U S M H B L C E D M E
D O I A B O C A P T U R A S I M S
Q C O D M Y C W P R O D U C I R P
I N M O V Q O S Y A L E N A C R U
A E X S V P O T E N C I A S U L É
X F P R D W M I O E V Q U I M T S
Q N S G F M H X R C J E O V M V G
D Q J I B G V T U S C A M I N O M
Q L N U R E W C E E A M F O N I M
```

ESCENA
ESCOGIDA
CAPTURA
PRODUCIR
SENTIRSE
ODIO
PERDIDO
CANELA
MIRADO
POTENCIA
CINTA
TELÉFONO
GALOPE
AFILADOS
LIBRAS
CAMINO
MOMIA
ENCONTRAR
SURTIDO
DESPUÉS

Puzzle 958

SECUENCIA
BÚHO
TRÁGICO
DIFÍCIL
ARMARIO
PLUMA
SENCILLA
SUPERIOR
CONSECUTIVA
ALTITUD
GUSANO
SÁNDWICH
LILA
HUMO
ADULTO
CERCA
LIBÉLULA
COLIFLOR
INTERACCIÓN
CÁLIDA

```
S O H T C H C M T U S K A L I L R
R Á O E O E W O B Ú H O D H U M O
L I N R L P R S L T K E U K G C I
I F Ó D Q V C C K I Z X L O U O R
B W I U W H A S A H F F T H S N E
É H C T S I I T K I X L O C A S P
L G C I L O C I G Á R T O X N E U
U X A T D I N H H H Q S E R O C S
L G R L J R E D I F Í C I L W U P
A O E A R A U R R J S M C R X T L
D V T O C M C K E X Z J C H I I U
I Y N E Y R E E H R P X D C M V M
L X I J T A S S E N C I L L A A A
Á P B B A P K A O O C I A X D T T
C V E C O P N S M C B X E O U J R
```

Puzzle 959

```
D Y S Z U P H B V G B I B G O A Y
G E U F H K O P R O B L E M A S G
N R S A B M A B R C U L Z R U E U
Ó H L C F O U M L R E A R T E S H
I G Z M U R F U H A J T T Z U O K
C D W Q W I V A F T C U L Y T R H
A Z E M S U D K A N Ó I V A M A O
T O T N E B G O R O G V Ó S C M B
N X N V T K R F R M A K L N U I U
E J E T E I M O D E S T O T Y E G
M M U K P W F D U T I T C A A N I
I I P F A F S I S Z X I S G F T L
L N S D T E J R C B D Z E I Z O A
A A G O P Z B A J A P R R T U H R
J J B Q A I X M Y C R L F Z G H G
```

AMBAS
PUENTE
MONTAR
MINA
MARIDO
IDENTIFICAR
CUYA
ASESORAMIENTO
MODESTO
AVIÓN
REY
FRESCO
DESCUIDO
ACTITUD
PROBLEMA
ALIMENTACIÓN
TRAER
POBLACIÓN
TAPETES
FUE

Puzzle 960

PIE
YA
ACTUACIÓN
LADOS
ADJUNTAR
SILENCIO
PESO
ARMA
AZAFRÁN
SORPRENDIERON
ACLARAR
FUENTE
INVADIR
REUNIÓN
FALTA
HACER
IGLESIA
CANTIDAD
ROCA
HERVIDOR

```
C B V N O R E I D N E R P R O S Y
A I V Y T P E E A Ó P E P U M U G
N I W F V B L R R I D A V N I A A
T G C R C Q I F A N I N O C O I Y
I L B R Y D A C T U A C I Ó N Y A
D E P T J Q E T N E U F C O C J M
A S W E D R E Y L R G A N J H H R
D I V W S N Á R F A Z A E C P M A
O A W U P O W C R T F C L Y I M I
U N W X S I J L Z N I L I G E M Q
H E R V I D O R B U B A S R O C A
B N E T G A D E P J M R P O X P A
S A C R X Q J J L D K A C R D Y X
J W A U G B F S O A U R P Y R A L
F Q H Y K H V T I S Z Q I V G S L
```

Puzzle 961

```
S G V X F Q F K V S O B A S E M R
N E I O L L I R B H V H M K V G C
D H C R A R O J E M N W A D Z U A
M Z O R E R B M O S M X R X P M N
W V K U E L B A B O R P I V T T S
B X I B C T O K D Z F N L M C X A
V V K N U C A J Y I A A L B O P D
R I L Y W G R R D S O D A L M O O
B A N M L K L R I B C A F F A S Z
K M A O A P Z B Q A O R M J D I U
G R A B A R K X N K S A U C R T I
A L E A T O R I A C T E B C E I K
Ú L T I M O G B Y S O S B N J V J
T M P W Y X O B R V Y E U P A O F
U H Q O X A R O S C E D X Z G Z B
```

MEJORAR
RELOJ
PROBABLE
DESEAR
COMADREJA
BURRO
POSITIVO
VINO
SECRETARIA
BRILLO
MESA
NADAR
COSTO
SOMBRERO
AMARILLA
CANSADO
ALEATORIA
GRABAR
ÚLTIMO
LADOS

Puzzle 962

ASUSTADO
CISNE
VIENTO
SUBIDA
PINTURA
HOMBRE
BÁSICO
RETRATO
ALTA
CUARENTA
ARREGLAR
ECONÓMICA
DULCE
MOTIVACIÓN
LAGARTO
BOLA
PRESIDENTE
BREVE
INSERTAR
GIRASOL

```
W Q O M H Q G Z D B G X R M K F D
S T B L J G S A W I D I E L Z U U
M V Q G R M O D Y Z P R R J H N L
M O T I V A C I Ó N I E B A C H C
E Q D V N L D B A L N T M I S K E
P C A A Z O S U I A T R O N A O E
R T O T T B F S I W U A H S R M L
E M C N I S K Q O Z R T A E V G V
S T I E Ó J U A T L A O T R X B I
I G S R Y M B S R A U A L T N R E
D J Á A M V I X A Y R L K A F E N
E T B U B L W C G Q U I L R X V T
N E Z C Q D G R A L G E R R A E O
T Q Z K T C C S L C I S N E K I K
E D C A M N R H O L B Z I H A Q D
```

Puzzle 963

```
J B A Q C X T K P E P U Q U O N W
M A D I D E M V E S E F G X A N M
J S B B N G D F S P R A T L U C O
B N U O T L A S O J M K X T O C C
E E I S N N K V E C I A L V V U S
W F U R P O E V Y O T D X N N E H
B E J E N G S G Z E E I P O J L A
E D D V Z S H A O L N Ó P P U G A
X N F E I K Y F R C A S N E R U H
K A F R A T N E V N I W C R A E V
C O N S I D E R É M J O O A D G H
E T N O R E C O N I R A B C O V V
E R W A M K R S T D N Z R I V A A
S O P I E D R A E C I V O Ó R Z Y
O C D J D J R P M Z O E C N J J I
```

OPERACIÓN
NEGOCIO
MEDIDA
LA
OCULTAR
REVERSO
JURADO
SALTO
PIEDRA
CUELGUE
PERMITEN
DEFENSA
COBRO
ADIÓS
RINOCERONTE
CORTO
JABONOSA
INVENTAR
CONSIDERE
PESO

Puzzle 964

TENEDOR
JIRAFA
FABRICAR
FINANCIERA
TÍMIDO
CONSIGUIÓ
ESPEJO
TENER
FRIJOL
MANTENIDO
EXITOSO
TULIPÁN
ESTANQUE
CONGELACIÓN
VOZ
UVA
ORDENADOR
TUERCA
REÍDO
CERCA

```
F J F C T M X X K E O L M N T J T
I I R O Í Q T W L T S X B R E F F
N R I N M O A C R E C T Y A N L R
A A J G I F J C V F A Q A J E Y O
N F O E D F A B R I C A R N R Ó D
C A L L O J E P S E N A N G Q I A
I V J A D J M N E M U X R A U U N
E A J C I U V U V P J T U T O G E
R X L I N V F E R P G N T U E I D
A K S Ó E A G W O E Y M B L X S R
R I S N T S J L D C Í T E I I N O
P U V E N W O I E D G D Z P T O Y
I J E E A W G Q N T N Z O Á O C U
Y C X U M C N W E R K D V N S U S
A P V K J X V J T D P Z D R O N D
```

Puzzle 965

```
E I D O I U P Q I C M N T E N J V
X M V B U D O N R I E O Ñ I M R A
H A P G C W L J K E J A N B V A D
I G R I R F I V U R U Q X T Y B L
B I A Q O D L N Í T A P C A A O J
I N E T M Q L Y U A M S A T M R I
C A B R Z K A H H E M X Í E B P W
I R P O S I T I V A S A D N E P G
Ó Z J X T F E F M I G T A T A F H
N I N U N D A C I Ó N P R A F F E
P O V I T E J B O G N A R O F X U
D N Ó I C A C I L B U P U F S P Q
Z D E S N E D I N U O D A T S E
P S C F P M M H A S S O Ñ I N M H
D E C L A R A C I Ó N A D O J T K
```

PROBAR
IMAGINAR
RANGO
DECLARACIÓN
POLILLA
EXHIBICIÓN
PUBLICACIÓN
ARMIÑO
NIÑOS
POSITIVA
OBJETIVO
PATÍN
NUESTROS
ATENTA
CIERTA
CAÍDA
INUNDACIÓN
BLUSA
ESTADOUNIDENSE
MONTAR

Puzzle 966

SORPRESA
ASAMBLEA
PUEDE
GAFAS
CRUZ
LEAL
PROTEGER
PARED
DISTRAER
CENA
RESPETO
ÉXITO
PUNTA
DESAFÍO
PASEO
INTERCEPTAR
EJECUTIVO
CALIDAD
POLLO
HAZAÑA

```
P Z H A Z A Ñ A I D R M P V D T U
O U T E F J M F O W J D R F I O N
V R E A R T S I D C W O O C Q A S
I C K D P O L L O T K C T P X A J
T N X A E P A R E D M E E I K Z E
U P A P S C J G I L X N G S U B V
C Y S N T B J K U U P A E E E R I
E A M D T A E N X G N N R X X E I
J T L E L Z R E F I S Y D H Y S O
E N A I I Q T U G A O Y E B T P F
S U E X D O É X I T O H S E O E K
F P L Q W A E L B M A S A A T T F
Z V D K Z W D P A S E O F Q F O N
S O R P R E S A V V L V Í X E A L
I N T E R C E P T A R H O M J Z G
```

Puzzle 967

```
P D E M Á S D T D R R O R T A U C
B L A S I R U A N C E V U M R D J
X R A R I T E R E O P E K K G O O
W E R T E P F E S N E J Y C U L B
J T L B A L O A P D N A H P M O N
L A G O D J R P A I T S U M E R W
C D H E O R M V C C I F A A N O P
P O R J C L A B I I N Z L B T S D
N E P A I Q Y Z O Ó O J A B A A W
A D U L T O P I I N G E Z F N M O
V P C A Í C O W L R D W A J E E B
Q K H E L L Z V K O O F L G D N G
S W P A O B U A O L V T Y Z I T N
H C B S P A G U U A Y X U Y A E O
F T E N Í A N T K V K Q T A Y H D
```

DEMÁS
CONDICIÓN
LAGO
TENÍAN
FORMA
RETIRAR
CUATRO
ARGUMENTAN
POLÍTICO
OVEJAS
VALOR
AUTORIZAR
TAREA
BAJO
POR
REPENTINO
PLATA
DOLOROSAMENTE
ESPACIO
ADULTO

Puzzle 968

TRANSMITIR
RECOMENDAR
ILUSTRAR
CALIENTE
SEPARADA
PRIVADO
OBVIO
PARAGUAS
DENSA
EXCEPTO
PADRE
ESCENARIO
REBAÑO
COMIDA
REUTILIZABLE
MONTAÑAS
RESULTADOS
AGRADABLE
DOMINANTE
INVITACIÓN

```
E X I K S O O V E C J A I W K T R
S J B Y O Y B S W X B B S Q B R E
C X L H D M T V W D C H G V Y A C
E E L B A Z I L I T U E R E V N O
N C A L I E N T E O T H P M U S M
A P Q P A R A G U A S V O T O M E
R H C W G D O M I N A N T E O I N
I I P N A A D I M O C I C F S T D
O L J A O D A V I R P U D N Y I A
Ñ U S O D A T L U S E R X H L R R
A S N E D R S D D G A K C Z P P H
B T D Z F A E I N V I T A C I Ó N
E R I X A P B P M J D Y D Q F V A
R A P T O E L B A D A R G A X I E
C R L K A S A Ñ A T N O M B M D N
```

Puzzle 969

```
Q B S O R A J Á P C T N D M D B J
P Z A P L D T R P A O D E Z W Y T
R K T X O E R S G R T K S G K D Q
A T I L B M A O E Á A M A R G T H
J P S R F Ú T B G C L D P G N H H
M X F S Í H S O Z T E N A K U J S
B V E C F O E L S E S X R T O F E
J E C Y X G L G O R O D E L E E T
I S H D Y X O G X A B F C B S H D
Y E O E S U M Y F G L E E W T I N
C O N D U C T O R E A P R A A J G
P E R S O N A J E V Z X D O C A R
L A T E R A L E S A O M L Z I H U
I E N A R E D I S N O C Y S Ó C P
C O M P L E T A M E N T E Z N H O
```

PÁJAROS
HÚMEDA
TOTALES
CONSIDERAN
ESTACIÓN
MOLESTAR
MUSEO
ESTA
DESAPARECER
RÍO
COMPLETAMENTE
CONDUCTOR
NAVEGAR
CARÁCTER
SATISFECHO
LATERALES
LAZO
PERSONAJE
GLOBOS
GRUPO

Puzzle 970

DAMA
GANSO
PARTÍCULAS
TOMADO
DESCARTAR
HUEVOS
CERVEZA
BURLA
CREMA
ESTELA
CALCULAR
SABIOS
CANDIDATO
MODERNO
PAPEL
AUTOMÁTICO
SITIO
CÁLIDA
BÚHO
SORPRENDIERON

```
D C Á L I D A Z C W D T C T L D X
A E Z Z R D M H A S F P S N Z A U
U F S W B H E D L O H Ú B I V M J
T F O C D T R F C R H H R H T A D
O E V C A J C A U P P A P E L I T
M S E E H R B A L R U B T P I X O
Á T U R K G T D A E P U O A H Y N
T E H V V Z F A R N I A M R U N R
I L S E T I J X R D Q S A T R S E
C A R Z G A N S O I Z W D Í E W D
O P T A R S W Z R E B Z O C F P O
S A B I O S X E Y R F B Z U Q M M
C A N D I D A T O O P R H L L Y E
R E S N L P Y D C N F G N A P D V
W Q T C T Z M T M Q S I J S O E H
```

Puzzle 971

```
O T D T L J F G E D H P J R N O C
T D E N W Z F C I R B E S E P R I
E G C J E A E B C O F R W C O G U
N Q I O K C C O M E R M H I T A D
I F D X D T F V H Q P A S E Q N A
S T I A C I M Ó T A B N M N K I D
P A R I L V R G C D A E N T R Z A
I K P H I I D E S Z I C H E E A N
P L A Y A D T S U D L E O M G R O
O V T Q C A Z G A Q E N C E L B L
L N S L S D Q M O W E L H N A H N
E S C A L E R A S H U R O T L U I
P R O C E D I M I E N T O E Y N E
G E S T I O N A R Y Q L X A I P W
J G L A B B B U R B E S O E P R Q
```

BESO
ESCALERAS
CIUDADANO
REQUERIDO
BAILE
GESTIONAR
DECIDIR
PELO
OCHO
COMER
ORGANIZAR
ATÓMICA
REGLA
RECIENTEMENTE
ACTIVIDAD
PERMANECEN
PESE
PROCEDIMIENTO
PLAYA
TENIS

Puzzle 972

VIDAS
EXPERTO
EXPLORAR
COMPRAS
LIMPIAR
EXTINTA
CAMA
DELICIOSO
POLVORIENTA
MULTIPLICAR
BISONTE
ZAPATOS
EVIDENCIA
HISTORIA
AMIGOS
MATRIMONIO
REVISTA
EJERCER
EXTENDER
AMBAS

```
I T Z L G X T B I L P M E V C M E
E Z W X A I C R A S O V E Q O D W
Z D E L I C I O S O L A X A M I P
L T Z M C I Q I Q T V N P Y P M M
J I Y X N T V N L A O E E I R U A
A F M V E U D O B P R R R S A L D
V D B P D T B M I A I V T H S T D
W A L W I A V I S Z E I O O A I I
J T Y V V A S R O S N D D C B P U
R S S Q E M R T N Z T A A C M L U
Y I V V Q A M A T V A S K X A I T
I V R U W C K M E A M I G O S C P
E E X P L O R A R E C R E J E A N
M R E D N E T X E X T I N T A R S
W W Y K Y P H I S T O R I A B A L
```

Puzzle 973

```
W O A R R M T S L E C N I P A G M
B E D C A R I B Ú Z R G D A C O A
B T M I V M A Y P L T L M C U L R
I A I J R W P B G B F D O Í I P A
T P N Z H A Z O R A J D N F D E V
R A I P L U M W W A C B T I A H I
S S S A U M E N T O Z Y A C D Z L
N H T T R I S T E W J Ó Ñ O O S L
B M R P V B G L L E N A A R M X A
I A A K A G U S T A B A H O B L I
H Z C A Z G Ú L T I M A M E N T E
O L I G U I A O I B G D F S K Q W
Y W Ó I P J T R M A G N Í F I C O
H Z N O C R Z D R S M R G H W J D
P G E S T A N C I A B T S I G U C
```

PINCEL
ADMINISTRACIÓN
MONTAÑA
CARIBÚ
GUSTABA
ESTANCIA
TRISTE
ABRAZÓ
ETAPA
GOLPE
SABIA
ÚLTIMAMENTE
MARAVILLA
MAGNÍFICO
PAGAR
CUIDADO
PACÍFICO
LLENA
AUMENTO
MARIDO

Puzzle 974

BOLÍGRAFOS
COLECCIÓN
NUDO
FRESA
IMITAR
AGRICULTORES
DESPLAZAR
DONDE
ABUNDANTE
LISTA
TEMA
VOCABULARIO
ROSA
FRAGMENTO
DEPORTE
INTENTAR
CIENTOS
DEBER
RARAMENTE
MOMIA

```
B D W L J V N U D O D C E V J Y V
D O T N E M G A R F E I T Y W Z O
S H L S W S B I W F P E N E Y X C
G M D Í B Q W M F R O N A T M O A
E A Y F G D S O V E R T D N Y A B
Y M M G V R J M E S T O N E B I U
Y Q B Q S W A S M A E S U M F X L
K I I F Y E K F Y X Y T B A P P A
X Y U P J S C W O H C S A R R G R
I L I S T A E X M S R O S A D G I
T M X V A G R I C U L T O R E S O
N Ó I C C E L O C K P Q G E O C L
K H C T D E S P L A Z A R B P I A
E R Y H A J T D B D O N D E D G P
N R Z M M R A T N E T N I D T S A
```

Puzzle 975

```
R C W A F T A F H I M K D P K F P
E G A P A M R N N Z Q F B O D B U
S B D P Ó Y T Á G C F H E N C V E
P O A Q T M G L G O Z J N Q I H R
U M C A L U Z Y V I F E Q D Z Y R
E B É R A T R Y H H C Y F D E F O
S E D P S M P A N O R O C P U H C
T R T U V O K Q W R A D N Á T S E
A O S R U C E R N Y Z N U U U X T
I G A D O K D A I C N E T S I S A
E N F E R M E R A W E M R Y S H D
H A D K L É D R N K M U I J B X B
C O M P R O B A D O O L A F M C K
T Z O D N E M E R T C O E J O Q Z
D A R F J S Q C B Z Y V D P S D M
```

PUERRO
MAPA
COMPROBADO
RECURSO
SALTÓ
CORONA
VOLUMEN
TREMENDO
ASISTENCIA
BEBÉ
DÉCADA
NUTRIA
BOMBERO
COMENZAR
ESTÁNDAR
TUVO
ENFERMERA
RESPUESTA
CAPTURA
TRÁGICO

Puzzle 976

OFICINA
VACILAR
PATO
ÓRBITA
PREDECIR
MISMAS
VAQUERO
AISLADO
VER
SALCHICHAS
INTERÉS
POCAS
TEJÓN
NUTRIENTES
CUPIDO
NATACIÓN
COMBINACIÓN
ELLA
CALDERA
ARMARIO

```
P T E V A E P O A S H B C B L I V
N O C E Z F H W I A I E O T A P A
P P C R K P S X S L A F M L M I Q
E H X A W C T T L C S T B R D W U
W O O D S F Z U A H O D I P U C E
A I N T E R É S D I N N N Y I C R
V R Ó I O I H A O C H O A E J W O
P A I S H C C M A H P F C X L L N
D M C P M E A S M A T O I B O L R
B R A L K D L I Y S U F Ó Z U B A
T A T F L E D M L E H H N Ó J E T
G D A G D R E V A C I L A R Q T W
O Z N K J P R O F I C I N A V Q C
U M T P N Y A L Ó R B I T A Q Y C
N U T R I E N T E S A U E E G C R
```

Puzzle 977

```
I Z S X E O Z A G U T R O T E I X
O S R X V X A N M U L O C C Q M C
B F D J U W L C R S T T X O H A A
O K I F R Í O E D G S A L S I G X
L T N C X G K S B T I Q Z G G I C
G D G N I U Y T I D S X H Ú Z N E
L R K W S A N R E I P W H L C A O
C Q C A I D L O F W Y T D Á D A A
L H I M P U E S T O S N Q M T I R
T G I O T N E I M A T R O P M O C
L V C S A T E N A L P A A A A L N
T V T Q P W L I S P A D X R V K P
B J K O T A D I D R É P H A I N Q
P A R T I C I P A N T E U X Ó B D
A T A R D E C E R A R T E P N W S
```

PLANETAS
IMAGINA
ARTE
IMPUESTOS
ATARDECER
COMPORTAMIENTO
FRÍO
LÁMPARA
ISLA
OFICIAL
CHISPA
COLUMNA
AZÚCAR
PÉRDIDA
PIERNAS
GLOBO
ANCESTRO
TORTUGA
PARTICIPANTE
AVIÓN

Puzzle 978

SANGRAR
INMEDIATAMENTE
LABIO
ERIZO
EDIFICIO
PROPIETARIO
DOS
PATIO
ASISTIR
REGULACIÓN
NACIONAL
CITA
PRIMAVERA
ORGANISMOS
LANA
PERÍODO
PERSECUCIÓN
CERDO
HALCÓN
LOCO

```
I P H S M A Y X M G L R I K R V P
N W A Z R T A N Ó C L A H H E D R
M R I T S I S A R J W R N Z G A O
E A N Ó I C U C E S R E P A U U P
D R G T N O S I N S M V I F L E I
I G B S D D C O C O L A Q R A X E
A N E T V O M N C M B M F M C B T
T A D L S Í D A S S W I Y G I X A
A S F E K R U L S I E R Z F Ó R R
M O C V H E O X R N M P U F N C I
E D E D L P O S F A E R I Z O N O
N A R R J A B Q B G M E T W E L M
T N D J A R B N W R J J F M F T G
E J O M U V S I F O Z R J C J C J
E F R N S S G Z O I C I F I D E H
```

Puzzle 979

```
R E R R O C A X R N P A Z O P I Q
D X O P J H T D A O E Y M U E N D
H P L F E J I B V A R U I D L F P
R L O Q I V S Q R E O D L I Í O Y
U O D B V O I T E N R A L V C R T
Q S H E D N V C S S C T A I U M Y
U I O D L J A L B I X C E D L E N
I Ó J O S A I P O R P M I N A H N
E N C V S T N R A T Ó N O I C I P
R V Ó H V Z F T C K I D A A O I D
E K N I X F Q F A M S W H S Z M A
Z Q M L N T N K M L D H H K U I Y
P Y M I Z I P U N T I A G U D O D
C P X M D J P V W Y Z D Z T D U V
R G N E Q A R O D A L U C L A C H
```

RATÓN
VIEJO
IMPROPIAS
INFORME
ADVERTENCIA
QUIERE
PERO
INDIVIDUO
PELÍCULA
CORRER
PUNTIAGUDO
OBSERVAR
VISITA
DOLOR
DELANTAL
AYUDA
EXPLOSIÓN
OPINIÓN
CALCULADORA
MILLA

Puzzle 980

LECTURA
VACÍO
AVES
ENVÍO
IDIOMA
PEINE
ENSEÑADO
RAZA
TRATANDO
PODRÍA
AGUJERO
ENTENDIDO
TÍA
GRIS
CASADO
JUEGO
PALABRA
ENVUELVA
PALO
PRINCIPAL

```
E P E I N E I A P U T D S Y K G L
E N M G W K L G R P L O Z E Z M H
N C S L H S T U I X A Z A R W U M
T N E E I A M J N B V L B H A W X
E V V M Ñ A F E C C L J O U H I P
N A A R E A O R I T E X U V I K O
D C M B F J D O P L U K Y E B O D
I Í O M Z Z N O A X V V Y K G J R
D O I G Y I A B L A N G X I G O Í
O N D K L F T R A O E R Z Q R Í A
K V I S W Q A P A L A B R A I V X
W Y O G D W R M J H V M Y N S N G
J U T Í A H T A X A N V W L K E H
X F O O R L E C T U R A K I L F B
S R F R Y B C A S A D O Y W N Q E
```

Puzzle 981

```
M J B A J A J J F Y M M Q K C R I
H A I Y B Z D E S C U E L A O J M
M U N A M I R I G Z H U F A N W P
O M U C X P K L R S Z Q W I D Q O
N R F Q H H F W B E A O G G U Z R
H A E T N A T S A B C N H Y C E T
L L Y R D J D Y S M Q C G C T L A
Y L W K S O R O S E T N I R A B N
P O A N S E N S A C I Ó N O E I T
C R E Z C A D D N H R K B I N G E
D R H C O M P I T E F R T C P E O
F A C N T Y E L U V M J Y E A L S
P S E O O J I L J B Q G L R D E D
L E L E R H H C G S A S A P N S J
M D A D R E V C U R I O S I D A D
```

IMPORTANTE
DIRECCIONES
CURIOSIDAD
BASTANTE
QUE
BAJA
DESARROLLAR
ROTO
COMPITE
ELEGIBLE
TESORO
PRECIO
CONDUCTA
CREZCA
VERDAD
SENSACIÓN
ESCUELA
SANGRE
LECHE
MANCHADO

Puzzle 982

LISTO
ROMPIÓ
MITONES
JALEA
ENREDADA
PÁGINA
RECUERDA
ÁNGEL
DISTANCIA
MILITAR
PUERTA
COMPETENCIA
ELÉCTRICA
OÍDO
DEJÓ
SOLICITAR
ALERTA
ASUMIR
INCIDENTE
SOBRESALIENTE

```
D K U U G U N O D Í O C U K P P I
E R U N Z E L C I G I D R F P U N
J M I T O N E S S N D R I B C E C
Ó I P M O R G C T M W S C P J R I
V X Q X U W N W A N I G Á P X T D
X N M W S S Á W N O H F J M S A E
E P X Q D X A S C K Z H N X S Y N
A L E R T A Q J I E P K H V I S T
Z R U Q E O V H A D A D E R N E E
S O L I C I T A R N F J K U X G N
J A T D L X P Z P E M I L I T A R
U A G S S O B R E S A L I E N T E
E C L P I E L É C T R I C A Z E X
V X X E Z L C O M P E T E N C I A
I G N W A D R E U C E R D A A R I
```

Puzzle 983

```
D N V O H B X H C C D T C J P S M
R I U L F T O R O A R P M O C L R
K F V E D A E H N P A A P Z R N Y
U E B I V W U O T Í N B K U B Y J
K E F O S E F C R T L E K B L I D
B T A D T I M I I U K Y E N X G D
F X U E K E Ó T B L P O B R E H P
D R E Y A V O N U O D A R P M O C
A E E Q T I S É Y D E P R I M I R
C D U G M T O D E P R E V E N I R
T K N M A E D I N X J V Y V A M Y
O R H R L D A D I L I C A F A E X
G Z K I E R E R E B O B I N A D O
A A U V V F Y R A P I C I T R A P
K A X I H B X L O T N E T N I B Q
```

INTENTO
CONTRIBUYEN
FACILIDAD
ACTO
CAPÍTULO
PARTICIPAR
COMPRA
IDÉNTICO
EVITE
VELA
FREGADERO
POBRE
PREVENIR
DEPRIMIR
AYER
REBOBINADO
DIVISIÓN
NUEVE
OSO
COMPRADO

Puzzle 984

CONTENER
ZANJA
DEBERÁ
COMUNIDAD
GRANERO
GASTO
ÉL
EMERGER
RELIGIOSA
CABALLERO
ENTRENADOR
SE
CONVERSACIÓN
MIGRAR
PLATO
REDONDA
CAPAZ
NEGOCIAR
INTERRUMPIR
ATLETISMO

```
R I N T E R R U M P I R E A G O A
O E G R Z H T F L U I A I D O G T
C Y V A J X N R E M E R G E R O L
M X N É I Q L S T R C G G T E J E
C R L I L D N E C E O I H E L U T
R E L I G I O S A D N M D X L Y I
E B M A E G R O J O V C A P A Z S
N D W D Q A E I N N E A D X B Q M
E U E T L S N Z A D R D I U A S O
T O O B Y T A B Z A S P N R C Q T
N S M H E O R Q J W A Q U N V B A
O I L W W R G C D A C C M U U N L
C J C D D J Á B R A I C O G E N P
J K C L K N Y E R J Ó R C Q A Z H
Y J R R X V R O D A N E R T N E L
```

Puzzle 985

```
P E S P E R A N Z A M N B D F S G
D E Z B E V A C U A R Y E E I E R
E T N W J V I Z S S N R R S N G A
L N A S C F S D T M L M R T A U N
A E N S A D E C L A R A R R L I J
N M É H T M C T A C L Ñ E U M M A
T L M M S B I O I E I E D C E I P
E A O I I L V E C S N U E C N E E
W R N N V W X W N A T Q C I T N R
G E A C E C Y C E T R E O Ó E T S
M N W L R I A C S U O P R N R O E
D E B U T U T S E A B Q P M K G G
W G U Y N P J V I P Y E K B V E U
F I U E E G Z F M K Z F L T Q T I
J Z T N P K F A M Q B C E W D D R
```

SEGUIMIENTO
EVACUAR
PROCEDER
DESTRUCCIÓN
GENERALMENTE
ESPERANZA
FINALMENTE
SECA
PENSAMIENTO
ENTREVISTA
PAUTAS
ESENCIAL
ANÉMONA
INCLUYEN
PEQUEÑA
GRANJA
DELANTE
PERSEGUIR
DECLARAR
CASI

Puzzle 986

PERMISO
TIGRE
INSTANTÁNEO
ARTÍCULOS
PADRES
CAMBIO
FELICITAR
AFILADOR
DESLIZAMIENTO
PRIVAR
AMENTO
PELÍCULAS
ACCIÓN
HORARIO
VIOLETA
ALFOMBRA
VIENDO
LIBRO
PRISA
CORRECTO

```
A L U D H V Q S E D R A A B B I N
K Y H I A T E L O I V C R J C N G
U W O S I M R E P M I C T I A S V
T N R O D A L I F A E I Í P M T Y
T S A L U C Í L E P N Ó C N B A W
S E R D A P W B F P D N U O I N Q
R L I L I B R O A H O S L T O T U
N A O A L F O M B R A Y O C T Á A
L X T P R I S A F S D X S E N N O
M C L I U O D Y J T G R Z R E E R
G V Z W C Y U M H B N Z I R M O N
H D E S L I Z A M I E N T O A J V
I W U W Z K L P R I V A R C T P L
B M N R O M C E R G I T O G T Q Y
I U J L G K P M F L A V O O K J X
```

Puzzle 987

```
S D A I N W D W E L E G T S O D C
R O D A R R O B G E F A W I L E O
N L S X L R Q W O P N N Ñ F L S N
A G F T N A R A N J A Ó Q U A G O
J S D K E U Q R O P J Y R C I A C
S B F G U N Ó I T S E G S H C S I
V M T Y W B E E P E L E A P U T D
T É N X L K M R V Z G Q R O S A O
P E R Í M E T R O E D E Z N C D J
C A C E R O L A O B N V N E J O W
C O N F I A B L E I O T I R G E K
G E N E R A C I Ó N M J O B V I R
S H I I P V U R A W Z K M B X A G
S J S U R G O A S I N Y A K E X Y
Y W W Q M N U J U Q K L W D M M D
```

DESGASTADO
TÉ
OLLA
EVENTO
GANÓ
NARANJA
GENERACIÓN
GRITO
PONER
CACEROLA
CONFIABLE
CONOCIDO
UÑA
SOSTENER
PERÍMETRO
BORRADOR
PELEA
PORQUE
SUCIA
GESTIÓN

Puzzle 988

MEDICINA
CENTAVO
RESTO
ATRACTIVO
SECRETARIO
VACA
DETERMINAR
SELECCIONAR
ARRUGAS
SENTARSE
HÁBITAT
DIEZ
OBSERVACIÓN
COOPERAR
MISMO
MECÁNICO
TENSA
HURACÁN
MAYOR
VAPOR

```
O P F X J Y J D A R R U G A S C H
V B Y Q F N B L E V A E J Z J L Á
J K S Q I W M I M T R O T S E R B
U C X E U B N F W Z E I D R Q O I
D W R V R G A K R P P R N O K P T
C D H R N V E N A A O A M V E A A
E E P P M M A Á N B O T Q I A V T
N B W T K M C C O N C E G T N Z N
T S M W N U A A I N E R Q C I A Y
A H Y A X J V R C Ó N C L A C K R
V P A S Y J A U C G N E B R I D R
O V A N U O K H E G Z S D T D A E
D T Z E Q R R G L Q A Z Q A E F N
S E N T A R S E E M I S M O M D H
M E C Á N I C O S N K I U L E G S
```

Puzzle 989

```
N X A Í D E J R W T F O D R Q M C
I E E L T I P U O I N F N E R A O
L L Y L T V E Y Q J A L U S B R C
B Q U B Z I M O H E T I M Í L I I
F I N O G K T I G R A B O R H Q E
R Y B E Q G A U T A R U G I F U N
A N Y L F Y T T D S Y T A O A I T
C Z H S I P R Ó X I M O L Z F T E
T K B H Z O S E R V I R L A U A Z
U M N T Y D T W D W F E I L T L O
R D P W Z N M E K E U B C P S Y O
A S P D G A S P C O N A N H E N Z
G Y I Y R S C N B A X S E J B Z K
C I E R T A M E N T E Q S E C T N
W N Q D T P D I R E C C I Ó N G K
```

SERVIR
FRACTURA
LÍMITE
COCIENTE
SABER
PLAZO
AZUL
ESTUFA
TIJERAS
ROBAR
BIBLIOTECA
FIGURA
PASANDO
DIRECCIÓN
PRÓXIMO
DÍA
CIERTAMENTE
MARIQUITA
ALTITUD
SENCILLA

Puzzle 990

MAGDALENA
TIRAR
AMPLIA
GUISANTES
CHOQUE
PERSONA
ESGRIMA
VIAL
CORTEZA
PUPILA
VIOLENCIA
CONFIANZA
PODÍA
FUTURO
DIVERTIDO
ZANAHORIA
ANIMALES
ENCANTADOR
VIERTA
TEXTO

```
E W I Y C O R T E Z A L I P U P T
G O C J B R P B G M S B Z H N M W
H L E Q U U X E E U Q O H C X K U
X L S R E T E P R P I Y G P A E P
M F P S W U W W K S V S G B Y C Z
F N B V V F T F Y J O L A I V J H
N L J J A H X V D V A N S N K F E
B O D I T R E V I D N O A X T M P
M Q G C R A R I T Q E J K E T E F
V I O L E N C I A T L S K K N W S
C O N F I A N Z A E A P G F L I K
N A O J V G U G H X D O V R H X U
A N I M A L E S H T G D V S I I W
Z A N A H O R I A O A Í T B L M V
E N C A N T A D O R M A I L P M A
```

Puzzle 991

```
F A V O R I T A C N B U H X G Z H
M I D P B K T Ñ O E D N A R G R S
X W Q O K Q Q A N C B V L R S V I
N Q J F C Q X R F E K Y A F Y H E
P Ú P M A H C A E S M S O D U J T
D B T E H D T S S A B A N C O L E
G E O K S S M U I R M O V H M R Z
S C S U J A Z M Ó I O N A M R E H
T O O C W H D F N O Z W L L A D Q
D B R B U D J A E H I X I I T N U
U R E J F I M Q K L M R E L S E O
Q A M R V Q D U Y E I D N A U F N
T R U T L R C O I F G Z T I J O E
D R N B L O Q U E S A R E D A M Y
S F A B R I C A C I Ó N F I O X J
```

SIETE
BLOQUES
OFENDER
CONFESIÓN
BANCO
GRANDE
NUMEROSO
HERMANO
PESADA
AJUSTAR
FABRICACIÓN
VALIENTE
MADERA
CHAMPÚ
COBRAR
FAVORITA
FELIZ
NECESARIO
MUSARAÑA
DESCUIDO

Puzzle 992

HUESO
SOMBRA
HECES
SOBREVIVIR
ZORRO
MÚSICA
CUERVO
FLOR
PLATAFORMA
EXFOLIANTE
NUEVO
CAJA
LIMONADA
OPUESTA
TERCERO
REACCIÓN
DRAMÁTICA
TOALLA
HASTA
EN

```
H G F V Q S M Y P T L Y S D C H E
L U V Z J O U O I Z J Q J M U A X
L X E U B M J X C A J A N R E S F
I V E S L B C S K O P P N I R T O
M T N A O R R O Z O B N B V V A L
O E Y D J A L L A O T Z V I O E I
N E P R D R A M Á T I C A V Q V A
A I S E T H E C E S R W G E W Y N
D C O A R E P L A T A F O R M A T
A I D C O V R E T Y U F V B P C E
V L J C N T X C S L T D V O J I H
N C P I F U X Y E R N R C S L S N
W T B Ó J I E E U R O L F B A Ú Y
T A Z N X I X V P Z O U D U G M E
J V A Z P H Z D O R E N K Y N A V
```

Puzzle 993

```
L C R U E P P P S Y R U Z V V C C
K W Q M N K E Y E C I D N Í I O R
S X Z Z S Q R E L P V E H P R N E
I J C Z E E D N B C I T E U U T C
C N M K Ñ J Ó F I E P N U B T I I
O V D B A H N E N N V A O O A N Ó
W T K I R L K R O T C L M A S U P
E E X K V L J M P A O L U P V A B
R X K N Y I M A S V R I H P E R T
I X P L G X D Q I O T R X D B Y S
A U G R K W Z U D S E B Q P D P P
E C A Z E B A C O T C I L F N O C
Y A Z Y Z S D H C S U G J D V Y E
N J S A V L O V I T A N R E T L A
I D E N T I F I C A R T P J L F L
```

EXPRESO
ENFERMA
PEPINO
CRECIÓ
CONFLICTO
PERDÓN
ENSEÑAR
CONTINUAR
BRILLANTE
VIRUTAS
AIRE
DISPONIBLES
ÍNDICE
CENTAVOS
CORTE
INDIVIDUOS
CABEZA
ALTERNATIVO
HUMO
IDENTIFICAR

Puzzle 994

RISA
CULTURA
MUCHO
SUPUESTO
COMPROMISO
MERA
ABSORBER
REFLEJAN
MENOR
SEIS
CORRIENTE
PÚBLICO
VAMPIRO
LÁPICES
VERDES
OLVIDÓ
TIPO
CHARCA
VAGÓN
PERDIDO

```
V E R D E S C O M P R O M I S O H
O U O U E P Q N L C P Ú B L I C O
N S N P K D V P Á O C H A R C A T
Y U E M M D E Y P R E J N Q I M S
U Y M Ó S E I S I R J G Y H E A E
O V Q J D T Q B C I D A A B O Q U
S P T G Y I T T E E I K L H N G P
E A T O J P V J S N L W Q O K Z U
V D B M D O V L E T I L B R U E S
F C I S E N V Q O E R I S A C O D
C M H O O D I D R E P R R P S Z D
F U L V H R H Q N F N Ó G A V D V
L O K P C I B G B V A M P I R O H
C U L T U R A E I N A J E L F E R
U Y I K M S A A R V G M Q W J S M
```

Puzzle 995

```
E R W W B V V A L Q H C S R S E G
S S W W R P R U V T Q A O O U X P
M R T C R W X I Y D X J C S C T B
V L L R A R A P M O C Ó I T E R A
N B V D U T I G N O L N O R D A X
E X A D A C A D N O G G T O E Ñ L
T I E R R A T C A S E R Á O R A S
Q E P A U C J U A O F Z D G D S Y
C D R C D J R B R D L F O E E O S
A W L I R L O B K A É Q M U I G S
N T L N B I C V N R Y M W F V B F
W A L U L É B I L G T J I F U F L
O X D M B A L L E N A T I C K Y R
X T H O R Á P I D O P U L P A Q F
A C D C T Q U D B E M P L E A D O
```

ROSTRO
COMUNICAR
COMPARAR
RÁPIDO
SOCIO
GRADO
ESTRUCTURA
TODOS
SUCEDER
LONGITUD
BALLENA
EMPLEADO
SERÁ
TIERRA
ONDA
CAJÓN
EXTRAÑAS
FUEGO
ACADÉMICA
LIBÉLULA

Puzzle 996

VIVIR
TAZÓN
RANA
ORILLA
INSPECCIONAR
ALMACENAR
CUMBRE
ELÍPTICA
MENOS
CUEVA
MAR
CREAN
RETENER
RESPONSABILIDAD
DEMOSTRAR
VENTA
QUESO
TURÓN
DETECTAR
GUERRA

```
I P S P S Q R A C I T P Í L E R G
I N E H Y U P A A U A O W Y W E Z
W Ó S O N E M V N I Z E N M M T Y
W R I P G S M E R A Ó P C U S E O
T U W O E O U U W T N C V H A N R
G T U E G C V C Y T T U X P C E D
G R R A N E C A M L A M W Y C R S
Q J A R A M M I G B Z B D C H E A
O J R R F M V V O R B R D A Q T V
D E T E C T A R I N I E X D L P Q
X X S U Y R T C R V A Q E A S E D
T R O G O T N A L L I R O I F W R
K Z M V U B E B W N E R C R E A N
I X E N N L V K H B W G O V R Q I
Y X D A D I L I B A S N O P S E R
```

Puzzle 997

```
A G Z T C O X J I C A R A R I P C
U N A F T O R L Z D S U P E X R U
N Z V Z J M N Y L L E I A C C E M
P A D H V V C J L P U D R H A P P
A V A C I A D O E G G O E A N A L
M G D M E D I O L T R R C Z A R E
T G I N P Y P A B Y U A E A R A A
D U S L F F R B I K B R N R I R Ñ
A K E C Z Y W N S H M M A J O R O
E C C H B L M W I F A D I B E B S
T S E I J K W X R M H I L U O R B
C O N O C I M I E N T O I Q E A O
A O P K H P I E N S E T M X S F C
P R O P O R C I O N A R A C O R G
I N D U S T R I A L Y Q F B I Y J
```

MEDIO
RUIDO
NECESIDAD
RISIBLE
GRANJERO
RECHAZAR
APARECE
PIENSE
HAMBURGUESA
CANARIO
FAMILIA
CONJETURA
CONOCIMIENTO
PREPARAR
PROPORCIONAR
BEBIDA
INDUSTRIA
VACIADO
CUMPLEAÑOS
ROCA

Puzzle 998

ESPECÍFICA
OJO
DENTISTA
FOCA
INTERNO
APIO
LOGRAR
CHARLA
ESPECIAL
NEVERA
SONIDO
RÁPIDAMENTE
LOCA
SOLITARIO
ORTOGRAFÍA
MERCADO
EMPRESA
LÁGRIMA
CHEQUE
INVADIR

```
V O O I A Í F A R G O T R O S V D
R R S Q H I O D I N O S V T V D E
J O K D C K C Y O R A X K P W G N
I V I L X F A L R A H C E E F M T
N E S P E C Í F I C A R E V E N I
T T C D A C O L V T M G N T C I S
E N P Q P S Z F J K I B M K P N T
R E L Z I E E Q R Y R H E B W V A
N M K O O M S R A K G W R Q Y A E
O A I Y G B Y P P P Á F C I E D C
G D V V Z R W B E M L L A X J I H
M I Q F O N A N V C E B D Z J R E
U P N J G O I R A T I L O S Y S Q
V Á W L I C V K R M L A D L C Z U
I R A C O J O A J A T P L U K G E
```

Puzzle 999

```
C R W D V J D Z F D Y V M I W R O
R A R A P I Z O O T B L A N W O J
X T N R N Á S I A F Q F R G P T E
D N S E U G E I L P T U I R O N K
V O N I L B K L Ó O A Y P E B L Z
Q C T O A A G X X N M I O D L Q F
A Á R T I C O W Z M A S S I A X G
B O T N E I M I C E R C A E C Z G
O V I T A C I F I N G I S N I B B
C J S A R T É N D D O D A T Ó L G
S R O T C U D O R P R A H E N A P
X X O S P A L O C A P W R T Y N G
M A R C A D O R A T I V E U L C E
I K Y O V I M E N Z F X N P L O W
F R F R P Y K Z B L W G N D T L Q
```

PROGRAMA
PARAR
BLANCO
ÁRTICO
COLAPSO
CONTAR
CRECIMIENTO
EVITAR
FAISÁN
INGREDIENTE
PLIEGUE
SIGNIFICATIVO
PRODUCTO
OJOS
MARIPOSA
SARTÉN
MARCADOR
VISIÓN
CANELA
POBLACIÓN

Puzzle 1000

GASOLINA
CINTURÓN
ESQUÍ
DESCENSO
FEMENINA
RESPECTO
ATADO
DAN
TRADICIONALES
NEGRITA
SAPO
LAVANDERÍA
SELLADO
ENEMIGO
COLEGIO
ADOPTAR
QUIETO
VIERNES
INVIERNO
CASTAÑAS

```
L R T E G G V I E A V D J D C C L
A T E X S E L A N O I C I D A R T
V K N S I L E D G W S L K I S I E
A C A O P S A T I R G E N E T N N
N G O Z N E H D J H O D A T A V E
D Q P L E P C J O T I I D Q Ñ I M
E S A P E S I T K P M R V Q A E I
R E S Q X G K N O F T J Y U S R G
Í E S Q U Í I V D E A A H I L N O
A F W C X M O O A M D X R E D O W
V I E R N E S V L E J Y N T B S U
C I N T U R Ó N L N P R E O F M L
G A S O L I N A E I V X J Z T G G
T J M W D T Q O S N E C S E D S G
U H O O Z J H Z X A M Q D F I D F
```

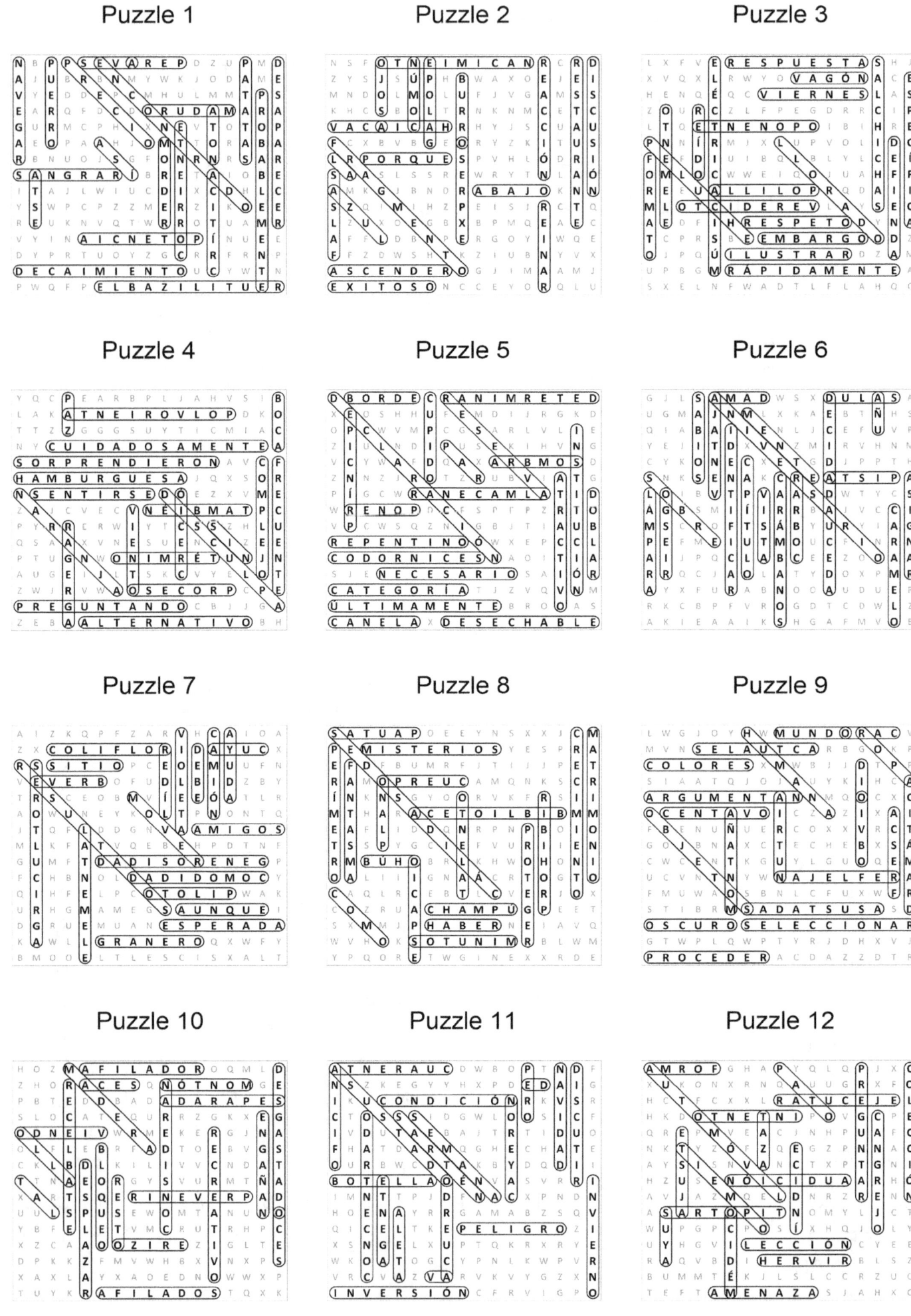

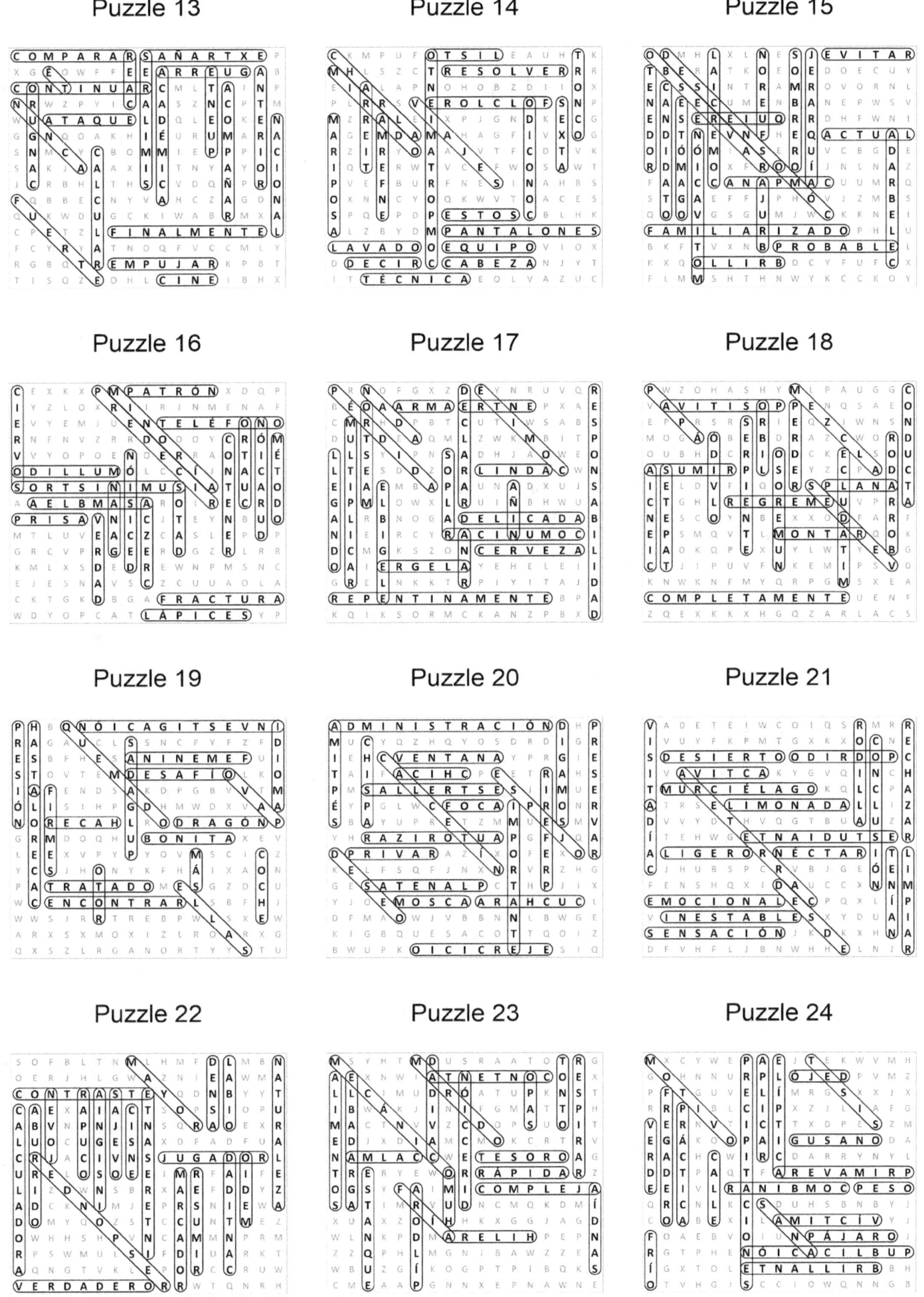

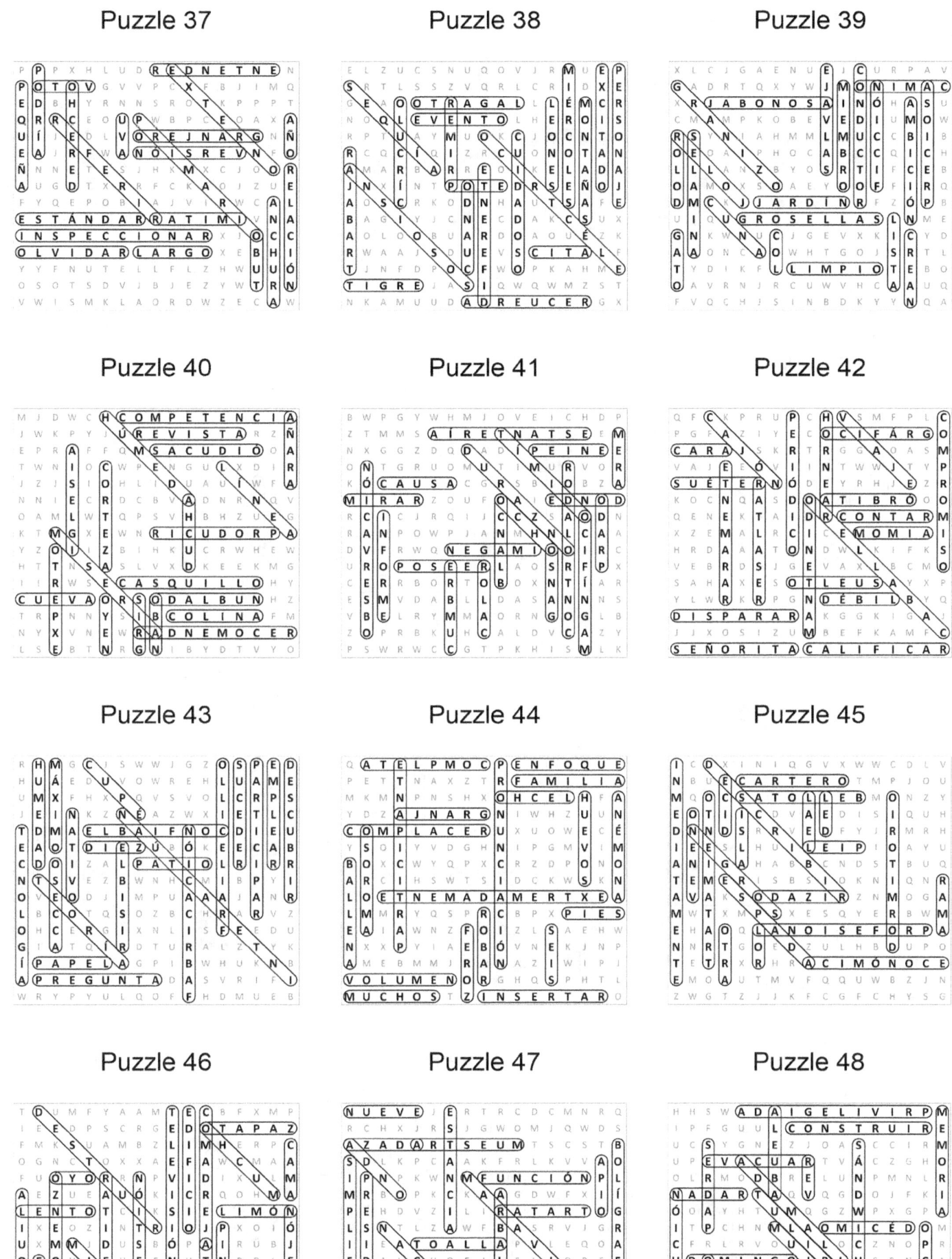

Puzzle 37

Puzzle 38

Puzzle 39

Puzzle 40

Puzzle 41

Puzzle 42

Puzzle 43

Puzzle 44

Puzzle 45

Puzzle 46

Puzzle 47

Puzzle 48

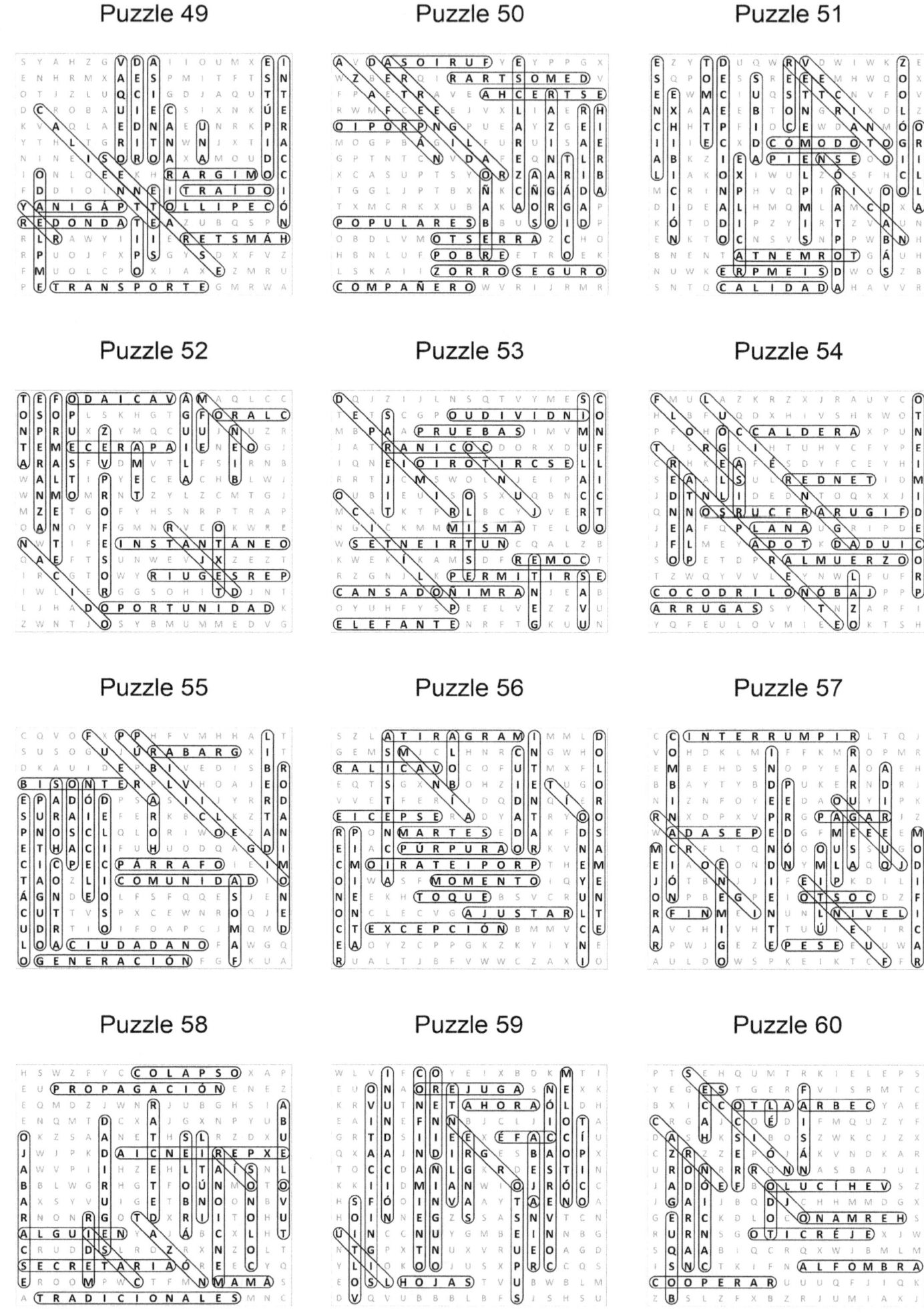

Puzzle 49

Puzzle 50

Puzzle 51

Puzzle 52

Puzzle 53

Puzzle 54

Puzzle 55

Puzzle 56

Puzzle 57

Puzzle 58

Puzzle 59

Puzzle 60

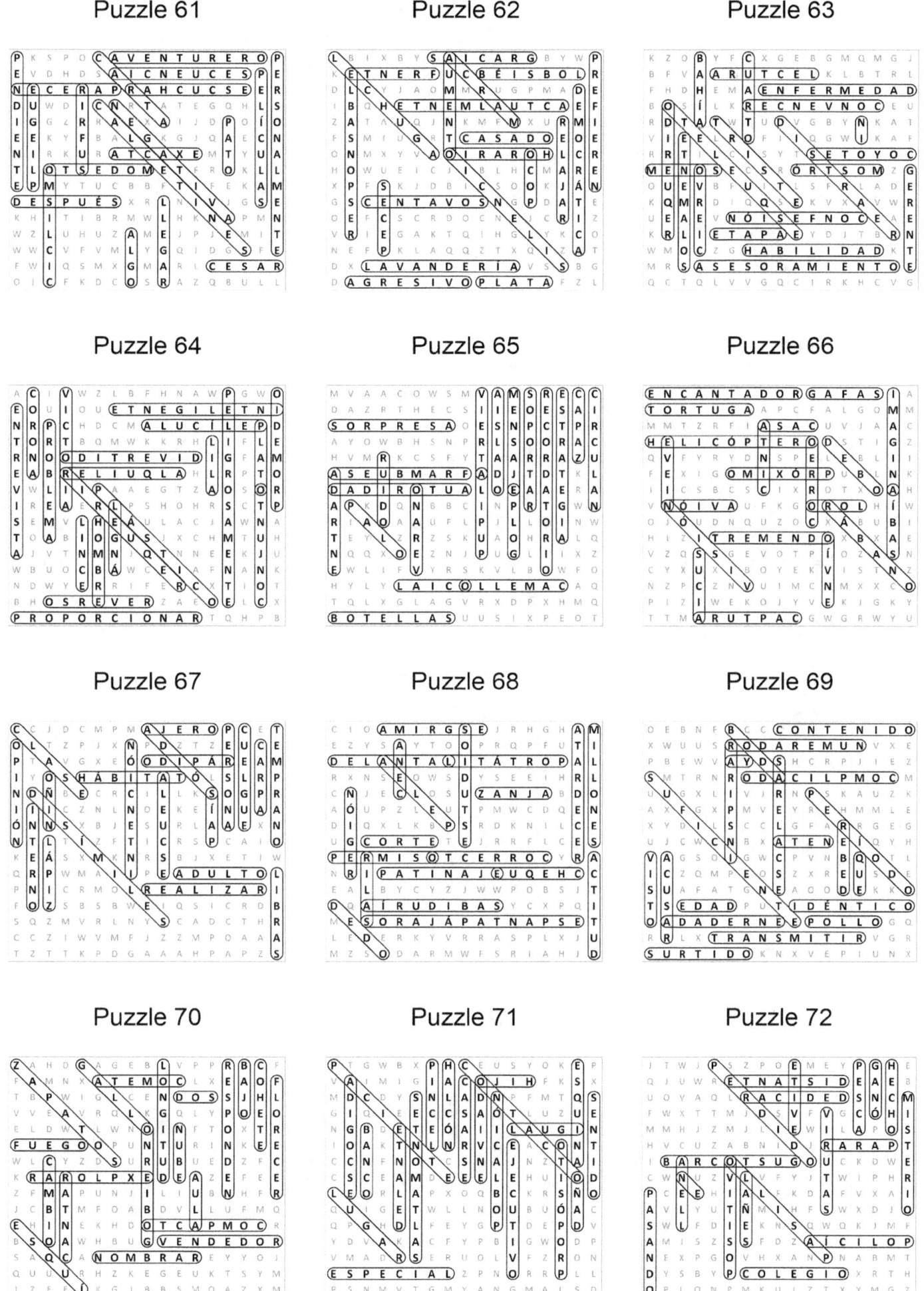

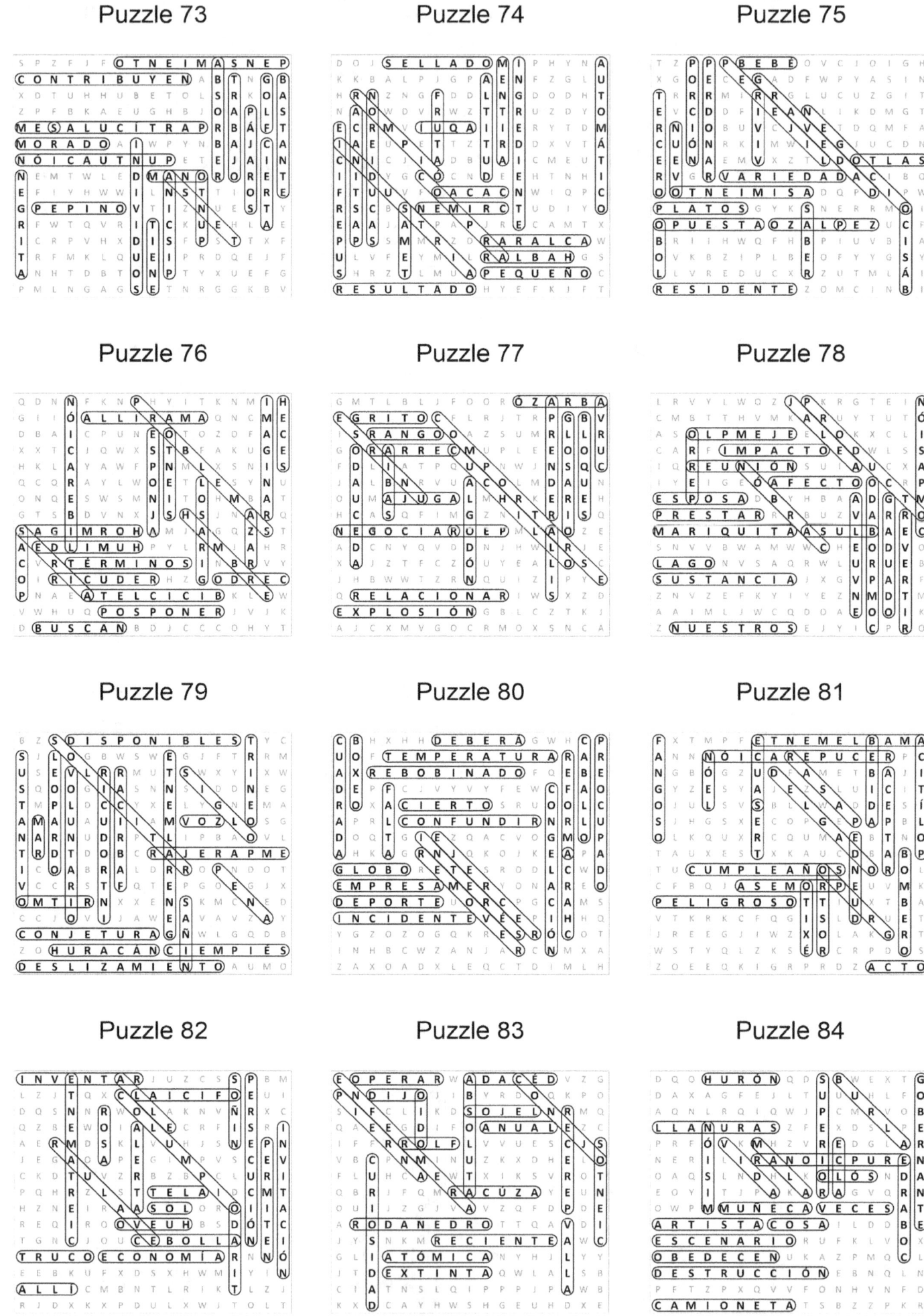

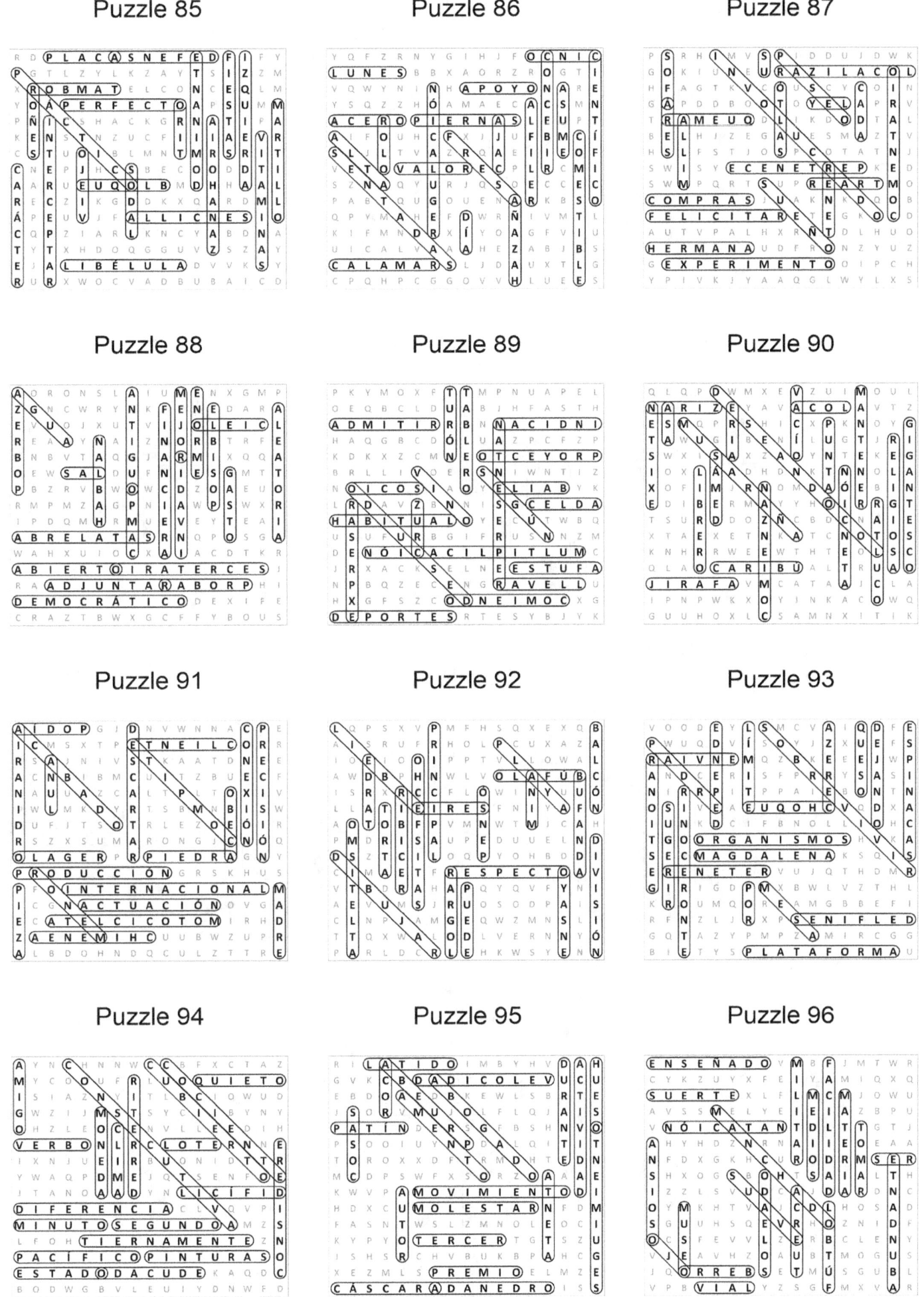

Puzzle 85

Puzzle 86

Puzzle 87

Puzzle 88

Puzzle 89

Puzzle 90

Puzzle 91

Puzzle 92

Puzzle 93

Puzzle 94

Puzzle 95

Puzzle 96

Puzzle 97

Puzzle 98

Puzzle 99

Puzzle 100

Puzzle 101

Puzzle 102

Puzzle 103

Puzzle 104

Puzzle 105

Puzzle 106

Puzzle 107

Puzzle 108

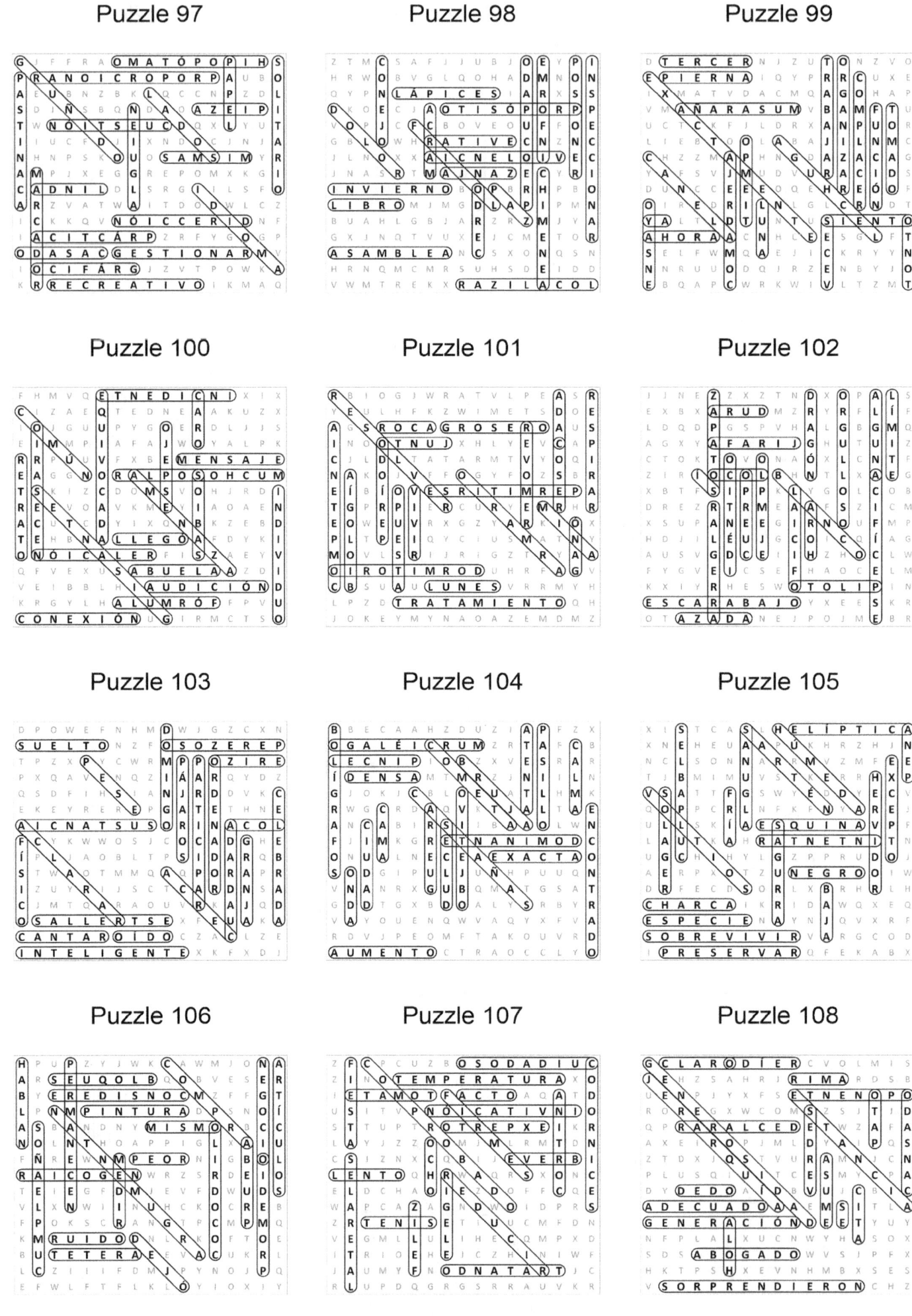

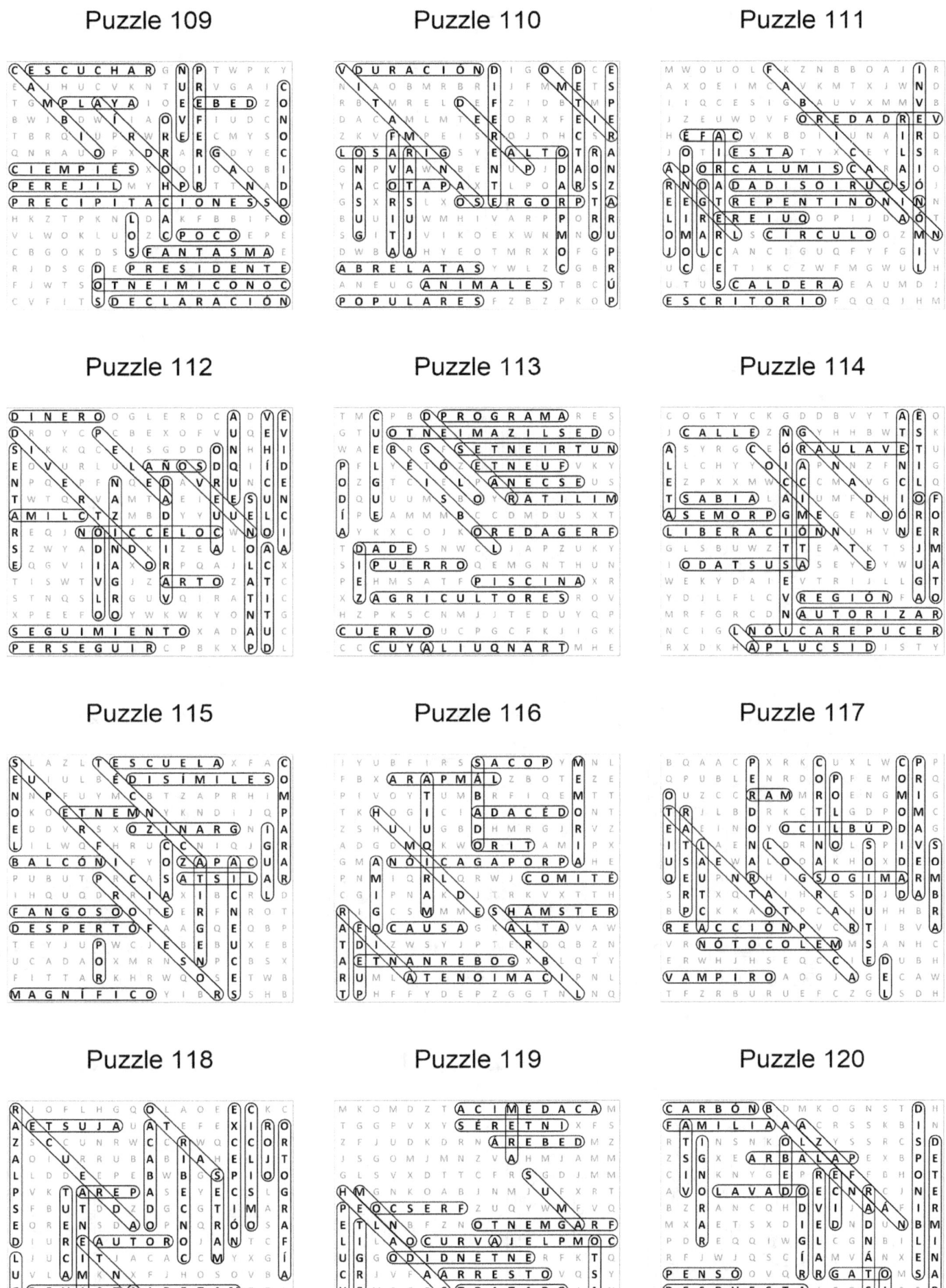

Puzzle 109

Puzzle 110

Puzzle 111

Puzzle 112

Puzzle 113

Puzzle 114

Puzzle 115

Puzzle 116

Puzzle 117

Puzzle 118

Puzzle 119

Puzzle 120

Puzzle 121

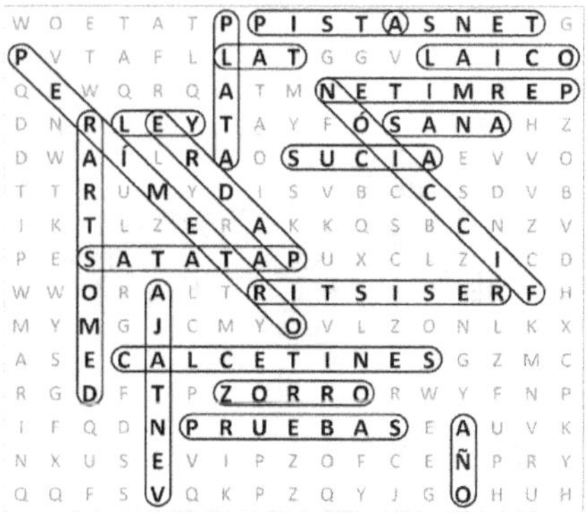

Puzzle 122

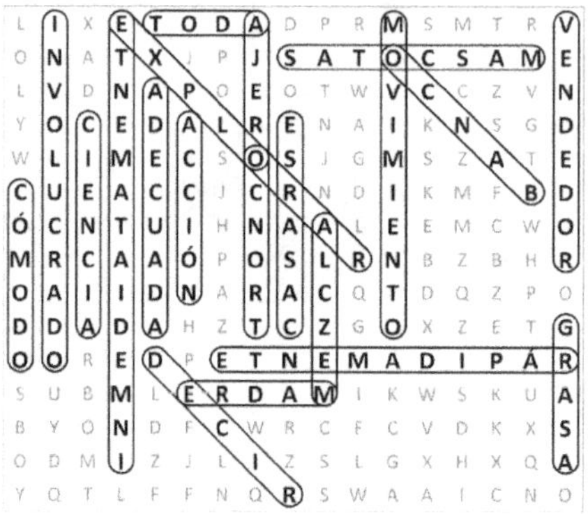

Puzzle 123

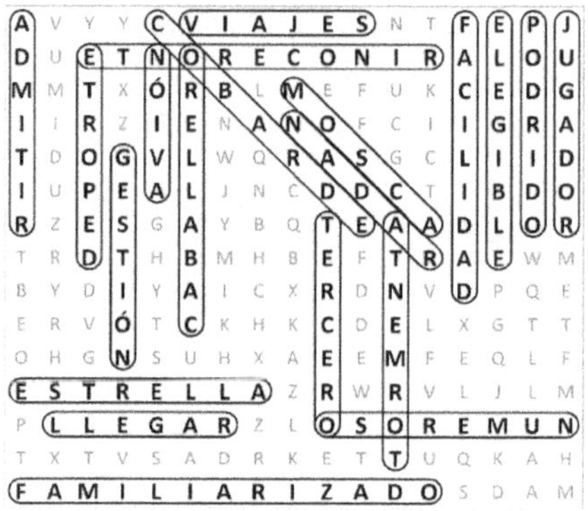

Puzzle 124

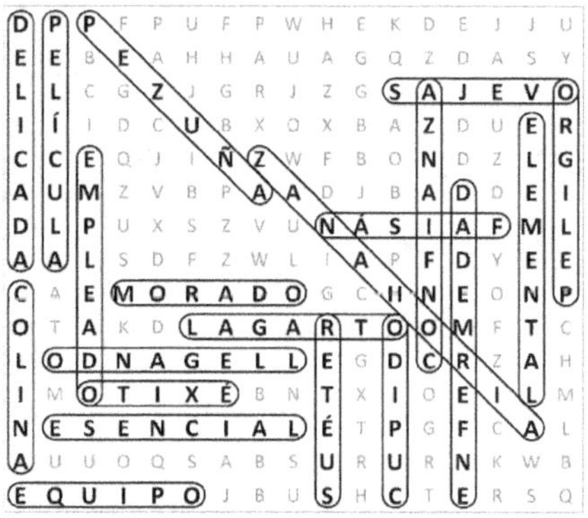

Puzzle 125

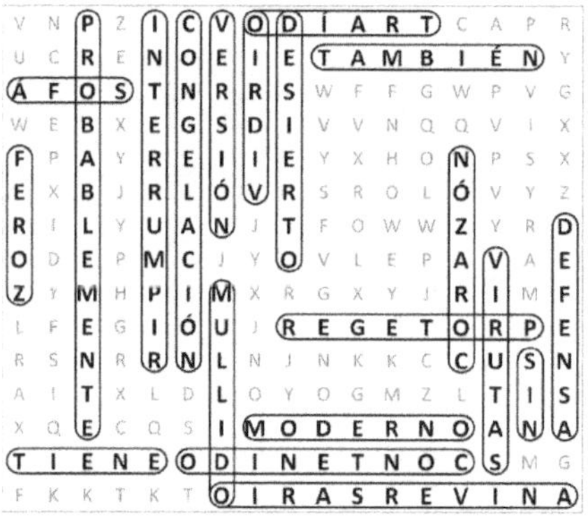

Puzzle 126

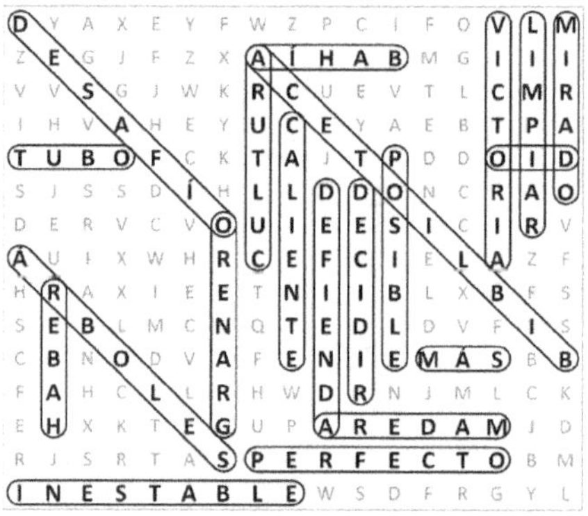

Puzzle 127

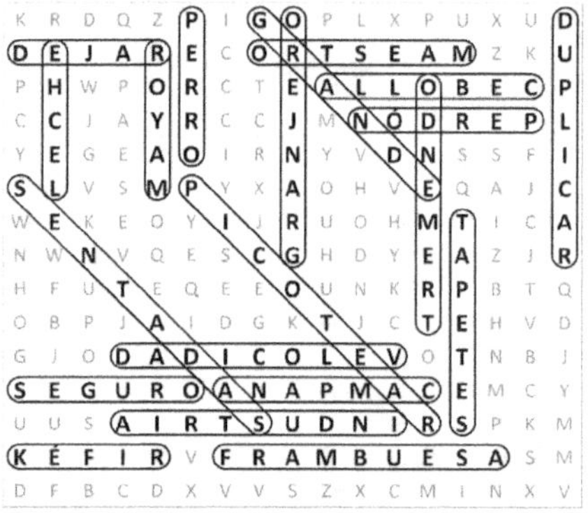

Puzzle 128

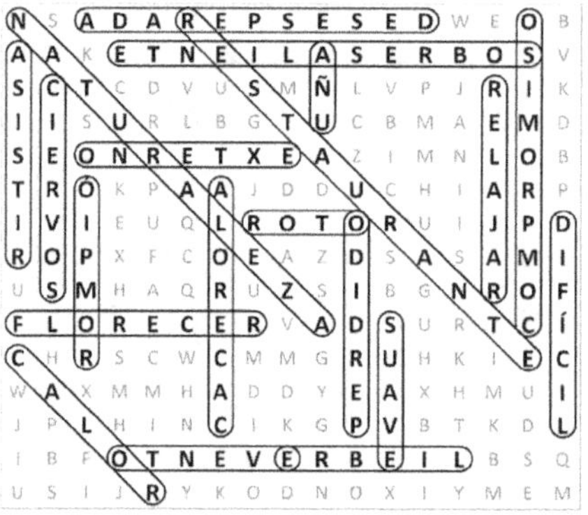

Puzzle 129

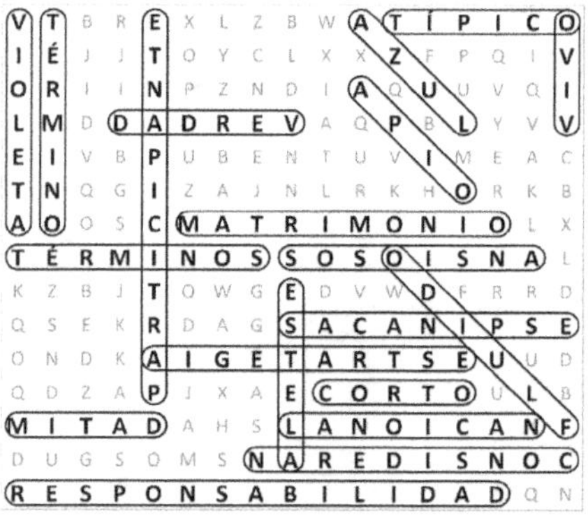

Puzzle 130

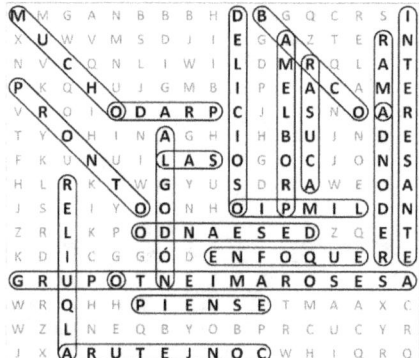

Puzzle 131

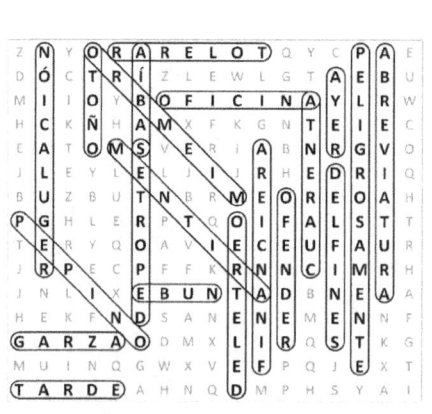

Puzzle 132

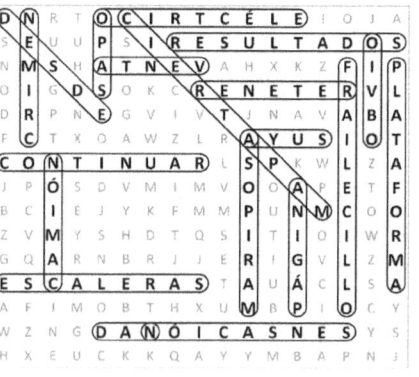

Puzzle 133

Puzzle 134

Puzzle 135

Puzzle 136

Puzzle 137

Puzzle 138

Puzzle 139

Puzzle 140

Puzzle 141

Puzzle 142

Puzzle 143

Puzzle 144

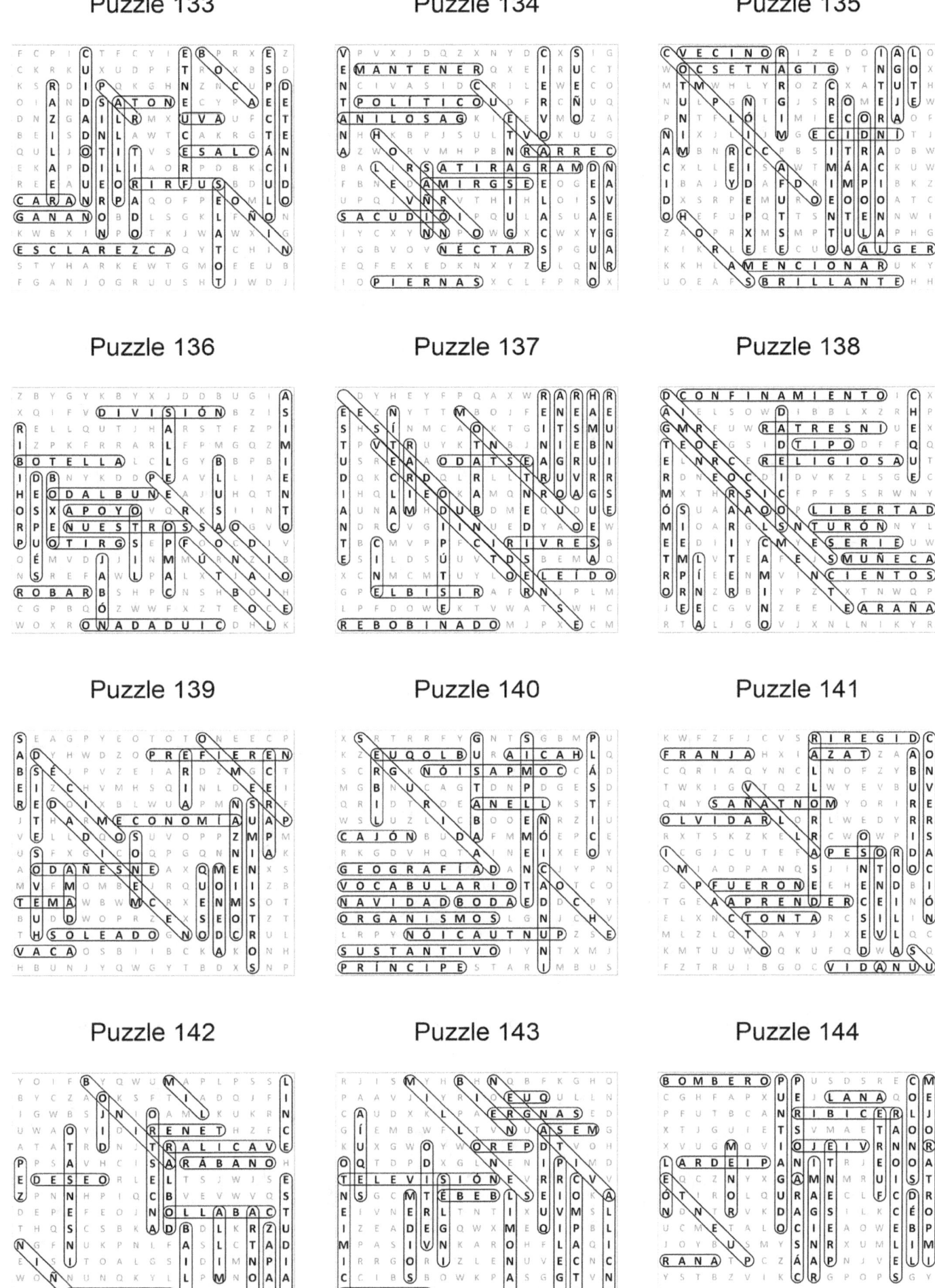

Puzzle 145

Puzzle 146

Puzzle 147

Puzzle 148

Puzzle 149

Puzzle 150

Puzzle 151

Puzzle 152

Puzzle 153

Puzzle 154

Puzzle 155

Puzzle 156

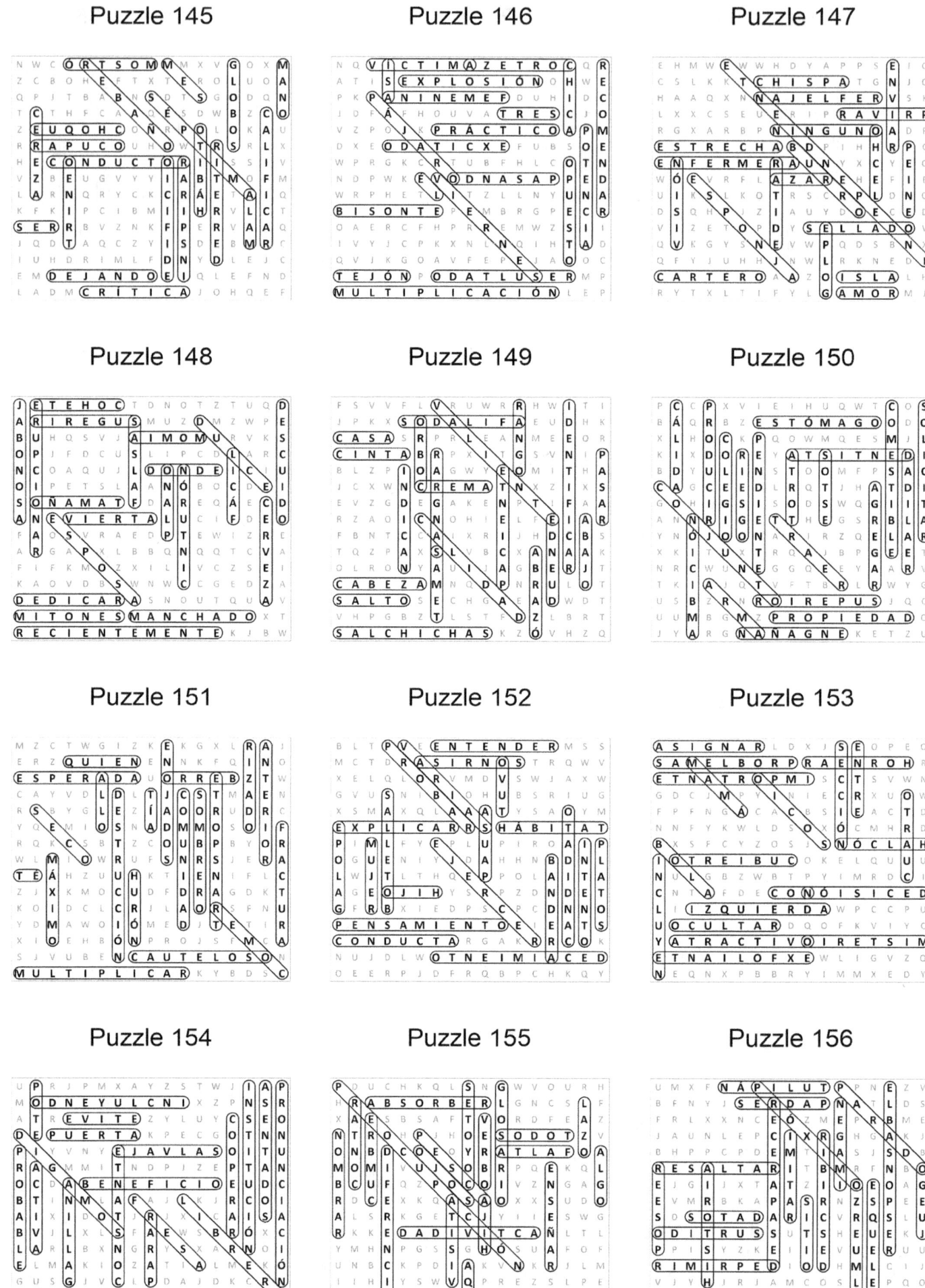

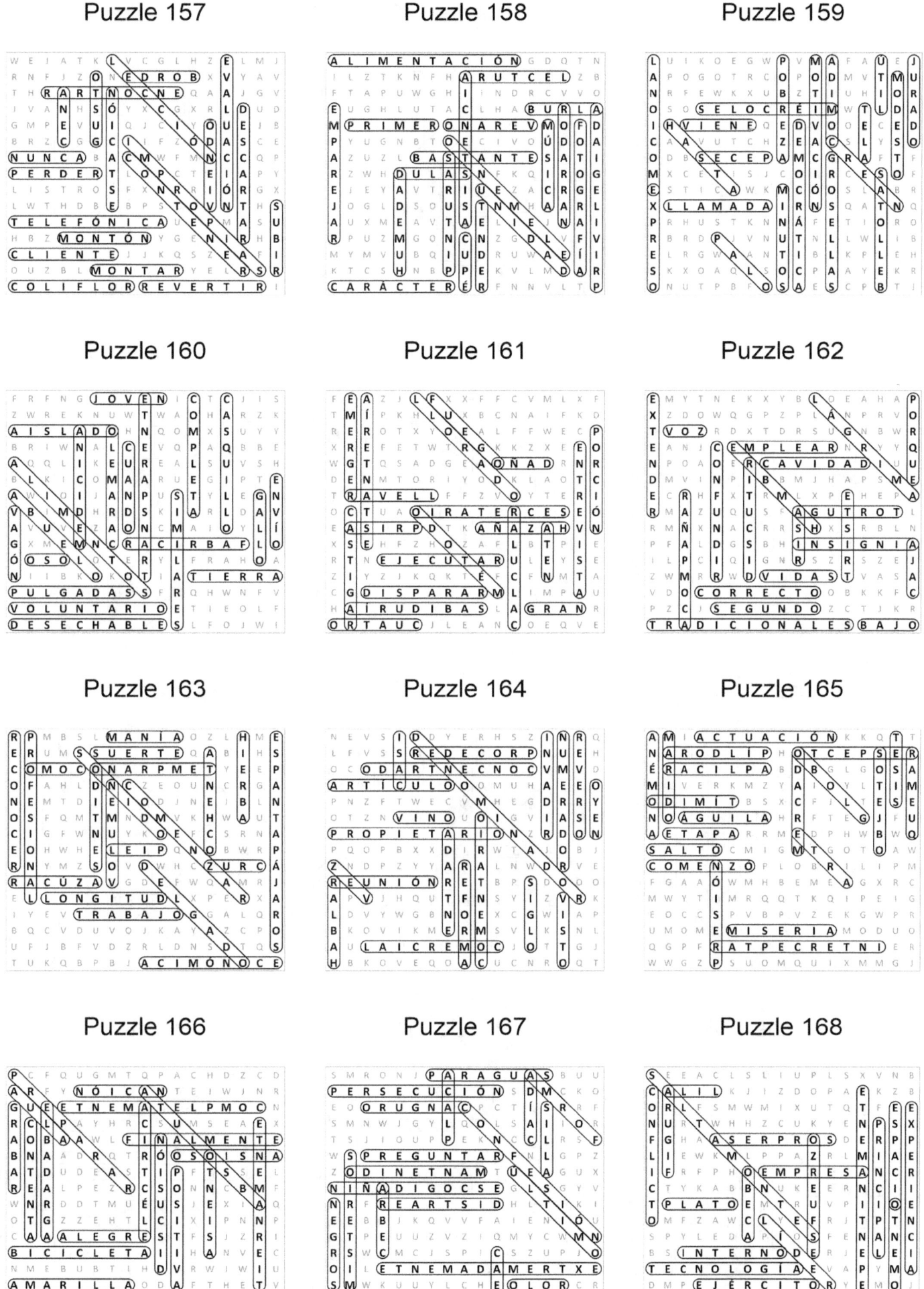

Puzzle 157

Puzzle 158

Puzzle 159

Puzzle 160

Puzzle 161

Puzzle 162

Puzzle 163

Puzzle 164

Puzzle 165

Puzzle 166

Puzzle 167

Puzzle 168

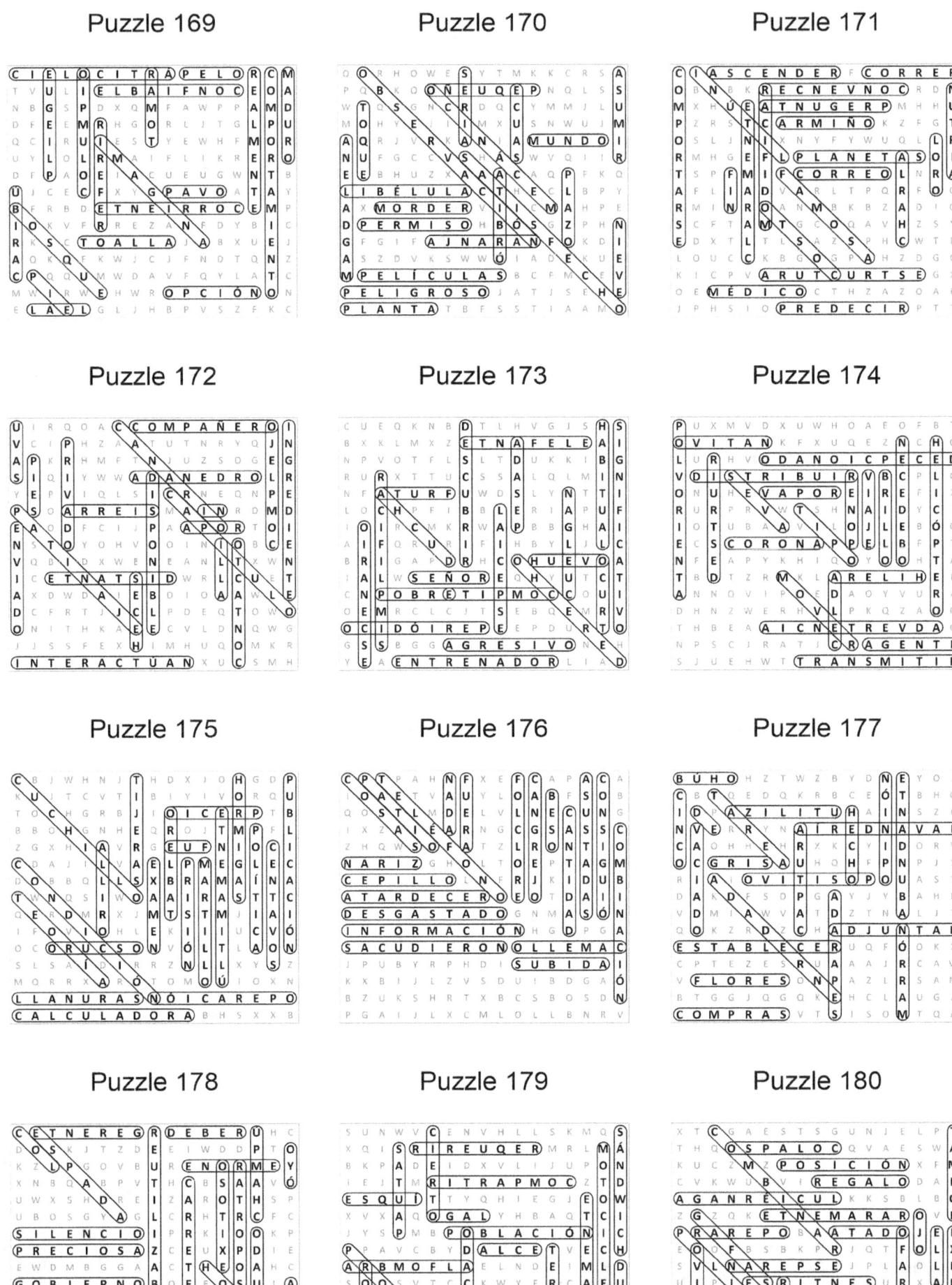

Puzzle 169

Puzzle 170

Puzzle 171

Puzzle 172

Puzzle 173

Puzzle 174

Puzzle 175

Puzzle 176

Puzzle 177

Puzzle 178

Puzzle 179

Puzzle 180

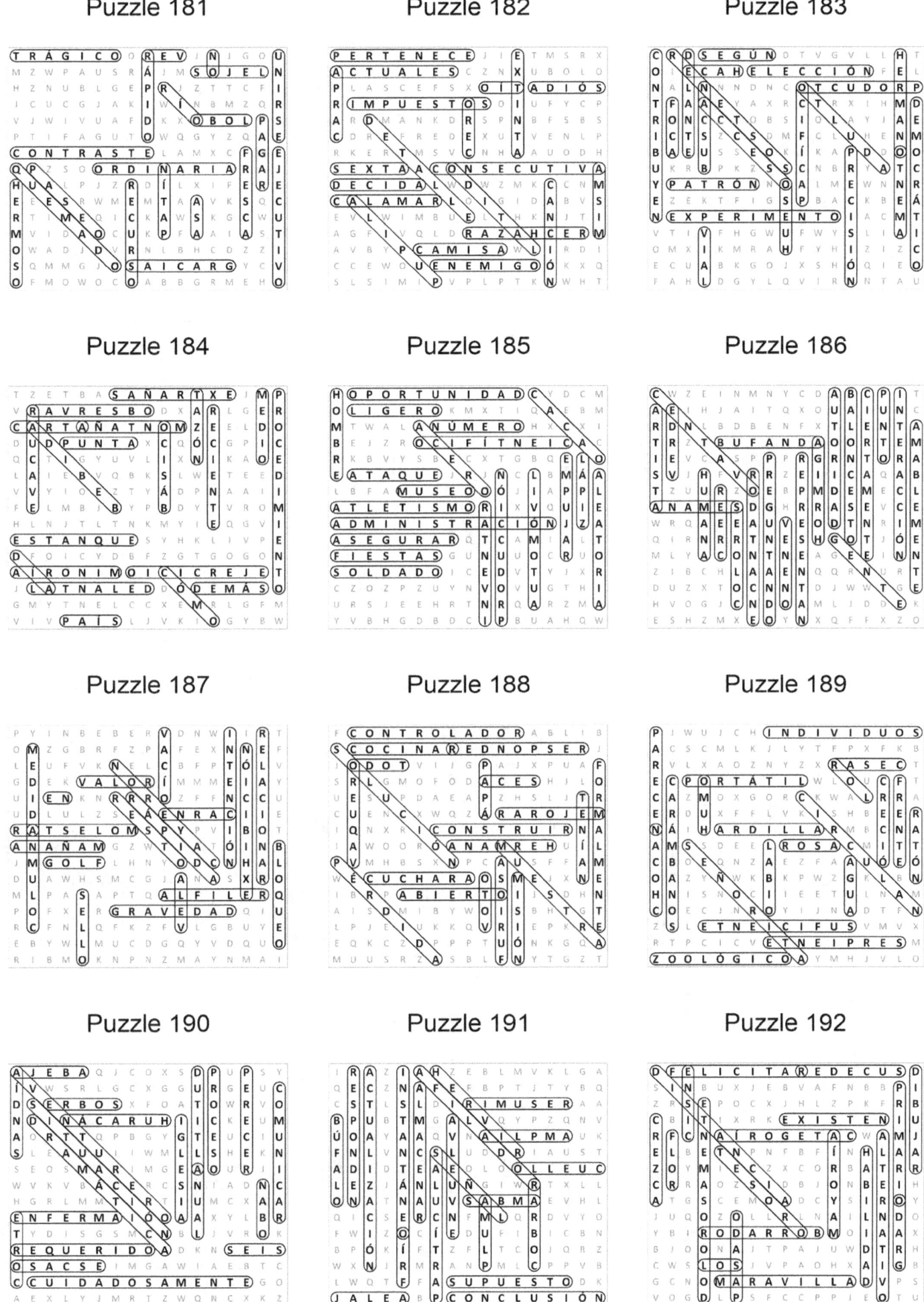

Puzzle 181

Puzzle 182

Puzzle 183

Puzzle 184

Puzzle 185

Puzzle 186

Puzzle 187

Puzzle 188

Puzzle 189

Puzzle 190

Puzzle 191

Puzzle 192

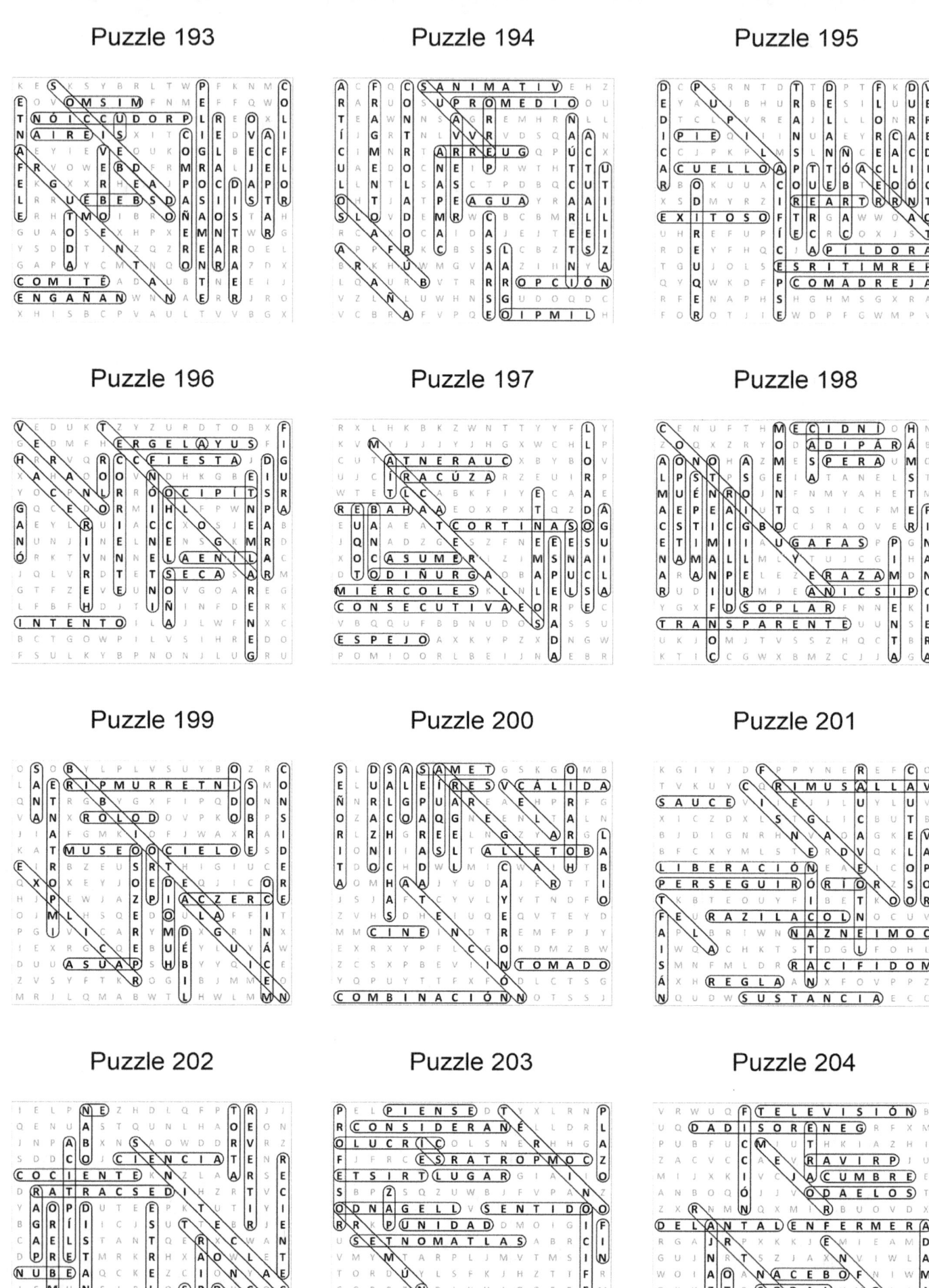

Puzzle 193

Puzzle 194

Puzzle 195

Puzzle 196

Puzzle 197

Puzzle 198

Puzzle 199

Puzzle 200

Puzzle 201

Puzzle 202

Puzzle 203

Puzzle 204

Puzzle 205

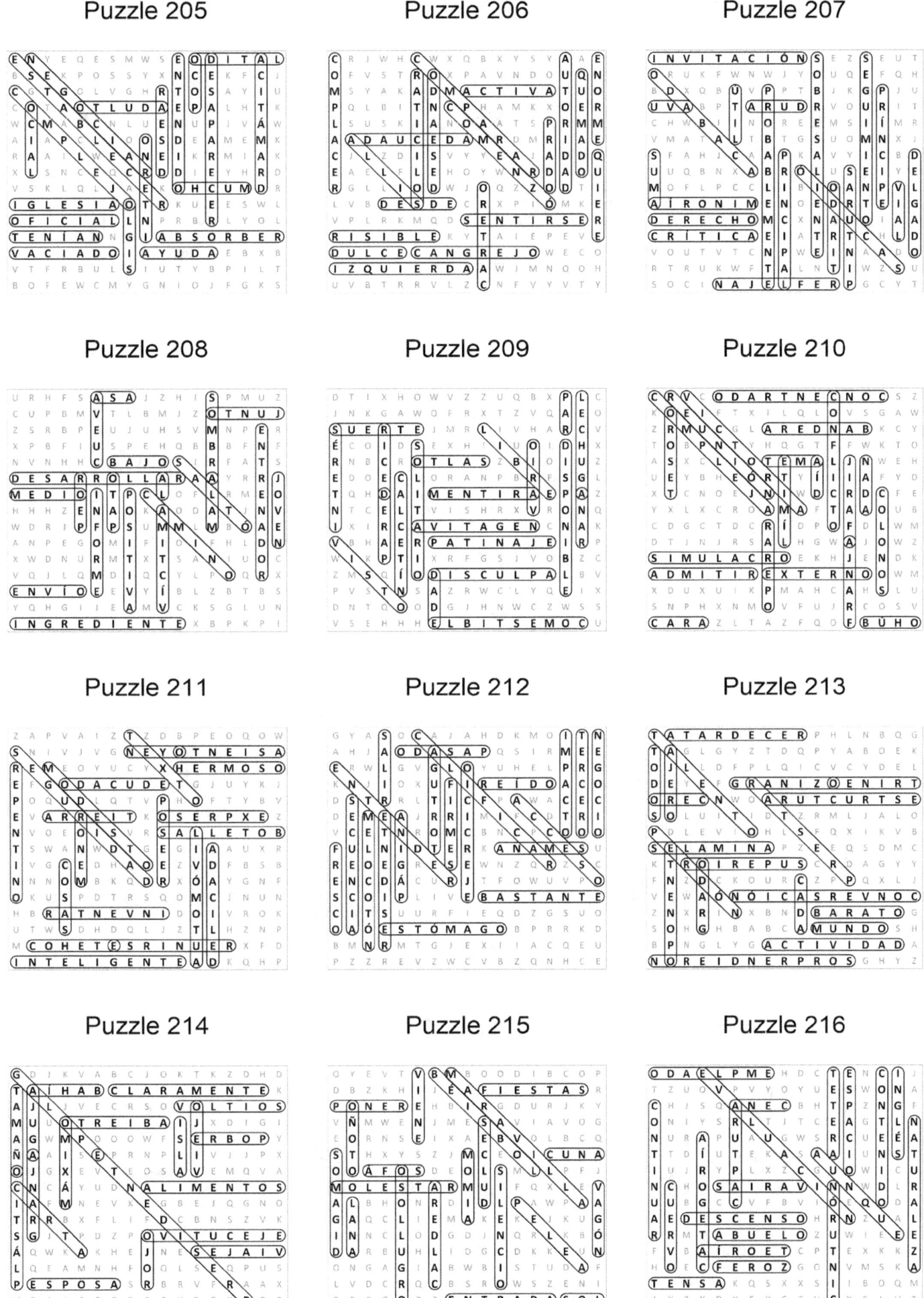

Puzzle 206

Puzzle 207

Puzzle 208

Puzzle 209

Puzzle 210

Puzzle 211

Puzzle 212

Puzzle 213

Puzzle 214

Puzzle 215

Puzzle 216

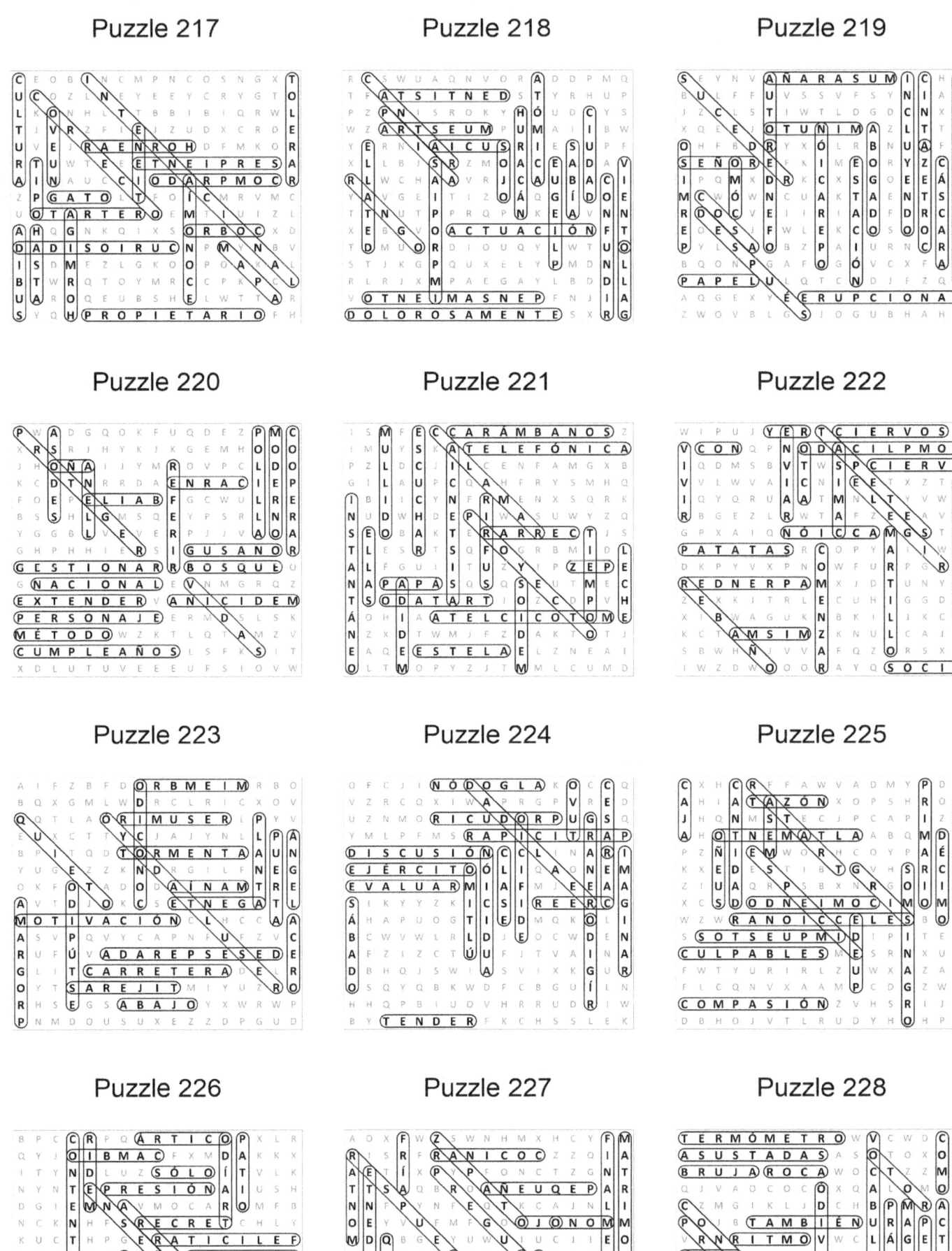

Puzzle 217

Puzzle 218

Puzzle 219

Puzzle 220

Puzzle 221

Puzzle 222

Puzzle 223

Puzzle 224

Puzzle 225

Puzzle 226

Puzzle 227

Puzzle 228

Puzzle 229

Puzzle 230

Puzzle 231

Puzzle 232

Puzzle 233

Puzzle 234

Puzzle 235

Puzzle 236

Puzzle 237

Puzzle 238

Puzzle 239

Puzzle 240

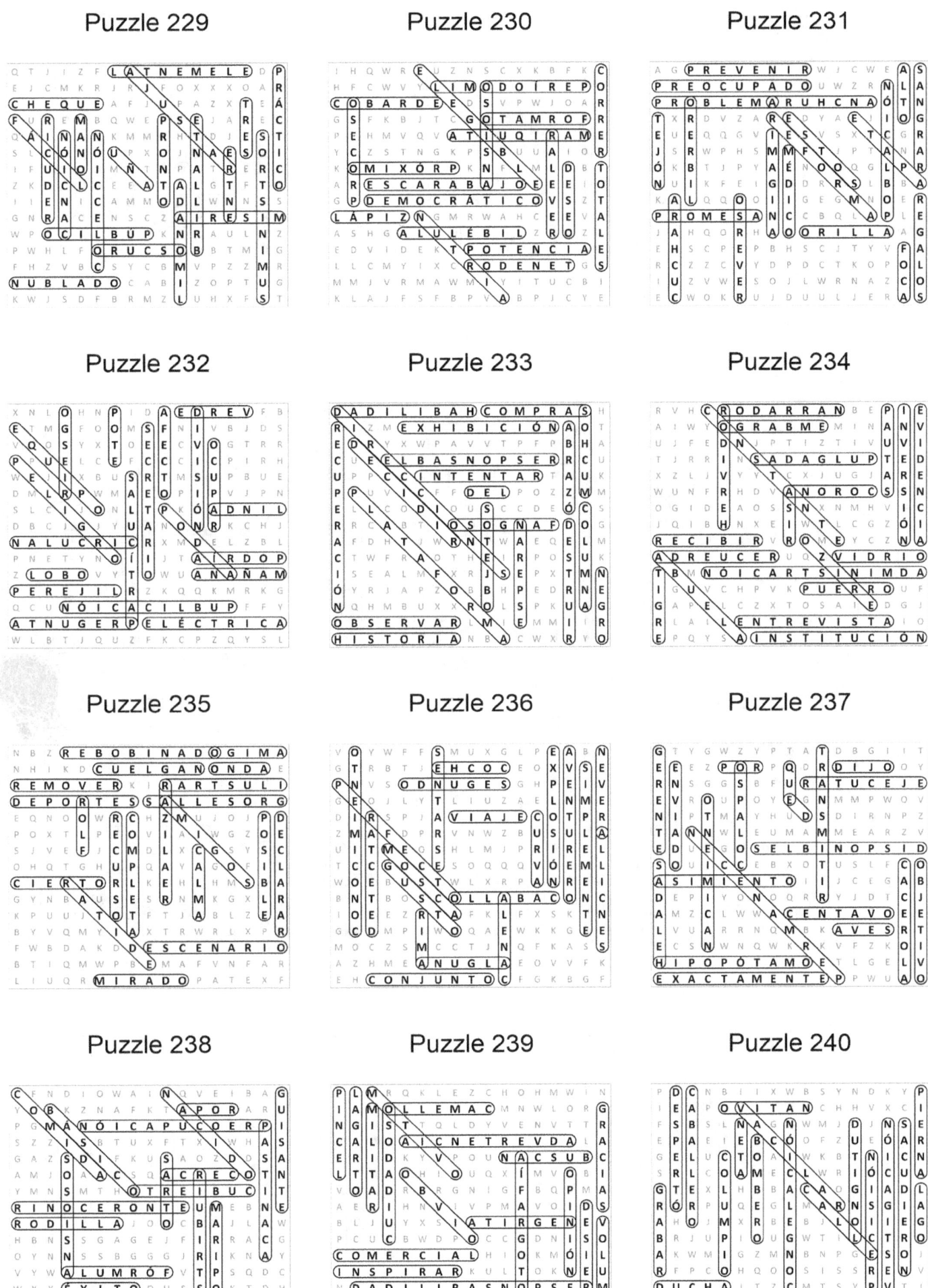

Puzzle 241

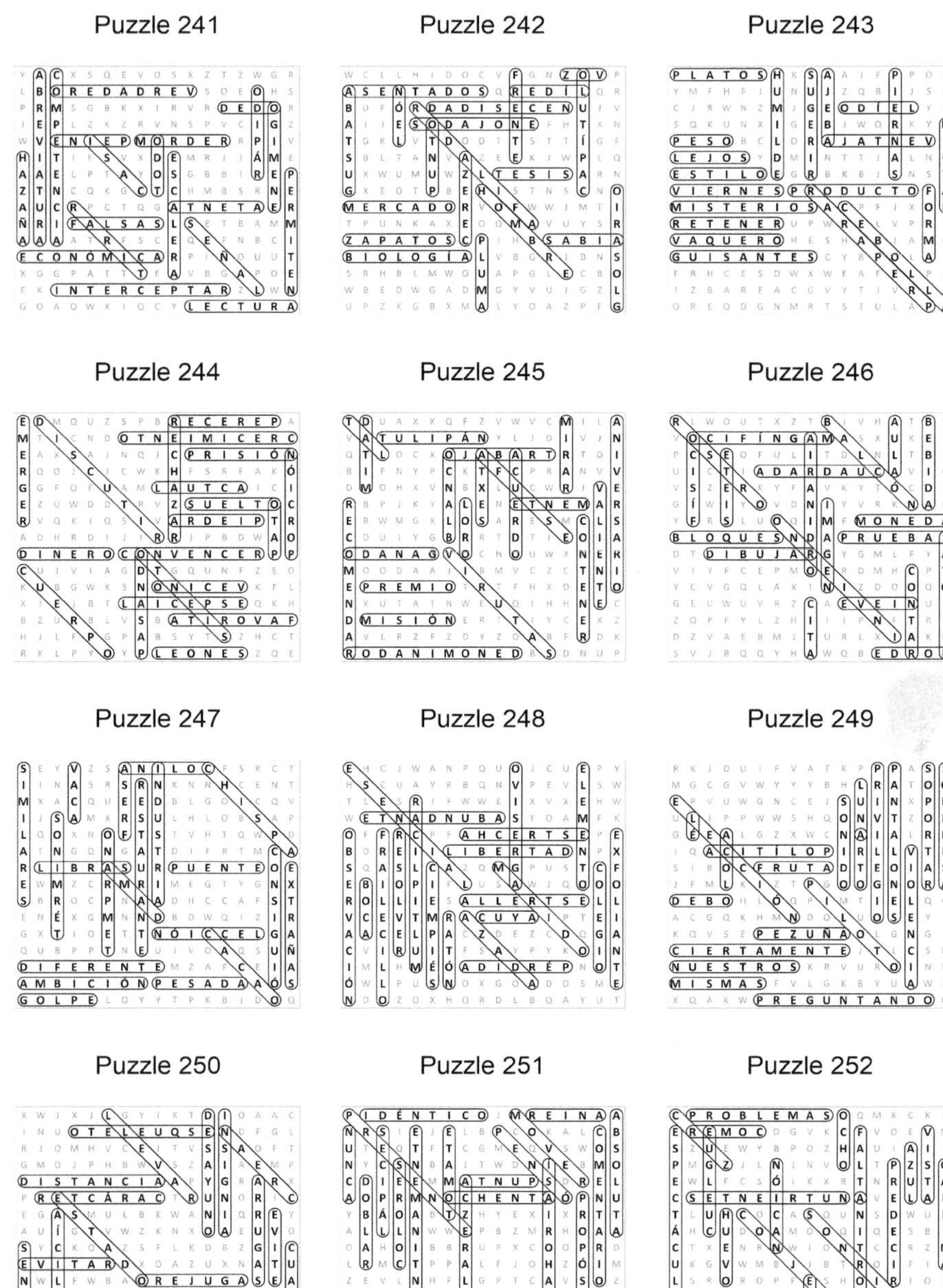

Puzzle 242

Puzzle 243

Puzzle 244

Puzzle 245

Puzzle 246

Puzzle 247

Puzzle 248

Puzzle 249

Puzzle 250

Puzzle 251

Puzzle 252

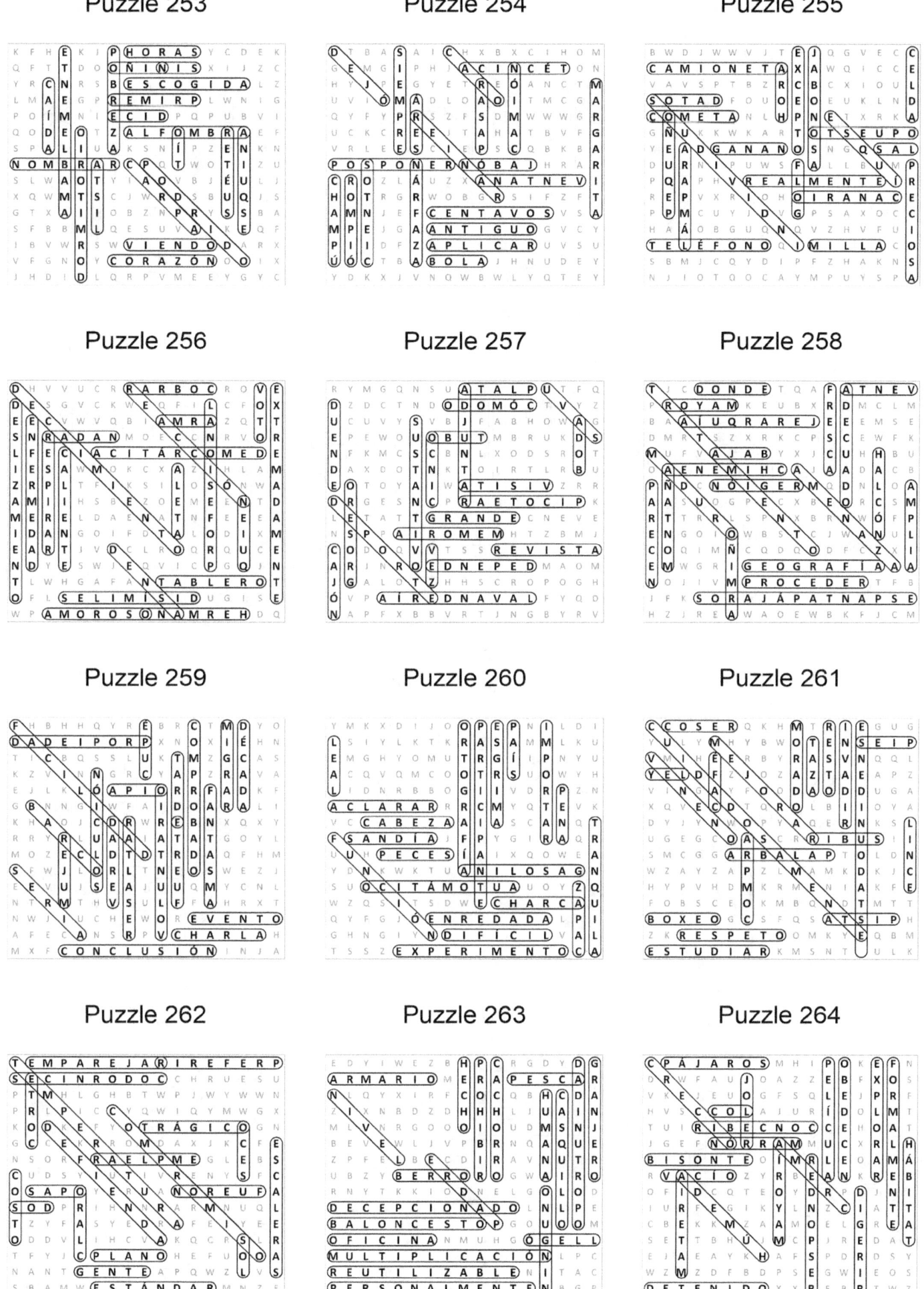

Puzzle 253

Puzzle 254

Puzzle 255

Puzzle 256

Puzzle 257

Puzzle 258

Puzzle 259

Puzzle 260

Puzzle 261

Puzzle 262

Puzzle 263

Puzzle 264

Puzzle 265

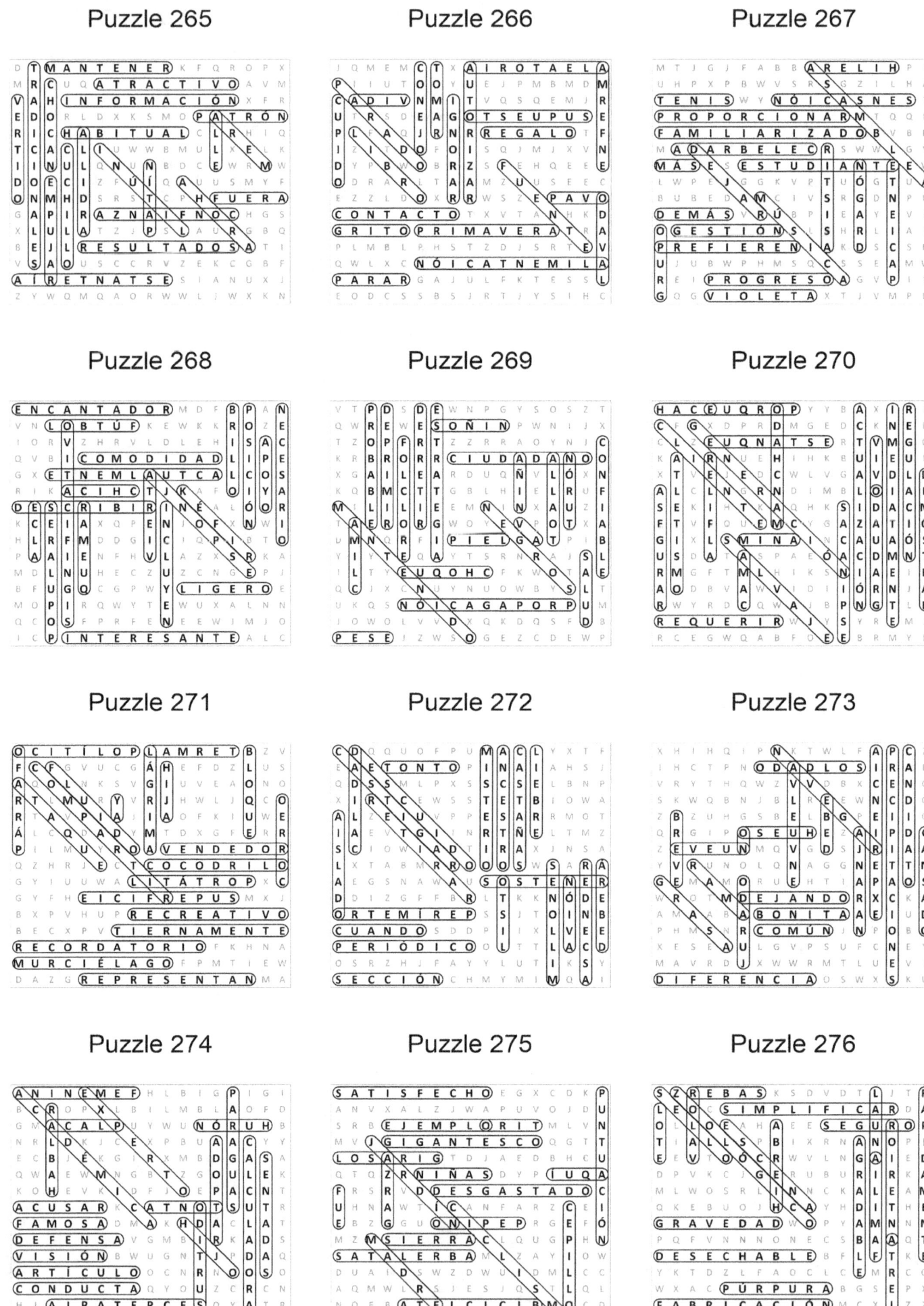

Puzzle 266

Puzzle 267

Puzzle 268

Puzzle 269

Puzzle 270

Puzzle 271

Puzzle 272

Puzzle 273

Puzzle 274

Puzzle 275

Puzzle 276

Puzzle 277

Puzzle 278

Puzzle 279

Puzzle 280

Puzzle 281

Puzzle 282

Puzzle 283

Puzzle 284

Puzzle 285

Puzzle 286

Puzzle 287

Puzzle 288

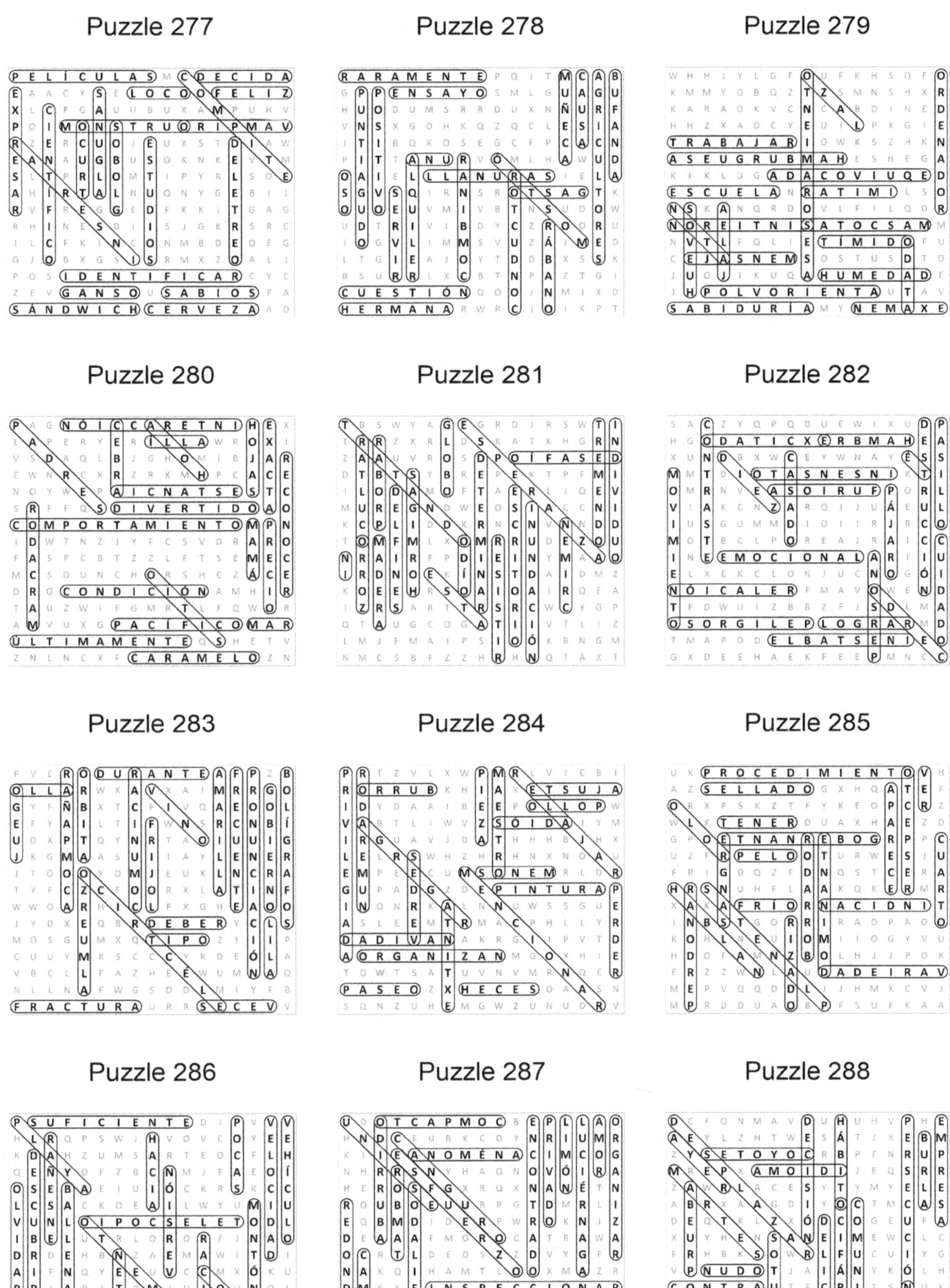

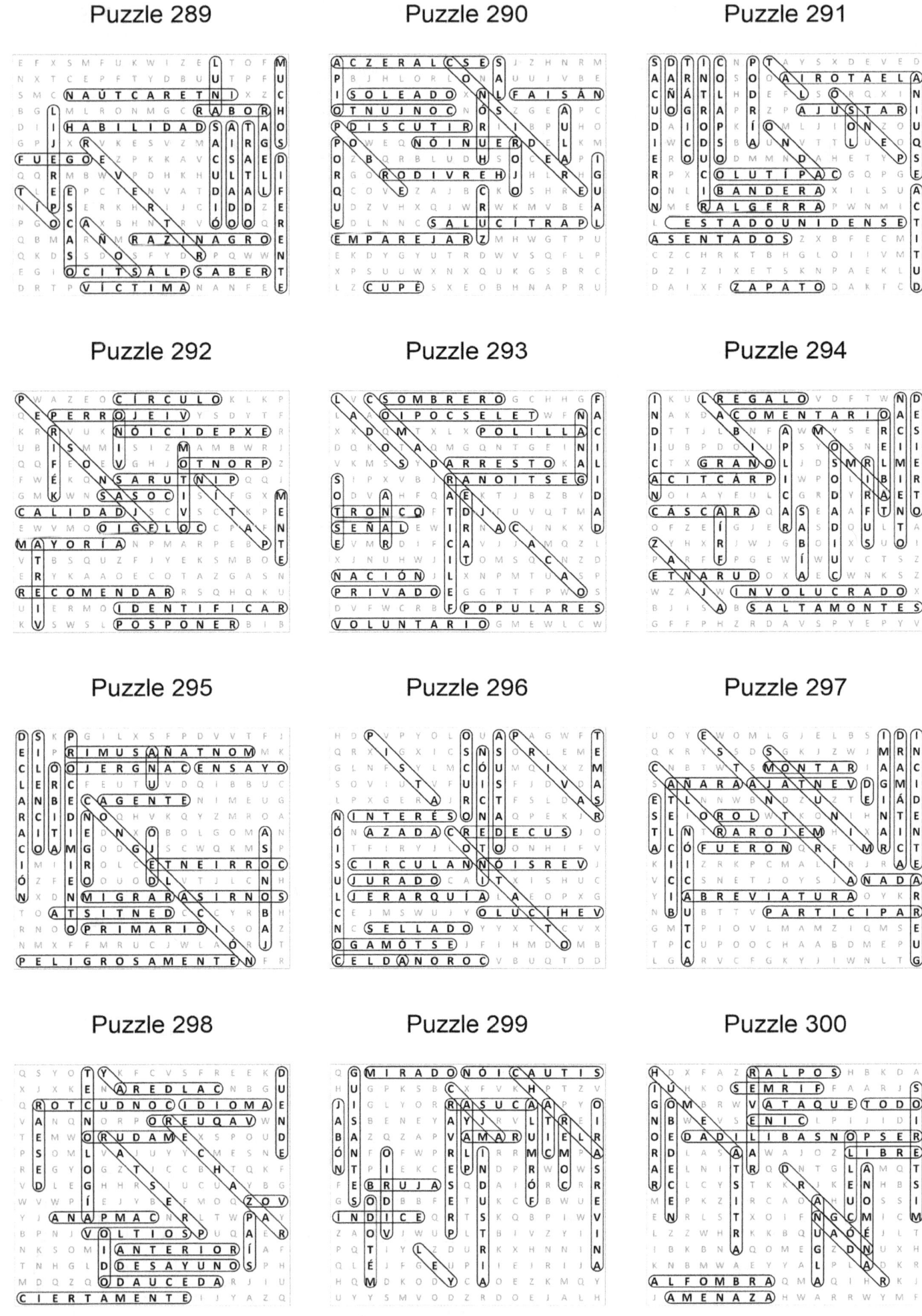

Puzzle 289

Puzzle 290

Puzzle 291

Puzzle 292

Puzzle 293

Puzzle 294

Puzzle 295

Puzzle 296

Puzzle 297

Puzzle 298

Puzzle 299

Puzzle 300

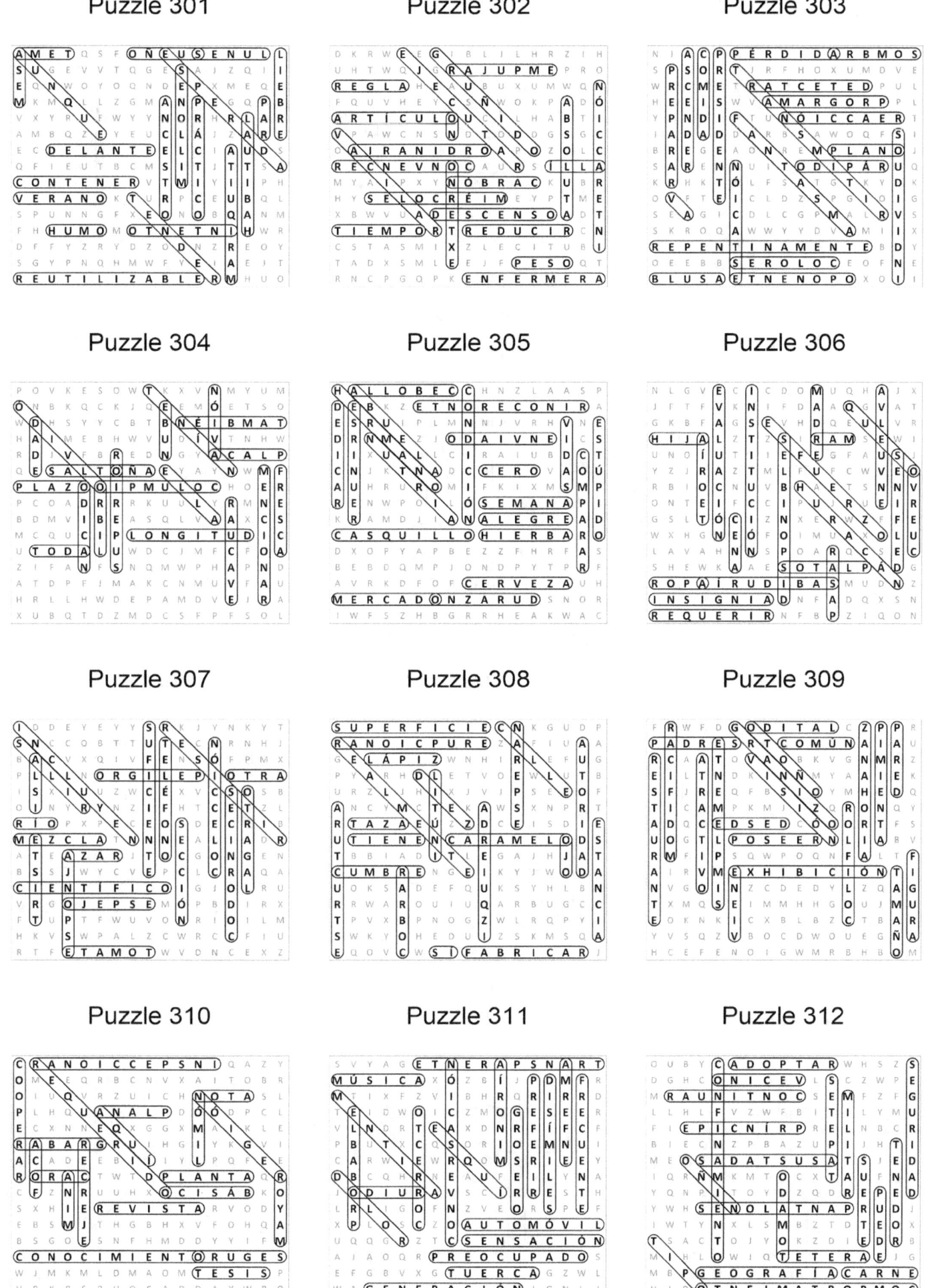

Puzzle 301
Puzzle 302
Puzzle 303
Puzzle 304
Puzzle 305
Puzzle 306
Puzzle 307
Puzzle 308
Puzzle 309
Puzzle 310
Puzzle 311
Puzzle 312

Puzzle 313

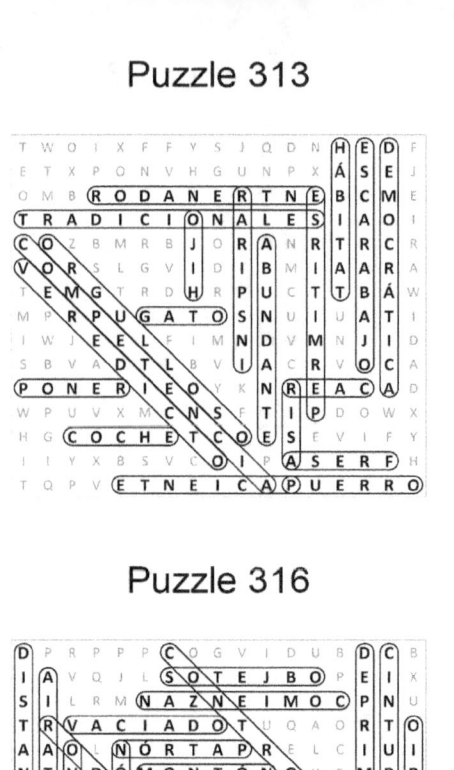

Puzzle 314

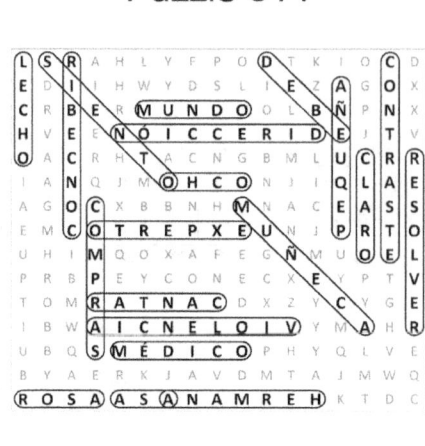

Puzzle 315

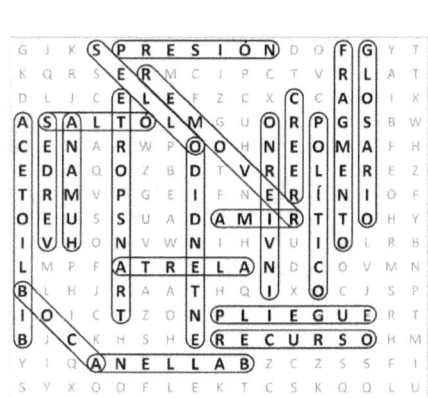

Puzzle 316

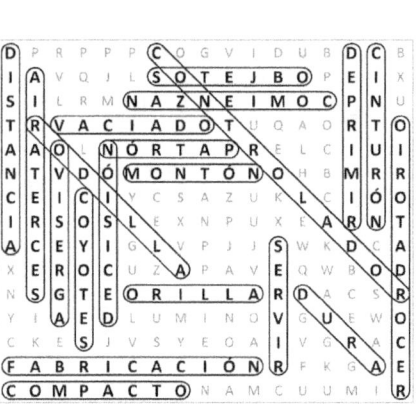

Puzzle 317

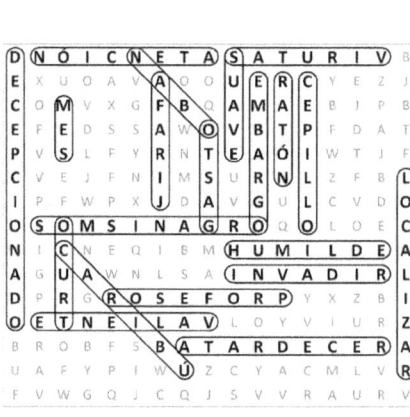

Puzzle 318

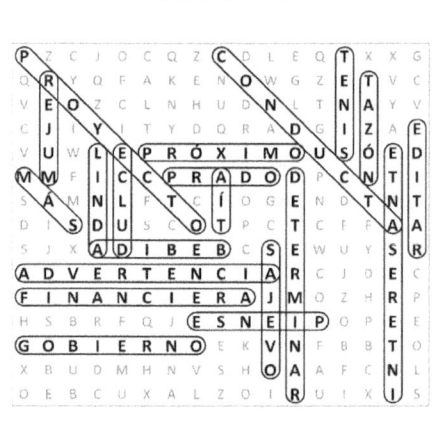

Puzzle 319

Puzzle 320

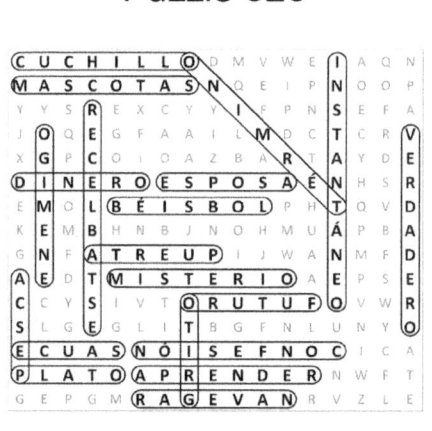

Puzzle 321

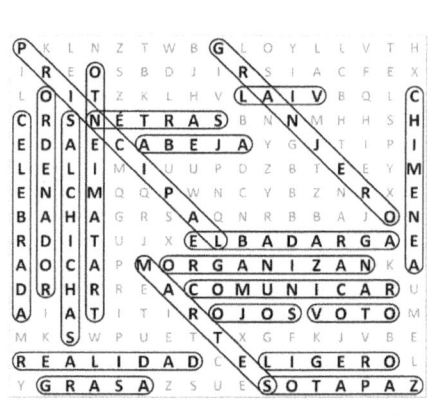

Puzzle 322

Puzzle 323

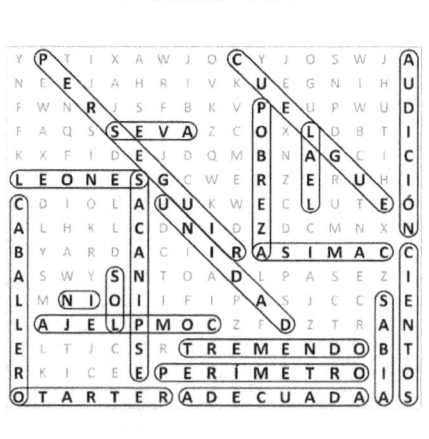

Puzzle 324

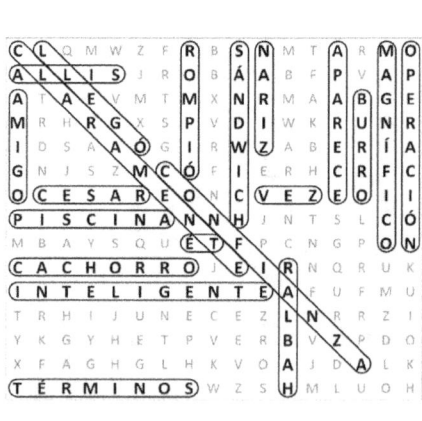

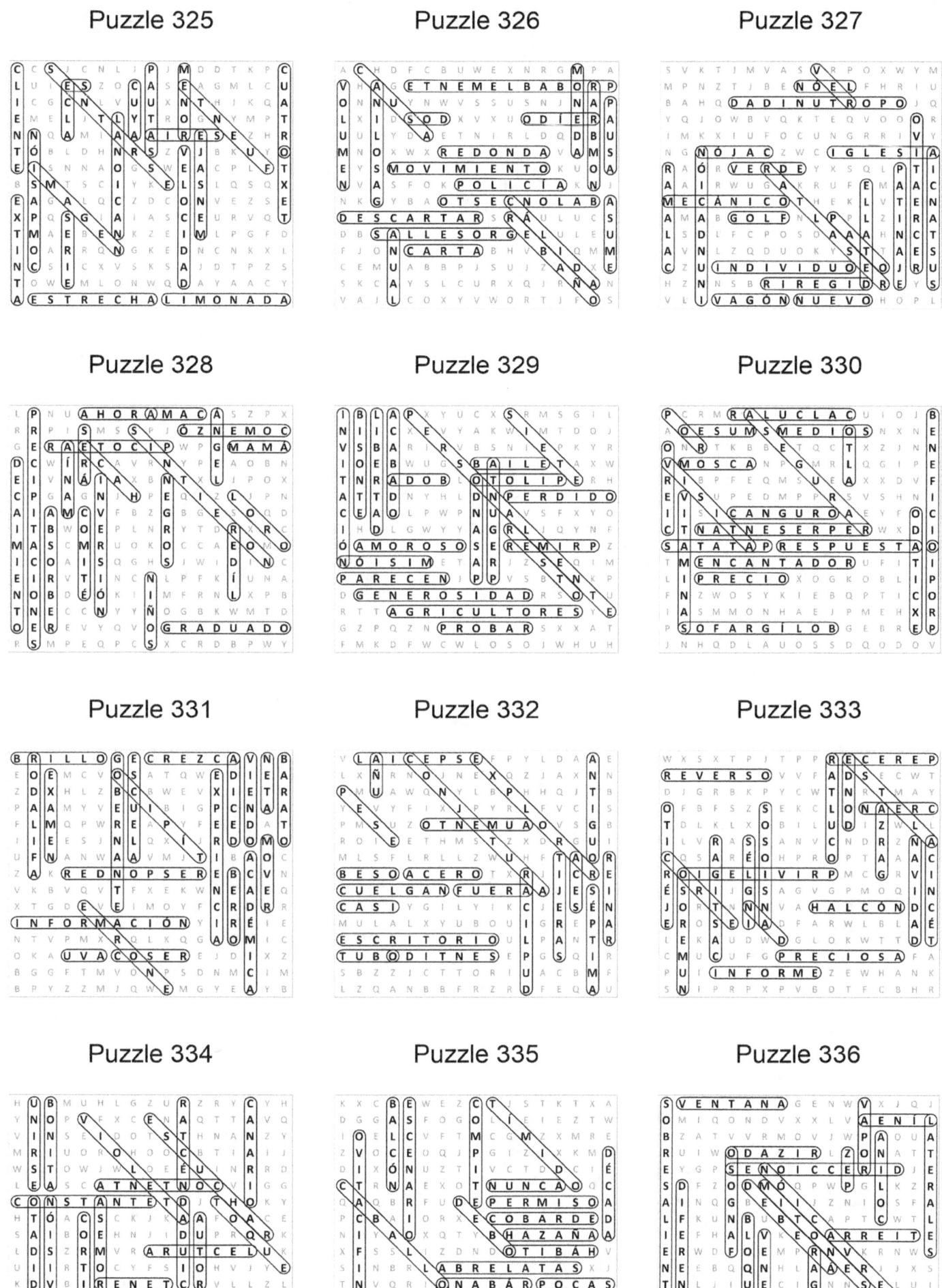

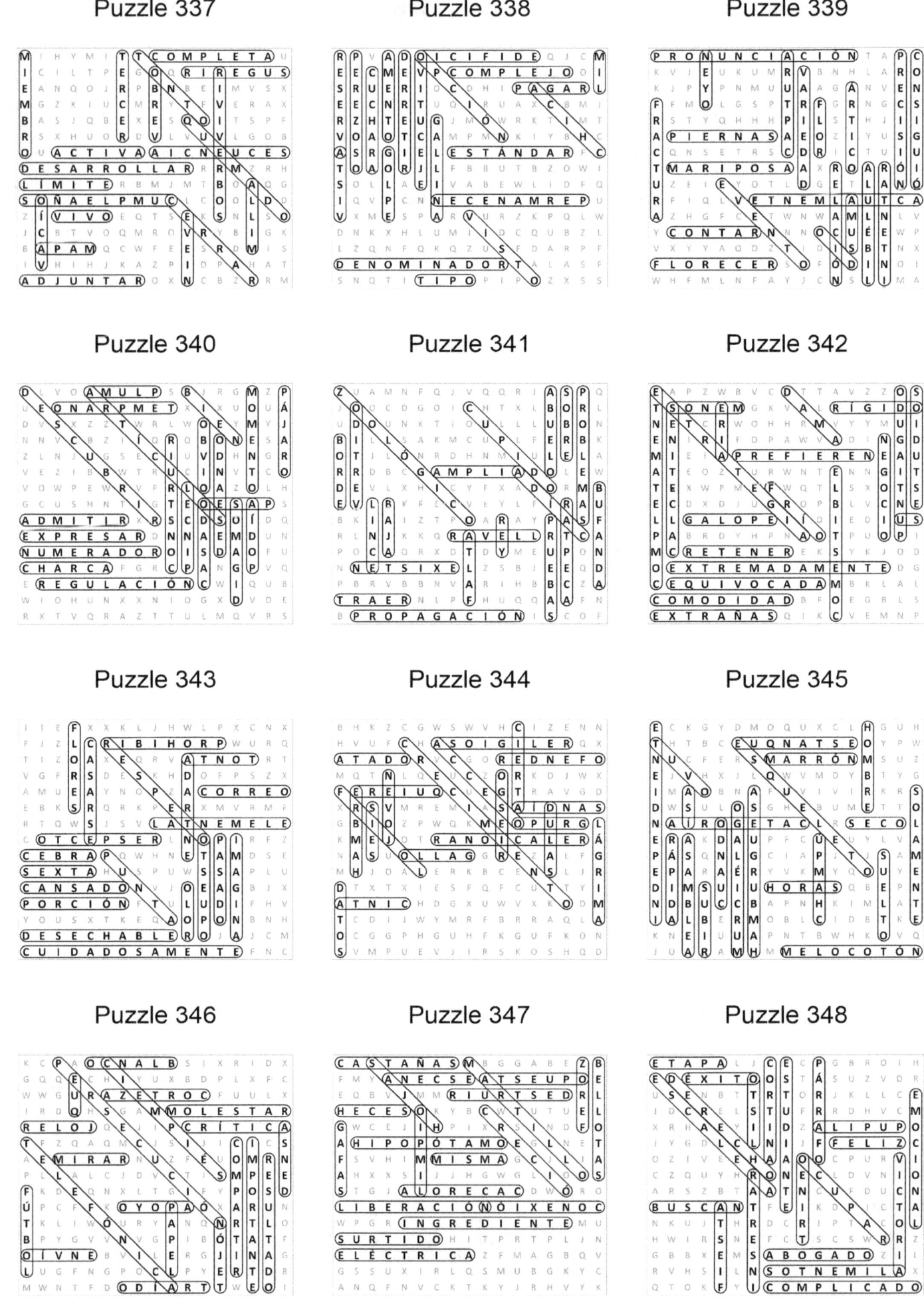

Puzzle 337

Puzzle 338

Puzzle 339

Puzzle 340

Puzzle 341

Puzzle 342

Puzzle 343

Puzzle 344

Puzzle 345

Puzzle 346

Puzzle 347

Puzzle 348

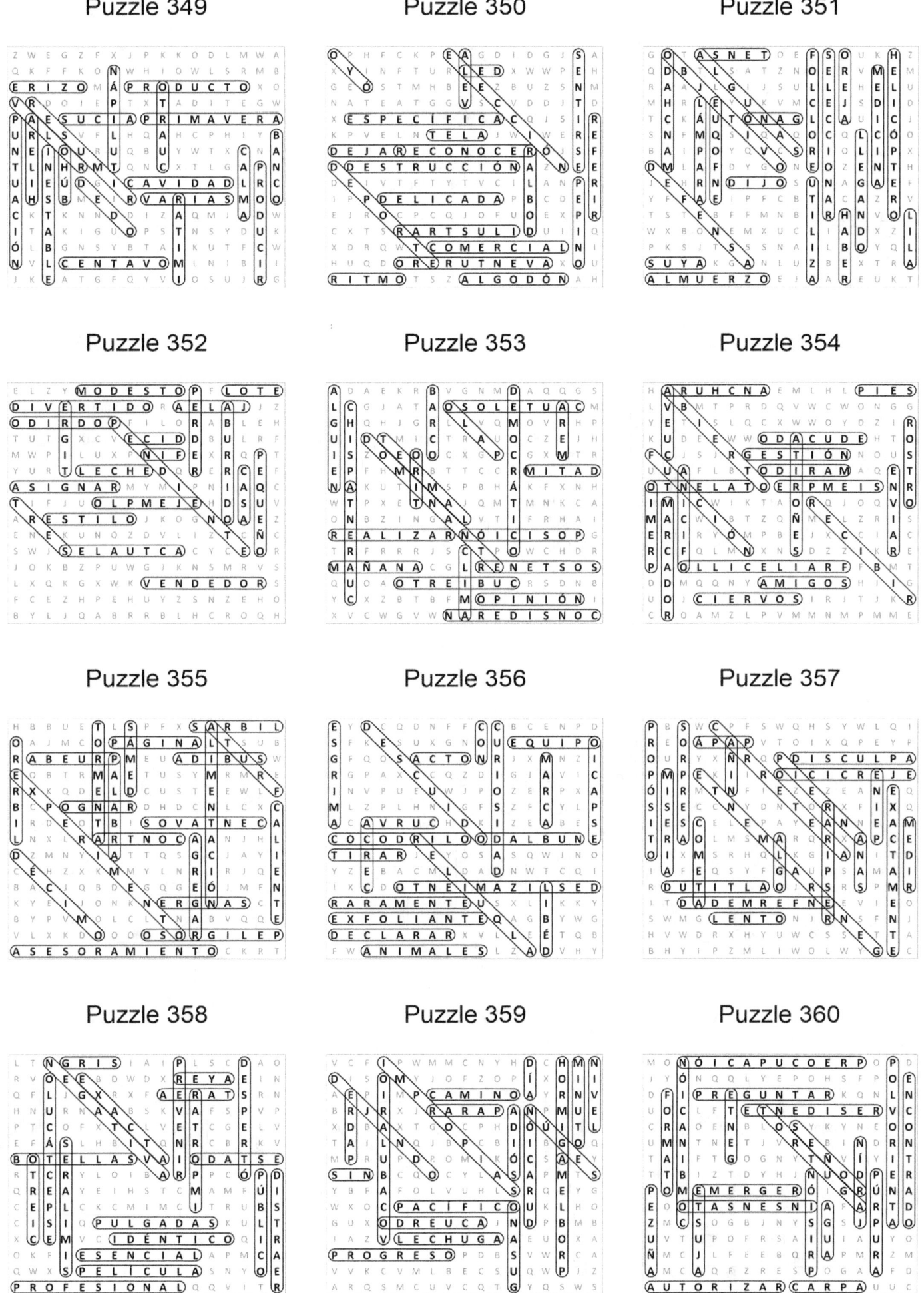

Puzzle 349

Puzzle 350

Puzzle 351

Puzzle 352

Puzzle 353

Puzzle 354

Puzzle 355

Puzzle 356

Puzzle 357

Puzzle 358

Puzzle 359

Puzzle 360

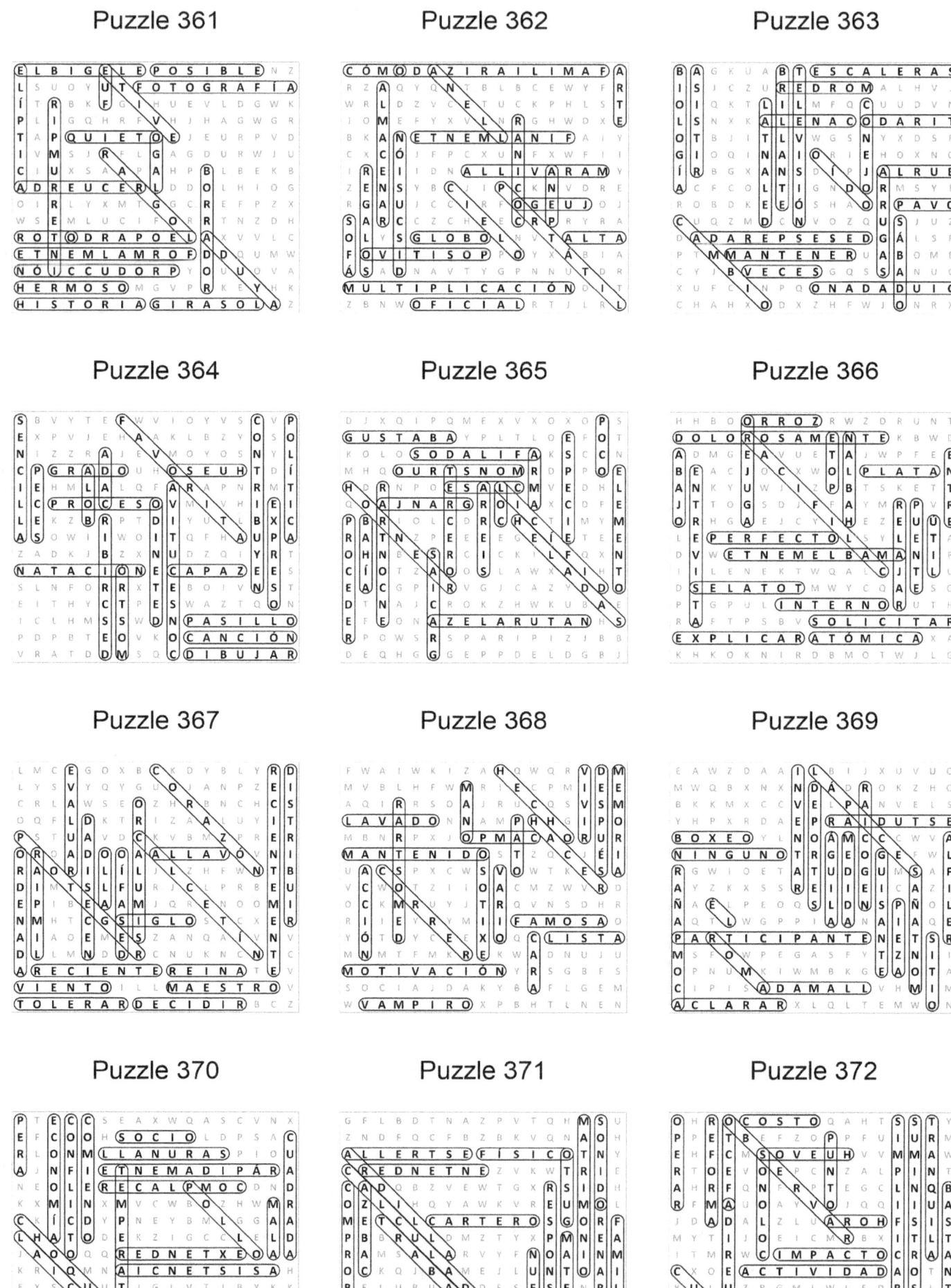

Puzzle 361

Puzzle 362

Puzzle 363

Puzzle 364

Puzzle 365

Puzzle 366

Puzzle 367

Puzzle 368

Puzzle 369

Puzzle 370

Puzzle 371

Puzzle 372

Puzzle 373

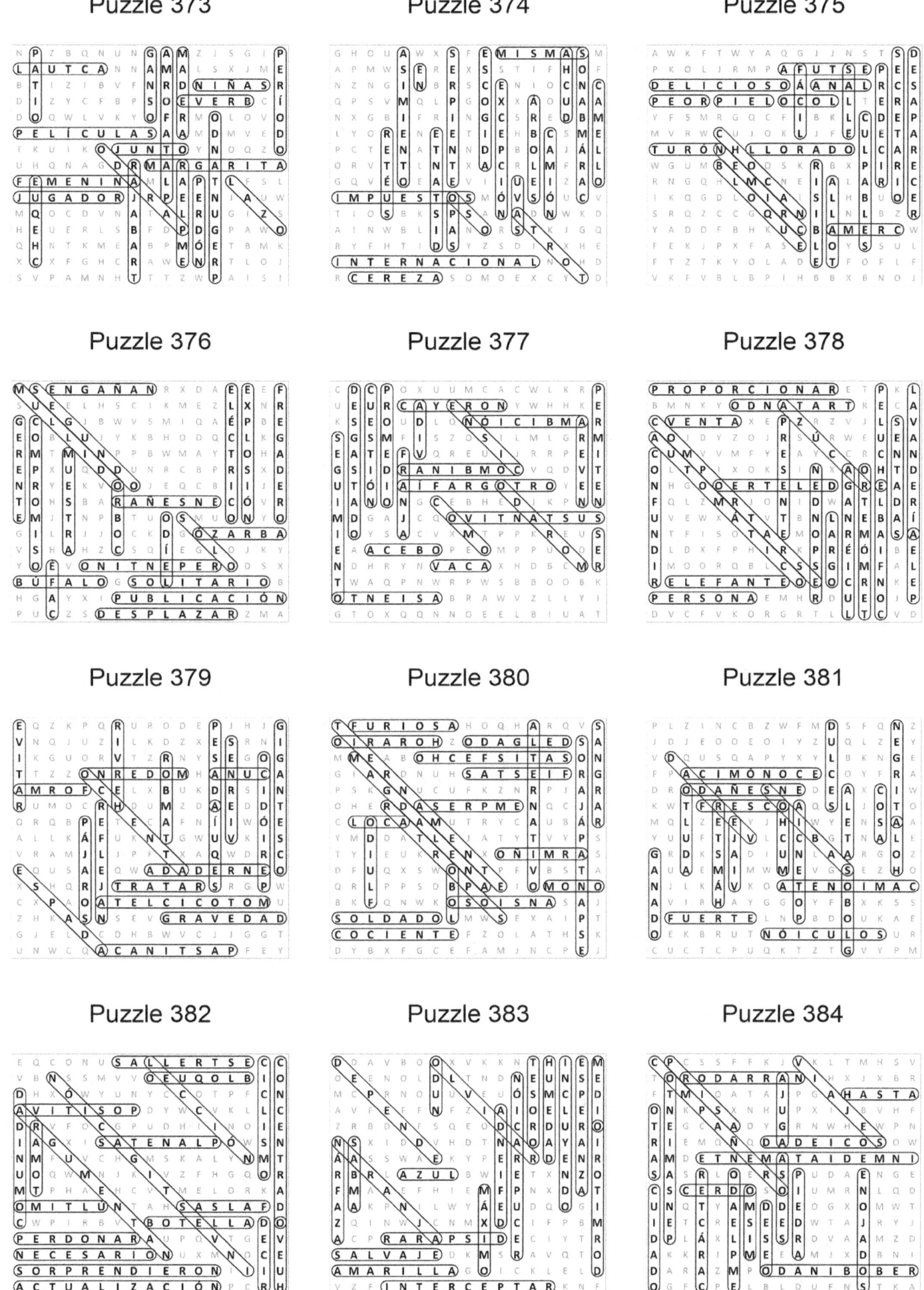

Puzzle 374

Puzzle 375

Puzzle 376

Puzzle 377

Puzzle 378

Puzzle 379

Puzzle 380

Puzzle 381

Puzzle 382

Puzzle 383

Puzzle 384

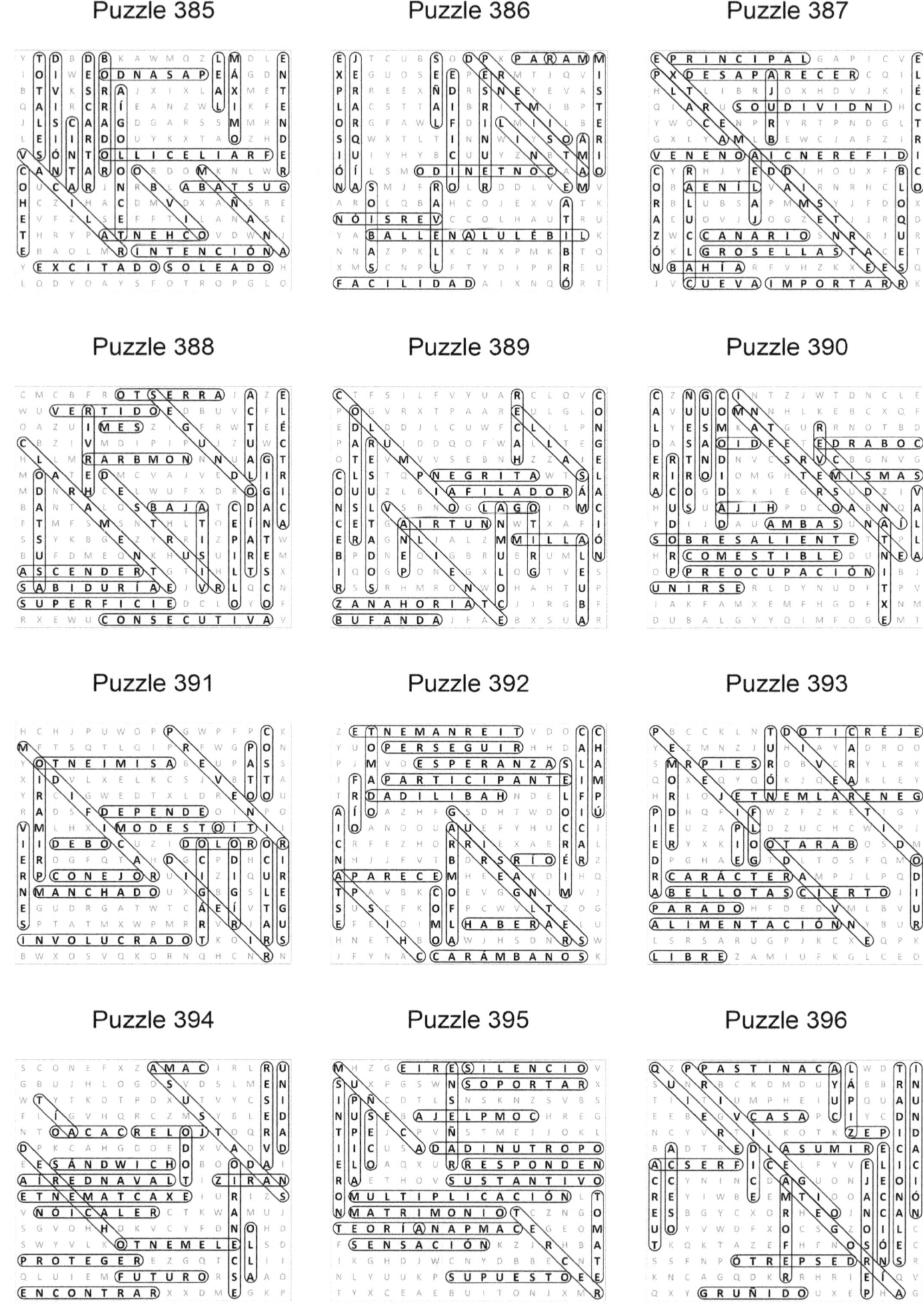

Puzzle 385

Puzzle 386

Puzzle 387

Puzzle 388

Puzzle 389

Puzzle 390

Puzzle 391

Puzzle 392

Puzzle 393

Puzzle 394

Puzzle 395

Puzzle 396

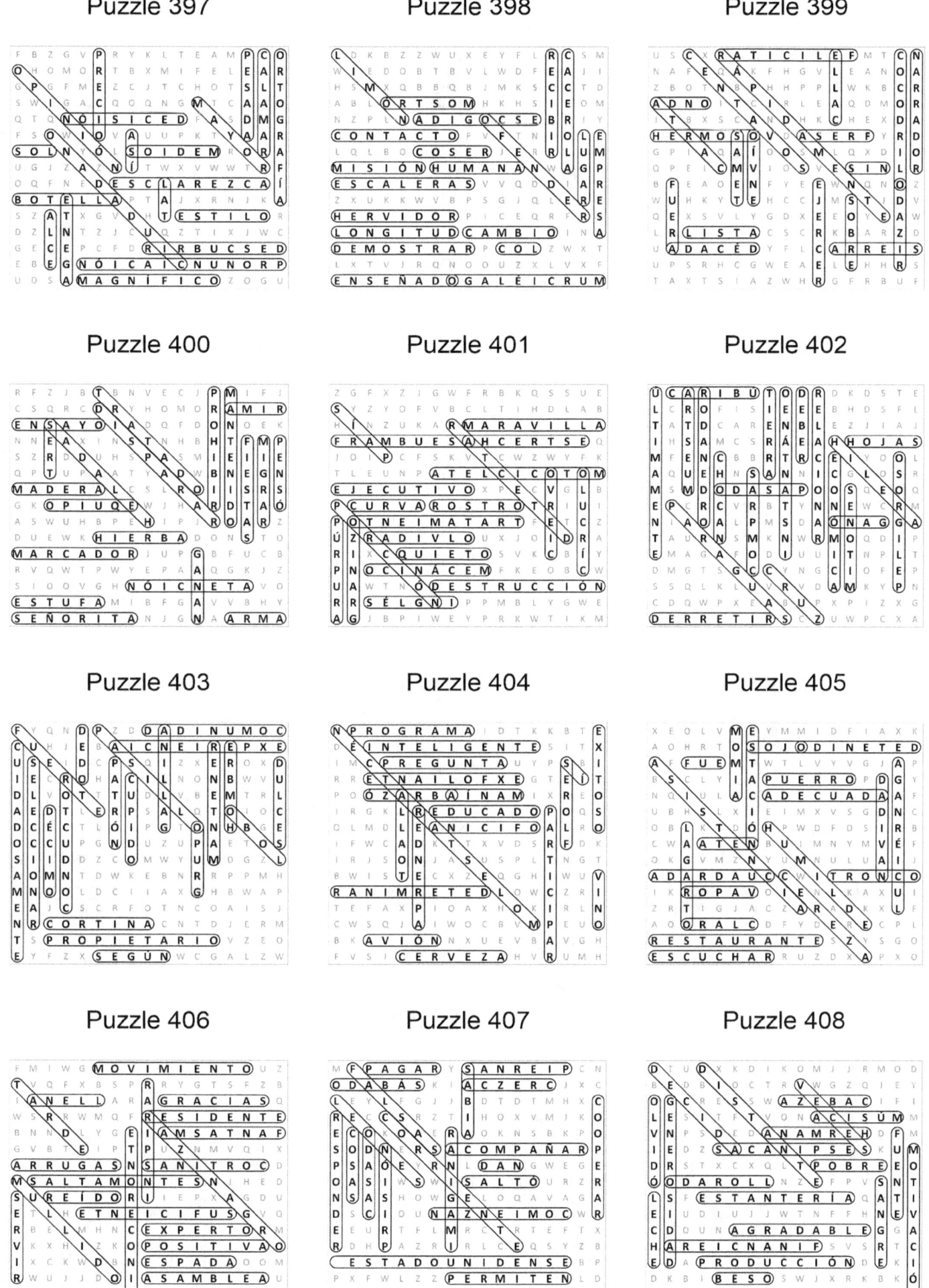

Puzzle 397

Puzzle 398

Puzzle 399

Puzzle 400

Puzzle 401

Puzzle 402

Puzzle 403

Puzzle 404

Puzzle 405

Puzzle 406

Puzzle 407

Puzzle 408

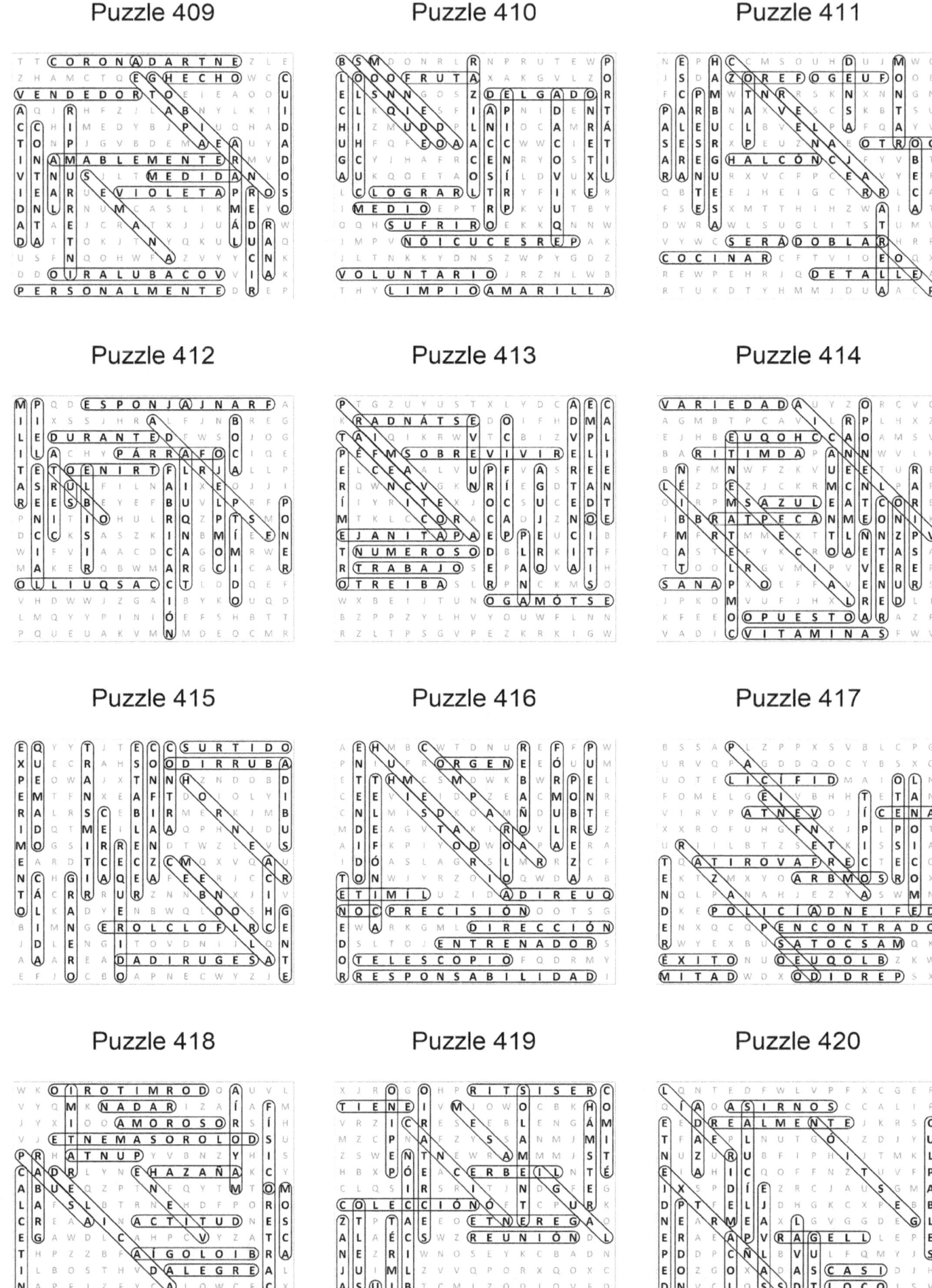

Puzzle 409

Puzzle 410

Puzzle 411

Puzzle 412

Puzzle 413

Puzzle 414

Puzzle 415

Puzzle 416

Puzzle 417

Puzzle 418

Puzzle 419

Puzzle 420

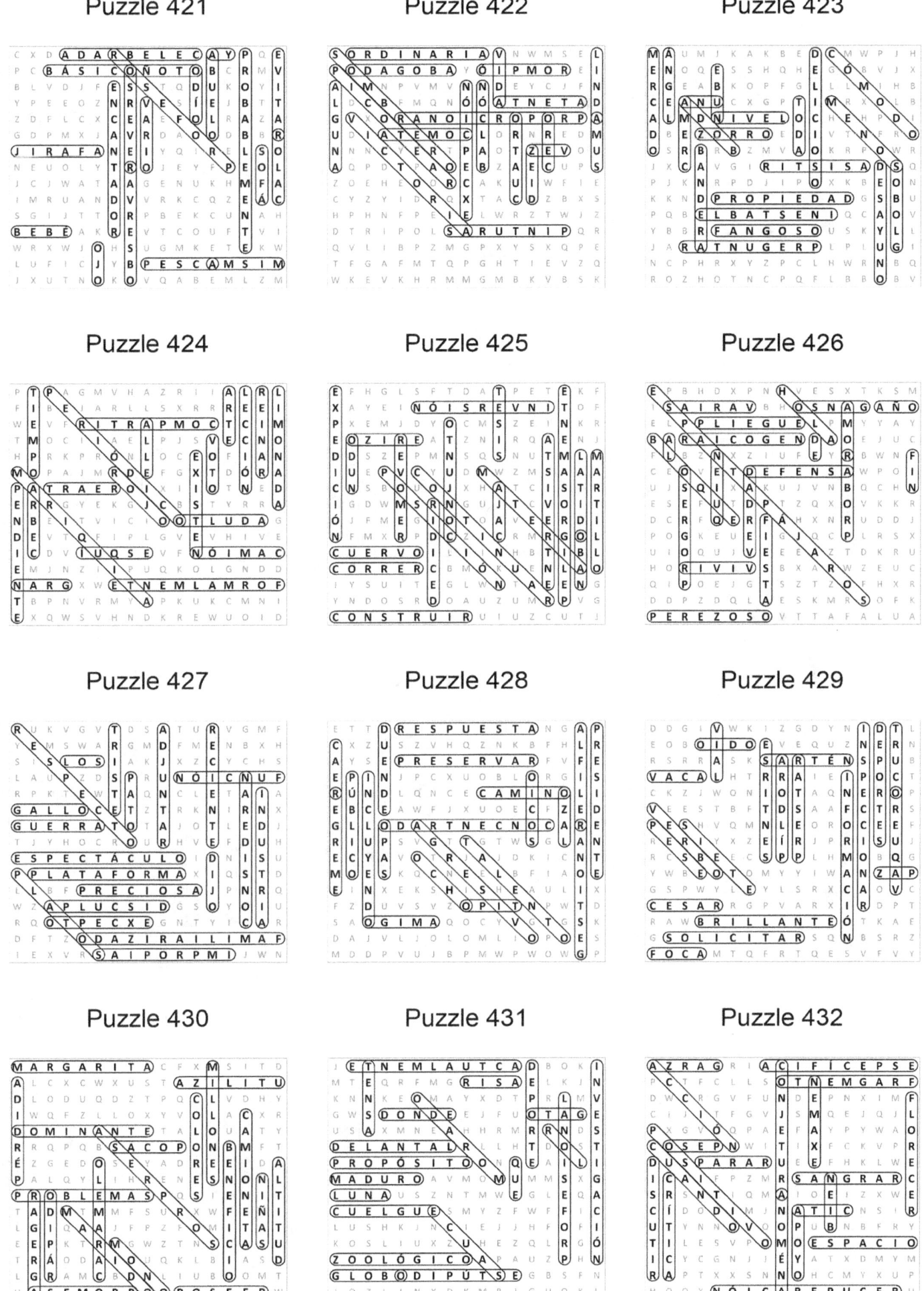

Puzzle 421

Puzzle 422

Puzzle 423

Puzzle 424

Puzzle 425

Puzzle 426

Puzzle 427

Puzzle 428

Puzzle 429

Puzzle 430

Puzzle 431

Puzzle 432

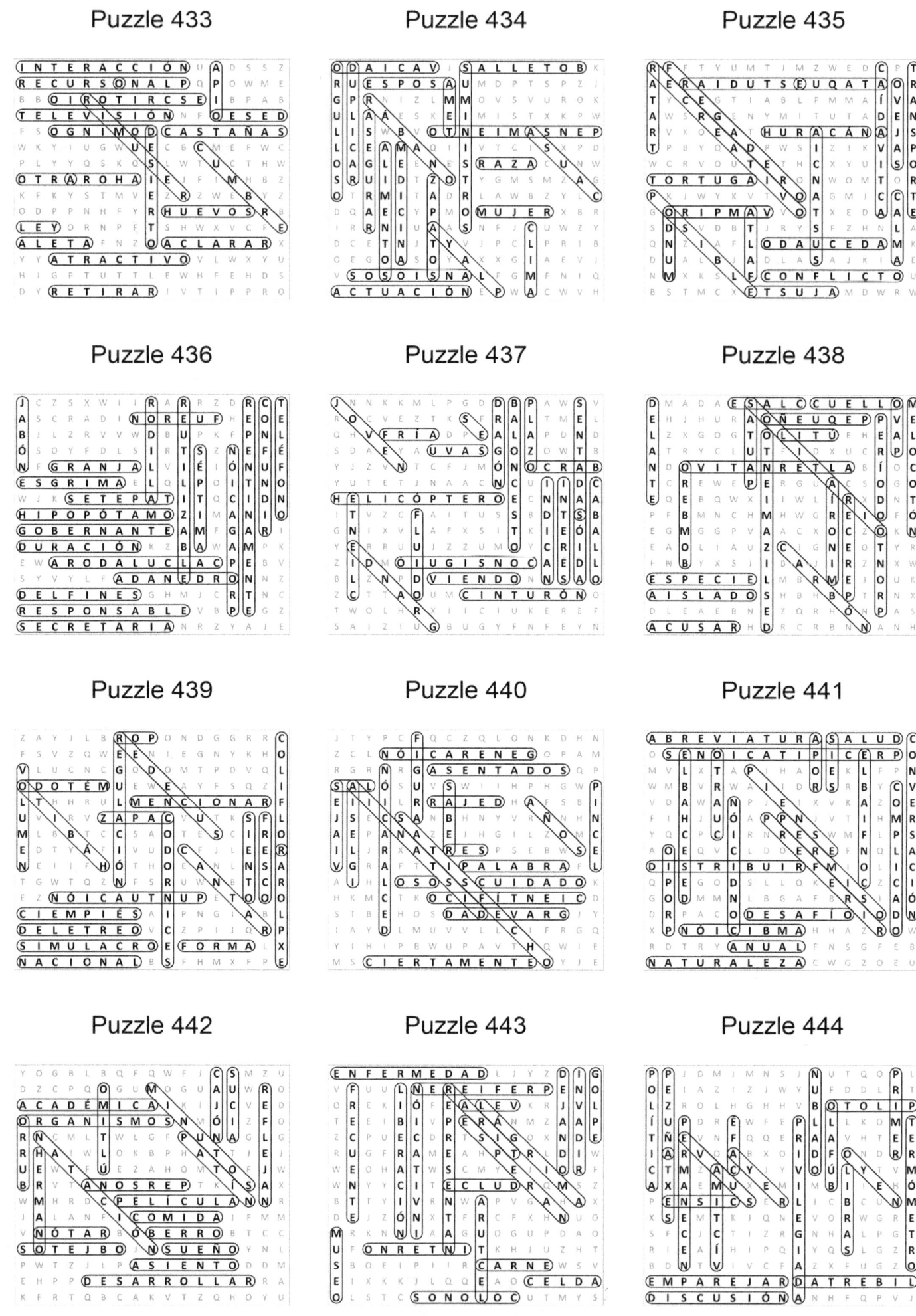

Puzzle 433

Puzzle 434

Puzzle 435

Puzzle 436

Puzzle 437

Puzzle 438

Puzzle 439

Puzzle 440

Puzzle 441

Puzzle 442

Puzzle 443

Puzzle 444

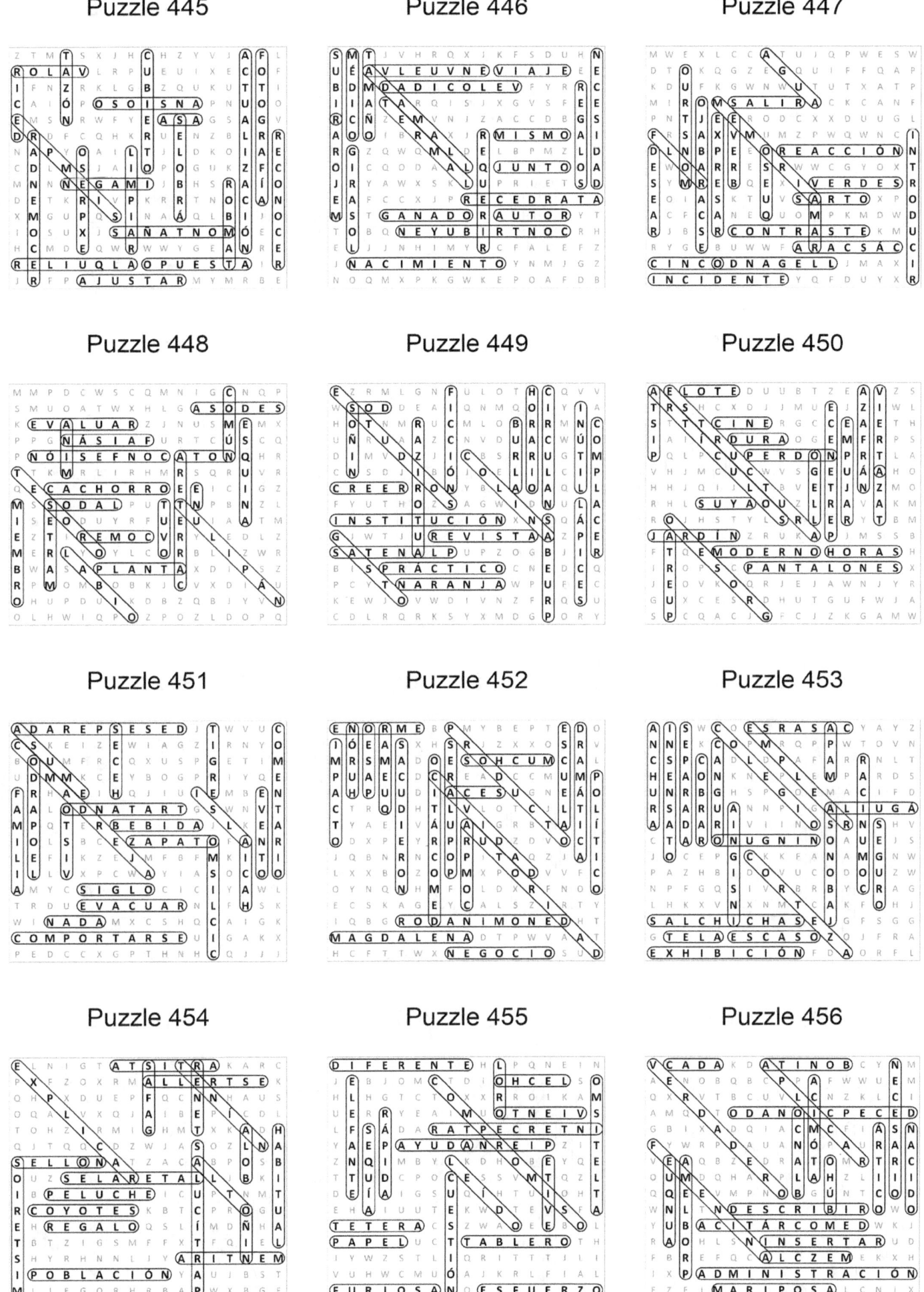

Puzzle 445

Puzzle 446

Puzzle 447

Puzzle 448

Puzzle 449

Puzzle 450

Puzzle 451

Puzzle 452

Puzzle 453

Puzzle 454

Puzzle 455

Puzzle 456

Puzzle 457

Puzzle 458

Puzzle 459

Puzzle 460

Puzzle 461

Puzzle 462

Puzzle 463

Puzzle 464

Puzzle 465

Puzzle 466

Puzzle 467

Puzzle 468

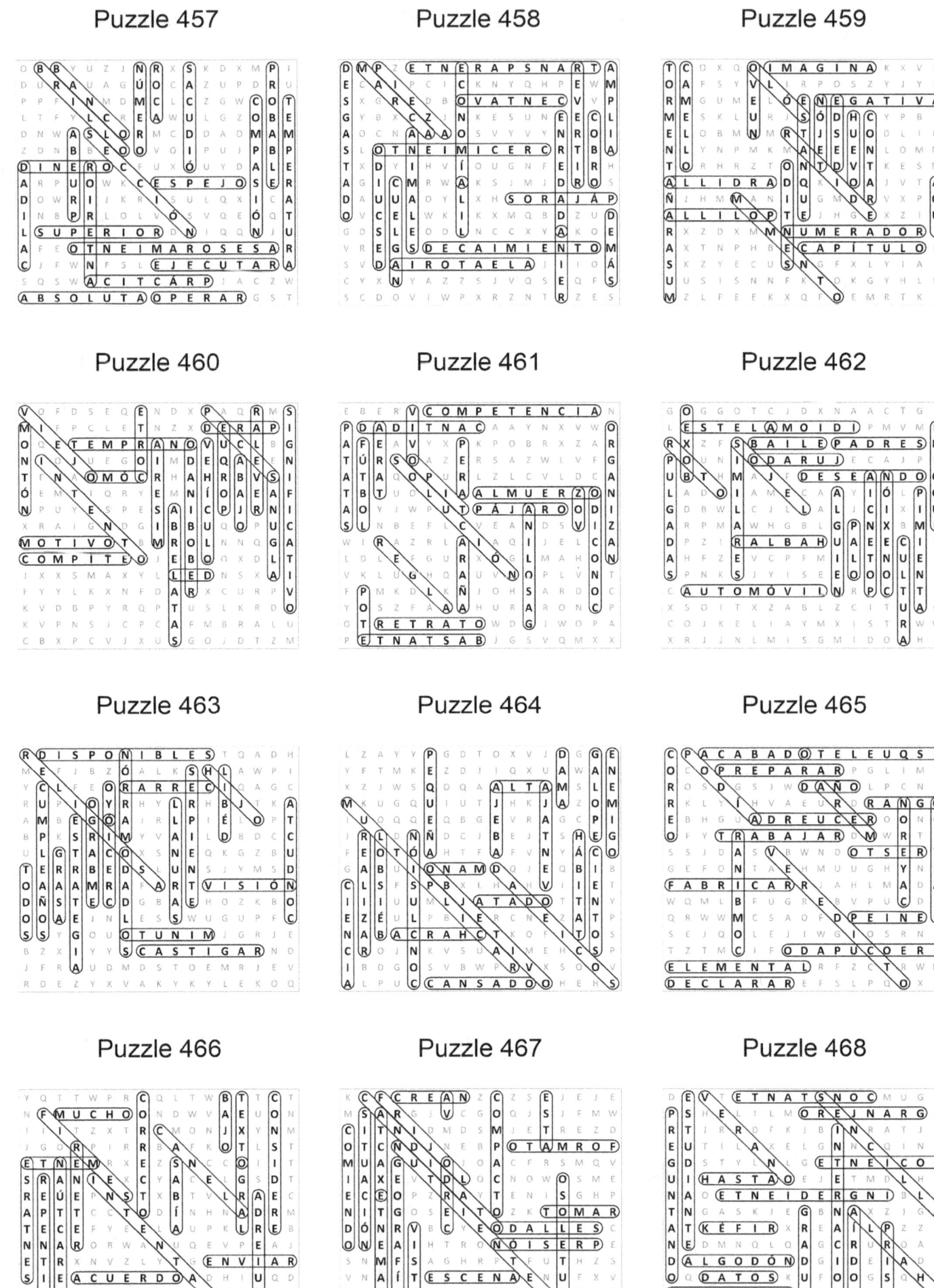

Puzzle 469

Puzzle 470

Puzzle 471

Puzzle 472

Puzzle 473

Puzzle 474

Puzzle 475

Puzzle 476

Puzzle 477

Puzzle 478

Puzzle 479

Puzzle 480

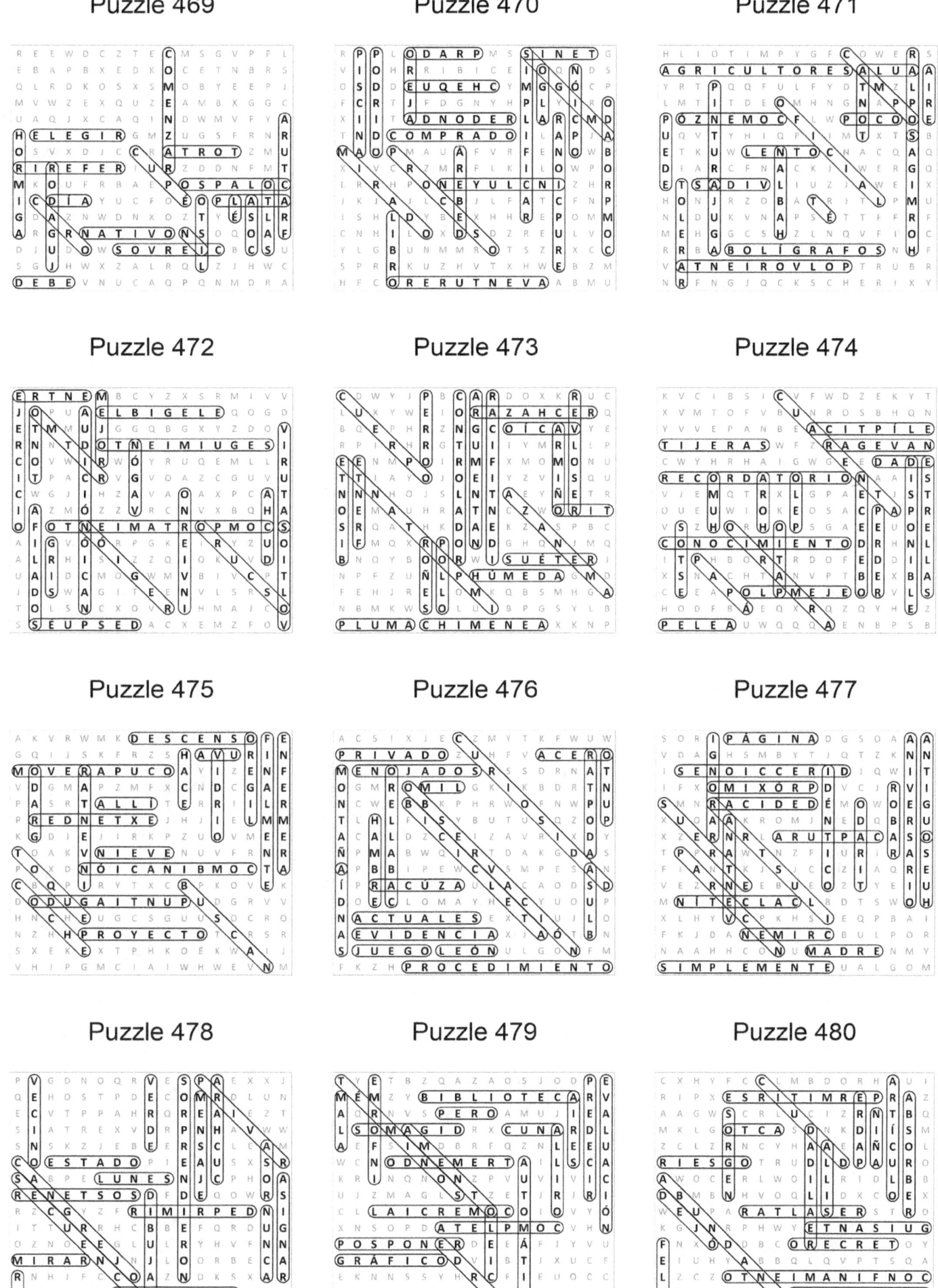

Puzzle 481

Puzzle 482

Puzzle 483

Puzzle 484

Puzzle 485

Puzzle 486

Puzzle 487

Puzzle 488

Puzzle 489

Puzzle 490

Puzzle 491

Puzzle 492

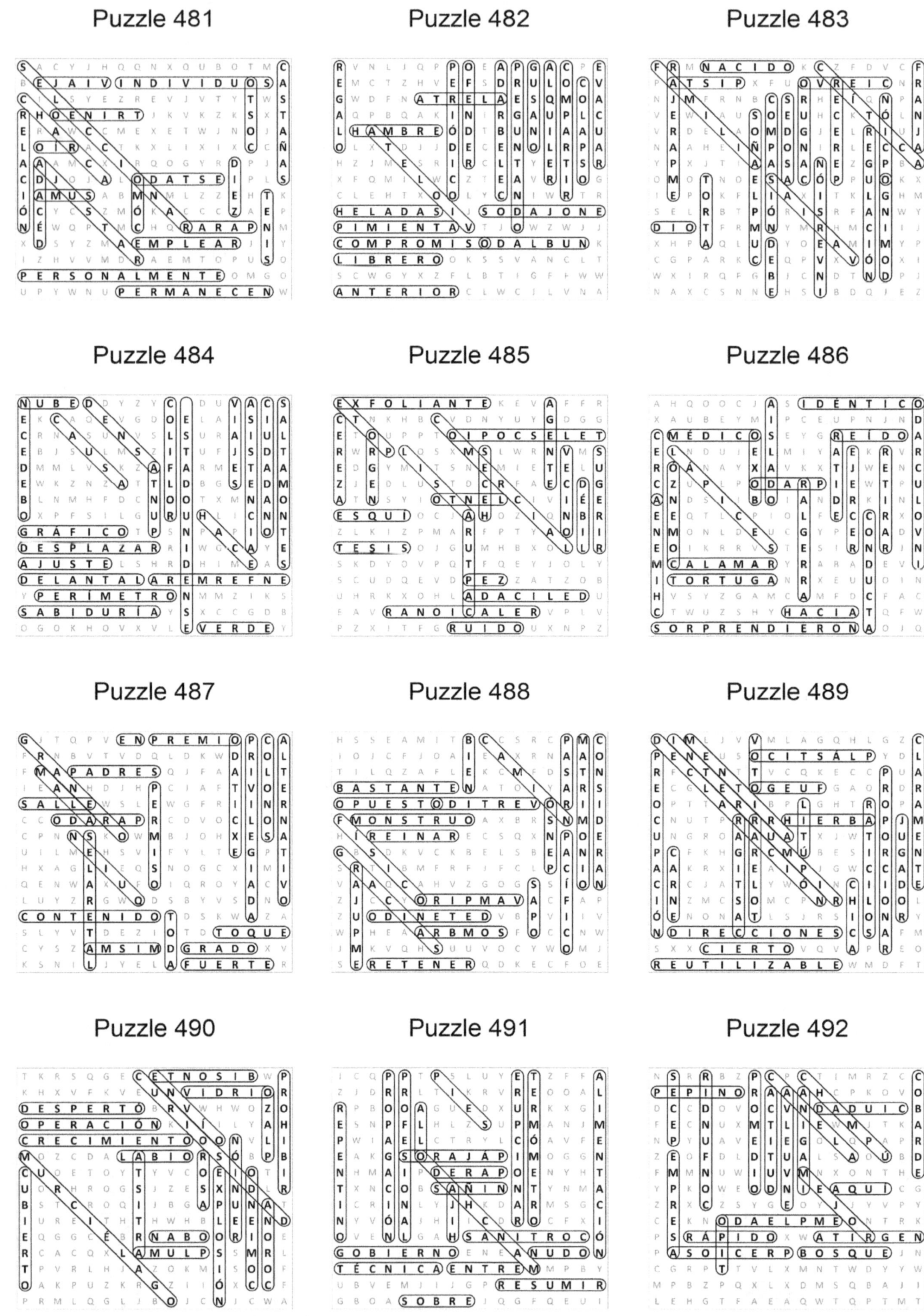

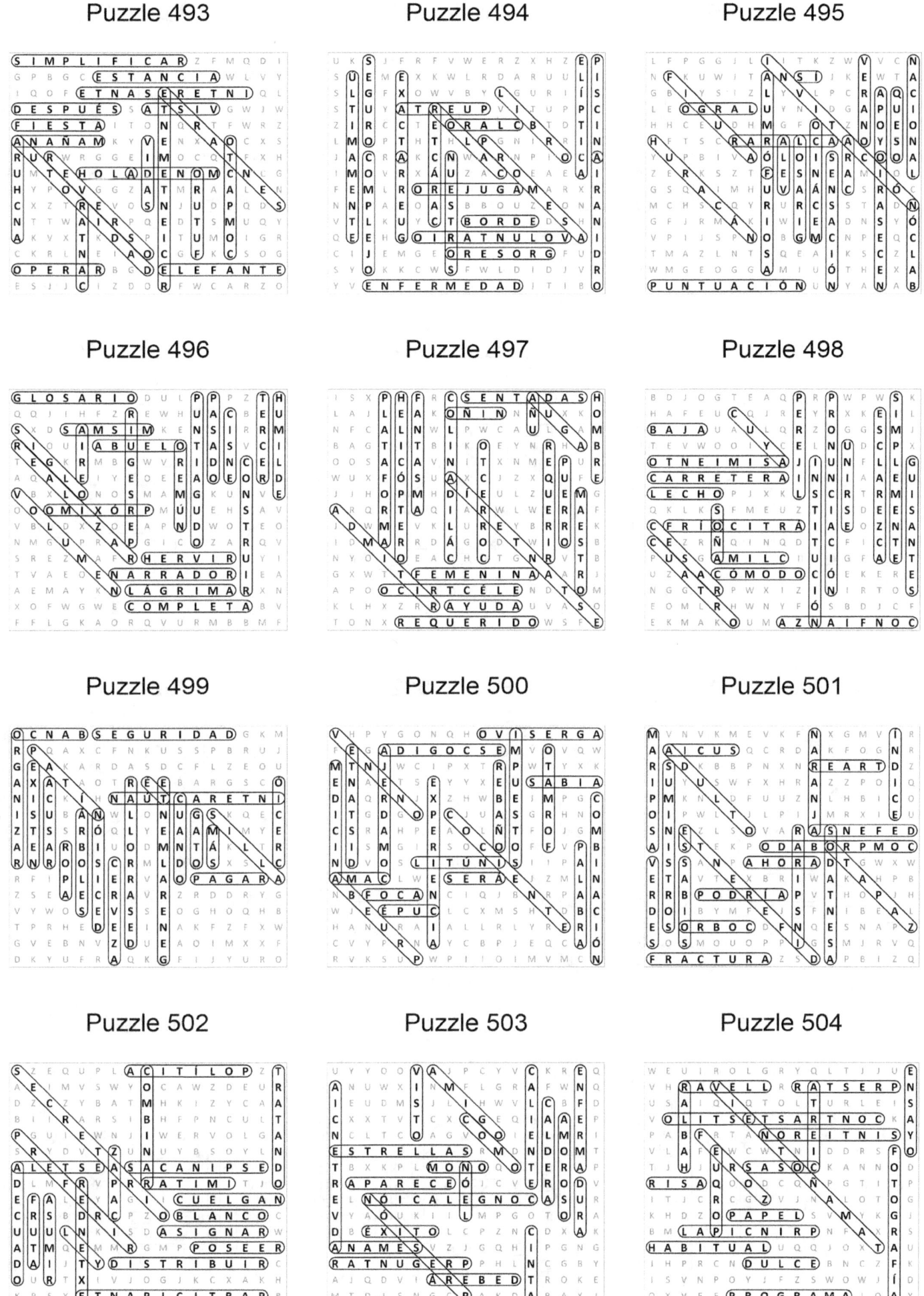

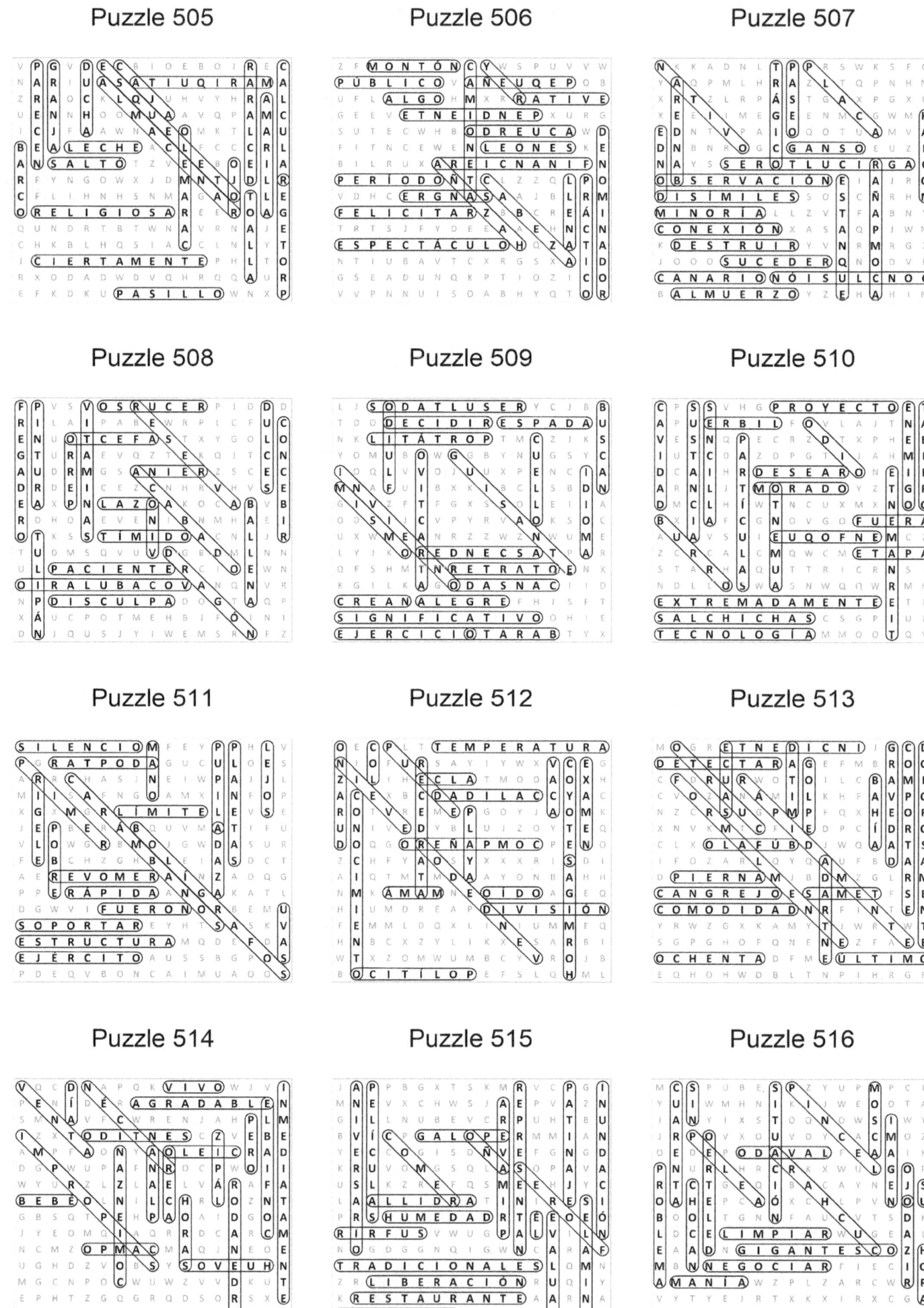

Puzzle 505

Puzzle 506

Puzzle 507

Puzzle 508

Puzzle 509

Puzzle 510

Puzzle 511

Puzzle 512

Puzzle 513

Puzzle 514

Puzzle 515

Puzzle 516

Puzzle 517

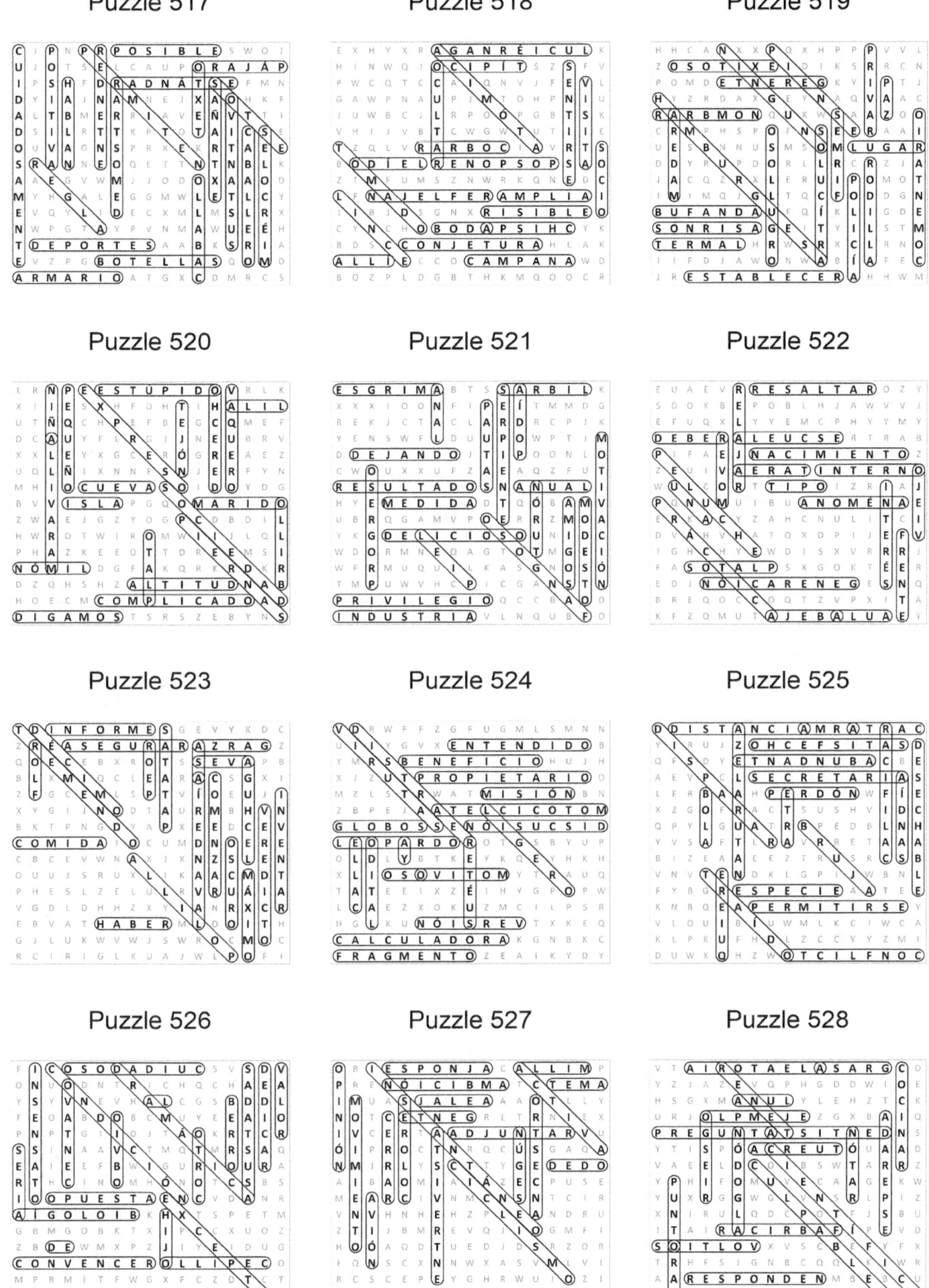

Puzzle 518

Puzzle 519

Puzzle 520

Puzzle 521

Puzzle 522

Puzzle 523

Puzzle 524

Puzzle 525

Puzzle 526

Puzzle 527

Puzzle 528

Puzzle 529

Puzzle 530

Puzzle 531

Puzzle 532

Puzzle 533

Puzzle 534

Puzzle 535

Puzzle 536

Puzzle 537

Puzzle 538

Puzzle 539

Puzzle 540

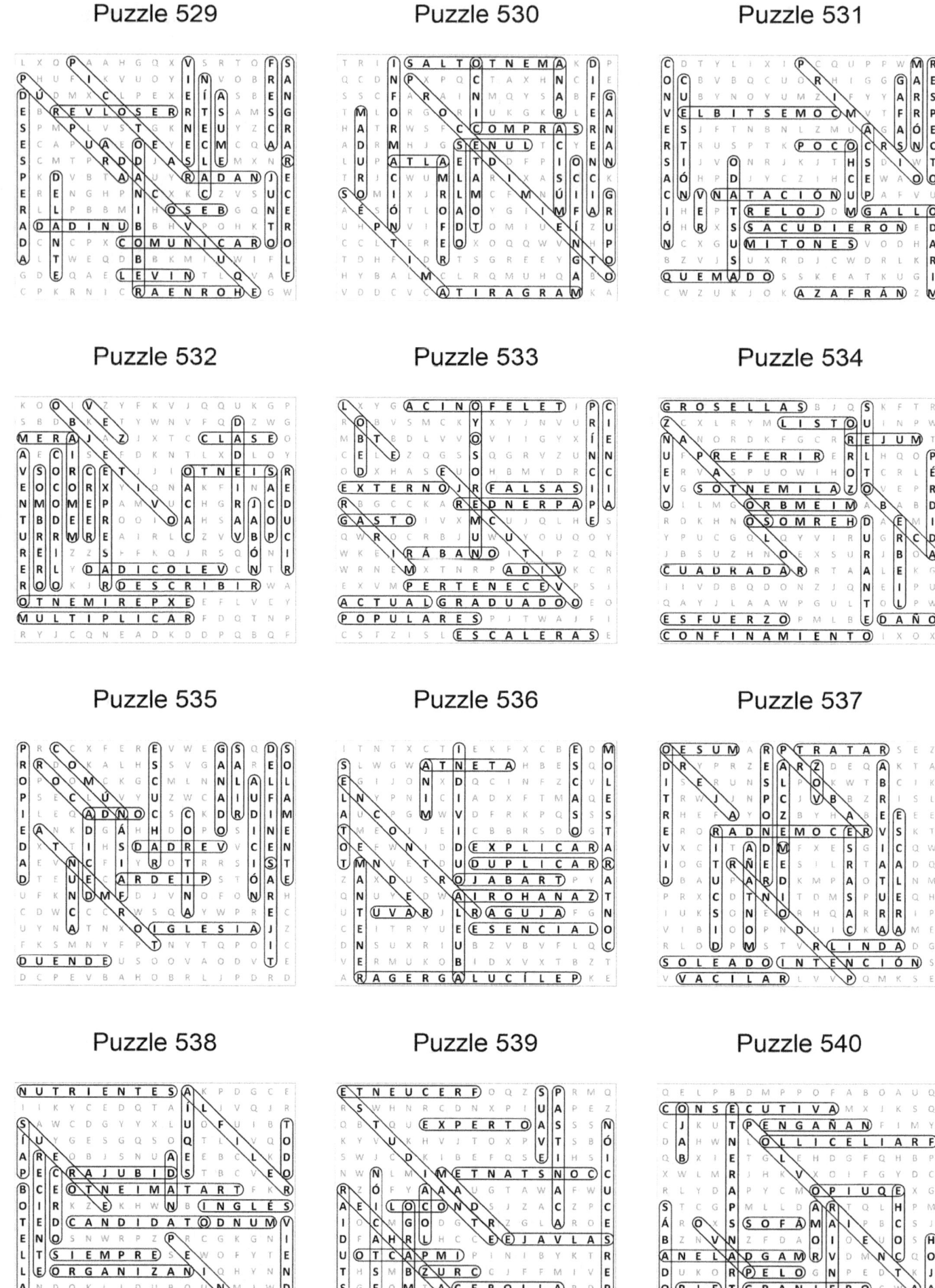

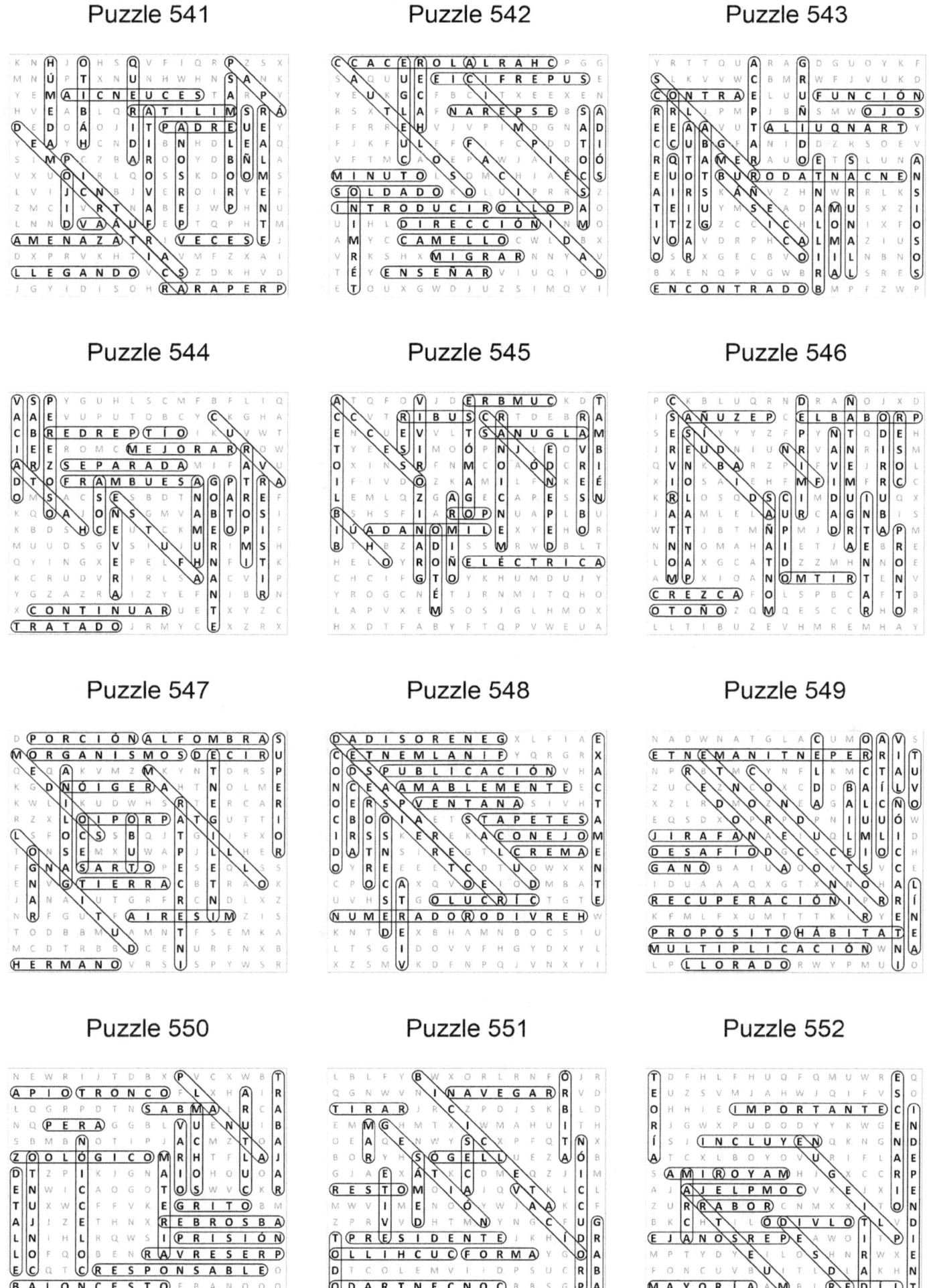

Puzzle 541

Puzzle 542

Puzzle 543

Puzzle 544

Puzzle 545

Puzzle 546

Puzzle 547

Puzzle 548

Puzzle 549

Puzzle 550

Puzzle 551

Puzzle 552

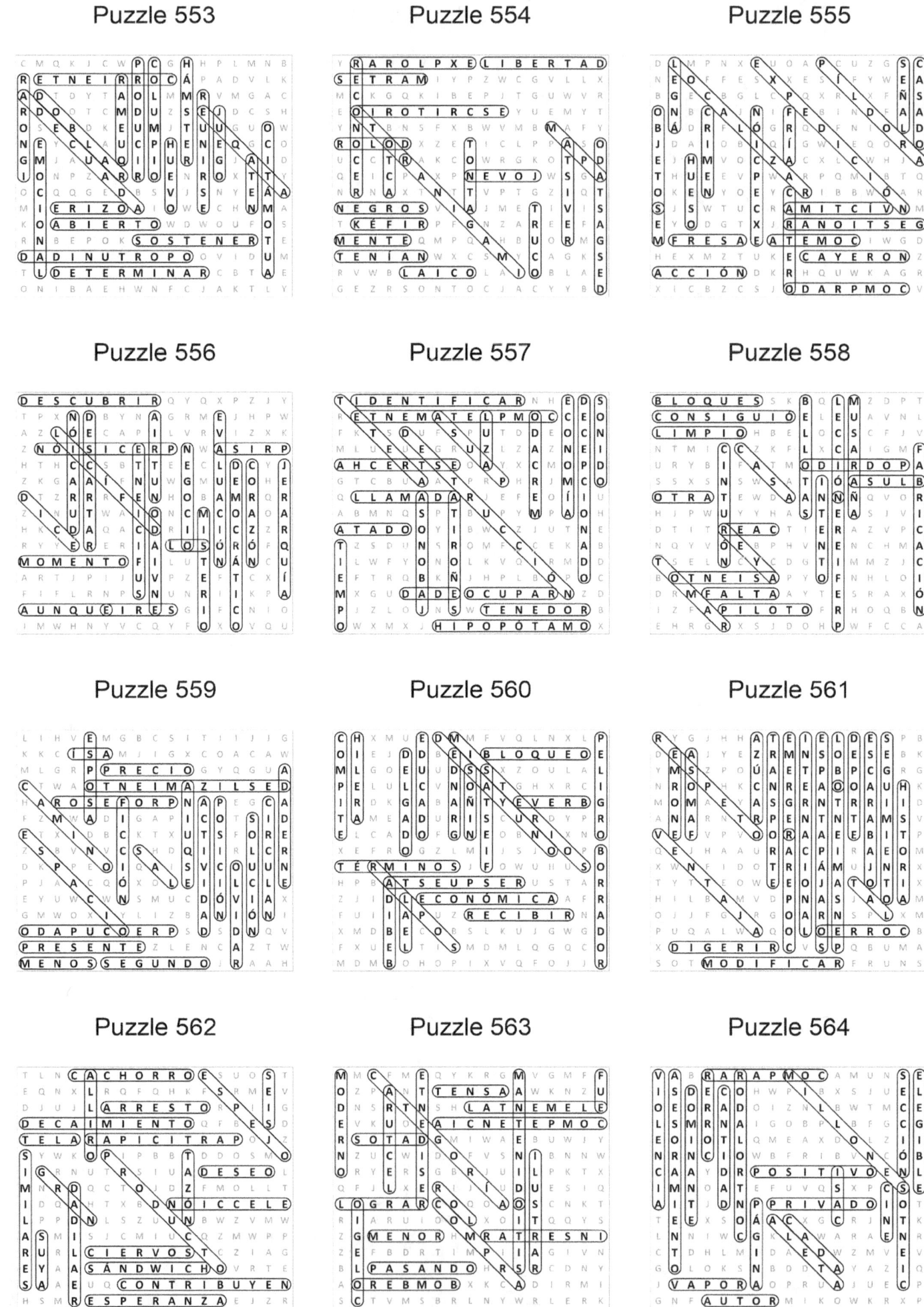

Puzzle 553

Puzzle 554

Puzzle 555

Puzzle 556

Puzzle 557

Puzzle 558

Puzzle 559

Puzzle 560

Puzzle 561

Puzzle 562

Puzzle 563

Puzzle 564

Puzzle 565

Puzzle 566

Puzzle 567

Puzzle 568

Puzzle 569

Puzzle 570

Puzzle 571

Puzzle 572

Puzzle 573

Puzzle 574

Puzzle 575

Puzzle 576

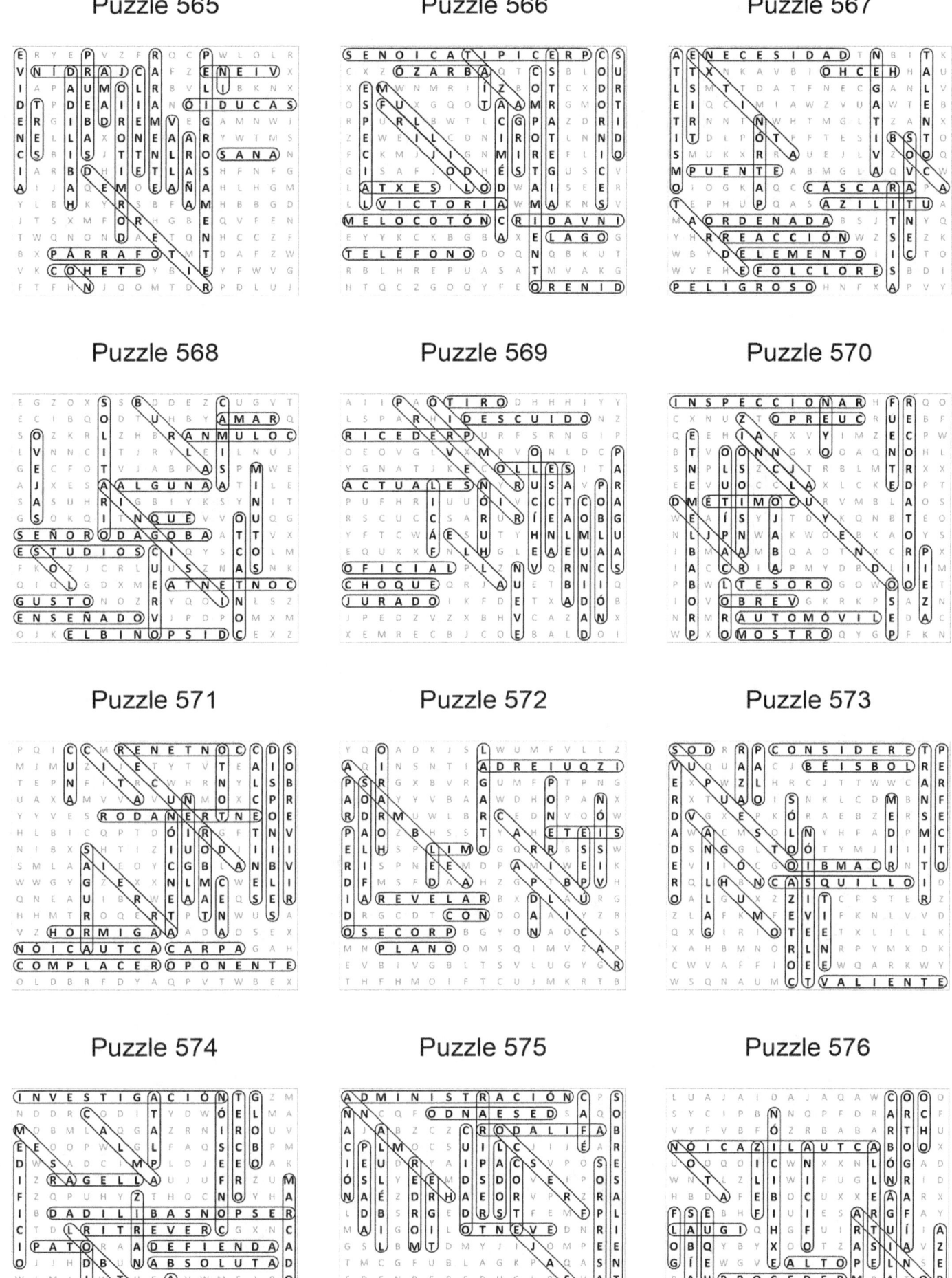

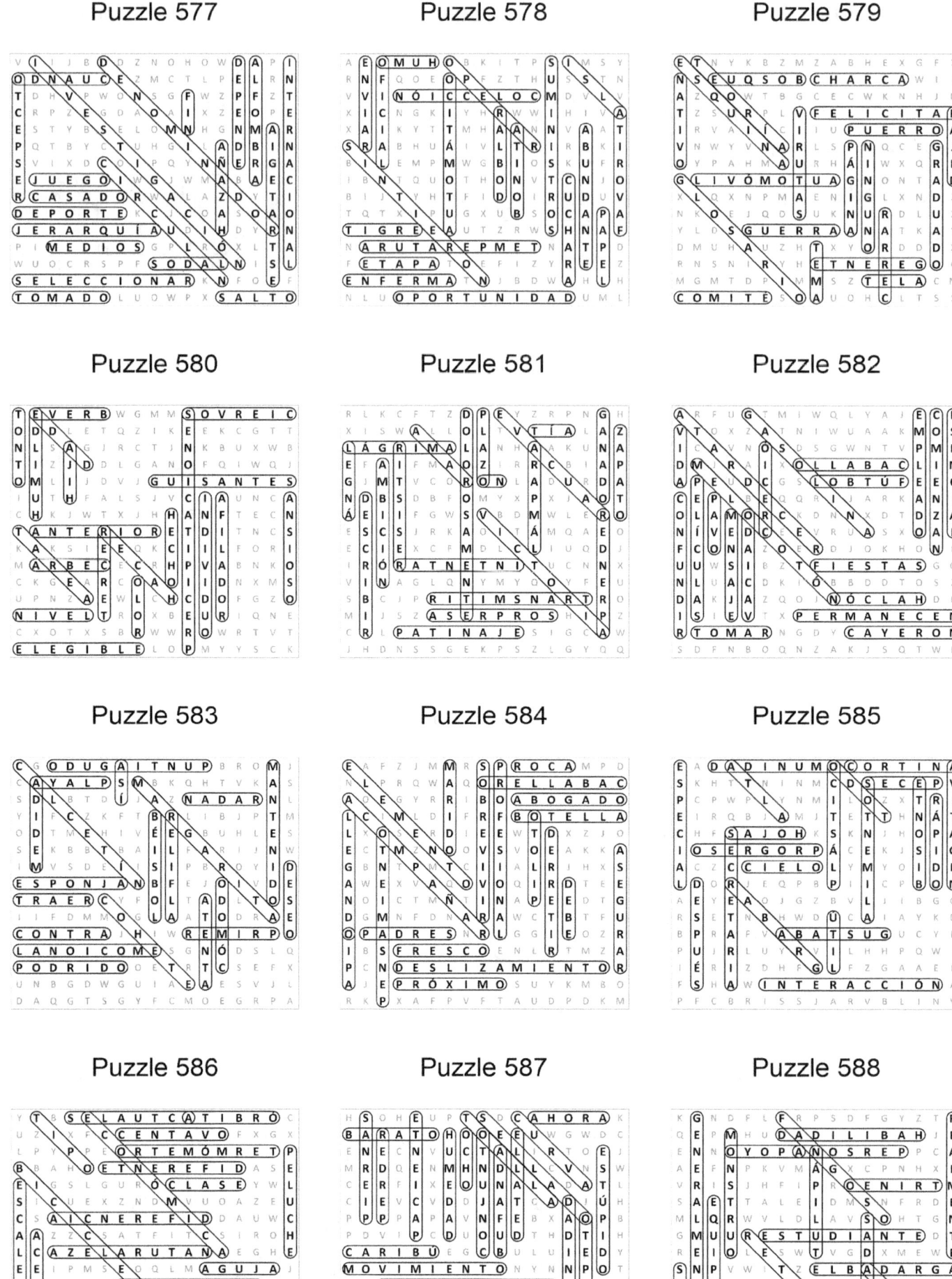

Puzzle 577
Puzzle 578
Puzzle 579
Puzzle 580
Puzzle 581
Puzzle 582
Puzzle 583
Puzzle 584
Puzzle 585
Puzzle 586
Puzzle 587
Puzzle 588

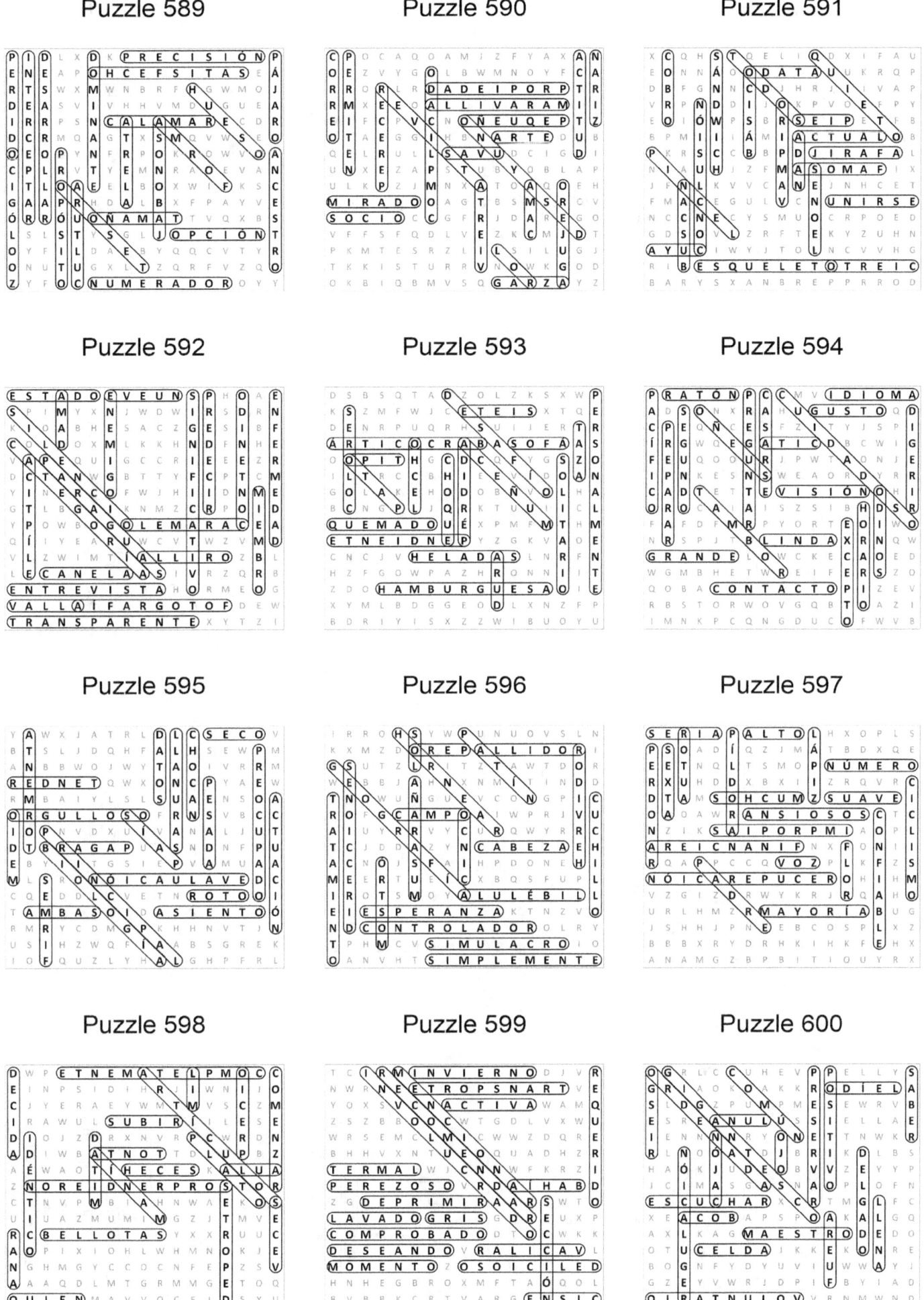

Puzzle 589

Puzzle 590

Puzzle 591

Puzzle 592

Puzzle 593

Puzzle 594

Puzzle 595

Puzzle 596

Puzzle 597

Puzzle 598

Puzzle 599

Puzzle 600

Puzzle 601

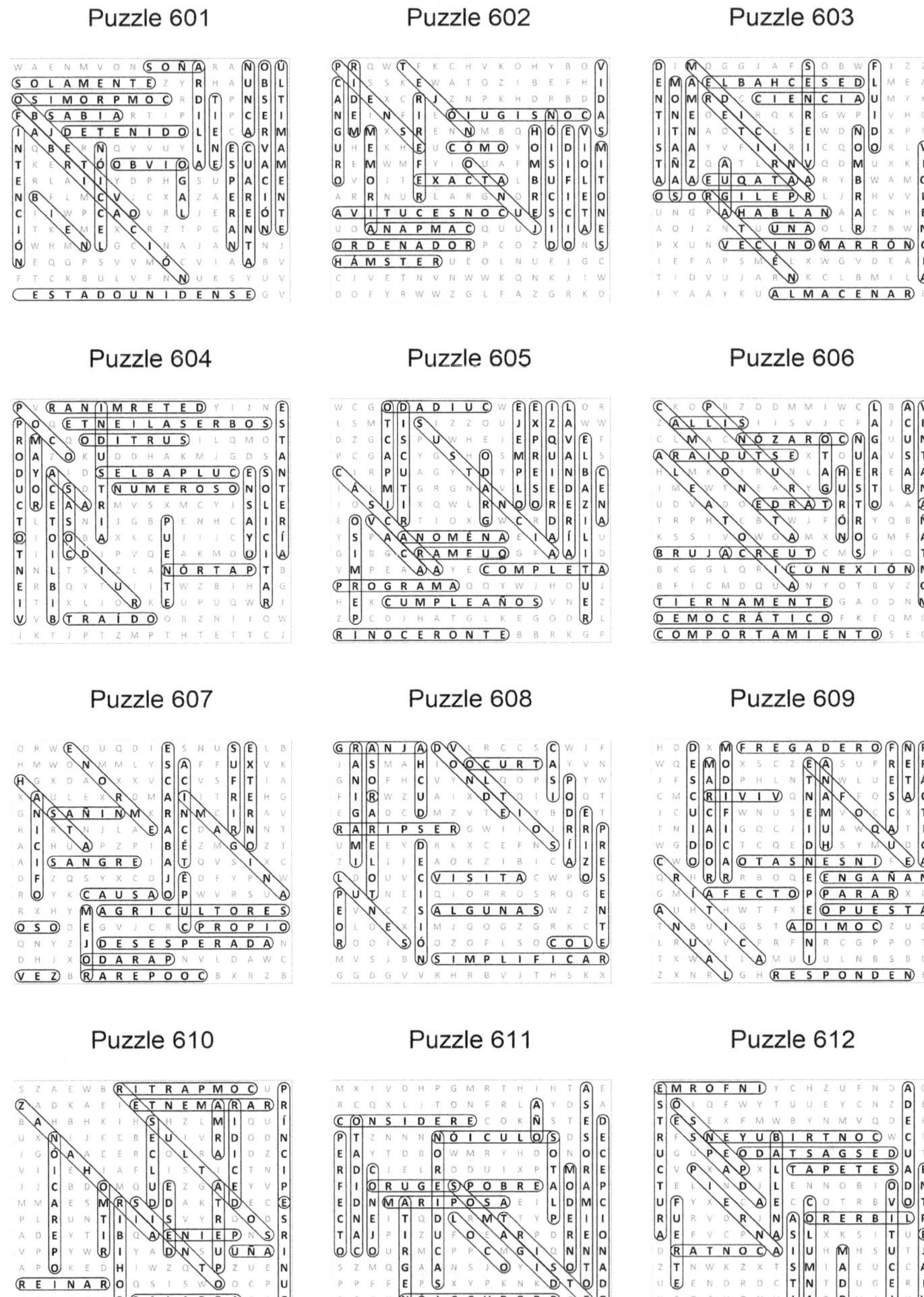

Puzzle 602

Puzzle 603

Puzzle 604

Puzzle 605

Puzzle 606

Puzzle 607

Puzzle 608

Puzzle 609

Puzzle 610

Puzzle 611

Puzzle 612

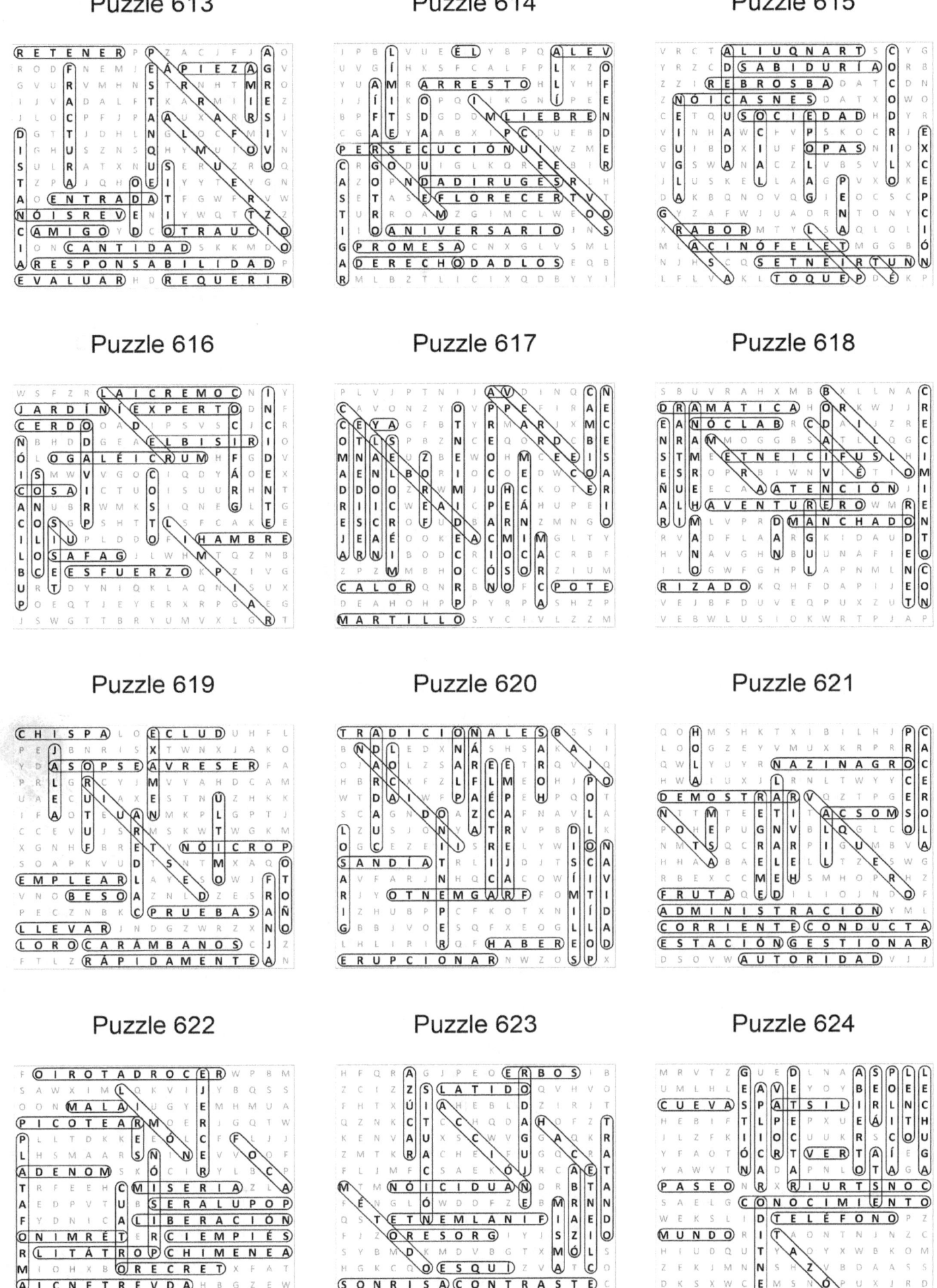

Puzzle 613

Puzzle 614

Puzzle 615

Puzzle 616

Puzzle 617

Puzzle 618

Puzzle 619

Puzzle 620

Puzzle 621

Puzzle 622

Puzzle 623

Puzzle 624

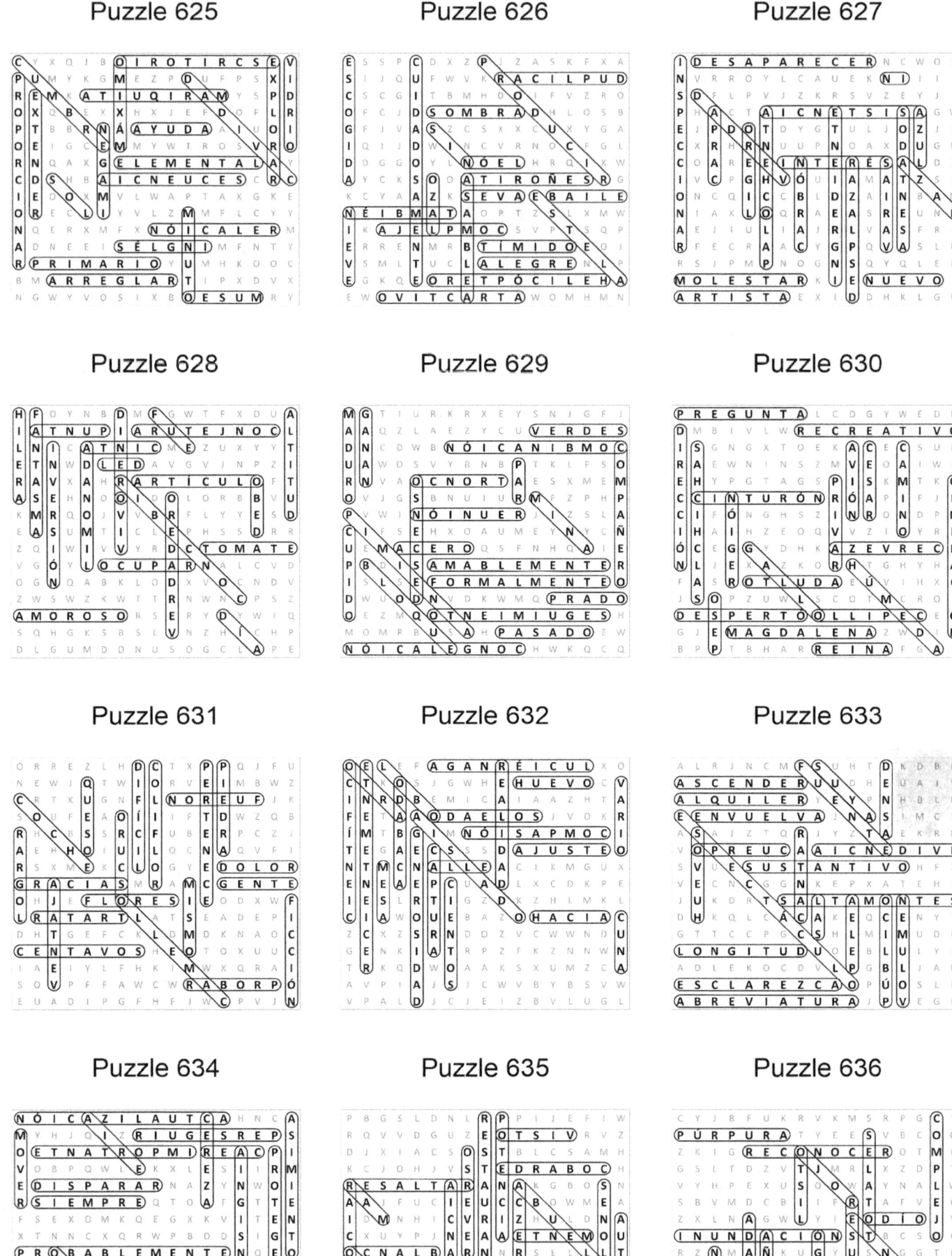

Puzzle 625

Puzzle 626

Puzzle 627

Puzzle 628

Puzzle 629

Puzzle 630

Puzzle 631

Puzzle 632

Puzzle 633

Puzzle 634

Puzzle 635

Puzzle 636

Puzzle 637

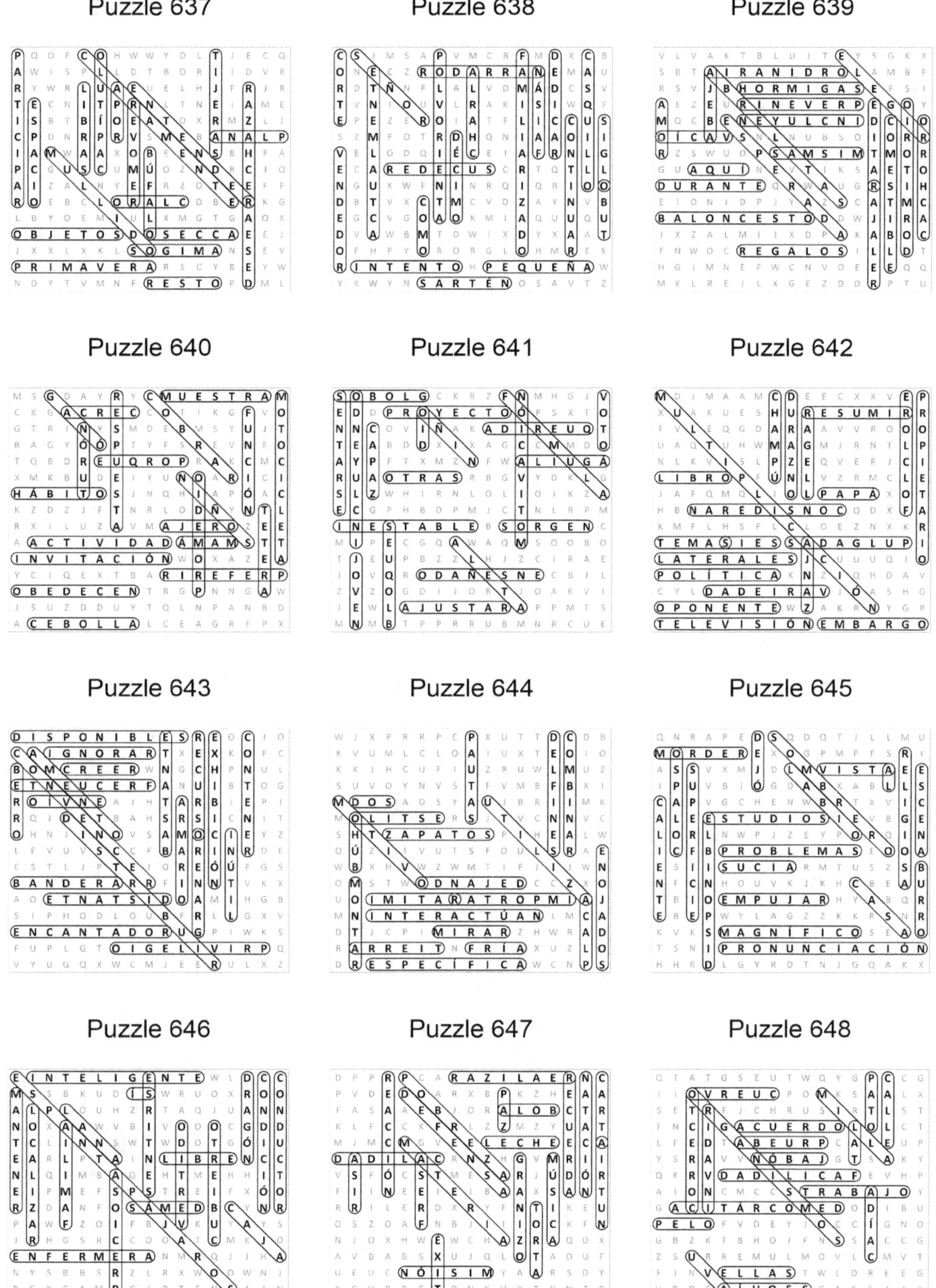

Puzzle 638

Puzzle 639

Puzzle 640

Puzzle 641

Puzzle 642

Puzzle 643

Puzzle 644

Puzzle 645

Puzzle 646

Puzzle 647

Puzzle 648

Puzzle 649

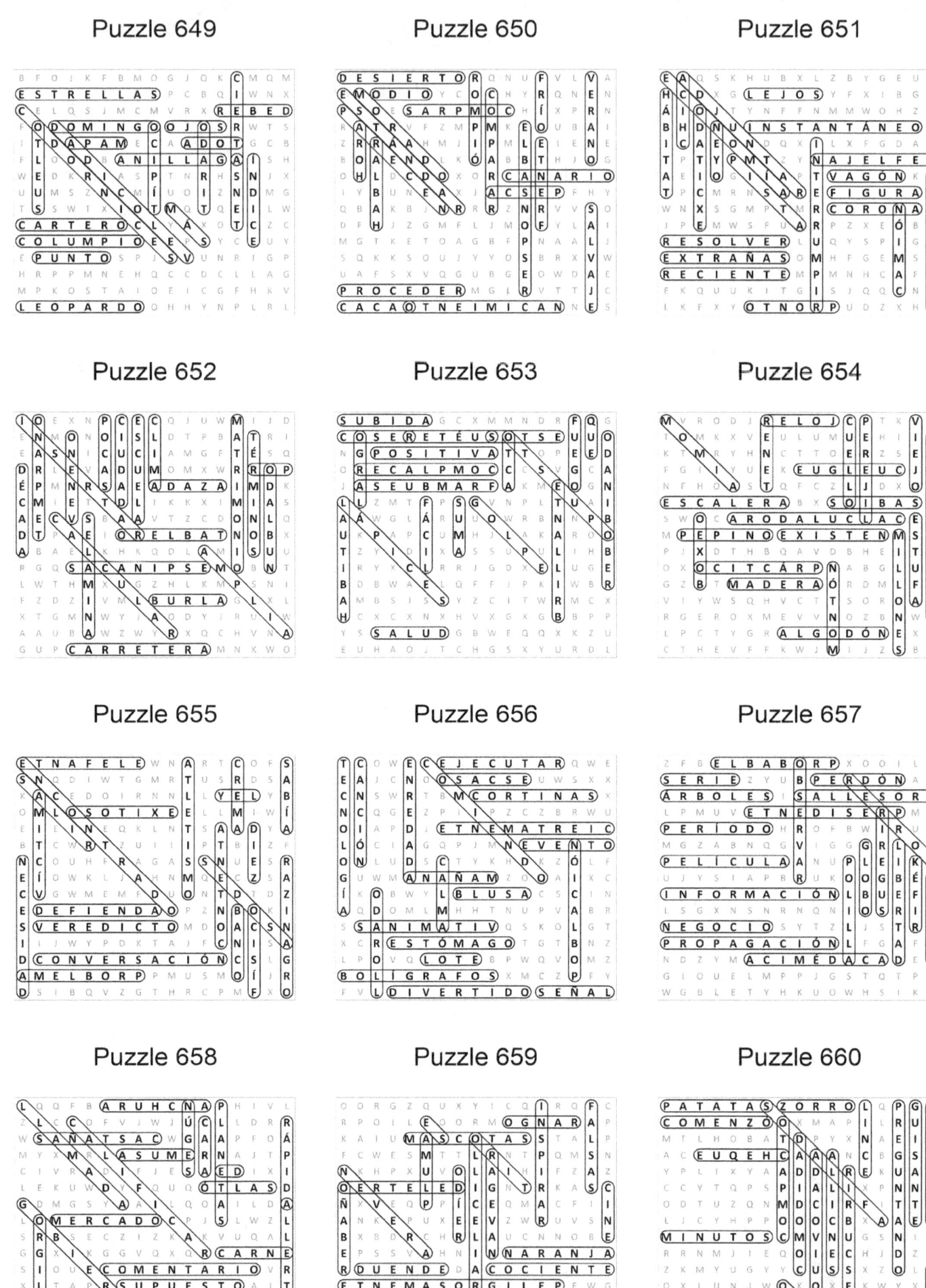

Puzzle 650

Puzzle 651

Puzzle 652

Puzzle 653

Puzzle 654

Puzzle 655

Puzzle 656

Puzzle 657

Puzzle 658

Puzzle 659

Puzzle 660

Puzzle 661

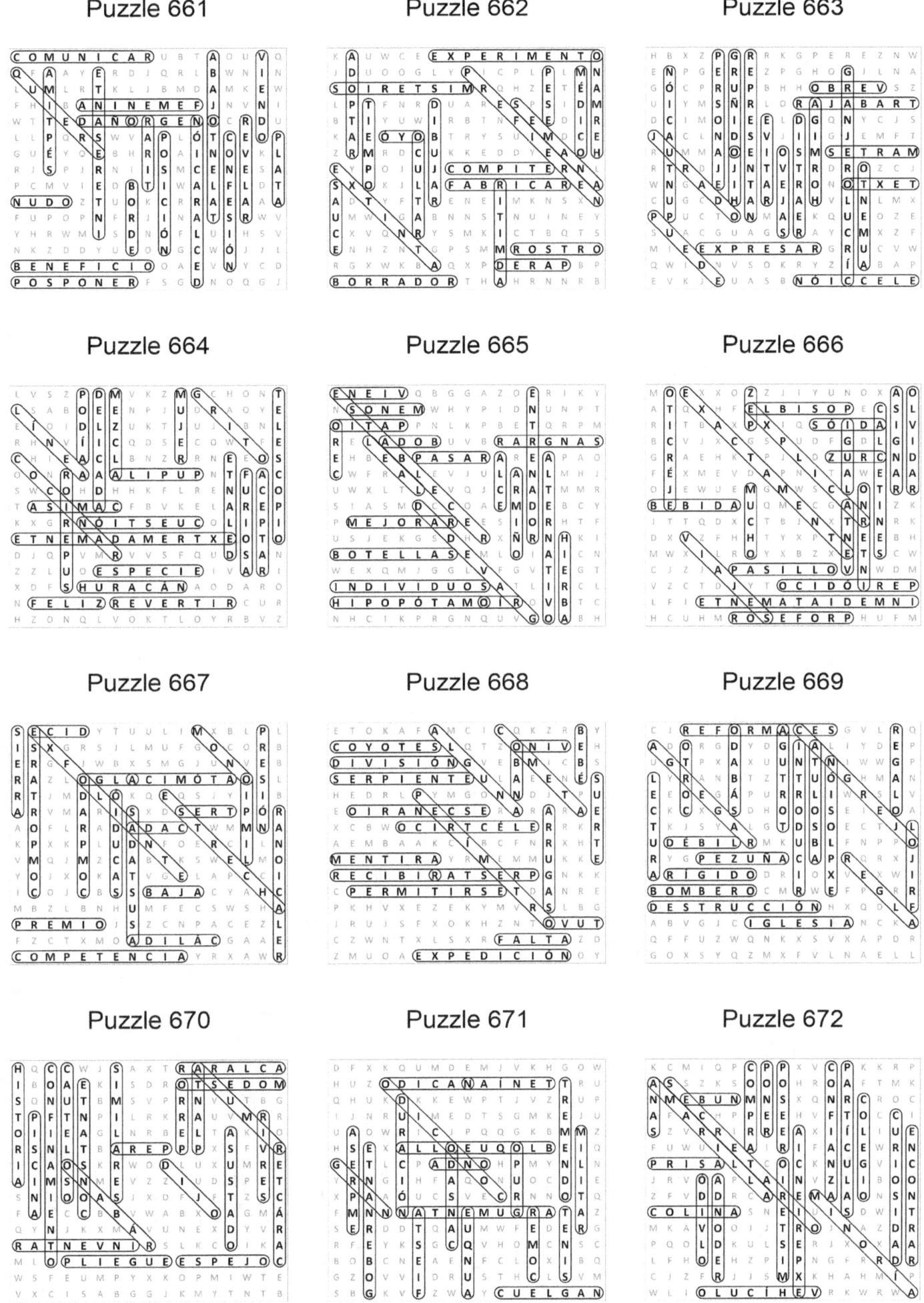

Puzzle 662

Puzzle 663

Puzzle 664

Puzzle 665

Puzzle 666

Puzzle 667

Puzzle 668

Puzzle 669

Puzzle 670

Puzzle 671

Puzzle 672

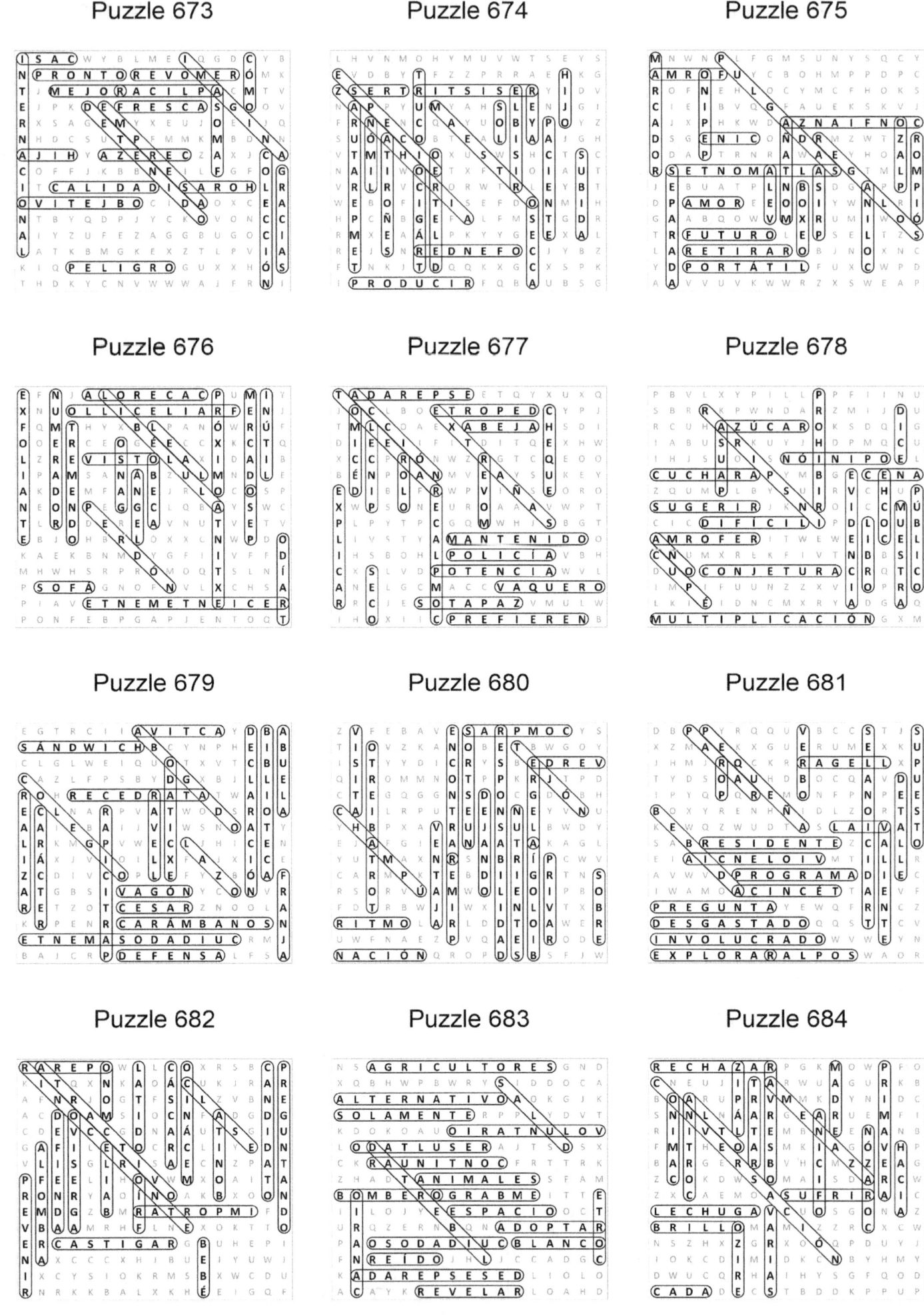

Puzzle 673

Puzzle 674

Puzzle 675

Puzzle 676

Puzzle 677

Puzzle 678

Puzzle 679

Puzzle 680

Puzzle 681

Puzzle 682

Puzzle 683

Puzzle 684

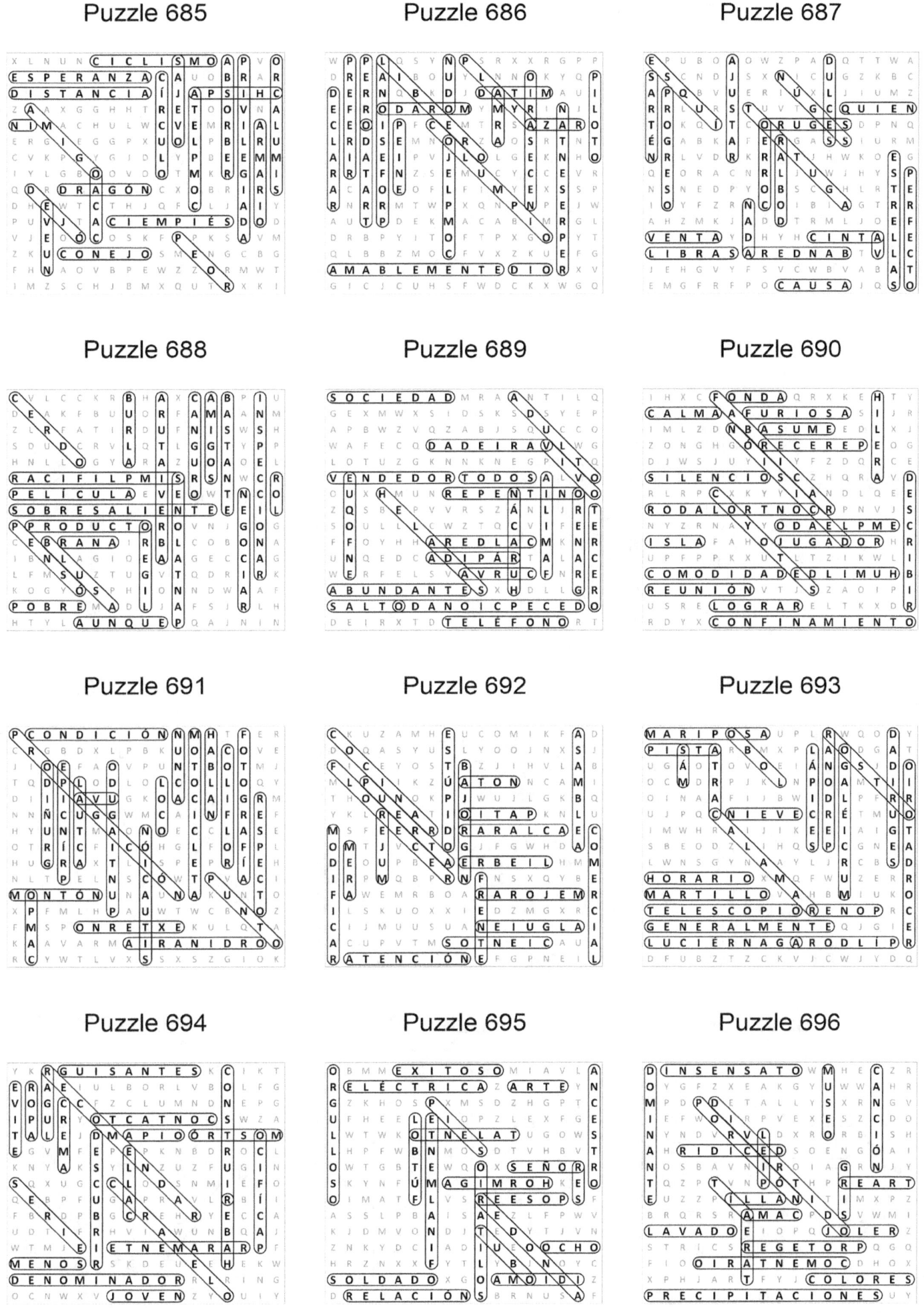

Puzzle 685

Puzzle 686

Puzzle 687

Puzzle 688

Puzzle 689

Puzzle 690

Puzzle 691

Puzzle 692

Puzzle 693

Puzzle 694

Puzzle 695

Puzzle 696

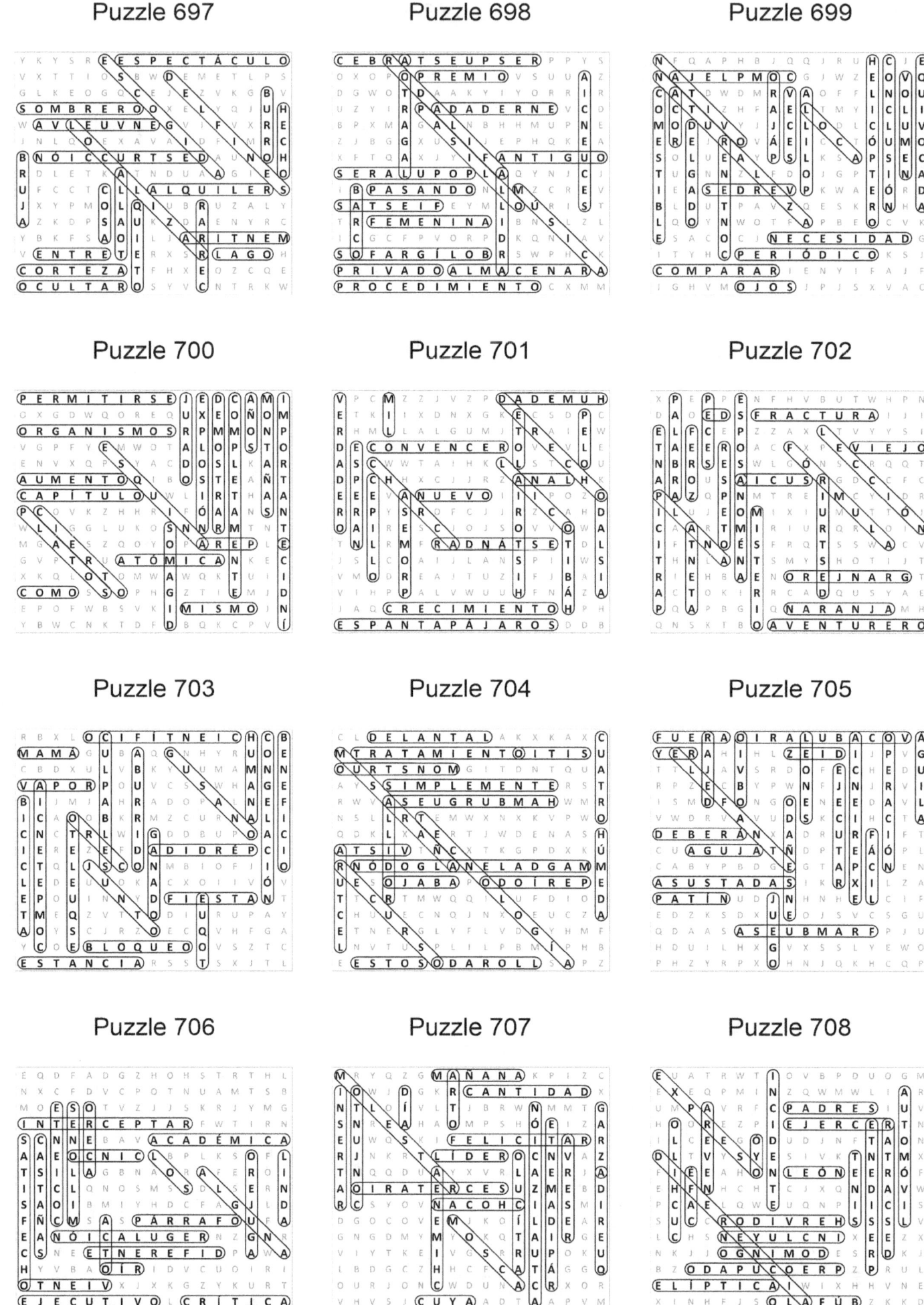

Puzzle 697

Puzzle 698

Puzzle 699

Puzzle 700

Puzzle 701

Puzzle 702

Puzzle 703

Puzzle 704

Puzzle 705

Puzzle 706

Puzzle 707

Puzzle 708

Puzzle 709

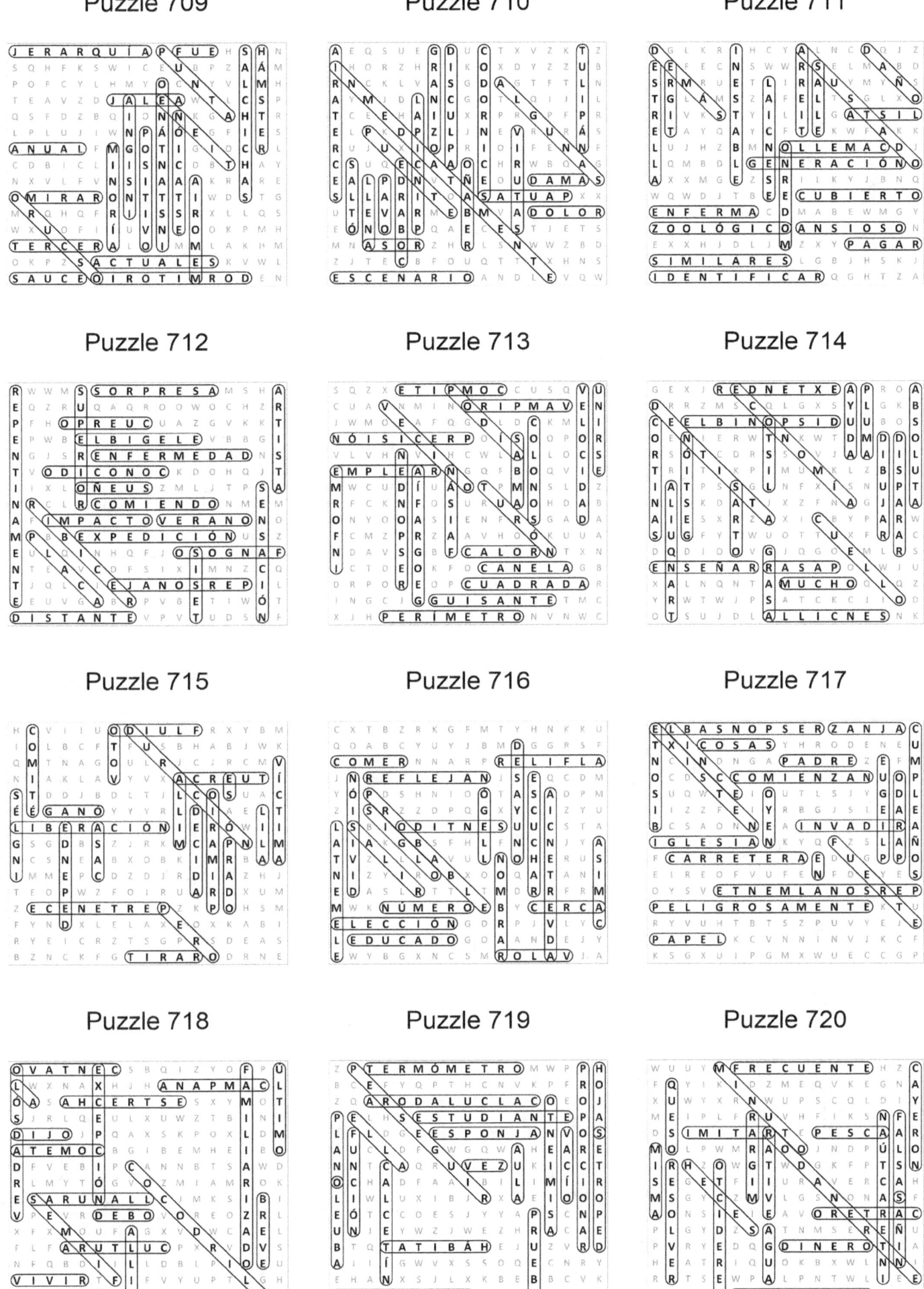

Puzzle 710

Puzzle 711

Puzzle 712

Puzzle 713

Puzzle 714

Puzzle 715

Puzzle 716

Puzzle 717

Puzzle 718

Puzzle 719

Puzzle 720

Puzzle 721

Puzzle 722

Puzzle 723

Puzzle 724

Puzzle 725

Puzzle 726

Puzzle 727

Puzzle 728

Puzzle 729

Puzzle 730

Puzzle 731

Puzzle 732

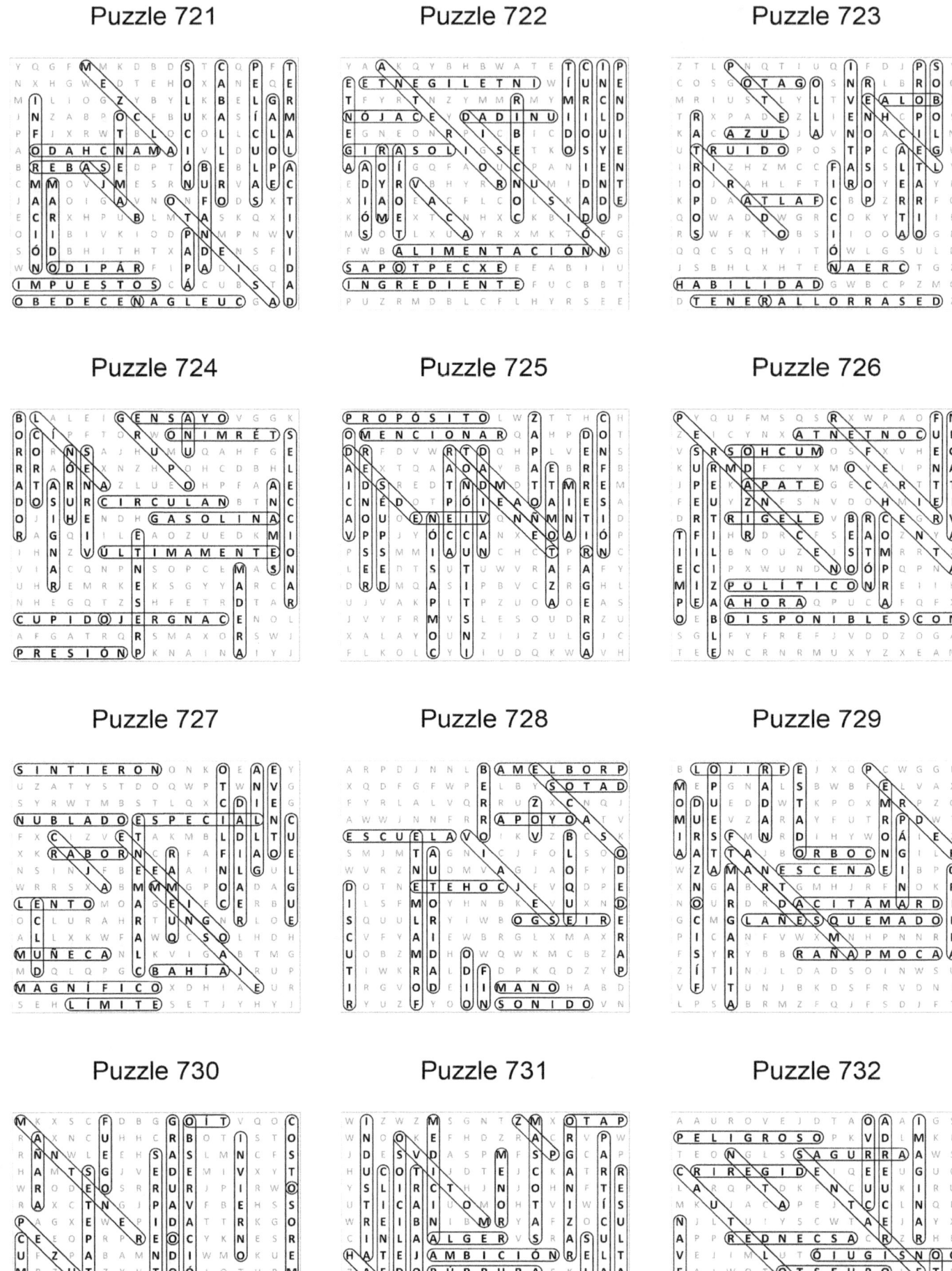

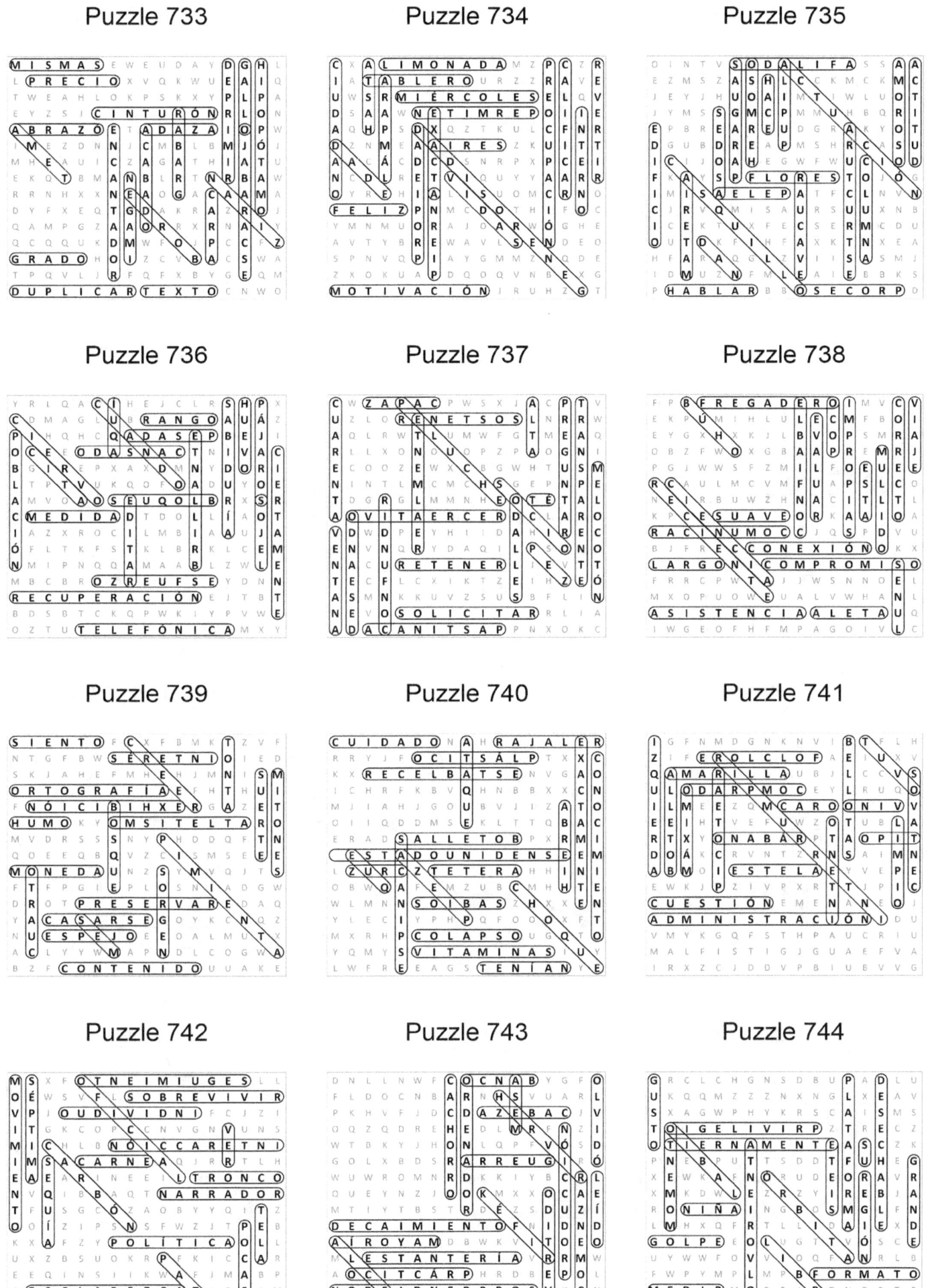

Puzzle 733

Puzzle 734

Puzzle 735

Puzzle 736

Puzzle 737

Puzzle 738

Puzzle 739

Puzzle 740

Puzzle 741

Puzzle 742

Puzzle 743

Puzzle 744

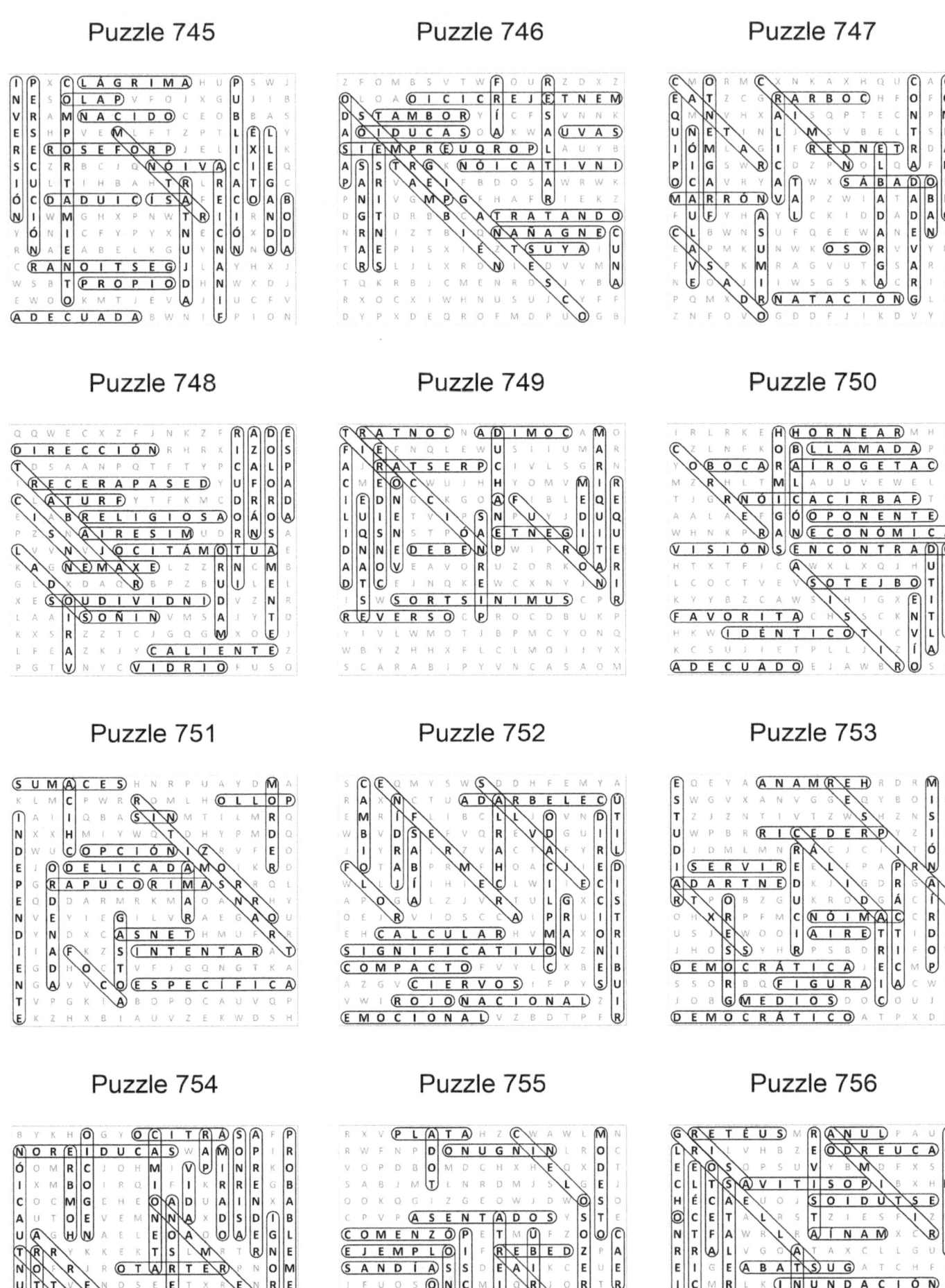

Puzzle 745

Puzzle 746

Puzzle 747

Puzzle 748

Puzzle 749

Puzzle 750

Puzzle 751

Puzzle 752

Puzzle 753

Puzzle 754

Puzzle 755

Puzzle 756

Puzzle 757

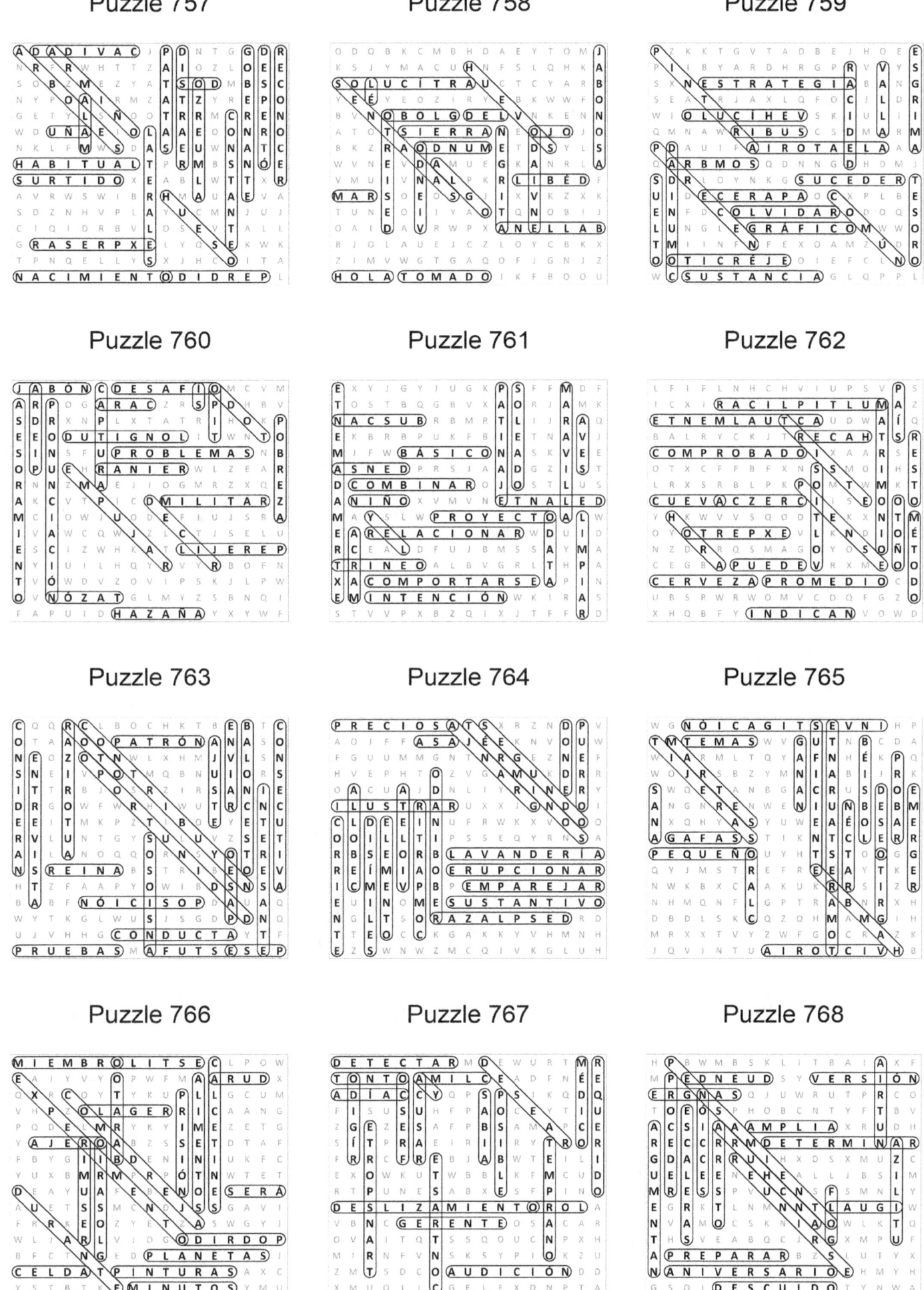

Puzzle 758

Puzzle 759

Puzzle 760

Puzzle 761

Puzzle 762

Puzzle 763

Puzzle 764

Puzzle 765

Puzzle 766

Puzzle 767

Puzzle 768

Puzzle 769

Puzzle 770

Puzzle 771

Puzzle 772

Puzzle 773

Puzzle 774

Puzzle 775

Puzzle 776

Puzzle 777

Puzzle 778

Puzzle 779

Puzzle 780

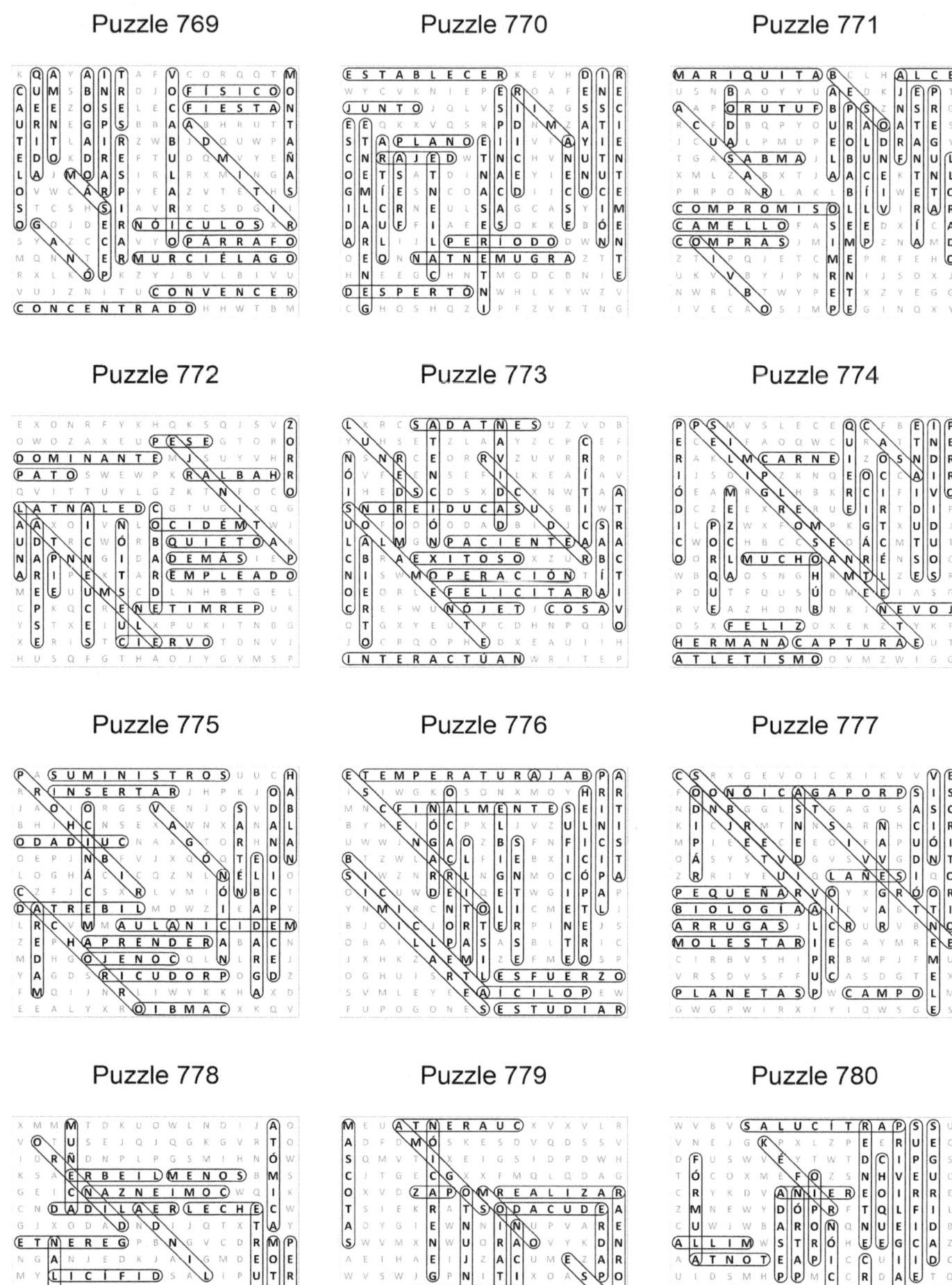

Puzzle 781

Puzzle 782

Puzzle 783

Puzzle 784

Puzzle 785

Puzzle 786

Puzzle 787

Puzzle 788

Puzzle 789

Puzzle 790

Puzzle 791

Puzzle 792

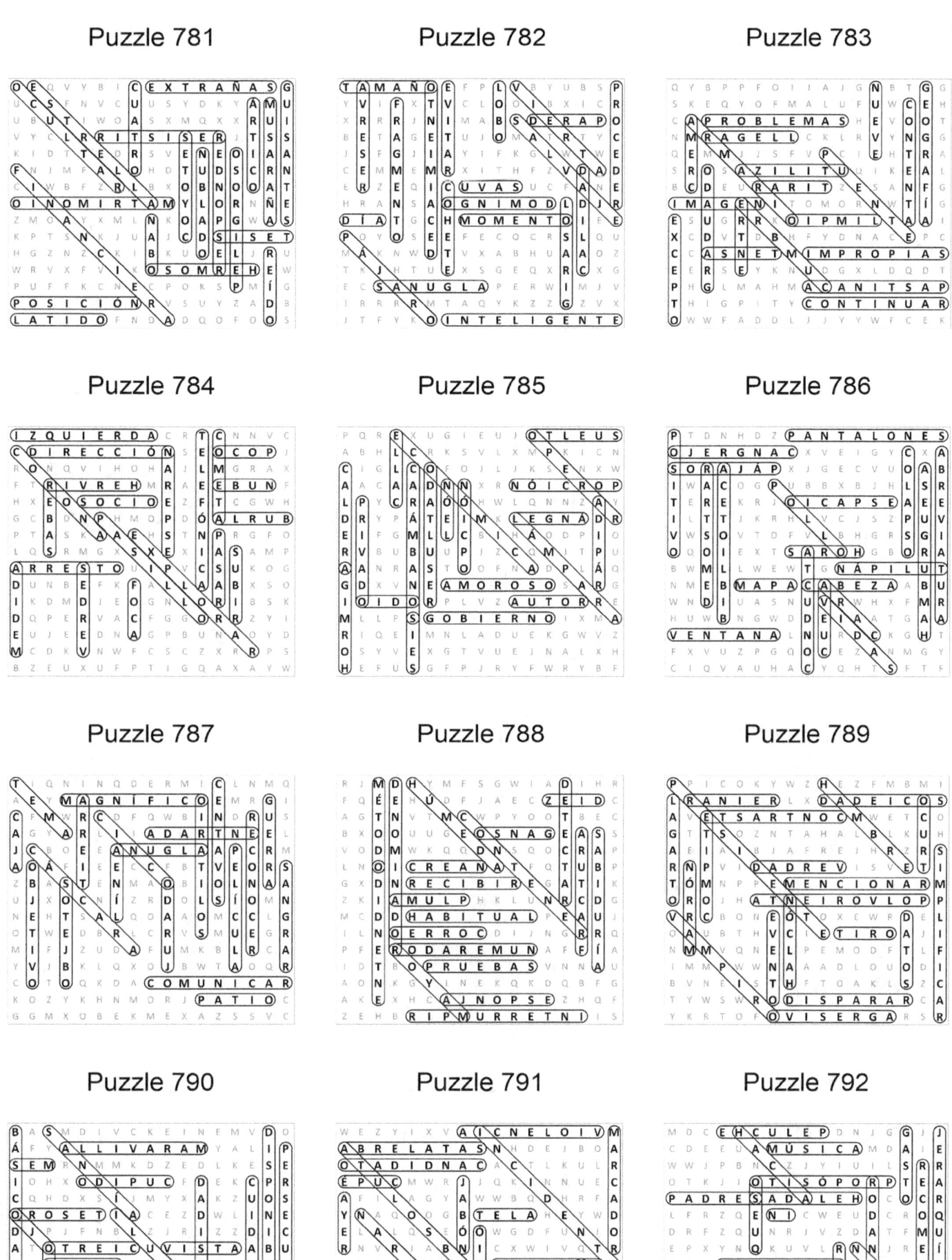

Puzzle 793

Puzzle 794

Puzzle 795

Puzzle 796

Puzzle 797

Puzzle 798

Puzzle 799

Puzzle 800

Puzzle 801

Puzzle 802

Puzzle 803

Puzzle 804

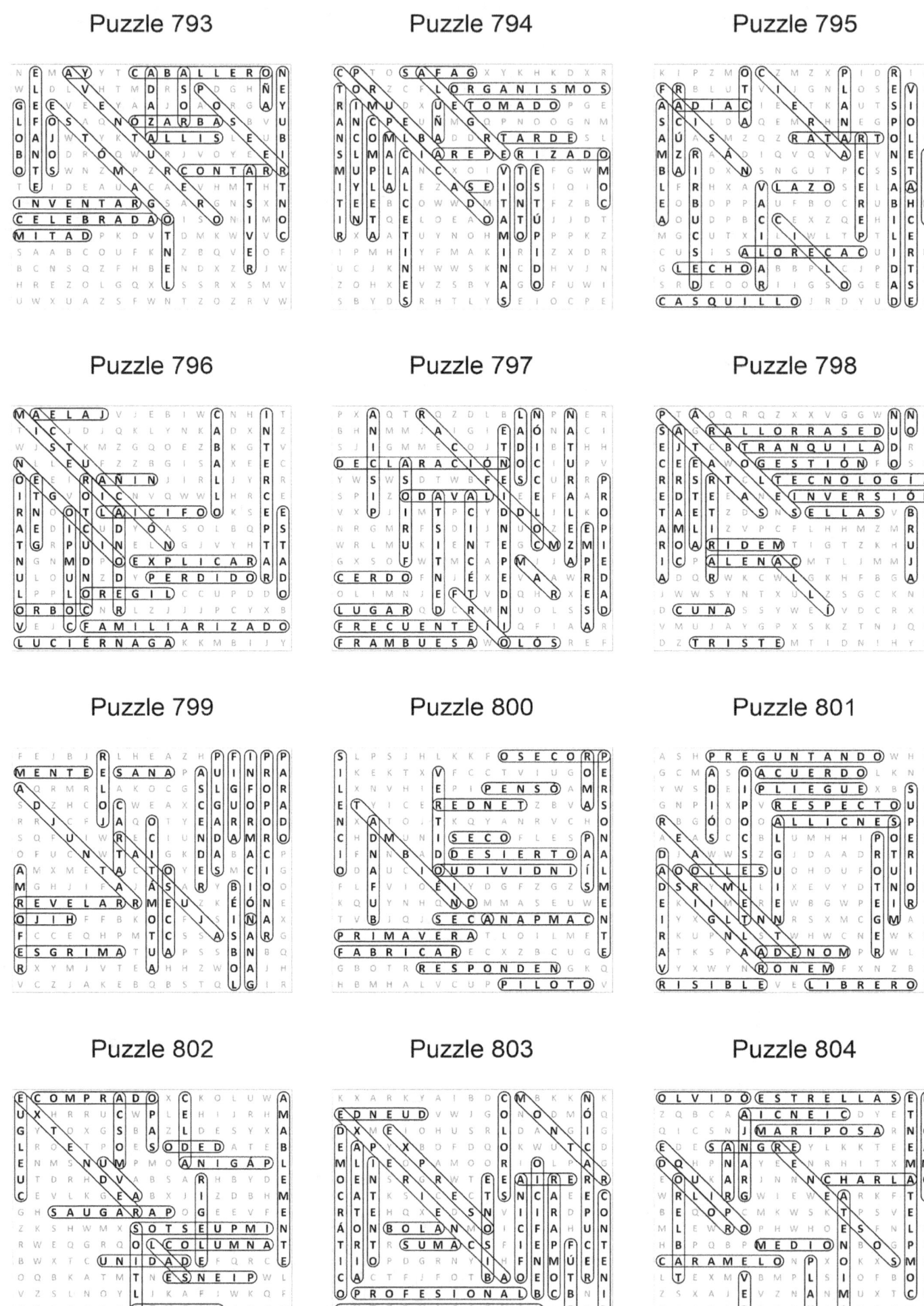

Puzzle 805

Puzzle 806

Puzzle 807

Puzzle 808

Puzzle 809

Puzzle 810

Puzzle 811

Puzzle 812

Puzzle 813

Puzzle 814

Puzzle 815

Puzzle 816

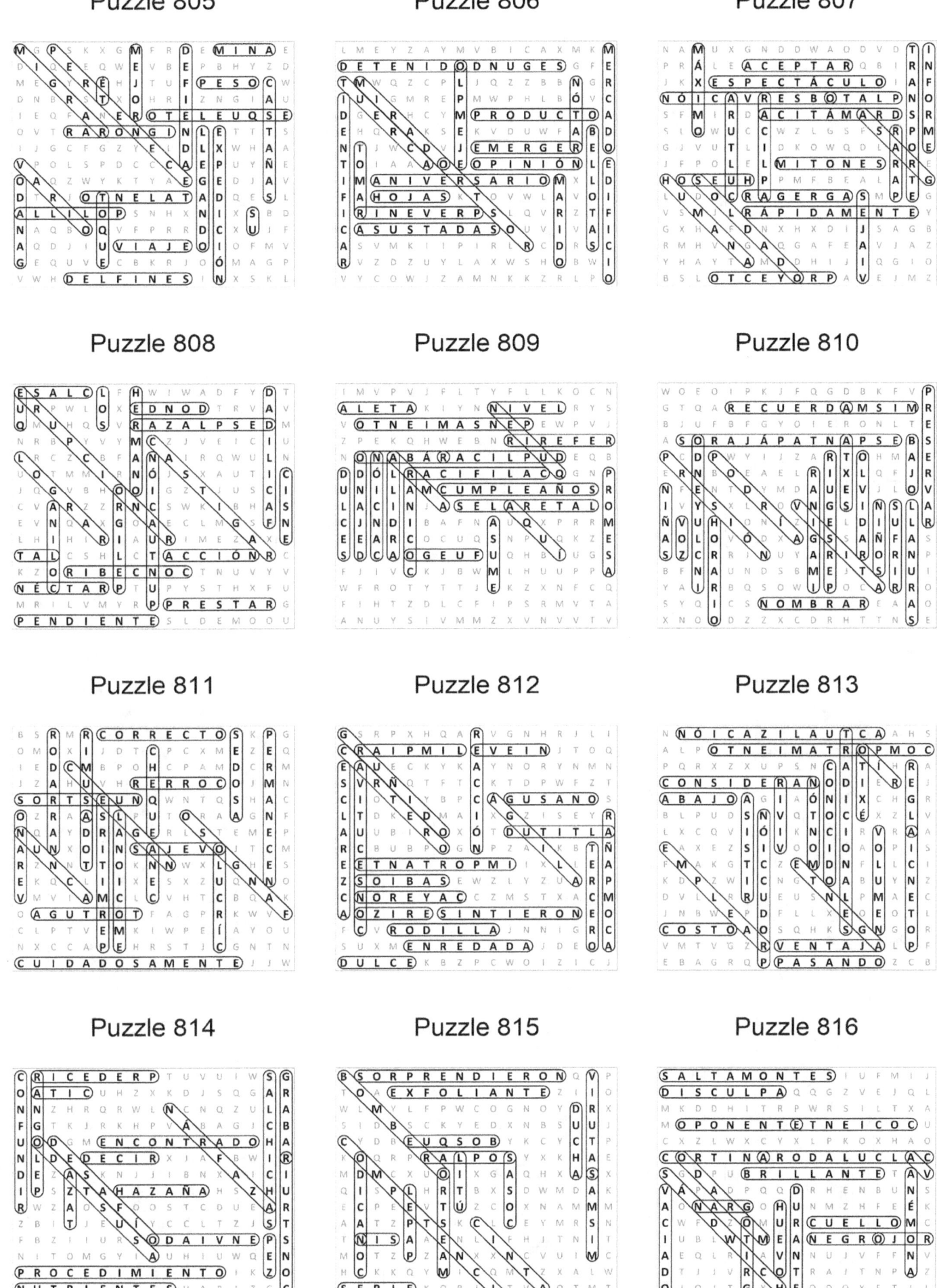

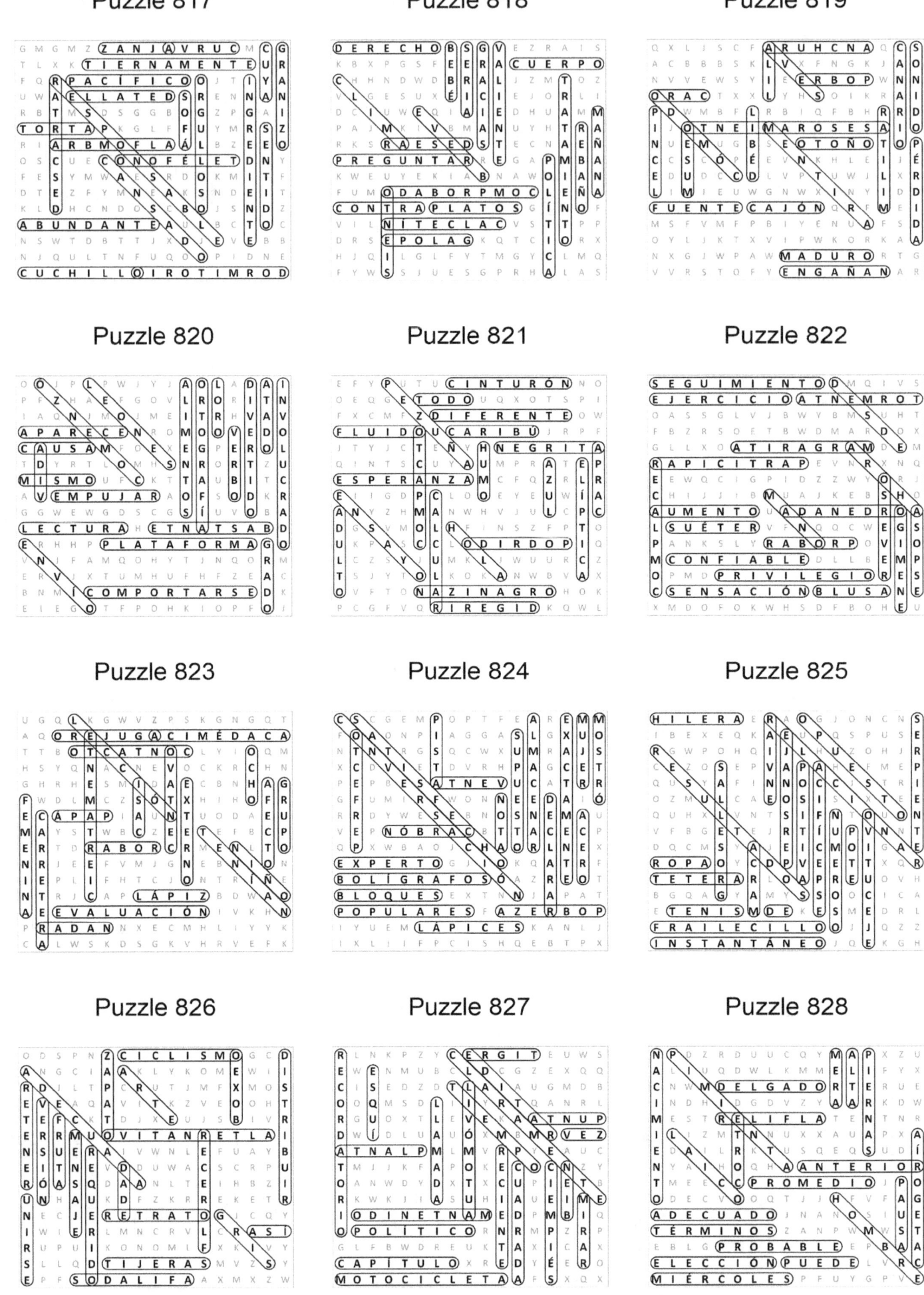

Puzzle 817

Puzzle 818

Puzzle 819

Puzzle 820

Puzzle 821

Puzzle 822

Puzzle 823

Puzzle 824

Puzzle 825

Puzzle 826

Puzzle 827

Puzzle 828

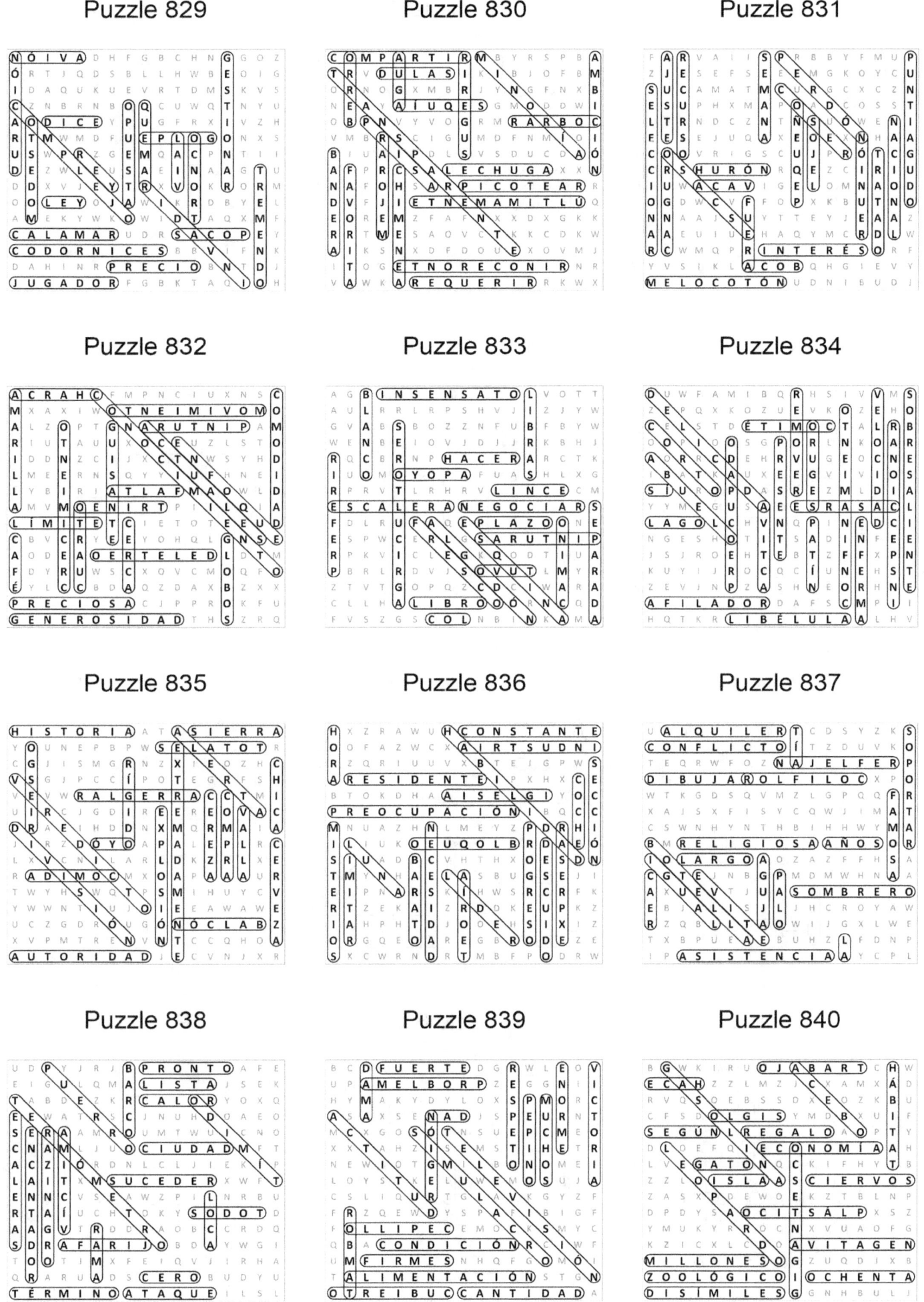

Puzzle 829

Puzzle 830

Puzzle 831

Puzzle 832

Puzzle 833

Puzzle 834

Puzzle 835

Puzzle 836

Puzzle 837

Puzzle 838

Puzzle 839

Puzzle 840

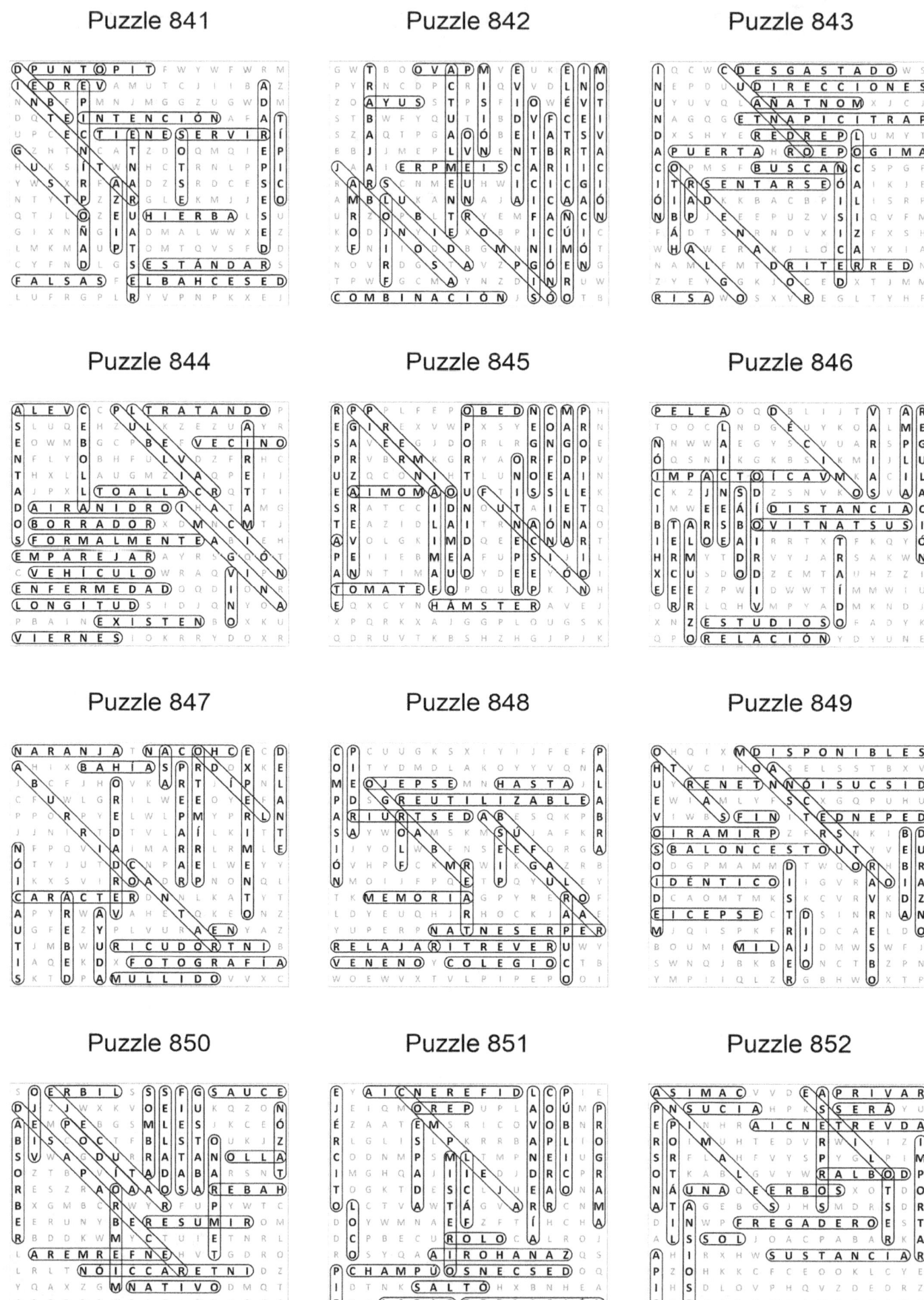

Puzzle 841

Puzzle 842

Puzzle 843

Puzzle 844

Puzzle 845

Puzzle 846

Puzzle 847

Puzzle 848

Puzzle 849

Puzzle 850

Puzzle 851

Puzzle 852

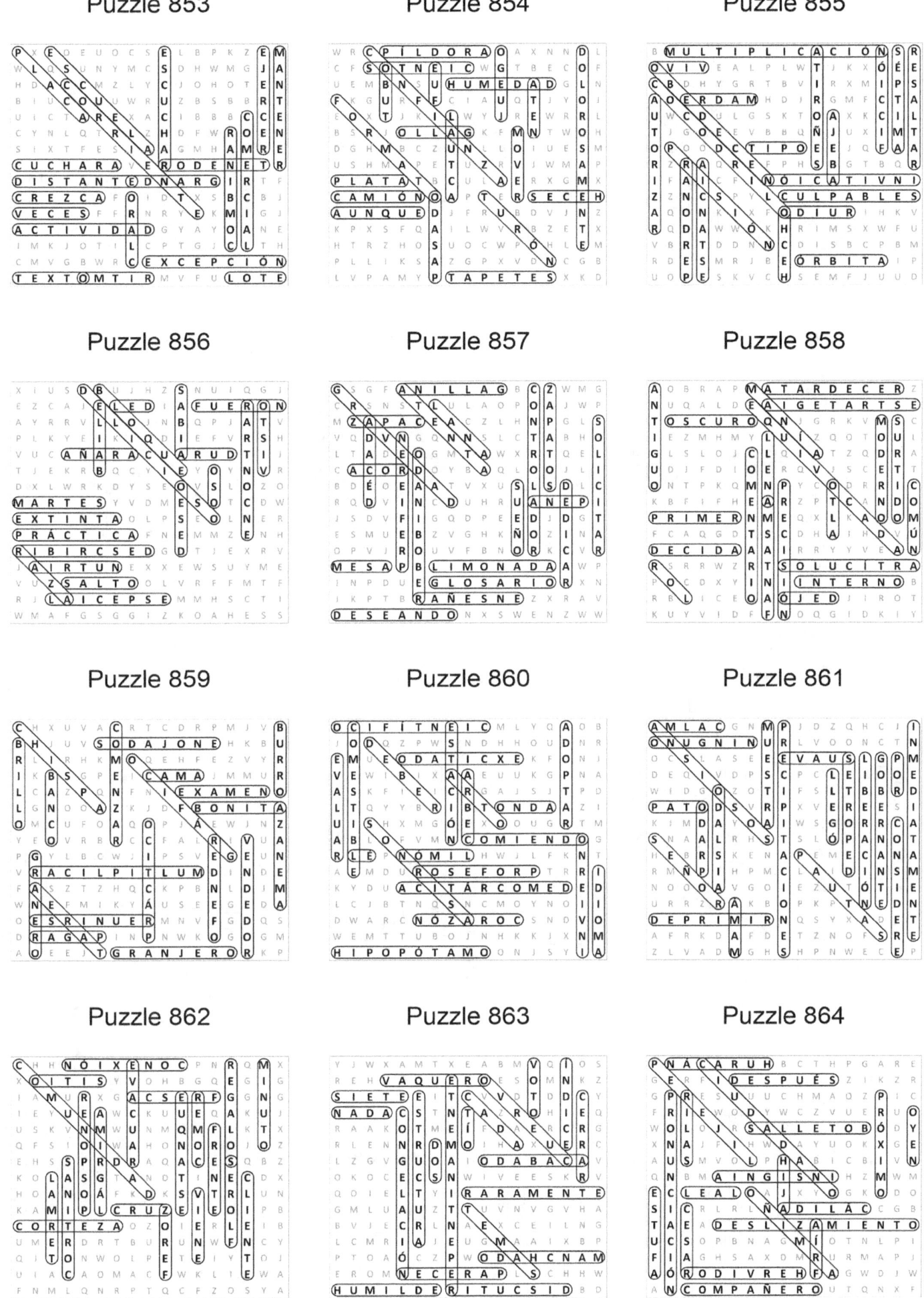

Puzzle 853

Puzzle 854

Puzzle 855

Puzzle 856

Puzzle 857

Puzzle 858

Puzzle 859

Puzzle 860

Puzzle 861

Puzzle 862

Puzzle 863

Puzzle 864

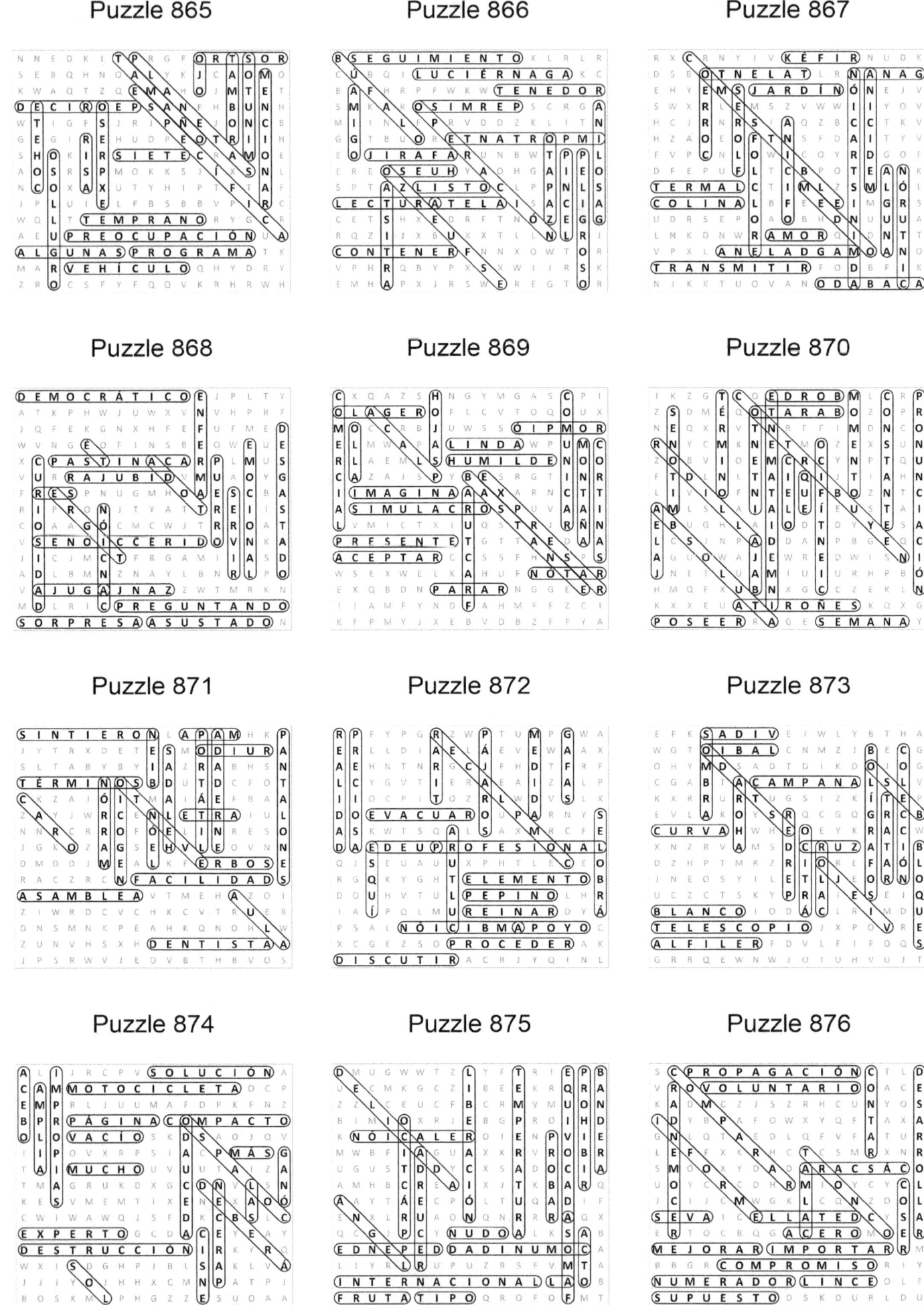

Puzzle 865

Puzzle 866

Puzzle 867

Puzzle 868

Puzzle 869

Puzzle 870

Puzzle 871

Puzzle 872

Puzzle 873

Puzzle 874

Puzzle 875

Puzzle 876

Puzzle 877

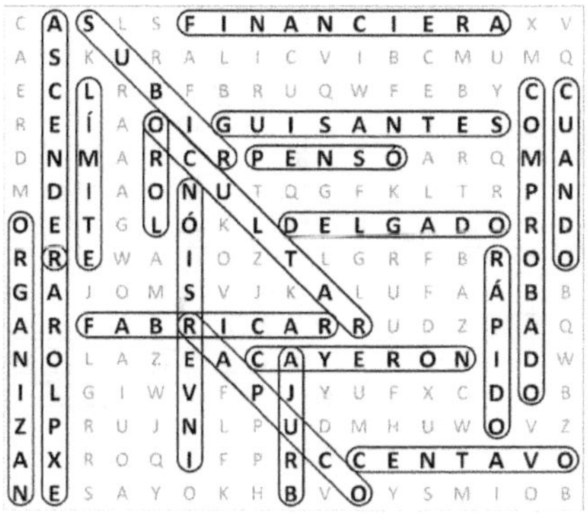

Puzzle 878

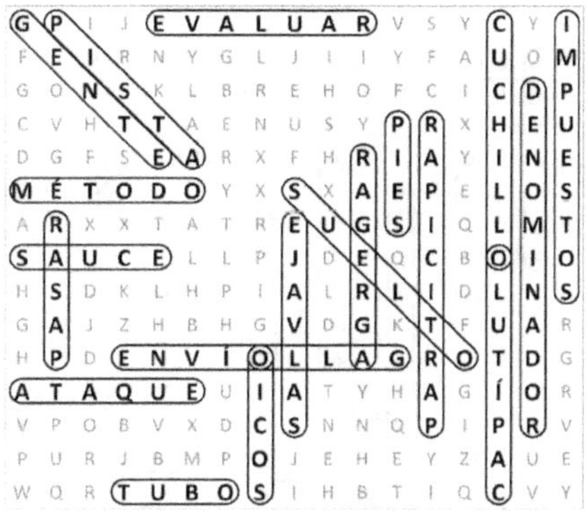

Puzzle 879

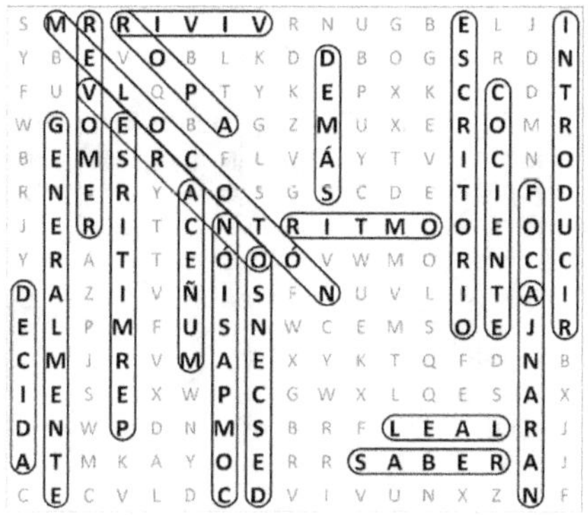

Puzzle 880

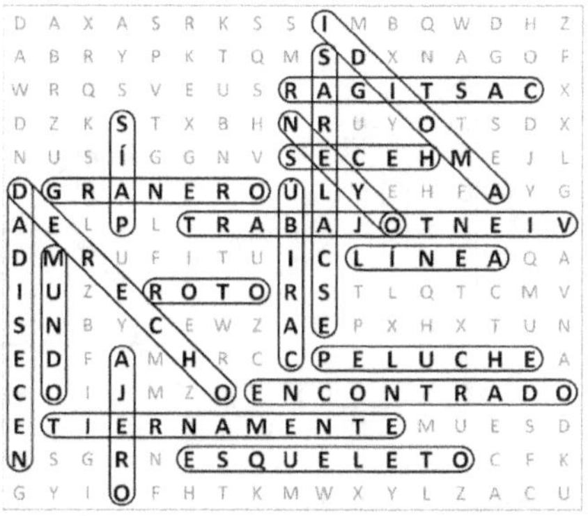

Puzzle 881

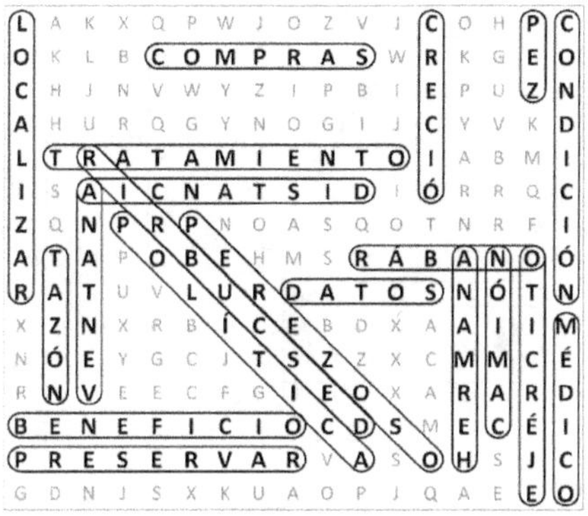

Puzzle 882

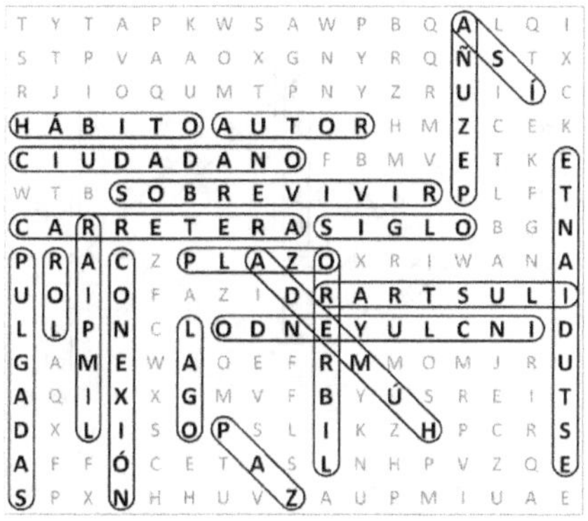

Puzzle 883

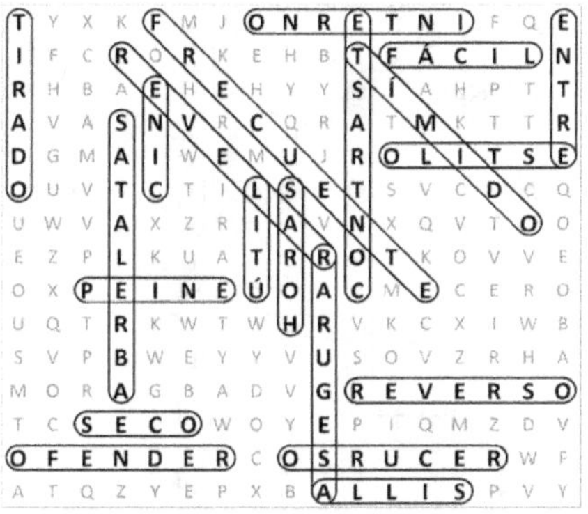

Puzzle 884

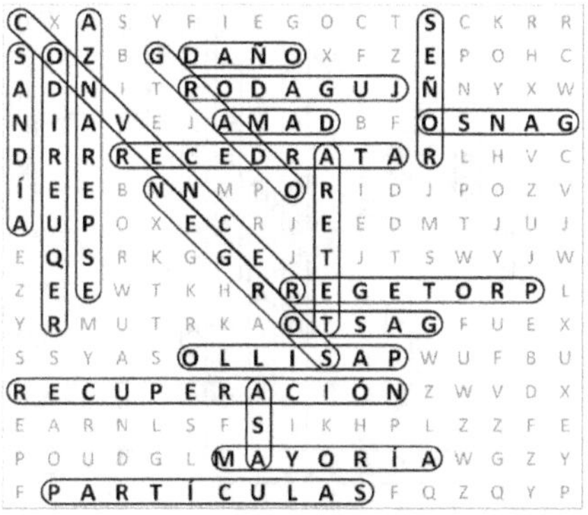

Puzzle 885

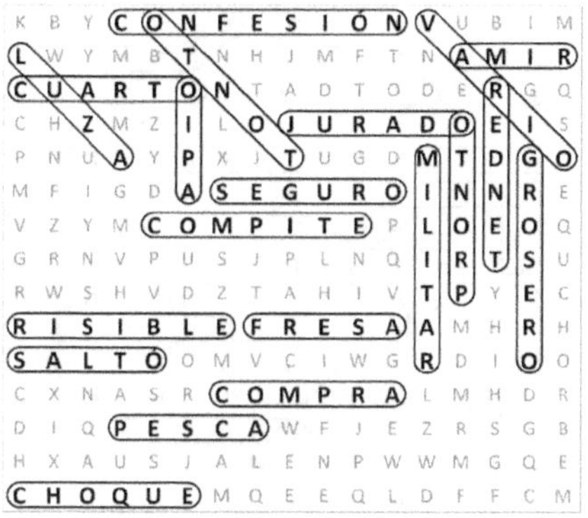

Puzzle 886

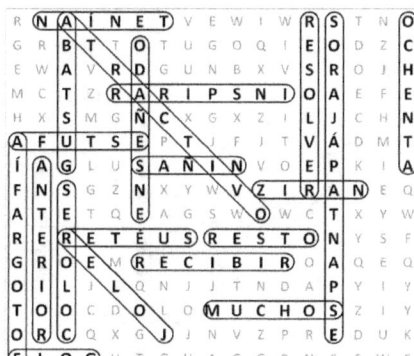

Puzzle 887

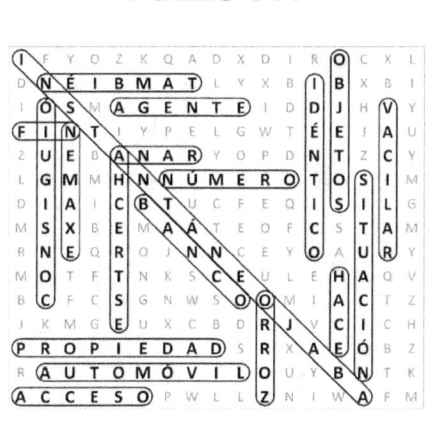

Puzzle 888

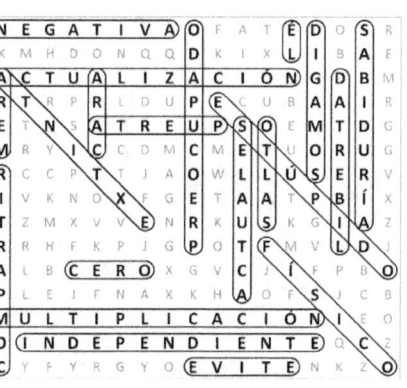

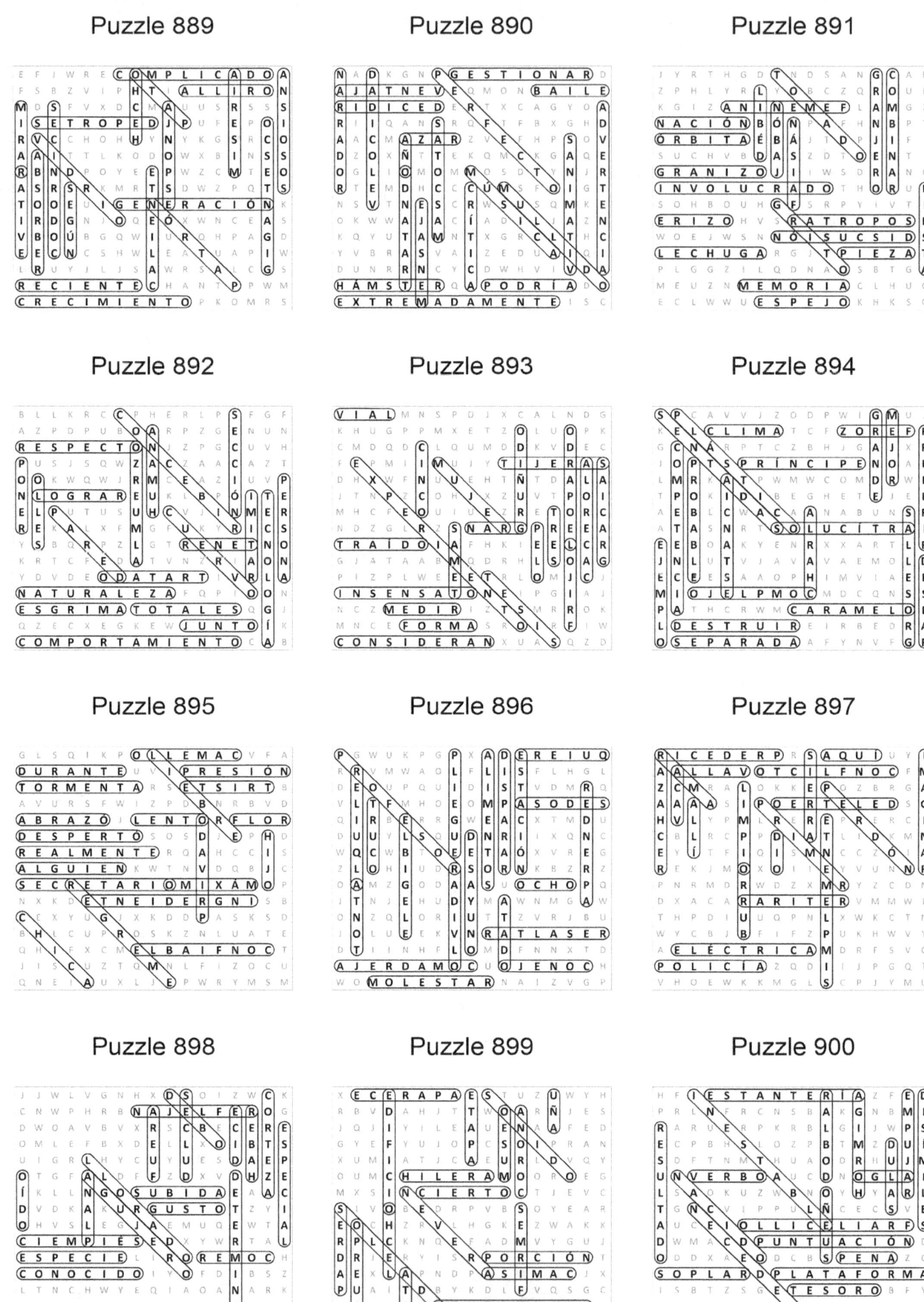

Puzzle 889

Puzzle 890

Puzzle 891

Puzzle 892

Puzzle 893

Puzzle 894

Puzzle 895

Puzzle 896

Puzzle 897

Puzzle 898

Puzzle 899

Puzzle 900

Puzzle 901

Puzzle 902

Puzzle 903

Puzzle 904

Puzzle 905

Puzzle 906

Puzzle 907

Puzzle 908

Puzzle 909

Puzzle 910

Puzzle 911

Puzzle 912

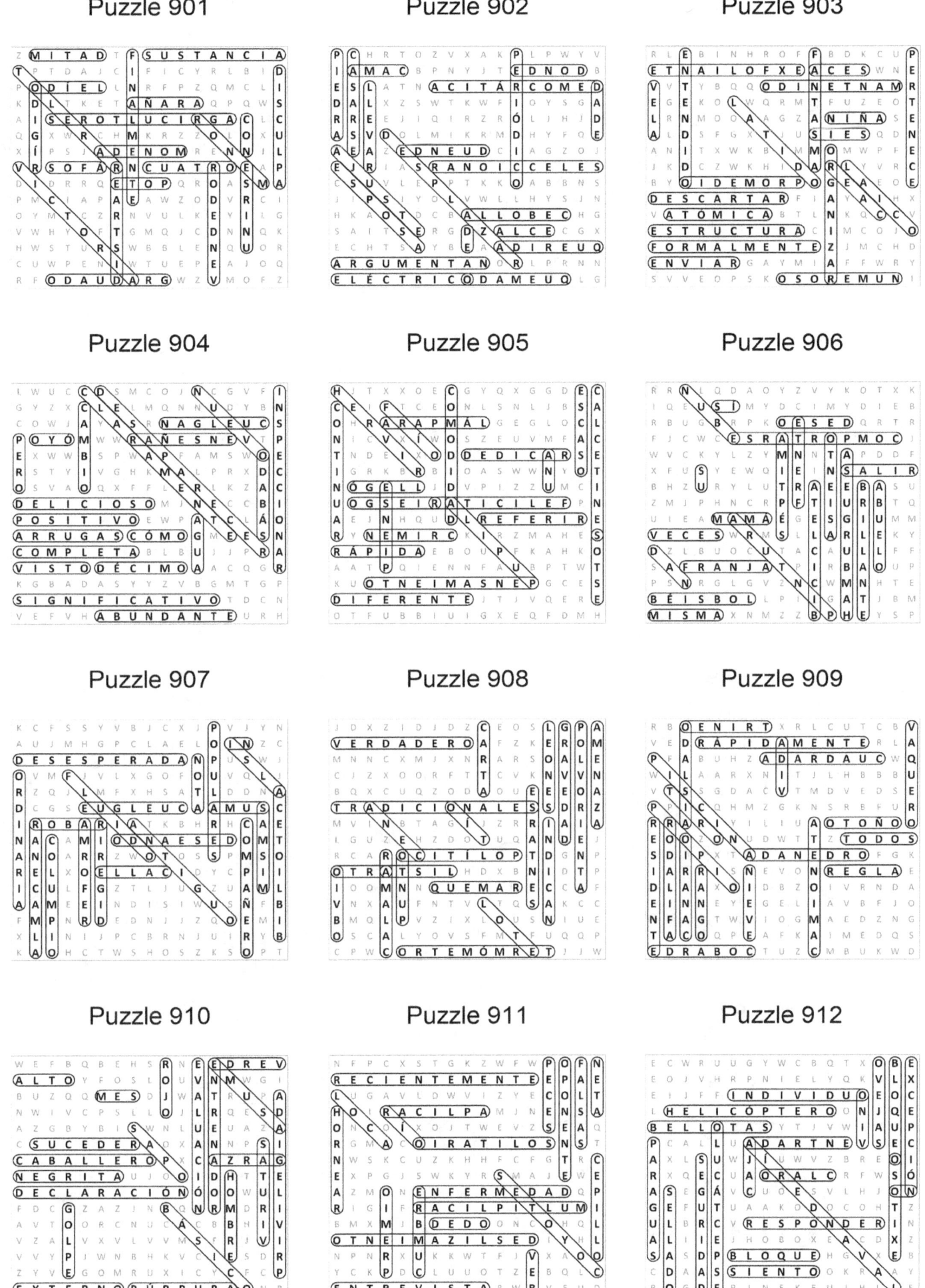

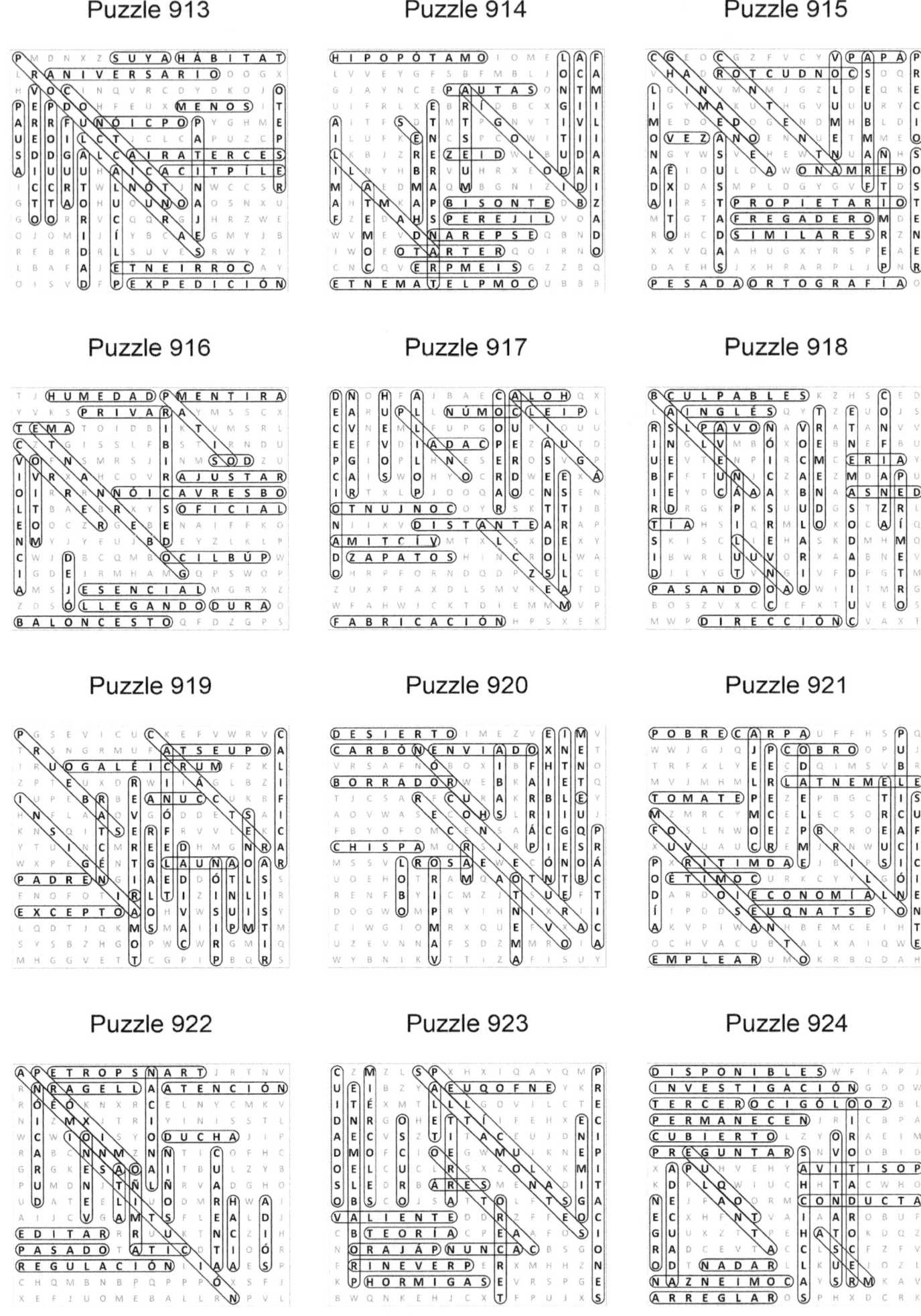

Puzzle 913

Puzzle 914

Puzzle 915

Puzzle 916

Puzzle 917

Puzzle 918

Puzzle 919

Puzzle 920

Puzzle 921

Puzzle 922

Puzzle 923

Puzzle 924

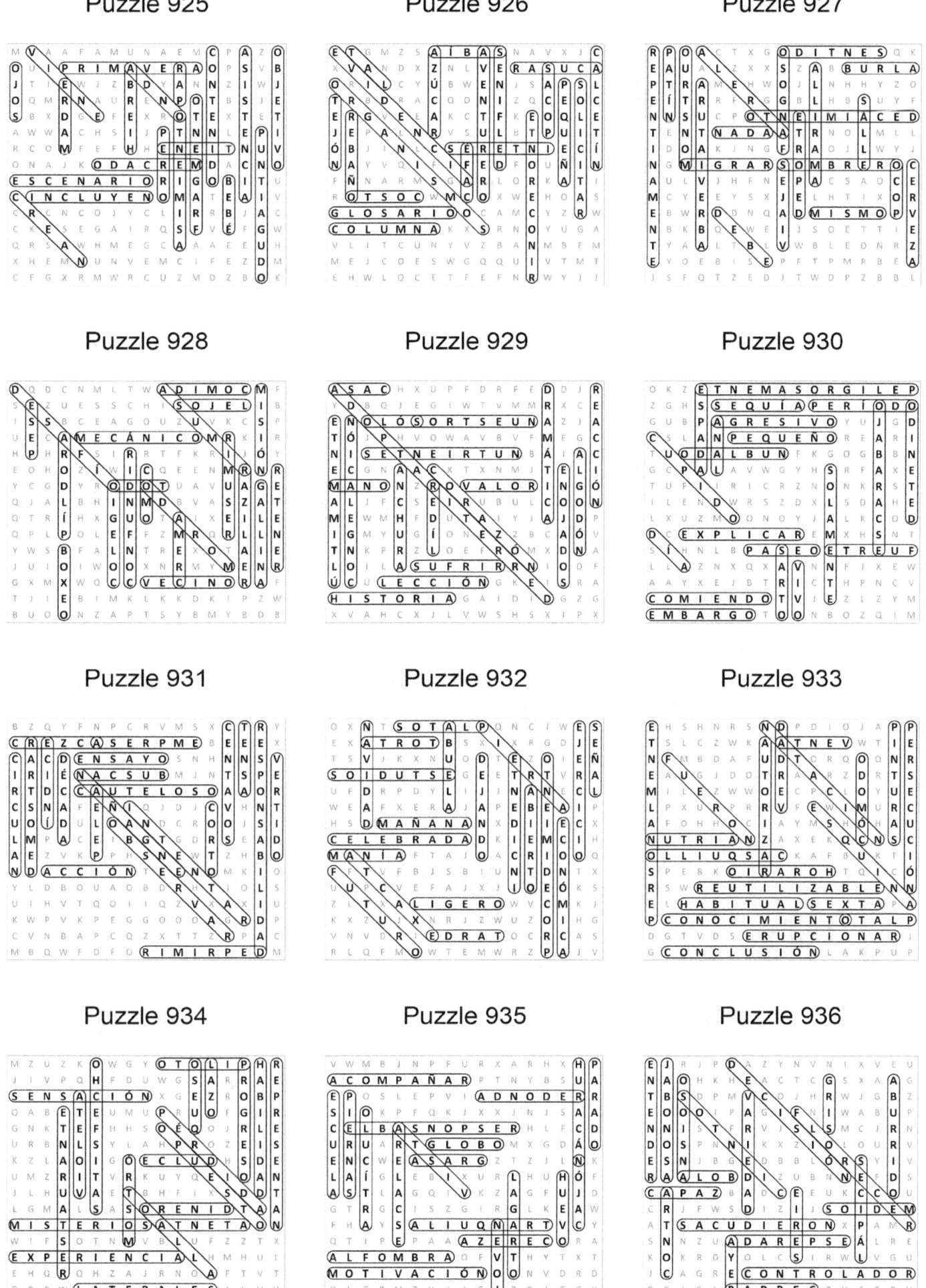

Puzzle 925

Puzzle 926

Puzzle 927

Puzzle 928

Puzzle 929

Puzzle 930

Puzzle 931

Puzzle 932

Puzzle 933

Puzzle 934

Puzzle 935

Puzzle 936

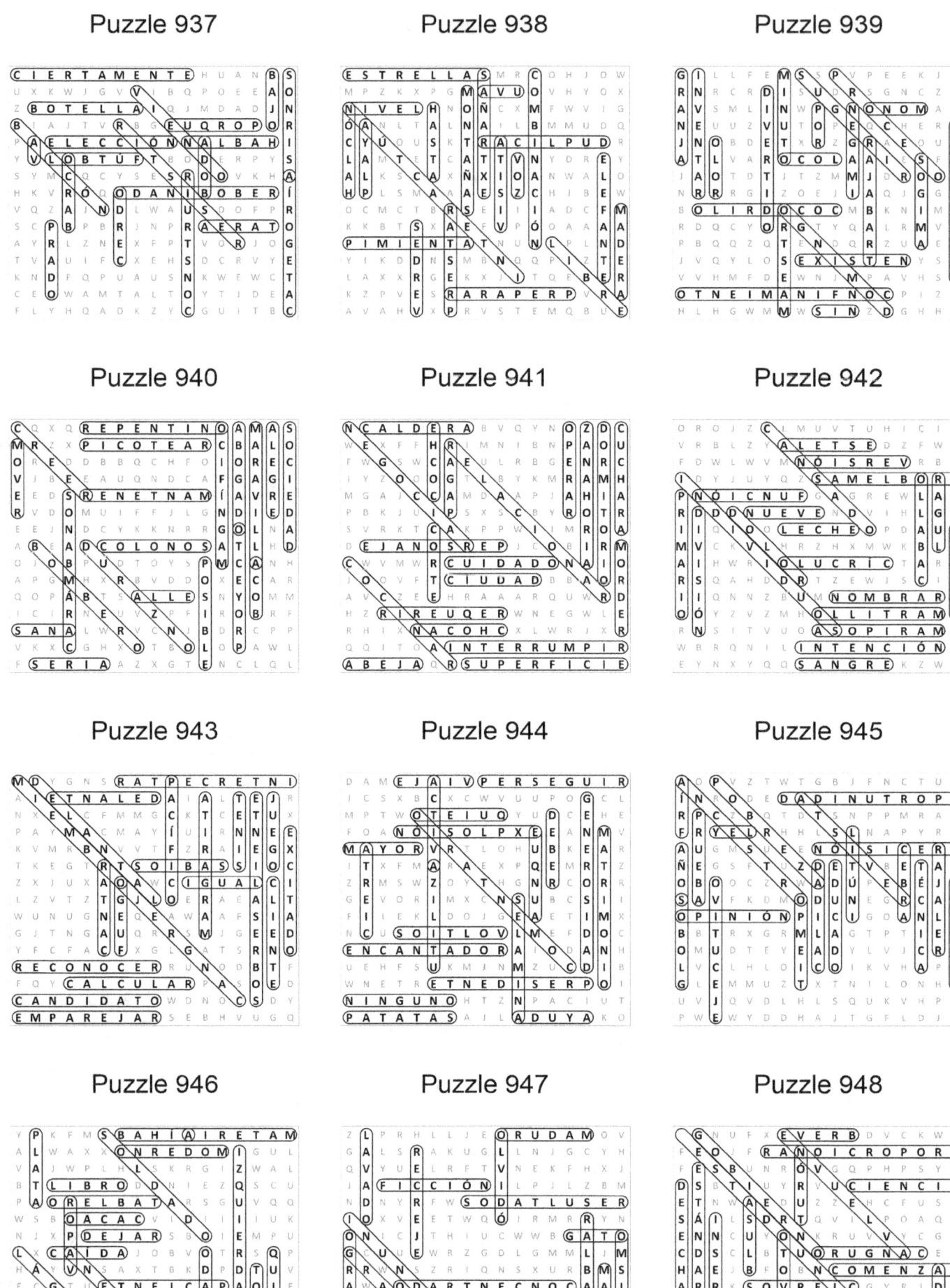

Puzzle 937

Puzzle 938

Puzzle 939

Puzzle 940

Puzzle 941

Puzzle 942

Puzzle 943

Puzzle 944

Puzzle 945

Puzzle 946

Puzzle 947

Puzzle 948

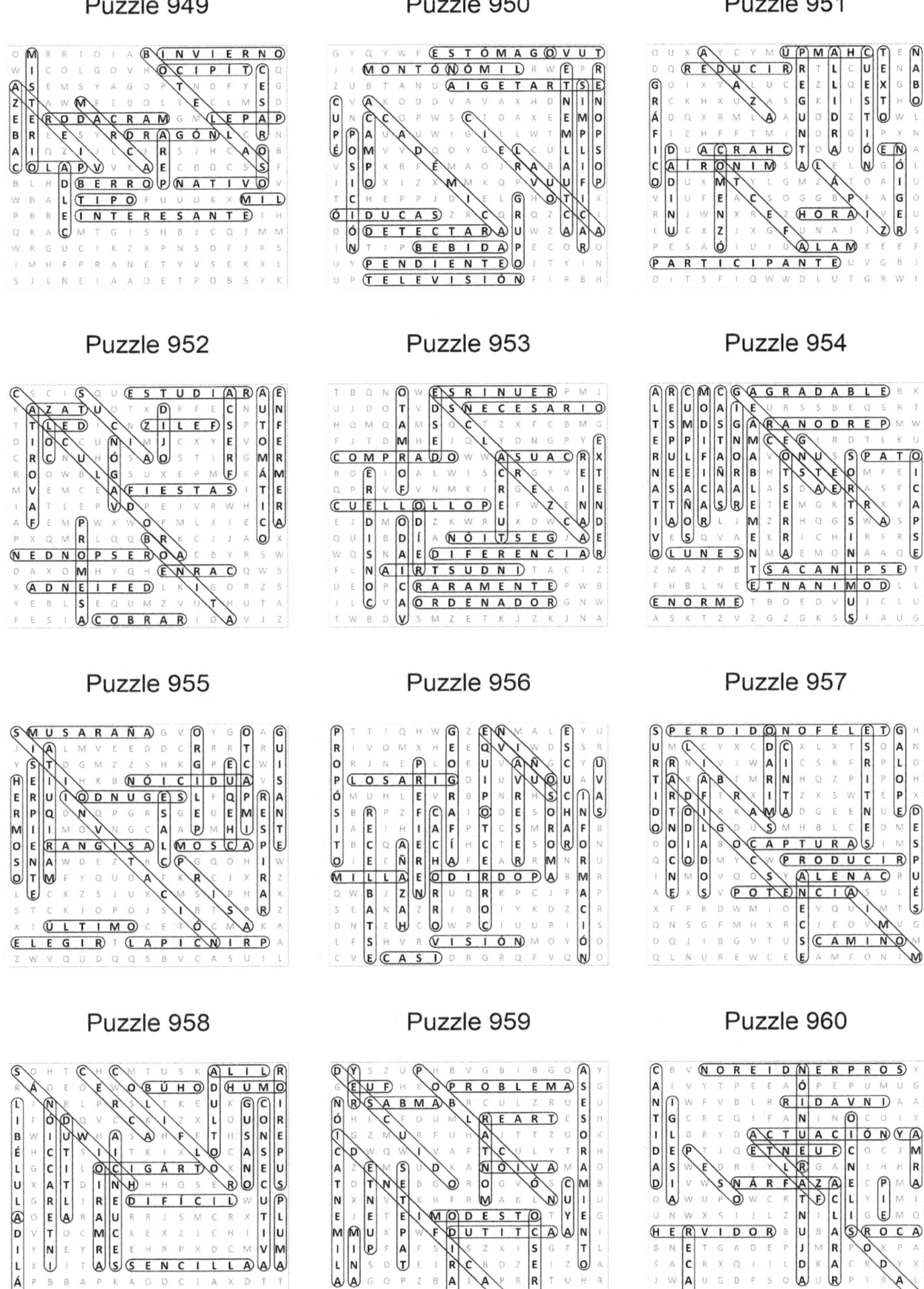

Puzzle 949

Puzzle 950

Puzzle 951

Puzzle 952

Puzzle 953

Puzzle 954

Puzzle 955

Puzzle 956

Puzzle 957

Puzzle 958

Puzzle 959

Puzzle 960

Puzzle 961

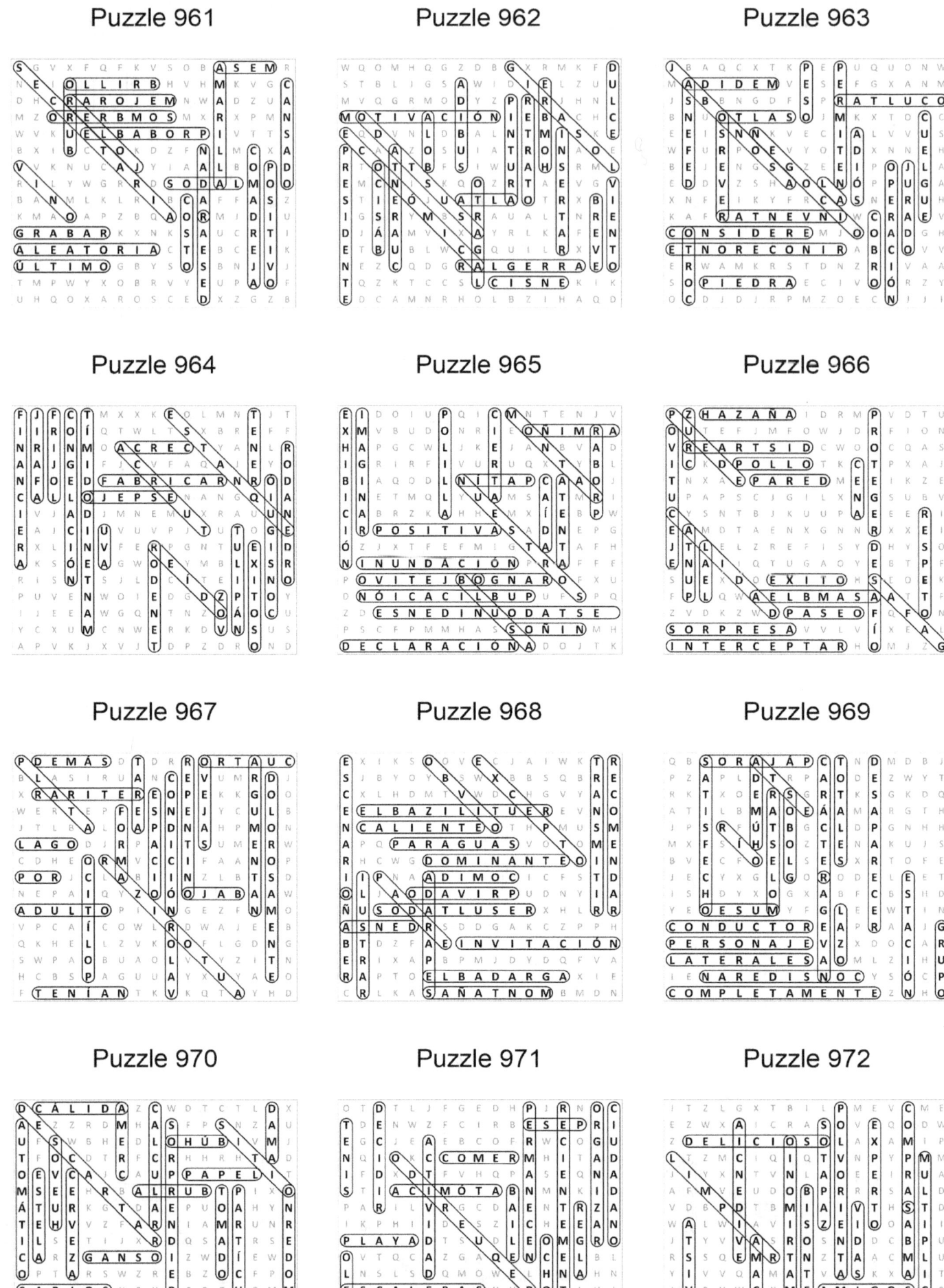

Puzzle 962

Puzzle 963

Puzzle 964

Puzzle 965

Puzzle 966

Puzzle 967

Puzzle 968

Puzzle 969

Puzzle 970

Puzzle 971

Puzzle 972

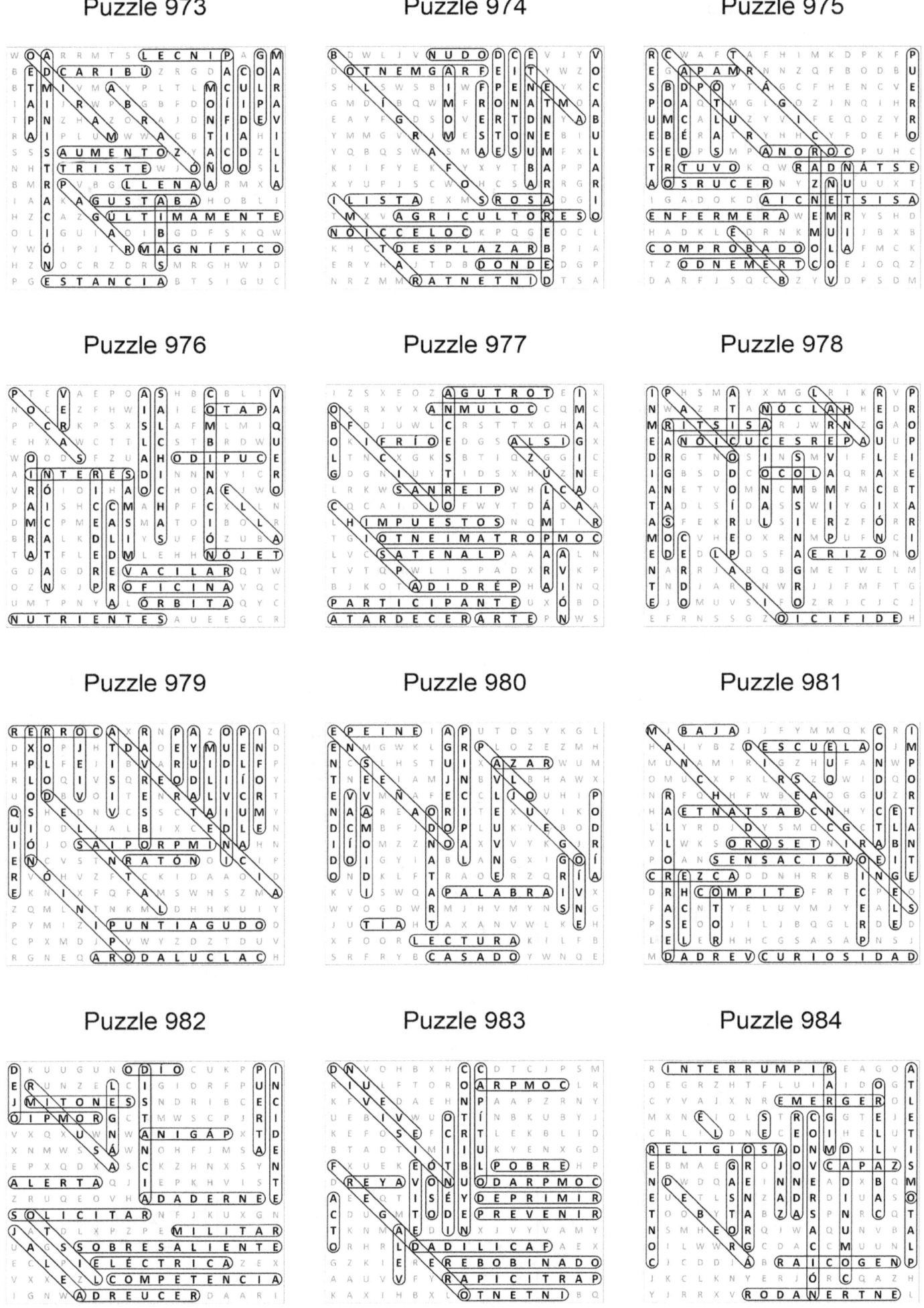

Puzzle 973

Puzzle 974

Puzzle 975

Puzzle 976

Puzzle 977

Puzzle 978

Puzzle 979

Puzzle 980

Puzzle 981

Puzzle 982

Puzzle 983

Puzzle 984

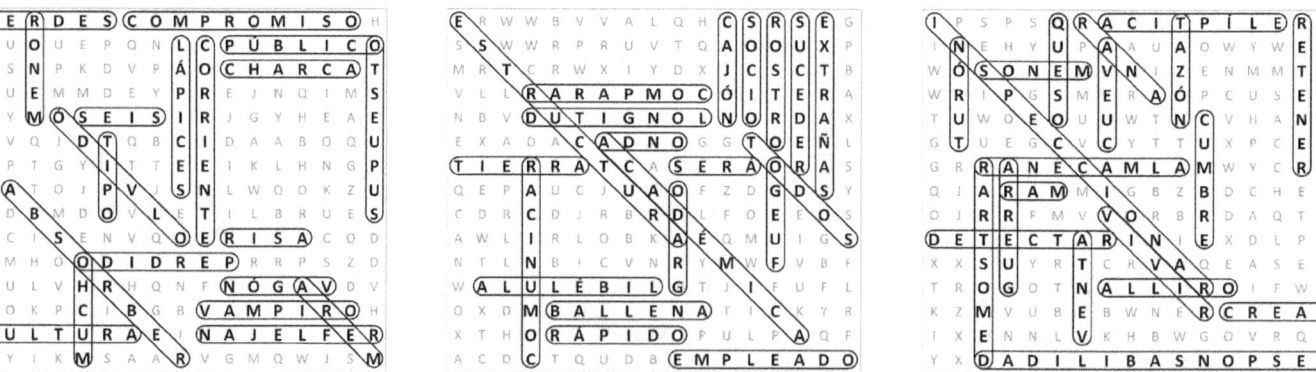

Puzzle 985

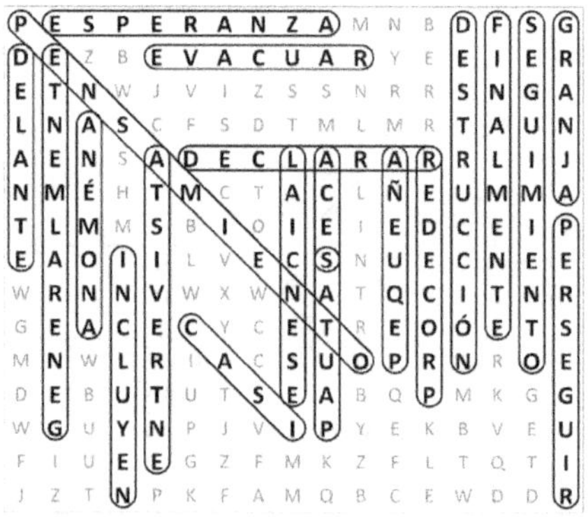

Puzzle 986

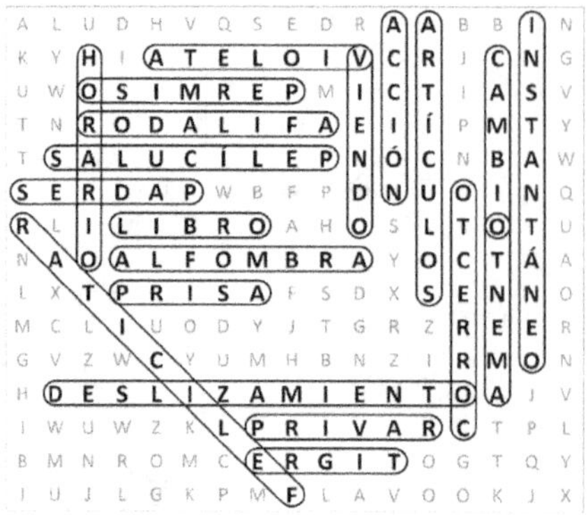

Puzzle 987

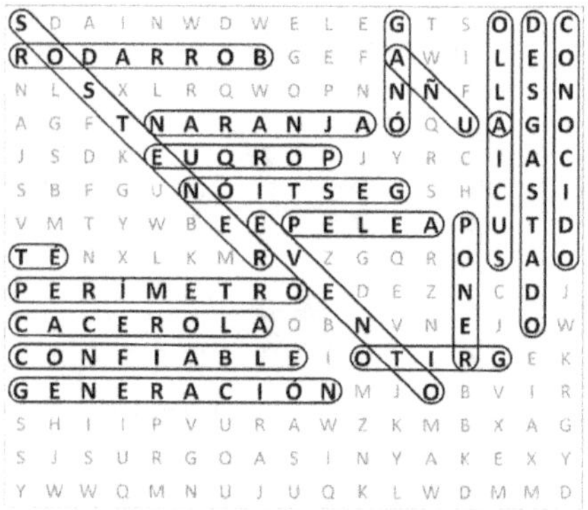

Puzzle 988

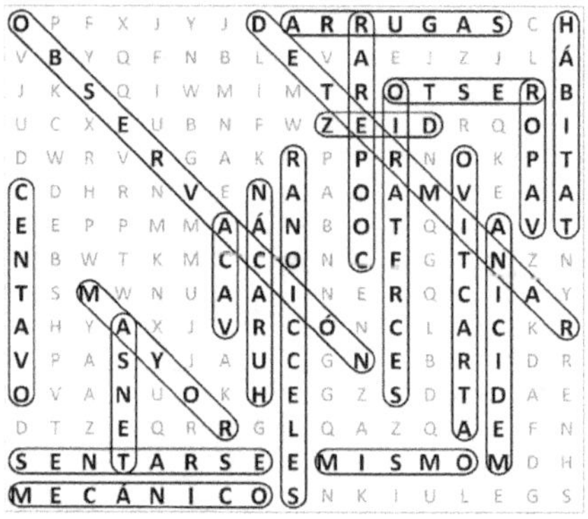

Puzzle 989

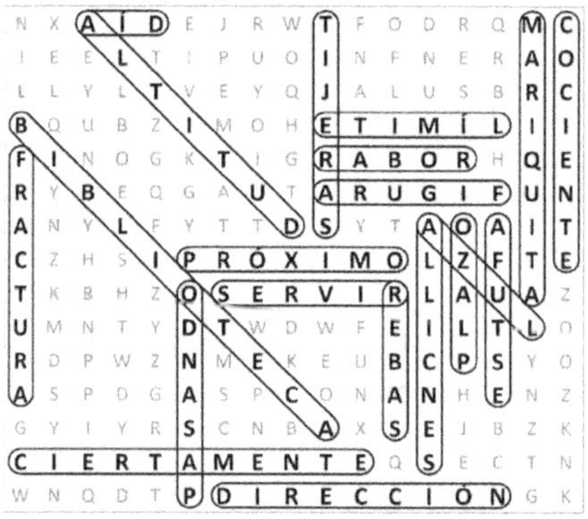

Puzzle 990

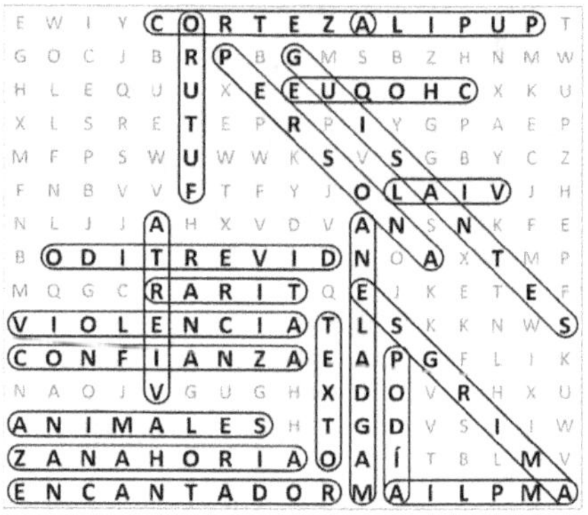

Puzzle 991

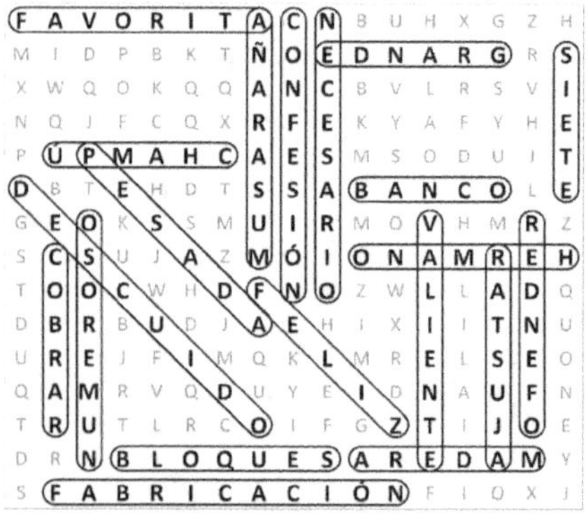

Puzzle 992

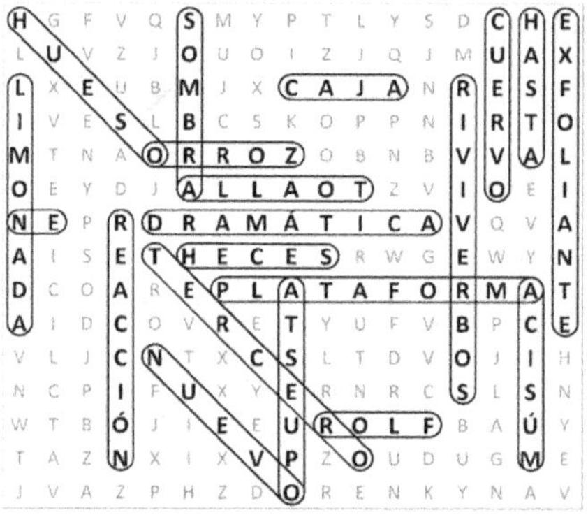

Puzzle 993

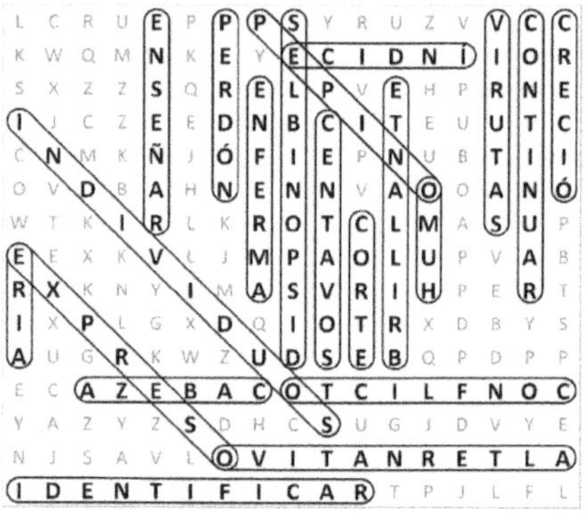

Puzzle 994

Puzzle 995

Puzzle 996

Puzzle 997

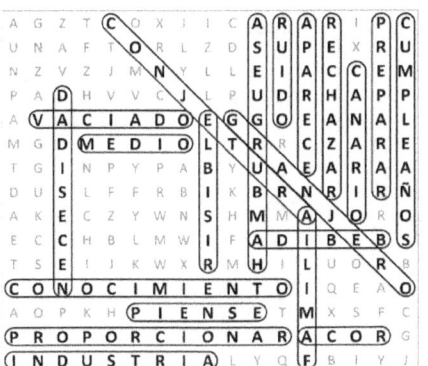

Puzzle 998

Puzzle 999

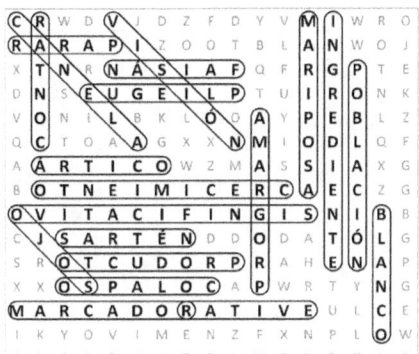

Puzzle 1000

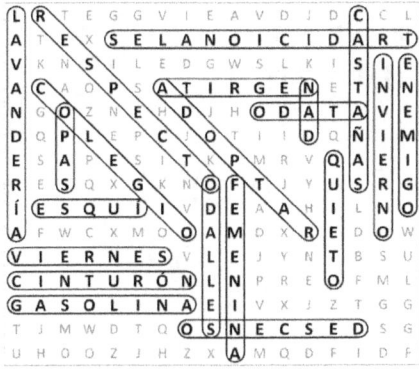

Congratulations

You made it!

We hope you enjoyed this book as much as we enjoyed making it. We do our best to make high quality games.

These puzzles are designed in a clever way to actively spark the brain and make it sharp and quick!
Did you love them?

A Simple Request

Our books exist thanks to the reviews you post on Amazon. Could you help us by leaving a review now?

Here is a short link which will take you to your Amazon orders review page.

BestBooksActivity.com/Review50

SEE YOU SOON!

Delta Classics Team

BESTACTIVITYBOOKS.COM/FREEGAMES